Gerhard Weck
Patrick Horster (Hrsg.)

Verläßliche Informationssysteme
Proceedings der GI-Fachtagung VIS'93

DuD-Fachbeiträge

herausgegeben von Karl Rihaczek, Paul Schmitz, Herbert Meister

Gerhard Weck
Patrick Horster (Hrsg.)

Verläßliche Informationssysteme
Proceedings der GI-Fachtagung
VIS'93

Die Deutsche Bibliothek - CIP-Einheitsaufnahme

Verlässliche Informationssysteme : proceedings der GI-
Fachtagung VIS '93 / Gerhard Weck ; Patrick Horster (Hrsg.).-
Braunschweig ; Wiesbaden : Vieweg, 1993
  (DuD-Fachbeiträge ; 16)
  ISBN 978-3-528-05344-4   ISBN 978-3-322-88782-5 (eBook)
  DOI 10.1007/978-3-322-88782-5
NE: Weck, Gerhard [Hrsg.]; Fachtagung VIS <1993, München>;
  Gesellschaft für Informatik; GT

Gedruckt auf säurefreiem Papier

ISBN 978-3-528-05344-4

VIS'93

Verläßliche Informationssysteme

Programmkomitee:

H. J. Appelrath, Universität Oldenburg
H. H. Brüggemann, Universität Hildesheim
R. Dierstein, DLR Oberpfaffenhofen
K. Dittrich, Universität Zürich
M. Domke, GMD-Birlinghoven
D. Fox, Schneider & Koch, Karlsruhe
W. Gerhardt, TU Delft
M. Hegenbarth, DETECON Darmstadt
F.-P. Heider, GEI Bonn
S. Herda, GMD-Birlinghoven
P. Horster, EISS Karlsruhe
F.-J. Kauffels, Euskirchen
H. Kurth, IABG Ottobrunn
V. Lange, BSI Bonn
A. Pfitzmann, Universität Hildesheim
H. Pohl, FH Bochum
E. Raubold, GMD-Darmstadt
M. Reitenspieß, SNI München
I. Schaumüller-Bichl, GENESIS Krumpendorf/Wörthersee
H.-G. Stiegler, SNI München
G. Weck, INFODAS Köln (Vorsitz)

Organisationskomitee:

H.-G. Stiegler, SNI München (Vorsitz)

Vorwort

Die Möglichkeiten zur Kontrolle komplexer Systeme, die die heutige Informations- und Kommunikationstechnik bietet, erlauben eine Kontrolle und zumindest zeitweise Beherrschung von Situationen und Zuständen, die ohne diese technische Hilfe kaum oder sogar überhaupt nicht zu bewältigen wären. Dies hat innerhalb einer relativ kurzen Zeit zu einer Durchdringung vieler Bereiche des täglichen Lebens durch diese Techniken geführt. Unsere Gesellschaft wird somit immer abhängiger vom korrekten und zuverlässigen Funktionieren der technischen Steuerungssysteme, denen wir die Abwicklung wesentlicher Vorgänge, ja sogar das korrekte Treffen lebenswichtiger Entscheidungen anvertrauen. Man denke hier nur etwa an die Steuerung von Energieversorgungsnetzen oder die Überwachung des Flugverkehrs durch zumindest zum Teil automatisierte Systeme.

Es wäre illusorisch zu glauben, man könnte diese Abhängigkeiten durch Verzicht auf den Einsatz der Informations- und Kommunikationstechnik heute noch vermeiden. Nur durch die Verwendung solcher Techniken läßt sich überhaupt noch eine Kontrolle lebenswichtiger Vorgänge erreichen; ein Verzicht würde dagegen einen Rückfall auf einfachere gesellschaftliche und wirtschaftliche Strukturen früherer Jahrhunderte und damit auf einen wesentlich niedrigeren Lebensstandard nach sich ziehen.

Andererseits ist der Einsatz von Techniken, von deren korrektem Funktionieren der Erhalt wichtiger Werte, bis hin zu menschlichem Leben, abhängt, nur dann zu rechtfertigen, wenn diese Techniken wenigstens so zuverlässig sind wie nicht-technische Methoden zur Erreichung desselben Zieles. Es ist somit unabdingbar, Methoden zur Einschätzung und Gewährleistung der Zuverlässigkeit von Systemen der Informations- und Kommunikationstechnik zu entwickeln. Weiterhin müssen die Kenntnisse über die vorhandenen Methoden und den aktuellen Stand der technischen und wissenschaftlichen Entwicklung eine möglichst weite Verbreitung finden, da nur auf der Basis solcher Kenntnisse verantwortungsvolle Entscheidungen über den Einsatz und die Wahl geeigneter technischer Werkzeuge getroffen werden können.

Angesichts der Bedeutung dieser Techniken für die heutige Gesellschaft ist es für alle Entscheidungsträger unabdingbar, sich mit diesen Fragen auseinanderzusetzen und profunde Kenntnisse über die Gebiete anzueignen, in denen sie Verantwortung tragen. Der Einsatz ungeeigneter Systeme kann ebenso fatale Konsequenzen nach sich ziehen wie ein ungerechtfertigter Verzicht, wo die Verwendung eines technischen Systems die Zuverlässigkeit eines Prozeßablaufes erhöhen oder die bessere Kontrolle eines gesellschaftlichen Vorganges ermöglichen könnte.

Leider bestehen gerade in Deutschland gewisse Berührungsängste zwischen der akademischen Forschung einerseits und der praktischen Anwendung andererseits, die bisher verhindert haben, daß die Wissensvermittlung auf dem Gebiet der Sicherheit informationstechnischer Systeme zu einem Grundbestandteil der Informatik-Ausbildung wurde. Im Gegenteil, häufig läßt sich eine solche Ausbildung abschließen, ohne daß man je von der Bedeutung der Begriffe „Sicherheit" oder „Zuverlässigkeit" je ein Wort gehört hätte. Dies führt auf der anderen Seite in der Praxis oft dazu, daß entsprechende Probleme ignoriert werden und daß man im Zweifelsfall lieber auf die – trügerische – Hoffnung vertraut, ein eventuelles Unglück würde eher einen anderen treffen.

Die Tagung „VIS'93 – Verläßliche Informationssysteme" der Fachgruppe 2.5.3 der GI versucht, einen Überblick über aktuelle Arbeiten auf dem Gebiet der Entwicklung sicherer, zuverlässiger Systeme der Informations- und Kommunikationstechnik zu geben. Sie spricht dabei ein weites Feld relevanter Fragen an, von der Prüfung der tatsächlich in einem gegebenen System erreichten technischen Sicherheit über die zweifelsfreie Erkennung der Identität eines Kommunikationspartners bis hin zur rechtlichen Relevanz elektronisch vermittelter Wissensäußerungen, um nur einige zu nennen. Neben einem besseren Verständnis von Einzelaspekten ergibt sich hier die Möglichkeit, eine Brücke von der Theorie zur Praxis, von gesellschaftlichen Anforderungen zu technischen Realisierungen zu schlagen.

Ich hoffe, daß diese Tagung ein Forum für einen regen Ideenaustausch wird, und wünsche allen Teilnehmern der VIS'93 anregende und interessante Stunden in München und ein gutes Gelingen der Tagung. Allen Vortragenden und den Mitgliedern des Programmkomitees danke ich für ihren Einsatz, ohne den weder die Tagung noch die vorliegenden Proceedings in dieser Form zustande gekommen wären.

Köln, im Januar 1993   G. Weck

Inhaltsübersicht

Allgemeine Themen

Zugriffskontrolle

Sicherheitsmodelle und Schutzprinzipien

Zuverlässigkeit und Software-Verifikation

Evaluationserfahrungen

Sicherheitsmaßnahmen

Authentifikation

Kryptologie, Technische Realisierungen

Sicherheit in speziellen Systemen

Zur Verantwortung der Experten

Friedrich Rapp

**Fachbereich 14 / Philosophie
Universität Dortmund**

Zusammenfassung

Die Frage nach der Funktion der Fachleute in unserer hochtechnisierten Welt und nach der Verantwortung, die ihnen aufgrund ihrer Stellung zukommt, soll im folgenden in vier Schritten behandelt werden. Es gilt erstens, den *Verantwortungsbegriff* zu präzisieren und die allgemeinen Voraussetzungen namhaft zu machen, unter denen jemand für einen bestimmten Gang der Dinge verantwortlich ist. Daran anschließend wird zweitens die Rolle und die Aufgabenstellung der *Experten* in unserer komplexen, arbeitsteiligen Welt untersucht. Ferner ist drittens zu klären, wie sich die individuelle Verantwortung und das *kollektive Handeln* in übergeordneten gesellschaftlichen Systemzusammenhängen zueinander verhalten. Der vierte und letzte Abschnitt behandelt dann die Bedeutung des *Vertrauens* für das gedeihliche Zusammenleben und das reibungslose Funktionieren der vernetzten Systeme.

1   Der Verantwortungsbegriff

Es ist nützlich – und genau besehen sogar unerläßlich –, sich Rechenschaft darüber abzulegen, unter welchen Bedingungen überhaupt von Verantwortung gesprochen werden kann. Wenn man nur mit einem intuitiven, nicht näher präzisierten Verantwortungsbegriff arbeitet, sind Verwechslungen und Fehlschlüsse kaum zu vermeiden. So ist z.B. ein Lokomotivführer, der im Nebel ein Haltesignal überfährt, für den dadurch bedingten Unfall direkt verantwortlich. Der Leiter der technischen Abteilung der Bundesbahn, der sich für einen kostengünstigen, aber bei schlechten Sichtverhältnissen nur schwer erkennbaren Signaltyp entschieden hat, ist für den betreffenden Unfall nur indirekt und in abgeschwächter Form verantwortlich. Und die vielen Staatsbürger, die eine bestimmte Partei gewählt haben, die den Verkehrsminister stellt, der – so wollen wir einmal unterstellen – stets erklärt hat, er werde die Kosten für den Betrieb der Bundesbahn senken, werden sich zu Recht kaum für das Unfallgeschehen verantwortlich fühlen. Es ist offenkundig, daß diese Fälle jeweils verschieden gelagert sind. Worin liegen die Unterschiede begründet? Unter welchen Bedingungen läßt sich hier überhaupt von Verantwortung sprechen?

Im strengen Sinne können nur natürliche *Personen* Verantwortung haben bzw. übernehmen. Bei juristischen Personen, Organisationen, Institutionen und ganzen Völkern (Nationen) kann nur indirekt und im abgeleiteten Sinne von Verantwortung gesprochen werden. In allen derartigen Fällen kommt es darauf an, die zunächst nur anonyme und in diffuser Form gegebene Verantwortung faßbar zu machen. Dies geschieht dadurch, daß man diejenigen Personen namhaft macht, die innerhalb des betreffenden Systems eine Entscheidungs- und Leitungsfunktion innehaben.

Eine weitere Voraussetzung für Verantwortlichkeit ist also die *Fähigkeit zur Einflußnahme*. Ich kann im eigentlichen Sinne nur in dem Umfang für einen bestimmten Gang der Dinge verantwortlich sein bzw. gemacht werden, in dem ich die Möglichkeit habe, gegebenenfalls einen anderen Verlauf herbeizuführen. Genau besehen endet meine Verantwortung dort, wo meine Eingriffsmöglichkeit endet. So fühlt sich zu Recht niemand für einen Meteoriteneinschlag oder ein Erdbeben verantwortlich. Dasselbe galt früher auch für andere vom Menschen unabhängige Naturphänomene, wie etwa das Wetter. In dem Maße, in dem wir hier in die eingespielten Gleichgewichtszustände eingreifen, werden wir in Gestalt des Kollektivsubjekts „Menschheit" auch für die daraus resultierenden Folgen verantwortlich.

Doch die Möglichkeit zur Einflußnahme bzw. die Urheberschaft allein reichen noch nicht aus, um eine Verantwortlichkeit zu begründen. Hinzukommen muß das *Vorherwissen über die Folgen*. Ich habe nur dann und insoweit eine moralische Verantwortung, wie mir bekannt ist, welche Konsequenzen sich aus meinem Tun und Lassen ergeben. Betrachten wir ein Beispiel: Jemand betätigt in einem fremden Haus einen Lichtschalter und löst dadurch eine Gasexplosion aus, mit der er beim besten Willen nicht rechnen konnte. Dann ist er der Urheber, aber nicht der juristisch oder moralisch Verantwortliche; allenfalls könnte man hier von Fahrlässigkeit sprechen. Diese auf das individuelle Handeln zugeschnittenen Überlegungen erweisen sich jedoch als problematisch, wenn es um großangelegte technische Eingriffe in die Natur oder um folgenschwere technische Innovationsschübe geht, wie etwa die Mikroelektronik oder die Gentechnologie. Da niemand die genauen, weiterreichenden Folgen kennt, würde – wenn man ausschließlich vom Kriterium des exakten Vorherwissens ausgeht –, überhaupt keine Verantwortlichkeit bestehen. Um hier nicht völlig blind zu handeln und doch zu „verantwortbaren" Lösungen zu kommen, muß man auf Hilfskonstruktionen zurückgreifen. So wird man im Rahmen des Möglichen dafür sorgen, daß unter den grundsätzlich in Frage kommenden Szenarien nur diejenigen realisiert werden, von denen keine ausgesprochen negativen Resultate zu erwarten sind.

Es bleibt also festzustellen, daß Verantwortung im eigentlichen und ursprünglichen Sinne nur Personen zukommt, die auf den Gang der Dinge Einfluß nehmen können und die wissen, welche Folgen ihr Tun bzw. Unterlassen haben wird. Dabei bezieht sich die Denkfigur des Verantwortlichseins auf die elementare menschliche Kommunikationssituation: Ich antworte jemandem, der berechtigt ist Fragen an mich zu stellen. Zur Verantwortung gehört also stets eine bestimmte Instanz (Vorgesetzte, ein Gerichtshof, die öffentliche Meinung, mein Gewissen, Gott), der ich Rede und Antwort stehen muß. Diese Rechenschaftsablegung erfolgt im Hinblick auf bestimmte Standards, Normen oder Gebote, deren Einhaltung gefordert ist (betriebliche Vereinbarungen, das geltende Recht, das allgemeine Gefühl der moralischen Billigkeit, mein moralisches Empfinden, die zehn Gebote).

Statt von einem einfachen Verantwortungsbegriff sollte man also treffender von verschiedenen Arten oder Formen der Verantwortung sprechen. Der späte Wittgenstein hat für solche Phänomene den Begriff der „Familienähnlichkeit" geprägt; die einzelnen Arten der Verantwortung verhalten sich wie Angehörige derselben Familie, die untereinander aber durchaus verschieden sein können.

2 Die Aufgabe des Experten

Experten sind Fachleute, die aufgrund ihrer Ausbildung und Erfahrung über ein besonderes Wissen und Können verfügen. In unserer hochdifferenzierten, arbeitsteiligen Gesellschaft sind alle komplizierteren beruflichen Tätigkeiten so stark spezialisiert, daß sie nur von Fachleuten kompetent ausgeübt werden können. Ohne entsprechende Experten wäre die immanente Leistungsfähigkeit des modernen „Supersystems" von Naturwissenschaft, Technik und Industrie schlechthin undenkbar. Noch vor wenigen Generationen hätte man auch die technisch-ökonomische Effizienz, die wir heute durch die Mitwirkung der Experten erreicht haben, in das Reich der Fabel verwiesen. Dabei hält der Trend zu einer wachsenden Spezialisierung nach wie vor an; ein deutlicher Beweis dafür sind die beständig steigenden Anforderungen an die berufliche Qualifikation.

Arbeitsteilung und Spezialisierung können nur dann erfolgreich sein, wenn die verschiedenen Elemente und Prozesse eines Systems im Sinne der übergeordneten Zweckbestimmung reibungslos ineinandergreifen. Neben der fachlichen Kompetenz ist dabei stets ein hohes Maß an persönlicher Disziplin und Pflichterfüllung gefordert. Weil die Aufmerksamkeit allein auf die jeweils notwendige sachliche Leistung gerichtet ist, müssen individuelle Vorlieben und persönliche Gefühle zwangsläufig zurücktreten. Die viel berufene fachliche Engführung und sachliche Nüchternheit des Fachmanns liegt in der Natur der Aufgabenstellung begründet. Auf diesen engen Horizont bezieht sich die karikierende Bezeichnung „Fachidiot". Maßvoller und realistischer ist die französische Wendung von der „déformation professionelle", von der wohl kein Beruf verschont bleibt. In Wirklichkeit muß ein guter Fachmann keineswegs ein Opfer seines Spezialistentums werden. Um seine Funktion im höheren Sinne sachgerecht wahrnehmen zu können, ist es geradezu notwendig, daß er seine Tätigkeit gleichzeitig auch von draußen betrachten kann, d.h. er muß, wie es salopp heißt, in der Lage sein, über den Tellerrand hinauszublicken. Diese Einordnung in den übergeordneten Kontext meinte G. C. Lichtenberg, als er sagte: wer nur Chemie versteht, versteht auch die nicht recht.

Innerhalb der beruflichen Sphäre zeichnet sich der Experte aus durch hochspezialisierte Sachkompetenz, die funktionsgerechte Erfüllung der zunehmend enger werdenden Aufgabenstellung und eine geradezu asketische Zurücknahme der persönlichen Einstellung und Überzeugung. Es ist nicht zu verkennen, daß ihn diese Eigenschaften potentiell zu einem beliebig einsetzbaren Werkzeug machen, das grundsätzlich auch für „negative" Ziele in Dienst genommen werden kann.

Hier stößt man auf ein grundsätzliches Dilemma. Unsere hochkomplexe, vernetzte, arbeitsteilige Industriegesellschaft kann nur dann verläßlich und produktiv arbeiten, wenn die einzelnen Fachleute die ihnen zugewiesene Aufgabe so ausüben, wie es von ihnen verlangt wird. Das Zusammenspiel der verschiedenen Arbeitsschritte und Elemente läßt keinen Raum für persönliche Präferenzen und Akzentsetzungen. Ebensowenig wie ein militärischer Befehl eine zwingende Handlungsanweisung und keine bloße Diskussionsgrundlage ist, kann auch ein Industrie- oder Wirtschaftsbetrieb nur erfolgreich arbeiten, wenn nicht jede Anordnung kritisch hinterfragt wird. Gewiß gibt es Möglichkeiten, um hierarchische Strukturen und eindeutige Funktionszuweisungen abzumildern und aufzulockern. Doch es kann nicht grundsätzlich auf sie verzichtet werden. Sie sind der Preis, der für ein reibungsloses Zusammenspiel gezahlt werden muß. Weil die Experten – ebenso wie die „wertneutralen" wissenschaftlichen Erkenntnisse – grundsätzlich ein beliebig einsetzbares Werkzeug darstellen, bedarf es einer entsprechenden Gegeninstanz, um gleichsam eine mißbräuchliche Benutzung auszuschließen. Hier ist dann das o.g. Verständnis für die weiteren, über die rein fachlichen Belange hinausgehenden Zusammenhänge gefragt. Doch dies Verständnis wird in einer freiheitlich verfaßten, pluralistischen Gesellschaft unvermeidbar subjektive Züge tragen. Angesichts des Pluralismus der Weltanschauungen, persönlichen Lebensentwürfe und politischen Auffassungen sind bestimmte Mechanismen erforderlich, die die verschiedenen, einander widerstreitenden Prioritäten, Interessen und Bedürfnisse ohne Repression zu einem entsprechenden Gemeinwillen aggregieren. Dies wird – dem Idealtypus nach – durch das parlamentarisch-demokratische System und die auf dem Konkurrenzprinzip und dem freien Markt beruhende Wirtschaftsordnung geleistet. Wenn diese Institutionen so funktionieren, wie sie eigentlich gedacht sind, bieten sie am ehesten die Möglichkeit dafür, daß ein eklatanter Mißbrauch des Wissens und Könnens der Experten vermieden wird.

3   Kollektives Handeln und individuelle Verantwortung

Ein charakteristisches Merkmal der modernen wissenschaftlich-technischen Industriegesellschaft ist das kollektive Handeln. Im Handwerks- und im Manufakturbetrieb wurden technische Produkte von einem einzelnen oder einigen wenigen Menschen hergestellt. Im Gegensatz dazu ist an der Herstellung und Nutzung der komplexen Artefakte der modernen Technik eine kaum mehr überschaubare Anzahl von Akteuren beteiligt. In dem anonymen, nur „von außen" und in seiner Gesamtheit faßbaren Prozeß ist der Anteil der einzelnen Beteiligten am Gesamtgeschehen relativ gering, so daß er u.U. als fast vernachlässigbar erscheinen kann. Dies um so mehr, als der einzelne Akteur im arbeitsteiligen Prozeß nicht primär als Person, sondern nur als unpersönliches, substituierbares Funktionselement eine Rolle spielt; im Bedarfsfall kann er ohne weiteres durch einen anderen Fachmann mit derselben beruflichen Qualifikation ersetzt werden. Dies hat zur Folge, daß der Gesamtprozeß des kollektiven technischen Handelns als ein gleichsam naturhaftes überpersönliches Geschehen erscheint. In der Tat ist heute durch die methodischen und institutionellen Vorgaben eine Steigerung der technischen Effizienz „vorprogrammiert". Die Forschungsergebnisse der modernen Naturwissenschaft stehen wegen der mathematischen Beschreibung und experimentellen Bestätigung grundsätzlich für technische Anwendungen offen, wobei der erreichte Stand, der seinerseits die Grundlage für die künftige Entwicklung bildet, auf der Akkumulation der bisherigen Forschungsergebnisse beruht. Alle neuen Erkenntnisse bereichern diesen Fundus, so daß strukturell ein immanentes Wachstum sichergestellt ist. Im Zuge des ökonomischen Konkurrenzkampfes werden naturwissenschaftliche Erkenntnisse durch systematische Forschung und Entwicklung weiterentwickelt und möglichst bald zur praktischen Anwendung gebracht. Bei allen technischen Innovationen ist das maßgebliche Selektionskriterium die größere funktionale Leistungsfähigkeit. Auch auf diesem Gebiet ist der jeweils erreichte Stand dann das Sprungbrett für die weitere Entwicklung, so daß auch hier eine beständige Steigerung vorgezeichnet ist.

Die insbesondere seit dem 18. und 19. Jahrhundert zu beobachtende wachsende Leistungsfähigkeit des „Supersystems" von Naturwissenschaft, Technik und Industrie muß als historisches Phänomen in einem übergeordneten geschichtlichen Zusammenhang gesehen werden. Der Prozeß der wachsenden Technisierung stellt, ebenso wie die Säkularisierung, die Aufklärung, die Demokratisierung und das Streben nach Emanzipation und Chancengleichheit ein übergeordnetes historisches Geschehen dar, dem sich die einzelnen Individuen, Völker und Epochen gar nicht entziehen können.

Es ist bemerkenswert, daß niemand danach fragt, wer etwa für die Aufklärung oder die Demokratisierung verantwortlich sei. Diese Bewegungen werden als vorgegebene, gleichsam schicksalhafte Fügungen akzeptiert, denen sich niemand entziehen kann. Sie sind einerseits von Menschen hervorgebracht worden – sonst hätte es sie nicht gegeben –, und sie müssen doch andererseits als unabdingbare Vorgabe für die individuelle und kollektive Existenz hingenommen werden. Daß man geneigt ist, der Technikentwicklung in diesem Zusammenhang eine Sonderstellung zuzubilligen, liegt an der Planbarkeit und der systematischen Ausführung technischer Projekte. Alle technischen Einzelvorhaben beruhen auf Vorausberechnung, methodischem Vorgehen und systematischer Ausführung. Doch dieses Schema gilt nur für die wohldefinierten technischen Folgen eines Einzelprojektes. Es versagt, wenn es um den Gesamtprozeß geht. Tatsächlich hat denn auch niemand die konkreten, weiterreichenden sozialen, kulturellen und ökologischen Folgen technischer Basisinnovationen, wie etwa des Autos, des Flugzeugs oder des Fernsehens, vorhergesehen. Diese Nichtprognostizierbarkeit der weiteren Folgen gilt erst recht für die Ergebnisse der naturwissenschaftlichen Grundlagenforschung, also etwa für die Spaltung des Atomkerns oder die Erkenntnisse der Halbleiterphysik.

Es wäre verfehlt, allein die Fachleute für die heute deutlicher sichtbar werdenden negativen Folgen, die die technische Entwicklung für die Ökologie und das Ressourcenproblem hat, verantwortlich zu machen. Man muß stets im Auge behalten, daß Experten – ebenso wie die wissenschaftlichen Erkenntnisse, über die sie verfügen – genau besehen immer nur hypothetische, konditionale Aussagen und Handlungsanweisungen zur Geltung bringen. Sie können, wenn sie im Rahmen ihrer Aufgabe als Fachleute bleiben, immer nur sagen, welche *Optionen* in einer konkreten Situation offenstehen und *wie* zu verfahren ist, um ein bestimmtes Ziel zu erreichen. Doch sie würden ihre Kompetenz überschreiten, wenn sie über die Auswahl und Spezifikation der im gegebenen Fall günstigsten Mittel hinaus noch vorschreiben oder entscheiden wollten, *was* zu tun ist.

Verglichen mit der konkreten Lebenswirklichkeit ist dies nur ein vereinfachtes, hochstilisiertes Modell. Denn bei allen komplexeren Fragen, die ein hohes Maß an Fachkenntnis und Hintergrundwissen voraussetzen, wird dem Experten faktisch immer auch eine gewisse Entscheidungskompetenz zukommen; er wird nicht nur sagen, *wie* etwas gemacht werden kann, sondern auch darüber mitbestimmen, *was* zu tun ist. Anders gesagt: als Experte für die Mittel wird er – insbesondere in Führungspositionen – auch an der Festlegung der Ziele beteiligt sein. Die begriffliche Klarheit, die interne Arbeitsteilung und das demokratische Verständnis sprechen jedoch dafür, zumindest im idealtypischen Modell klar zwischen der Funktion des fachkundigen Experten und des legitimierten Entscheiders zu trennen.

4   Die Bedeutung des Vertrauens

Wenn man die vorgeschlagene Unterscheidung akzeptiert, ist der Experte in erster Linie – und juristisch sogar ausschließlich – als Fachmann gefordert. Er ist der maßgebliche Sachkenner, der den erreichten Stand des Wissens und Könnens, den „state of the art", zur Geltung bringt. In dieser Hinsicht ist er allein – und kein anderer – zuständig. Tatsächlich wird denn auch innerhalb eines Betriebes, einer Organisation und der Öffentlichkeit zu recht erwartet, daß der Experte sachkundig ist und daß man sich auf sein Urteil und seine berufliche Leistung verlassen kann. Auf diesem Prinzip beruht das reibungslose Funktionieren unserer arbeitsteiligen Gesellschaft. Mann kann sich unschwer ausmalen, welche Folgen eintreten würden, wenn die Experten inkompetent wären oder wenn sie die ihnen übertragenen Aufgaben nur nachlässig, beiläufig und ohne den vollen Einsatz von Aufmerksamkeit und Leistungsbereitschaft ausführen.

In diesem Zusammenhang erweist sich das Vertrauen als eine entscheidende Kategorie. Wir wissen alle, daß Menschen fehlbar sind; ihre Aufnahmekapazität ist begrenzt, sie sind Stimmungen unterworfen und können nicht über längere Zeit hinweg ununterbrochen konzentriert arbeiten. Deshalb ist man bemüht, bei allen in routinemäßige Vollzüge auflösbaren Prozessen den Menschen als potentielle Fehlerquelle zu eliminieren und ihn durch weniger anfällige technische Lösungen zu ersetzen. Im Rahmen des Mensch-Maschine-Systems ist der Mensch oft der schwächste Teil. Doch er ist zugleich die einzig kompetente Instanz, wenn es um die Lösung unvorhersehbarer Aufgabenstellungen geht, die sich nicht routinemäßig erledigen lassen. Vor allem ist der Mensch der Urheber der Maschine. Er entscheidet, was ein bestimmtes technisches System leisten soll und wie es aufgebaut ist. In beiden Funktionen, bei der Bewältigung unvorhersehbarer Probleme und erst recht als Fachmann bei der Konzeption und Konstruktion technischer Artefakte kommt dem Experten eine unverzichtbare Aufgabe zu.

Die Verantwortung des Experten ist also zunächst immer spezifischer, berufsbezogener Art. Sie betrifft die fachliche Kompetenz seines Wissens und Könnens und die korrekte, zuverlässige Wahrnehmung der ihm übertragenen Aufgaben, so daß alle sich auf ihn verlassen können. Das Vertrauen, daß die Fachleute ihre Funktion zuverlässig wahrnehmen, ist die Grundlage der modernen Industriegesellschaft. Dem entspricht es, daß die am engsten gefaßte und am genauesten umschriebene Verantwortung des Experten *juristischer* Art ist. Darin liegt eine starke, anspruchsvolle Forderung: der Fachmann muß innerhalb der ihm übertragenen Sphäre sachgerecht und kompetent handeln. Die Androhung von Strafen ist in diesem Zusammenhang ein „äußeres" Hilfsmittel um sicherzustellen, daß der Experte seine fachliche Verantwortung tatsächlich uneingeschränkt wahrnimmt. Gleichsam die Kehrseite dieses rigorosen Anspruchs ist die Entlastung von allen darüber hinausgehenden weiteren Forderungen. Sofern er sich gesetzeskonform verhält, kommt dem Experten keine weitere, die berufliche Sphäre überschreitende Verantwortung zu.

Dies schließt natürlich nicht aus, daß der Experte, ebenso wie jeder andere Staatsbürger, auch eine darüber hinausgehende *moralische* Verantwortung hat. Diese weniger eindeutig faßbare und im Grenzfall schließlich völlig diffuse Verantwortung wird naturgemäß um so größer sein, je höher die Stellung ist, die er einnimmt. Dies gilt insbesondere dann, wenn der betreffende Experte neben seiner Funktion als Fachmann in Personalunion gleichzeitig auch Entscheidungsträger und Meinungsführer ist. Hinzu kommt die kaum präzise faßbare Verantwortung, die jedem Staatsbürger zukommt, der etwa durch sein Wahlverhalten oder seine Konsumgewohnheiten am allgemeinen Gang der Dinge mitwirkt, ohne doch unmittelbar für das Gesamtgeschehen verantwortlich zu sein. In dieser Hinsicht zeichnet sich der Experte nicht vor anderen Zeitgenossen aus. In diesem Zusammenhang ist er, was den allgemeinen Gang der Dinge betrifft, stets zugleich Subjekt und Objekt, Täter und Opfer der allgemeinen historischen Entwicklung.

Die hier angestellten Überlegungen führen also zu einer doppelten Frontstellung. Sie zeigen erstens, daß der Experte nicht überflüssig ist, wenn dies auch in manchen unernsten, modischen Talk-Shows suggeriert wird. In Wirklichkeit ist es denn auch schwer vorstellbar, daß sich jemand im Ernst einen Laien als Flugkapitän, als Rechtsanwalt oder als Herzchirung wünscht. Doch es ergibt sich auch eine zweite Konsequenz: die Kompetenz des Experten – und damit auch seine Verantwortung – ist zunächst und im strengen Sinn immer auf sein fachliches Wissen und Können bzw. auf die vorgegebene Aufgabenstellung beschränkt. Kurz, der Experte ist nicht überflüssig, aber auch nicht allmächtig; er ist weder ersetzbar, noch ist er allein für alles zuständig. Dem Gemeinwohl ist am meisten gedient, wenn der Experte seine Aufgabe im Rahmen der Arbeitsteilung nach bestem Wissen und Gewissen, d.h. verantwortungsvoll wahrnimmt.

Literaturverzeichnis

Baumgartner, H.M. und *Eser, A.* (Hg.) (1983), Schuld und Verantwortung. Tübingen: J.C.B. Mohr

Ingarten, R. (1970), Über die Verantwortung. Stuttgart: Reclam.

Lenk. H. und *Maring, M.* (Hg.) (1991), Technikverantwortung. Frankfurt a.M.: Campus.

Passmore, J. (1974), Man's Responsibility for Nature. London: Duckworth.

Rapp, F. (Hg.) (1990), Technik und Philosophie. Düsseldorf: VDI-Verlag.

Sachsse, H. (1972), Technik und Verantwortung. Freiburg: Rombach.

Podiumsdiskussion

Vor welchen Risiken schützen uns verläßliche Informationssysteme?

- Eine Diskussion um Begriffe, Querbezüge und Zusammenhänge -

Hr. R. Dierstein, DLR, Oberpfaffenhofen
Prof. Dr. Echtle, Universität Dortmund
Dr. M. Marhöfer, Siemens AG, Erlangen (Organisation)
Prof. Dr. E. Raubold, GMD, Darmstadt (Diskussionsleitung)
Dr. A. Steinacker, IABG, Ottobrunn
Prof. Dr. J. Tappe, Siemens AG, München

Einführung

M. Marhöfer

Umgangssprachlich kann ein Informationssystem verläßlich genannt werden, wenn es gerechtfertigt ist, sich auf seine Dienste zu verlassen. Will man Verläßlichkeit genauer fassen, unterscheidet man verschiedene Teilaspekte, wie z.B. Funktionsfähigkeit, Sicherheit im Sinne von Safety und Sicherheit im Sinne von Security. Während es bei Safety eher um die Vermeidung von Unfällen geht, die durch fehlerhafte Informationssysteme verursacht werden, geht es bei Security mehr um Schäden, die durch intelligente Angreifer verursacht werden.

Obwohl sich die einzelnen Arbeitsgebiete inhaltlich, begrifflich und organisatorisch recht eigenständig entwickelt haben, ist es lohnend, Verläßlichkeit als Ganzes zu betrachten. Dies ist nicht nur von theoretischem Interesse, da praktische Informationssysteme in der Regel mehrere verschiedenartige Verläßlichkeitsanforderungen erfüllen müssen.

Diese Podiumsdiskussion soll zu einem besseren, gegenseitigen Verständnis zwischen den Teilgebieten und zu einem Blick für das

Ganze beitragen. Die folgenden Zitate mögen einen ersten Eindruck von den in der Diskussion vertretenen Positionen geben:

"Alle diese semantischen Komponenten (Vertraulichkeit, Integrität und Verfügbarkeit; Plausibilität, Robustheit, Verträglichkeit, u.a.m.) sind am Ende aber stets auf nur *eine* Sicht des Begriffs Sicherheit ausgerichtet: die technische Sicherheit, die technische Verläßlichkeit des Systems selbst. ... In diesem Sinne bewahren verläßliche Systeme uns vor der Gefahr eines Versagens oder der eines Mißbrauchs (einer unbefugten Nutzung) im Sinne einer Zweckentfremdung. Auf einem ganz anderen Blatt steht die Frage, ob das Funktionieren in solchem Sinne *technisch* sicherer, verläßlicher Systeme ("Sie können sich darauf verlassen, dieses System funktioniert!") auch im Sinne der Betroffenen, im Sinne der Gesellschaft wirklich wünschenswert ist. Die Frage bleibt offen, ob nicht der perfekt (= verläßlich) funktionierende Automat ein Risiko, eine Gefahr ganz anderer Art nach sich zieht, nämlich die, das Zusammenleben der Menschen in einer Weise zu verändern, die so, wie sich die Änderung (angeblich) zwangsläufig einstellt, nicht gewollt sein kann oder darf." [Dierstein]

"Alle drei Eigenschaften (Zuverlässigkeit, Safety und Security) können sowohl durch

- unbeabsichtigte technische **Fehler** (Entwurfsfehler, Herstellungsfehler und Betriebsfehler wie z.B. Verschleiß oder Störung) als auch durch

- beabsichtigte, wenngleich unzulässige **Angriffe** (unzulässiges Abhören, Verändern, Zerstören, oftmals durch "intelligentes" brechen von Schutzmaßnahmen)

beeinträchtigt werden. Häufig werden Zuverlässigkeit und Safety nur im Hinblick auf Fehler sowie Security im Hinblick auf Angriffe betrachtet. Trotz der unterschiedlichen Natur von Fehlern und Angriffen und trotz der oftmals unterschiedlichen Gegenmaßnahmen sollte man jedoch wegen des gemeinsamen Auswirkungsbereichs Fehler und Angriffe in eine gemeinsame Begriffswelt einbeziehen und damit einer gemeinsamen Betrachtung zugänglich machen." [Echtle]

"Verläßlichkeit ist weit mehr als nur IT-Sicherheit. Insbesondere sollen uns verläßliche Informationssysteme auch vor Gefahren schützen, die durch ihre eigenen Fehler entstehen. Sicherheit ist auch Schutz vor Gefahr im Fehlerfall. Dabei geht es primär um Bedrohungen, denen Menschen, Sachwerte oder die Umwelt ausgesetzt sind. Die Bedrohung kann vom Fehler in einem technischen System (z.B. Flugzeug, Bahnanlage, Kraftwerk) ausgehen, insbesondere auch vom Fehler eines darin enthaltenen Informationssystems." [Marhöfer]

"Der Begriff "Sicherheit" besitzt mindestens so viele Facetten wie ein Diamant, der, je nach Standpunkt, immer wieder anders aussieht. Daß dabei nicht nur technische Gesichtspunkte relevant sind, sondern auch gesellschaftliche Bedingungen zu betrachten sind, spiegelt sich in der folgenden Definition (REMO-Arbeitsgruppe Terminologie) wider:

> Sicherheit ist die Eigenschaft eines Systems, bei der Maßnahmen gegen die im jeweiligen Einsatz und Einsatzumfeld als bedeutsam angesehenen Bedrohungen in dem Maße wirksam sind, daß die verbleibenden Risiken tragbar sind.

... Aus dieser Sicht ergibt sich die These: Begriffe wie Verläßlichkeit, Zuverlässigkeit, etc. sind "Fenster" auf die Sicherheit, durch die man unter bestimmten Blickwinkeln auf die Bedrohung sieht." [Steinacker]

"Die Frage, vor welchen Risiken uns verläßliche Systeme schützen, ist nicht global zu beantworten. Vielmehr sind verläßliche Systeme dadurch gekennzeichnet, daß sie vorgegebene Risiken vermeiden bzw. minimieren, d. h. Informationssysteme können nur im Sinne spezieller Anforderungen verläßlich sein. Diese Anforderungen resultieren aus einer Analyse der konkret vorliegenden Bedrohung des Systems hinsichtlich Reliability, Availability, Safety und Security. Nicht allen Bedrohungen kann simultan begegnet werden, z.B. im Zusammenhang mit der Durchsetzung von Anonymität und Verantwortlichkeit in einem Kommunikationssystem." [Tappe]

Neuer europäischer Rechtsrahmen für die Datenverarbeitung

I. Bedeutung des EDV-Rechts für den Informatiker

1. Generelle Haltung des Informatikers gegenüber dem Recht

Der Informatiker versteht sich - so erscheint es zumindest dem Juristen - als freischaffender Künstler, der sich seine eigene Welt formt. Sie hat aus seiner Sicht den Vorrang vor den Normen, die das Recht an ihn heranträgt.

Typisch für diese Haltung ist etwa die Frage, ob denn eine bestimmte rechtliche Regelung dem informationstechnischen Sachverhalt gerecht wird, den sie regeln soll. Für den Informatiker erscheint diese Fragestellung absolut logisch: Wie soll eine Regelung etwas taugen können, wenn sie nicht vom konkreten Sachverhalt ausgeht? Der Jurist vermag eine solche Frage bestenfalls als wenig sinnvoll zu bezeichnen, eigentlich sieht er sie sogar als aberwitzig an.

Warum? Nun, er sieht die Welt aus der Sicht der für ihn verbindlichen Normen. Sie sind das unverrückbare Korsett, das einem Sachverhalt angelegt wird. Paßt er hinein, so kommen die Normen zur Anwendung, was bestimmte Resultate ergibt. Paßt er nicht, so fehlt es an anwendbaren Regeln und das vielleicht dringend erhoffte Resultat bleibt aus. Erscheint dieses Ergebnis unerträglich, so kann letzten Endes allenfalls der Gesetzgeber eingreifen und ein anderes Korsett schmieden.

Betrachtet man beide Positionen, so erscheint es geradezu zwingend, daß sich Recht und Informatik schwer miteinander tun[1]: Es stoßen buchstäblich zwei Welten aufeinander, die die Spielregeln der jeweils anderen Welt letztlich kaum akzeptieren können.

---

1 Zu den besonders großen Verständnisschwierigkeiten zwischen Jurist und Informatiker auf dem Gebiet des Strafrechts siehe Ehmann in Pohl/Weck, Einführung in die Informationssicherheit, München 1993, S. 53-56.

2.   Grenzen des Zugriffs auf vorhandene Erkenntnisse

Den beschriebenen Konflikt bewältigen die Informatiker - so scheint es zumindest dem Juristen - oft so, daß sie sich über das rechtliche Normensystem erhaben fühlen, ihm eine gewisse Unvernunft attestieren und meinen, es ignorieren zu können.

Als sinnvolle Konfliktbewältigung erscheint das nicht. Das wird dem Informatiker zumindest dann schmerzlich bewußt, wenn sein Erkenntnisstreben mit rechtlichen Mitteln gebremst wird, wenn ihm das Recht gewissermaßen "auf die Finger klopft".

Ein gutes Beispiel hierfür bietet die Zulässigkeit des Reverse Engineering[2]. Die Fragestellung lautet: Ist es gestattet, gegen den Willen des Berechtigten ein Programm zu analysieren, um seine Struktur, seine Arbeits- und Herstellungsweise zu erschließen und diese Erkenntnisse dann in einem neuen, eigenen Programm zu verwenden?

Der Informatiker wird antworten: Das muß zumindest dann zulässig sein, wenn es für meine Arbeit aus einem vernünftigen Grund notwendig ist. Der Jurist muß einen anderen Ansatz wählen und fragen, ob es Rechtsgrundsätze gibt, die dieses Vorgehen erlauben oder verbieten. Wird es erlaubt, hat der Informatiker Glück gehabt. Wird es verboten, ist es sein Pech.

Um einen etwas hinkenden Vergleich zu gebrauchen: Allein mein Bedarf an Geld berechtigt mich nicht, von der nächsten Bank den entsprechenden Betrag zu fordern. Ich muß vielmehr darlegen können, daß die Bank mir etwas schuldet.

Ob er es schätzt oder nicht: Der Informatiker muß zur Kenntnis nehmen, daß das Recht den Zugang zu Informationen steuert, die für seine Arbeit relevant sein können.

3.   Grenzen der Verwertung eigener Erkenntnisse

Die Interessenslage des Informatikers wandelt sich dramatisch, wenn seine Arbeit Erfolg gehabt und zu wirtschaftlich verwertbaren Ergebnissen geführt hat.

Er, der eben vielleicht noch den freien Zugang zu allem gefordert hat, was er für seine Arbeit braucht, strebt nun nach der Monopolisierung seiner Arbeitsergebnisse.

Es ist gewissermaßen dieselbe Fragestellung wie vorhin, nur aus einer anderen Sicht: Muß ich den freien Zugriff anderer auf meine Informationen dulden? Muß ich beispielsweise

---

2   Eingehend dazu siehe Wiebe, Reverse Engineering und Geheimnisschutz von Computerprogrammen, COMPUTER UND RECHT (CR) 1992, 134 ff; zu den Auswirkungen der EG-Softwarerichtlinie vgl. ferner Lehmann, CR 1992, 324, 327.

mitansehen, wie andere mein Programm dekompilieren? Auch darüber entscheidet das Recht:

Der Informatiker muß es hinnehmen, daß das Recht darüber entscheidet, ob andere auf seine Arbeitsergebnisse zugreifen dürfen oder nicht.

4. Europäische Aspekte

Nachgerade zur Verzweiflung treiben kann es den Informatiker, wenn die nationalen Rechtsordnungen auf dieselben Fragen unterschiedliche Antworten geben: Land A erlaubt die Dekompilierung, Land B dagegen nicht[3].

Die Arbeit des Informatikers ist nicht ortsgebunden, noch sind es seine Arbeitsergebnisse. Nationale Grenzen sind beim Rechnerverbund kein Thema und angesichts der Satellitentechnik wäre es noch nicht einmal technisch möglich, ein Überschreiten der nationalen Grenzen wirksam zu verhindern.

Europaeinheitliche Regeln kommen dieser Situation entgegen, sie entsprechen dem Wesen informationstechnischer Arbeit. Nähert sich der Informatiker dem Recht, so erscheint schon aus diesem Grund das EG-Recht der geeignete Ansatzpunkt.

II. Strategie der EG-Kommission

1. Konzeptioneller fachlicher Ansatz

Die zahlreichen Projekte und Initiativen der EG auf dem Gebiet der Informations- und Kommunikationstechnologien verstellen in ihrer Fülle oft den Blick dafür, daß die Kommission nach einem sehr langfristig angelegten konzeptionellen Ansatz vorgeht. Dem Beobachter schwirrt geradezu der Kopf von den vielen Abkürzungen wie ECHO, IMPACT und ESPRIT und er weiß gar nicht mehr, wie alles zusammengehört.

Das ist kein Wunder, füllt ein Gesamtüberblick über alle Bestrebungen der EG im IuK-Bereich doch immerhin eine Broschüre von über 70 Seiten[4]. Für unsere Zwecke genügt es,

---

3   Instruktiv dazu der Vergleich Bundesrepublik Deutschland / USA bei Wiebe (FN 2)

4   Informations- und Kommunikationstechnologien - Die Rolle Europas. Luxemburg, Amt für amtliche Veröffentlichungen der Europäischen Gemeinschaften, 1991 (ISBN 92-826-2408-0), siehe dazu auch die Kurzmeldung CR 1992, 252.

sich die vier tragenden Säulen vor Augen zu halten, nämlich

- Elektronik- und Informatikindustrie
- Telekommunikation
- Informationsdienste[5]

und, für uns besonders wichtig der vierte Punkt:

- horizontale Maßnahmen wie Normungsinitiativen[6], Datenschutzinitiativen.

2. Rolle "horizontaler Maßnahmen"

Die EG-Kommission hat voll erkannt, daß die besten technischen Ansätze nichts helfen, wenn es an den erforderlichen Rahmenbedingungen fehlt.

Diese Rahmenbedingungen sind sehr oft entweder direkt oder zumindest mittelbar rechtlicher Art. Von mittelbarer rechtlicher Art kann man etwa bei Normierungsvorhaben sprechen. Sie verfolgen primär natürlich ein technisches Ziel, nämlich die Schaffung einer einheitlichen technischen Basis im Sinne von Kompatibilität. Erreicht wird dieses Ziel aber nur, wenn die Beachtung der Normen verbindlich ist und das wiederum bedeutet, daß sie rechtlich verbindlich sein müssen.

Rahmenbedingungen mit unmittelbarem rechtlichen Gehalt sind vor allem solche, die den Zugriff auf vorhandene Erkenntnisse und deren Verwertung entweder erlauben oder verbieten. Sie sollen uns besonders interessieren und stehen deshalb im folgenden im Mittelpunkt.

3. Aktuelle horizontale Maßnahmen

Es erscheint weder erforderlich noch sinnvoll, alle rechtlichen horizontalen Maßnahmen darzustellen. Vielmehr genügt es, die derzeit besonders aktuellen Initiativen herauszugreifen und zu erläutern, was sie bezwecken und mit welchen Mitteln sie ihre Ziele zu erreichen

---

5   Zu den einschlägigen Initiativen der EG siehe den Gesamtüberblick von Steven, Gemeinsamer europäischer Informationsmarkt - Initiativen der Gemeinschaft, CR 1991, 48 ff; ein Einzelbeispiel (Programm IMPACT 2) bietet CR 1992, 251.

6   Siehe dazu den Überblick von Höller, Europäische Normungspolitik, CR 1993, 40.

suchen. Dabei erscheinen drei Initiativen besonders wichtig, nämlich

- die Softwarerichtlinie
- die Datenbankrichtlinie und
- das Maßnahmenbündel zum Datenschutzrecht.

Eine Zusammenschau dieser Maßnahmen wird zeigen, daß die Kommission auch bei ihren horizontalen Initiativen ganz gezielt vorgeht und daß sie sich durchaus zu einem sinnvollen Gesamtgefüge ergänzen.

III. Softwarerichtlinie

1. Stand des Verfahrens

Die Softwarerichtlinie oder - wie sie vollständig heißt - die "Richtlinie über den Rechtsschutz von Computerprogrammen" datiert vom 14. Mai 1991[7]. Der nationale Gesetzgeber, in der Bundesrepublik also der Bundestag, ist verpflichtet, diese Richtlinie in nationales Recht umzusetzen. Das bedeutet: Er muß die vorhandenen nationalen Vorschriften so abändern, daß sie richtlinienkonform sind oder er muß - wenn die Materie bisher nicht im nationalen Recht geregelt ist - entsprechende Vorschriften neu schaffen.
Beides geschieht im Augenblick dadurch, daß das deutsche Urheberrechtsgesetz entsprechend modifiziert wird[8]. Sobald das Gesetzgebungsverfahren abgeschlossen ist, sind diese durch die EG-Richtlinie veranlaßten Bestimmungen als gesetzliche Vorschriften zwingend zu beachten.

2. Bedeutung der Richtlinie für das deutsche Recht

Eine Kernbestimmung der Richtlinie besteht darin, daß der Gesetzgeber Computerprogrammen im Normalfall einen rechtlichen Schutz angedeihen lassen muß. "Im Normalfall"

---

7   EG-ABl Nr. L 122 S.42

8   Einzeldarstellungen in den zwei Beiträgen von Schulte, Der Referentenentwurf eines Zweiten Gesetzes zur Änderung des Urheberrechtsgesetzes, CR 1992, 588 ff und CR 1992, 648 ff; Textauszüge aus dem Entwurf: CR 1992, 383/384.

bedeutet dabei: stets dann, wenn sie das Ergebnis einer individuellen geistigen Schöpfung sind. Trivialprogramme, die jeder aufgeweckte Computer-Kid im Handumdrehen erstellen kann, bleiben also ungeschützt.

Ein Laie, der diese Aussage arglos betrachtet, mag sich vielleicht wundern und fragen, was am grundsätzlichen Schutz von Computerprogrammen so Sensationelles dran ist. Jeder Dreigroschenroman genießt doch seit jeher Urheberrechtsschutz und Computerprogramme bisher etwa nicht.

Nun, viele Leser werden wissen, daß es daran bisher tatsächlich fehlt. Nach einer viel kritisierten Rechtsprechung des Bundesgerichtshofs[9] genießt ein Programm erst dann Urheberrechtsschutz, wenn in ihm mehr zum Ausdruck kommt als das gewöhnliche Durchschnittskönnen eines Programmierers.

Insofern bedeutet die Richtlinie eine Revolution für den Urheberrechtsschutz von Programmen: Künftig besteht regelmäßig ein solcher Schutz.

3. Wesentliche Einzelbestimmungen

Um zu zeigen, daß die ins nationale Recht umgesetzten Bestimmungen der Richtlinie unmittelbare Bedeutung für die tägliche Arbeit des Informatikers haben, seien einige Einzelbestimmungen herausgegriffen[10]:

- Die Erstellung einer Sicherungskopie darf nicht vertraglich untersagt werden, wenn die Kopie für die Benutzung des Programms erforderlich ist.
- Eine Dekompilierung ist zulässig, wenn sie dazu dienen soll, die Interoperabilität eines unabhängig geschaffenen Computerprogramms mit anderen Programmen zu erhalten. Allerdings ist die Dekompilierung auf diesen Zweck begrenzt und muß sich auf das dazu Notwendige beschränken.
- Werden Programme im Rahmen eines Arbeitsverhältnisses geschaffen, so stehen die Rechte daran grundsätzlich dem Arbeitgeber zu.

Diese Einzelbestimmungen geben durchweg Antwort auf Fragen, die immer wieder gestellt

---

9 BGH CR 1985, 22 ff ("Inkassoprogramm") und BGH CR 1991, 80 ff ("Betriebssystem")

10 Zu weiteren Details siehe vor allem Lehmann (FN 2) und Wiebe (FN 8) jeweils mit weiteren Nachweisen.

werden, die sich aber gleichwohl bisher kaum oder nur ungenügend beantworten ließen. Somit dient die Richtlinie sehr stark einer EG-weiten Rechtsklarheit, mag man die Regelungen inhaltlich begrüßen oder auch nicht.

IV. Datenbankrichtlinie

1. Stand des Verfahrens und rechtliche Einordnung der Richtlinie

Im Mai 1992 hat die EG-Kommission einen Vorschlag für eine Richtlinie zur Vereinheitlichung des Rechtsschutzes von Datenbanken vorgelegt[11].

Der sachliche Zusammenhang mit der schon erörterten Richtlinie für den Schutz von Programmen liegt auf der Hand. Beide Maßnahmen bezwecken eine partielle Vereinheitlichung des Urheberrechts in der EG, vor allem insoweit, als es sich auf die Materie "Datenverarbeitung" bezieht. Dennoch sind Sachstand und auch Umfeld bei beiden Initiativen ganz unterschiedlich:

-   Die Datenbankrichtlinie ist bisher ein bloßer Entwurf. Ob sie jemals rechtsverbindlich wird, ist also offen.
-   So etwas wie ein "Datenbankrecht" gibt es zumindest in der Bundesrepublik noch nicht. Eine einschlägige Rechtsprechung existiert ebensowenig, wie einschlägige gesetzliche Vorschriften. Insofern stößt die Richtlinie in ein gewisses Vakuum hinein.

2. Reaktion der juristischen Fachwelt

Das Echo auf den Richtlinienentwurf fällt zwiespältig aus, und zwar aus grundsätzlichen Erwägungen. Es ist nämlich umstritten, ob ein solches Sonderrecht für Datenbanken überhaupt notwendig erscheint oder ob man darauf nicht auch verzichten und stattdessen die schon vorhandenen, allgemeinen Regeln des Urheberrechts anwenden könnte.

Das Für und Wider soll hier nicht näher diskutiert werden, gleichwohl ist schon die Fragestellung an sich hochinteressant, erscheint sie doch als "typisch juristisch".

Der Informatiker wird es regelmäßig bevorzugen, für einen bestimmten sachlichen Problem-

---

11 Ausführlich dazu mit zahlreichen Nachweisen Hoebbel, EG-Richtlinienentwurf über den Rechtsschutz von Datenbanken - Ein Überblick, CR 1993, 12 ff.

kreis - hier: den Schutz von Datenbanken - Sonderregelungen vorzufinden, die explizit darauf zugeschnitten sind. Das macht die Regelungen konkreter und leichter faßlich.

Den Jurist beschleicht bei solchen Sonderregelungen immer ein gewisses Unbehagen. Er befürchtet, daß die systematische Klarheit verlorengeht und auch, daß Abgrenzungsprobleme zwischen verschiedenen Sonderregelungen auftreten, denn nicht jeder Sachverhalt läßt sich ohne weiteres in die vorhandenen rechtlichen "Kästchen" einsortieren.

Insofern zeigt sich hier erneut die sehr unterschiedliche Art, in der man in den verschiedenen Welten an einen Problemkreis herangeht.

3.   Wesentlicher Inhalt des Entwurfs

Besondere Beachtung verdient der Schutz gegen die "unfaire Übernahme" von Datenbankinhalten, die der Entwurf schaffen will[12].

Etwas derartiges kennt unsere Rechtsordnung nicht. Um was geht es? Die Bezeichnung legt zunächst den Gedanken nahe, daß der Datenbankinhaber geschützt werden soll. In der Tat verfolgt die Regelung <u>auch</u> diesen Zweck. Daneben hat sie aber durchaus auch die Interessen der (potentiellen) Datenbanknutzer im Auge: Sie müssen zwar unfaire Übernahmen unterlassen. Eine faire Übernahme jedoch darf ihnen nicht verwehrt werden. Das geht soweit, daß sie Anspruch auf eine Zwangslizenz haben sollen, wenn sie benötigte Datenbankinhalte anderweitig nicht erhalten können.

Im Kern geht es also darum, widerstreitende Interessen beim Zugriff auf Datenbanken zu einem fairen Ausgleich zu bringen und die dafür notwendigen Spielregeln zu schaffen: Monopolisierung ist ebenso unzulässig wie Raubrittertum!

4.   Weitere Entwicklung

Ob und wann die Richtlinie verabschiedet wird, ist - wie gesagt - ungewiß. Sachlich jedenfalls scheint eine baldige Verabschiedung wünschenswert.

---

12 Siehe Hoebbel (FN 11), S. 17.

V. Maßnahmenbündel zum Datenschutzrecht

1. Bestandteile und Verfahrensstand

Eine äußerst lebhafte Diskussion hat sich zum "Datenschutzpaket" der EG-Kommission entwickelt[13]. Wesentliche Bestandteile sind die sog. "allgemeine Datenschutzrichtlinie"[14] und die Richtlinie zum Datenschutz bei ISDN[15].

Beide Richtlinien befinden sich im Stadium des Entwurfs, sind also noch nicht verbindlich. Es wird offiziell angestrebt, sie im Jahr 1995 in Kraft treten zu lassen.

Um die ISDN-Richtlinie ist es in der letzten Zeit eher ruhig geworden. Gerüchte sprechen davon, daß die EG-Kommission diesen Entwurf vielleicht sogar zurückziehen werde. Ganz anders sieht es bei der allgemeinen Datenschutzrichtlinie aus. Sie wurde bereits in den wichtigsten EG-Gremien behandelt[16] und als Reaktion auf die zum Teil doch recht deutliche Kritik hat die EG-Kommission einen geänderten Entwurf vorgelegt. Man darf vermuten, daß er weitgehend in dieser Form verbindlich werden wird.

2. Reaktion der juristischen Fachwelt

Datenschutzdiskussionen tragen in der Bundesrepublik vielfach ideologische Züge und werden mitunter auch emotional geführt. So verwundert es nicht, daß die Novellierung des "alten BDSG" aus dem Jahr 1977 nur mühsam vonstatten ging. Das Ergebnis der Bemühungen, das BDSG 1990/1991, enthält viele Kompromisse und auch manche Inkonsequenz. Gleichwohl war allenthalben deutliche Erleichterung spürbar als es endlich gelang, zumindest dieses Gesetz zu verabschieden. Umso erschreckter fällt nunmehr die Reaktion darauf aus, daß die EG-Datenschutzrichtlinie wohl eine Totalrevision des Bundesdaten-

---

13 Einen eher referierenden Überblick bieten Wind/Siegert, Entwurf für eine EG-Richtlinie zum Datenschutz, CR 1993, 46 ff; stärker problemorientiert Schneider, Die EG-Richtlinie zum Datenschutz, CR 1993, 35 ff.

14 1. Entwurf siehe ABl. EG Nr. C 277/3 vom 5.11.1990; geänderter Vorschlag siehe ABl. EG Nr. C 311/30 vom 27.11.1992.

15 Die erste Fassung aller Bestandteile des Pakets sind zusammengefaßt in der BR-Drs. 690/90.

16 Knappe Zusammenfassung des Beratungsgangs bei Ellger, Datenexport in Drittstaaten, CR 1993, 2 ff.

schutzgesetztes erfordern wird. Vertraute Rechtsinstitute wie der betriebliche Datenschutz-
beauftragte sind gefährdet und auch materiell wird sich vieles ändern, etwa bei der Regelung der grenzüberschreitenden Datenübermittlung.

3. Beispiele wesentlicher Inhalte

Wie tiefgreifend die Auswirkungen der Datenschutzrichtlinie sein werden, soll an zwei
Beispielen gezeigt werden, nämlich am betrieblichen Datenschutzbeauftragten[17] und bei der
grenzüberschreitenden Datenübermittlung.

Die Institution des betrieblichen Datenschutzbeauftragten kann man bisher ohne Über-
treibung als ein Kernstück des deutschen Datenschutzrechts bezeichnen. Das Bundesdaten-
schutzgesetz geht davon aus, daß die speichernde Stelle selbst für die Einhaltung des
Datenschutzes in ihrem Bereich sorgt, wobei dem Datenschutzbeauftragten eine Schlüsselrolle zukommt. Die staatlichen Datenschutzaufsichtsbehörden greifen dagegen eher punktuell
ein, wenn ein Unternehmen lediglich Daten für eigene Zwecke verarbeitet (Lohnbuchhal-
tung, Kundenkartei) normalerweise nur dann, wenn sich ein Betroffener beschwert (zu den
Einzelheiten siehe § 38 Abs. 1 BDSG).

Die EG-Datenschutzrichtlinie wird hier einen "Vorzeichenwechsel" vornehmen. Künftig gilt,
daß prinzipiell jede Verarbeitung personenbezogener Daten einer staatlichen Aufsichtsbehörde gemeldet werden muß ("Registriermodell"). Das soll es der Aufsichtsbehörde
ermöglichen, präventiv einzugreifen. Zwar ist eine ganze Reihe Ausnahmen von der
Meldepflicht vorgesehen, das ändert aber nichts daran, daß künftig die Meldepflicht als
Grundsatz besteht.

Es liegt auf der Hand, daß bei einem solchen System die Funktion und die Rolle des
betrieblichen Datenschutzbeauftragten in jedem Fall leiden werden. Das gilt unabhängig von
der weitergehenden - und wohl zu verneinenden - Frage, ob der Gesetzgeber den betrieblichen Datenschutzbeauftragten überhaupt noch als Pflichteinrichtung vorsehen darf.

Ähnlich drastisch werden die Folgen der EG-Datenschutzrichtlinie für den grenzüberschreitenden Datenverkehr sein[18]. Es ist bekannt, daß sich heute noch keinerlei Konsens
dazu gebildet hat, unter welchen konkreten Voraussetzungen Daten ins Ausland übermittelt
werden dürfen. Künftig soll gelten: Innerhalb der EG ist jede Datenübermittlung frei, sofern

---

17 Siehe dazu die Meldung CR 1992, 638 und nunmehr ausführlich Geis, Die europäische
    Perspektive des betrieblichen Datenschutzbeauftragten, CR 1992, 31 ff.

18 Ellger, Datenexport in Drittstaaten, CR 1993 2ff.

die Voraussetzungen der EG-Datenschutzrichtlinie eingehalten sind. Das schafft ein Stück bisher fehlender Rechtssicherheit.

VI. Resumé

Die wenigen Beispiele dürften ausreichend gezeigt haben, daß die EG das gesamte Recht rund um die EDV bereits jetzt ganz entscheidend prägt. Bereits in zwei bis drei Jahren wird der Satz gelten: EDV-Recht ist EG-Recht!
Bei aller Kritik an Details ist diese Entwicklung vom Grundsatz her sehr zu begrüßen. Da die EDV ihrem Wesen nach nicht an nationale Grenzen gebunden ist, kann es beim EDV-Recht nicht anders sein.

IT-Sicherheitsberatung von Anwendern
durch das Bundesamt für Sicherheit in der Informationstechnik

(Konzeption, Maßnahmen und Erfahrungen)

Die Beratung von IT-Anwendern in Fragen der Sicherheit in der Informationstechnik ist eine zentrale Aufgabe des Bundesamtes, die aufgrund der zunehmenden Bedeutung der IT-Sicherheit in der Bundesverwaltung eine immer größere Rolle spielt. Da der Beratungsansatz aufgabenorientiert zu sehen ist, sind alle Sicherheitsaspekte bei Anwendung der IT - also einschließlich die der Umfeldsicherheit - zu berücksichtigen.

Um dem großen Beratungsbedarf innerhalb der Bundesverwaltung Rechnung tragen zu können, wurde mit Gründung des Bundesamtes insbesondere der Aufbau der Beratung forciert. Die Darstellung der zugrundeliegenden Konzeption, das wie folgt untergliedert werden kann

- Rechtliche Grundlagen der Beratung
- Grundsätze der Beratung
- Aufgabenwahrnehmung
  (Ausbildung, Arbeitsschwerpunkte, Zusammenarbeit)

ist der Teil des Vortrages.

Hilfsmittel fü die Risikoanalyse ist das im Juli 1992 vom BSI herausgegebene IT-Sicherheitshandbuch, das den Bundesbehörden bei der Erstellung der IT-Sicherheitskonzepte zur Orientierung empfohlen wird. Über die Erfahrung und Anwendung dieses Handbuches, das in der öffentlichen Diskussion teilweise erhebliche Kritik erfahren hat, wird ebenfalls berichtet werden. Zum Zeitpunkt des Vortrages sind hierzu eingehende Aussagen möglich, da die im Rahmen der Erstellung der IT-Sicherheitskonzepte das IT-Sicherheitshandbuch von zahlreichen IT-Anwendern erprobt worden ist.

Zum Abschluß ist ein Ausblick auf Vorstellung zur Weiterentwicklung der Methodik der Risikoanalyse im speziellen wie auch der Konzeption des Risikomanagements im allgemeinen vorgesehen.

Regelbasierte Zugriffskontrolle in einem Client-Control-Server-Modell

W. Storz, FGAN / FFM, D-5307 Wachtberg

Zusammenfassung

Informationssysteme werden in Zukunft modular aus Einzelkomponenten aufgebaut sein, die jeweils Client- oder Serverfunktionen erfüllen und die entsprechend dem Client-Server-Modell kooperieren. Um zu sicheren Informationssystemen zu gelangen, ist es notwendig Sicherheitskomponenten in die Systemstruktur einzubringen. Es wird daher vorgeschlagen, das Client-Server-Modell auf ein Client-Control-Server-Modell zu erweitern. Für dieses Client-Control-Server-Modell wird die Anwendung regelbasierter Zugriffskontrolle (Mandatory Access Control) in einem Informationssystem diskutiert. Als Sicherheitsmechanismen werden Informationsflußkontrolle und Zugriffskontrollisten eingesetzt. Es wird erläutert an welcher Stelle des Systems diese Sicherheitsmechanismen angesiedelt sind und wie sie zusammenwirken.

1 Einleitung

Im Aufgabengebiet Computersicherheit konzentrierten sich die Untersuchungen in der Vergangenheit auf die Bereiche "Sichere Betriebssysteme" [KAR91] und "Sichere Datenübertragung" [JAN91]. Neuere Untersuchungen befassen sich auch mit sicheren Komponenten von Anwendungssystemen z.B. mit sicheren Datenbanksystemen [LAN88], [LUN90]. Dagegen liegen im Bereich "Sichere Informationssysteme", die ihrerseits eine Mehrzahl derartiger sicherer Komponenten von Anwendungssystemen umfassen, noch wenig Untersuchungsergebnisse vor.

Sichere Systeme sollen im europäischen Rahmen mit den "Kriterien für die Bewertung der Sicherheit von Systemen der Informationstechnik (ITSEC)" [ITS91] beurteilt werden. Diese Kriterien enthalten für die Spezifikation sicherheitsspezifischer Funktionen eine Liste acht generische Oberbegriffe. Die hier vorliegende Untersuchung beschränkt sich fast ausschließlich auf die unter dem Begriff "Zugriffskontrolle" aus dieser Liste anfallenden Probleme. Bei der Zugriffskontrolle unterscheidet man zwei Politiken:

- Benutzerdefinierbare Zugriffskontrolle (Discretionary Access Control, DAC),
- Vorgeschriebene, regelbasierte Zugriffskontrolle (Mandatory Access Control, MAC).

Bei benutzerdefinierbarer Zugriffskontrolle (DAC) können im allgemeinen der Eigentümer und der Administrator über die Vergabe von Zugriffsrechten entscheiden. Bei regelbasierter Zugriffskontrolle (MAC) steht die Informationsflußkontrolle nach globalen Regeln im Vordergrund. Bei Großorganisationen spielt die letztere Form der Zugriffskontrolle eine wichtige Rolle. Es wird daher in den folgenden Untersuchungen ausschließlich die Nutzung der regelbasierten Zugriffskontrolle in Informationssystemen betrachtet.

Zur Durchführung der regelbasierten Zugriffskontrolle benötigt man einen Verband von Sicherheitskategorien [DEN82, S. 273]. Es ist üblich [ITS91, S. 127], [DEN82, S. 275] dazu das kartesische Produkt eines linearen und eines nichtlinearen Verbandes zu verwenden. Auch hier soll so verfahren werden. Dabei wird offengelassen, ob für den nichtlinearen Verband gegenüber den Ansätzen aus [ITS91] und [DEN82] ein erweiterter Verband z.B. entsprechend [STO78] verwendet wird. In einem solchen Verband von Sicherheitskategorien (in ITSEC wird anstelle von "Sicherheitskategorie" die Bezeichnung "Attribut" verwendet) können zwei Elemente C_1 und C_2 auf folgende Weise verknüpft werden [EIS71]:

- Durch die Vergleichsoperationen "$\leq$"," $\geq$", "$>$", "$<$", "$=$" und
- durch die Operationen Supremum (kleinste obere Schranke) und Infimum (größte untere Schranke).

Bei den Vergleichsoperationen ist es üblich zu sagen "C_1 dominiert C_2" wenn $C_1 \geq C_2$ wahr ist. Bezeichnet M eine Menge von Sicherheitskategorien, dann sollen SUP M und INF M das entsprechende Supremum bzw. Infimum der angegebenen Sicherheitskategorien liefern.

Für die Durchführung der regelbasierten Zugriffskontrolle besitzt ein Subjekt zur Beschreibung seines Rechtes eine Sicherheitskategorie C_S. Ein Objekt besitzt als Schutz eine Sicherheitskategorie C_O. Wenn die Sicherheitskategorie des Subjekts (Recht, Ermächtigung) die Sicherheitskategorie des Objekts (Schutz, Einstufung) dominiert, d. h. $C_S \geq C_O$ gilt, dann ist ein Zugriff erlaubt.

Um zu einem sicheren Informationssystem zu gelangen, ist es erforderlich, die Sicherheitsfunktionen, die im folgenden diskutiert werden, vertrauenswürdig und korrekt zu implementieren. Dieses Problem wird hier nicht betrachtet. Es wird vorausgesetzt, daß eine derartige Implementierung möglich ist.

2   Einführung einer Systemstruktur

Für die Durchsetzung von regelbasierter Zugriffskontrolle wird meistens das Bell LaPadula Modell [BEL76] genutzt. Dieses folgt den Regeln:

- Lesender Zugriff eines Subjekts auf ein Objekt ist nur gestattet, wenn die Sicherheitskategorie des Subjekts die des Objekts dominiert.
- Schreibender Zugriff eines Subjekts auf ein Objekt ist nur gestattet, wenn die Sicherheitskategorie des Objekts die des Subjekts dominiert [ITS91, S. 127].

Die beiden Regeln sind in Bild 2-1 zusammenfassend dargestellt.

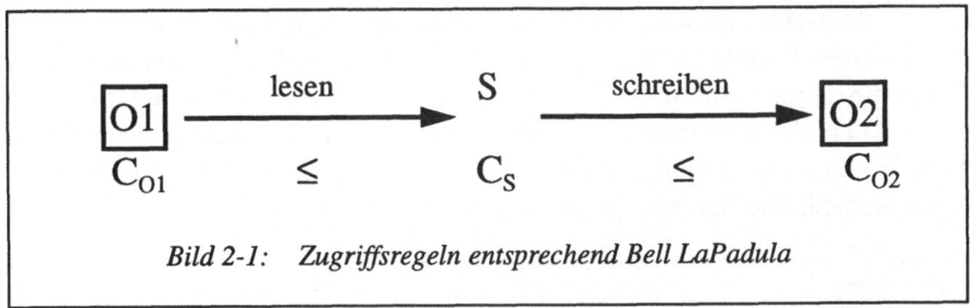

Bild 2-1:   Zugriffsregeln entsprechend Bell LaPadula

Dieses Verfahren führt zwar zu einer sicheren Behandlung des Lesezugriffs längs des Informationsflusses - alle Objekte, die S lesen darf sind in O2 ausreichend geschützt in bezug auf weitere Leseoperationen -, die Objekte werden aber i.a. höher eingestuft als notwendig. Kopiert z.B. S die Daten aus O1 nach einem leeren O2, ohne daß S vorher andere Daten gelesen hat, dann bräuchte die Sicherheitskategorie für den Lesezugriff nicht auf C_{O2} angehoben zu werden, der Schutz des Lesezugriffs mit C_{O1} reichte aus. Ein weiterer Nachteil der Regeln ist, daß der Schutz von Schreibzugriffen nicht ohne Auswirkung auf spätere Lesezugriffe spezifiziert werden kann.

Im vorliegenden Entwurf wird daher das Ziel verfolgt, die Lesezugriffe nicht statisch zu kontrollieren wie im Bell LaPadula Modell, sondern dynamisch längs des Informationsflusses zu verfolgen. Außerdem soll eine Kontrolle der Schreibzugriffe statisch an die Objekte gebunden sein. Zur Verfolgung des Informationsflusses in ein Objekt sind drei Fälle zu unterscheiden [DEN 82, S. 270, 281], [KEM91]:

- Expliziter Fluß: Ein Datum wird dem Objekt zugewiesen.
- Impliziter Fluß: In Abhängigkeit von einem Datum wird eine Zuweisung an das Objekt durchgeführt.
- Verdeckter Fluß: Impliziter Fluß, der aus der Betriebsmittelverwaltung im System resultiert.

Der Entwurf der Sytemstruktur hat zu berücksichtigen, wo welcher dieser Informationsflüsse auftritt. In Anlehnung an moderne Entwurfsprinzipien wird ein Informationssystem modular unterteilt werden. Außerdem sind am Markt vorhandene Softwaremodule (commercial off the shelf, COTS) so weit wie möglich im System zu verwenden. Derzeit sind als Module für ein Informationssystem zu berücksichtigen: Mailsystem, Datenbanksystem, Mensch-Maschine-Schnittstelle. Die Dienste dieser Module sind am besten über Server-Schnittstellen in das System zu integrieren. Es wird für ein Informationssystem daher folgende Client-Control-Server-Struktur vorgeschlagen (Bild 2-2). Es rufen n Benutzeraufträge (Clients) über eine Steuerung (Control) die Dienste von m Servern auf und erhalten jeweils die Antwort über die Steuerung zurück. Die Einführung einer zentralen Steuerung ist notwendig, um pro Benutzerauftrag eine Folge von Zugriffen auf unterschiedliche Server kontrollieren zu können.

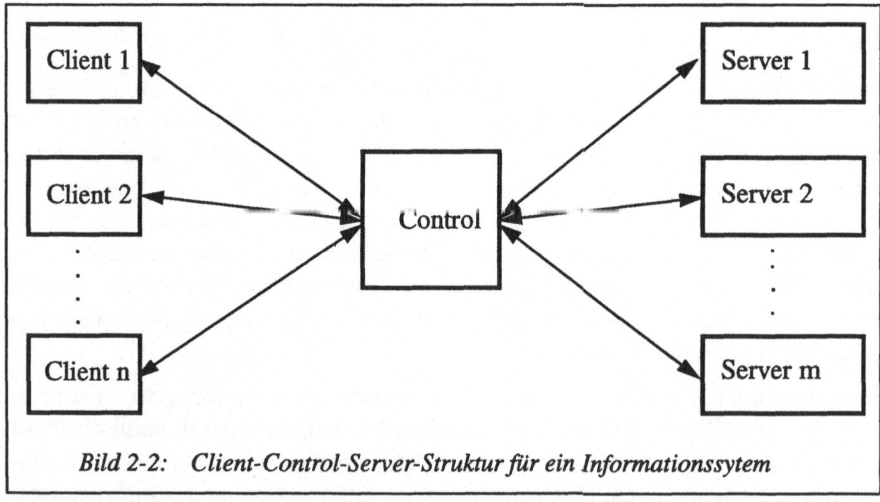

Bild 2-2:   Client-Control-Server-Struktur für ein Informationssytem

Zur Einbettung von Sicherheitsverfahren in das Informationssystem muß dieses einigen Randbedingungen genügen. Es wird vorausgesetzt, daß die Steuerung und die Server jeweils vertrauenswürdige und korrekte Module sind. Von den

Modulen für Benutzeraufträge (Clients), die von Anwendungsprogrammierern geschrieben werden, kann dies nicht angenommen werden. Eine direkte Kontrolle der Informationsflüsse ist daher nur in den Modulen Steuerung (Control) und Server möglich. Bezüglich der Informationsflüsse in diesem Modell stellen wir folgende Forderungen:

- Ein <u>Benutzerauftrag</u> erhält seine Daten ausschließlich über die Steuerung und liefert seine Daten ausschließlich an diese ab. Bei der Verwaltung der n parallelen Benutzeraufträge durch das Betriebssystem entstehen keine verdeckten Informationsflüsse zwischen den Benutzeraufträgen. Mit diesen Voraussetzungen läßt sich in der Steuerung überprüfen, zu welchen Daten ein Benutzerauftrag Zugriff erhält.

- Die <u>Steuerung</u> verkehrt einerseits ausschließlich mit den Benutzeraufträgen andererseits ausschließlich mit den Servern. Beim Durchschleusen und Verwalten der Aufforderungen an die Server sowie der Antworten an die Benutzeraufträge sei die Betriebsmittelverwaltung so organisiert, daß keine verdeckten Informationsflüsse zwischen Anforderungen und Antworten verschiedener Benutzeraufträge entstehen. Es wird weiter vorausgesetzt, daß bei der Verwaltung der Steuerung durch das Betriebssystem kein verdeckter Informationsfluß entsteht. Die Daten, die aus dem Server die Steuerung erreichen, sind mit zugehörigen Sicherheitskategorien für Lesezugriff versehen. Mit diesen Voraussetzungen ist es möglich in der Steuerung die Sicherheitskategorie des Informationsflusses in einen Benutzerauftrag bezüglich aller bisherigen Antworten auf die Serveraufrufe akkumulierend zu ermitteln. Die Aufrufe an den Server werden von der Steuerung mit den zugehörigen Sicherheitskategorien für den Lesezugriff versehen, so daß der Server den Informationsfluß weiterverfolgen kann.

- Ein <u>Server</u> tauscht mit Sicherheitskategorien versehene Daten mit der Steuerung aus. Darüberhinaus findet bei der Verwaltung der Objekte innerhalb des Servers auch ein verdeckter Informationsfluß statt zwischen Bearbeitungsinstanzen der Anforderungen unterschiedlicher Benutzeraufträge, wenn z.B. in einem Datenbanksystem ein Zurücksetzen aufgrund einer Betriebsmittelverklemmung erfolgt. Im Server sind also expliziter und impliziter sowie verdeckter Informationsfluß operationsspezifisch für alle Anforderungen zu verfolgen.

Mit diesen Voraussetzungen ist eine dynamische Verfolgung des Informationsflusses zur Regelung der Lesezugriffe möglich.

Des weiteren ist nun noch die Kontrolle der Schreibzugriffe zu regeln. Jeder Server besitzt eine eigene Objektstruktur: Das Mailsystem Mailboxen, das Datenbanksystem Relationen, die Mensch-Maschine-Schnittstelle Dialogobjekte. Auf diesen Objekten führen die Server objektspezifische Operationen aus. Es wird vorausgesetzt, daß jedes Objekt (z.B. Mailbox) eine Menge von Teilobjekten (z.B. Mailexemplare) enthält und daß die Operationen UPDATE, INSERT, DELETE und SELECT ausreichend sind zur Objektbearbeitung. Führt man für alle diese Operationen objektspezifische Zugriffskontrollisten ein, dann erhält man über die Zugriffskontrollisten für UPDATE, INSERT, DELETE die gewünschte Kontrolle der Schreibzugriffe und über die Zugriffskontrolliste für SELECT eine zusätzliche statische Kontrolle des Lesezugriffs, die mit der dynamischen Kontrolle des Informationsflusses zu <u>einer</u> Lesezugriffskontrolle integriert werden muß. Die so eingeführten Zugriffskontrollisten werden ausschließlich in den Servern geführt und benutzt. In der Steuerung, wo Anforderungen an Server und Antworten von Servern durchgeschleust werden, existieren keine Zugriffskontrollisten. In der Steuerung wird ausschließlich die oben diskutierte Informationsflußkontrolle in bezug auf den Lesezugriff durchgeführt.

Für die Zugriffskontrollisten wird noch die Nebenbedingung eingeführt, daß ein Subjekt einen Schreibvorgang nur ausführen darf, wenn es anschließend mit den Kontrollen des Lesezugriffs die geschriebenen Informationen auch wieder lesen darf.

Mit dem beschriebenen Verfahren erhält man ein Informationssystem mit sicherer Verfolgung des Informationsflusses für Lesezugriff sowie eine sichere Kontrolle der Schreibzugriffe in den Servern. Es muß angemerkt werden, daß mit dem derzeitigen Stand der Technik bei der Erstellung sicherer Systeme die Forderung nach Vertrauenswürdigkeit der Module Steuerung und Server noch nicht erfüllt werden kann. Dieses gilt ebenso für die Forderung, daß für bestimmte Module keine verdeckten Kanäle existieren. Es handelt sich dabei jedoch um ein getrennt zu lösendes Problem, das hier nicht behandelt wird.

Im nächsten Abschnitt werden einige Sicherheitsverfahren dargestellt, deren Zusammenspiel in einem Informationssystem, wie es eben erläutert wurde, im dann folgenden Abschnitt aufgezeigt wird.

3　Sicherheitsverfahren

Für zwei Aufgaben sind Sicherheitsverfahren zu beschreiben: Zum einen für die Verfolgung des Lesezugriffs bei Informationsfluß zum anderen für die Schutzbehandlung eines Objektes im Server.

3.1　Schutz des Lesezugriffs für Zwischenobjekte

Werden im Server Objekte "O" oder Teilobjekte "o" verknüpft um neue Objekte zu schaffen, dann existieren im Verlauf der Verarbeitung Zwischenobjekte "i" (i für intermediate), die mit einer Sicherheitskategorie C_i für Informationsfluß bezüglich Lesezugriff zu schützen sind. Desgleichen stellen die Anforderungen und Antworten in der Steuerung derart zu schützende Zwischenobjekte dar. Werden nun zwei derartige Zwischenobjekte i1 und i2 mit den Sicherheitskategorien C_{i1} bzw. C_{i2} verknüpft, dann ist nach den Regeln des sicheren Informationsflusses [DEN82, S. 279] das Ergebnis zu schützen mit

$$C_i := SUP \ \{ C_{i1}, C_{i2} \} . \tag{3-1}$$

Zur Erleichterung der Lesbarkeit der Formeln ist die gewählte Notation in Abschnitt 6 zusammenfassend dargestellt.

3.2　Schutz für Objekte im Server

Objekte im Server bestehen jeweils aus einer Menge von Teilobjekten. Der Schutz berücksichtigt diese Struktur. Diese Objekte sind daher auf drei Arten geschützt:

- Global als ganzes Objekt,
- mit einer Sicherheitskategorie bezüglich Lesezugriff für jedes Teilobjekt und
- mit einer Zugriffskontrolliste für jede Operation, die den Zugriff zu den Teilobjekten regelt.

Der globale Schutz für ein Objekt O enthält folgende Komponenten:

C_S^{max}　　Um zu gewährleisten, daß alle Sicherheitskategorien des Objektes nicht eine bestimmte obere Grenze überschreiten, wird eine obere statische Grenze für den Zugriff von Subjekten eingeführt. Ein Subjekt erhält nur Zugriff auf das Objekt wenn gilt

$$C_S \leq C_S^{max}. \tag{3-2}$$

Mit $C_S^{max} = C_{O2}$ entspricht Test (3-2) dem Test für Schreibschutz im Bell LaPadula Modell, Bild 2-1.

C_O^{exist} Unabhängig vom Schutz von Objektinhalten ist das Wissen über die Existenz des Objektes mit einer statischen Sicherheitskategorie zu schützen. Zugriff ist nur erlaubt, wenn gilt

$$C_S \geq C_O^{exist}. \tag{3-3}$$

C_O^{flow} Diese dynamische Sicherheitskategorie dient dazu, impliziten Informationsfluß, der das ganze Objekt betrifft, bezüglich Lesen zu schützen. Wird z.B. ein Teilobjekt gelöscht, dann muß der entstehende implizite Informationsfluß durch Abänderung dieser Sicherheitskategorie geschützt werden. Zugriff ist nur erlaubt, wenn gilt

$$C_S \geq C_O^{flow}. \tag{3-4}$$

Weiter besitzt jedes Teilobjekt o eines Objekts O eine dynamische Sicherheitskategorie C_o^{flow} zur Aufnahme des Leseschutzes des teilobjektbezogenen Informationsflusses. Zugriff auf das Teilobjekt ist nur erlaubt, wenn gilt

$$C_S \geq C_o^{flow}. \tag{3-5}$$

Die dynamischen Sicherheitskategorien C_o^{flow} und C_O^{flow} werden immer dann gesetzt, wenn Informationsfluß in das Objekt stattfindet: C_o^{flow}, wenn der Informationsfluß auf das Teilobjekt beschränkt ist, C_O^{flow}, wenn der Informationsfluß nur dem globalen Objekt zuordenbar ist. Bei diesem Informationsfluß sind folgende Sicherheitskategorien für Lesezugriff zu berücksichtigen:

C_i^{req} Sicherheitskategorie der Anforderung aus der Steuerung (request).

C_o^{id} Sicherheitskategorie des impliziten Informationsflusses, entstanden durch das Lesen von Information zur Identifizierung (id) des Teilobjektes o, das durch den Schreibvorgang geändert werden soll. Dieser Lesevorgang zur Auswahl des Teilobjektes findet statt bei den Operationen UPDATE und DELETE.

C_o^{flow} Sicherheitskategorie des Teilobjektes, auf das ein Schreibvorgang ausgeführt werden soll vor Ausführung der Operation, nur vorhanden bei den Operationen UPDATE und DELETE.

Um die Änderung der dynamischen Sicherheitskategorien C_o^{flow} bzw. C_O^{flow} ohne Einführung weiterer Indizes für die Erfassung der zeitlichen Abhängigkeit der Operanden darstellen zu können, wird der Zuweisungsoperator ":=" eingeführt: Die Operanden im Ausdruck auf der rechten Seite bezeichnen die Werte vor der Schreiboperation. Mit Abschluß der Schreiboperation erhält der Operand der linken Seite den Wert des Ausdrucks zugewiesen. In Abhängigkeit vom Typ der Schreiboperation wird die Sicherheitskategorie C_o^{flow} bzw. C_O^{flow} damit in folgender Weise gebildet:

Bei UPDATE und INSERT ergibt sich ein Informationsfluß in das Teilobjekt.

- Man erhält bei UPDATE insgesamt einen Informationsfluß aus Anforderung, Identifizierung des Teilobjektes sowie noch verbleibenden Daten des Teilobjektes:

$$C_o^{flow} := SUP \ \{ C_i^{req}, C_o^{id}, C_o^{flow} \} . \qquad (3\text{-}6)$$

- Bei INSERT stammt der Informationsfluß nur aus der Anforderung:

$$C_o^{flow} := C_i^{req} . \qquad (3\text{-}7)$$

Wird das Teilobjekt mit DELETE gelöscht, dann kann zu diesem gelöschten Teilobjekt keine Sicherheitskategorie C_o^{flow} abgelegt werden. Es muß in diesem Fall die Sicherheitskategorie akkumulierend global beim Objekt in C_O^{flow} geführt werden und zwar in bezug auf Anforderung, Identifizierung des Teilobjektes und bisherige Sicherheitskategorie:

$$C_O^{flow} := SUP \ \{ C_i^{req}, C_o^{id}, C_O^{flow} \} . \qquad (3\text{-}8)$$

In den meisten Fällen wird die Identifizierung des zu bearbeitenden Teilobjektes mittels der Daten der Anforderung und der Daten aus dem Teilobjekt vor Durchführung der Operation erfolgen. Bei den Überlegungen zur Sicherheitsbehandlung in Abschnitt 4 wird diese spezielle Situation für C_o^{id} immer vorausgesetzt.

Der Globalschutz für ein Objekt sowie die Behandlung der dynamischen Sicherheitskategorien bezüglich Lesezugriff ist damit abgeschlossen. Es bleibt nun noch die Verwendung von Zugriffskontrollisten zu beschreiben.

Für jedes Teilobjekt o gebe es für jede der Operationen UPDATE, INSERT, DELETE und SELECT (abgekürzt durch upd, ins, del,sel) eine Sicherheitskategorie C_o^{op} mit op $\in$ {upd, ins, del, sel} zur Gewährleistung des operationsspezifischen Schutzes des Teilobjektes. Ein Subjekt mit der Subjektkategorie C_S darf auf das Teilobjekt o mit der Operation op zugreifen, wenn gilt $C_S \geq C_o^{op}$. Dieser operationsspezifische Schutz C_o^{op} soll aber nicht explizit mit jedem Teilobjekt geführt, er soll vielmehr mit Hilfe von Zugriffskontrollisten verwaltet werden.

Jeder Eintrag einer Zugriffskontrolliste enthält eine boolsche Bedingung $COND_o^{op}$ sowie einen zugehörigen Zugriffsschutz C_A^{op} (A für access). Die Bedingung $COND_o^{op}$ enthält Bezeichner von Elementen des Teilobjektes o, Bezeichner von Daten aus der Anforderung, sowie Konstanten. Bei der Schreiboperation UPDATE müssen die Bezeichner von Elementen des Teilobjektes angeben, ob sie sich auf das Teilobjekt vor (o_{bef} mit bef für before) oder auf eines nach (o_{aft} mit aft für after) der Operation beziehen. Die Bedingung selbst soll insgesamt nicht schutzbedürftig sein. Die Beziehung $COND_o^{op} = true$ beschreibt damit für eine bestimmte Operation op in Abhängigkeit von der Anforderung eine Teilmenge aller Teilobjekte o, auf die diese Operation op anwendbar ist. Das zur Bedingung gehörige C_A^{op} stellt für diese Teilmenge den Zugriffsschutz dar.

Die Zugriffskontrolllisten sollen nun allgemein eingeführt werden. Bezeichnet K^{op} die Menge aller Identifizierungen der Einträge einer Zugriffskontrolliste für eine bestimmte Operation op, dann lassen sich diese Zugriffskontrolllisten in folgender Form beschreiben:

$$\{ (C_A^{op}(k), COND_o^{op}(k)) \mid k \in K^{op}, op \in \{ upd, ins, del, sel \} \} . \tag{3-9}$$

Sind für ein Teilobjekt o, auf das mit der Operation op zugegriffen werden soll ein oder mehrere Bedingungen $COND_o^{op}(k)$ erfüllt, dann beschreiben die zugehörigen $C_A^{op}(k)$ den vorliegenden Zugriffsschutz. Für die zugehörigen Mengen von Identifizierungen k führen wir folgende Bezeichnung ein:

$$J_o^{op} = \{ k \mid COND_o^{op}(k) = true, k \in K^{op}, op \in \{upd, ins, del, sel\}\} . \tag{3-10}$$

Die Zugriffskontrolliste genüge nun stets der Bedingung, daß für jede der Zugriffsmöglichkeiten $j \in J_o^{op}$ gilt $C_A^{op}(j) \geq C_o^{op}$ d.h. daß der Zugriffsschutz stets mindestens so groß ist wie der für das Teilobjekt notwendige operationsspezifische Schutz. Soll der Zugriff erlaubt sein, muß also gelten

$$\forall j \in J_o^{op} : C_A^{op}(j) \geq C_o^{op} .$$

Dieser Ausdruck ist äquivalent mit

$$INF \{ C_A^{op}(j) \mid j \in J_o^{op} \} \geq C_o^{op} . \tag{3-11}$$

Gewährleistet man die Beziehung

$$C_S \geq INF \{ C_A^{op}(j) \mid j \in J_o^{op} \}, \tag{3-12}$$

dann ist mit (3-11) und (3-12) auch die Bedingung $C_S \geq C_o^{op}$ gewährleistet. Ein Subjekt mit der Sicherheitskategorie C_S darf daher über die Zugriffskontrolliste auf ein Teilobjekt o mit der Operation op zugreifen wenn (3-12) gilt. Ein restriktiverer Zugriffstest läßt sich aus obigem Test (3-12) direkt ableiten:

$$\exists\, j \in J_o^{op} : C_S \geq C_A^{op}\,(j)\,. \tag{3-13}$$

Dieser restriktivere Zugriffstest vermeidet die u.U. aufwendige Bildung des Infimum. Aus Effizienzgründen soll er daher für die Schreiboperationen verwendet werden: Ein Zugriff ist erlaubt für op $\in$ {upd, ins, del}, wenn Test (3-13) erfüllt ist.

Für die Leseoperation soll dagegen die Infimumbildung angewendet werden, da die sich ergebende Sicherheitskategorie in der Informationsflußkontrolle nach der Leseoperation in weiteren Verarbeitungsschritten noch weiterbenutzt wird. Beim Ausführen einer Leseoperation muß jedoch nicht nur der Zugriffstest nach (3-12) erfüllt sein, die Sicherheitskategorie des Subjekts C_S muß auch die sich aus dem Informationsfluß ergebende Sicherheitskategorie C_o^{flow} des Teilobjektes dominieren. Die Testbedingung für die Leseoperation op = sel erweitert sich damit zu

$$C_S \geq SUP\,\{\,C_o^{flow},\,INF\,\{\,C_A^{sel}(j)\mid j \in J_o^{sel}\}\,\}\,. \tag{3-14}$$

Teilobjekte, die diese Bedingung nicht erfüllen, werden beim Lesen ausgefiltert. Nach dem Lesen von Teilobjekten werden diese im Laufe der Weiterbearbeitung mit expliziter oder impliziter Information verknüpft. Um diese Verknüpfungen mit Informationsflußkontrolle verfolgen zu können, benötigt man für ein Teilobjekt, das dem Objekt entnommen wird, eine Sicherheitskategorie für den Leseschutz C_o^{read}. Das Teilobjekt erhält als Leseschutz die "höchste" Sicherheitskategorie zugewiesen, die den Zugriff entsprechend (3-14) erlaubt

$$C_o^{read} = SUP\,\{\,C_o^{flow},\,INF\,\{\,C_A^{sel}\,(j)\mid j \in J_o^{sel}\}\,\}\,. \tag{3-15}$$

Diese Sicherheitskategorie ist Basis für die weitere Informationsflußkontrolle.

Zwischen den für Objekte im Server eingeführten Sicherheitskategorien sollen zum Abschluß noch folgende Bedingungen eingeführt werden: Die maximale Sicherheitskategorie eines zugreifenden Subjekts muß dominieren

- die Sicherheitskategorie, die die Objektexistenz schützt
$$C_S^{max} \geq C_O^{exist}, \tag{3-16}$$

- alle Sicherheitskategorien in den Zugriffskontrollisten aller Operationen
$$\forall k \in K^{op},\ \forall op \in \{upd, ins, del, sel\} : C_S^{max} \geq C_A^{op}\,(k)\,, \tag{3-17}$$

- die Sicherheitskategorien für Informationsfluß aller Teilobjekte
$$\forall o \in O : C_S^{max} \geq C_o^{flow}\,, \tag{3-18}$$

- die Sicherheitskategorie für impliziten Informationsfluß in das Objekt
$$C_S^{max} \geq C_O^{flow}\,. \tag{3-19}$$

Sind diese Bedingungen erfüllt und schließen die Bedingungen COND_o^{op} in den Zugriffskontrollisten nicht Teilobjekte vom Zugriff grundsätzlich aus, dann ist sichergestellt, daß man zum Zugriff auf alle Teilobjekte höchstens eine Sicherheitskategorie C_S benötigt, die gleich C_S^{max} ist. Die Bedingungen (3-16) und (3-17) werden bei der Einrichtung des Objektes bzw. bei der Einrichtung der Zugriffskontrollisten getestet. Die Bedingungen (3-18) und (3-19) werden vor der Ausführung von Schreiboperationen überprüft (s. Abschnitt 4.2.2).

4 Struktur des Sicherheitssystems

In Abschnitt 2 wurde für das Informationssystem ein Client-Control-Server-Modell eingeführt. In diesem Modell wird die Sicherheitsbehandlung ausschließlich in der Steuerung und im Server durchgeführt. Es wird nun erläutert, wie die in Abschnitt 3 diskutierten Mechanismen in einem solchen Informationssystem verwendet werden.

4.1 Sicherheitsbehandlung in der Steuerung

Wie in Abschnitt 2 schon erläutert, soll in der Steuerung der Informationsfluß für den Benutzerauftrag (Client) überwacht werden. Dazu führt die Steuerung die aktuelle Sicherheitskategorie des zu überwachenden Benutzers C_S. Sie verwaltet außerdem die Sicherheitskategorie C_i aller bisher in den Benutzerprozeß geflossenen Informationen (Bild 4-1).

Beim Einrichten und Starten eines Benutzerauftrags erhalten C_S und C_i Anfangswerte zugewiesen. C_S die Rechte des Benutzers

$$C_S := C^{user}.$$

C_i als Anfangswert die Sicherheitskategorie C_i^{prog}, die der Benutzerauftrag als ablauffähiger Modul aufgrund der im Programm vorhandenen statischen Daten als Schutz besitzt

$$C_i := C_i^{prog}.$$

Benötigt der Benutzerauftrag einen Dienst von einem Server, dann setzt er die Anforderung an die Steuerung ab. Diese leitet die Anforderung als *request* an den

Server weiter und versieht sie mit der Sicherheitskategorie des aktuellen Rechts

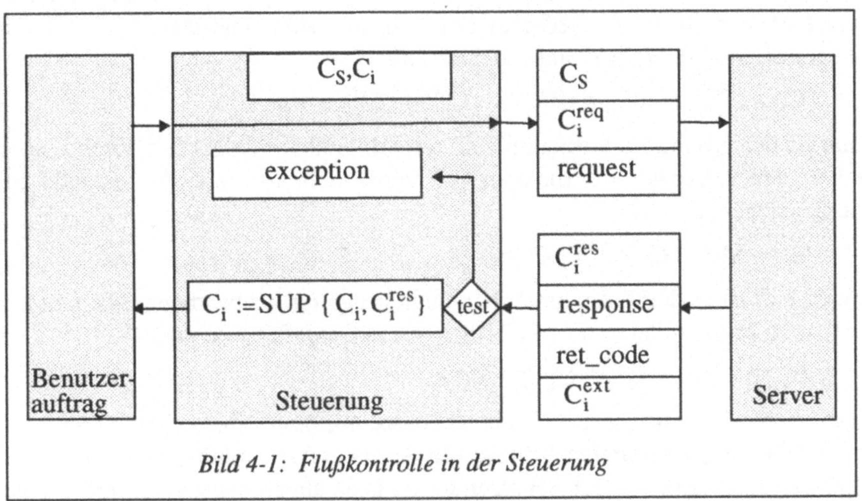

Bild 4-1: Flußkontrolle in der Steuerung

des Benutzerauftrags C_S und der aktuellen Sicherheitskategorie der Informationsflußkontrolle $C_i^{req} = C_i$ (Bild 4-1).

Der Server bearbeitet die Anforderung und erzeugt eine Antwort *response*. Mit dieser Antwort sendet er einen Rückkehrcode *ret_code* zurück, der Hinweise zur Anforderungsabwicklung im Server enthält. Die Anwort enthält außerdem die Sicherheitskategorie C_i^{res} zum Schutz des expliziten und des impliziten Informationsflusses in *response* und *ret_code*, sowie die Sicherheitskategorie C_i^{ext} zum Schutz des verdeckten (externen) Informationsflusses in *response* und *ret_code*. Es ist Aufgabe des Servers diese Sicherheitskategorien zu ermitteln.

Die Werte von *ret_code*, C_i^{res} und C_i^{ext} ermöglichen es *test* in Bild 3 die Antwort auf korrekte Durchführung und sicheren Informationsfluß zu testen. Sind korrekte Durchführung oder sicherer Informationsfluß verletzt, dann wird die Ausnahmebehandlung *exception* durchgeführt. Die Antwort wird in *test* zunächst folgender Prüfung unterzogen:

$$(C_S \geq C_i^{res}) \wedge (C_i^{res} \geq C_i^{ext}) = \text{true} \quad . \tag{4-1}$$

Der explizite und implizite Informationsfluß ist sicher und der verdeckte Informationsfluß ist ohne Auswirkung, wenn diese Bedingung erfüllt ist und *ret_code* eine vollständige Ausführung signalisiert. In diesem Fall wird gesetzt

$$C_i := SUP \{ C_i, C_i^{res} \} .$$

Der Benutzerprozeß erhält *response* und *ret_code* als Ergebnis. Signalisiert *ret_code* eine inkorrekte Ausführung der Anfrage, wird die Ausnahmebehandlung durchgeführt. Ist die Bedingung (4-1) nicht erfüllt, sind für die Sicherheitskategorien weitere Fälle zu untersuchen. Gilt

$$(C_S \geq C_i^{res}) \wedge (C_S \geq C_i^{ext}) \wedge (C_i^{res} < C_i^{ext}) = true \quad ,$$

dann ist der gesamte Informationsfluß (einschließlich verdecktem) immer noch sicher, der verdeckte Informationsfluß wirkt sich aber auf die aktuelle Sicherheitskategorie aus:

$$C_i := SUP \{ C_i , C_i^{res}, C_i^{ext} \} .$$

Dieser Fall ist in der Ausnahmebehandlung *exception* zu bearbeiten. Er ist mindestens zu protokollieren. Ein Sicherheitsverstoß existiert, wenn gilt

$$(C_S \geq C_i^{res}) \wedge (C_S \geq C_i^{ext}) = false \quad . \tag{4-2}$$

Auch dieser Fall ist in der Ausnahmebehandlung zu bearbeiten, mindestens zu protokollieren. Die weiteren Schritte der Ausnahmebehandlung hängen von der erwünschten Politik ab: Der Benutzerauftrag kann abgebrochen oder mit evtl. reduzierten Rechten weiterbearbeitet werden. Der Rückkehrcode soll genügend Information enthalten, um für verschiedene Fehlertypen und für verschiedene verdeckte Kanäle unterschiedliche Vorgehensweisen wählen zu können.

4.2 Sicherheitsbehandlung im Server

Für die nachfolgenden Überlegungen wird die Voraussetzung gemacht, daß die Anforderung (*request*) sich nur auf <u>ein</u> Objekt bezieht und daß für die Identifizierung eines Teilobjektes nur Information aus der Anforderung selbst und dem Teilobjekt vor Ausführen der Operation benutzt wird. Diese Voraussetzung gilt z.B. für ein JOIN in einem relationalen Datenbanksystem nicht [STO91b]. Trotzdem wird obige Einschränkung hier eingeführt, um die Darstellung zu vereinfachen. Die folgenden Ergebnisse lassen sich ohne grundsätzliche Schwierigkeit auf Operationen mit mehreren Objekten verallgemeinern.

Eine Anforderung (*request*) wird grundsätzlich durch eine Antwort (*response*) befriedigt. Da die durch die Anforderung initialisierte Bearbeitung durch auftretende Fehler oder Zugriffsbeschränkungen vorzeitig beendet werden kann, und dann die Antwort mit den aktuellen Sicherheitskategorien C_i^{res} und C_i^{ext} zurückzusenden ist, müssen diese beiden Sicherheitskategorien parallel zur Bearbeitung der Antwort ständig im Server aktualisiert werden. Nach Ankunft der Anforderung im Server erhalten diese Sicherheitskategorien folgende Anfangswerte:

$$C_i^{res} := C_i^{req} \tag{4-3}$$

$$C_i^{ext} := LOW.$$

LOW steht für den kleinsten Wert des Verbandes der Sicherheitskategorien. Für jede Operation mit der ein Subjekt mit der Sicherheitskategorie C_S auf ein Objekt O zugreift wird entsprechend (3-2) bis (3-4) folgende globale Bedingung geprüft:

$$(C_S \leq C_S^{max}) \wedge (C_S \geq C_O^{exist}) \wedge (C_S \geq C_O^{flow}) = true \quad . \tag{4-4}$$

Gleichzeitig wird C_i^{res} aktualisiert

$$C_i^{res} := SUP \ \{C_i^{res}, C_O^{exist}, C_O^{flow}\} \ .$$

Ist die Bedingung (4-4) nicht erfüllt, wird die Anforderung abgebrochen *ret_code* entsprechend gesetzt und eine mit C_i^{res} geschützte Antwort zurückgegeben. Die weitere Behandlung übernimmt die Steuerung.

Vor Durchführen einer Operation werden Teilobjekte ausgesucht, auf die die Operation anzuwenden ist. Für den impliziten Informationsfluß ist dabei C_O^{id} aus Abschnitt 3 zu berücksichtigen. Es wird die in Abschnitt 3 bereits eingeführte Einschränkung gemacht, daß in diese Aussuche jeweils nur Daten aus der Anfrage (C_i^{req}) und aus dem gelesenen Teilobjekt vor der Operationsausführung (C_O^{read} entsprechend (3-15) mit $o = o_{bef}$) eingehen. Es gilt also speziell auch in (3-6) und (3-8),

$$C_O^{id} = SUP \ \{C_i^{req}, C_O^{read}\} \ \text{mit} \ o = o_{bef} \quad . \tag{4-5}$$

Die weiteren Bearbeitungsschritte sind operationsspezifisch. Sie werden nun getrennt behandelt.

4.2.1 Leseoperation

Nach Voraussetzung gibt es eine Leseoperation SELECT, die entsprechend den Parameterwerten in der Anforderung aus dem Objekt eine Teilmenge der Teilobjekte aussucht. Aus dieser Menge werden die Teilobjekte in die Antwort übernommen, die die Zugriffsbedingung entsprechend (3-14), (3-15) erfüllen:

$$C_S \geq C_O^{read} \ .$$

Bezeichnet "SEL" die in die Antwort übernommene Teilmenge, dann bestimmt sich die Sicherheitskategorie der Antwort aus

$$C_i^{res} := SUP \ \{C_i^{res}, SUP \ \{C_O^{read} \mid o \in SEL\}\} \ .$$

Da nach Voraussetzung (4-5) aller implizite Datenfluß für die Auswahlbedingung der Teilobjekte aus der Anforderung (C_i^{req} in (4-3)) und dem Teilobjekt selbst (C_0^{read}) stammt, ist mit dieser Sicherheitskategorie die Antwort ausreichend geschützt.

4.2.2 Schreiboperationen

Für alle Schreiboperationen soll die Regel gelten, daß von einem Subjekt auf ein Teilobjekt eine Schreiboperation nur ausgeführt werden darf, wenn es dieses Teilobjekt auch vor (DELETE und UPDATE) und nach der Operation (UPDATE und INSERT) lesen darf. Mit o_{bef} wird ein Teilobjekt vor der Operation, mit o_{aft} danach bezeichnet.

4.2.2.1 UPDATE

Die Operation UPDATE enthält eine Bedingung, die spezifiziert, welche Teilobjekte geändert werden sollen. Da nur Teilobjekte geändert werden dürfen, zu denen auch Lesezugriff besteht, wird diese Bedingung durch die Lesebedingung entsprechend (3-14), (3-15)

$$C_S \geq C_0^{read} \text{ mit } o = o_{bef} \tag{4-6}$$

eingeschränkt. Man erhält so die Menge von Teilobjekten UPD, auf die UPDATE angewendet werden soll. Gleichzeitig mit diesem Suchschritt wird C_i^{res} aktualisiert:

$$C_i^{res} := SUP \{ C_i^{res}, SUP \{ C_0^{read}, | o \in UPD \} \} \text{ mit } o = o_{bef} \,. \tag{4-7}$$

Für die Menge UPD der zu ändernden Teilobjekte ist nun jeweils zu testen, ob ein vorhandenes Teilobjekt o_{bef} mit der vorliegenden Anforderung geändert werden darf:

$$\forall o \in UPD, \exists j \in J_0^{upd} : C_S \geq C_A^{upd}(j) \text{ mit } o = o_{bef} \,.$$

Ist diese Bedingung nicht erfüllt, wird die Bearbeitung der Anforderung abgebrochen und der Rückkehrcode entsprechend gesetzt. Die Antwort ist mit dem aktuellen C_i^{res} aus (4-7) bereits ausreichend geschützt, da nach der Voraussetzung für Zugriffskontrollisten in Abschnitt 3.2 die Ausdrücke in $COND_0^{upd}(k)$ nur auf das Teilobjekt (C_0^{read}), die Anforderung C_i^{req} und Konstanten (LOW) zugreifen. Ist obige Bedingung erfüllt, dann wird mit Test (4-6) aber $o=o_{aft}$ geprüft, ob die geänderten Tupel vom Subjekt (evtl. später) gelesen werden dürfen. Dies sei zulässig für die Menge UPD*. Die Sicherheitskategorie für die Antwort wird aktualisiert

$$C_i^{res} := SUP \{ C_i^{res}, SUP \{ C_0^{read} | o \in UPD* \} \} \text{ mit } o = o_{aft} \,.$$

Ist UPD $\neq$ UPD*, dann darf die Operation nicht ausgeführt werden, der Rückkehrcode wird entsprechend gesetzt und die Antwort mit C_i^{res} geschützt zurückgegeben. Ist UPD = UPD*, dann darf die Operation durchgeführt werden und für jedes Teilobjekt ist die Sicherheitskategorie für den Leseschutz des Informationsflusses C_0^{flow} entsprechend (3-6) zu bestimmen, wobei für C_0^{id} die Beziehung (4-5) berücksichtigt wird. Der korrekte Abschluß wird über den Rückkehrcode zurückgemeldet, mit C_i^{res} ausreichend geschützt.

4.2.2.2 DELETE

Die Verarbeitungsschritte entsprechen weitgehend denen bei UPDATE, so daß sie hier nur skizziert werden. Die Menge der zu löschenden Teilobjekte DEL wird ermittelt mit der Nebenbedingung (4-6). Parallel dazu wird C_i^{res} entsprechend (4-7) aber mit $o \in$ DEL aktualisiert. Für die Menge DEL der Teilobjekte wird nun mit der Zugriffskontrolliste geprüft, ob sie gelöscht werden darf:

$$\forall o \in DEL, \exists j \in J_0^{del} : C_S \geq C_A^{del}(j) \qquad .$$

Ist die Bedingung nicht erfüllt, wird die Anforderung mit entsprechender Rückmeldung abgebrochen. Ist die Bedingung erfüllt, werden die Teilobjekte gelöscht. Entsprechend (3-8) ist für jedes gelöschte Teilobjekt o eine Sicherheitskategorie C_0^{id} zu ermitteln. Dabei wird (4-5) berücksichtigt. Insgesamt erhält man so als neue Sicherheitskategorie für das Objekt

$$C_0^{flow} := SUP \{ C_i^{req}, SUP \{ C_0^{read} \mid o \in DEL \}, C_0^{flow} \} \quad .$$

Die Sicherheitskategorie für die Rückmeldung wird aktualisiert:

$$C_i^{res} := SUP \{ C_i^{res}, C_0^{flow} \} \quad .$$

Der korrekte Abschluß wird mit C_i^{res} geschützt zurückgemeldet.

4.2.2.3 INSERT

Für diese Operation werde der einfacheren Darstellung wegen die Einschränkung gemacht, daß sie jeweils nur ein Teilobjekt in das Objekt einfügt, keine Teilobjektmenge. Das Einfügen einer Menge erfordert dann mehrere Operationen INSERT. Der Zugriffstest für das Teilobjekt o entsprechend (3-13) wird zu

$$\exists j \in J_0^{ins} : C_S \geq C_A^{ins}(j) \quad . \tag{4-8}$$

Ist die Bedingung nicht erfüllt, wird die Bearbeitung abgebrochen. Bei erfüllter Bedingung wird die Sicherheitskategorie des Informationsflusses C_0^{flow} für das Teilobjekt mit (3-7) ermittelt. Die Bedingung

$$C_S \geq C_0^{read} \tag{4-9}$$

prüft, ob das Subjekt später auch Lesezugriff zum Teilobjekt hat. Ist die Bedingung nicht erfüllt, wird die Bearbeitung abgebrochen und eine entsprechende Rückmeldung erzeugt. Ist die Bedingung erfüllt, wird die Operation ausgeführt und C_i^{res} aktualisiert:

$$C_i^{res} := SUP \{ C_i^{res}, C_o^{read} \} \; .$$

Der korrekte Abschluß wird mit C_i^{res} geschützt zurückgemeldet.

Die bisher geschilderte Bearbeitungsweise läßt einen möglichen Konflikt bei der Operation INSERT noch unberücksichtigt: Ein Teilobjekt o2 darf nur in das Objekt eingefügt werden, wenn nicht bereits ein Teilobjekt o1 mit gleicher Teilobjektidentifizierung (bei einem DB-Server z.B. gleicher Primärschlüssel) vorliegt. Liegt ein derartiges Teilobjekt o1 vor, ist die Bearbeitung abzubrechen. In diesem Fall findet ein impliziter Informationsfluß von Teilobjekt o1 in die Rückantwort statt. Dies wird in der Sicherheitskategorie für verdeckte Kanäle berücksichtigt,

$$C_i^{ext} := SUP \{ C_i^{ext}, C_{o1}^{read} \} \; .$$

Ist die Bedingung $C_S \geq C_i^{ext}$ nicht erfüllt (s. (4-2)), dann liegt ein Sicherheitsverstoß vor, der in der Steuerung behandelt werden muß.

Aus der Literatur sind Verfahren bekannt, diesen Sicherheitsverstoß zu vermeiden. Im "Sea View Security Model" [LUN91] einem Modell für ein sicheres relationales Datenbanksystem wird Polyinstantiierung benutzt: Das neue Teilobjekt o2 wird in das Objekt eingefügt, auch wenn bereits ein Teilobjekt o1 mit gleicher Identifizierung existiert, falls durch die Rückweisung von Teilobjekt o2 ein unsicherer Informationsfluß entsteht. Diese Methode gewährleistet sicheren Informationsfluß, erfordert aber eine umständliche Verwaltung von Teilobjekten mit gleicher Identifizierung. Daher wird hier unter Nutzung der Zugriffskontrollliste ein anderes Vorgehen vorgeschlagen. Solange der Test über die Zugriffskontrollliste für die Operation INSERT für Teilobjekt o2 schärfer ist als der Test der Lesekategorie für Teilobjekt o1, ergibt sich kein unsicherer Informationsfluß, d.h. es ergibt sich kein Sicherheitsverstoß, wenn gilt

$$\forall j \in J_{o2}^{ins} : C_A^{ins} (j) \geq C_{o1}^{read} \; . \tag{4-10}$$

Diese Bedingung kann geprüft werden, sobald Teilobjekt o2 mit der Operation INSERT vorliegt. Ist diese Bedingung nicht erfüllt, kann sich jedoch bereits unsicherer Informationsfluß ergeben.

Aus diesem Grund möchte man den Test (4-10) bereits beim Einfügen von o1 durchführen. Dies ist nur möglich, wenn J_{o2}^{ins} zu diesem Zeitpunkt schon bekannt ist. Fordert man, daß $COND_o^{ins}(k)$ aus dem Teilobjekt nur Identifizierungselemente enthält (z.B. Elemente des Primärschlüssels), dann wird $J_{o2}^{ins} = J_{o1}^{ins}$. Damit läßt sich (4-10) bereits beim Einfügen von Teilobjekt o1 prüfen. Ist die Bedingung erfüllt, kann ein danach eintreffendes Teilobjekt o2 keinen Sicherheitsverstoß hervorrufen. Ist Bedingung (4-10) nicht erfüllt, ist folgende Vorgehensweise denkbar: Die Operation für Teilobjekt o1 wird zurückgewiesen und der Systemverwalter wird informiert. Dieser ändert die Zugriffskontrollisten so, daß (4-10) erfüllt ist. Dann kann die Operation wiederholt werden.

Mit der Diskussion der Operation INSERT ist die Behandlung der Operationen im Server abgeschlossen. Die Einschränkung auf Operationen mit einem Objekt und im Falle von INSERT mit einem Teilobjekt wurden gemacht, um die Darstellung zu vereinfachen. Für wirkliche Server ist diese Einschränkung unzulässig. In einem relationalen Datenbanksystem bezieht sich SELECT auf mehrere Relationen (Objekte) und INSERT kann mehrere Tupel (Teilobjekte) einfügen. Die Berücksichtigung dieser größeren Komplexität macht die Informationsflußverfolgung aufwendiger [STO91a]. Die hier aufgezeigten Verfahren gestatten jedoch die Lösung dieses Problems.

5 Schlußbemerkung

Es wurde ein Ansatz dargestellt, der es ermöglicht, die wesentlichen Komponenten eines Informationssystems mit Sicherheitsmechanismen entsprechend der regelbasierten Zugriffskontrolle (MAC) zu versehen. Insofern geht dieser Ansatz über bisherige hinaus, in denen ausschließlich Teilprobleme (Datenfluß, Zugriff [DEN82], [GAS88]) oder Teilsysteme (Datenbanken [DEN86],[LUN90], [LAN88]) berücksichtigt wurden.

Der Ansatz benutzt Informationsflußkontrolle und Zugriffskontrollisten als Sicherheitsmechanismen. Schreiboperationen werden ausschließlich mittels Zugriffskontrollisten geschützt. Für Leseoperationen wird ebenfalls eine Zugriffskontrolliste geführt. Zusätzlich wird für die Kontrolle des Lesezugriffs aber auch noch eine dynamische Informationsflußkontrolle durchgeführt. Im System werden die beiden Kontrollverfahren konsistent kombiniert.

Voraussetzung für die Wirksamkeit des vorliegenden Konzepts ist die Nicht-Verletzbarkeit der vorliegenden Systemstrukturen d.h. daß Benutzeraufträge ausschließlich mit der Steuerung verkehren. Dies ist eine Forderung, die Compiler und Betriebssystem sicherzustellen haben. Zur Gewährleistung der Vertrauenswürdigkeit von Steuerung und Server sollte das Betriebssystem außerdem Basisfunktionen zur Verfügung stellen, die die Flußkontrolle in Steuerung und Server unterstützen und die für die kontrollierte Durchführung der Serveroperationen die in Abschnitt 3 diskutierten Basisfunktionen einschließlich der Schutzbehandlung direkt anbieten. Solange ein Betriebssystem diese Funktionen nicht enthält, müssen diese Dienste in einer Zwischenschicht implementiert werden.

Die vorgestellten Sicherheitsmechanismen Informationsflußkontrolle und Zugriffskontrollisten gestatten noch nicht, alle Sicherheitsanforderungen an ein Informationssystem zu implementieren: Zum einen sollte die Einstufung eines Ergebnisses nicht immer entsprechend dem Supremum der Einstufungen aller Quellen erfolgen, d.h. die Einstufung von Ergebnissen muß reklassifiziert werden können. Zum anderen muß es möglich sein, längs der Verarbeitungsfolge eines Benutzerauftrags die Rechte eines Subjekts zu verändern, um z.B. einem Teilauftrag die statistische Auswertung hoch klassifizierter Daten übertragen zu können.

Weiterführende Arbeiten müssen daher in ein Informationssystem noch die Sicherheitsfunktionen Reklassifizierung und Rechtemodifizierung integrieren. Ansätze in dieser Richtung sind in [STO91a] dargestellt.

6 Erläuterungen zur Notation in den Formeln

Zur Erleichterung der Lesbarkeit der Formeln werden die wichtigsten Bezeichnungen zusammenfassend erläutert. In Klammern ist jeweils angegeben in welcher Formel die Bezeichnung zum erstenmal auftritt.

C Sicherheitskategorie (im weiteren Kategorie). Sie ist Element eines Verbandes zur Durchführung der regelbasierten Zugriffskontrolle.

C_S Kategorie (Recht) eines Subjekts S.

C_S^{max} Maximale Kategorie, die ein Subjekt besitzen darf, um auf das Objekt zugreifen zu dürfen (3-2).

C_O^{xxx} Kategorie zum Schutz eines Objekts O.

         xxx =   :   Schützt Objekt global. Zugriff erlaubt, falls $C_S \geq C_O$.

         xxx = flow   :   Schützt impliziten Informationsfluß in das Objekt (3-4).

         xxx = exist   :   Schützt Existenz des (evtl. leeren) Objekts (3-3).

C_o^{yyy} Kategorie zum Schutz eines Teilobjekts o.

       $yyy = flow$: Leseschutz für den Informationsfluß in das Teilobjekt (3-5).

       $yyy = id$: Leseschutz für den impliziten Informationsfluß, entstanden durch das Lesen von Information zur Identifizierung des Teilobjektes (3-6).

       $yyy = op$: Operationspezifischer Zugriffsschutz mit $op \in \{upd, ins, del, sel\}$, nicht explizit vorhanden. Der entsprechende Schutz wird über Einträge in der Zugriffskontrolliste (C_A^{op}) gewährleistet (3-11).

       $yyy = read$: Kumulativer Leseschutz, der sowohl C_o^{flow} als auch C_o^{sel} (bzw. C_A^{sel}) berücksichtigt (3-15).

C_i^{zzz} Kategorie zum Leseschutz eines Zwischenobjektes i (intermediär).

       $zzz =$: Schutz der auftragsbezogenen Daten in der Steuerung (3-1).

       $zzz = req$: Schutz des Serveraufrufs (3-6).

       $zzz = res$: Schutz der Serverantwort (4-1).

       $zzz = ext$: Schutz des verdeckten Informationsflusses in der Serverantwort (4-1).

C_A^{op} Operationsspezifische Kategorie in den Zugriffskontrollisten zur Abwicklung des operationsspezifischen Zugriffsschutzes (3-9).

K^{op} Operationsspezifische Menge aller Identifizierungen der Einträge der Zugriffskontrolliste (3-9).

J_o^{op} Operationsspezifische Menge der Identifizierungen der Einträge der Zugriffskontrolliste in denen für das Teilobjekt o die Bedingung $COND_o^{op}$ erfüllt ist (3-10).

op Parameter der Zugriffskontrollisten mit $op \in \{upd, ins, del, sel,\}$, der den Operationstyp UPDATE, INSERT, DELETE, SELECT bestimmt.

INF M   Infimum der mit M gegebenen Menge von Kategorien (3-12).

SUP M   Supremum der mit M gegebenen Menge von Kategorien (3-1).

7   Literaturverzeichnis

[BEL76]   Bell, D. E., LaPadula L.J.: Secure computer systems: Unified exposition and multics interpretation. Technical Report ESD-TR-75-306, The MITRE Corporation, Bedford, MS, März 1976.

[DEN82]   Denning, D. E.: Cryptography and Data Security, Addison-Wesley Publishing Company, 1982.

[DEN86]   Denning, D. E., Akt, S. G., Morgenstern, M., Neumann, P. G.: Views for Multilevel Database Security, Proceedings of the 1986 IEEE, Symposium on Security and Privacy, Oakland, CA, USA, 156-172, 7-9 April 1986.

[EIS71]   Eisenberg, M.: Axiomatic Theory of Sets and Classes, University of Massachusetts, Amherst, Holt, Rinehart and Winston, 1971.

[GAS88]   Gasser M.: Building a Secure Computer System, Van Nostrand Reinhold, New York 1988

[ITS91]   Information Technology Security Evaluation Criteria (ITSEC), Privisional Harmonised Criteria, Office for Official Publications of the European Communities, Luxembourg, 1991

[JAN91]   Janson, P. and Molva, R.: Seurity in Open Networks and Distributed Systems, Computer Networks and ISDN Systems 22, 323 - 346, 1991.

[KAR91]   Karger, P. A. et al.: A Retrospective on the VAX VMM Security Kernel, IEEE Transactions on Software Engineering, Vol. 17, No. 11, 1147 ff, November 1991.

[KEM91]   Kemmerer, R. A. and Porras, P. A.: Covert Flow Trees: A Visual Approach to Analyzing Covert Storage Channels, IEEE Transactions on Software Engineering, Vol. 17, No. 11, 1166 ff, November 1991.

[LAN88]   Landwehr, C. E.; Database Security, II, Status and Prospects, North-Holland, Workshop on Database Security, Ontario, 5-7 Oktober, 1988.

[LUN90]   Lunt, T. F. et al.: The Sea View Security Model, IEEE Transaction on Software Engineering, Vol. 16, No. 6, 593 ff, June 1990.

[LUN91]   Lunt, T. F.: Polyinstantiation: an Inevitable Part of a Multilevel World, Proceedings of the Fourth Workshop on the Foundations of Computer Security, Franconia, New Hampshire, June 1991.

[STO78]   Storz, W.: Untersuchung einer Schutzklasse zur Gewährleistung eines "sicheren Informationsflusses", FGAN/FFM-Bericht Nr. 275, D-5307 Wachtberg, Dezember 1978.

[STO91a]   Storz, W.: Ein Sicherheitssystem für Führungsinformationssysteme, FGAN/FFM-Bericht Nr. 411, D-5307 Wachtberg, Februar 1991.

[STO91b]   Storz, W.: Sicherheitsfunktionen eines Relationalen Datenbanksystems als Objekt-Server, FGAN/FFM-Bericht Nr. 412, D-5307 Wachtberg, März 1991.

Prioritäten für
eine verteilte, objekt-orientierte
Zugriffskontrolle

Hans H. Brüggemann

Institut für Informatik, Universität Hildesheim
Samelsonplatz 1, D-W-3200 Hildesheim
e-mail: jimmy@informatik.uni-hildesheim.de

Zusammenfassung

Die Basisbestandteile eines Rechtesystems für Zugriffskontrolle sind Subjekte, Granule und
Aktionen, die festlegen, wer was bei wem (nicht) tun darf. In unserem Ansatz können diese
Bestandteile in Klassen gruppiert werden; die Klassen wiederum in Hierarchien geordnet
werden. Ein Recht kann dann für ein Objekt oder für alle Objekte einer Klasse gewährt werden.
Wir unterscheiden dabei explizit zwischen Erlaubnissen und Verboten. Wir beschreiben (auch
mehrstufige) Ausnahmen mit Hilfe expliziter Prioritäten. Zur Einschränkung des
Gültigkeitsbereichs von Prioritäten unterteilen wir diese in einen statischen Anteil und einen
lokal definierbaren Anteil. Die statischen Anteile der Prioritäten sind partiell geordnet. Wir
zeigen beispielhaft, wie diese neuen Prioritäten Probleme der Verteilung lösen und zu einem
strukturierterem Entwurf beitragen können.

1. Einleitung

Zugriffskontrolle ist mit dem Aufkommen des Mehrbenutzerbetriebs zunächst bei
Betriebssystemen eingeführt worden. Die meisten Zugriffskontrollverfahren basieren auf einer
Zugriffskontrollmatrix, in der für jedes Subjekt / jeden Benutzer und für jedes Granul /
Schutzobjekt festgelegt wird, welche Aktionen / Operationen erlaubt sind (vgl. z.B. [3], [16]).

Im Datenbankbereich werden Autorisierungssysteme seit Mitte der siebziger Jahre diskutiert
(vgl. [8], [7]). In [6] werden implizite Berechtigungen eingeführt, um die Speicherplatzanforderungen des Zugriffskontrollsystems zu reduzieren. Für objekt-orientierte
Datenbanksysteme und "Datenbanksysteme der nächsten Generation" (vgl. z.B. [1], [15], [10])
hat der Gesichtspunkt der Zugriffskontrolle bisher eher wenig Beachtung gefunden ([4],
[14]/[12], [5]/[11], [9], [13]). Außerdem ist die Situation in diesem Bereich zweischneidig:
Einerseits sind die Schutzobjekte oft klein, dafür aber in großer Anzahl vorhanden; andererseits
haben wir durch die Objekt-Klassen- und Klassen-Oberklassen-Beziehungen in objekt-
orientierten Systemen Möglichkeiten für strukturiertere Zugriffskontrollmechanismen.

In unserem Ansatz sind sog. Rechte- oder Sicherheitsadministratoren zuständig für die
Festlegung und Änderung von Rechten. Dazu benutzen wir neben der Objekt-Klassen-
Beziehung auch die Klassen-Oberklassen-Beziehung für die implizite Beschreibung von
Rechten. Wir erhalten eine übersichtliche Beschreibung der Modellwelt, dadurch daß wir
Subjekte, Granule (Schutzobjekte) und Aktionen orthogonal behandeln. Durch explizite Verbote
und Prioritäten können wir mehrstufige Ausnahmen kompakt modellieren. Lokale

Prioritätsbereiche begrenzen den Einfluß der Prioritäten und erlauben, daß mehrere Rechteadministratoren gleichzeitig arbeiten können. Darüberhinaus erweisen sich die Prioritätsbereiche als hilfreiches Strukturierungsmittel. Effizienzüberlegungen für Anfragen und Konflikterkennung sind in [2] beschrieben.

Unser Ansatz liegt zwischen den traditionellen Sicherheitspolitiken "eigentümergesteuerte Zugriffskontrolle" (discretionary access control, DAC) und "Zugriffskontrolle mit vorgegebenen Schranken" (mandatory access control, MAC). Eine Zugriffskontrolle mit vorgegebenen Schranken können wir simulieren, indem wir eine höchste Priorität auswählen und mit dieser Priorität Verbote festlegen und auf diese Art die maximal möglichen Erlaubnisse definieren. Umgekehrt können wir (bis zu einem gewissen Grad) eine eigentümergesteuerte Zugriffskontrolle simulieren, indem wir jedes Subjekt zu einem Rechteadministrator machen. Eine mehrstufige Zugriffskontrolle (multi-level access control) im Sinne mehrerer halbdurchlässiger Sicherheitsklassen (wie offen, vertraulich, geheim) wird nicht unterstützt; unsere Mehrstufigkeit bezieht sich auf Prioritäten und Ausnahmeebenen.

Unsere Überzeugung ist: Die Gesamtheit der Rechte muß übersichtlich bleiben; von der Anzahl her, aber vor allem auch von der Art, wie sie zusammengehören. Dies ist heute gar nicht mal so sehr ein Speicherplatzproblem (obwohl die Speicherplatzanforderungen sonst durchaus sehr groß werden können!), sondern das Hauptproblem ist, daß die Rechte für die Sicherheitsadministratoren überschaubar und verwaltbar bleiben.

Um Mißverständnisse zwischen den Begriffen des objekt-orientierten Sprachraumes (Objekt, Klasse, Hierarchie) und denen der Zugriffskontrolle (Subjekt, (Schutz-)Objekt, Aktion) zu vermeiden, benutzen wir statt des Begriffs 'Schutzobjekt' den Begriff 'Granul'.

Das Papier ist wie folgt strukturiert: Im Kapitel 2 beschreiben wir die objekt-orientierte Modellierung der Rechtebestandteile. Wir veranschaulichen diese an einem Beispiel aus dem Medizinbereich. Im Kapitel 3 erweitern wir die Syntax für Rechte um eine explizite Unterscheidung von Erlaubnissen und Verboten, um die Benutzung von Klassennamen als Rechtebestandteil sowie um eine explizite Prioritätsangabe und zeigen, wie mit diesen Mitteln Ausnahmen beschrieben werden können. Im Kapitel 4 beschreiben wir die genaue Semantik der im vorigen Kapitel eingeführten Sprachelemente. Neben einer präzisen Charakterisierung, welche Rechte gelten und welche nicht, erhalten wir Konflikt-Notationen, die beschreiben, wann sich Rechte widersprechen. Im Kapitel 5 führen wir Prioritätsbereiche ein, um mehreren Rechteadministratoren ein paralleles Arbeiten zu ermöglichen. Wir veranschaulichen an Beispielen, wie man diese Prioritätsbereiche für mehrere Rechteadministratoren und zur Stukturierung zu Rechtepaketen benutzen kann.

2. Ontologischer Teil: Spezifikation der zu modellierenden Welt

Bevor wir Rechte bezüglich eines Weltausschnittes modellieren können, müssen wir zunächst festlegen, was in unserem Weltausschnitt überhaupt vorhanden ist, also als Bestandteil eines Rechtes auftreten kann. Eine **Handlung**, die erlaubt oder verboten werden kann, wird durch ein Tripel festgelegt, das aus je einer Beschreibung für Subjekt(e), Granul(e) und Aktion(en) besteht. Wir müssen also zunächst die möglichen Subjekte, Granule und Aktionen festlegen. Dazu behandeln wir die Menge der Subjekte, die Menge der Granule und die Menge der Aktionen jeweils unabhängig voneinander. Dies heißt jedoch nicht, daß ein Objekt nur einer dieser Mengen angehören kann. Insbesondere gibt es dabei keine Beschränkung, daß die Menge der Subjekte mit der Menge der Granule disjunkt ist, so daß ein Bestandteil durchaus in einem Recht als Subjekt und in einem anderen Recht als Granul vorkommen kann.

Subjekte können jeweils geeignet zu Klassen zusammengefaßt werden, ebenso Granule und Aktionen. Allerdings müssen wir syntaktisch zwischen Klassen- und Objektnamen, also den Namen der Klassenmitglieder, unterscheiden können; daher schreiben wir hier Klassennamen mit großen Anfangsbuchstaben und Objektnamen mit kleinem. Wir verlangen i.a. nicht, daß ein Objekt höchstens zu einer Klasse gehört oder daß jedes Objekt zu mindestens einer Klasse gehört. Ebenso brauchen die Mengen der Subjektklassen, Granulklassen und Aktionsklassen nicht disjunkt zu sein.

Formal: Sei S die Menge der **Subjekte**, O die Menge der **Granule** und A die Menge der **Aktionen**. Weiter sei SC die Menge der **Subjektklassen**, OC die Menge der **Granulklassen** und AC die Menge der **Aktionsklassen**.
Wir setzen voraus, daß $S \cap SC = \emptyset$, $O \cap OC = \emptyset$ und $A \cap AC = \emptyset$ gilt.

Klassenmitgliedschaften werden durch Funktionen beschrieben, die einen Klassennamen in die Menge ihrer Klassenmitglieder abbilden:

$$msc : SC \rightarrow \wp(S),$$
$$moc : OC \rightarrow \wp(O),$$
$$mac : AC \rightarrow \wp(A).$$

Für die Subjektklassen, Granulklassen und Aktionsklassen gibt es jeweils eine **Klassenhierarchie**. Wir benutzen hier als Bedeutung der Subjektklassenhierarchie **"darf mehr"**, als Bedeutung der Granulklassenhierarchie **"ist Teil von"** und als Bedeutung der Aktionsklassenhierarchie **"ist nicht so sensibel"**. Eine Klasse darf mehrere Oberklassen haben.

Wir modellieren diese drei Klassenhierarchien durch azyklische, reflexive, transitive Relationen, indem wir (Klassen, Oberklassen)-Paare angeben:

$$\leq_S \subset SC \times SC,$$
$$\leq_O \subset OC \times OC,$$
$$\leq_A \subset AC \times AC.$$

Der reflexive Teil der Relation modelliert die Existenz einer Klasse, der irreflexive Teil die Klassenhierarchie.
Gibt es bzgl. $\leq$ keine Mehrdeutigkeiten, so lassen wir den Index weg.

Beispiel: Wir spezifizieren einen Ausschnitt des medizinischen Bereichs.
Statt umständlich　　Hautarzt $\leq_S$ Arzt　　etc. zu beschreiben, veranschaulichen wir die Klassenhierarchien und Objekt-Klassenbeziehungen graphisch.

Hierarchie der Subjektklassen

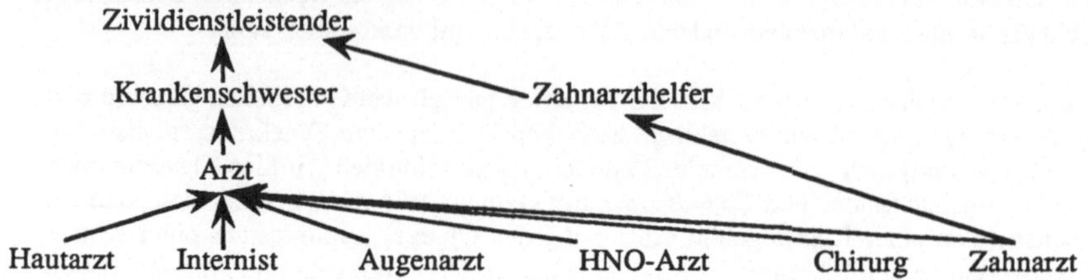

Hierarchie der Granuleklassen

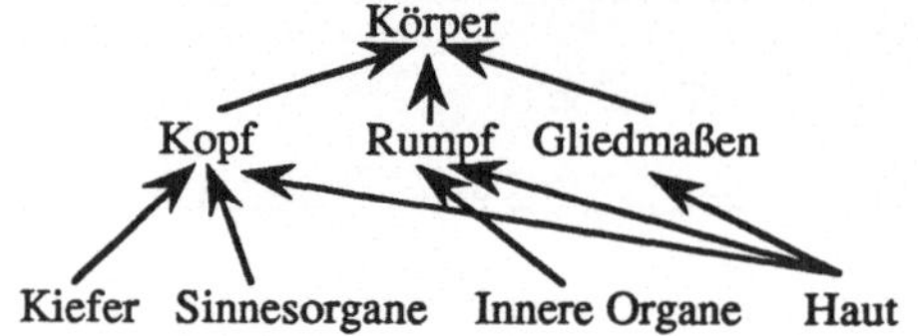

Hierarchie der Aktionsklassen

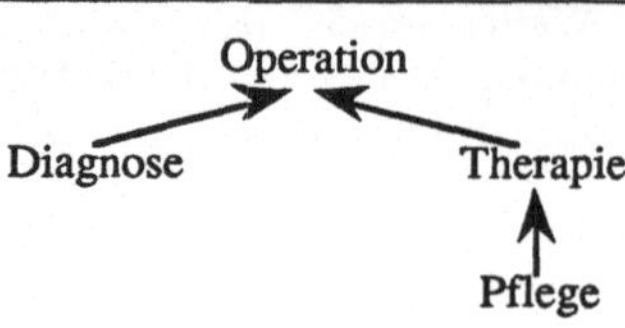

Objekt-Klassenbeziehung für Subjekte (Ausschnitt)

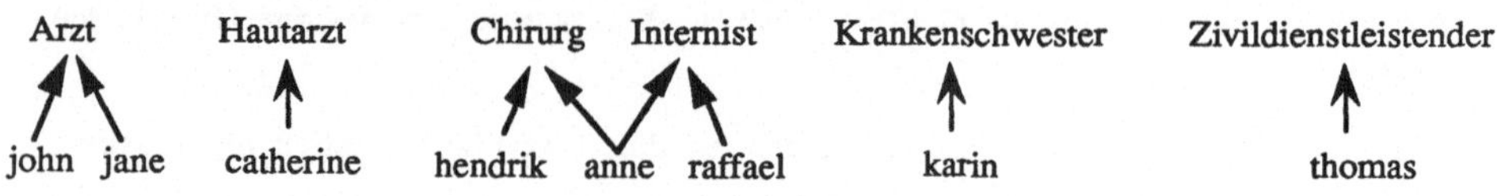

Objekt-Klassenbeziehung für Granule (Ausschnitt)

Objekt-Klassenbeziehung für Aktionen (Ausschnitt)

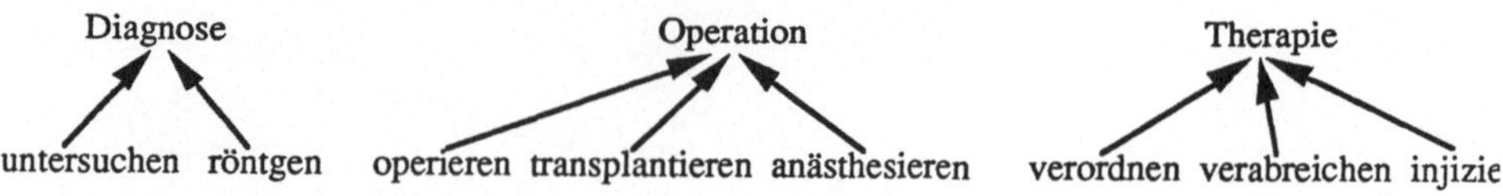

3. Normativer Teil: Spezifikation der Rechte, Syntax

Ein Zugriffsrecht besteht normalerweise aus den drei Komponenten (Subjekt, Granul, Aktion) und beschreibt, daß das Subjekt die Aktion beim Granul ausführen darf, also die beschriebene Handlung erlaubt ist. Oft werden nur die Erlaubnisse explizit ausgedrückt, die Verbote jedoch nur implizit ("alles, was nicht ausdrücklich erlaubt ist, ist verboten").

Nachfolgend beschreiben wir Sprachmittel, die es erlauben, Rechte überschaubar(er) zu spezifizieren.

3.1 Explizite Verbote

Wir wollen nicht nur Erlaubnisse, sondern auch Verbote explizit modellieren. Denn nur so können wir Verbote, die während der Entwurfsphase für nötig gehalten werden, dauerhaft machen: Explizite Verbote können dann nicht einfach (sei es mit oder ohne Absicht) durch spätere Rechteänderungen ignoriert werden, sondern führen zu einem Rechtekonflikt (und einer entsprechenden Fehlermeldung).

Außerdem benötigen wir explizite Verbote, um Ausnahmen beschreiben zu können (siehe Abschnitt 3.3).

Nicht zuletzt führen wir durch explizite Verbote Redundanz ein und haben somit die Möglichkeit, Entwurfsfehler zu entdecken. Dieser Trick ist vom Programmiersprachenentwurf gut bekannt. Wir können dann nämlich insbesondere feststellen, ob für eine Handlung keine oder gar mehrere widersprüchliche Rechtespezifikationen (siehe Kapitel 4.4) vorliegen.

Wir führen deshalb eine vierte Komponente ein, eine boolesche **Erlaubniskennung**. Z.B. (s,o,a,Erlaubnis) erlaubt die Handlung (s,o,a), während (s,o,a,Verbot) die Handlung (s,o,a) verbietet.
Der Deutlichkeit halber verwenden wir KENNUNG={Verbot, Erlaubnis} statt BOOLEAN={false, true}, benutzen dafür aber die booleschen Operationen.

Ein **explizites Recht** ist also ein 4-Tupel $xr=(xs,xo,xa,p)$, so daß $xs \in S$, $xo \in O$, $xa \in A$, $p \in$ KENNUNG.
Die Menge aller expliziten Rechte soll unmittelbar die Frage beantworten "Wer darf was bei wem (nicht) tun?".

3.2 Klassennamen in Rechten

Explizite Rechte sind einfach zu verstehen, aber umständlich zu spezifizieren. Stattdessen sollte es mehrere Abkürzungsmöglichkeiten geben.

Eine Möglichkeit erhalten wir durch die Nutzung der Objekt-Klassen- und Klassen-Oberklassen-Beziehungen. Dazu erlauben wir syntaktisch Klassennamen in den ersten drei Komponenten eines Rechts.

Das Vorkommen eines **Klassennamens** in einem Recht bedeutet, daß das Recht gültig ist für alle **Klassenmitglieder** dieser Klasse.

Außerdem wird beim Vorkommen eines Klassennamens die **Klassenhierarchie** berücksichtigt. Das Vorkommen eines Klassennamens in einem Recht bedeutet, daß das Recht gültig ist entweder für alle Oberklassen, falls wir die normale Klassenhierarchie benutzen oder für alle Unterklassen, wenn wir die invertierte Klassenhierarchie benutzen (vgl. Kapitel 4.1).

Eine **Menge** von Objekten wird elementweise ausgewertet, z.B. (Hautarzt, Haut, Diagnose) steht für {(catherine, haut, untersuchen), (catherine, haut, röntgen)}.

Diese Methode ist auch verwendbar für Objektmengen, die nicht exakt die Menge der Instanzen einer Klasse sind.

3.3 Modellierung von Ausnahmen durch explizite Prioritäten

Eine andere Abkürzungsmöglichkeit stammt von der Spezifikation von **Ausnahmen**:
Viele Anwendungen können klarer (und kürzer) beschrieben werden mit Hilfe einer allgemeinen Regel und wenigen Ausnahmen. Allgemeine Regeln können wir mit Hilfe der Objekt-Klassen- und Klassen-Oberklassenbeziehungen einfach beschreiben. Wenn wir Ausnahmen als Spezifikationsmittel zulassen wollen, brauchen wir ein Sprachmittel, das festlegt, was eine allgemeine Regel ist und was eine Ausnahme (zu dieser Regel) darstellt: **Prioritäten**. Der Ansatz von [14] unterscheidet zwischen starken und schwachen Rechten, eine Art boolescher Prioritäten, die eine einstufige Ausnahmenbehandlung erlauben. Da wir **mehrstufige Ausnahmenbehandlung** zulassen wollen, benutzen wir zunächst ganzzahlige Prioritäten.

Wann immer wir Ausnahmen benutzen wollen, sind wir gezwungen ein Prioritätssystem einzuführen. Es sind verschiedene Varianten für implizite Prioritäten naheliegend:
* Verbote haben stets Vorrang vor Erlaubnissen (z.B. [11]). Dann kann man keine Ausnahmen modellieren, wo der allgemeine Fall ein Verbot und die Ausnahme eine Erlaubnis ist!
* Das speziellere Recht hat Vorrang vor dem allgemeineren Recht: Dies modelliert den Ausnahmemechanismus unmittelbar, aber implizit. Die Wirkung von Rechteänderungen wird dabei aber sehr kompliziert und wenig übersichtlich. Außerdem gibt es in unserem Ansatz mehrere Möglichkeiten festzulegen, was "spezieller" sein soll: "spezielleres Recht" könnte z.B. sein das Recht mit dem spezielleren Subjekt, nur bei gleichem Subjekt: das mit der spezielleren Aktion, nur bei gleicher Aktion, das mit dem spezielleren Granul.
* Ein neueres Recht hat Vorrang vor älterem Recht: Dies erfordert eine zusätzliche Zeitkomponente; außerdem hätte dann das Löschen eines Rechtes und anschließendes Wiedereinfügen desselben Rechtes u.U. gravierende semantische Auswirkungen.

Wir machen uns dafür stark, daß nicht nur Verbote, sondern auch das Prioritätssystem explizit sein sollte. Denn das zwingt den Rechteadministrator, explizit über die Priorität nachzudenken. Außerdem gibt es dann die Möglichkeit, auch später noch Inkonsistenzen zu erkennen, die von der Entwurfsphase stammen (z.B. falsche Prioritätszuordnung). Benutzt man dagegen implizite Prioritäten zwischen Erlaubnissen und Verboten, so gibt es keine Möglichkeit, derartige Inkonsistenzen zu erkennen.

Daher führen wir eine fünfte Komponente eines Rechts ein, eine ganzzahlige

Prioritätsspezifikation. Die Idee dahinter ist, daß sich unter allen Rechten mit der gleichen Handlung (s,o,a) dasjenige Recht mit der maximalen Priorität durchsetzt, d.h. das Recht (s,o,a,Erlaubnis,7) unterdrückt (s,o,a,Verbot,5).

Ein **spezifiziertes Recht** ist also ein 5-Tupel sr=(ss,so,sa,p,n) mit
ss$\in$ S$\cup$SC, so$\in$ O$\cup$OC, sa$\in$ A$\cup$AC, p$\in$ KENNUNG, n$\in$ INTEGER.
Seine Komponenten sind eine Subjektspezifikation, eine Granulspezifikation, eine Aktionsspezifikation, eine Erlaubniskennung und eine Prioritätsspezifikation. Sei SR die Menge aller spezifizierten Rechte (einer Anwendung).

Nun können wir Ausnahmen modellieren: Wir beschreiben eine allgemeine Regel, indem wir eine niedrige Priorität benutzen und recht allgemeine Klassen, um eine große Objektmenge zu bezeichnen, und eine Ausnahme zu dieser Regel, indem wir eine größere Priorität benutzen, die invertierte Erlaubniskennung und eine einschränkende Bezeichnung für die Menge der Objekte.

Die Regeln {(Krankenschwester, Körper, Therapie, Verbot, 20), (Krankenschwester, Gliedmaßen, injizieren, Erlaubnis, 30)} stellen fest, daß eine Krankenschwester im allgemeinen nicht therapieren darf, jedoch in die Gliedmaßen injizieren darf.

Beispiel: Seien folgende Rechte spezifiziert:

SR_1 = { (Chirurg,   Innere Organe,   Operation,   Erlaubnis,   50),

(hendrik,	herz,	Operation,	Verbot,	60),
(Arzt,	Körper,	transplantieren,	Verbot,	20),
(Arzt,	Körper,	Therapie,	Erlaubnis,	10),
(Krankenschwester,	Körper,	Pflege,	Erlaubnis,	10),
(Krankenschwester,	Körper,	Therapie,	Verbot,	20),
(Krankenschwester,	Gliedmaßen,	injizieren,	Erlaubnis,	30) }

Als nächstes beschreiben wir die präzise Semantik einer Menge von Rechten, die dadurch schwierig werden kann, daß die betroffenen Objektmengen sich überlappen können wie z.B. bei {(Arzt, Körper, transplantieren, Verbot, 20), (Chirurg, Innere Organe, Operation, Erlaubnis, 50)}.

4. Explizite Rechte, Semantik

Die Bedeutung einer Menge von spezifizierten Rechten wird definiert durch Angabe eines Übersetzungsverfahrens in explizite Rechte. Dieser Übersetzungsprozeß besteht im wesentlichen aus drei Schritten:
* Auswertung der Klassen-Oberklassen-Beziehung,
* Auswertung der Objekt-Klassen-Beziehung,
* Auswertung der Prioritäten.
Außerdem müssen mögliche Inkonsistenzen entdeckt werden.

Die expliziten Rechte sind vor allem dafür gedacht, eine klare Semantik für die spezifizierten Rechte zu haben. Da die Anzahl der expliziten Rechte i.a. erheblich größer ist als die Anzahl der spezifizierten Rechte, ist weder daran gedacht, die expliziten Rechte wirklich zu berechnen (außer vielleicht für Planspiele des Sicherheitsadministrators) noch Anfragen des Zugriffskontrollsystems (vgl. [2]) unmittelbar mit expliziten Rechten zu beantworten.

4.1 Auswertung der Klassen-Oberklassen-Beziehung

Wir möchten so nah wie möglich bei der intuitiven Semantik bleiben. Deshalb haben wir die folgende Strategie gewählt:

Die **Klassenhierarchie für Granule** kann einfach behandelt werden:
Ein Recht, das für eine Granulklasse spezifiziert wurde, ist gültig für alle ihre Unterklassen. Z.B. ist ein Recht (Erlaubnis oder Verbot) für die Klasse Kopf auch gültig für die Klasse Kiefer.

Für die Modellierung der "ist Teil von"-Beziehung benutzen wir also die normale Klassenhierarchie.

Die **Klassenhierarchien für Subjekte und Aktionen** werden unterschiedlich behandelt, je nachdem, ob das spezifizierte Recht eine Erlaubnis oder ein Verbot ist:
Eine Erlaubnis, die für eine Subjektklasse spezifiziert wurde, ist gültig für alle ihre Unterklassen. Z.B. ist eine Erlaubnis für die Klasse Krankenschwester auch gültig für die Klasse Arzt.
Ein Verbot, das für eine Subjektklasse spezifiziert wurde, ist gültig für alle ihre Oberklassen. Z.B. ist ein Verbot für die Klasse Arzt auch gültig für die Klasse Krankenschwester.
Eine Erlaubnis, die für eine Aktionsklasse spezifiziert wurde, ist gültig für alle ihre Unterklassen. Z.B. ist eine Erlaubnis für die Klasse Operation auch gültig für die Klasse Diagnose.
Ein Verbot, das für eine Aktionsklasse spezifiziert wurde, ist gültig für alle ihre Oberklassen. Z.B. ist ein Verbot für die Klasse Diagnose auch gültig für die Klasse Operation.

D.h., die "darf mehr"- und "ist nicht so sensibel"-Beziehungen verhalten sich wie eine "is a"-Beziehung; allerdings nur die Erlaubnisse benutzen die normale Klassenhierarchie. Bei Verboten verhalten sich diese Beziehungen wie "is a"-Beziehungen bzgl. der invertierten Klassenhierarchie.

Die Wirkung der Expansion der Klassenhierarchie ist formal beschrieben durch die covered_class Funktionen:
Sei $ss \in SC$, $so \in OC$, $sa \in AC$, $p \in KENNUNG$.
covered_class(ss,p) := {$sc \in SC$ | if p=Erlaubnis then $sc \leq ss$ else $sc \geq ss$}
covered_class(so,p) := {$oc \in OC$ | $oc \leq so$}
covered_class(sa,p) := {$ac \in AC$ | if p=Erlaubnis then $ac \leq sa$ else $ac \geq sa$}

Beispiel:
covered_class(Arzt, Erlaubnis) = {Arzt, Hautarzt, Internist, Augenarzt, HNO-Arzt, Chirurg, Zahnarzt},
covered_class(Arzt, Verbot) = {Arzt, Krankenschwester, Zivildienstleistender}.

4.2 Auswertung der Objekt-Klassen-Beziehung

In diesem Schritt werden die Klassennamen durch die Menge der Objektnamen ihrer Klassenmitglieder ersetzt und das Ergebnis elementweise ausgewertet.

Das Ziel ist, eine Menge von **elementaren Rechten** ER zu erhalten, d.h. 5-Tupel er=(es,eo,ea,p,n) mit es$\in$ S, eo$\in$ O, ea$\in$ A, p$\in$ KENNUNG, n$\in$ INTEGER.
Dabei sind die ersten drei Komponenten jetzt Objekte (und keine Klassen).

Sei ss$\in$ S$\cup$SC, so$\in$ O$\cup$OC, sa$\in$ A$\cup$AC, p$\in$ KENNUNG, n$\in$ INTEGER.
Die boolesche Funktion is_object prüft, ob sein Parameter eine Klasse oder ein Objekt ist.
Dann liefern die covered_member Funktionen die Menge der Objekte, die von einer Rechtkomponernte überdeckt werden.

covered_member(ss,p) := if is_object(ss) then {ss} else $\bigcup_{sc\in\,\text{covered\_class}(ss,p)}$ msc(sc)

covered_member(so,p) := if is_object(so) then {so} else $\bigcup_{oc\in\,\text{covered\_class}(so,p)}$ moc(oc)

covered_member(sa,p) := if is_object(sa) then {sa} else $\bigcup_{ac\in\,\text{covered\_class}(sa,p)}$ mac(ac)

Beispiel: covered_member(Arzt,Verbot) =
msc(Arzt) $\cup$ msc(Krankenschwester) $\cup$ msc(Zivildienstleistender) =
{john, jane, karin, thomas}

Subjekte, Granule und Aktionen werden unabhängig voneinander ausgewertet:

cover(ss,so,sa,p) := { (es,eo,ea)$\in$ S$\times$O$\times$A | es$\in$ covered_member(ss,p)
$\wedge$ eo$\in$ covered_member(so,p)
$\wedge$ ea$\in$ covered_member(sa,p) }

covered_rights(ss,so,sa,p,n) := { (es,eo,ea,p,n)$\in$ ER | (es,eo,ea)$\in$ cover(ss,so,sa,p)}

Also ist   elementary_rights(SR) := $\bigcup_{sr\in\,SR}$ covered_rights(sr)   die Menge aller elementaren Rechte, die aus der Menge der spezifizierten Rechte SR abgeleitet werden können.

4.3 Auswertung der Prioritäten

Wir berechnen die Menge der expliziten Rechte aus der Menge aller elementaren Rechte, indem wir für jede Handlung (s,o,a) das Recht mit der maximalen Priorität auswählen. (Falls es verschiedene solche Rechte gibt, liegt ein Konflikt vor, siehe Kapitel 4.4). Die Erlaubniskennung dieses Rechts zeigt uns, ob eine explizite Erlaubnis oder ein explizites Verbot vorliegt.

maximal_priority(ER) := { (es,eo,ea,p,n)$\in$ ER | $\forall$ er'$\in$ ER: er'=(es,eo,ea,p',n') $\Rightarrow$ n'$\leq$n}

forget_priority(ER) := { (es,eo,ea,p)$\in$ XR | (es,eo,ea,p,n)$\in$ ER}

Mit diesen Definitionen können wir beschreiben, welche expliziten Rechte aus einer Menge spezifizierter Rechte abgeleitet werden können:
explicit_rights(SR) := forget_priority(maximal_priority(elementary_rights(SR)))

Beispiel: Nun können wir z.B. überprüfen, daß nur Hendrik und Anne Lungentransplantationen ausführen dürfen.

4.4 Konflikte zwischen Rechten

Es ist nicht sehr wünschenswert, eine Spezifikation zu haben, in der dieselbe Handlung sowohl erlaubt als auch verboten ist. Dies ist offensichtlich ein **Konflikt**. Wenn man aber sowohl Erlaubnisse als auch Verbote in der Spezifikation zuläßt, so können solche Konflikte natürlich auftreten. Daher müssen bei Rechteinitialisierung und nach Rechteänderungen solche Konflikte entdeckt werden und gegebenfalls der Sicherheitsadministrator mit einer verständlichen Fehlermeldung informiert werden.

Verschiedene Prioritäten lösen Konflikte. Trotzdem bleibt das Phänomen des Rechtekonfliktes bestehen: Ein Recht steht offensichtlich im Konflikt mit einem anderen Recht, wenn die beiden (elementaren) Rechte die gleichen Objekte (es,eo,ea) bezeichnen, aber unterschiedliche Erlaubniskennungen haben. Außerdem kann es nur Konflikte zwischen Rechten der gleichen Priorität geben, da sonst die Priorität selbst den Konflikt löst.

Wir unterscheiden zwischen zwei verschiedenen Konfliktbegriffen. **Aktuelle Konflikte** sind diejenigen Konflikte, die unmittelbar wirksam sind. **Basiskonflikte** schließen außerdem diejenigen Konflikte ein, die unterdrückt werden durch ein weiteres Recht mit höherer Priorität. Ein **latenter Konflikt** ist dann ein nicht-aktueller Basiskonflikt.

Aktuelle Konflikte stehen in Beziehung zu expliziten Rechten: Bei expliziten Rechten ist jeder Konflikt ein aktueller Konflikt.
Seien $xr=(xs,xo,xa,p)$ und $xr'=(xs',xo',xa',p')$ zwei explizite Rechte:
actual conflict$(xr,xr') :=$ $xs=xs' \wedge xo=xo' \wedge xa=xa' \wedge p=\neg p'$

Eine Menge elementarer Rechte enthält einen aktuellen Konflikt, wenn sie eine Menge expliziter Rechte erzeugen, die einen aktuellen Konflikt enthalten. Einen aktuellen Konflikt zwischen zwei elementaren Rechten können wir wie folgt charakterisieren:
Sei ER eine Menge elementarer Rechte und $er=(es,eo,ea,p,n)$, $er'=(es',eo',ea',p',n')\in$ ER:
actual conflict$(er,er',ER) \Leftrightarrow$ $es=es' \wedge eo=eo' \wedge ea=ea' \wedge p=\neg p' \wedge n=n' \wedge$
$\forall\ er''=(es,eo,ea,p'',n'')\in$ ER: $n''\leq n$

Basiskonflikte stehen in Beziehung zu elementaren Rechten. Dieser (technisch einfachere) Begriff ist enger verknüpft mit Entwurfsentscheidungen.
Formal, seien $er=(es,eo,ea,p,n)$ und $er'=(es',eo',ea',p',n')$ zwei elementare Rechte.
basic conflict$(er,er') :=$ $es=es' \wedge eo=eo' \wedge ea=ea' \wedge p=\neg p' \wedge n=n'$.

Weitere äquivalente, effizienter berechenbare Charakterisierungen von Konflikten (insbesondere zwischen spezifizierten Rechten) finden sich in [2].

Beispiel: Die Spezifikation der zwei Rechte $sr_1=$(hendrik, herz, transplantieren, Verbot, 60) und $sr_2=$(Chirurg, herz, transplantieren, Erlaubnis, 60) erzeugt einen aktuellen Konflikt zwischen (hendrik, herz, transplantieren, Verbot) und (hendrik, herz, transplantieren, Erlaubnis), sofern es kein spezifiziertes Recht gibt mit höherer Priorität, das (hendrik, herz, transplantieren) überdeckt. Gibt es zusätzlich z.B. das spezifizierte Recht $sr_3=$(Chirurg, herz, Operation, Erlaubnis, 70), so verschwindet der aktuelle Konflikt, allerdings bleibt ein Basiskonflikt zwischen (hendrik, herz, transplantieren, Verbot, 60) und (hendrik, herz, transplantieren, Erlaubnis, 60) bestehen. Dieser latente Konflikt wird ein aktueller Konflikt, wenn sr_3 gelöscht wird.

Natürlich muß man sich entscheiden, ob man nur die aktuellen oder auch latente Konflikte erkennen will. Obwohl es für die Rechteauswertung ausreicht, sich auf die Erkennung von aktuellen Rechtekonflikten zu beschränken, ist es aus Gründen des konsistenten Rechteentwurfs wünschenswert, alle Basiskonflikte zu enttarnen.

5. Lokale Prioritätsbereiche, Autonomie

Prioritäten ermöglichen die Spezifikation von Ausnahmen und tragen so dazu bei, daß die Anzahl der spezifizierten Rechte klein gehalten werden kann. Die Schwierigkeit der bisher eingeführten Prioritäten liegt darin, daß ihr Einfluß global ist, d.h. auf alle anderen Rechte wirken kann. So muß bei der Einführung eines neuen Rechts die Wahl der Priorität sehr sorgfältig vorgenommen werden, da eine falsche Priorität zu verheerenden Ergebnissen führen kann. Dieses Problem potenziert sich, wenn man nicht nur Systeme mit einem zentralen Rechteadministrator betrachtet, sondern verteilte Systeme, in dem jeder Knoten (mindestens einen) eigenen Rechteadministrator hat.

Wenn man die Rechte eines Systems also nicht nur als statisch betrachtet und von verschiedenen Stellen Änderungen zulassen will, braucht man Strukturierungs- und Modularisierungsmöglichkeiten für Prioritäten, die insbesondere einen bestimmten Geltungsbereich bzw. Gültigkeitsbereich festlegen.

Um dies zu erreichen, teilen wir die Prioritätskomponente in zwei Subkomponenten: die erste Subkomponente beschreibt den lokalen **Prioritätsbereich**, die zweite die **lokale Priorität**, die die relative Priorität zwischen Rechten des gleichen Prioritätsbereichs beschreibt.
Dabei seien die Prioritätsbereiche im Sinne einer Machthierarchie partiell geordnet, die lokale Priorität wie bisher total geordnet.

Formal: Sei PS eine Menge von Prioritätsbereichen.
Eine Priorität n ist dann ein Paar n=(ps,l), wobei ps$\in$ PS und l$\in$ INTEGER.

Die Menge der Prioritätsbereiche PS sei partiell geordnet bzgl. einer Ordnung $<_{PS}$ mit der Bedeutung **"hat kleinere Priorität"**.

Der **Gültigkeitsbereich** eines lokalen Prioritätsbereichs ps$\in$ PS ist dann
valid(ps) := {ps' | ps'$\leq_{PS}$ps}.
Die Intension ist, daß ein Recht gültig ist im Gültigkeitsbereich seines Prioritätsbereiches.

Die Prioritäten sind dann geordnet gemäß:
$(ps_1,l_1)\leq_P(ps_2,l_2)$:$\Leftrightarrow$ $ps_1<_{PS}ps_2$ $\vee$ $(ps_1=_{PS}ps_2 \wedge l_1\leq l_2)$,
d.h. die höhere Priorität entstammt entweder einem stärkeren Prioritätsbereich oder dem gleichen Prioritätsbereich mit größerer lokaler Priorität.

5.1 Prioritätsbereiche zur Abgrenzung zwischen mehreren Rechteadministratoren

In vielen Anwendungssituationen gibt es mehrere Administratoren, die jeder für sich Rechte vergeben können. Insbesondere bei verteilten Systemen ist es oft von Vorteil, daß jeder Teilbereich über einen eigenen rechtesetzenden Sicherheitsadministrator verfügt. Wir können solche Situationen modellieren, indem wir den **Erzeuger des Rechts** als Namen für den Prioritätsbereich betrachten.

Beispiel: Solche Prioritätssituationen findet man auch im juristischen Bereich: Dort gibt es internationales Recht (z.B. zwischenstaatliche Verträge, Recht supranationaler Gemeinschaften), nationales Recht (z.B. Bundesrecht) sowie das Recht der Landesuntergliederungen auf verschiedenen Ebenen (z.B. Landesrecht, Gemeinderecht). Jedes Recht ist auch für die jeweils kleineren Einheiten gültig.

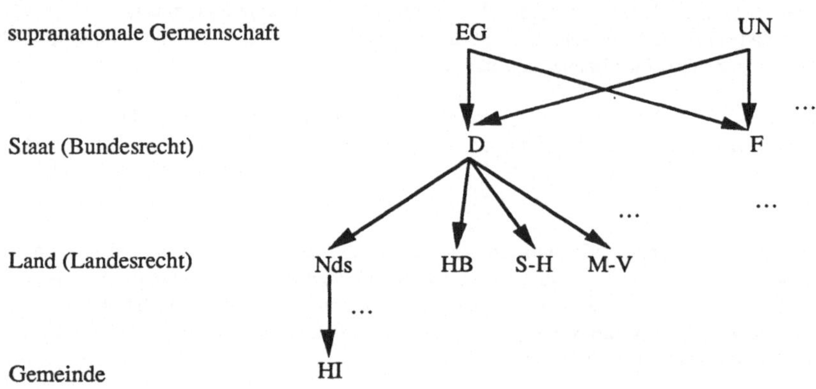

Insbesondere gilt dann z.B. $(Nds,7) \leq_P (D,5)$, was die Situation "Bundesrecht bricht Landesrecht" treffend wiedergibt.

5.2 Prioritätsbereichs-induzierte Konflikte

Bei der Auswertung der Prioritäten (siehe Kapitel 4.3) ist jetzt allerdings die maximale Priorität nicht mehr eindeutig. Wir erhalten dadurch eine neue Widerspruchsart: Haben die Gültigkeitsbereiche zweier unvergleichbarer Prioritätsbereiche einen nichtleeren Durchschnitt, so können in diesem Durchschnitt **prioritätsbereichs-induzierte Konflikte** zwischen Rechten aus diesen Prioritätsbereichen auftreten.

Beispiel: Die beiden Rechte sr_1=(hendrik, herz, transplantieren, Verbot, (EG,3)) und sr_2=(Chirurg, herz, transplantieren, Erlaubnis, (UN,4)) erzeugen z.B. für D(eutschland) einen prioritätsbereichs-induzierten Konflikt, dadurch daß beide Prioritäten maximal sind und sich aus dem ersten Recht (hendrik, herz, transplantieren, Verbot) und aus dem zweiten Recht (hendrik, herz, transplantieren, Erlaubnis) ableiten läßt.

Zwei elementare Rechte er=(es,eo,ea,p,(ps,l)) und er'=(es',eo',ea',p',(ps',l')) stehen in einem prioritäts-induzierten (Basis-)Konflikt, wenn

(es=es' ∧ eo=eo' ∧ ea=ea' ∧ p=¬p' ∧
(ps,ps' unvergleichbar ∧ ∃ps*: (ps*$<_{PSPS}$ ∧ ps*$<_{PSPS'}$))

Ein prioritäts-induzierter Konflikt wirkt sich also erst bei einer gemeinsamen Unterstruktur ps* aus.

Wir verallgemeinern daher unsere Definition von Basiskonflikt:
Zwei elementare Rechte er=(es,eo,ea,p,(ps,l)) und er'=(es',eo',ea',p',(ps',l')) stehen in einem Basiskonflikt, wenn
(es=es' ∧ eo=eo' ∧ ea=ea' ∧ p=¬p' ∧
((ps=$_{PSPS'}$' ∧ l=l') ∨ (ps,ps' unvergleichbar ∧ ∃ps*: (ps*$<_{PSPS}$ ∧ ps*$<_{PSPS'}$)))

Die lokale Priorität löst jetzt Konflikte nur noch innerhalb eines Prioritätsbereichs.

5.3. Prioritätsbereiche als Strukturierungsmittel

Es stellt sich heraus, daß Prioritätsbereiche nicht nur zur Abgrenzung verschiedener Sicherheitsadministratoren taugen, sondern auch als Strukturierungsmittel für verschiedene Rechtemengen, die von einem Sicherheitsadministrator verwaltet werden.

Beispiel: Wir beschreiben einen kleinen Ausschnitt der Verkehrsregeln, nämlich die Vorfahrts- und Überhol-Regeln für Autofahrer. Die Modellierung der Welt ist wohl selbsterklärend. Wir unterstellen in diesem Beispiel, daß einige Rechte nur dann zum Tragen kommen, wenn bestimmte Bedingungen (wie "Ampel grün" oder "Vorhandensein eines Überholverbotsschilds") erfüllt sind. In unserer (hier nicht–optimierten) Semantik werden diese Bedingungen vorab ausgewertet.

<u>Hierarchie der Subjektklassen</u>

<u>Hierarchie der Granuleklassen</u>   <u>Hierarchie der Aktionsklassen</u>

Die Aktionsklassen enthalten insbesondere die gleichnamigen Aktionen.

Sei PS = {Allgemein, Überholen, Vorfahrt} mit folgender Hierarchie der Prioritätsbereiche:
Allgemein $<_{PS}$ Überholen $<_{PS}$ Vorfahrt.

Wir verbieten zunächst (mit niedrigster Priorität) alles. Dafür werden die allgemeinsten Klassen benutzt. Dann erlauben wir: Autos dürfen die **rechte Spur** benutzen:

<pre>
(Auto, Straße,   Bewegen, Verbot,   (Allgemein,1))
(Auto, Straße,   Überholen, Verbot,   (Allgemein,1))
(Auto, Rechte Spur, Bewegen,   Erlaubnis, (Allgemein,2))
</pre>

Normalerweise (d.h. bei unterbrochener weißer Linie) dürfen motorisierte Verkehrsteilnehmer auf der linken Fahrspur **überholen**. Eine durchgezogene weiße Linie beschreibt ein Überholverbot. Gelbe Linien machen weiße Linien bedeutungslos. Ein Überholverbotsschild verbietet natürlich auch das Überholen.

Rot-Weiß(-gestreift)e Verkehrseinrichtungen gehen den allgemeinen Verkehrsregeln vor. Bei Gegenverkehr darf nie überholt werden.

<pre>
IF unterbrochene weiße Linie THEN

                       (Auto, Linke Spur, Überholen, Erlaubnis, (Überholen,1))
IF durchgezogene weiße Linie THEN

                       (Auto, Linke Spur, Überholen, Verbot,   (Überholen,1))
IF unterbrochene gelbe Linie THEN

                       (Auto, Linke Spur, Überholen, Erlaubnis, (Überholen,2))
IF durchgezogene gelbe Linie THEN

                       (Auto, Linke Spur, Überholen, Verbot,   (Überholen,2))
IF Überholverbots-Schild THEN (Auto, Linke Spur, Überholen, Verbot,   (Überholen,3))
IF rot-weiße Verkehrseinrichtung THEN

                       (Auto, Linke Spur, Überholen, Erlaubnis, (Überholen,4))
IF Gegenverkehr THEN   (Auto, Linke Spur, Überholen, Verbot,   (Überholen,5))
</pre>

Vorfahrtsregeln: Im allgemeinen gilt "rechts vor links". Sind vorfahrtregelnde Schilder aufgestellt, so gelten diese. Ampeln in Funktion setzen die Vorfahrtsschilder außer Kraft. Vorfahrtregelungen durch Polizisten machen Ampeln gegenstandslos. (Das mit * bezeichnete Recht ist nur aus systematischen Gründen aufgeführt.)

<pre>
* IF kein Verkehr von rechts THEN (Auto, Rechte Spur, Bewegen,   Erlaubnis, (Vorfahrt,1))
  IF Verkehr von rechts THEN   (Auto, Straße,   Bewegen, Verbot,   (Vorfahrt,1))
  IF Vorfahrtsstraßen-Schild THEN (Auto, Rechte Spur, Bewegen,   Erlaubnis, (Vorfahrt,2))
  IF Vorfahrt_achten-Schild
     AND Querverkehr THEN   (Auto, Straße,   Bewegen, Verbot,   (Vorfahrt,2))
  IF Ampel grün THEN   (Auto, Rechte Spur, Bewegen,   Erlaubnis, (Vorfahrt,3))
  IF Ampel rot OR Ampel gelb THEN

                       (Auto, Straße,   Bewegen, Verbot,   (Vorfahrt,3))
  IF Polizist läßt fahren THEN   (Auto, Rechte Spur, Bewegen,   Erlaubnis, (Vorfahrt,4))
  IF Polizist stoppt THEN   (Auto, Straße,   Bewegen, Verbot,   (Vorfahrt,4))
</pre>

Es gilt also z.B. (Vorfahrt,1) $>_P$ (Überholen,4), d.h. ein Auto darf sich (bei Verkehr von rechts) auf der Straße nicht bewegen, selbst wenn es durch rot-weiße Verkehrseinrichtungen die Erlaubnis zum Überholen auf der linken Fahrspur hätte.

6. Ausblick

Unser Sicherheitsansatz kennt implizite Rechte für die Mitglieder von Klassen, fordert jedoch explizite Verbote und explizite Prioritäten. Die objekt-orientierte Modellierung der (Anwendungs–)Welt erlaubt uns, die Rechte für Klassenmitglieder kurz und übersichtlich auszudrücken. Mit Hilfe eines Prioritätensystems (zusammen mit expliziten Verboten) lassen sich mehrstufig allgemeine Regeln und Ausnahmen zu diesen Regeln kompakt beschreiben.

Die einfachen, total geordneten Prioritäten sind gut verwendbar, solange nur ein Rechteadministrator für die Konsistenz der Rechte verantwortlich ist. Sind mehrere Rechteadministratoren gleichzeitig tätig, so kann die unkoordinierte Verwendung von global gültigen Prioritäten verheerend wirken. Für diesen Fall haben wir Prioritätsbereiche eingeführt und die Wirkung eines Rechteadministrators auf seinen Gültigkeitsbereich beschränkt.

Darüberhinaus stellt sich heraus, daß mehrere Prioritätsbereiche auch für einen Rechteadminstrator sinnvoll sind, um die Strukturierung der von ihm verwalteten Rechte zu erhöhen. Diese Strukturierungsmöglichkeit erleichtert auch die Zuordnung der korrekten Prioritäten während des Entwurfs. Für diesen Zweck haben sich außerdem auch symbolische lokale Prioritäten bewährt.

Dieses Vorgehen erleichtert die Arbeit der Sicherheitsadministratoren, allerdings sind die Prioritätsbereiche untereinander immer noch <u>hierarchisch</u> strukturiert. Für verteilte, <u>gleichberechtigte</u> Sicherheitsadministratoren wird man vermutlich ziemlich andere Konzepte benötigen. Diese könnten z.B. basieren auf der Grundoperation des Vorschlags eines Rechtepakets (durch einen beliebigen Administrator), der dann von anderen Administratoren für ihren Bereich akzeptiert werden kann (oder auch nicht). Auch hier lassen sich die Prioritätsbereiche sehr sinnvoll als Strukturierungsmittel benutzen, indem man einen Prioritätsbereich pro Rechtepaket vorsieht.

Danksagung

Joachim Biskup äußerte als erster seinen Unmut über linear geordnete Prioritäten. Die Idee der Prioritätsbereiche entstand im Gespräch mit Udo Kelter. Dirk Hesse leistete Vorarbeit bei der Modellierung von Verkehrsregeln. Den Gutachtern danke ich für ihre Verbesserungsvorschläge.

Literatur

[1]   Atkinson, M., Bancilhon, F., DeWitt, D., Dittrich, K., Maier, D., Zdonik, S.,
      The Object-Oriented Database System Manifesto, Proc. First International Conference on
      Deductive and Object-Oriented Databases, Kyoto, Dec. 1989, 40-57.

[2]   Brüggemann, H.H., Rights in an Objekt-Oriented Environment,
      in: Database Security, V: Status and Prospects, (Eds.: Landwehr, C.E., Jajodia, S.),
      North-Holland, Amsterdam, 1992, 99-115.

[3]   Denning, Dorothy E.R., Cryptography and Data Security,
      Addison-Wesley, Reading, MA, 1982.

[4]   Dittrich, K.R., Härtig, M., Pfefferle, H.,
      Discretionary Access Control in Structurally Object-Oriented Database Systems,
      in: Landwehr, C. (Ed.), Database Security II: Status and Prospects, North-Holland,
      1989, 105-121.

[5]   Fernandez, E.B., Gudes, E., Song, H., A security model for object-oriented databases,
      Proc. IEEE Symposium on Security and Privacy, Oakland, 1989, 110-115.

[6]   Fernandez, E.B., Summers, R.C., Lang, T.,
      Definition and Evaluation of Access Rules in Data Management Systems,
      Proc. 1st Int. Conf. on Very Large Data Bases, Boston, 1975, 268-285.

[7]   Fernandez, E.B., Summers, R.C., Wood, C., Database Security and Integrity,
      Addison-Wesley, 1981.

[8]   Griffiths, P.P., Wade, B.W.,
      An Authorization Mechanism for a Relational Database System,
      ACM Transaction on Database Systems, Vol. 1, 1976, 242-255.

[9]   Kelter, U., Discretionary Access Controls in a High-Performance Object Management
      System, Proc. 1991 IEEE Symposium on Research in Security and Privacy, Oakland,
      May 1991, 288-299.

[10] Kim, W., Research Directions in Object-Oriented Database Systems,
      Proc. 9th Symposium on Principles of Database Systems, 1990, 1-15.

[11] Larrondo-Petrie, M. M., Gudes, E., Song, H., Fernandez, E.B.,
      Security Policies in Object-oriented Databases,
      in: Spooner, D.L., Landwehr, C. (Eds.), Database Security III: Status and Prospects,
      North-Holland, 1990, 257-268.

[12] Rabitti, F., Bertino, E., Kim, W., Woelk, D.,
      A Model of Authorization for Next-Generation Database Systems,
      ACM Transactions on Database Systems, Vol. 16, March 1991, 88-131.

[13] Richardson, J., Schwarz, P., Cabrera, L.-F.,
      CACL: Efficient Fine-Grained Protection for Objects,
      Proc. Conf. on Object-Oriented Programming Systems, Languages and Applications
      (OOPSLA), 1992, 263-275.

[14] Rabitti, F., Woelk, D., Kim, W.,
      A model of Authorization for object-oriented and semantic databases,
      Proc. Int. Conf. on Extending Database Technology, Venice, March 1988, LNCS 303,
      Springer, 1988, 231-250.

[15] Stonebraker, M., Rowe, L.A., Lindsay, B., Gray, J., Carey, M., Brodie, M.,
      Bernstein, P., Beech, D., Third-Generation Data Base System Manifesto,
      TR UCB/ERL M90/28, College of Engineering, University of California, Berkeley,
      April 1990.

[16] Weck, Gerhard, Datensicherheit,
      Teubner, Stuttgart, 1984.

Ein Rollen-Normen-Modell für den konzeptionellen Entwurf von Sicherheitsanforderungen in Unternehmens-Informationssystemen

Astrid Lubinski

Universität Rostock, Fachbereich Informatik,
A.-Einstein-Str.21, D-O-2500 Rostock,
FAX: +381 446089,
e-mail: lubinski@informatik.uni-rostock.dbp.de

Informationssysteme als Abbildung eines Realitätsausschnittes sollen auch die Semantik von Informationsbeziehungen widerspiegeln. In diesem Artikel wird eine Modellierungsmethode eingeführt, die Rollen aufgrund der verschiedenen Stellung der Nutzer zu der zu modellierenden Miniwelt unterscheidet. Abhängig vom Kompetenz- und vom Verantwortungsbereich, die sich aus den Aufgaben und Zielen der Nutzer ergeben, werden den Rollen Verhaltensnormen (Rechte und Pflichten), die die Semantik der Informationsbeziehungen enthalten, zugewiesen. Deren Einhaltung bei der Arbeit mit dem Informationssystem wird durch die Zugriffskontrollkomponente geprüft.

Der Artikel ist ein Beitrag dazu, den Zugriffsschutz von Informationen zu modellieren. Wir stellen hierfür ein Tool zur Verfügung, das das entworfene sicherheitsorientierte konzeptionelle Schema in das logische Schema und die Zugriffskontrollkomponente des Datenbanksystems transformiert.

Im Zusammenhang mit dem Entwurf des konzeptionellen als auch des sicherheitsorientierten konzeptionellen Schemas stellt sich die Frage, ob Modellierungsmethoden in einer dem Organisationsprozeß von Unternehmen adäquaten Form gestaltet werden können. Dazu soll zunächst untersucht werden, ob, auf welcher Grundlage und wie z.Zt. Maßnahmen zum Schutz von Informationen in Unternehmen festgelegt werden.

Schlüsselwörter

Informationssysteme, Zugriffsschutz, Rollen, Verhaltensnormen

1 EINLEITUNG

Eine Komponente des Schutzes von Informationen vor mißbräuchlicher Verwendung ist der Zugriffsschutz. Dazu muß in die existierenden Informationsflüsse regulierend eingegriffen werden, so daß letztlich nur die Informationen in einem vorbestimmten Kanal fließen müssen und dürfen, die einem ebenfalls vorbestimmten Zweck dienen. Das setzt voraus, daß bekannt ist, welche Informationen wann und an welchem Ort gebraucht werden. Die Zugriffsmöglichkeiten einzeln und ohne Gesamtkonzept zu vergeben, erscheint nicht sinnvoll, zumal verschiedene sich bedingende oder ausschließende Informationsflüsse (Abhängigkeitsbeziehungen) keine Beachtung fänden. Ein strukturierter Entwurf der Informationsflüsse in ihrem Inhalt und ihrer Menge ist notwendig. Bei den folgenden Betrachtungen soll eine Einschränkung der betrachteten Miniwelt auf ein beliebiges Unternehmen vorgenommen werden. Hier dienen Informationsflüsse der Erfüllung von Aufgaben. Die Zugriffe müssen ebenso wie die Datenstrukturen organisiert werden.

Im folgenden Abschnitt soll ein Rollen-Normen-Modell informal erläutert werden, das einen strukturierten Entwurf zuläßt, abhängig von

1. der unternehmensweiten Sicherheitsstrategie, aus der die Zugriffskontrollstrategie abgeleitet ist,

2. den Aufgaben der jeweiligen Stelle in der Unternehmung und

3. den bereits exisitierenden Zugriffsmöglichkeiten der Stelle.

Diese Punkte resultieren aus Abschnitt 3, in dem versucht werden soll, Sicherheitsanforderungen aus den existierenden Dokumentationen der Unternehmensorganisation zu extrahieren und auf das Rollen-Normen-Modell abzubilden. Für eine detailliertere Beschreibung sei auf [8] verwiesen. Im Anschluß lassen sich weitere Aussagen zur Relation zwischen den Normen, zu ihrer Erteilung und Definition treffen. In Abschnitt 4 wird ein Vorgehensmodell zur Modellierung von Sicherheitsanforderungen vorgestellt. In Abschnitt 5 soll mit einem interaktiven graphischen Entwurfstool bekanntgemacht werden, das die Modellierung von Sicherheitsanforderungen in der beschriebenen Weise unterstützt.

2 DAS ROLLEN-NORMEN-MODELL

2.1 Rollen

Den Begriff der Rollen verwenden auch andere Ansätze. So werden bei Thomas [11] die Nutzer in Äquivalenzklassen, die Rollen genannt werden, eingeteilt. Thomas' Ansatz soll eine Mandatory Access Control (MAC) nach Bell und LaPadula [1] unterstützen. Da diese Zugriffskontrollstrategie durch die starre Klassifikation zu einschränkend bei der Rechtevergabe und -weitergabe erscheint, soll das Rollen-Normen-Modell die Discretionary Access Control (DAC) unterstützen, die eine mehr nutzerbezogene Rechtevergabe beinhaltet.

Ting, Demurjian und Hu [12] unterscheiden Nutzerrollen (user roles), Nutzertypen (user types) und Nutzerklassen (user classes). Der Ansatz unterstützt die DAC-Strategie. Mit Hilfe von Nutzerrollen sollen die Verantwortlichkeiten von Nutzern in der Anwendung als steuernde Elemente zur Privilegsbestimmung berücksichtigt werden. Gerade aber dieser Zusammenhang wird in dem Artikel von Ting [12] nicht deutlich. Nutzertypen sind danach Zusammenfassungen gleicher Verantwortlichkeiten. Privilegien (privileges), die einem Nutzertyp zugeordnet werden, gelten für alle Nutzerrollen dieses Nutzertyps. Nutzertypen können wiederum zu Nutzerklassen zusammengefaßt werden. Privilegien gelten auch hier für die zugehörigen Nutzertypen und -rollen. Dieser Ansatz beschäftigt sich ausführlich mit der objektorientierten Umsetzung von Sicherheit, vernachlässigt allerdings die Beschreibung der eingeführten Begriffe und der Gruppierungskriterien zu diesen.

Auch in der Datenschutzliteratur [5] gibt es das Rollenmodell. Das in [2] beschriebene Modell baut hierauf auf. Der Ansatz nennt sich datenschutzorientiert (DORIS) und geht davon aus, daß jede Person über ihre personenbezogenen Daten selbst verfügt und Zugriffsberechtigungen auf die Rollen an andere Personen vergibt. Rollen sind hier Mengen von möglichen Aktionen auf das "Wissen" von Personen, die andere Personen, wenn sie die Vollmacht dazu besitzen und wenn sie mit ersteren unter dieser Vollmacht bekannt sind, benutzen dürfen.

Die Rollenauffassung im hier vorgestellten Rollen-Normen-Modell ist der in [2] dargelegten ähnlich. Sie beinhaltet, wie auch bei Jonscher [7] und Gerhardt [6] beschrieben, daß jeder Nutzer eines Informationssystems, abhängig von seiner sozialen, organisatorischen, funktionalen oder anders gearteten sonstigen Stellung in und zu seiner Umgebung, bestimmte Rollen "spielt". Eine **Rolle** ist als Abstraktion von konkreten Nutzern auf Grund der gleichen Stellung zur Umwelt betrachtbar. Der Nutzer wird im Informationssystems durch ein Subjekt repräsentiert. Damit kann der Begriff der Rolle als **abstraktes Subjekt** beschrieben werden.

Nutzer können einer oder mehreren Rollen zugeordnet werden und in diesen arbeiten.

Rollen können außerdem in einer hierarchischen Beziehung zueinander stehen, was im weiteren von Belang sein wird.

2.2 Verhaltensnormen

In Verbindung mit diesen Rollen ergeben sich mehr oder weniger feststehende Regelungen, wie ein in dieser Rolle Agierender sich verhält bzw. im Unternehmenskontext sich verhalten soll und welche Informationen ihm zugänglich sind. Diese Regelungen normieren das Verhalten und sollen deshalb **Verhaltensnormen** heißen. Die Gesamtheit der Verhaltensnormen einer Rolle legt den Rahmen der Informationen fest, in dem Zugriffe durch in dieser Rolle Agierende erfolgen können. Deshalb soll die Menge der einer Rolle zugeordneten Verhaltensnormen **Informationsrahmen** heißen.

Es ist durchaus denkbar, daß ein Nutzer in verschiedenen Rollen auch gleichzeitig agieren darf. Dann gelten für ihn die Verhaltensnormen aller dieser Rollen, aus denen ein auf diesen Nutzer individuell zugeschnittener Informationsrahmen gebildet wird. Der Nutzer arbeitet nun individuell (als **Individuum**). Die folgenden Bilder sollen den Zusammenhang zwischen den Begriffen des Rollen-Normen-Modelles verdeutlichen:

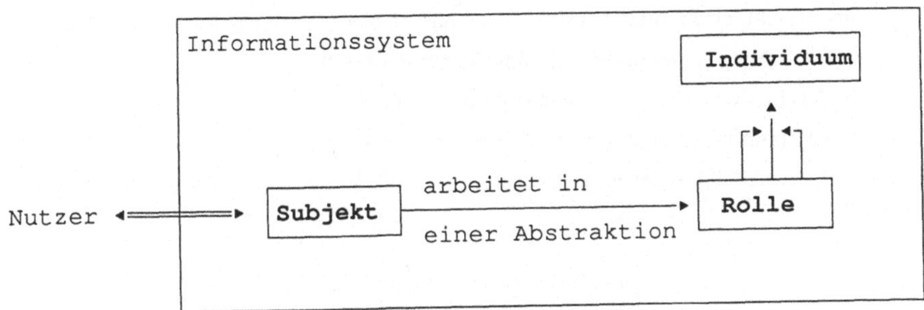

Abb. 1: Beziehung zwischen Nutzer, Subjekt, Rolle und Individuum

Ein Zugriff eines Nutzers auf Informationen erfolgt über die als Filter fungierenden Verhaltensnormen.

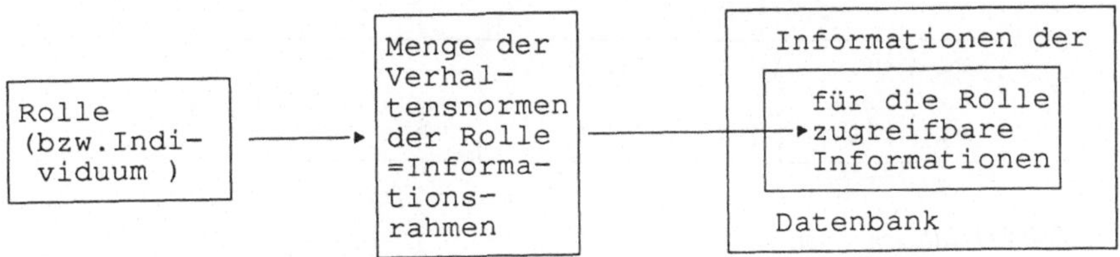

Abb. 2: Schematische Abbildung eines Zugriffes

Bei der Erstellung des individuellen Informationsrahmens können Widersprüche und Überschneidungen zwischen den Verhaltensnormen aus den verschiedenen Rollen-Informationsrahmen auftreten. Zur Beilegung dieser Konflikte müssen durch z.B. einen **Sicherheitsadministrator,** der eine einzelne Person sein kann, besser aber eine Gruppe von Personen aus sowohl unterschiedlichen horizontalen als auch vertikalen Unternehmensebenen kommend sein sollte, ein Lösungsschema vorgegeben werden. Dieses könnte z.B. beinhalten, daß verbotenes Verhalten grundsätzlich gegenüber erlaubtem Verhalten Vorrang hat oder umgekehrt. Überlegungen hierzu sind bei Lorenz in [9] enthalten.

Die Verhaltensnormen sind entlang der Rollenhierarchie vererbbar. Verbote setzten sich in der Hierarchie von der Wurzel zu den Blättern, Erlaubnisse in entgegengesetzter Richtung fort. Neben den explizit erteilten Verhaltensnormen gibt es zu einer Rolle somit auch implizite, nämlich von Informationsrahmen über- bzw. untergeordneter Rollen ererbte Verhaltensnormen.

Die Verhaltensnormen erschöpfen sich im Rollen-Normen-Modell nicht allein in Erlaubnissen und Verboten. Um mehr Semantik in das Modell zu übertragen, sind sie durch Pflichten und Freiheiten erweitert. Diese beiden Verhaltensnormen sind bei der getroffenen Eingrenzung auf die Miniwelt "Unternehmen" sinnvollerweise nicht vererbbar.

Die Verhaltensnormen VN sind

$$VN = (\textbf{Pflicht},\textbf{Freiheit},\textbf{Erlaubnis},\textbf{Verbot}).$$

Dabei heißt

- eine **Pflicht**, einen Zugriff ausführen zu müssen bzw. diesen unterlassen zu sollen,
- eine **Freiheit**, einen Zugriff nicht ausführen zu müssen,
- ein **Verbot,** einen Zugriff nicht ausführen zu dürfen,
- eine **Erlaubnis**, einen Zugriff ausführen zu dürfen.

Pflicht und Freiheit bilden ebenso wie Erlaubnis und Verbot einen zueinander konträren Gegensatz.

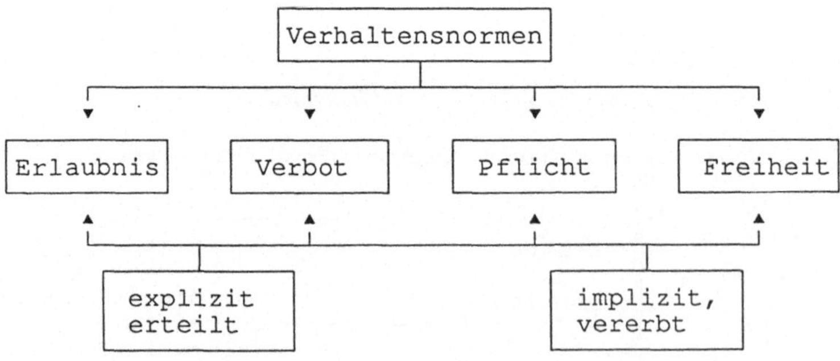

Abb. 3: Die Verhaltensnormen

2.3 Normgerechtes Verhalten

Das **Zugriffskontrollsystem** überprüft einen von einem Nutzer angestoßenen Zugriff darauf, ob er normgerecht (entsprechend den Verhaltensnormen) ist und ausgeführt werden kann oder ob er (wie auch immer) zurückgewiesen werden muß. Im Zusammenhang mit Pflichten und Freiheiten muß dieses Verständnis erweitert werden. Das Zugriffskontrollsystem erwartet in genau spezifizierten Situationen festgelegte Zugriffe und kontrolliert, ob sie eintreffen. Ist das nicht der Fall, versucht es deren Anstoßung durch den Nutzer zu erzwingen.

Die Verhaltensnormen, anhand derer die Überprüfung des normgerechten Zugriffes erfolgen kann, sind die explizit erteilten Verhaltensnormen, die aus der Rollenhierarchie ererbten und implizite Verhaltensnormen, die sich aus der gewählten Art der Rechtevergabe im Informationssystem ergeben. Möglich ist dabei ein

1. offenes System:

   Alles, was nicht explizit verboten ist, ist erlaubt, d.h. es können Pflichten explizit erteilt werden. Alle anderen Zugriffe sind erlaubt.

2. geschlossenes System:

   Alles, was nicht explizit erlaubt ist, ist verboten, d.h. es gibt nur explizite Erlaubnisse. Alle nicht spezifizierten Zugriffe sind verboten.

3. gemischtes System:

   Es können sowohl Erlaubnisse als auch Verbote explizit erteilt werden. Zugriffe, die nicht explizit spezifiziert sind, sind bei

   3.1. offener Weltannahme erlaubt.

   3.2. geschlossener Weltannahme verboten.

Erlaubnisse in gemischten Systemen offener Weltannahme haben den Zweck, daß ein Verbot für den gleichen Zugriff nicht problemlos gesetzt werden kann, da es dann zu einem Konflikt zwischen diesen beiden Verhaltensnormen kommt. Explizit angegebene Erlaubnisse haben also eine höhere Wichtung als die impliziten. Hinzu kommt, daß mit der expliziten Angabe der erlaubte Zugriff durch Bedingungen, unter denen dieser möglich ist, näher spezifiziert wird. Sie können so einen Sonderfall zu einer weiterreichenden Pflicht darstellen.

Für Verbote gilt entsprechendes in gemischten Informationssystemen mit geschlossener Weltannahme.

Auch hier ist eine Erweiterung auf Pflichten und Freiheiten entsprechend der obigen Beschreibung vorzunehmen.

In einem bezüglich Pflichten und Freiheiten

1. offenem System sind Pflichten explizit angegeben, Freiheiten sind alle nicht explizit angegebenen Zugriffsaktionen.

2. geschlossenem System sind Freiheiten explizit spezifizierbar. Alle anderen Zugriffe erfolgen als Pflicht.

3. gemischtem System können sowohl Pflichten als auch Freiheiten explizit angegeben werden. Dabei werden nicht spezifizierte Zugriffe bei

   3.1. offener Weltannahme als Freiheit interpretiert und bei

   3.2. geschlossener Weltannahme als Pflicht.

2. und 3.2. sind nicht sinnvoll realisierbar. Für die betriebliche Praxis ist ein bezüglich Pflichten und Freiheiten gemischtes System mit offener Weltannahme die zutreffende Art.

3   SICHERHEITSANFORDERUNGEN IM UNTERNEHMEN

3.1   Voraussetzungen für eine Sicherheitsspezifikation

Das Unternehmen ist ein System aus einer Menge von Elementen und Beziehungen zwischen diesen Elementen (vgl.[13]). Diese Struktur des Systems "Unternehmen" wird zum Zwecke der Erfüllung der in der Planung gestellten Ziele organisiert. Im Ergebnis dieser Aufbau- und Ablauforganisation entsteht eine Hierarchie von Stellen und Beziehungen zwischen diesen und zu den zu bearbeitenden Arbeitsobjekten. Den Stellen sind Aufgaben zugeordnet, aus denen abgeleitet wird, welche Arbeitsgänge der konkrete Stelleninhaber an welchem Arbeitsobjekt unter welchen Bedingungen zu verrichten hat. Um die Aufgaben erfüllen zu können, gehören zu jeder Stelle Kompetenzen. Überdies ist jeder Stelleninhaber für sein Tun (und Unterlassen) verantwortlich.

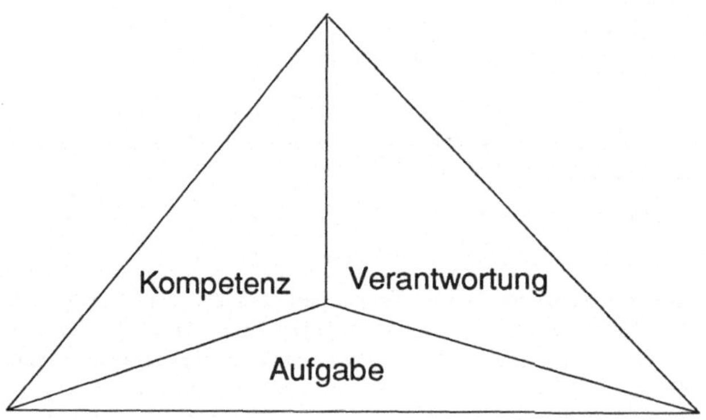

Abb. 4: Komponenten einer Stelle im Unternehmen

Ebenso wie der Aufbau des Unternehmens und der betriebliche Ablauf geplant und organisiert werden, sollte auch der Maßnahmekomplex Sicherheit geplant und organisiert werden. So ist ähnlich dem allgemeinen Management-Kreis ein spezieller Management-Kreis Sicherheit denkbar. Eine solche Behandlung der Problematik Sicherheit kann zu einer einheitlicheren Betrachtung von Sicherheitsfragen auf Grundlage einer unternehmensübergreifenden Sicherheitsstrategie führen. Alle Maßnahmen, die zum Schutz von Gebäuden, Maschinen, Informationen u.s.w. ergriffen werden, unabhängig davon, ob es sich um personelle, organisatorische, technische oder hard- und softwareseitige Maßnahmen handelt, sind aufeinander abgestimmt, wirken miteinander und im Komplex.

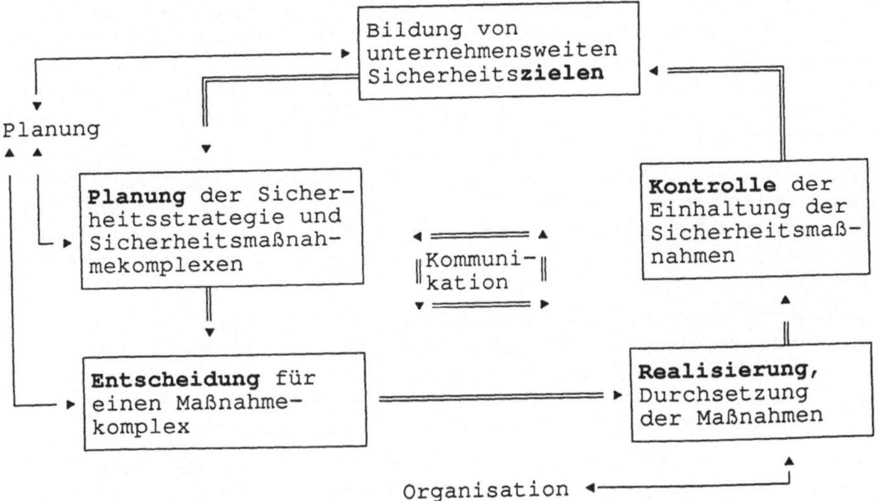

Abb. 5: Management-Prozeß Sicherheit

In der Abbildung wird ersichtlich, daß dieser Prozeß zum betrieblichen Planungs- und Organisationsprozeß rückgekoppelt ist. In der Realität wird ein solcher Sicherheits-Prozeß im allgemeinen allerdings nicht durchlaufen. Voraussetzung für diesen Prozeß bezüglich des betrieblichen Informationssystems ist, daß bekannt ist, welche Informationen wo und in welcher Form verarbeitet werden müssen. "Das Informationsbewußtsein derjenigen, die für organisations- und führungstechnische Maßnahmen verantwortlich sind, ist zumeist noch nicht weit genug entwickelt. Nicht genug jedenfalls, als daß sie sich zu solchen Informationsuntersuchungen entschließen könnten, die in der Regel langwierig und kostspielig sind."([14,3.1.,S.27]) So kommt es oftmals zu Mängeln bei der Versorgung mit den für die Aufgabenerfüllung notwendigen Informationen, die Zeit, Ort, Format, Menge, Qualität und Inhalt der Informationen betreffen können. Verursacht werden die Mängel durch eine Diskrepanz zwischen Informationsbedarf, -angebot und -nachfrage.

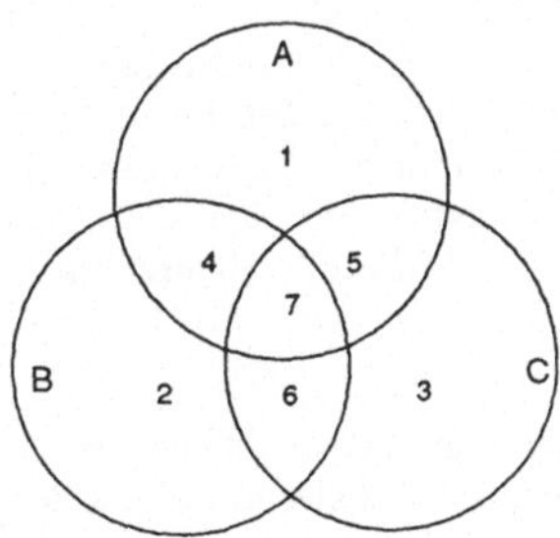

Abb. 6:　A. Informationsbedarf (zur Aufgabenerfüllung notwendige Informationen)
B. Informationsangebot (vorhandene Informationen)
C. Informationsnachfrage (angeforderte Informationen)

Der optimale Zustand ist erreicht, wenn Bedarf, Nachfrage und Angebot an Informationen sich decken (7). Da die zur Aufgabenerledigung notwendigen Informationen jedoch oft nicht vollständig bekannt sind, werden sie auch nicht angefordert und dann auch nicht angeboten. Erst nach einer informationellen Aufgabenanalyse kann eine Zugriffskontrolle zum Schutz der vorhandenen Informationen (2,4,6,7) erfolgreich sein. Die Bereiche 1, 3 und 5 sind insofern nur von beschränktem Interesse.

Die Zugriffskontrolle im engeren Sinne (Überprüfung auf erlaubte und verbotene Zugriffe) beeinflußt die Bereiche der nicht notwendigen Informationen (2,6), indem sie für den Zugriff gesperrt werden, und die Bereich 1,5,7, indem der Zugriff auf diese Informationen erlaubt wird. Bereich 1,3,5 sind dabei erst von Interesse, wenn die Informationen auch angeboten werden.

Zugriffskontrolle im weiteren Sinne (Einbeziehung von Pflichten und Freiheiten in die Überprüfung) vermindert zusätzlich den Bereich der notwendigen aber nicht angeforderten Informationen (4), indem die Nachfrage erzwungen wird. Zudem kann sie der Zugriffskontrolle im engeren Sinne entgegenwirken, indem Freiheiten zum Zugriff auf nicht zur Aufgabenerfüllung notwendige Informationen gewährt werden, z.B. um dem Datenschutz gerecht zu werden.

Die bestehenden Regelungen zum Schutz von Informationen sollten wie alle Ergebnisse der Aufbau- und Ablauforganisation in dem Organisationshandbuch des Unternehmens dokumentiert sein. Da man jedoch davon ausgehen kann, daß dies oftmals nicht der Fall ist, müssen die für eine DAC-Strategie notwendigen Informationen aus den Stellenbeschreibungen, dem Organisationsplan und anderen existierenden Teilen des Organisationshandbuches extrahiert werden.

3.2   Die Verhaltensnormen im Unternehmenskontext

3.2.1   Erlaubnisse und Verbote

Ein Stelleninhaber benötigt zur Erfüllung seiner Aufgaben Kompetenzen. Diese entsprechen den Erlaubnisse im Rollen-Normen-Modell. Aber es gibt auch explizite Kompetenzbegrenzungen, die sich in den Verboten widerspiegeln.

3.2.2   Freiheiten und Pflichten

Die Aufgabenerfüllung, also die Arbeitspflicht des Stelleninhabers, ist der Normalfall im Unternehmen. Der Arbeitgeber-Anspruch auf die Arbeitsleistung kann aber in zeitlich begrenzten Ausnahmen verlustig gehen, dann nämlich, wenn Freistellungen von der Arbeitspflicht gewährt werden müssen (z.B. Urlaubsanspruch, Anspruch auf eine Mittagspause, auf ein festgelegtes tägliches Arbeitsende,...). Freiheiten sind also in Ausnahmen gewährte Freistellungen von einer Pflicht. In der betrachteten Miniwelt "Unternehmen" ist die Freiheit der Pflicht gegenüber priorisiert. Ist zu einer Handlung weder Pflicht noch Freiheit angegeben, wird eine Freiheit angenommen (vgl. 2.3).

Aus den Aufgaben werden Pflichten zu konkreten Arbeitsgängen in Abhängigkeit von den Kompetenzen der Stelle abgeleitet. Von Interesse sind hier nur die in den Arbeitsgängen auszuführenden Zugriffe auf informationelle Arbeitsobjekte des betrieblichen Informationssystems. Von den Komponenten einer Stelle sind deshalb nur ein Teil für die Zugriffskontrolle relevant.

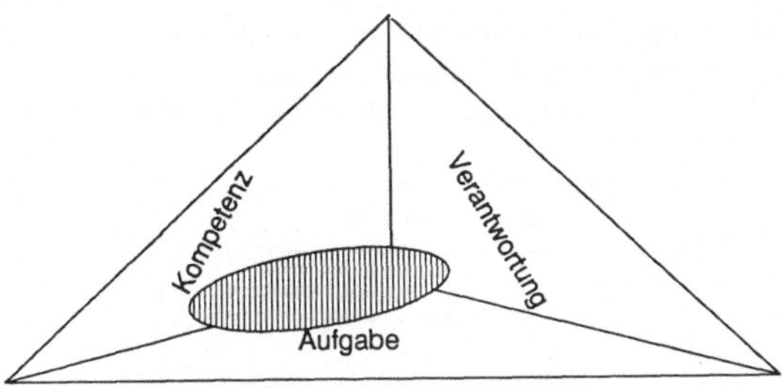

Abb.7: Für die Zugriffskontrolle relevante Teile einer Stelle

Verantwortung im Informationssystem abzubilden, ist nur begrenzt möglich. Es kann Unterstützung zur Feststellung von Verantwortung durch Protokollierung von Zugriffen nach auswählbaren Bedingungen auf verschiedenen Ebenen des OSI-Schichtenmodelles gewährt werden. Im Sinne der Zugriffskontrolle können versuchte und gelungene Verhaltensnormenverletzungen und -erfüllungen (mangelhafte, fehlende oder normgerechte Erfüllung von Pflichten, freiheitsverletzende und -konforme Zugriffe) nachgewiesen werden. Die Bewertung dieser Fakten und ein eventuelles "zur Verantwortung ziehen" erfolgt aber nahezu ausschließlich außerhalb des Informationssystems.

Innerhalb der Kompetenzen interessieren im weiteren nur die für Zugriffe erteilten Erlaubnisse und Verbote. Diese beeinflussen die Pflicht (oder Freiheit) zu einem bestimmten Zugriff (als Teil eines Arbeitsganges). Es folgen je nachdem, ob Erlaubnisse oder Verbote zum Tragen kommen

- Pflichten zu bestimmtem Verhalten (**positive Pflichten**) oder

- Pflichten zum Unterlassen von bestimmtem Verhalten (**negative Pflichten**).

Der konkrete Zugriff, der erfolgen muß, ergibt sich, abhängig von der Strategie der Rechtevergabe, aus den Zugriffen, die der Nutzer in der Rolle ausführen darf und nicht darf.

Auch die Freiheiten werden durch die vorliegenden Erlaubnisse und Verbote, die zum Teil andere als die zu den Pflichten gehörigen sind, da sie sich nicht direkt auf den Arbeitsprozeß beziehen, bestimmt. Ebenso gibt es Freiheiten zu bestimmtem Verhalten und Freiheiten zur Unterlassung von Verhalten.

Eine andere mögliche Verwendung von Freiheiten liegt darin, daß die Erfüllung einer Aufgabe einen Spielraum für den Weg der Erfüllung, natürlich innerhalb des Kompetenzbereiches, läßt. Der Stelleninhaber hat die Freiheit, einen der möglichen Wege zu wählen. Inwieweit diese Art Freiheit für die Modellierung von Relevanz ist, ist noch ungeklärt, sie soll hier aus den Betrachtungen ausgeklammert werden.

Zusammenfassend kann gesagt werden: Aus einer Aufgabe können entsprechend den Kompetenzen, die auch Erlaubnisse und Verbote für Zugriffe im betrieblichen Informationssystem enthalten, Pflichten und Freiheiten zu Zugriffen abgeleitet werden. Erlaubnisse und Verbote allein führen zu keinem Zugriff des Stelleninhabers. Erst eine Pflicht oder Freiheit zu einem Zugriff kann auch zu diesem führen. Diese Auffassung ist verschieden von der in [6] von Gerhardt geäußerten.

Die Verhaltensnormen Pflicht und Freiheit werden von den Verhaltensnormen Erlaubnis und Verbot im Umfang der zugreifbaren Informationen und in der Art des Zugriffes (Bedingungen) gestaltet. Es ergibt sich folgende Beziehung zwischen den Verhaltensnormen:

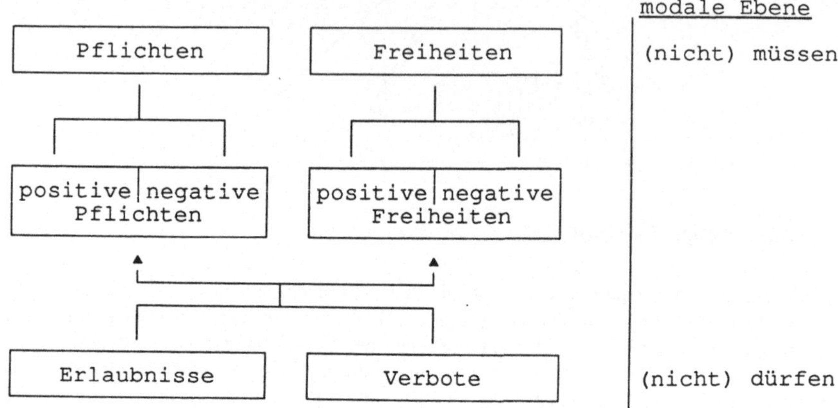

Abb. 8: Relationen zwischen den Verhaltensnormen

3.3 Erteilung von Verhaltensnormen

3.3.1 Ermächtigungsnormen

Die Verhaltensnormen allein lassen lediglich eine zentrale Vergabe von Rechten und Pflichten durch einen Sicherheitsadministrator zu. Darüber hinaus muß es zur Funktionsfähigkeit des Unternehmens auch Normen geben, die eine dezentrale Vergabe von Verhaltensnormen zulassen. Das bedeutet, der Urheber einer Verhaltensnorm muß zuvor eine Ermächtigungsnorm ($\equiv$ Weisungsbefugnis) dafür empfangen haben. Das heißt auch, es ist niemandem verwehrt, Verhaltensnormen auszusprechen, nur sind sie ohne eine entsprechende Ermächtigungsnorm ungültig und rufen beim Empfänger keine Handlungspflicht hervor. Eine Weisungsbefugnis zu erhalten heißt nicht unbedingt, die hierin enthaltenen erlaubten Verrichtungen selbst ausführen zu dürfen oder müssen.

Im Unternehmenskontext gibt es verschiedene Situationen, in denen Normen erteilt werden dürfen oder müssen:

1. Delegation von Aufgaben (Pflichten) an Untergebene. Die Pflicht bleibt bei dem Delegierenden bestehen, er ist weiterhin Ansprechpartner bezüglich dieser Pflicht (Verantwortung). Andererseits kann ein Stelleninhaber mit Weisungsbefugnis aus seiner Aufgabenstellung Pflichten für untergeordnete Stelleninhaber ableiten.

2. In besonderen Situationen (Urlaub, Krankheit) ist es sinnvoll, einen voherzubestimmenden Teil der Aufgaben und Kompetenzen an einen anderen Stelleninhaber weiterzugeben (Stellvertretung). Es muß also eine Pflicht geben, die beim Eintritt dieser Situationen automatisch die Pflichten und Kompetenzen an den Stellvertreter delegiert. Dies ist in [8] näher ausgeführt.

Eine Delegation von Freiheiten erscheint nicht sinnvoll, da diese stellen- oder personengebunden erteilt werden.

3.3.2 Abstrakte Verhaltensnormen

Verhaltensnormen können abstrakt spezifiziert werden. D.h., sie werden für Mengen erteilt, die durch Bedingungen und/oder Situationen beschrieben werden. Bei Eintritt der Bedingung oder Eintritt der Situation werden diese Verhaltensnormen konkretisiert.

Beispiel: Informationen zu seiner Person darf jeder Nutzer lesen. Diese abstrakte Norm ist für jeden Nutzer bezüglich "seiner" Informationen eine Erlaubnis zum Lesen. Die Norm wird mit jeder der Informationen, die zu seiner Person gehören, konkretisiert.

3.3.3 Prinzipien der Erteilung von Verhaltensnormen

Es gibt zwei Prinzipien zur Erteilung von Verhaltensnormen:

1. Was ein Stelleninhaber tun muß, das darf er auch.

    Mit der Übertragung einer Aufgabe wird implizit die Kompetenz zu ihrer Ausführung erteilt. Das bedeutet auf der Ebene des Informationssystems, daß für die Pflichterfüllung notwendige Erlaubnisse implizit mit der Erteilung der Pflicht vergeben werden.

2. Was der Stelleninhaber tun darf, nur dazu kann er verpflichtet werden.

    Der Stelleninhaber hat einen abgegrenzten Kompetenz- und Augabenbereich. Neue Aufgaben müssen im Kompetenzbereich des Stelleninhabers liegen. Das ermöglicht die Kontrolle der Einhaltung der Weisungsbefugnis der übergeordneten Stelle im Rahmen von dessen Aufgabe. Eine Kompetenzerweiterung und ebenso eine -beschränkung muß separat erfolgen. Im Informationssystem bedeutet dies, daß Pflichten und Freiheiten unabhängig von Erlaubnissen und Verboten erteilt werden müssen.

Für beide Prinzipien gilt, daß festlegbar ist, welche Kompetenzen einer Stelle nicht erweiterbar bzw. beschränkbar sind.

3.4 Komponenten der Verhaltensnormen

Es geht hier weniger um eine endgültige formale Beschreibung der Verhaltensnormen sondern eher darum, was in die formale Beschreibung einfließt.

S   sei die Menge der Subjekte (Rollen $r \in \mathbf{R}$ als abstrakte Subjekte, Indivduen $i \in \mathbf{I}$).

A   sei die Menge der Zugriffsaktionen, die Transaktionen im Sinne des Zugriffskontrollsystems darstellen.

SO   sei die Menge der Schutzobjekte (zu bearbeitende Informationsobjekte).

P   sei die Menge der Prädikate, die bestimmte Ausprägungen eines Schutzobjektes beschreiben, auf die zugegriffen wird.

SI   sei die Menge der Situationen, in der die Verhaltensnorm gilt. Die Situation setzt sich aus einem Ereignis und Zustandsbedingungen bezüglich des Informationssystems zusammen.

BEZ   sei die Menge der Beziehung zwischen je zwei Stellen oder einer Stelle und einem Arbeitsobjekt (Informationsobjekt).

Kompetenzen $k \in K$ bezüglich des Informationssystems sind durch eine Beziehung bez, ein Prädikat p, und eine Zugriffsaktion a beschreibbar. Außerdem muß angegeben werden, ob diese Kompetenz eine Erlaubnis oder ein Verbot (ev$\in$ EV={erlaubt,verboten}) darstellt.

$$k = (bez,p,a,ev)$$

Bei Beziehungen zwischen einer Stelle und einem Arbeitsobjekt ist diese Definition ausreichend, nicht aber bei Beziehungen zwischen zwei Stellen (Kommunikationsbeziehungen, Leitungsbeziehungen). Hier muß klar sein, welche Stelle Subjekt und welche Stelle Schutzobjekt ist. Die Kompetenzen werden also wie folgt verändert:

$$k = (so,p,a,ev)$$

Dieses Tupel wird einer (oder mehreren) Rolle $r \in R$ zugeordnet. (Diese Zuordnung bewirkt, daß letztlich die Tupel (s,so,p,a,ev) abgelegt sind.) Individuelle Informationsrahmen existieren nur virtuell, das hat zur Folge, daß Verhaltensnormen Rollen aber nicht Individuen zugeordnet werden.

Aufgaben (au$\in$ AU) wirken ebenso wie Freiheiten situationsbezogen. Pflichten und Freiheiten sind durch das Objekt, auf das sie sich beziehen (so$\in$ SO,p$\in$ P), die Zugriffsaktion a$\in$ A und die Situation si$\in$ SI beschrieben.

$$au = (so,p,a,si,pf),$$

wobei pf$\in$ PF={pflichtmäßig, freiheitlich} ist.

Auch Pflichten und Freiheiten werden Rollen zugeordnet.

Pflichten müssen erfüllt werden. Das kann vom Zugriffskontrollsystem über aktive Mechanismen umgesetzt und kontrolliert werden. Was aber, wenn der Pflichtenempfänger die Pflicht nicht in einer spezifizierten Zeit erfüllt bzw. erfüllen kann? Sinnvoll wäre eine Einführung einer weiteren Situation, bei deren Eintritt eine "Ersatz"-Aktion ausgelöst wird. Diese könnte z.B.

- eine Nachricht an den Pflichtenerteilenden oder aber

- eine Weitergabe der Pflicht an einen anderen Stelleninhaber sein.

- Auf diese Weise kann auch auf den Eintritt einer besonderen Situation, wie in 3.3.1 beschrieben, reagiert werden. Dann ergibt sich:

$$au = (so,p,a_1,si_1,a_2,si_2,"pflichtmäßig")$$

In die Beschreibung der Verhaltensnormen muß darüber hinaus einfließen,

- ob es sich um eine Ermächtigungsnorm handelt und ob der Zugriff, zu dessen Erteilung der Rolleninhaber ermächtigt wird, vom Empfänger selbst auch ausgeführt werden darf,

- ob eine Delegation von Pflichten erfolgte (wegen der Feststellung von Verantwortlichkeiten):

  - Die Delegation muß beim Delegierenden und dem Empfänger der Delegation nachvollziehbar sein.

  - Evtl. muß eine bestimmte Rolle angegeben werden, die allein Empfänger für die Delegationen bestimmter Verhaltensnormen ist.

  - Ist die Delegation an mehrere Empfänger gerichtet und reicht es, daß nur einer die Verhaltensnorm entgegennimmt, ist dies in der Verhaltensnorm zu kennzeichnen.

- ob eine Verhaltensnorm nicht erweiterbar oder beschränkbar, vererbbar oder nicht vererbbar ist.

- ob eine delegierte Verhaltensnorm weiterdelegiert werden darf oder in einer bestimmten Situation sogar muß.

4 VORGEHENSMODELL ZUR MODELLIERUNG VON SICHERHEITS-ANFORDERUNGEN

In der DAC-Strategie werden Tripel (S,SO,A) festgelegt, die besagen, daß das Subjekt s∈ S mit der Zugriffsaktion a∈ A auf das Schutzobjekt so∈ SO (nicht) zugreifen darf und zusätzlich in unserem Rollen-Normen-Modell (nicht) zugreifen muß.

Das Vorgehensmodell enthält folgende Schritte:

1. Erstellung des unternehmensweiten Datenmodells, d.h. konzeptioneller Entwurf des Unternehmens mittels Entity-Relationship-Modell. Die Entitymengen des konzeptionellen Schemas sind die zu schützenden Informationen des Informationssystems "Unternehmen".

2. Entwurf der Rollenhierarchien

   Die Rollen sind die Subjekte.

3. Entwurf der Verhaltensnormenhierarchien

4. Entwurf der Zugriffsbeziehungen. Die Zugriffsbeziehung ist die Menge aller Verhaltensnormen einer Rolle bezüglich einem Schutzobjekt.

   Die Zugriffsbeziehungen zwischen den Rollen und den Entitymengen des konzeptionellen Schemas werden aufgrund der Arbeits-, Kommunikations- und Leitungsbeziehungen entworfen und auf ihre Verträglichkeit miteinander überprüft.

Ergebnis des Vorgehensmodelles ist das **sicherheitsorientierte konzeptionelle Schema.**

4.1 Konzeptioneller Entwurf des Unternehmens

Als erster Schritt des Vorgehensmodelles erfolgt die konzeptionelle Modellierung des Unternehmens mit Hilfe des Entity-Relationship-Modelles. Vorausgesetzt, und deswegen aus diesen Betrachtungen ausgeklammert, sei die Festlegung von Unternehmenszielen, die Aufgabenanalyse und -synthese.

Der Vorgehensschritt - konzeptionelle Modellierung - läßt sich noch weiter gliedern:

1. Entwurf der Stellen

2. Festlegung der Aufgaben

   Hieraus leiten sich die Schritte 3 und 5 ab.

3. Entwurf der Beziehungen zwischen den Stellen, das sind Leitungs- und Kommunikationsbeziehungen, wobei Leitungsbeziehungen immer auch Kommunikationsbeziehungen enthalten. **(Lb),(Kb)**

4. Entwurf der Arbeitsobjekte

5. Entwurf der Beziehungen zwischen Stellen und Arbeitsobjekten (Arbeitsbeziehungen) **(Ab)**

Beispiel:

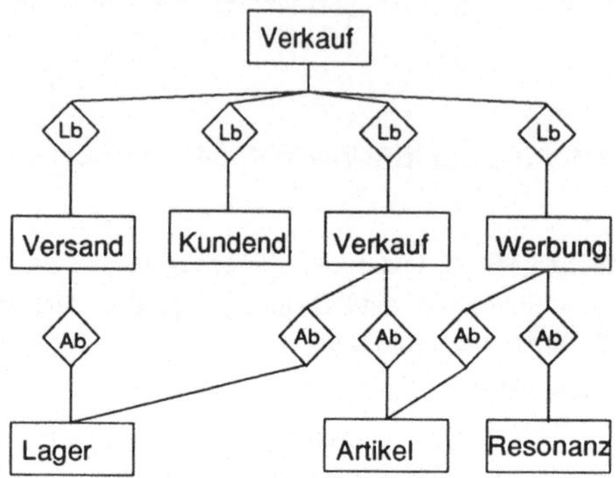

Abb. 9: Konzeptionelles Schema Beispiel

4.2   Entwurf der Rollenhierarchien

Die Leitungsbeziehungen ergeben eine Hierarchie, die der Rollenhierarchie im Rollen-Normen-Modell äquivalent ist.

Für das obige Beispiel ergibt sich folgende Hierarchie:

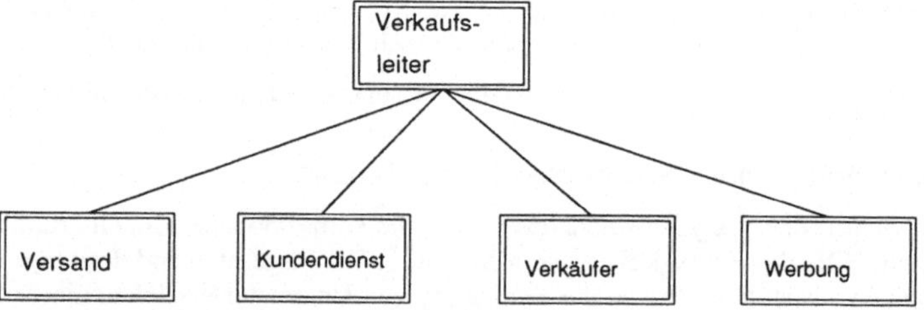

Abb. 10: Rollenhierarchie Beispiel

Neben dieser Rollenhierarchie kann es weitere geben, z.B. bezüglich der Mitarbeit in verschiedenen Gremien.

4.3 Entwurf der Verhaltensnormen

Die Verhaltensnormen sind die Zugriffsbeziehungen, die den aufbauorganisatorischen Beziehungen zugeordnet sind. Zwischen ihnen können hierarchische Beziehungen bestehen.

Nach dem Entwurf der Verhaltensnormen muß eine Prüfung auf Konflikte zwischen den Verhaltensnormen eines Informationsrahmens erfolgen.

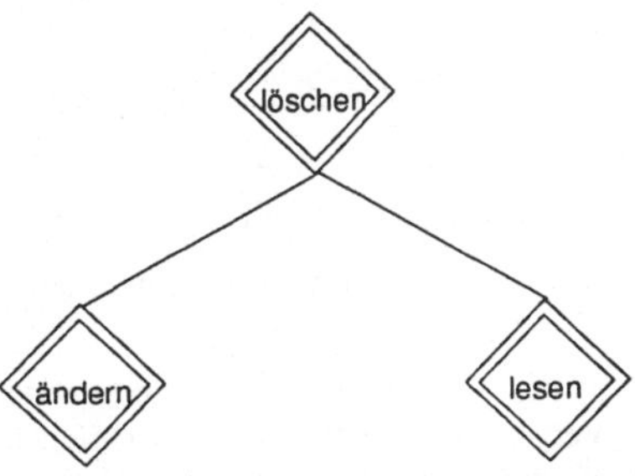

Abb. 11: Verhaltensnormenhierarchie Beispiel (Erlaubnisse, ohne Situationsangabe)

4.4 Entwurf der Zugriffsbeziehungen

Das sicherheitsorientierte konzeptionelle Schema ist entsprechend der DAC-Strategie auf 3 Ebenen darstellbar, zwischen denen es Beziehungen gibt. Diese Zugriffsbeziehungen sind die zwischen einem Subjekt (Rolle), Aktionen in Form von Verhaltensnormen und einem Schutzobjekt (Entitymenge des konzeptionellen Schemas).

Zu jeder Beziehung im konzeptionellen Schema gibt es genau eine Zugriffsbeziehung und umgekehrt. Das bedeutet,daß für jede Beziehung des konzeptionellen Schemas, die einen Zugriff beinhaltet, mindestens eine Verhaltensnorm existiert.

So wird z.B. eine Zugriffsbeziehung zwischen der Rolle: Versand, der Verhaltensnorm: Erlaubnis zum Lesen und dem Entitytyp: Lager aufgebaut. Diese Beziehung korrespondiert zur im konzeptionellen Schema bestehenden Arbeitsbeziehung zwischen Versand und Lager.

5 EIN ENTWURFSWERKZEUG

5.1 Funktionalität des Entwurfswerkzeuges

Für die graphische Modellierung wurde, wie in [10] beschrieben, ein Prototyp eines Entwurfswerkzeuges implementiert, das zur Zeit vervollständigt und verbessert wird.

Das Werkzeug ermöglicht den Entwurf von Sicherheitsanforderungen im beschriebenen Rollen-Normen-Modell nach dem Vorgehensmodell. Beide resultierenden Schemata, das konzeptionelle und das sicherheitsorientierte konzeptionelle, werden automatisch in einem speziellen Data Dictionary in einem objektorientierten Datenbanksystems, in diesem Falle ONTOS, abgelegt. Das Entwurfswerkzeug und das Data Dictionary korrespondieren miteinander; eine Darstellung des konzeptionellen Schemas aus den Daten des Data Dictionary ist möglich, da die Darstellungskoordinaten abgespeichert werden. Änderungen in der Struktur der Datenbank sollten sinnvollerweise nur im konzeptionellen Schema möglich sein, so daß die Nutzer des Informationssystems gezwungen sind, Veränderungen im Einklang mit dem existierenden Schema vorzunehmen.

Es ist zu erwarten, daß die entstehenden Schemata aufgrund der sehr komplex aufgebauten Unternehmen auch komplex und graphisch entworfen schnell unübersichtlich werden. Das Entwurfstool bietet dem Entwerfer deshalb Unterstützung für den Entwurf an:

1. Vergrößernde Ausschnittsbildungen

   Es kann in ausgewählten Ausschnitten des Schemas gearbeitet werden.

2. Zulassung mehrerer Versionen

   Der Entwurf kann in verschieden Versionen abgelegt werden.

3. Gleichzeitige Arbeit an einer oder an mehreren Entwurfsversionen in mehreren Fenstern.

   Wichtig ist, daß sich in einem Fenster vorgenommene Veränderungen in den anderen Fenstern, in denen die gleiche Version bearbeitet wird, widerspiegeln, d.h. es muß in allen Fenstern ein und derselbe Entwurf, wenn auch in möglicherweise verschiedenen Ausschnitten, bearbeitbar sein. Diese Möglichkeit läßt sich auch mit 1. und 2. kombinieren

4. Darstellung in verschiedenen Abstraktionsebenen

   Um die Unternehmensstruktur und die zugehörigen Zugriffsbeziehungen auf unterschiedlichen Abstraktionsebenen, z.B. Abteilungsebene und Ebene der einzelnen Stellen, betrachten zu können, scheint es sinnvoll, Abstraktionen des Schemas verschiedener Stufen zu verwalten.

Der Entwurf der Zugriffsbeziehungen wird speziell unterstützt durch die Ausschnittsbildung nach verschiedenen Kriterien:

- Alle zu einer Rolle gehörigen Zugriffsbeziehungen, die die Menge der Verhaltensnormen dieser Rolle darstellen, werden in einem Fenster angezeigt. Sinnvoll ist allerdings eher, die Zugriffsbeziehungen **und** die Entitymengen, auf die sie sich beziehen, anzuzeigen. So kann der Informationsrahmen einzelner Rollen bearbeitet werden.

  In diesem Entwurfsschritt soll auch die Konfliktprüfungskomponente zur Prüfung auf Widersprüche zwischen den Verhaltensnormen den Entwurf unterstützen.

- Alle Rollen, die Zugriffsbeziehungen zu einem bestimmten Objekt haben, können angezeigt und bearbeitet werden.

5.2   Graphische Oberfläche des Entwurfswerkzeuges

Das **Entity-Relationship-Modell** nach Chen [3] wurde um die Elemente des Rollen-Normen-Modelles erweitert. Es existieren nun

Entity-Mengen, die die zu schützenden Objekte des Informationssystems repräsentieren,

Relationship-Mengen als Beziehungen zwischen ihnen,

Rollen, die als Subjekte in einer durch Verhaltensnormen gestalteten

Zugriffsbeziehung zu den zu schützenden Objekten stehen.

Die Zugriffsbeziehung ist hier die Menge aller Verhaltensnormen der Beziehung zwischen Rolle und Entitymange.

Die folgende Übersicht zeigt die benutzten Symbole.

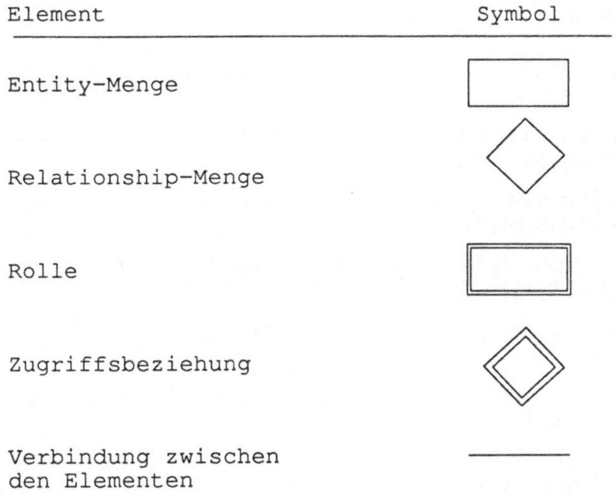

Element	Symbol

Entity-Menge

Relationship-Menge

Rolle

Zugriffsbeziehung

Verbindung zwischen
den Elementen

Abb.12: Die graphischen Elemente des Tools

Die Symbole können in dem aktuellen Fenster plaziert und miteinander verbunden werden. Dabei wird der Entwurf entsprechend dem Vorgensmodell unterstützt.

Eine formale Eingabe in Eingabefenstern ist neben und zusätzlich zur graphischen Eingabe realisiert.

6 ZUSAMMENFASSUNG

In diesem Artikel sollte eine Methode zum konzeptionellen Entwurf von Informationssystemen und der im Unternehmen auftretenden Sicherheitsanforderungen vorgestellt werden. Dazu wurde ein Modell von Rollen und Verhaltensnormen eingeführt und es wurde eine Modellierung versucht, die der Unternehmensorganisation äquivalent ist. Dies ist wichtig, um die Kritik der Unternehmensorganisatoren, ein Modell erst verstehen lernen zu müssen, bevor sie es zum Entwurf ihres Unternehmens benutzen könnten, zu entkräften. Interessant wäre es im folgenden, diese theoretische Behandlung des Modelles an einem existierenden Unternehmensdatenmodell auf Effizienz und Anwendbarkeit zu prüfen.

Es bleibt zu untersuchen, ob die vorgestellte Entwurfsmethode in den objektorientierten Entwurf, wie er z.B. in [4] vorgeschlagen wird, eingeordnet werden kann.

7   LITERATURVERZEICHNIS

[1]   Bell,D.E.,LaPadula,L.J.: Secure Computer Systems: Unified position and Multics Interpretation, MITRE Technical Report 2997, Bedford, 1976.

[2]   Biskup,J.,Brüggemann,H.H: The personal model of data -towards a privacy-oriented information system, Computer & Security 7(1988), S.575

[3]   Brüggemann,H.H.: Rights in an Object-Oriented Environment, Proceedings of the 5th Working Conference on Database Security, IFIP WG 11.3, Shepherdstown, 1991.

[3]   Chen,P.: The Entity-Relationship-Model - Towards a Unified View of Data, ACM Transactions on Database Systems, Vol.1, No.1, 1976

[4]   Coad,P.,Youdon,E.: Object-Oriented Design, Prentice-Hall, Englewood Cliffs, New Jersey, 1991.

[5]   Egger,E.: Datenschutz versus Informationsfreiheit, Schriftenreihe der Österreichischen Computergesellschaft, Band 52 , Wien, 1990.

[6]   Gerhardt,W.: Modellierung von Zugriffsschutzanforderungen, Berichte der Universität Rostock, Fachbereich Informatik, Teil 1,2, CS-06-91; 1991.

[7]   Jonscher,D.: Extending access control with duties realized by active mechanisms, Proceedings of the 6th Working Conference on Database Security, IFIP WG 11.3, Vancouver, 1992.

[8]   Lubinski,A.: Anforderungen an die Sicherheitsspezifikation unternehmensbezogener Informationssysteme aus betriebswirtschaftlicher Sicht- Bildung eines informellen Begriffsgerüstes, Berichte der Universität Rostock, Fachbereich Informatik, 1992.

[9]   Lorenz, G.: Untersuchungen zu Konfliktmöglichkeiten in der Autorisierungskomponente eines Zugriffskontrollsystems, Diplomarbeit, Universität Rostock, Fachbereich Informatik, März 1992.

[10] Seidenkranz, S.: Untersuchung von Entwurfsmethoden für Sicherheitsdatenbanken, Studienjahresarbeit, Universität Rostock, Fachbereich Informatik, Juli 1992.

[11] Thomas,D.J.: Role-Based Application Design and Enforcement, Proceedings of the 4th Working Conference on Database Security, IFIP WG 11.3, Halifax, 1990

[12] Ting,T.C., Demurjian,S.A.,Hu,M.-Y.: A Specification Method for User-Role Based Security in an Object-Oriented Model, Proceedings of the 6th Working Conference on Database Security, IFIP WG 11.3, Vancouver, 1992

[13] Wöhe,G.: Einführung in die Allgemeine Betriebswirtschaftslehre, 17.Aufl., München, 1990.

[14] Schulungsmaterialien der Akademie für Organisation

Das Kooperations- und das Gleichgewichtsmodell
- Theorie und Praxis -

R. Grimm, GMD, Inst. für Telekooperationstechnik, Dolivostr. 15, 6100 Darmstadt

A. Steinacker, IABG, Abt. ITE, Einsteinstr. 20, 8012 Ottobrunn

Zusammenfassung

Das Gleichgewichtsmodell ist ein Sicherheitsmodell zur Beschreibung verbindlicher kooperativer Handlungen auf der Basis nicht-abstreitbarer Beweise. Die Kooperation wird über offenen kommunikationstechnischen Systemen modelliert, für welche es keine zentrale Kontrolle gibt und in denen daher auch keine globalen Sicherheits-Mechanismen existieren, die die Sicherheits-Anforderung nach Erfüllung von Verpflichtungen einfach durchsetzen könnten. Das Modell definiert Verpflichtungszustände und beschreibt sie mithilfe obligationslogischer Verpflichtungsausdrücke. Es wird ein Sicherheits-Kriterium beschrieben, das für jede Veränderung eines Verpflichtungszustandes einen Beweis über diese Veränderung für die betroffenen Kooperationspartner verlangt: Verpflichtungen und ihre Beweise halten ein "Gleichgewicht", daher der Name. Das Gleichgewichtsmodell ist seinerseits in ein allgemeineres Telekooperationsmodell von Personen, Rollen und Akteuren eingebettet.

Das Beispiel, auf das das Modell angewendet wird, ist ein Bestellvorgang zwischen drei Akteuren einer Organisation: einer Fachabteilung, die Sachmittel oder Dienstleistungen für ihre Arbeit bestellt; der Verwaltung, die diese Bestellung prüft und an den Einkauf weiterleitet oder an die Geschäftsleitung übergibt; und der Geschäftsleitung, die Entscheidungskonflikte zwischen Fachabteilung und Verwaltung auflöst. Mit den Mitteln des Sicherheitsmodells werden die Verpflichtungsstrukturen formuliert, so daß man von ihnen unmittelbar ablesen kann, welche Ereignisabfolgen sie erzwingen. Dabei werden Konfliktpunkte identifiziert, und es wird gezeigt, wie die Akteure dort ihre Konflikte lösen können. Dieses Beispiel stellt zwar eine geschlossene Organisationsumgebung dar. Durch die Anwendung einer offenen Kooperationstechnik kann es aber die Gestaltung des Vier-Augen-Prinzips doppelter, konkurrierender Kontrolle demonstrieren.

Diese Arbeit besteht aus zwei wohlunterscheidbaren Teilen: Kapitel 1 enthält eine Beschreibung des abstrakten Gleichgewichtsmodells, und in Kapitel 2 wird das Modell auf ein konkretes Beispiel angewendet.

Einführung

Unter einem sicheren IT-System versteht man traditionellerweise ein System, das mit internen Mechanismen ausgestattet ist, die einen unangemessenen Gebrauch der verarbeiteten Daten verhindern. In der vorliegenden Arbeit wird diese klassische Auffassung von IT-Sicherheit als einer wohldefinierten Folge von IT-Systemzuständen verallgemeinert, indem die handelnden Menschen mit ihrer gesellschaftlichen Einbettung explizit in ein Sicherheitsmodell aufgenommen werden. In einer neuen, allgemeineren Interpretation von Sicherheit werden Sicherheitsprobleme auf *Interessenkonflikte* zwischen kooperierenden Menschen zurückgeführt und Sicherheitsmaßnahmen auf die gesellschaftlich eingebettete *Verantwortung* der handelnden Menschen abgestützt. In dem hier entwickelten Sicherheitsmodell kommt zur klassischen *Durchsetzbarkeit* von Sicherheitsanforderungen die *Beweisbarkeit* von Handlungen als grundlegendes *Sicherheitskriterium* hinzu. Damit können Kooperationen auch über *offenen Systemen*, die nur lokal, aber nicht global beherrschbar sind, sicher in dem Sinne durchgeführt werden, daß ein Betrugsversuch von einem Kooperationspartner nachweisbar ist. Das ermöglicht *verbindliche* kooperative Handlungen, die außerdem auch eine Basis für andere Sicherheitsmaßnahmen bilden.

Das hier vorgestellte *Sicherheitskriterium* beruht auf einem *Gleichgewichtsprinzip* zwischen Verpflichtungszuständen der kooperierenden Partner einerseits und Beweismitteln über die Verpflichtungszustände andererseits. Nach diesem Prinzip verlangt das Sicherheitskriterium, daß die technischen Systeme den kooperierenden Menschen während einer Koope-

ration immer genügend Beweismittel zur Verfügung stellen müssen, damit jeder Teilnehmer
zu jeder Zeit das System verlassen kann, ohne unklare Verpflichtungszustände zu hinterlassen.

Das Gleichgewichtsprinzip wird durch eine juristische Anforderung nahegelegt, nach denen
verbindliche Handlungen (z.B. Versprechen, Weisungen, Erklärungen) gesellschaftlich nur
dann durchgesetzt werden können, wenn sie auch nach außen, also gegenüber neutralen
Dritten, nachweisbar sind. Nachweisbarkeit von kommunikativen Handlungen in diesem
Sinne wird in allen Kommunikationsprotokollen realisiert, die - nach ursprünglichen Ideen
von D. Chaum [CHAU 85] - in konkreten Szenarien sichere Telekooperation unter Verzicht
auf zentrale Durchsetzungsmechanismen unterstützen. Erste Ansätze zu einer allgemeinen
Beschreibung von Rechtssicherheit in Telekooperationen finden sich bei B. Pfitzmann et al.
in [PWP 90], die dort auch eine formale Modellierung als offenes Problem hervorheben.
Hier nun sollen die wesentlichen Elemente eines solchen formalen Modells vorgestellt werden.

Verpflichtungszustände und *Beweismittel* werden mit Mitteln einer *"Verpflichtungslogik"*
formuliert, welche mit einer temporalen Logik für Protokolle verglichen wird. Der Bezug
des Sicherheitskriteriums zur Kooperationsanwendung wird im Rahmen eines *Sicherheitsmodells*, des sogenannten *"Gleichgewichtsmodells"*, hergestellt. Das Gleichgewichtsmodell wird seinerseits in ein allgemeines *Telekooperationsmodell* eingebettet, welches *Menschen* und *technische Systeme* integriert. Dabei sind besonders zwei Arten von Manipulationen handhabbar: zum einen führen *Regelverletzungen* seitens eines Kooperationspartners
zu einem klärbaren Streitfall; zum anderen können die Kooperationspartner im Rahmen der
Kooperationsregeln *inhaltlich* widerstreitenden Einfluß auf die Kooperation nehmen, z.B.
einen Vertrag aushandeln oder einen ökonomischen Tauschakt vollziehen.

Anhand eines praktischen Beispiels, das einem real existierenden Organisationshandbuch
entlehnt ist, wird gezeigt, wie man das Gleichgewichtsprinzip in einer Kooperation spezifizieren kann. Dabei kommt es nicht darauf an, alle möglichen Spezialfälle abzudecken,
sondern die grundlegenden Ideen des Modells deutlich zu machen. Obgleich das Beispiel
sich in einer geschlossenen Organisationsumgebung abspielt, enthält es Kooperationen, in
denen Konflikte möglich sind, die also auf dieselbe Weise beschrieben werden müssen wie
Kooperationen zwischen autonomen Partnern.

Gegenüber dem Sicherheitsmodell von Clark-Wilson [CLWI 87] für integre Datenverarbeitung stellt das Gleichgewichtsmodell in zweifacher Hinsicht eine Verallgemeinerung dar: im
Großen erweitert es das Modell von Clark-Wilson über die Grenzen einer geschlossenen
Umgebung hinaus, und im Kleinen verfeinert es die Aufgabenteilung (*"separation of duty"*)
bei Clark-Wilson.[1]

1. Die Modelle

Kooperation wird als geregeltes, auf das Erreichen eines gemeinsamen Ziels hin gerichtetes
Zusammenwirken von Personen verstanden. *Telekooperation* wird dann als eine besondere
Form von Kooperation aufgefaßt, die Kooperation in den Fällen ermöglicht, in denen die
Kooperationspartner zeitlich oder räumlich getrennt sind. Eine Telekooperation kann in eine
Kooperation eingebettet sein. Zur Überbrückung von Zeit und Raum werden technische
Systeme herangezogen, die ihrerseits räumlich verteilt und in der Regel heterogen sind
(Kommunikationstechnik). Die durch sie erbrachten globalen Funktionen der Kooperati-
onsunterstützung entstehen aus einem durch Nachrichtenübertragung vermittelten Zusam-
menspiel lokaler Funktionen der Ein- und Ausgabe, der Speicherung und Verarbeitung von
Information.

---

[1] Ein ausführlicher Vergleich des Gleichgewichtsmodells mit dem Clark-Wilson-Modell findet sich in
     [GRIM 93].

Verbindlich sind solche Erklärungen, deren Erfüllung durchsetzbar ist, indem sie unter "gesellschaftlicher" (z.B. juristischer) Kontrolle stehen. Verbindliche Erklärungen haben nach außen Gültigkeit. Insbesondere müssen verbindliche Erklärungen gegenüber Dritten beweisbar sein. Und zwar müssen vor allem diejenigen, denen gegenüber die zugehörigen Verpflichtungen gelten, die Beweise führen können, da sie ihre Forderungen sonst nicht durchsetzen können.

Das Gleichgewichtsmodell stellt eine Verbindung zwischen *persönlichen Verpflichtungen* und *formalen Regeln für ihre Beweise* her. Verpflichtungen stellen dabei einen semantisch-pragmatischen Anteil einer Kooperation dar. Andere semantisch-pragmatische Anteile, die in einer Kooperation eine Rolle spielen, sind u.a. das Verstehen von Zusammenhängen, ein Langzeitgedächtnis über eine einzelne Kooperation hinaus, persönliche Interessen an den Kooperationsergebnissen und Verantwortung. Sie alle sind nicht vollständig spezifiziert und werden auch gar nicht vollständig auf Zustände eines IT-Systems abgebildet. Dennoch sind gerade sie für Sicherheitsfragen von großer Bedeutung und müssen daher im Rahmen eines Sicherheitsmodells ausdrückbar sein. Aus diesem Grunde wird ein allgemeines *Telekooperationsmodell* eingeführt, das nicht nur formale Elemente, die sich auf ein IT-System abbilden lassen, enthält, sondern auch nicht-formale Elemente, die die handelnden Menschen und ihre semantisch-pragmatischen Anteile in einer Kooperation ausdrücken.

Mit den Sprachmitteln des Telekooperationsmodells kann dann das *Gleichgewichtsmodell* als eigentliches Sicherheitsmodell für verbindliche Telekooperation aufgebaut werden. Darin werden *Verpflichtungszustände* definiert, die den Personen einer Kooperation zugeordnet werden. Es werden Regeln für den *Nachrichtenaustausch* aufgestellt, durch den die Verpflichtungszustände verändert werden können. Die Verbindung zwischen den Verpflichtungszuständen und den Kommunikationsprotokollen zu ihrer Veränderung werden von *Beweismitteln* hergestellt. Die Erstellung und Verteilung von Beweismitteln ist zwar formal beschreibbar, aber der adäquate Umgang mit Beweismitteln, insbesondere zur Klärung von Streitfragen, liegt in der persönlichen Kompetenz und Verantwortung der handelnden Personen. Das kann ein IT-System nicht automatisch durchsetzen.

1.1. Das Kooperationsmodell

Das hier zu entwickelnde Sicherheitsmodell ist eingebettet in ein allgemeines Telekooperationsmodell. Es gibt in der Literatur zahlreiche Rollenmodelle, die je nach ihrem jeweiligen Modellierungsgegenstand ihre eigene Begrifflichkeit haben[2]. In dem in diesem Abschnitt vorgestellten Kooperationsmodell kommt es vor allem darauf an, autonome Personen zu beschreiben, die zur Erreichung eines gemeinsamen Ziels temporär eine Kooperation eingehen. Das prägt einen bestimmten Gebrauch der Begriffe, der nun kurz erläutert werden soll[3].

Das Telekooperationsmodell unterscheidet *Personen*, *Rollen* und *Akteure*. Die handelnden *Personen* besitzen Verantwortung, Verständnis, Entscheidungs- und Handlungsfähigkeit usw., die zusammengefaßt als *persönliche Kompetenz* bezeichnet werden. Die Personen und ihre Kompetenz sind in Kooperationssystemen nicht spezifiziert, sehr wohl aber Anforderungen an die persönliche Kompetenz, die eine Person braucht, wenn sie in eine Kooperation eintritt. *Rollen* sind zielorientierte Handlungsmuster mit nicht-deterministischen Verzweigungspunkten. Indem Personen in Rollen eintreten, werden sie zu *Akteuren*, die dem Handlungsmuster folgen und die aufgrund ihrer persönlichen Kompetenz an den nicht-deterministischen Verzweigungspunkten nach inhaltlichen Gesichtspunkten zwischen den vorgegebenen Handlungsalternativen wählen. In diesem Sinne versteht man unter einem Akteur die temporäre Verschmelzung einer Person mit einer Rolle.

---

[2] Die sogenannten *RFA-Netze* von H. Oberquelle z.B. werden besonders zur Systemspezifikation unter Beteiligung der Anwender eingesetzt [OBE 91].

[3] Eine ausführliche Darstellung des Telekooperationsmodells findet sich in [GRIM 91].

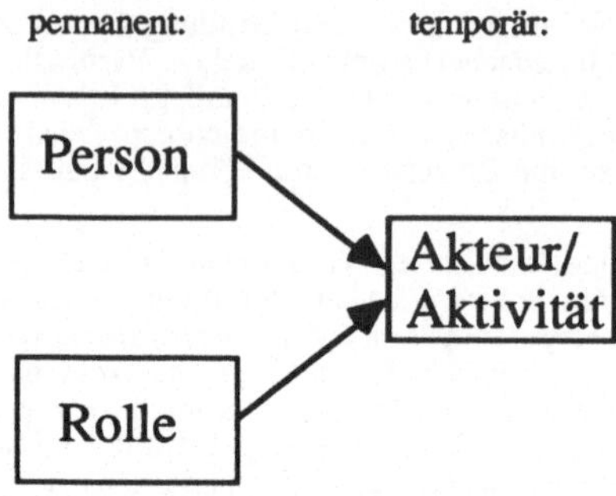

Abb. 1: Akteur als temporäre Verschmelzung einer Person mit einer Rolle

Solange und indem der Akteur aktiv ist, führt er eine *Aktivität* aus. Ein Akteur hat eine temporäre Lebensdauer, die mit der Lebensdauer der zugehörigen Aktivität übereinstimmt: sie beginnt mit dem Einstieg der Person in die Rolle und sie endet mit dem Ausstieg der Person aus der Rolle. Personen überdauern mit ihrer Kompetenz (Gedächtnis) einzelne Aktivitäten und verknüpfen sie inhaltlich miteinander. Personen bilden in diesem Sinne den Abschluß des OSI-Basisreferenzmodells [OSI 84] nach oben.

Ein Akteur verfolgt als formales Ziel das Handlungsziel, das in der Rolle spezifiziert ist. Die handelnde Person hat darüber hinaus ein semantisch-pragmatisches Verständnis und assoziiert mit dem formalen Handlungsziel einen *inhaltlichen Zweck.* Die Schnittstelle zwischen Akteur und Außenwelt wird als Nachrichtenschnittstelle modelliert. Ein formales Ziel einer Rolle ist im allgemeinen der Erhalt oder die Versendung einer oder mehrerer Nachrichten von einem vorgegebenen Format, aber mit nicht vorgegebenem Inhalt. In der Aufteilung von *Format* und *Inhalt,* d.h. von *Syntax* und *Semantik* einer Nachricht, spiegelt sich die Aufteilung eines Akteurs in seine beiden Beschreibungsbestandteile *"Rolle"* und *"Person"* wider.

Akteure kooperieren miteinander, indem sie in geeigneter Weise Nachrichten austauschen. Das *"Kooperationsprinzip"* verlangt eine formale *"Erfolgskopplung"* zwischen den kooperativen Rollen, indem diese so gestaltet sein müssen, daß die zugehörigen Akteure jeweils ihr Ziel entweder alle erreichen oder alle verfehlen. Die Verletzung dieses Kooperationsprinzips der Erfolgskopplung stellt eine Bedrohung der Sicherheit dar: davon handelt gerade das Gleichgewichtsmodell (s. Abschnitt 1.2). Nach dem Kooperationsprinzip ist dann die formale Kooperation *konfliktfrei,* indem alle Partner *dasselbe formale Ziel* anstreben. Das gemeinsame formale Kooperationsziel ist die Aggregierung aller einzelnen formalen Aktivitätsziele. *Konflikte* sind dagegen bei der *inhaltlichen Interpretation des Kooperationsziels* möglich und sollen sogar ausdrücklich durch die zugrunde liegende Kooperationstechnik unterstützt werden: im allgemeinen verfolgt jeder Kooperationspartner einen anderen Zweck mit derselben Kooperation. Ein Beispiel dafür ist ein Vertrag, der im Wortlaut übereinstimmt, der aber inhaltlich für den einen Partner vorteilhaft und für den anderen Partner nachteilig sein kann. Ein anderes Beispiel ist das Spiel, das alle Teilnehmer nach denselben Regeln zu Ende führen, in dem es aber am Ende Gewinner und Verlierer gibt.

Das Sicherheitsmodell beschreibt nun, wie ein Teilnehmer verhindern kann, daß seine Partner die Spielregeln verletzen, mit anderen Worten: daß er nicht betrogen werden kann. Insbesondere kommt es für einen Teilnehmer darauf an zu verhindern, daß die anderen Partner ihr formales Aktivitätsziel erreichen, während er selbst es nicht erreicht.

1.2. Das Gleichgewichtsmodell

Das Gleichgewichtsmodell[4] beschreibt ein Verfahren, nach dem jeder Kooperationsteilnehmer verhindern kann, daß einer seiner Partner das Kooperationsprinzip verletzt. Wenn das Kooperationsziel die Aggregierung von einzelnen Aktivitätszielen ist, dann besteht insbesondere die Gefahr, daß ein Teilnehmer versucht, sein Ziel zu erreichen und gleichzeitig dafür zu sorgen, daß andere es nicht erreichen, z.B. eine unterschriebene Version eines Vertrages zu erhalten, ohne ihn selbst zu unterschreiben. Es gibt aber auch einfachere Kooperationsziele, etwa ein einzelnes Ereignis, auf das alle Kooperationspartner gemeinsam hinarbeiten, wie z.B. ein Bestellvorgang, der nach dem Vier-Augen-Prinzip von verschiedenen Mitarbeitern nach vorgegebenen Handlungsmustern geprüft und genehmigt wird. Hier besteht die Gefahr, daß einer der Partner das gemeinsame Kooperationsziel regelwidrig verhindert oder durchsetzt. Ein verläßliches Telekooperationssystem muß Gefahren dieser Art, die eine Regelverletzung der Kooperation darstellen, begegnen.

Die Grundidee dazu besteht darin, die einzelnen Aktionen der Partner, die zur Erreichung eines Zieles wichtig sind, in *Verpflichtungsstrukturen* einzubetten. Und zwar werden die einzelnen Aktionen derart miteinander verknüpft, daß ein Schritt eines Partners einen anderen Partner dazu verpflichtet, den nächsten notwendigen Schritt zu unternehmen. Auf diese Weise arbeiten sich die Kooperationspartner mit verteilten Aufgaben schrittweise an ein gemeinsames Ziel heran. In dem besonderen Falle der Aggregierung verschiedener Aktivitätsziele zu einem gemeinsamen Kooperationsziel werden diese derart miteinander verknüpft, daß das Erreichen eines Ziels durch einen Partner diesen dazu verpflichtet, auch den anderen Partnern zum Ziel zu verhelfen.

Um Verpflichtungen der Partner durchsetzen zu können, müssen die Handlungen, die die Verpflichtungen erfüllen, entweder durch das IT-System automatisch durchgesetzt werden, oder alle betreffenden Aktionen müssen nach außen unabstreitbar nachgewiesen werden können. In einer offenen Umgebung kann man sich auf die Durchsetzbarkeit aber nicht verlassen. Und selbst in geschlossenen Umgebungen sind Verpflichtungen nicht vollständig spezifizierbar, da sie ja auch semantisch-pragmatisch begründet sind. Deshalb stützt sich das Gleichgewichtsmodell auf Beweise ab. Das Gleichgewichtsprinzip beschreibt nun formal *Verpflichtungszustände* und *Beweisanforderungen* an sie. Es drückt aus, welche Aktionen Verpflichtungszustände erzeugen, verändern oder aufheben, und welche Partner dabei mit welcher Art von Beweismitteln darüber versorgt werden müssen. Es beschreibt *nicht*, wie die Partner im Falle eines Konfliktes damit umgehen. Allerdings ist das Verfahren so konstruiert, daß die Beweismittel auch vor neutralen Dritten Bestand haben, daß sie also von keinem der beteiligten Partner, auch nicht gegenüber neutralen Dritten, abgestritten werden können und daß sie daher dazu geeignet sind, in einem Schiedsverfahren die bestehenden Verpflichtungen auch nach außen zu dokumentieren. Die Beweise werden als gleichwertig mit anderen juristischen Beweisen angesehen und begründen daher eine Gleichwertigkeit von telekooperativ behandelten Verpflichtungen mit Verpflichtungen, die durch herkömmliche Kooperationen eingegangen und erfüllt werden. Insbesondere kann eine telekooperativ eingegangene Verpflichtung auch nicht-telekooperativ erfüllt werden und umgekehrt.

Jedem Partner werden *Verpflichtungszustände* zugeordnet. Ein Verpflichtungszustand wird durch einen *Verpflichtungsausdruck* beschrieben. Ein Verpflichtungsausdruck ist von der Form: wenn Ereignisse von vorherbestimmten Typen $(\tau_1,...,\tau_v)$ eingetreten sind, dann ist die zugehörige Person verpflichtet, mit einem Ereignis vom Typ τ_{v+1} fortzufahren. Ein Verpflichtungsausdruck ist *wahr,* wenn eine der Voraussetzungen $(\tau_1,...,\tau_v)$ nicht erfüllt ist oder wenn das Folgeereignis τ_{v+1} erfüllt ist. Ein Verpflichtungsausdruck ist *falsch,* wenn sowohl alle Voraussetzungen $(\tau_1,...,\tau_v)$ erfüllt sind, als auch das Folgeereignis τ_{v+1}

---

4 Zum "Gleichgewichtsmodell" mit der zugehörigen "Obligationslogik" vgl. auch [GRIM 93].

(noch) nicht erfüllt ist. Es liegt in der *persönlichen Verantwortung* jedes Kooperationspartners, *seinen* Verpflichtungsausdruck über die ganze Kooperation hinweg *wahr* zu halten.

Wichtig ist dabei, daß ein Ereignis nicht nur syntaktisch durch seinen Ereignis*typ*, sondern auch semantisch durch den *Inhalt* des Ereignisses bestimmt wird. Zum Beispiel kann ein Vertrag zwar vielleicht das richtige Format, aber nicht den verabredeten Inhalt haben. Deshalb können Ereignisse sowohl syntaktisch, als auch semantisch korrekt oder inkorrekt sein. Ein Ereignis ist nun genau dann wahr, wenn es sowohl syntaktisch, als auch semantisch korrekt ist.

Die Syntax bereitet bei der Beurteilung eines Ereignisses weiter keine Probleme: Jedem Ereigniszeitpunkt E_i ($i=1,...,v+1$) in einer vorgesehenen Folge ($E_1,..,E_{v+1}$) von Ereigniszeitpunkten wird einfach eine Menge T_i von erlaubten Nachrichtentypen zugeordnet: $T_i=\{\tau_{i1},...\tau_{ie_i}\}$. An jedem Ereigniszeitpunkt E_i kann man dann automatisch überprüfen, ob der Typ der Nachricht m_i, die dieses Ereignis repräsentiert, zu den erlaubten Nachrichtentypen von T_i gehört, d.h. ob Typ(m_i)$\in T_i$. Schwieriger ist die Beurteilung, ob eine Nachricht auch *semantisch* korrekt ist. Falls das automatisch möglich wäre (allgemein ist es nicht automatisch möglich), dann könnte man ein Protokoll konstruieren, daß eine bedingte Verpflichtung gemäß folgendem temporal-logischen Ausdruck *automatisch erfüllt*:

$$\tau_{1j_1} \wedge ... \wedge \tau_{vj_v} \Rightarrow F(\tau_{v+1,j_{v+1}})$$

"F" ist der "Folge-Operator" aus der temporalen Logik und bedeutet hier: wenn an den Ereigniszeitpunkten E_i die korrekten Ereignisse vom Typ $\tau_{i,j_i}\in T_i$ ($i=1,...,v$) stattgefunden haben, dann fährt die zuständige Protokollinstanz an dieser Stelle E_{v+1} mit dem korrekten Ereignis vom vorgegebenen Typ $\tau_{v+1,j_{v+1}}\in T_{v+1}$ fort. Aber wie gesagt, weder ist die semantische Korrektheit allgemein *spezifizierbar*, noch kann man sich in einer offenen Umgebung darauf *verlassen,* daß eine Partnerinstanz das Folgeereignis auch wirklich ausführt.

Deshalb treten hier die *Personen im Sinne des Telekooperationsmodell* auf und beurteilen die Ereignisse mithilfe ihrer Kompetenz, welche sowohl ein semantisches Verständnis des Geschehens, als auch ein inhaltliches Interesse an den Ergebnissen umfaßt. An die Stelle eines *automatischen* Folgeereignisses tritt dann die *Verpflichtung* zu einem Folgeereignis. Jedem Kooperationspartner wird als Person eine Verpflichtung zugeordnet, die durch einen Verpflichtungsausdruck der Art

$$\tau_{1j_1} \wedge ... \wedge \tau_{vj_v} \Rightarrow O(\tau_{v+1,j_{v+1}})$$

beschrieben wird. Dieser Verpflichtungsausdruck ist analog zum entsprechenden temporallogischen Ausdruck zu interpretieren, indem der Folge-Operator "F" durch den Obligations-Operator "O" ersetzt wird: wenn an den Ereigniszeitpunkten E_i die korrekten Ereignisse vom Typ $\tau_{i,j_i}\in T_i$ ($i=1,...,v$) stattgefunden haben, dann ist die zuständige *Person* an dieser Stelle E_{v+1} *verpflichtet,* mit dem korrekten Ereignis vom vorgegebenen Typ $\tau_{v+1,j_{v+1}}\in T_{v+1}$ fortzufahren. Und zwar bezieht sich die Korrektheit sowohl auf die syntaktische Gestalt, als auch auf den semantischen Inhalt.

Die folgende Abbildung 2 illustriert ein Beispiel für eine Verpflichtungsstruktur, die durch den obligationslogischen Ausdruck

$$\tau_{13} \wedge \tau_{32} \wedge \tau_{44} \Rightarrow O(\tau_{51})$$

beschrieben wird. In diesem Beispiel sind für jeden Ereigniszeitpunkt E_i ($i=1,...,5$) jeweils vier verschiedene Nachrichtentypen ($\tau_{i1},...,\tau_{i4}$) spezifiziert, die dort erwartet werden. Der Ereigniszeitpunkt E_2 ist für dieses Beispiel einer Verpflichtungsstruktur irrelevant.

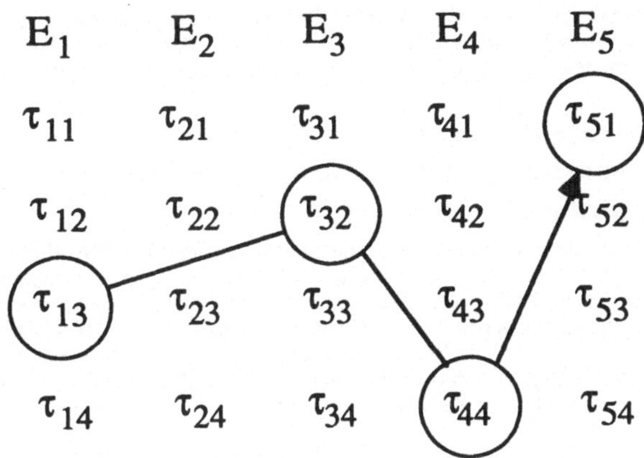

Abb. 2: *Ereignisfolge mit Verpflichtungsstruktur in Kooperationen.*

Zur Abbildung 2 oben: *Ohne Verpflichtungsstruktur:* Jeder Ereignispfad v.l.n.r. gleichwertig möglich. *Mit Verpflichtungsstruktur:* Ausgezeichneter Ereignispfad, der insofern bevorzugt ist, als nach seiner Befolgung bis zum vorletzten Typ τ_{44} zum Ereigniszeitpunkt E_5 ein Ereignis vom letzten Typ τ_{51} kommen *muß.*

Während syntaktische Korrektheit objektiv überprüfbar ist, kann *semantische Korrektheit* Gegenstand von *Konflikten* sein. Die Beurteilung der semantischen Korrektheit unterliegt nicht nur dem jeweiligen pragmatischen Hintergrund einer Person, sondern auch den Interessen, die eine Person verfolgt. Interessenkonflikte sind aber auf der Basis nicht-abstreitbarer und gesicherter syntaktischer Ereignisse möglich. Diese Sicherheitsproblematik läßt sich jetzt wie folgt beschreiben:

Sicherheitsanforderung:

Jeder Kooperationspartner trägt die persönliche Verantwortung dafür, *seinen* Verpflichtungsausdruck über die ganze Kooperation hinweg *wahr* zu halten. Ein Kooperationsteilnehmer wird davor geschützt, daß die Verpflichtungsausdrücke seiner Partner falsch werden. Ein Kooperationsteilnehmer wird davor geschützt, daß seine Partner ihn fälschlich anklagen, daß sein eigener Verpflichtungsausdruck falsch sei.

Sicherheitsmaßnahme:

Der Schutz besteht in syntaktischen Beweisen von den Nachrichten, die einen Verpflichtungszustand eines Partners verändern können. Die Beweise werden den jeweils *begünstigten Partnern* zugestellt: Im Falle der Erfüllung einer Voraussetzung in einem Verpflichtungsausdruck wird der zugehörige Beweis also den Partnern zugestellt, denen gegenüber die Verpflichtung besteht. Im Falle der Erfüllung einer Verpflichtung selbst wird der zugehörige Beweis dem handelnden Partner, der seine Verpflichtung erfüllt, zugestellt. Beweise beruhen auf asymmetrischen Signaturverfahren [RSA 78, ELGA 85] und machen Aussagen über den Ursprung einer empfangenen oder den Verbleib einer abgesendeten Nachricht. Hierzu gehören die in [X400 88] definierten Sicherheitselemente *message origin authentication check* und *proof of delivery.*[5]

---

[5] X.411-88 [X400 88] 8.2.1.1.2.29 Message-origin-authentication-check; 8.3.1.1.2.2 Proof-of-delivery.

Eine Kooperationstechnik, die verbindliche Kooperationen unterstützt, ist *sicher*, wenn jede Veränderung eines Verpflichtungszustands durch ein Beweismittel für den begünstigten Partner kompensiert wird. Dieses Sicherheitsprinzip wird *"Gleichgewichtsprinzip"* genannt.

Es gibt zwei Arten von *Sicherheitsangriffen*:

1. Beweismittel werden gefälscht oder nicht zur Verfügung gestellt.

2. Ein Verpflichtungsausdruck wird falsch.

Ein Kooperationsteilnehmer stellt einen Sicherheitsangriff der 1. Art mithilfe einer lokalen syntaktischen Prüfung des erwarteten Beweismittels fest. Ein Kooperationsteilnehmer stellt einen Sicherheitsangriff der 2. Art mithilfe einer lokalen obligationslogischen Auswertung des Verpflichtungsausdruckes fest. Ob ein Sicherheitsangriff der 2. Art tatsächlich vorliegt, kann Gegenstand eines persönlichen Konfliktes zwischen den kooperierendenPartnern sein, da die obligationslogische Auswertung eines Verpflichtungsausdrucks den persönlichen Kompetenzen der beteiligten Partner unterliegt.

Beide Sicherheitsangriffe führen zum Abbruch der Kooperation. Ein Konflikt wird durch Vorlage der vorhandenen Beweismittel unter Einschluß neutraler Dritter (Gerichte) gelöst. Bei einem semantischen Konflikt (Sicherheitsangriff der 2. Art) betrifft die Diskussion die semantische Bedeutung der Nachrichteninhalte.

Das Gleichgewichtsmodell trennt den automatisierbaren syntaktischen Anteil einer Kooperation von dem semantischen Anteil, der den persönlichen Kompetenzen der Kooperationspartner zugewiesen ist. Es wird nicht verhindert, daß Personen "semantisch falsche" Aussagen unterschreiben oder akzeptieren. Die Technik sorgt allerdings dafür, daß den betreffenden Personen solche Aussagen (wie alle anderen kooperativen Handlungen auch) nachgewiesen werden können. Sie müssen dann damit rechnen, dafür in der Wirklichkeit zur Verantwortung gezogen zu werden.

1.3.   Beschreibung einer Kooperation nach dem Gleichgewichtsprinzip

Eine Kooperation wird durch die folgenden sechs Bestandteile beschrieben:

1. Die Spezifikation der **Subjekt-Typen** und der **Nachrichten-Typen**.

2. Die Einbettung der Kooperationspartner in eine **sichere kommunikationstechnische Infrastruktur:** Nachrichten zwischen den Kooperationspartnern müssen sicher ankommen, ggf. mithilfe eines neutralen Nachrichtentransferdienstes, der die Verantwortung für den sicheren Nachrichtentransfer übernimmt und einem Sender Beweise für die Auslieferung einer Nachricht auch ohne Beteiligung des Empfängers zur Verfügung stellt.[6] Sender und Empfänger von Nachrichten werden in einer Weise festgelegt, daß klar ist, welche Schlüsse aus dem Absenden einer Nachricht auf ihren weiteren Verlauf und welche Schlüsse aus dem Empfang einer Nachricht auf ihre Herkunft gezogen werden können. Diese Zusammenhänge werden durch logische (nicht obligationslogische!) Ausdrücke beschrieben.

3. **Persönliche Verpflichtungen**, die als obligationslogische Ausdrücke beschrieben werden. Jeder obligationslogische Ausdruck beschreibt eine bedingte Verpflichtung eines Kooperationspartners. Die initialen Verpflichtungszustände sind dadurch gekennzeichnet, daß die Voraussetzungen in den Verpflichtungsausdrücken noch alle unerfüllt sind. Sie gelten aufgrund von Vereinbarungen, die, z.B. auf gesetzlicher Basis oder auf der Basis langfristiger Regelungen, grundsätzlich gelten oder die am Anfang einer Kooperation explizit getroffen werden. Ein aktueller Verpflichtungszustand wird durch einen Verpflichtungsausdruck und einen zugehörigen Vektor von Wahrheitswerten, die den Ereignissen des Ausdruckes zugeordnet sind, beschrieben. Ein initialer Verpflichtungszu-

---

[6]   z.B. mit den Sicherheitselementen *message origin authentication check* und *proof of delivery* [X400 88].

stand ist durch einen Verpflichtungsausdruck mit einen Wahrheitsvektor gekennzeichnet, der nur aus "F" besteht, und am Ende einer erfolgreichen Kooperation besteht der Wahrheitsvektor nur aus "W". Im Laufe einer Kooperation füllt sich der Wahrheitsvektor in dem Maße mit "W", in welchem sich die Voraussetzungen des zugehörigen Verpflichtungsausdruckes erfüllen, indem die entsprechenden Ereignisse eintreten und korrekt sind.

4. Das den Partnern gemeinsame **Kooperationsziel**.

5. Das **Gleichgewicht zwischen den Verpflichtungszuständen und Beweismitteln**: Jede Veränderung des Verpflichtungszustandes muß durch ein entsprechendes Beweismittel kompensiert werden. Die Beweismittel beruhen auf signierten Nachrichten, welche Ereignisse darstellen, auf den logischen Ausdrücken über Nachrichten in der kommunikationstechnischen Infrastruktur und auf den initialen Verpflichtungszuständen. Aus diesen drei Informationsmengen lassen sich die aktuellen Verpflichtungen aller Partner ableiten und beweisen.

6. Ein **Kooperationsprotokoll**, das bei Regelverlauf das gemeinsame Kooperationsziel geordnet erreicht oder geordnet verfehlt und das an jeder Stelle ein Gleichgewicht zwischen Verpflichtungszuständen und Beweismitteln hält.

Notation:

Es seien $S=\{S_1,S_2,S_3,...\}$ die Menge der Subjekt-Typen und $\mathcal{M}=\{\tau_1,\tau_2,\tau_3,...\}$ die Menge der Nachrichten-Typen. Für Subjekte $s \in S_1 \in S$ und $r \in S_2 \in S$, und für Nachrichten m mit Typ(m)$\in \tau \in \mathcal{M}$ soll die Bezeichnung $m_{s,r}$ besagen, daß m eine Nachricht von s an r ist. Weiter werden Bezeichnungen mit den folgenden Bedeutungen verwendet:

$$s(-m{:}r) \quad :\Leftrightarrow \quad s \text{ sendet (hat gesendet) } m \text{ an } r.$$

$$s(m{:}r) \quad :\Leftrightarrow \quad s \text{ empfängt (hat empfangen) } m \text{ von } r.$$

$$O(s(-m{:}r)) \quad :\Leftrightarrow \quad s \text{ ist verpflichtet, } m \text{ an } r \text{ zu senden; "O" für "Obligation".}$$

$$O(s(m{:}r)) \quad :\Leftrightarrow \quad s \text{ ist verpflichtet, } m \text{ von } r \text{ zu empfangen.}$$

$$s(m) \quad :\Leftrightarrow \quad s \text{ besitzt } m.$$

Eine sichere Kommunikationsbeziehung zwischen Subjekten s des Typs S_1 und Subjekten r des Typs S_2 könnte man dann zum Beispiel mithilfe der folgenden logischen Ausdrücke beschreiben:

$$s(-m_{s,r}{:}r) \quad \Leftrightarrow \quad r(m_{s,r}{:}s),$$

$$r(-m_{r,s}{:}s) \quad \Leftrightarrow \quad s(m_{r,s}{:}r).$$

Die Implikationen"$\Rightarrow$" besagen, daß ein Sender aus dem Abgesendet-haben einer Nachricht auf die Zustellung der Nachricht in den Machtbereich des Empfängers sicher schließen kann. Sie gelten, wenn die Sender Zustellbestätigungen besitzen, die das Nachrichtentransfersystem ausgestellt und signiert hat. Die Impliaktionen "$\Leftarrow$" besagen, daß ein Empfänger einer Nachricht sicher auf die Herkunft der Nachricht schließen kann. Sie gelten aufgrund der Nichtabstreitbarkeit des Ursprungs einer signierten Nachricht.

Falls das zur Verfügung stehende Nachrichtentransfersystem die Zustellung nicht garantieren kann und man sich daher auf explizite Empfangsbestätigungen m_{ack} der Partner verlassen muß, gelten:

$$[s(-m_{s,r}:r) \; und \; s(m_{s,r,ack}:r)] \quad \Rightarrow \quad r(m_{s,r}:s),$$
$$s(-m_{s,r}:r) \quad \Leftarrow \quad r(m_{s,r}:s),$$
$$[r(-m_{r,s}:s) \; und \; r(m_{r,s,ack}:s)] \quad \Rightarrow \quad s(m_{r,s}:r),$$
$$r(-m_{r,s}:s) \quad \Leftarrow \quad s(m_{r,s}:r).$$

Wenn klar ist, wer Sender und wer Empfänger einer Nachricht ist, dann kann auf die explizite Indexierung einer Nachricht und auf die explizite Angabe des Empfängers bzw. des Senders in einem logischen oder obligationslogischen Ausdruck verzichtet werden. Die logischen Ausdrücke oben vereinfachen sich dann zu

$$s(-m) \quad \Leftrightarrow \quad r(m),$$
$$r(-m) \quad \Leftrightarrow \quad s(m),$$

bzw. zu

$$[s(-m) \; und \; s(m_{ack})] \quad \Rightarrow \quad r(m),$$
$$s(-m) \quad \Leftarrow \quad r(m),$$
$$[r(-m) \; und \; r(m_{ack})] \quad \Rightarrow \quad s(m),$$
$$r(-m) \quad \Leftarrow \quad s(m).$$

Obligationslogische Ausdrücke, die Verpflichtungen beschreiben, können dann mithilfe der oben eingeführten Notation geschrieben werden. Zum Beispiel: eine bedingte Verpflichtung eines Informationsanbieters, der als Subjekt vom Typ P bezeichnet werde, gegenüber einem Kunden, der als Subjekt vom Typ U bezeichnet werde, laute: *Wenn der Informationsdienst P dem Kunden U ein Angebot über Preis und Leistung gemacht hat und wenn der Kunde U im Rahmen des Angebots einen Lieferungsauftrag erteilt hat, dann ist P verpflichtet, als Ergebnis die angeforderte Information an U zu liefern.* Umgekehrt besteht aber auch für den Kunden U eine bedingte Verpflichtung: *Wenn U einen Auftrag an P erteilt hat und wenn P das Ergebnis geliefert und damit den Auftrag erfüllt hat, dann ist U verpflichtet, den Auftrag im Rahmen des Angebotes zu bezahlen:*

$$[P(-Angebot) \wedge P(Auftrag)] \quad \Rightarrow \quad O(P(-Ergebnis)),$$
$$[U(-Auftrag) \wedge U(Ergebnis)] \quad \Rightarrow \quad O(U(-Scheck)).$$

Da das gemeinsame Kooperationsziel hier offensichtlich durch

$$U(Ergebnis) \wedge P(Scheck)$$

beschrieben wird, kann man an den beiden obligationslogischen Ausdrücken, deren erster die Verpflichtung von P und deren zweiter die Verpflichtung von U beschreibt, sehr schön erkennen, wie das gemeinsame Kooperationsziel durch eine Verschränkung der Verpflichtungsstrukturen miteinander aus den einzelnen Aktivitätszielen der beiden Partner verbunden ist: Indem sich U's Ziel erfüllt, das Ergebnis zu erhalten, erfüllt sich auch die letzte Voraussetzung seiner Verpflichtung, P zu dessen Ziel zu verhelfen, also zu zahlen.

Beweismittel:

Da jeder Partner dafür verantwortlich ist, seinen Verpflichtungsausdruck wahr zu halten, sammelt er Beweismittel für die *Wahrheit des eigenen* Verpflichtungsausdruckes und, soweit es die gibt, Beweise für die *Falschheit* des Verpflichtzungsausdrucks eines *Partners*. Die Beweise für die Wahrheit des eigenen Verpflichtungsausdruckes dienen der Abwehr ungerechtfertigter Ansprüche durch einen Partner. Die Beweise für die Falschheit des Verpflichtungsausdrucks eines Partners dienen der juristischen Durchsetzung eines eigenen gerechtfertigten Anspruchs gegenüber einem Partner.

Ein Beweis für die Wahrheit des eigenen Verpflichtungsausdrucks besteht in einem Beweis für die Falschheit einer seiner Voraussetzungen *oder*, falls es den nicht gibt, in einem Beweis für die Wahrheit der Folgerung, d.h. für die Erfüllung seiner unbedingten Handlungspflicht. Ein Beweis für die Falschheit des Verpflichtungsausdrucks eines Partners besteht in einem Beweis für die Wahrheit aller seiner Voraussetzungen *und* in einem Beweis für die Falschheit der Folgerung, d.h. für die Nicht-Erfüllung der unbedingten Handlungspflicht des Partners. Der zweite Beweis bezieht sich entweder auf eine unkorrekte oder auf eine nicht erfolgte Handlung. Nicht erfolgte Handlungen werden durch Fristüberschreitung festgestellt.

2. Die Modelle an einem Beispiel

Um die oben beschriebenen Modelle leichter begreifbar zu machen, sollen an einem Beispiel die wichtigsten Begriffe und Verfahren in den Modellen beschrieben werden. Dabei wird als Grundlage ein Bestellvorgang in einer Firma genommen, der ausführlich in [AMAN 92] beschrieben ist.

2.1. Vorgangsbeschreibung

Für die Darstellung der Modelle an einem Beispiel beschränken wir uns auf einen markanten Ausschnitt aus [AMAN 92] . Da es uns darum geht, die wichtigsten Begriffe zu erläutern, haben wir auch verschiedene Abstraktionen und Zusammenfassungen vorgenommen. Im wesentlichen geht es darum, daß jemand, den wir *Fach-Abteilungsleiter* nennen wollen, eine Bestellung machen will. Diese wird von einem *Verwaltungsleiter* geprüft. Unter gewissen, noch näher benannten Umständen können die beiden in einen Konflikt kommen, der dann von der *Geschäftsleitung* entschieden wird.

Es handelt sich hierbei um die Kooperation zwischen drei Akteuren mit einem gemeinsamen Ziel: Eine Bestellung aus einer Fachabteilung durchzuführen. Der beschriebene Auschnitt beschränkt sich im wesentlichen auf die Aktionen zwischen der Abgabe der Bestellung der Fachabteilung bis zur Weiterleitung der Bestellung an den Einkauf. Das Kooperationsziel ist dann nicht erreicht, wenn die Bestellung aus irgendeinem Grunde abgelehnt wird. Dabei "spielen" die drei Akteure "unterschiedliche Rollen" und nehmen als Personen unterschiedliche Interessen wahr.

Im folgenden werden nun diese Abläufe und die Kooperation zwischen den Beteiligten detaillierter beschrieben. Dabei benutzen wir zunächst eine strukturierte Darstellung unserer Umgangssprache. Im Anschluß daran wird eine graphische Darstellung eingesetzt.

Fach-Abteilungsleiter:

- Bedarf erkennen

- Bestellung genehmigen,
        wenn   (((Die Bestellung ist projektbezogen)[7]
                und   (Der Wert der Bestellung ist kleiner oder gleich y DM))
            oder (Der Wert der Bestellung ist kleiner oder gleich x DM))[8]

- Bestellung zur Prüfung freigeben,
        wenn   (((Die Bestellung ist nicht projektbezogen)
                und   (Der Wert der Bestellung ist größer x DM))
            oder (Der Wert der Bestellung ist größer y DM))

- Bestellung an den Verwaltungsleiter weitergeben

Verwaltungsleiter:

- Bestellung mit Freigabe oder Genehmigung von Fach-Abteilungsleiter erhalten

- Bestellung an den Einkauf weiterleiten[9],
        wenn   (((Die Bestellung ist projektbezogen)
                und   (Der Wert der Bestellung ist durch Projektmittel gedeckt)
                und   (Der Wert der Bestellung ist kleiner oder gleich y DM))
            oder (Der Wert der Bestellung ist kleiner oder gleich x DM))

- Prüfung positiv beurteilen,
        wenn   ((Die Bestellung ist projektbezogen)
                und   (Der Wert der Bestellung ist durch Projektmittel gedeckt)
                und   (Der Wert der Bestellung ist größer y DM))

- Prüfung negativ beurteilen,
        wenn   ((Die Bestellung ist projektbezogen)
                und   (Der Wert der Bestellung ist durch Projektmittel nicht gedeckt)

- Bestellung und Prüfungsergebnis an die Geschäftsleitung weitergeben

- Den Fach-Abteilungsleiter über das Ergebnis informieren

Geschäftsleitung:

- Bestellung genehmigen,
        wenn   (((Die Bestellung ist projektbezogen)
                und   (Das Prüfungsergebnis ist positiv))[10]
            oder (Die Bestellung ist sinnvoll))

- Bestellung ablehnen,
        wenn (((Die Bestellung ist projektbezogen)
                und   (Das Prüfergebnis des Verwaltungsleiters ist negativ)
                und   (Die Bestellung ist nicht sinnvoll))
            oder ((Die Bestellung ist nicht projektbezogen)
                und   (Die Bestellung ist nicht sinnvoll)))

---

[7] Die Unterscheidung, ob eine Bestellung sich auf ein Projekt bezieht oder nicht, hat einen wichtigen Hintergrund. Je nachdem, werden andere "Geldtöpfe" belastet.

[8] Dabei wird vorausgesetzt, daß der Wert x kleiner als der Wert y ist.

[9] An dieser Stelle wird implizit die Genehmigung durch den Verwaltungsleiter vorausgesetzt.

[10] Hierbei geht ein, daß die Geschäftsleitung darauf vertraut, daß die vorangegangenen Prüfungen korrekt durchgeführt wurden.

Die folgenden Abbildungen geben einen Überblick über die oben beschriebenen Abläufe. Ähnlichkeiten mit Flußdiagrammen sind von uns beabsichtigt.

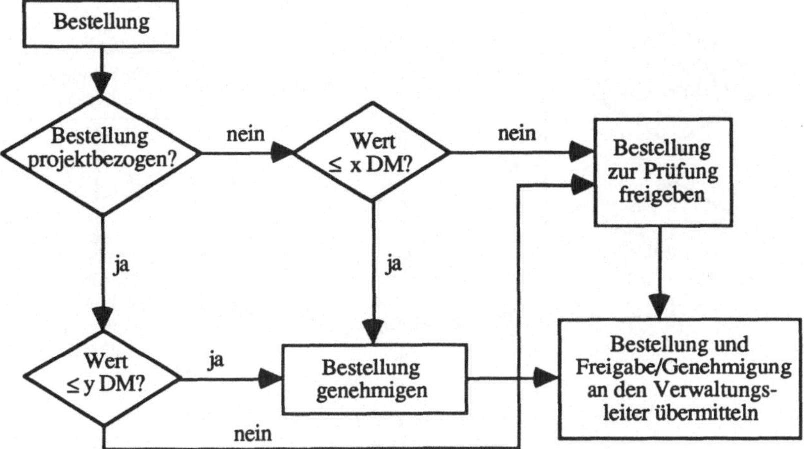

Abb. 3:　　　Handlungsmuster des Fach-Abteilungsleiters

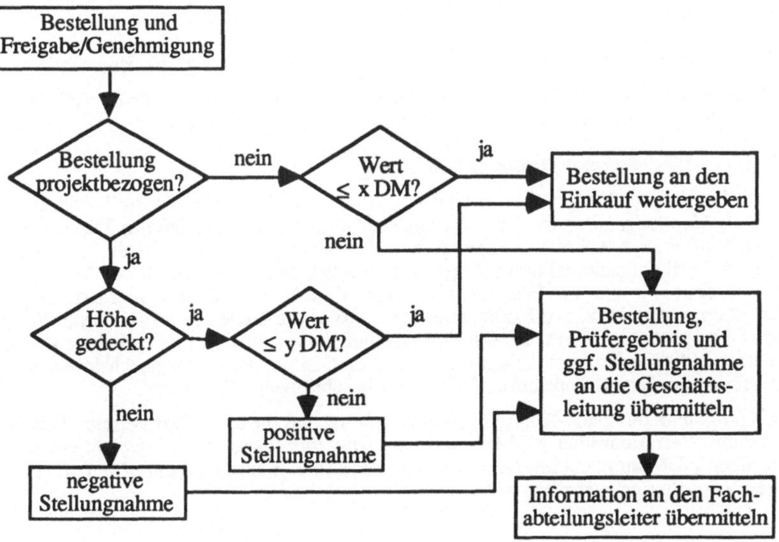

Abb. 4:　　　Handlungsmuster des Verwaltungsleiters

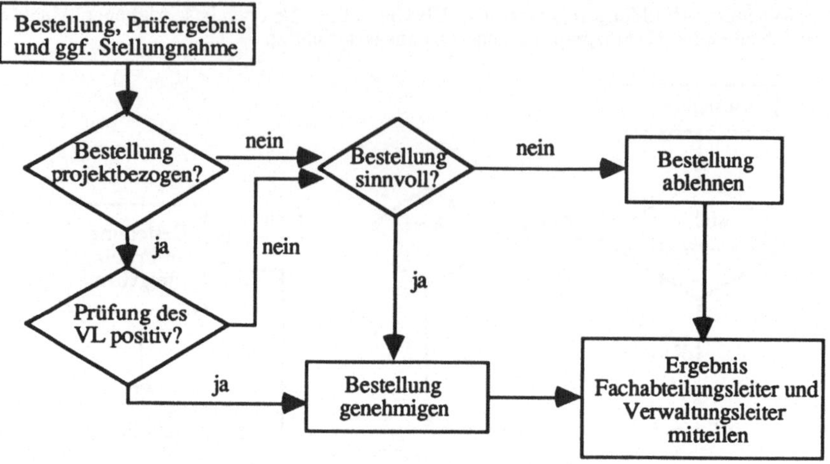

Abb. 5:   Handlungsmuster der Geschäftsleitung

2.2.   Die wesentlichen Begriffe und ihre Bedeutung im Beispiel

Im folgenden werden die wichtigsten Begriffe aus dem Kooperationsmodell und dem Gleichgewichtsmodell an dem oben beschriebenen Beispiel erläutert.

2.2.1.   Das Kooperationsmodell

Die Rollen unseres Kooperationsmodells für einen Ausschnitt des Bestellvorgangs sind der *Fach-Abteilungsleiter*, der *Verwaltungsleiter* und die *Geschäftsleitung*. Die Handlungsmuster wurden in Abschnitt 2.1 spezifiziert. Zur Rolle gehören aber auch die Kompetenzen. Dabei soll noch einmal deutlich gemacht werden, daß in diesem Modell Kompetenzen zunächst einmal immer mit Personen verbunden sind. Wenn hier von einer akteursspezifischen Kompetenz bzw. der Kompetenz einer Rolle die Rede ist, so ist damit diejenige Kompetenz gemeint, die eine Person besitzen muß, wenn sie die Rolle einnehmen will. Die akteursspezifische Kompetenz kann und soll auch in der Rolle festgeschrieben werden. Wie sehen nun diese Kompetenzen für die drei beschriebenen Rollen aus?

Zur Kompetenz des Fach-Abteilungsleiters gehört, daß dieser befugt ist, eine Bestellung mit einem Wert nicht über x DM, bzw. eine *projektbezogene* Bestellung mit einem Wert nicht über y DM zu genehmigen. Andere Bestellungen hingegen kann er nur zur Prüfung an den Verwaltungsleiter weitergeben.

In der Rolle des Verwaltungsleiters ist die Kompetenz festgelegt, Bestellungen mit einem Wert unter x DM , bzw. projektbezogene Bestellungen mit einem Wert unter y DM, deren Höhe gedeckt ist, an den Einkauf weiterzuleiten, damit die Bestellung ausgeführt werden kann.[11] Weiterhin gehört die Kompetenz, eine positive oder eine negative Stellungnahme abzugeben, zur Rolle des Verwaltungsleiters.[12]

Zu entscheiden, ob eine Bestellung sinnvoll ist oder nicht, liegt außerhalb der automatisierbaren Kompetenz der Rolle der Geschäftsleitung. Diese Entscheidung kann nur die Person, die in dieser Rolle agiert, aufgrund der Kompetenz, die ihr als Person eigen ist, treffen.

Die oben beschriebenen Handlungsabläufe und die in den Rollen enthaltenen Kompetenzen finden sich so oder zumindest doch ähnlich in jeder Firma. Meist sind sie sogar schriftlich niedergelegt, häufig in einer Art von Organisations- oder Verwaltungshandbuch. Diese Regeln müssen eingehalten werden, damit das gemeinsame Kooperationsziel der Bestellkooperation erreicht werden kann: Eine Bestellung durchzubekommen.

Die Zwecke, die die Personen verfolgen, weichen davon und untereinander ab. Der Abteilungsleiter möchte unter allen Umständen das Bestellte bekommen, weil ihm daran gelegen ist, ein Projekt möglichst gut durchzuführen. Der Verwaltungsleiter fühlt sich für eine faire und gerechte Geldverteilung der Firmenmittel verantwortlich. Und einem Geschäftsführer ist schließlich daran gelegen, das Vermögen der Firma zu mehren. Zum Vermögen der Firma gehören dabei sicherlich nicht nur Geldwerte, sondern auch etwa Ansehen, usw.

Aus diesen unterschiedlichen Zwecken können sich dann natürlich Konfliktsituationen ergeben. Zum Beispiel möchte vielleicht ein Abteilungsleiter etwas bestellen, dessen Bezahlung über Projektmittel nicht gedeckt ist. Aus diesem Grund gibt dann der Verwaltungsleiter eine negative Stellungnahme über die Bestellung ab. Dieser Konflikt wird von der Geschäftsleitung als "neutralem Dritten" gelöst.

2.2.2. Das Gleichgewichtsmodell

Zur Beschreibung der Kooperation mit Hilfe des Gleichgewichtsmodells wird entsprechend der Einteilung in Abschnitt 1.3 vorgegangen. Dabei wird nach einer informellen Beschreibung der Elemente deren formale Darstellung angegeben.

1.   Subjekt- und Nachrichten-Typen

Zur formalen Beschreibung dieses Szenariums gehört zunächst die Spezifikation der Subjekt- und der Nachrichten-Typen:

$$S \quad = \quad \{\textit{Fach-Abteilungsleiter, Verwaltungsleiter, Geschäftsleitung, Einkauf}\}$$

$$\mathcal{M} \quad = \quad \{\text{Bestellung, Freigabe\_FAL, Genehmigung\_FAL, Prüfergebnis,}$$
$$\text{Stellungnahme, Zurückweisung, Ablehnung\_GL, Genehmigung\_GL}\}$$

Die Subjekte seien wie folgt bezeichnet::

F $\in$ Fach-Abteilungsleiter, V $\in$ Verwaltungsleiter, G $\in$ Geschäftsleitung und

E $\in$ Einkauf.

---

11 Darin, daß der Verwaltungsleiter das überprüft, was der Fach-Abteilungsleiter genehmigt hat, steckt schon eine Sicherheits-Maßnahme, das Vier-Augen-Prinzip. Hinter diesem Prinzip steht, daß sich der Verwaltungsleiter und der Fach-Abteilungsleiter mißtrauen. In dem Fall wie dem hier gezeigten ist der Konflikt syntaktisch darstellbar, was aber nicht immer so sein muß. Die Geschäftsleitung vertraut dann im folgenden darauf, daß diese Sicherheits-Maßnahme funktioniert, daß also z.B. Fach-Abteilungsleiter und Verwaltungsleiter sich nicht etwa zusammentun, um diese Sicherheits-Maßnahme zu unterlaufen.

12 Hier sieht es so aus, als könnte der Verwaltungsleiter vollständig automatisiert werden, als bräuchte man die Person dahinter nicht mehr. Daß dem nicht so ist, wird in Abschnitt 3 behandelt.

Die Nachrichten seien wie folgt bezeichnet:

  b $\in$ Bestellung

  g_F $\in$ Genehmigung_FAL

  f $\in$ Freigabe_FAL

  p $\in$ Prüfergebnis

  s $\in$ Stellungnahme

  z $\in$ Zurückweisung (der Bestellung durch VL)

  a $\in$ Ablehnung_GL

  g_G $\in$ Genehmigung_GL

Ein *Ereignis* kann die *Entsendung* oder der *Empfang* einer Nachricht eines bestimmten *Nachrichtentyps* an der Außenschnittstelle eines Akteurs sein. Jedes Ereignis an einer Außenschnittstelle eines Kooperationsteilnehmers korrespondiert mit genau einem anderen Ereignis auf der Gegenseite des Kommunikationskanals an der Außenschnittstelle seines Kommunikationspartners. Das Verhältnis dieser korrespondierenden Ereignisse untereinander wird durch die *kommunikationstechnische Infrastruktur* (s.u.) bestimmt.

2. Kommunikationstechnische Infrastruktur

In diesem Abschnitt werden die Nachrichtenbewegungen beschrieben. In einer unsicheren Infrastruktur müssen die beteiligten Personen Empfangsbestätigungen beisteuern, um Gewißheit über den Zugang von Nachrichten herzustellen. Wenn ein Kommunikationssystem die Zustellung von Nachrichten sicherstellen und nachweisbar bestätigen kann, dann kann ein Sendeereignis mit dem korrespondierenden Empfangsereignis identifiziert werden. Im Zusammenhang dieses Beispiels gehen wir der Einfachheit halber von einer solchen sicheren kommunikationstechnischen Infrastruktur aus. Die Nachrichtenbewegungen können dann einfach wie folgt beschrieben werden.

Hat ein Akteur s eine Nachricht an einen anderen Akteur r geschickt und besitzt s vom Nachrichtentransfersystem eine Zustellungsbestätigung, dann hat der Akteur r diese Nachricht auch erhalten. Umgekehrt: Besitzt ein Akteur r eine Nachricht mit dem Absender eines anderen Akteurs s, dann hat s die Nachricht auch wirklich erzeugt und an r geschickt:

$$\forall s \in S_1 \in S, \forall r \in S_2 \in S, \forall m \text{ mit } Typ(m) \in \tau \in \mathcal{M} \text{ gilt:}$$

$$s(-m{:}r) \quad \Leftrightarrow \quad r(m{:}s)$$

3. Verpflichtungsausdrücke der Subjekte

- *Für den Fach-Abteilungsleiter gilt:*
   Er hat (in dieser Kooperation) keine Verpflichtung!

- *Für den Verwaltungsleiter gilt:*
   Er hat zwei Verpflichtungen:

   1. Wenn er von dem Fach-Abteilungsleiter eine Bestellung b und eine Genehmigung g_F oder eine Freigabe f erhalten hat, so ist er verpflichtet, die Bestellung zum Einkauf weiterzuleiten, *oder* die Bestellung b mit seiner Stellungnahme s und seinem Prüfergebnis p an die Geschäftsleitung weiterzugeben. Jedenfalls unterrichtet er den Fach-Abteilungsleiter.

   $$V(b{:}F) \wedge [V(g\_F{:}F) \vee V(f{:}F)] \Rightarrow$$

   $$[\, O(V(-b{:}E)) \quad \vee \quad [\, O(V(-b{:}G)) \wedge O(V(-s{:}G)) \wedge O(V(-p{:}G)) \,]\,]$$

   $$\wedge \quad O(V(-p{:}F))$$

   Welche der beiden Alternativen gewählt werden, und ob der Verwaltungsleiter eine positive oder negative Stellungnahme abgibt, wird durch das Handlungsmuster der Rolle des Verwaltungsleiters bestimmt, das sowohl dem Fach-Abteilungsleiter, als auch der Geschäftsleitung bekannt ist.

2.   Wenn er von der Geschäftsleitung die Genehmigung g_G erhält, so muß er die Bestellung b an den Einkauf weitergeben, *und* wenn er die Ablehnung a von der Geschäftsleitung erhält, so darf er die Bestellung b nicht an den Einkauf weitergeben.

$$[V(b{:}F) \wedge V(g\_G{:}G) \Rightarrow O(V(-b{:}E))] \quad \wedge$$

$$[V(b{:}F) \wedge V(a{:}G) \quad \Rightarrow O(\neg V(-b{:}E))]$$

In dieser zweiten Verpflichtung kann der Verwaltungsleiter nicht zwischen Handlungsalternativen wählen, sondern er ist unmittelbar an die Weisungen des Geschäftsleiters gebunden.

Für die Geschäftsleitung gilt:
Die Geschäftsleitung hat eine Verpflichtung:

Wenn die Geschäftsleitung eine Bestellung b vom Verwaltungsleiter erhält, so ist sie verpflichtet, ihre Genehmigung g_G oder ihre Ablehnung a an den Verwaltungsleiter und an den Fach-Abteilungsleiter zu übermitteln.

$$G(b{:}V) \quad \Rightarrow$$
$$[\, O(G(-g\_G{:}V)) \wedge O(G(-g\_G{:}F)) \quad \vee$$
$$O(G(-a{:}V)) \wedge O(G(-a{:}F)) \,]$$

Die Entscheidung zwischen den Handlungsalternativen, die auch von einer semantischen Beurteilung des "Sinns" einer Bestellung abhängt, gehört zur nicht-spezifizierten Kompetenz der Geschäftsleitung.

4.   Das gemeinsame Kooperationsziel

Das gemeinsame Kooperationsziel läßt sich in einfacher Weise formulieren: Der Verwaltungsleiter soll die Bestellung an den Einkauf weiterleiten:

$$V(-b : E)$$

Hierbei ist zu beachten, daß dem Verwaltungsleiter durch seine Verpflichtungsstruktur und das Handlungsmuster seiner Rolle präzise vorgeschrieben ist, wann er die Bestellung an den Einkauf übermitteln muß, und wann er dies nicht darf. Er bildet ein Beispiel für einen Akteur, dessen Handlungsalternativen vollständig syntaktisch spezifiziert sind. Ein Gegenbeispiel dazu stellt der Geschäftsleiter dar, dessen Entscheidung über den "Sinn" einer Bestellung auch semantisch begründet ist. Allerdings liegt die *Verantwortung* für das Handeln grundsätzlich bei der *Person*, unabhängig davon, ob das Auswählen zwischen ihren Handlungsalternativen automatisiert ist oder nicht.

Die Ereignisfolgen

Damit die eigentliche Struktur der Ereignisse und ihrer Abfolge besser sichtbar wird, werden im folgenden Teilereignisse, die durch "und" miteinander verknüpft sind, zusammengefaßt.

E_1:   Kooperationseröffnung: T_1 enthält:

τ_{11}:   Der Fachabteilungsleiter (FAL) sendet dem Verwaltungsleiter (VL) die Bestellung und seine Genehmigung_FAL
$$F(-b:V) \wedge F(-g\_F:V)$$

τ_{12}:   FAL sendet VL die Bestellung und seine Freigabe
$$F(-b:V) \wedge F(-f:V)$$

E_2:   Ausführung1: T_2 enthält:

τ_{21}:   VL leitet Bestellung an den Einkauf (E) und sein Prüfergebnis an den FAL weiter
$$V(-b:E) \wedge V(-p:F)$$

τ_{22}:   VL sendet Bestellung, seine Stellungnahme und das Prüfergebnis an die Geschäftsleitung (GL); und das Prüfergebnis an den FAL.
$$V(-b:G) \wedge V(-s:G) \wedge V(-p:G) \wedge V(-p:F)$$

τ_{23}:   VL erkennt Bestellung nicht an und weist sie an FAL zurück
$$V(-z:F)$$

E_3:   Weisung und Information: T_3 enthält:
t_{31}:   GL sendet Genehmigung der Bestellung an VL und FAL
$$G(-g\_G:V) \wedge G(-g\_G:F)$$

τ_{32}:   GL sendet Ablehnung der Bestellung an FAL und VL
$$G(-a:V) \wedge G(-a:F)$$

E_4:   Ausführung2: T_4 enthält:

τ_{41}:   VL leitet Bestellung an den Einkauf weiter
$$V(-b:E)$$

τ_{42}:   VL legt Bestellung zu den Akten und leitet die Bestellung nicht an den Einkauf weiter
$$\neg\, V(-b:E)$$

Mit diesen zusammengefaßten Ereignissen lauten die Verpflichtungsausdrücke nun so:

$$\begin{aligned}
\text{VL:} \quad & 1. \quad (\tau_{11} \vee \tau_{12}) \ \Rightarrow\ O(\tau_{21} \vee \tau_{22}) \\
& 2. \quad (\tau_{11} \vee \tau_{12}) \wedge \tau_{31} \ \Rightarrow\ O(\tau_{41}) \\
& \quad\ \ (\tau_{11} \vee \tau_{12}) \wedge \tau_{32} \ \Rightarrow\ O(\tau_{42}) \\
\text{GL:} \quad & \quad\ \ \tau_{22} \ \Rightarrow\ O(\tau_{31} \vee \tau_{32})
\end{aligned}$$

Sie werden durch die folgende Abbildung veranschaulicht, wobei der Übersicht halber die verpflichtende Wirkung von τ_{12} nicht mit dargestellt wird (von τ_{12} gehen noch einmal dieselben Linien aus wie von τ_{11}):

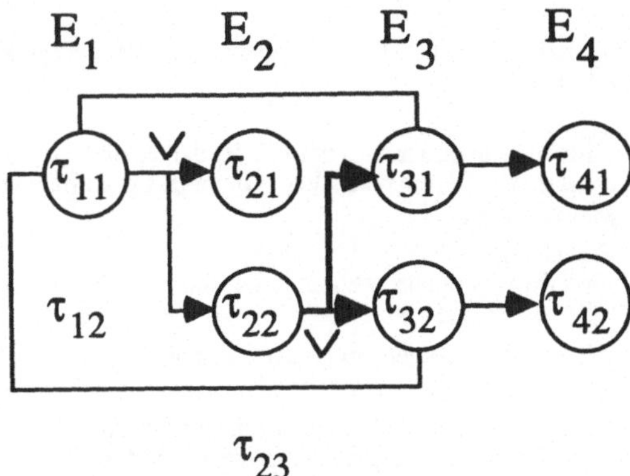

Abb. 6: Die Ereignisfolgen und die Verpflichtungsstrukturen.

Die Verpflichtungsstrukturen verpflichten dann die Akteure, eine der folgenden vier möglichen Ereignisabfolgen einzuhalten:

1. $(\tau_{11} \vee \tau_{12}) \Rightarrow \tau_{21}$ (Ziel)

2. $(\tau_{11} \vee \tau_{12}) \Rightarrow \tau_{22} \Rightarrow \tau_{31} \Rightarrow \tau_{41}$ (Ziel)

3. $(\tau_{11} \vee \tau_{12}) \Rightarrow \tau_{22} \Rightarrow \tau_{32} \Rightarrow \tau_{42}$ (Ziel verfehlt)

4. $(\tau_{11} \vee \tau_{12}) \Rightarrow \tau_{23}$ (Ziel verfehlt)

5. Beweismittel

Beweismittel sind Nachrichten, die von dem jeweiligen Sender digital unterschrieben sind und die darum als Beweismittel für die zugehörigen Handlungen gelten. Zu einer gesendeten Nachricht gehört auch eine signierte Zugangsbestätigung durch das Nachrichtensystem bzw. durch den Empfänger.

Der *Fach-Abteilungsleiter* bewahrt die folgenden Nachrichten auf:

$F(b_{ack}:V)$, [$F(g\_F_{ack}:V)$ oder $F(f_{ack}:V)$];
aus diesen beiden Beweismitteln schließt er auf den Verpflichtungszustand des VL.

$F(p:V)$;
aus diesem Beweismittel schließt er auf den Erfolg der Bestellung, bzw. auf eine noch ausstehende Entscheidung des GL.

ggf. *$F(a:G)$ oder $F(g\_G:G)$;*
aus diesem Beweismittel schließt er auf Erfolg bzw. Mißerfolg der Bestellung.

Der *Verwaltungsleiter* bewahrt die folgenden Nachrichten auf:

$V(b:F)$, [$V(g\_F:F)$ oder $V(f:F)$];
aus diesen beiden Beweismitteln schließt er auf die Beweismittel, die der FAL über ihn hat.. Im Streitfalle hält er diese gegen die Beweismittel des FAL.

$V(p_{ack}:F)$;
dieses Beweismittel dokumentiert die Erfüllung einer seiner Verpflichtungen.

$V(b_{ack}:E);$
dieses Beweismittel dokumentiert im Erfolgsfalle der Kooperation die Erfüllung einer
seiner Verpflichtungen.

$V(b_{ack}:G), V(s_{ack}:G), V(p_{ack}:G);$
diese Beweismittel dokumentieren in dem Falle, daß er nicht selbst entscheiden kann,
seine Verpflichtung, den GL einzuschalten. Gleichzeitig schließt er mit ihnen auf den
Verpflichtungszustand des GL.

$V(a:G)$ oder $V(g\_G:G);$
aus diesen beiden Beweismitteln schließt er auf die Beweismittel, die der GL über ihn
hat. Im Streitfalle hält er diese gegen die Beweismittel des GL.

Der *Geschäftsleiter* bewahrt die folgenden Nachrichten auf:

$G(b:V), G(s:V), G(p:V);$
aus diesen drei Beweismitteln schließt er auf die Beweismittel, die der VL über ihn
hat. Im Streitfalle hält er diese gegen die Beweismittel des VL.

$G(a_{ack}:V)$ und $G(a_{ack}:F)$ oder $G(g\_G_{ack}:V)$ und $G(g\_G_{ack}:F);$
diese Beweismittel dokumentieren die Erfüllung seiner Verpflichtung.

2.2.3. Analyse von Konfliktfällen

Das Gleichgewichtsprinzip macht zwei Arten von Manipulationen handhabbar: Es gibt
Konflikte, die durch die Verletzung von Spielregeln eines Partners entstehen, und andere
Konflikte, die unter Einhaltung der Spielregeln aufgrund unterschiedlicher Interpretationen
der Kommunikations*inhalte* entstehen. Für jede der beiden Konfliktarten sei jeweils ein
Beispiel genannt:

Bei der Ereignisfolge τ_{11} (oder τ_{12}) (Bestellung durch F), τ_{22} (Weiterleitung an GL), τ_{31}

(Genehmigung durch GL) und τ_{42} (VL verweigert den Einkauf) *verletzt* der Verwaltungsleiter offensichtlich eine *Spielregel*, indem er seiner Verpflichtung aus dem 2. Verpflichtungsausdruck nicht nachkommt. Das kann der Fach-Abteilungsleiter aufgrund seiner Beweismittel $F(b_{ack}:V)$ und $F(g\_G:G)$ nachweisen.

Bei der Ereignisfolge τ_{11} (Bestellung *und Genehmigung* durch F), und τ_{22} (VL leitet Bestellung an GL weiter), die durchaus regelgerecht ist, sieht sich der VL offenbar nicht in
der Lage, die vom FAL bereits genehmigte Bestellung an den Einkauf weiterzuleiten. Wenn
der FAL mit dieser Entscheidung des VL nicht einverstanden ist, dann können FAL und
VL ihre Beweismittel nebeneinander halten und auf dieser Grundlage folgende Fragen inhaltlich klären: 1. Verstehen wir unter "projektbezogen" dasselbe? 2. Verstehen wir unter
"Wert x" bzw. "Wert y" dasselbe? 3. Ist die Höhe des Bestellwertes durch Projektmittel
gedeckt? 4. Ist die Stellungnahme des VL gegenüber dem GL korrekt? 5. Passen Stellungnahme und Prüfergebnis des VL zusammen?

Weitere Konflikte aufgrund inhaltlicher Interpretationsunterschiede können sich auch bei

den folgenden regelgerechten Ereignisfolgen ergeben: $\tau_{11} \wedge \tau_{23}$ (z.B.: durfte F überhaupt

genehmigen?), $(\tau_{11} \vee \tau_{12}) \wedge \tau_{32}$ (GL lehnt ab: was heißt "sinnvoll"?).

3. Folgerungen

Das Gleichgewichtsmodell liefert ein Sicherheitskriterium, das in die lokalen Automaten eines Kooperationssystems implementiert werden kann. Der Fortschritt, den ein nach dem
Gleichgewichtsmodell gestaltetes Kooperationssystem gegenüber einem Kooperationssystem darstellt, das keine Beweismittel zur Verfügung stellt, besteht darin, daß ein Teilnehmer nicht mehr hilflos dem Wohlverhalten des Systems oder seiner Kooperationspartner ausgeliefert ist. Jede Verletzung des Kooperationsprinzips wird lokal entdeckt und
ihm mitgeteilt, und vor allem ist sie nachweisbar. Nachweise sind auch nach außen

gegenüber neutralen Dritten gültig. Deshalb ist diese Kooperationsform auch in einer *offenen* Umgebung verläßlich, in der keine vertrauenswürdige Institution mehr das gesamte System kontrollieren kann.

Grenzen der Modelle

Das Gleichgewichtsmodell liefert keine technische Lösung zur Automatisierung komplexer Kooperationen, etwa im Sinne einer CSCW-Technik[13], sondern es beschreibt verbindliche Handlungen auf der Basis nicht-abstreitbarer Beweise. Es ist ein *Sicherheits*modell. Es beschreibt dabei weder allgemeine *Informationsflüsse*, noch *Zugriffsregeln. Basismechanismen* wie *Authentifizierung* werden vom Gleichgewichtsmodell nicht sichtbar gemacht, sondern im Gegenteil sogar implizit benutzt, indem Beweisbarkeit auf der sicheren Identität der Akteure beruht.

Obgleich das Gleichgewichtsmodell eine Verfeinerung des Vier-Augen-Prinzips für integre Datenverarbeitung darstellt (wie das Beispiel oben demonstriert) und obgleich es auch die Voraussetzung zur integren Datenverarbeitung über offene Systemgrenzen hinweg darstellt, bedarf es zur detaillierten *Modellierung integrer Datenverarbeitung* eines anderen Abstraktionsgrades, und damit eines anderen Modells, etwa von der Art des Clark-Wilson Modells [CLWI 87]. Auch Probleme der *Vertraulichkeit* oder des *Datenschutzes* werden vom Gleichgewichtsmodell nicht erfaßt. Allerdings eignet sich das *Telekooperationsmodell* sehr wohl zur Modellierung von Vertraulichkeitsproblemen, indem dort die Außenansicht eines Akteurs über seine Rolle vermittelt wird: In einer Rolle läßt sich daher die Menge der erlaubten oder gewünschten Informationsmenge festlegen, die ein Akteur nach außen abgibt.

Es gibt kein allgemeines Modell zur Beschreibung des *Verfügbarkeits*problems. Auch das Gleichgewichtsmodell deckt es nicht ab. Allerdings ist es für einen kleinen Teil davon nützlich: Das Verhältnis von Netzbenutzern und Netzbetreibern ist das einer offenen Kooperation. Mithilfe des Gleichgewichtsprinzips können Handlungen mit den für sie Verantwortlichen verknüpft werden, und dadurch ist es möglich, Handlungen in einem offenen Datennetz bis zu ihren Urhebern zurückzuverfolgen.

Grenzen der technischen Anteile

Ein lokal automatisierter Akteur kann zwar eine Person vertreten und sie in der Einhaltung der Spielregeln einer Kooperation unterstützen. Aber vollkommen unabhängig davon, wieviel von ihrer Kompetenz automatisiert ist: die handelnde Person bleibt allein verantwortlich und muß sogar damit rechnen, zur Verantwortung gezogen zu werden, da sie ja Beweise für ihr Handeln liefert. Allerdings kann sie sich selbst auch darauf verlassen, daß sie ihre Partner zur Verantwortung ziehen kann, unabhängig davon, in welcher Weise diese sich automatischer Unterstüzung bedienen.

Eine Kooperationstechnik, die das Gleichgewichtsprinzip befolgt, setzt weder verbindliche Handlungen automatisch durch, noch befreit es die handelnden Menschen von ihrer Verantwortung. In offenen Netzen sind rein technisch alle Handlungsalternativen möglich einschließlich derjenigen, die Verpflichtungsregeln verletzen würden. Aber durch das Gleichgewichtsprinzip sind zu jedem Zeitpunkt einer Kooperation alle Verpflichtungszustände sichtbar und nachweisbar. Die Technik liefert zum richtigen Zeitpunkt die richtigen nichtabstreitbaren Beweise. Allerdings liegen die Überprüfung der Zustände und die Konsequenzen aus ihrer Beurteilung außerhalb der technischen Systeme: Der angemessene Umgang mit den technischen Systemzuständen ist nicht selbst Bestandteil des technischen Systems. Das ist allein Sache der Menschen, die die Technik benutzen.

---

13 "CSCW" steht für "Computer Supported Cooperative Work". Darunter ordnet man alle Bemühungen um eine automatisierte Unterstützung von Kooperation und Gruppenkommunikation unter Menschen ein.

Anerkennung

Diese Arbeiten wurden im Rahmen des BMFT-Förderprojekts REMO "Referenzmodell für sichere IT-Systeme" durchgeführt.[14] Kooperationspartner in diesem Verbundprojekt sind das Europäische Institut für Systemsicherheit (E. I. S. S.) der Universität Karlsruhe, die Gesellschaft für Mathematik und Datenverarbeitung mbH (GMD), die Industrieanlagen-Betriebsgesellschaft mbH (IABG), die Siemens AG und die Telematic Services GmbH (TELES). Ein besonderer Dank gilt Magdalena, Charlotte und Hannah (in order of appearance) für die Zeit, die sie uns für diese Arbeit gelassen haben.

Literatur

[AMAN 92]   E. Amann; *Bearbeitete Version des Beispiels "Bestellvorgang".* REMO-Arbeitspapier IABG.REMO.0096.02, 21.02.1992

[ATZM 92]   H. Atzmüller: *Ein Immunsystem für Informationssysteme - Einblicke in das Forschungsprojekt REMO* . elektronik 7/92, Franzis Verlag, 60-67, 1992.

[CHAU 85]   D. Chaum: *Security without Identification: Card Computers to Make Big Brother Obsolete.* Communication of the ACM 28(10), 1030-1044, 1985.

[CLWI 87]   D.D. Clark, D.R. Wilson: *A Comparison of Commercial and Military Security Policies.* Proceedings of the 1987 IEEE Symposium on Security and Privacy, 1987, Oakland, California. Computer Society Press of the IEEE, Washington D.C., 184-194, 1987.

[ELGA 85]   T. ElGamal: *A Public Key Cryptosystem and a Signature Scheme Based on Discrete Logarithms.* IEEE Transactions on Information Theory, Vol.IT-31, 469-472, 1985.

[GRIM 91]   R.Grimm: *Sicherheit für offene Kommunikation - Teil 2: Kommunikation.* Arbeitspapiere der GMD 598, GMD, Birlinghoven, November 1991, 68 Seiten.

[GRIM 93]   R. Grimm: *Das Gleichgewichtsmodell für verbindliche Telekooperation.* Erscheint in Datenschutz und Datensicherung (DuD) 2/93, Vieweg Verlag, Braunschweig, 1993.

[OBE 91]   H. Oberquelle: *Benutzerorientierte Modellierung in RFA-Netzen.* Softwaretechnik Trends, Mitteilungen der Fachgruppe Software Engineering der GI, Band 11, Heft 3, 8-17, August 1991.

[PWP 90]   B. Pfitzmann, M. Waidner, A. Pfitzmann: *Rechtssicherheit trotz Anonymität in offenen digitalen Systemen.* Datenschutz und Datensicherung (DuD) 5/90, 243-253, und 6/90, 305-315. Vieweg Verlag, Braunschweig, 1990.

[RSA 78]   R. Rivest, A. Shamir, L. Adleman: *A Method for Obtaining Digital Signatures and Public Key Cryptosystems.* Communications of the ACM, Volume 21, Number 2, 120-126, Feb 1978.

[STPE 91]   A. Steinacker, B. Pertzsch: *Sicherheits-Anforderungen - Der Schlüssel zur Sicherheit.* In: Tagungsband zur Datasafe '91, Vde Verlag, 1991.

[X400 88]   CCITT: *Blue Book* Volume VIII - Fascicle VIII.7, Data Communication Networks. *Message Handling Systems, Recommendations X.400-X.420 (1988).* Genf, 1989. (vgl. auch: ISO 10021)

[OSI 84]   ISO 7498: Information Processing Systems: *Open Systems Interconnection - Basic Reference Model.* ISO 7498-1984(E). First Edition - 1984-10-15. (Technical Corrigendum 1, ISO/IEC JTC 1, ISO 7498: 1984/Cor.1: 1988(E).)

---

[14] Das Projekt REMO wird vom BMFT unter dem Kennzeichen ITS 9101 gefördert. Weitere Informationen zum Projekt REMO und seinen Zielen ist z. B. in [ATZM 92] zu finden.

Sichere Delegation in Informationssystemen

Joachim Biskup   Christian Eckert*
Universität Hildesheim, Institut für Informatik
Samelsonplatz 1, D-W3200 Hildesheim
e-mail: {biskup, eckert}@informatik.uni-hildesheim.de

Zusammenfassung

Wir schlagen einen Ansatz zur Modellierung von Delegation in Informationssystemen vor. Dazu wird zunächst die organisationstheoretische Sicht von Delegation dargestellt, diese in ein abstraktes Protokoll für Delegation umgesetzt und dieses schließlich auf die Ebene des Informationssystems DORIS übersetzt. Anschließend folgt eine Beschreibung von Sicherheitsanforderungen für Delegation.

1   Einleitung

Innerhalb eines Unternehmens wird ein Informationssystem typischerweise für die betriebliche Kommunikation und die Verwaltung von Dokumenten verwendet. Eine Sicherheitspolitik für ein Informationssystem legt dann fest, welche Informationsflüsse zwischen den im Unternehmen kommunikativ Handelnden gewährleistet bzw. verhindert werden sollen. Dafür wird insbesondere kontrolliert, welche Handelnden unter welchen Bedingungen welche Operationen auf welchen Dokumenten ausführen dürfen oder gar müssen bzw. nicht ausführen dürfen.

In der Literatur werden verschiedene Ansätze für eine solche Sicherheitspolitik vorgeschlagen, z.B. der militärische oder Sicherheitsstufen-Ansatz, der kommerzielle Ansatz und der Ansatz des persönlichen Wissens (siehe [Bis90, Bis91]). Für den Einsatz jeglichen Ansatzes ist eine weitgefaßte Unternehmens-bezogene Sicht erforderlich, um die Sicherheitsanforderungen des Unternehmens möglichst treu programmiersprachlich für das Informationssystem auszudrücken. Insbesondere muß es möglich sein, wichtige Organisationstrukturen eines Unternehmens und die dafür geltenden Sicherheitsanforderungen im Informationssystem nachzubilden.

In dieser Arbeit behandeln wir eine solche Organisationsstruktur: die Delegation. Delegation stellt eine grundlegende Organisationsstruktur fast aller Unternehmen dar. Sie kann darüberhinaus als Beispiel für die Struktur eines Regelkreises innerhalb eines Unternehmens [Hah85, HBO92] aufgefaßt werden, das man seinerseits als aus miteinander

---

*gefördert durch DFG-Sachbeihilfe Bi 311/4-1

vermaschten Regelkreisen bestehend deuten kann. Delegation ist also wichtig sowohl als tatsächlich weitverbreitete Organisationstruktur, als auch als Beispiel für allgemeinere Strukturen.

In Abschnitt 2 stellen wir zunächst die Struktur der Delegation aus organisationstheoretischer Sicht vor. In Abschnitt 3 skizzieren wir eine Sprache zur Spezifikation von Handlungen und definieren mit ihrer Hilfe ein abstraktes Protokoll für Delegation in Informationssystemen. In Abschnitt 4 zeigen wir, wie dieses abstrakte Protokoll in einem konkreten Informationssystem (teilweise) verwirklicht werden kann. Dazu betrachten wir das Informationssystem DORIS, das den Sicherheitspolitik-Ansatz des persönlichen Wissen verfolgt. In Abschnitt 5 untersuchen wir die Sicherheitsanforderungen bezüglich Delegation und ihre Durchsetzung. Schließlich geben wir in Abschnitt 6 einen kurzen Überblick über andere Ansätze zur Behandlung von Delegation.

2 Delegation in der Organisationstheorie

Im allgemeinen Sprachgebrauch wird **Delegation** als die Übertragung von Aufgaben von einer Person an eine andere angesehen. Delegation findet dabei in der Regel entlang der Hierarchie eines Unternehmens von oben nach unten statt, d.h. ein Vorgesetzter delegiert an einen Untergebenen.

Delegation [Mey80, Wel87] ist jedoch mehr als die einfache Übertragung von **Aufgaben**. Delegation beinhaltet neben der Definition der Aufgabe, die Vorgabe und Kontrolle von **Zielen**, die Übertragung von **Kompetenzen** und die Zuweisung von **Verantwortung**. In dem folgenden Abschnitt werden wir diese Gesichtspunkte und die Voraussetzungen für Delegation genauer betrachten.

Die delegierte Aufgabe muß wohldefiniert sein, d.h. es muß konkret geregelt sein, was Aufgabe des **Deleganten**[1] ist und was nicht. Des weiteren soll die Aufgabe im wesentlichen selbstständig erfüllbar sein, um Verantwortlichkeiten klar festlegen zu können.

Aus der Aufgabe und den aus den Unternehmenszielen abgeleiteten Zielen für den **Delegierer** muß dieser erreichbare Ziele für den Deleganten ableiten. Das folgende Beispiel illustriert die Definition derartiger Ziele:

Die Geschäftsleitung überträgt die Aufgabe der Führung einer Sparte an die jeweilige Spartenleitung. Als Ziel gibt sie ihr die Erreichung eines bestimmten Deckungsbeitrages vor. Die Spartenleitung delegiert nun wiederum die Aufgabe, den Verkauf einzelner Produkte zu managen, an die Verkaufsleiter. Diesen gibt sie als Ziele Produktumsätze vor, die sie aus ihrer eigenen Vorgabe abgeleitet hat. Dieses Beispiel illustriert zusätzlich, wie mehrstufige Delegation als Instrument zur Führung eines Unternehmens verwendet werden kann.

---

[1]Wir haben hier den Begriff „Delegant" als Kurzform für „die Person, an die die Aufgabe delegiert wurde," gewählt anstelle des Begriffs „Delegierter", der eine zu große eigenständige Bedeutung im Sinne von Abgesandter hat.

Der Delegierer kontrolliert das Erreichen der vorgegebenen Ziele. In unserem Beispiel kontrolliert die Spartenleitung das Erreichen der Ziele der Verkaufsleiter. Sie wird selbst wieder durch die Geschäftsleitung kontrolliert.

Erlaubte Abweichungen von den Zielen sollte der Delegierer durch Angabe eines Toleranzbereiches bestimmen, innerhalb dessen der Delegant das Recht zu selbstständiger Entscheidung hat. Dem Deleganten wird dabei gleichzeitig die Verpflichtung auferlegt, unerwartete Ereignisse, größere Störungen und größere Abweichungen nach oben zu melden. Dieses Verfahren entspricht dem aus der Kybernetik bekannten Prinzip des Regelkreises.

Der nächste Gesichtspunkt betrifft die Kompetenzen des Deleganten. Die Kompetenzen sind die Weisungs- und Entscheidungsbefugnisse des Deleganten, also seine Rechte im Rahmen der delegierten Aufgabe.

Für unseren Ansatz erweitern wir den Begriff der Kompetenz von Weisungs- und Entscheidungsbefugnissen um Zugriffsrechte betreffend der benötigten Ressourcen (Dokumente und Verfahren zu ihrer Bearbeitung). So muß der Delegierer dem Deleganten Zugang zu den Ressourcen geben, die der Delegant zum Erfüllen der Aufgabe benötigt. In einem Unternehmen hat dieses häufig zur Folge, daß die Ressourcen auf den Deleganten übertragen werden.

Des weiteren hat der Delegant das Recht, die Aufgabe zurückzugeben, falls sie von ihm nicht erfüllt werden kann, d.h. falls seine Kompetenzen oder Fähigkeiten zur Erfüllung nicht ausreichen. Dieser Vorgang wird als **Rückdelegation** bezeichnet. Falls der Delegierer dem Deleganten die Aufgabe entzieht, wird dieser Vorgang **Redelegation** genannt.

Die möglichen Kompetenzen des Deleganten sollten global definiert sein, d.h. die Kompetenzen sollten im Organisationshandbuch des Unternehmens festgelegt sein. Die Kompetenzen selbst erhält der Delegant erst durch die Aussprache der Delegation.

Der abschließend zu untersuchende Gesichtspunkt betrifft die Verantwortung von Delegierer und Delegant. Der Delegierer ist für die Vorgabe der Ziele und für das Erreichen der Ziele durch den Deleganten gegenüber höheren Instanzen verantwortlich, während der Delegant die Verantwortung für jede einzelne seiner Handlungen trägt. Außerdem ist er gegenüber dem Delegierer für das Erreichen der ihm gesteckten Ziele verantwortlich.

2.1   Statische und dynamische Gesichtspunkte von Delegation

Unter statischen Gesichtspunkten von Delegation verstehen wir solche, die rein strukturell, also unabhängig von den jeweils tatsächlich Handelnden festgelegt werden. Für ein Unternehmen erfolgen derartige Festlegungen beispielsweise in dem bereits oben erwähnten Organisationshandbuch. Für ein Informationssystem werden solche Festlegungen im (konzeptuellen) Schema des Informationssystems vereinbart. Dagegen sind dynamische Gesichtspunkte solche, die vom jeweiligen Delegierer und vom jeweiligen Deleganten festgelegt bzw. ausgeführt werden.

Statisch muß zunächst die grundsätzliche Möglichkeit bzw. Verpflichtung zur Delegation festgelegt werden. Delegation muß also als Verfahren für das ganze Unternehmen definiert werden. Insbesondere muß jede Aufgabe definiert werden, und es muß für jede Aufgabe festgelegt werden, ob sie delegiert werden muß, darf oder selbst wahrgenommen werden muß. Des weiteren ist es erforderlich, daß die Kompetenzen zu jeder Aufgabe definiert werden und die Verantwortungen entsprechend zugeordnet werden.

Dynamisch muß der jeweilige Delegierer die zu erreichenden Ziele dem Deleganten vorgeben und kontrollieren, ob diese tatsächlich erreicht werden. Auch die Aussprache der Delegation erfolgt durch den Delegierer dynamisch. Der Delegant vollzieht ab diesem Zeitpunkt die Handlungen zum Erreichen des Ziels selbstständig und ist wie bereits oben erwähnt für diese Handlungen verantwortlich.

3 Ein abstraktes Protokoll für Delegation

Die (statische) Festlegung der Möglichkeit bzw. Verpflichtung zur Delegation und die (dynamische) Aussprache der Delegation und ihre Benutzung können als Handlungen innerhalb eines Unternehmens aufgefaßt werden. Diese Handlungen müssen im Informationssystem des Unternehmens abgebildet werden. Zu diesem Zweck skizzieren wir eine Sprache, die es ermöglicht, Handlungen in einem Informationssystem zu spezifizieren.

3.1 Eine Sprache zur Spezifikation von Handlungen

Unserer Sprachskizze liegen allgemeine Vorstellungen des objektorientierten Ansatzes zugrunde (siehe z.B. [Str86, BDK92]). Insbesondere stellen wir uns ein Informationssystem als eine Menge von Objekten vor, die gemäß dem Prinzip des „message passing" miteinander kommunizieren. Ferner fassen wir Objekte als Instanzen von Klassen auf, in denen ihre strukturellen und verhaltensmäßigen Eigenschaften vereinbart sind.

Als zentrale Konstrukte unserer Sprache verwenden wir Exekutoren, Aktivatoren, Deleganten, Aktionen, Schritte sowie Protokolle. Die Syntax der Sprache ist in Tabelle 1 definiert. Die beabsichtigte Semantik der Sprache soll im folgenden skizziert werden. Noch grob gesprochen beschreiben Protokolle Folgen von Schritten, in denen jeweils ein Aktivator(-objekt) einem Exekutor(-objekt) eine Nachricht sendet und dadurch die Ausführung einer Aktion, d.h. einer Folge von Operationen, durch den Exekutor anstößt. Solch ein Anstoß kann auch indirekt von einem Deleganten(-objekt) erfolgen.

Protokolle können nichtdeterministisch sein. Sie beschreiben dann eine Menge von Folgen. Im Sinne der in Abschnitt 5 zu behandelnden Sicherheit fassen wir jede in der Menge enthaltene Folge als erlaubt auf. Damit dienen Protokolle der Spezifikation von erlaubten Handlungen.

3.1.1 Teilnehmer: Exekutoren, Aktivatoren und Deleganten

Exekutoren, Aktivatoren und Deleganten bezeichnen als formale Parameter einer Spezifikation Objekte des Informationssystems. Bei ihrer Vereinbarung als Teilnehmer wird jeweils eine Klassenzugehörigkeit angegeben, wobei wir annehmen, daß die Klassenvereinbarungen bekannt sind.

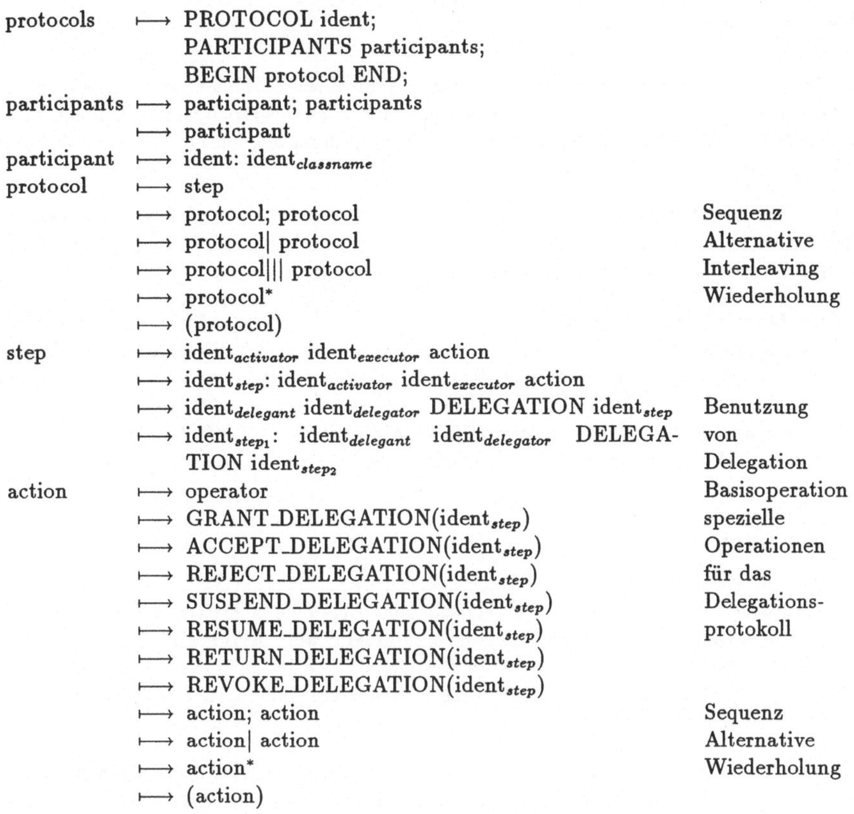

protocols	$\longmapsto$	PROTOCOL ident;	
		PARTICIPANTS participants;	
		BEGIN protocol END;	
participants	$\longmapsto$	participant; participants	
	$\longmapsto$	participant	
participant	$\longmapsto$	ident: $ident_{classname}$	
protocol	$\longmapsto$	step	
	$\longmapsto$	protocol; protocol	Sequenz
	$\longmapsto$	protocol| protocol	Alternative
	$\longmapsto$	protocol||| protocol	Interleaving
	$\longmapsto$	protocol*	Wiederholung
	$\longmapsto$	(protocol)	
step	$\longmapsto$	$ident_{activator}$ $ident_{executor}$ action	
	$\longmapsto$	$ident_{step}$: $ident_{activator}$ $ident_{executor}$ action	
	$\longmapsto$	$ident_{delegant}$ $ident_{delegator}$ DELEGATION $ident_{step}$	Benutzung
	$\longmapsto$	$ident_{step_1}$: $ident_{delegant}$ $ident_{delegator}$ DELEGA-TION $ident_{step_2}$	von Delegation
action	$\longmapsto$	operator	Basisoperation
	$\longmapsto$	GRANT_DELEGATION($ident_{step}$)	spezielle
	$\longmapsto$	ACCEPT_DELEGATION($ident_{step}$)	Operationen
	$\longmapsto$	REJECT_DELEGATION($ident_{step}$)	für das
	$\longmapsto$	SUSPEND_DELEGATION($ident_{step}$)	Delegations-
	$\longmapsto$	RESUME_DELEGATION($ident_{step}$)	protokoll
	$\longmapsto$	RETURN_DELEGATION($ident_{step}$)	
	$\longmapsto$	REVOKE_DELEGATION($ident_{step}$)	
	$\longmapsto$	action; action	Sequenz
	$\longmapsto$	action| action	Alternative
	$\longmapsto$	action*	Wiederholung
	$\longmapsto$	(action)	

Tabelle 1: Syntax der Spezifikationssprache

Exekutoren führen Operationen tatsächlich aus.

Aktivatoren dagegen stoßen die Ausführung von Operationen auf direkte Weise an. Gemäß dem Prinzip des „message passing" ist ein Aktivator der Sender einer Nachricht, während ein Exekutor der Empfänger einer Nachricht ist, der die in der Nachricht enthaltenen Operationen ausführt.

Deleganten stoßen die Ausführung von Operationen auf indirekte Weise an. Dazu verweisen sie auf einen Schritt, dessen Aktivator in diesem Zusammenhang als Delegierer angesehen wird.

Ein Teilnehmer kann sowohl als Exekutor wie auch als Aktivator oder Delegant auftreten. Diese Eigenschaft wird insbesondere zur Modellierung von „wechselseitigen" Protokollen benötigt.

In den klassischen Modellen für Zugriffskontrolle entsprechen unsere Exekutoren in etwa den „Objekten", während Aktivatoren und Deleganten den „Subjekten" entsprechen.

3.1.2 Aktion

Eine Aktion beschreibt eine Menge von (im Sinne der Sicherheit als erlaubt angesehenen) Folgen von Operationen. Ihre Definition erfolgt in Form eines möglicherweise nichtdeterministischen regulären Ausdrucks, für dessen Bildung man Sequenzen, Alternativen und (beliebige) Wiederholung verwenden kann.

Jede Operationsfolge einer Aktion soll jeweils von **einem** Exekutor ausgeführt werden. Dafür muß man als semantische (Neben)-Bedingung fordern, daß alle vorkommenden Operationen in der Klasse des vorgesehenen Exekutors vereinbart sind.

Spezielle Operationen dienen der Aussprache der Delegation (*GRANT_DELEGATION*), der Annahme (*ACCEPT_DELEGATION*) bzw. Zurückweisung der Delegation (*REJECT_-DELEGATION*), der Unterbrechung (*SUSPEND_DELEGATION*) bzw. Wiederaufnahme der Delegation (*RESUME_DELEGATION*), sowie der Rückgabe (*RETURN_DELEGA-TION*) bzw. dem Entzug der Delegation (*REVOKE_DELEGATION*). Der Parameter verweist jeweils auf einen Schritt, dessen Aktivator als Delegierer angesehen wird.

3.1.3 Schritt

Unsere Sprache enthält zwei wesentlich verschiedene Arten von Schritten, die die Erfüllung eigenständiger bzw. aufgrund von Delegation zu erledigender Aufgaben modellieren. Für jede Art kann modelliert werden, daß der betreffende Schritt auch delegierbar ist. Diese Spezifikation erfolgt durch eine syntaktische Erweiterung, indem für den Schritt ein Bezeichner vergeben wird.

Die erste Art ist syntaktisch die Zusammenfassung eines Aktivators, eines Exekutors und einer Aktion; sie beschreibt, daß der Aktivator beim Exekutor die Ausführung einer der durch die Aktion beschriebenen Operationsfolgen direkt anstößt und der Exekutor diese dann ausführt.

Die zweite Art ist syntaktisch die Zusammenfassung eines Deleganten, eines Delegierers und eines Bezeichners $ident_{step}$ für einen Schritt. Dabei fordern wir als semantische Nebenbedingung, daß der Bezeichner des Delegierers und der Bezeichner des im benannten Schritt vorkommenden Aktivators (falls dies ein Schritt erster Art ist) bzw. Deleganten (falls dies ein Schritt zweiter Art ist) identisch sind.

Falls der durch $ident_{step}$ benannte Schritt von der ersten Art ist, so beschreibt diese Zusammenfassung, daß der Delegant auf indirekte Weise bei dem im benannten Schritt vorkommenden Exekutor die im benannten Schritt vorkommende Aktion anstößt und der Exekutor diese dann ausführt.

Falls der durch $ident_{step}$ benannte Schritt von der zweiten Art ist, so beschreibt diese Zusammenfassung, daß der Delegant auf (transitiv) indirekte Weise (über den Delegierer, der im benannten Schritt selbst wieder Delegant ist) beim möglicherweise über mehrere Delegationsstufen bestimmten Exekutor die zugehörige Aktion anstößt und der Exekutor diese Aktion dann ausführt.

Das Anstoßen auf indirekte Art durch einen Deleganten modelliert das Erfüllen der aufgrund von Delegation zu erledigenden Aufgabe. Dafür fordern wir als semantische Nebenbedingung, daß die Delegation vorher mittels der Operation *GRANT_DELEGA-TION(ident$_{step}$)* ausgesprochen worden ist. Insbesondere um diesen Zusammenhang zwischen dem Aussprechen und der Benutzung auszudrücken, benötigen wir die Bezeichnung des delegierten Schritts durch *ident$_{step}$*.

Bezüglich des Prinzips des „message passing" kann ein Schritt der zweiten Art auf verschiedene Weisen gedeutet werden. Seien etwa die folgenden Schritte spezifiziert:

```
schritt: activator executor action
delegant activator DELEGATION schritt
```

In einer einfachen Deutung sendet der Delegant dem Aktivator eine Nachricht mit einer speziellen Operation *DELEGATION* mit dem Parameter *schritt*, und der Aktivator sendet anschließend eine entsprechende Nachricht an den Exekutor.

Zwei andere Deutungen führen neue Abstraktionen ein. Zum einen kann man den Deleganten zusammen mit dem Aktivator als einen (aus kooperierenden Teilnehmern) zusammengesetzten Teilnehmer auffassen, der dem Exekutor eine entsprechende Nachricht sendet. Zum anderen kann man den Aktivator zusammen mit dem Exekutor als einen (aus kooperierenden Teilnehmern) zusammengesetzten Teilnehmer auffassen, dem der Delegant eine geeignete Nachricht sendet.

3.1.4 Protokoll

Ein Protokoll beschreibt eine Menge von (im Sinne der Sicherheit als erlaubt angesehenen) Folgen von Schritten. Seine Definition erfolgt wieder in Form eines möglicherweise nicht-deterministischen regulären Ausdrucks, für dessen Bildung man Sequenzen, Alternativen, Interleaving (im Sinne von [Hoa85]) und (beliebige) Wiederholung verwenden kann.

Im Unterschied zum Schritt können hier die Aktivatoren und Exekutoren wechseln. So kann in einer ersten Aktion ein Teilnehmer x als Aktivator und ein Teilnehmer y als Exekutor spezifiziert sein, während es in der folgenden Aktion genau umgekehrt ist.

3.2 Ein abstraktes Protokoll für Delegation

In diesem Abschnitt benutzen wir die aus der Organisationstheorie abgeleiteten Anforderungen an Delegation, um ein abstraktes Protokoll für Delegation mittels unserer Spezifikationssprache zu definieren.

Aus der Organisationstheorie läßt sich folgender allgemeiner Ablauf von Delegation ableiten:

1. Statische Initialisierung:

    (a) Definition der Aufgaben: Zunächst müssen die Aufgaben bzw. Zuständigkeitsbereiche der Beteiligten festgelegt werden.

(b) Definition der generellen Delegationserlaubnisse: Anschließend muß festgelegt werden, ob eine Aufgabe

- delegiert werden darf,
- delegiert werden muß
- oder selbst erledigt werden muß.

Für Aufgaben der ersten Kategorie (darf) muß nun festgelegt werden, an wen sie potentiell delegiert werden dürfen und wie der Delegant Zugriff auf die Resourcen des Delegierers erhalten soll.

Aufgaben der zweiten Kategorie (muß) werden in der Regel als Aufgaben des Deleganten definiert. Für diese Aufgaben findet in der Regel nur die Vorgabe von Zielen und die Kontrolle, inwieweit diese erreicht wurden, statt.

Für Aufgaben der dritten Kategorie erledigt sich diese Definition von selbst.

2. Wirksamwerden der Delegation (Dynamische Initialisierung): Der Delegant ist in der Regel erst dann für die delegierte Aufgabe zuständig, wenn

- die Ziele vorgegeben sind,
- die Delegation ausgesprochen ist
- und sie vom Deleganten akzeptiert wurde.

3. Benutzung der Delegation: Sie kann unterteilt werden in folgende Teile:

- Erfüllung der delegierten Aufgabe durch den Deleganten,
- Kontrolle der konkreten Operationenfolge des Deleganten durch den Delegierer,
- Unterbrechung und Wiederaufnahme der Delegation.

Die Benutzung der Delegation kann bis zur Beendung der Delegation beliebig oft erfolgen.

4. Beendung der Delegation: Die Delegation wird gewöhnlich nach Erledigung der Aufgabe beendet durch die

- Rückgabe der delegierten Aufgabe durch den Deleganten (Rückdelegation)
- oder den Entzug der delegierten Aufgabe durch den Delegierer (Redelegation).

Dieser Ablauf kann in ein Protokoll übersetzt werden. Das Protokoll besteht aus vier Phasen. Zunächst aus einer Phase der statischen Initialisierung, in der die Aufgaben und generellen Delegationserlaubnisse festgelegt werden. Anschließend folgt die dynamische Initialisierung durch die Aussprache der Delegation. Daraufhin wird die Delegation benutzt und abschließend zurückgegeben oder entzogen.

3.2.1 Statische Initialisierung

Die Phase der statischen Initialisierung liefert als Ergebnis das in den folgenden Abschnitten beschriebene Protokoll. Es werden also Operationen zur Generierung einer Spezifikation, d.h. zur Generierung von Aktionen, Schritten und Protokollen benötigt. Diese Operationen können aber kein Bestandteil des Gesamtprotokolls sein, da als Parameter der Operationen das Gesamtprotokoll spezifiziert werden müßte. Eine elegante Lösung dieser Fragestellung ist ein offenes Problem.

In den in den folgenden Abschnitten beschriebenen Protokollen wird durch Vergabe eines Bezeichners für einen Schritt ein Schritt als statisch delegierbar spezifiziert.

3.2.2 Dynamische Initialisierung

Die dynamische Initialisierung besteht aus der Aussprache der Delegation durch den Delegierer und der Annahme der Delegation durch den Deleganten. Wir gehen davon aus, daß der delegierbare Schritt den Bezeichner *working_action* trägt. Es ergibt sich somit:

```
PROTOCOL dynamic_init;
   PARTICIPANTS
        delegator: Employee;
        delegant: Employee;
   BEGIN
        delegator delegant GRANT_DELEGATION(working_action);
        (
            delegant delegator ACCEPT_DELEGATION(working_action)
            |
            delegant delegator REJECT_DELEGATION(working_action)
        )
   END
```

Das im folgenden Abschnitt vorgestellte Protokoll zur Benutzung der Delegation kann nur im Anschluß an das Akzeptieren der Delegation stattfinden.

3.2.3 Benutzung der Delegation

Die Benutzung der Delegation besteht aus der Erfüllung der delegierten Aufgabe durch den Deleganten, der Kontrolle durch den Delegierer, sowie Unterbrechung und Wiederaufnahme der Delegation. Die Kontrolle des Deleganten durch den Delegierer kann „interleaved" mit jedem der anderen Schritte stattfinden. Es ergibt sich somit:

```
PROTOCOL use_delegation;
   PARTICIPANTS
        delegator: Employee;
        delegant: Employee;
```

```
BEGIN
    (delegator delegant control_delegation)*
    |||
    (
        (delegant delegator DELEGATION working_action)*;
        (
            delegator delegant SUSPEND_DELEGATION(working_action);
            delegator delegant RESUME_DELEGATION(working_action)
        )*
    )*
END
```

3.2.4 Beendung der Delegation

Die Beendung der Delegation kann durch Rückgabe der Delegation durch den Deleganten,
bzw. durch Entzug der Delegation durch den Delegierer erfolgen.

```
PROTOCOL end_delegation;
    PARTICIPANTS
        delegator: Employee;
        delegant: Employee;
    BEGIN
        delegant delegator RETURN_DELEGATION(working_action)
        |
        delegator delegant REVOKE_DELEGATION(working_action)
    END
```

3.3 Das Protokoll

Insgesamt ergibt sich somit folgendes Gesamtprotokoll für Delegation, in dem wie angekündigt die erste Phase der statischen Initialisierung nicht enthalten ist. Ergänzend zu
den Angaben aus den vorhergehenden Abschnitten ist in dem Protokoll eingeführt,

- daß der Delegierer die delegierte Aufgabe jederzeit selbst ausführen darf,

- die Benutzung der Delegation, nur nachdem die Delegation akzeptiert wurde, erfolgen darf,

- der Delegierer jederzeit den Deleganten kontrollieren darf und

- daß auf eine Unterbrechung der Delegation auch ein Entzug der Delegation stattfinden kann.

- Desweitern kann auch nach Beendung der Delegation noch eine Kontrolle stattfinden.

```
PROTOCOL delegation;
  PARTICIPANTS
    delegator: Employee;
    delegant: Employee;
    executor: Object;
  BEGIN
    (working_action: delegator executor operations)*
    |||
    (                                         :: Dynamische Initialisierung ::
      delegator delegant GRANT_DELEGATION(working_action);
      (
        delegant delegator REJECT_DELEGATION(working_action)
        |
        (
          delegant delegator ACCEPT_DELEGATION(working_action);
          (                                 :: Benutzung der Delegation    ::
          (delegator delegant control_delegation)*
          |||
          (
            (delegant delegator DELEGATION working_action)*;
            (
              delegator delegant SUSPEND_DELEGATION(working_action);
              delegator delegant RESUME_DELEGATION(working_action)
            )*
          )*
        );
          (                                 :: Beendung der Delegation    ::
            (
              delegator delegant REVOKE_DELEGATION(working_action)
              |
              delegant delegator RETURN_DELEGATION(working_action)
              |
              (
                delegator delegant SUSPEND_DELEGATION(working_action);
                delegator delegant REVOKE_DELEGATION(working_action)
              )
            )
            |||
            (delegator delegant control_delegation)
          )
        )
      )
    )
  END
```

4   Delegation in DORIS

In diesem Abschnitt zeigen wir, wie das abstrakte Protokoll in einem konkreten Informationssystem (teilweise) verwirklicht werden kann. Dazu betrachten wir das Informationssystem DORIS, das den Sicherheitspolitik-Ansatz des persönlichen Wissens verfolgt.

4.1   Der Ansatz des persönlichen Wissens und DORIS

Das Informationssystem DORIS wurde entwickelt, um Datenschutz bewußt und möglich zu machen. Zur genaueren Studie von DORIS verweisen wir auf [BB88, Brü89, BB91].

In DORIS gibt es als zentrale Konstrukte Personen, Gruppen, Rollen, Vollmachten und Bekanntschaften. Alle Handlungen werden in DORIS von Personen ausgeführt, und alle Daten werden an Personen geheftet.

Eine Person wird in DORIS als Instanz einer Gruppe (dynamisch) erzeugt. In den Gruppen werden die Rollen, Vollmachten und Attribute (statisch) vereinbart. Im objektorientierten Kontext entsprechen Gruppen in etwa den Klassen und Personen den Objekten. Gruppen vererben an ihre Untergruppen die Rollen, Vollmachten und Attribute.

Eine Rolle spezifiziert eine Menge von Operationen mit ihren Parametern, die von Personen einer Gruppe ausgeführt werden dürfen. In DORIS gibt es unter anderem die systemdefinierten Operationen TELL und GRANT.

- TELL(attributmenge) liefert als Ergebnis die Werte der in *attributmenge* spezifizierten Attribute der die Operation ausführenden Person (Exekutor).

- GRANT(grantee, authority) fügt die Person *grantee* in die zur Vollmacht *authority* gehörige Bekanntschaftsmenge der die Operation ausführenden Person (Exekutor) ein.

Eine Vollmacht *authority* der Gruppe G ermöglicht einer Instanz der Gruppe G, die Ausführung der in der Rolle *role* spezifizierten Operationen bei Instanzen der Gruppe H anzustoßen. Die Instanz der Gruppe G ist dann ein Aktivator, während die angesprochenen Instanzen der Gruppe H Exekutoren sind.

Jede Person verfügt zu jeder ihrer Vollmachten über eine Bekanntschaftsmenge. In der Bekanntschaftsmenge sind die Personen eingetragen, die sie unter der jeweiligen Vollmacht kennt. Nur auf diesen Bekannten kann die Vollmacht ausgeübt werden.

Beispiel:

```
GROUP G;                              GROUP H;
AUTHORITIES authority: H role;        ATTRIBUTES alter: INTEGER;
                                                 name:  STRING;
                                      ROLES role: TELL [name,alter];
```

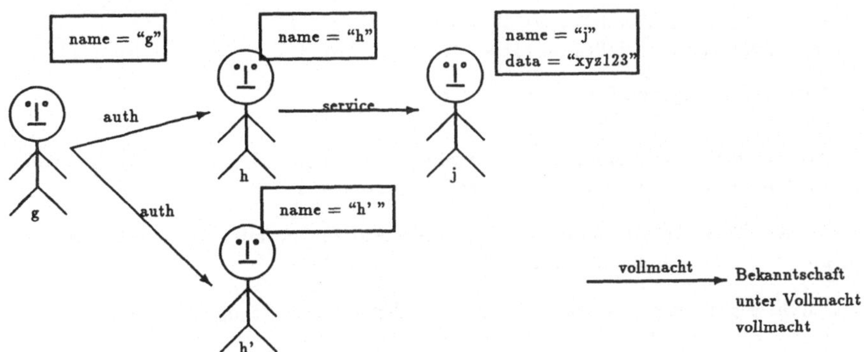

Abbildung 1: Servicevollmacht

Einer Person g, die Instanz der Gruppe G ist, ist es nun möglich, z.B. folgende Anfrage zu stellen: **authority: ACQ KNOW alter>27 TELL name;**

Dabei bedeutet

authority:,   daß die Person g die Vollmacht *authority* benutzt,

ACQ,   daß die Anfrage an alle Bekannten von g unter dieser Vollmacht gerichtet wird,

KNOW alter>27, aber nur an die, die älter als 27 Jahre sind, und

TELL name,   daß deren Name geliefert werden soll.

Ausdrücke der Form *ACQ KNOW alter>27* bezeichnen wir als Navigation. Diese Anfrage liefert also als Ergebnis die Werte des Attributes *name* aller Personen, die g unter der Vollmacht *authority* kennt und die älter als 27 Jahre sind.

Zu jeder Vollmacht kann eine Menge von Servicevollmachten angegeben werden. Die Servicevollmachten sind Vollmachten der Gruppe, auf deren Instanzen die Vollmacht ausgeübt werden kann. Zur Verdeutlichung der Benutzung von Servicevollmachten sei folgendes Schema mit den zugehörigen Instanzen gegeben:

GROUP	G	H	J
ROLES AUTHORITIES	auth: H role1 WITH SERVICE FROM service	role1: TELL[name] service: J role2;	role2: TELL[name, data]
PERSONS	g	h	j
ATTRIBUTES ACQUAINTED	name = "g" auth = {h, h'}	name = "h" service = {j}	name = "j" data = "xyz123"

Die Person g stellt nun beispielsweise die Anfrage:
```
auth: ACQ KNOW name = "h" (service: ACQ TELL data)
```

Diese Anfrage hat folgende Semantik:

- Durch Angabe der Vollmacht *auth* verdeutlicht g, daß die Vollmacht *auth* mit der zugehörigen Bekanntschaftsmenge benutzt werden soll.

- Der Ausdruck *ACQ* bedeutet, daß sich diese Anfrage auf alle Personen bezieht, die g unter dieser Vollmacht kennt. Hier sind das h und h'.

- Durch Angabe von *KNOW name = "h"* schränkt g die Menge der Bekannten auf h ein.

- Nun findet ein Wechsel zur Vollmacht *service* statt. Es werden ab jetzt die Bekanntschaften von h unter der Vollmacht *service* genutzt.

- Der Ausdruck *ACQ* bedeutet, daß alle Personen benutzt werden sollen, die h unter der Vollmacht *service* kennt. Hier handelt es sich dabei lediglich um j.

- Der folgende Ausdruck *TELL data* bewirkt, daß die Operation *TELL* mit dem Attribut *data* als Parameter bei j ausgeführt wird. Es ergibt sich *"xyz123"* als Ergebnis der Anfrage.

In DORIS „merkt" sich jede Person die von ihr empfangenen und gesendeten Nachrichten in einem speziellen Attribut, der sogenannten REMEMBERS-Spalte.

4.2   Modellierung von Delegation in DORIS

Das in Abschnitt 3 vorgestellte abstrakte Protokoll zur Modellierung von Delegation kann auf das Informationssystem DORIS übertragen werden.

Zunächst müssen auch in DORIS die Aufgaben, sowie Teilnehmerklassen spezifiziert werden. Die Aktivatoren und Exekutoren werden in DORIS durch Personen modelliert. Die zugehörigen Klassen bezeichnen wir in DORIS als Gruppen. Mit Hilfe von Rollen und Vollmachten werden die (statischen) Möglichkeiten der Personen modelliert, um die Aufgaben zu erfüllen.

Eine Rolle entspricht einer auf die folgende Art eingeschränkten Aktion der Spezifikationssprache:
```
ROLE role: op1, op2, ..., opn    entspricht    (op1| op2| ...| opn)*
```

Eine Vollmacht findet ihre Entsprechung in einem Schritt der Spezifikationssprache. Die Gruppe, bei der die Vollmacht spezifiziert wird, entspricht der Menge der möglichen Aktivatoren, während die als Parameter angegebene Gruppe der Menge der möglichen Exekutoren entspricht.

Die Spezifikation der Rollen, Vollmachten und Gruppen erfolgt mittels der DORIS-Datendefinitionssprache.

Anschließend muß modelliert werden, welche Aufgaben potentiell an welche Gruppen delegiert werden können. Diese Modellierung erfolgt in erster Linie mit Hilfe von Servicevollmachten.

Dynamisch kann nun die Delegation von Aufgaben erfolgen. Dieser dynamische Akt der Delegation erfolgt mittels der Operation GRANT. Die Benutzung der Delegation erfolgt durch Benutzung der vorher spezifizierten Servicevollmachten. Die Kontrolle der Delegation erfolgt in DORIS durch Inspektion der REMEMBERS-Spalten der Aktivatoren und Exekutoren bzw. durch Anfragen des Delegierers unter der delegierten Vollmacht. Unterbrechen und Wiederaufnehmen der Delegation ist nicht vorgesehen, kann aber durch Beenden der Delegation und erneutes Delegieren simuliert werden.

Die Beendung der Delegation erfolgt mittels der Operation REVOKE.

Innerhalb des DORIS-Systems erfolgt auf Ebene der die Personen repräsentierenden Einheiten, die wir im folgenden die Ebene der Prozesse nennen, bei jeder die Delegation benutzenden Anfrage eine Art Gegendelegation vom Deleganten zum Delegierer, indem der Prozeß des Deleganten den Prozeß des Delegierers anstößt, daß dieser die Anfrage abarbeitet.

Um unsere Sicht von Delegation in DORIS anschaulicher zu gestalten, benutzen wir folgendes kleines Beispiel als Basis unserer Modellierung:

Ein *Arzt*, seine *Helfer* und seine *Patienten* handeln in unserer Miniwelt. Der *Arzt*, nennen wir ihn *Bob*, delegiert nun die Aufgabe der Aufnahme der Patientendaten an seinen Helfer *Al*. Gegenüber dem *Patienten Charlie* soll *Bob* als Handelnder erscheinen, da *Charlie* in einer Beziehung zum *Arzt* steht und nur indirekt zum *Helfer*.

4.2.1 Modellierung der eigentlichen Aufgabe

In unserer Sprache zur Spezifikation von Handlungen ordnen wir die Aufnahme der Patientendaten als Aktion ein. Aktivator ist der *Arzt Bob* und Exekutor der *Patient*, da dieser die Daten liefert [2]. Es ergibt sich also folgende vereinfachte Spezifikation in Form eines aus einem Protokoll losgelösten Schritt:

```
Arzt Patient (sage(symptome,name,krankenkasse))*;
```

Die Definition der eigentlichen Aufgabe erfolgt in DORIS mittels einer Rolle des Exekutors und einer Vollmacht des Aktivators. Da in DORIS lediglich Operationsmengen als Rollen definiert werden können, verliert man im Vergleich zur Spezifikationssprache an Ausdrucksmöglichkeiten.

Es ergibt sich also folgendes DORIS-Schema, welches im folgenden weiterentwickelt wird:

```
GROUP Arzt;
AUTHORITIES Patientenaufnahme: Patient SagePatientendaten;
```

---

[2]technische Ebene: weil die Daten im Objekt des Patienten eingetragen sind.

```
GROUP Patient;
ATTRIBUTES name: STRING;
           krankenkasse: STRING;
           symptome: STRING;
ROLES SagePatientenDaten: TELL[name, krankheit, symptome];
```

4.2.2 Definition der generellen Delegationsmöglichkeiten

Nun soll der *Arzt* die Möglichkeit haben, die Aufgabe der Patientenaufnahme an seinen *Helfer* zu delegieren. Er will diese Aufgabe jedoch nicht generell aus der Hand geben, sondern die Möglichkeit behalten, diese bei Bedarf selbst wahrzunehmen. Es ergibt sich somit entsprechend des generellen Protokolls für Delegation folgende Spezifikation:

```
PROTOCOL Delegation;
  PARTICIPANTS
    arzt: Arzt;
    helfer: Helfer;
    patient: Patient;
  BEGIN
    (Patientenaufnahme: arzt patient sage(symptome,name,krankenkasse))*
    |||
    (                                          :: Dynamische Initialisierung ::
      arzt helfer GRANT_DELEGATION(Patientenaufnahme);
      (
        helfer arzt REJECT_DELEGATION(Patientenaufnahme)
        |
        (
          helfer arzt ACCEPT_DELEGATION(Patientenaufnahme);
          (                                    :: Benutzung der Delegation   ::
          (arzt helfer control_delegation)*
          |||
          (
            (helfer arzt DELEGATION Patientenaufnahme)*;
            (
              arzt helfer SUSPEND_DELEGATION(Patientenaufnahme);
              arzt helfer RESUME_DELEGATION(Patientenaufnahme)
            )*
          )*
          );
          (                                    :: Beendung der Delegation    ::
            (
              arzt helfer REVOKE_DELEGATION(Patientenaufnahme)
              |
              helfer arzt RETURN_DELEGATION(Patientenaufnahme)
              |
              (
```

```
                    arzt helfer SUSPEND_DELEGATION(Patientenaufnahme);
                    arzt helfer REVOKE_DELEGATION(Patientenaufnahme)
              )
            )
            |||
            arzt helfer control_delegation
          )
        )
      )
    )
  END
```

In DORIS ist die Spezifikation der generellen Delegationsmöglichkeiten um einiges komplizierter. Zunächst muß eine Vollmacht *DelegierteAufnahme* spezifiziert werden, die es dem *Helfer* erlaubt, im Auftrag des *Arztes* eine *Patientenaufnahme* durchzuführen. Diese Vollmacht muß es insbesondere dem *Helfer* ermöglichen, zum *Arzt* hinzunavigieren. Also muß die zugehörige Rolle *Navigation* das Lesen eines Attributs (Operation *TELL*) erlauben, das den *Arzt* nach außen identifiziert (z.B. der Name).

Der *Arzt* benötigt nun eine Vollmacht, mit deren Hilfe er die Delegation aussprechen und zurückrufen kann. Diese Vollmacht arbeitet potentiell auf der Gruppe der *Ärzte* und *Helfer*, da der *Arzt* an einen *Helfer* delegiert und sich somit bei ihm bekanntmachen muß. Diese Vollmacht muß somit auf einer Obergruppe von *Helfer* und *Arzt* wirksam sein. In dieser Gruppe muß auch die zugehörige Rolle spezifiziert sein.

Damit ergibt sich folgende Ergänzung des DORIS-Schemas:

```
GROUP ArztOderHelfer;
ATTRIBUTES name: STRING;
ROLES DelegierRolle:  GRANT[DelegierteAufnahme],
                      REVOKE[DelegierteAufnahme],
                      TELL[name];


GROUP Arzt;
SUPERGROUP ArztOderHelfer;
AUTHORITIES Delegiere: ArztOderHelfer DelegierRolle;
ROLES Navigation: TELL[name];


GROUP Helfer;
SUPERGROUP ArztOderHelfer;
AUTHORITIES DelegierteAufnahme: Arzt Navigation
                               WITH SERVICE FROM Patientenaufnahme;
```

Eine Modellierung des Akzeptierens der Delegation ist im DORIS-Modell nicht direkt möglich. Das Unterbrechen der Delegation könnte durch Entzug der Delegation mit folgender erneuter Delegation modelliert werden. Die Rückgabe der Delegation könnte ähnlich wie die Delegation selbst durch eine besondere Vollmacht des *Helfers* auf der Gruppe

Vor Aussprache der Delegation:

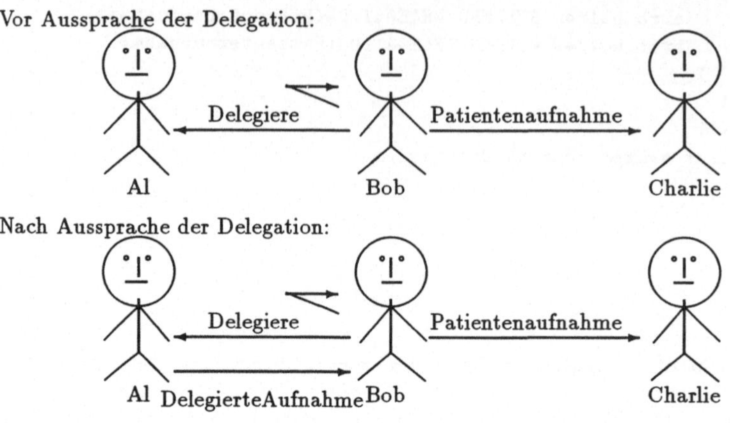

Abbildung 2: Aussprache der Delegation

ArztOderHelfer modelliert werden, in der der *Helfer* die Operation *REVOKE* mit der Vollmacht *DelegierteAufnahme* als Parameter gestattet wird.

4.2.3   Dynamische Initialisierung

Die Bekanntschaften zwischen *Al*, *Bob* und *Charlie* vor und nach Aussprache der Delegation sind in Abbildung 2 dargestellt.

Dynamisch muß also folgende Voraussetzung erfüllt sein: Der Delegierer (*Bob*) muß den Deleganten (*Al*) und sich selbst unter der die Aussprache der Delegation ermöglichenden Vollmacht (*Delegiere*) kennen.

Die Aussprache der Delegation erfolgt durch folgenden Ausdruck in DORIS-DML des Delegierers (*Bob*):

```
Delegiere: (ACQ PRODUCT ACQ) KNOW 1.name = "Al"  AND KNOW 2.name = "Bob"
GRANT DelegierteAufnahme;
```

Dieser Ausdruck macht den Delegierer (*Bob*) beim Deleganten (*Al*) unter der Vollmacht *DelegierteAufnahme* bekannt.

Ein Akzeptieren der Delegation durch den Deleganten (*Al*) ist in unserer Miniwelt nicht vorgesehen.

4.2.4   Benutzung der Delegation

Die Erfüllung der delegierten Aufgabe erfolgt durch Anfragen des Deleganten (*Al*) unter der Vollmacht *DelegierteAufnahme* durch Benutzung der delegierten Vollmacht *Patientenaufnahme* und Formulierung einer Teilanfrage, wie sie der Delegierer (*Bob*) unter der Vollmacht *Patientenaufnahme* selbst gestellt hätte.

Der Delegant (*Al*) benutzt somit die Bekanntschaften des Delegierers (*Bob*) unter der delegierten Vollmacht *Patientenaufnahme*. Ein Beispiel für eine derartige Anfrage des Deleganten (*Al*) ist:

```
DelegierteAufnahme: ACQ KNOW name="Bob" (Patientenaufnahme: ACQ KNOW name
= "Charlie"  TELL symptome, krankenkasse);
```

Die Auswertung dieser Anfrage liefert als Ergebnis eine Relation, die als Daten die Werte der Attribute *symptome* und *krankenkasse* der Person *Charlie* hat.

Eine Kontrolle der Benutzung der delegierten Vollmacht durch den Deleganten (*Al*) kann der Delegierer (*Bob*) durch Inspektion seiner REMEMBERS-Spalte vornehmen, da seine DORIS-Person im System die Auswertung der Anfrage vornimmt.

Unterbrechung, Wiederaufnahme und Entzug der Delegation kann der Delegierer (*Bob*) mittels der Operationen *GRANT* und *REVOKE* unter der Vollmacht, die die Delegation ermöglicht, vornehmen.

4.2.5   Auswertung einer Anfrage

Bei einer Anfrage des Deleganten (*Al*), die die delegierte Vollmacht benutzt, findet auf der Ebene der die Personen repräsentierenden Einheiten, also der Prozesse, folgende Auswertung statt.

1. Der Mensch *Al* gibt folgende Anfrage ein:
   ```
   DelegierteAufnahme: ACQ KNOW name="Bob" (Patientenaufnahme: ACQ KNOW
   name = "Charlie"  TELL symptome, krankenkasse);
   ```

2. Diese Anfrage wird an den DORIS-Prozeß von *Al* übermittelt.

3. Der DORIS-Prozeß von *Al* wertet den ersten Teil der Anfrage (`DelegierteAufnahme:` `ACQ KNOW name="Bob"`) aus und bekommt das Surrogat von *Bob* als Ergebnis geliefert.

4. Der DORIS-Prozeß von *Al* übermittelt nun den Rest der Anfrage
   (`Patientenaufnahme: ACQ KNOW name = "Charlie" TELL symptome, krankenkasse;`) an den DORIS-Prozeß von *Bob*. Ab hier handelt *Bob*!
   Es findet also eine Delegation von *Al* an *Bob* auf der Ebene der Prozesse statt, die wir als Gegendelegation bezeichnen, da sie in entgegen der Richtung der ursprünglichen Delegation stattfindet.

5. *Bob*'s DORIS-Prozeß wertet nun den Rest der Anfrage aus und sendet das Ergebnis an Al.

6. Der DORIS-Prozeß von *Al* empfängt das Ergebnis und gibt es aus.

4.2.6   Beendung der Delegation

Die Beendung der Delegation erfolgt analog zur Aussprache der Delegation unter der die Delegation ermöglichenden Vollmacht (*Delegiere*). Dazu gibt *Bob* folgende Änderungsoperation ein:

```
Delegiere: (ACQ PRODUCT ACQ) KNOW 1.name = "Al"  AND KNOW 2.name = "Bob"
REVOKE DelegierteAufnahme;
```

4.3   Vergleich mit Delegation in der Organisationstheorie

In dem folgenden Abschnitt vergleichen wir die Forderungen, die aus der Organisationstheorie für Delegation abgeleitet werden, mit unserem Protokoll für Delegation in DORIS.

Im Rahmen der Organisation eines Unternehmens muß die Möglichkeit zur Delegation von Aufgaben bereits statisch festgelegt sein. Auch in DORIS wird die Möglichkeit zur Delegation durch die Einrichtung einer Servicevollmacht und die Möglichkeit, sich bei anderen Personen unter dieser Vollmacht bekannt zu machen, bereits auf Schemaebene definiert.

Die Kompetenzen des Deleganten müssen ebenfalls bereits auf Schemaebene festgelegt werden. Diese Kompetenzen sind in DORIS mittels der zur delegierten Vollmacht gehörigen Rolle ebenfalls auf Schemaebene festgelegt. Der Zugang zu den benötigten Ressourcen ist dadurch ebenfalls gegeben. Im Gegensatz zur Delegation in einem Unternehmen werden die Ressourcen in DORIS lediglich zugänglich gemacht, da die Bekanntschaften unter der delegierten Vollmacht beim Delegierer verbleiben.

Außerdem sollte der Delegierer die delegierte Aufgabe bei Bedarf selbst wahrnehmen können. Diese Forderung ist in DORIS trivialerweise erfüllt, da die delegierte Vollmacht und die zugehörigen Bekanntschaften beim Delegierer verbleiben.

Der Delegierer kann das Erreichen der dem Deleganten vorgegebenen Ziele durch Anfragen an das DORIS-System feststellen. In der Regel genügt es, wenn der Delegant zu diesem Zweck Anfragen unter der delegierten Vollmacht stellt. Anfragen unter der delegierten Vollmacht zu stellen, reicht unter folgenden Bedingungen nicht:

- Wenn Surrogate aus der zur delegierten Vollmacht gehörenden Bekanntschaftsmenge entfernt wurden. Da die Werte der Attribute der zugehörigen Personen dann nicht mehr berücksichtigt werden können.

- Wenn ein Lesen der Werte der Attribute, von denen aus auf ein Erreichen der Ziele geschlossen werden kann, unter der delegierten Vollmacht nicht möglich ist.

Falls eine dieser Bedingungen erfüllt ist, kann die Kontrolle des Erreichens der Ziele durch eine spezielle Vollmacht mit erweiterten Rechten stattfinden, oder durch Kontrolle der REMEMBERS-Spalte des Delegierers, da jede Operation, die von ihm oder in seinem Auftrag angestoßen wurde, beim Delegierer in dieser Spalte notiert wird.

Durch Auswertung der REMEMBERS-Spalten kann auch die Verantwortung für einzelne Operationen zugeordnet werden.

Im Unterschied zur Delegation in einem Unternehmen stößt der Delegant in DORIS die Handlung nur an, da die eigentliche Ausführung wieder von dem Prozess des Delegierers übernommen wird.

5   Sicherheitsanforderungen und ihre Durchsetzung

Wir behandeln nun Fragen der Sicherheit. Dabei folgen wir dem in [Bis93] vorgestellten Ansatz, Sicherheit als „sogar wenn-sonst nichts-Eigenschaft" zu verstehen. Dieser Ansatz umfaßt drei Betrachtungsebenen: auf der ersten (unternehmerisch-gesellschaftlichen) Ebene werden Anforderungen als zu erfüllende **Zwecke** und dabei zu wahrende **Werte** ausgedrückt; auf der zweiten (technisch orientierten) Ebene werden Zwecke zu **Diensten** spezifiziert, und die Bestimmung der bedeutsamen **Bedrohungen** ergänzt die Anforderungen; auf der dritten (operationalisierten) Ebene schließlich wird das auf Sicherheit hin zu untersuchende **System** als ausführbarer Formalismus angegeben und Bedrohungen als **erwartete Umgebungen** mit jeweils **verbotenen Diensten** beschrieben. Für die dritte Ebene werden dann **Sicherheitsaussagen** folgender Art angestrebt: das System leistet in allen erwarteten Umgebungen die spezifizierten Dienste (verläßliche Korrektheit) und keinen verbotenen Dienst (Begrenztheit).

Da wir in dieser Arbeit nur einen einzelnen Gesichtspunkt eines Informationssystems, nämlich Delegation, untersuchen, kann der oben skizzierte Ansatz natürlich nicht voll entfaltet werden. Die folgenden Überlegungen muß man sich deshalb als Teil einer umfassenden Diskussion von Sicherheit eines Informationssystems denken.

Als zu erfüllender **Zweck** des in dieser Arbeit betrachteten Gesichtspunkts eines Informationssystems sehen wir die Erledigung gewisser Aufgaben entweder auf direkte Weise oder durch Delegation an. Die Art der Aufgaben bleibt dabei in dieser Arbeit im wesentlichen offen: wichtig ist nur, daß sie delegiert werden können. Dadurch wird es insbesondere möglich, eine grundlegende Organisationsstruktur eines Unternehmens möglichst treu nachzubilden.

Die zu wahrenden **Werte** bleiben in dieser Arbeit ebenfalls weitgehend unbehandelt. Wir fordern zunächst nur, daß alle Werte, die in einem System ohne Delegationsmöglichkeit gewahrt werden, auch nach Einführung von Delegation noch gewahrt bleiben. Dabei setzen wir insbesondere voraus, daß die Delegation als solche mit keinem der zu wahrenden Werten im Konflikt liegt.

Entsprechend fassen wir hier die folgende **Bedrohung** als bedeutsam auf: nämlich daß durch die Einführung von Delegation irgend eine andere Wirkung als eben die gewünschte Delegation erzielt werden könnte. Diese Bedrohung hat die Eigenschaft, daß sie alle möglichen Bedrohungen im Zusammenhang mit Delegation überdeckt.

Der zu erfüllende Zweck wird durch das Protokoll für Delegation aus Abschnitt 4.2.2 als **Dienst** genau spezifiziert. Alle Folgen von Operationen (einschließlich der sie jeweils anstoßenden Aktivatoren und ausführenden Exekutoren), die durch dieses Protokoll beschrieben werden, sollen geleistet werden.

Als Beispiel für ein diesen Dienst verwirklichendes **System** haben wir DORIS behandelt.

Bedrohungen operationalisieren wir dann wie folgt: wir erwarten als **Umgebungen** Benutzer, die beliebige Folgen von DORIS-Operationen ausführen zu lassen versuchen. Eine DORIS-Operationenfolge, die nicht dem Protokoll entspricht, soll als **verboten** angesehen werden.

Wir müssen dann die zwei **Sicherheitsaussagen** nachweisen:

- verläßliche Korrektheit, die hier besagt, daß Erledigung der Aufgaben direkt oder indirekt durch Delegation entsprechend dem Protokoll in DORIS stets möglich ist,

- Begrenztheit, die hier besagt, daß nicht dem Protokoll entsprechende Folgen von DORIS-Operationen entweder vom System nicht ausgeführt werden oder wirkungslos bleiben.

Für diese Sicherheitsaussagen müssen wir eine Reihe von Annahmen über unsere DORIS-Anwendung, insbesondere über die Schema-Vereinbarung voraussetzen.

Für die weiteren Sicherheitsüberlegungen zum Bereich der Delegation betrachten wir unsere Modellierung mit Hilfe des Informationssystems DORIS und machen die Annahme: DORIS arbeitet korrekt.

Zum Nachweis gehen wir von der im Arztpraxisbeispiel geschilderten Situation aus. Es gibt also mindestens folgende Gruppen:

- *Arzt* (Delegierer)

- *Helfer* (Delegant)

- *Patient* (Betroffene)

- *ArztOderHelfer* (kleinste gemeinsame Obergruppe von Delegierer und Delegant)

Außerdem machen wir über die Rollen und Vollmachten folgende Annahmen:

- Die Vollmacht *Patientenaufnahme* mit der Rolle *SagePatientendaten* modelliert die eigentliche Aufgabe. Sie ist so definiert, daß die Aufgabe durch einen *Arzt* erfüllt werden kann.

- Die die Aussprache der Delegation ermöglichende Vollmacht *Delegiere* ist eine direkte Vollmacht der Gruppe der *Ärzte* (Delegierer). Sie bezieht sich auf die kleinste gemeinsame Obergruppe von Delegierer (*Arzt*) und Delegant (*Helfer*).

  Die zugehörige Rolle DelegierRolle ist eine Rolle der kleinsten gemeinsamen Obergruppe von Delegierer (*Arzt*) und Delegant (*Helfer*). Sie erlaubt die Ausführung der Operationen *GRANT(DelegierteAufnahme)* und *REVOKE(DelegierteAufnahme)*.

Die Rolle *DelegierRolle* ist nur der Vollmacht *Delegiere* zugeordnet. Die Operationen *GRANT(DelegierteAufnahme)* und *REVOKE(DelegierteAufnahme)* werden nur durch die Rolle *DelegierRolle* erlaubt.

- Die Vollmacht *DelegierteAufnahme* mit der Rolle *Navigation* ermöglicht die Erfüllung der delegierten Aufgabe.

  Die Vollmacht *DelegierteAufnahme* ist eine direkte Vollmacht der Gruppe der Deleganten (*Helfer*). Die Vollmacht *Patientenaufnahme* (eigentliche Aufgabe) ist einzige Servicevollmacht dieser Vollmacht und Servicevollmacht keiner weiteren Vollmacht.

  Die Rolle *Navigation* ist eine direkte Rolle der Gruppe der Delegierer (*Ärzte*). Sie erlaubt lediglich das Lesen (*TELL*) einer Schlüsselkomponente (Name) der Gruppe der Delegierer.

Diese Annahmen über das Schema lassen sich, da das Schema öffentlich ist, durch jeden Benutzer überprüfen.

Außerdem machen wir die Annahmen, daß der *Arzt* sich und seinen *Helfer* unter der Vollmacht *Delegiere* kennt und der *Helfer* niemanden unter der Vollmacht *DelegierteAufnahme* kennt.

Zunächst zeigen wir die verläßliche Korrektheit, dazu weisen wir folgende Eigenschaften nach:

1. Der Delegierer(*Arzt*) kann die Aufgabe erfüllen.

2. Der Delegierer(*Arzt*) kann die Aufgabe entsprechend dem Protokoll an einen Deleganten(*Helfer*) delegieren und die Delegation beenden.

3. Der Delegant(*Helfer*) kann die delegierte Aufgabe entsprechend dem Protokoll erfüllen.

ad 1: Da die Vollmacht *Patientenaufnahme* als Vollmacht des *Arztes* spezifiziert ist, kann dieser die Aufgabe jederzeit selbst erfüllen.

ad 2: Der *Arzt* kann mittels der Operation *GRANT[DelegierteAufnahme]* unter der Vollmacht *Delegiere* die Delegation an einen *Helfer* aussprechen und kann die Delegation mittels der Operation *REVOKE[DelegierteAufnahme]* beenden.

ad 3: Der *Helfer* kann die delegierte Aufgabe mittels Anfragen unter der Vollmacht *DelegierteAufnahme* erfüllen, die die Servicevollmacht *Patientenaufnahme* benutzen.

Anschließend zeigen wir die Begrenztheit durch Nachweis der folgenden Eigenschaften:

1. Nur der Delegierer(*Arzt*) kann delegieren.

2. Nur an Deleganten(*Helfer*) kann delegiert werden.

3. Vor Aussprache der Delegation ist ein Versuch, die delegierte Vollmacht zu benutzen, wirkungslos.

4. Nach Beenden der Delegation ist ein Versuch, die delegierte Vollmacht zu benutzen, wirkungslos.

5. Mehrfaches Aussprechen bzw. Entziehen der Delegation wirkt wie einfaches Aussprechen bzw. Entziehen der Delegation.

ad 1: Da die Vollmacht *Delegiere* eine direkte Vollmacht der Gruppe *Arzt* ist, kann nur ein *Arzt* delegieren.

ad 2: Da die Vollmacht *Patientenaufnahme* nur bei der Vollmacht *DelegierteAufnahme* als Servicevollmacht eingetragen ist und da die Vollmacht *DelegierteAufnahme* eine direkte Vollmacht der Gruppe *Helfer* ist, kann nur an einen *Helfer* delegiert werden.

ad 3: Vor Aussprache der Delegation kennt der *Helfer* den *Arzt* unter der Vollmacht *DelegierteAufnahme* nicht, somit ist jegliche Benutzung der Servicevollmacht *Patientenaufnahme* wirkungslos.

ad 4: Nach Beenden der Delegation kennt der *Helfer* den *Arzt* unter der Vollmacht *DelegierteAufnahme* nicht mehr, somit ist jegliche Benutzung der Servicevollmacht *Patientenaufnahme* wirkungslos.

ad 5: Da die Bekanntschaften zu einer Vollmacht als Mengen behandelt werden, wird eine Bekanntschaft in diese Menge nur eingefügt (Aussprache der Delegation), wenn sie noch nicht in ihr enthalten ist. Analoges gilt für das Entfernen einer Bekanntschaft (Beenden der Delegation).

Es kann im Allgemeinen nicht dafür gesorgt werden, daß nur das eigene Surrogat weitergegeben wird. Möglich wäre dieses jedoch, wenn Rollen und Vollmachten um Bedingungen erweitert werden. Falls die Gruppen des Delegierers und des Deleganten verschieden sind, kann durch Einführung einer zusätzlichen Vollmacht die Einschränkung der Weitergabe erreicht werden, ohne daß Bedingungen eingeführt werden.

Unterstützend zu den oben dargestellten Möglichkeiten zur Modellierung von sicherer Delegation stellt DORIS einen speziellen Sicherheitsdienst zur Verfügung. Es werden alle Operationen, die von einer Person angestoßen (Aktivator) bzw. ausgeführt (Exekutor) werden, bei ihr in der REMEMBERS-Spalte notiert. So kann im nachhinein festgestellt werden, wer für welche Anfragen bzw. Änderungen verantwortlich ist[3].

6   Andere Ansätze

Für Betriebssysteme gibt es bereits einige Literatur zum Komplex der Delegation. So können verschiedene Mechanismen in existierenden Systemen sicher als Delegation verstanden werden.

---

[3]Die direkte Verantwortung kann natürlich nicht ermittelt werden, sondern nur wer welche Anfrage eingegeben bzw. angestoßen hat.

So ermöglicht der setuid-Mechanismus in UNIX[4] eine Art von Delegation, indem ein Programm unter der Kennung eines anderen Benutzers ausgeführt wird. Dieser Mechanismus verletzt jedoch das Prinzip des geringst notwendigen Rechts[Hog88].

In Hydra [WLH81] wird ein Mechanismus vorgestellt, der es erlaubt, Capabilities an Prozeduren weiterzugeben und in diesen einzukapseln. Die Prozeduren können das Recht erhalten, diese Capabilities weiterzugeben (also zu delegieren) oder können gezwungen werden, sie lediglich lokal zu halten.

Es werden außerdem die folgenden klassischen Schutzprobleme dargestellt.

- Wechselseitiges Mißtrauen,

- ungerechtfertigte Veränderung,

- Begrenzung der Verbreitung von Rechten und

- Begrenzung der Verbreitung von Informationen.

In unserer Modellierung von Delegation mittels des Informationssystems DORIS haben wir es vor allen Dingen mit den Problemen der Begrenzung der Verbreitung von Rechten und Informationen sowie mit einer Abwandlung des Problems der ungerechtfertigten Veränderung zu tun. Das Problem des wechselseitigen Mißtrauens zwischen System und Benutzer haben wir durch die Annahme, daß DORIS korrekt arbeitet, „wegdefiniert".

In [ABLP91, LABW91] wird u.a. ein formales Modell entwickelt, das es ermöglicht, die Delegation von Rechten eines Benutzers an ein System auszudrücken. Dazu wird ein Operator eingeführt, der ausdrückt, daß B im Auftrag von A handelt[5].

BirliX[HKK$^+$90, KH90] stellt Mechanismen zur Verfügung, mit deren Hilfe Restriktionen sowohl aus der Sicht eines Subjekts, wie auch aus der eines Objekts formuliert werden können. Anstelle eines setuid-Mechanismus verwendet Birlix einen type-entry genannten Mechanismus, der es ermöglicht, Rechte beispielsweise in einem Programm zu kapseln, und der den setuid-Mechanismus überflüssig macht.

In Client-Server-Systemen[GM90] wird unter Delegation die Übertragung von Rechten von einem Benutzer an einen Prozeß oder entlang einer Kette von Prozessen durch ein verteiltes System verstanden. Dabei werden Zertifikate ausgestellt, die jeder der Deleganten bei einem Zugriff im Auftrag des Delegierers vorweist. Diese Zertifikate können durch Zertifikationsautoritäten überprüft werden. Allgemein [Eur88] können Zertifikate zur Überprüfung der Berechtigungen von Zugriffen verwendet werden.

Die Modellierung von Delegation im Informationssystem Oracle[6][Ora90] ist nur teilweise möglich. Es ist einem Benutzer zwar möglich, anderen Benutzern Lese- und Schreibrechte auf eigene Relationen und Sichten zu übertragen, also an diese die durch diese Operationen implizierten Aufgaben zu delegieren. Man kann jedoch beim Entwurf des Schemas nicht vorsehen, welcher Benutzer an andere Benutzer delegiert.

---

[4]UNIX ist ein geschütztes Warenzeichen von AT&T
[5]B is acting in behalf of A
[6]Oracle ist ein geschütztes Warenzeichen der Oracle Corporation

7   Ausblick

Wir haben eine Sprache zur Spezifikation von Handlungen in Informationssystemen entwickelt, mittels dieser Sprache ein Protokoll zur sicheren Delegation von Aufgaben erarbeitet und die Umsetzung dieses Protokolls im Informationssystem DORIS vorgestellt.

Als zukünftige Aufgaben verbleiben:

- Die Modellierung zusammengesetzter Teilnehmer,

- die Modellierung anderer Handlungen wie z.B. Stellvertretung,

- die Integration von Transaktionen, sowie

- die Integration der statischen Initialisierung,

8   Danksagung

Wir danken insbesondere Jimmy Brüggemann, Birgit Pfitzmann, Andreas Pfitzmann und Gerrit Bleumer für wertvolle Gespräche, sowie den anonymen Gutachtern für deren hilfreiche Anregungen.

Literatur

[ABLP91]   M. Abadi, M. Burrows, B. Lampson, G. Plotkin. A Calculus for Access Control in Distributed Systems. Technical Report 70, digital Systems Research Center, Februar 1991.

[BB88]   Joachim Biskup, Hans Herrman Brüggemann. The Personal Model of Data. *Computers and Security*, 7:575 – 597, 1988.

[BB91]   J. Biskup, H.H. Brüggemann. Das Datenschutzorientierte Informationssystem DORIS: Stand der Entwicklung und Ausblick. In *VIS '91*, number 271 in Informatik-Fachberichte, S. 146–158. Springer-Verlag, 1991.

[BDK92]   F. Bancilhon, C. Delobel, P. Kanellakis. *Building an Object-Oriented Database System: The Story of O_2*. Morgan Kaufman, San Mateo, 1992.

[Bis90]   Joachim Biskup. A general Framework for Database Security. In *Proceedings of the European Symposium on Research in Computer Security*, S. 35–41. AFCET, 1990.

[Bis91]   Joachim Biskup. Sicherheit: Gewährleistung und Begrenzung des Informationsflußes. In G. Vossen, K.-U. Witt (Hrsg.), *Entwicklungstendenzen bei Datenbanksystemen*. Oldenbourg, München–Wien, 1991.

[Bis93]   Joachim Biskup. Sicherheit von IT-Systemen als „sogar wenn – sonst nichts – Eigenschaft". In *Proceedings VIS '93*. Vieweg, 1993. erscheint in.

[Brü89]   Hans Herrmann Brüggemann. Interaction of Authorities and Acquaintances in the DORIS privacy model of data. In *MFDBS - 89*. Springer-Verlag, 1989.

[Eur88]   European Computer Manufacturers Association. Security in Open Systems - A Security Framework. Technischer Bericht ECMA TR/46, European Computer Manufacturers Association, Geneva, Juli 1988.

[GM90]   Morrie Gasser, Ellen McDermit. An Architecture for Practical Delegation in a Distributed System. In *Proceedings 1990 IEEE Symposium on Research in Security and Privacy*, S. 20–30, 1990.

[Hah85]   D. Hahn. *Planungs- und Kontrollrechnung – PuK*, S. 32+. Gabler, Wiesbaden, 1985.

[HBO92]   Burkhard Huch, Wolfgang Behme, Thomas Ohlendorf. *Rechnungswesenorientiertes Controlling*. Physica-Verlag Heidelberg, 1992.

[HKK$^+$90] H. Härtig, W.E. Kühnhauser, O.C. Kowalski, W. Lux, W. Reck, H. Streich, G. Goos. Architecture of the BirliX Operating System. Technischer Bericht, GMD, 1990.

[Hoa85]   C. A. R. Hoare. *Communicating Sequential Processes*. Prentice/Hall, 1985.

[Hog88]   Carole B. Hogan. Protection Imperfect: The Security of Some Computing Environments. *Operating System Review*, 22(3):7+, 1988.

[KH90]   Oliver C. Kowalski, Hermann H. Härtig. Protection in the BirliX Operating System. In *Proceedings of the 10th International Conference on Distributed Computing Systems*, S. 160 – 166. IEEE, 1990.

[LABW91]   Butler Lampson, Martin Abadi, Michael Burrows, Edward Wobber. Authentication in Distributed Systems: Theory and Practice. *Operation System Review*, 25(5):165 – 182, 1991.

[Mey80]   E. Meyer. Delegation. In E. Grochla (Hrsg.), *Enzyklopädie der Betriebswirtschaftslehre - Vol. 2 - Handwörterbuch der Organisation*, Band 2, S. 546–551. Pöschel, Stuttgart, 1980.

[Ora90]   Oracle Corporation. *ORACLE RDBMS Database Administrator's Guide, Version 6.0*, October 1990.

[Str86]   B. Stroustrup. *The C++ Programming Language*. Addison-Wesley, Reading etc., 1986.

[Wel87]   M. Welge. *Unternehmensführung - Vol. 2 -Organisation*. Pöschel, Stuttgart, 1987.

[WLH81]   W. A. Wulf, R. Levin, S. P. Harbinson. *HYDRA/C.mmp: An Experimental Computing System*. McGraw-Hill, New York, 1981.

Ergebnisvalidierung und nebenläufige Hardwarefehlererkennung mittels systematisch erzeugter Diversität

Heidrun Dücker

Universität Karlsruhe
Institut für Rechnerentwurf und Fehlertoleranz
Postfach 6980, W-7500 Karlsruhe 1
☎ ++49 721 608 4353
email: duecker@ira.uka.de

Kurzfassung:

Mit steigendem Einsatz von Mikroprozessoren haben sich diese immer mehr auch in sicherheitsrelevanten Gebieten durchgesetzt. Die für solche Einsatzgebiete geforderte hohe Zuverlässigkeit und Sicherheit (im Sinne von engl. safety) kann durch Fehlertoleranzverfahren erreicht werden. Eine Möglichkeit hierzu bietet der Einsatz von Diversität, bei der mehrere Programme erstellt werden, welche die gleiche Spezifikation erfüllen sollen. Dabei ermöglicht ein Vergleich der von einzelnen Programmvarianten berechneten Ergebnisse neben der Entwurfsfehlererkennung auch eine Erkennung permanenter und transienter Hardwarefehler. Entwurfsdiversität alleine garantiert aber keine unterschiedliche Nutzung der Hardware, so daß virtuelle Mehrfachsysteme mit entwurfsdiversitären Programmvarianten nur eine unzureichende Hardwarefehlererkennung aufweisen. Durch den Einsatz von systematisch erzeugter Diversität kann die Hardwarefehlererfassung verbessert werden, da systematisch erzeugte Diversität eine automatische Veränderung des Programmablaufs unter Beibehaltung des implementierten Algorithmus ermöglicht, so daß die Ergebnisse gezielt auf verschiedenen Datenpfaden berechnet werden. Es wurde ein Verfahren zur systematischen Generierung von diversitären Programmvarianten entwickelt, das auf einer diversitären Darstellung der Daten beruht. Zur Realisierung dieses Verfahrens wurde auf der Basis einer komplementären Datenrepräsentation ein Precompiler auf Assemblerebene entwickelt.

Schlüsselwörter:
Diversität, Hardwarefehler, softwareimplementierte Fehlertoleranz,
Sicherheit, Testen, Zuverlässigkeit

1.   Überblick

Seit vielen Jahren werden Rechensysteme immer mehr in Bereichen
eingesetzt, die eine hohe Zuverlässigkeit und Sicherheit erfordern,
entweder um Katastrophen oder hohe finanzielle Verluste zu verhindern. Systeme, die eine hohe Zuverlässigkeit und Sicherheit
erfordern, benötigen Maßnahmen zur Fehlererkennung, um die
Systeme bei Auftreten eines Fehlers entweder in einen sicheren
Zustand überführen zu können (fail-safe) oder um andererseits durch
ein Fehlertoleranzverfahren trotzdem noch die gewünschte Funktion
erbringen zu können.

In sicherheitsrelevanten Systemen sollte sowohl die Hardware als
auch die Software zuverlässig funktionieren. Für eine sichere
Ausführung eines Programms ist es essentiell, daß Fehler in der
Hardware im Falle ihres Auftretens erkannt bzw. toleriert werden.
Zwischen dem üblichen Ansatz der auszuführenden Absoluttests, die
mitunter nur eine unzureichende Fehlererfassung aufweisen, und
dem aufwendigen Ansatz der Hardware-Vervielfachung und Relativtests zwecks Ergebnisvergleich steht der Ansatz der Zeitredundanz:
Auf einem einzigen Rechner wird ein Programm mehrfach ausgeführt
und auf die Ergebnisse ein Relativtest angewandt. Ein Ansteigen der
Verfügbarkeit kann dabei im allgemeinen nicht garantiert werden,
die Sicherheit kann aber verbessert werden, wenn ein sicherer
Systemzustand bekannt ist [vgl. /Mula 85/].

Damit nicht nur intermittierende, sondern auch permanente Fehler
erkennbar werden, empfiehlt sich eine Transformation der
Programmvarianten, um diese diversitär zu gestalten, so daß ein
permanenter Fehler mit hoher Wahrscheinlichkeit zu einer Ergebnis-
abweichung führt. Eine solche Transformation kann durch Entwurfsdiversität oder durch systematisch erzeugte Diversität erreicht
werden. Unter Entwurfsdiversität versteht man einen unterschiedlichen Entwurf, der durch verschiedene Entwurfsteams durchgeführt

wird und dadurch voneinander verschiedene Implementierungen erreicht. Angestrebt werden hierbei insbesondere verschiedenartige Algorithmen. Systematisch erzeugte Diversität erhält man dagegen durch systematische und automatisch durchführbare Modifikationen des Programm- und/oder Datenflusses unter Beibehaltung desselben Algorithmus.

Wird zur Fehlertoleranz von Softwarefehlern Entwurfsdiversität eingesetzt, kann man durch die Ausführung der diversitären Programmvarianten neben den Entwurfsfehlern auch Hardwarefehler tolerieren /Hinz 89/. Man erhält aber nur eine geringe Hardwarefehlerüberdeckung, die auf eine gleichartige Nutzung der Hardware durch zueinander ähnliche Funktionsblöcke in den einzelnen Programmvarianten zurückzuführen ist. Durch eine zusätzliche systematische Modifikation der entwurfsdiversitären Programmvarianten, durch die die gleichartigen Programmteile diversitär gestaltet werden, kann die Hardwarefehlererkennung erhöht werden. Hierzu wird ein Verfahren vorgestellt, das eine systematische Generierung diversitärer Programmvarianten ermöglicht.

Diese Form der Hardwarefehlererfassung eignet sich nicht für den Produktionstest, da ein großer Aufwand erforderlich ist. Die Fehlererkennung durch Diversität bietet sich dagegen beim Einsatz von Rechensystemen in Bereichen mit sehr hohen Sicherheits- oder Zuverlässigkeitsanforderungen als Online-Testmethode an, wobei der zusätzliche Zeitaufwand erheblich ist, das Verfahren aber auf Standard-Hardware eingesetzt werden kann. Wird Entwurfsdiversität zur Softwarefehlererkennung ohnehin eingesetzt, dann erfordert der Einsatz von systematisch erzeugter Diversität nur noch einen geringen Zusatzaufwand.

2. Theoretische Grundlagen

Hardware- und Softwarefehler können durch folgende Testarten erkannt werden:

Absoluttests: Darunter versteht man Tests, die die Daten bzw. das Rechensystem während des laufenden Betriebs bezüglich vorgegebener Konsistenzbedingungen überprüfen (z. B. Adreßraumüberwachung). Die Fehlererfassung von Absoluttests ist von den vorgegebenen Konsistenzbedingungen abhängig. Nur Fehler, durch die Konsistenzbedingungen verletzt werden, können erfaßt werden.

Relativtests: Hierbei werden Ergebnisse mehrfach ausgeführter Funktionen miteinander verglichen. Diese Ergebnisse können je nach eingesetzter Redundanzart parallel oder sequentiell berechnet werden. Durch die Relativtests können beliebige Fehlerarten erkannt werden, aber die Anzahl der zu tolerierenden Fehler ist von der Anzahl der redundanten Funktionsberechnungen abhängig.

Das bei der Erkennung von Software-Entwurfsfehlern am häufigsten eingesetzte Verfahren ist die Verwendung von *Diversität*, bei der verschiedene Programmvarianten entwickelt werden, die dieselbe Spezifikation erfüllen. Danach werden die einzelnen Programmvarianten entweder parallel oder sequentiell ausgeführt:

- Bei der parallelen Ausführung laufen die einzelnen Programmvarianten gleichzeitig auf verschiedener Hardware ab und die Ergebnisse werden anschließend durch einen Relativtest verglichen. Parallele Ausführung erfordert also mehrfache Hardware, benötigt aber kaum Zeitredundanz.

- Bei der sequentiellen Abarbeitung werden die einzelnen Programmvarianten nacheinander ausgeführt. Durch das sequentielle Ausführen der einzelnen Programmvarianten erfordert diese Form der Fehlertoleranz viel Zeitredundanz, aber dafür keine strukturelle Redundanz.

Man unterscheidet Entwurfsdiversität und systematisch erzeugte Diversität:

Unter *Entwurfsdiversität* versteht man einen unterschiedlichen Entwurf, der durch verschiedene Entwurfsteams durchgeführt wird und für den voneinander verschiedene Implementierungen kennzeichnend sind:

- Bei einem *gegensätzlichen Entwurf* treffen die Entwurfsteams Absprachen bezüglich der Realisierung, beispielsweise über die Spezifikationsmethode, die Programmiersprache, den Übersetzer und den Prozessortyp zur Ausführung der Programme. Die wichtigste Absprache ist aber diejenige über die gegensätzlich zu implementierenden Entwurfsalternativen.

- Bei einem *unabhängigen Entwurf* entwerfen die Teams (ohne jeden Kontakt untereinander) unabhängige Implementierungen.

Systematisch erzeugte Diversität erhält man durch automatisch durchführbare Modifikationen des Programm- und/oder Datenflusses unter Beibehaltung desselben Algorithmus. Es gibt verschiedene Möglichkeiten, durch die Diversität systematisch erzeugt werden kann, von denen nur wenige hier erwähnt werden sollen:

- Eine einfache Möglichkeit der systematisch erzeugten Diversität ist die Vertauschung der Register. Dadurch wirken sich Haftfehler (engl. stuck-at-fault) in den Registern auf unterschiedliche Variablen bei der Berechnung des Ergebnisses aus, so daß damit eine erhöhte Fehlerüberdeckung bei diesen Fehlern erreicht werden kann.

- Eine weitere Möglichkeit für die Realisierung der systematisch erzeugten Diversität bietet die gezielte Untersuchung des Befehlsablaufs auf parallelisierbare Befehlssequenzen. Existieren solche parallelisierbare Sequenzen, so wird die Reihenfolge, mit der sie ausgeführt werden vertauscht. Durch die daraus folgende unterschiedliche Reihenfolge bei der Berechnung der Zwischenvariablen können unter anderem datenabhängige Fehler, d. h. Fehler, die vom Inhalt der umliegenden Speicherbereiche abhängen, leichter erkannt werden.

- Bei häufig vorkommenden Befehlssequenzen werden aus der Kenntnis der Semantik neue, diversitäre Sequenzen entworfen. Diese können durch einen Precompiler unter Berücksichtigung der anwendungsspezifischen Eigenschaften anstelle der ursprünglichen Befehlssequenzen in diversitär zu gestaltende Programmvarianten eingesetzt werden.

- Durch die Verwendung einer von der Standarddarstellung verschiedenen Repräsentation der Daten kann eine Programmvariante systematisch diversitär gestaltet werden. Eine diversitäre Datenrepräsentation kann mit einer Abbildungsfunktion, die auf die Daten angewendet wird, realisiert werden.

Aus der veränderten Datenrepräsentation folgt zusätzlich eine Modifikation der Befehle, d. h. anstelle eines gegebenen Befehls wird eine zugehörige Befehlssequenz ausgeführt, die das gesuchte Ergebnis in der modifizierten Datenrepräsentation berechnet. Wird in einem Programm jeder Befehl bezüglich der Abbildungsfunktion diversitär entwickelt, so erhält man eine Programmvariante, die unter Beibehaltung des implementierten Algorithmus die Ergebnisse mit unterschiedlichen Befehlssequenzen und unterschiedlichem Datenfluß berechnet.

Die ersten drei Varianten der systematisch erzeugten Diversität verwenden nur eine Veränderung des Befehlsablaufs ohne dabei die Daten und deren Darstellung mit in Betracht zu ziehen. Bei der letzten Version werden die Daten des Definitionsbereichs der Befehle auf den Datenbereich modifizierter Befehlssequenzen transformiert, sofern transformierte Daten, modifizierte Befehlssequenz und rücktransformierte Daten die gleichen Ergebnisse wie die ursprüngliche Programmvariante berechnen.

Die angegebenen Methoden ermöglichen alle algorithmisch durchführbare Transformationen, mit denen durch einen Precompiler aus einer gegebenen Programmvariante systematisch ein diversitäres Programm erzeugt werden kann.

Hinweis:

Es können nicht immer scharfe Trennlinien zwischen gegensätzlichem Entwurf und systematisch erzeugter Diversität gezogen werden. Manche Absprachen könnte man als systematisch bezeichnen (das eine Team verwendet Prolog für einen 80486-Prozessor, das andere Pascal für den 68030), da für solche Absprachen Regeln aufgestellt (d. h. im Extremfall sogar Algorithmen angewandt) werden können.

Trotzdem soll aus folgenden Gründen die Unterscheidung zwischen gegensätzlichem Entwurf und systematischer Diversität beibehalten werden:

- Die praktischen Vorgehensweisen unterscheiden sich bei diesen beiden Diversitätsarten stark voneinander.

- Gegensätzlicher Entwurf erkennt/toleriert (vorwiegend Entwurfs-) Fehler in dem entworfenen Subsystem selbst. Dagegen erkennt/toleriert systematisch erzeugte Diversität (vorwiegend Betriebs-) Fehler in den darunterliegenden Schichten (hauptsächlich Hardwarefehler).

2.1 Das Prinzip der Hardwarefehlererkennung durch diversitäre Software

2.1.1 Ablauf der Fehlererkennung

Hardwarefehler, die sich auf die zu berechnenden Ergebnisse auswirken, können beim Ablauf einer einzelnen Programmvariante (d. h. bei einem Simplexsystem) nur dann erkannt werden, wenn die Fehlerauswirkungen durch die parallel zum Programmablauf durchgeführten Absoluttests erfaßt werden können. Treten aber Ergebnisabweichungen auf, durch die der erlaubte Wertebereich nicht verlassen wird, so können diese Fehler nicht erkannt werden.

In einem *virtuellen Mehrfachsystem* laufen mehrere diversitäre Programmvarianten nacheinander auf einer Hardware ab. Da diversitäre Programmvarianten Befehle und Register nicht in der gleichen Reihenfolge verwenden, können sich die Hardwarefehler bei diesen Programmen an verschiedenen Stellen auswirken, so daß viele der Fehler durch die während der zusätzlichen Programmläufe durchgeführten Absoluttests oder durch den anschließenden Relativtest erkannt werden können (siehe Bild 2.1).

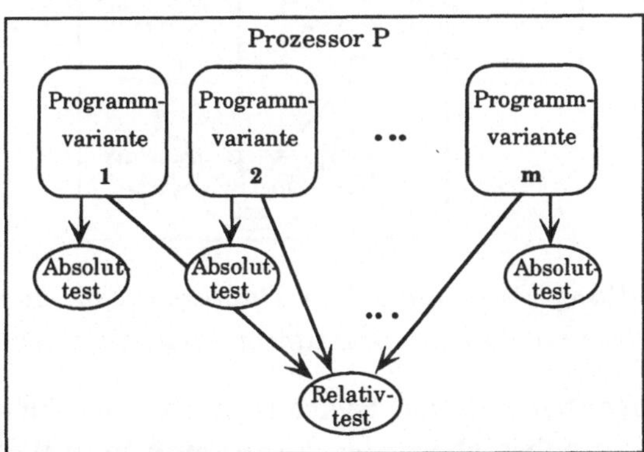

Bild 2.1: Darstellung eines allgemeinen virtuellen Mehrfachsystems

Mit m = 2 erhält man für Systeme mit einer hohen Sicherheitsanforderung ein fehlererkennendes System, mit dem je nach eingesetzter Diversität Hard- und/oder Softwarefehler erkannt werden können.

1) Wird reine systematisch erzeugte Diversität eingesetzt, dann können nur Hardwarefehler erkannt werden, da Entwurfsfehler bei der Generierung der diversitären Variante dupliziert werden. Der Zeitaufwand, der zur Erkennung der Hardwarefehler benötigt wird, ist durch die Verdopplung der Programmdurchführung sehr hoch, so daß andere bekannte Methoden zur Hardwarefehlererkennung sinnvoller sein werden.

2) Bei der Verwendung von reiner Entwurfsdiversität können sowohl Entwurfsfehler in der Software, als auch Hardwarefehler erkannt werden, wobei die Hardwarefehlerüberdeckung allerdings nur gering ist /EHNi 90/.

3) Durch eine Kombination aus systematischer Diversität und Entwurfsdiversität bleibt die Softwarefehlererkennung erhalten und die Hardwarefehlerüberdeckung wird erhöht. In Bild 2.2 ist ein virtuelles Duplexsystem dargestellt, bei dem eine von zwei entwurfsdiversitären Varianten noch systematisch verändert wurde, um die Hardwarefehlererfassung zu erhöhen.

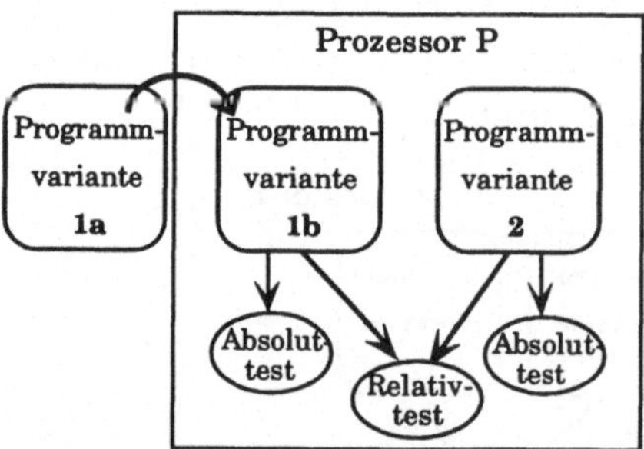

Bild 2.2:Darstellung eines virtuellen Duplexsystems aus systematisch erzeugter und entwurfsdiversitären Programmvarianten

Da ein fehlererkennendes System nicht zur Erhöhung der Zuverlässigkeit eingesetzt werden kann, muß man für Systeme mit einer hohen Zuverlässigkeitsanforderung mit diesem Prinzip ein fehlertolerierendes n-aus-m System (d. h. m > 2) entwickeln. Die größte Fehlerüberdeckung erhält man wie bei den fehlererkennenden

Systemen bei einer Kombination aus systematischer Diversität und Entwurfsdiversität. Dabei werden die verschiedenen entwurfsdiversitären Varianten V_i durch unterschiedliche Realisationen von systematisch erzeugter Diversität modifiziert (siehe Bild 2.3).

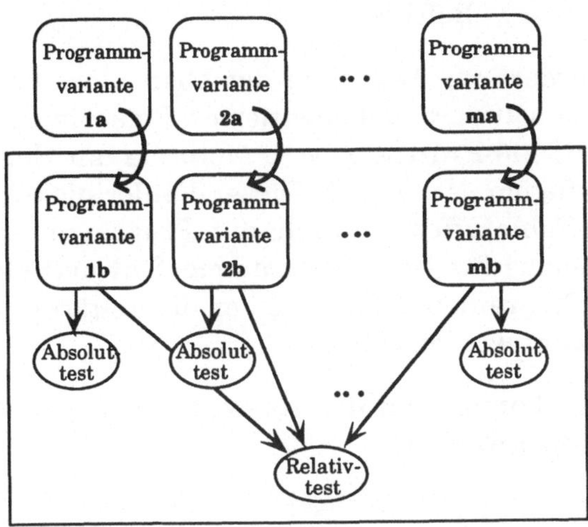

Bild 2.3: Darstellung eines virtuellen Mehrfachsystems aus systematisch und entwurfsdiversitären Programmvarianten

2.1.2 Fehlermodell

Im verwendeten Fehlermodell werden für die Prozessor-Hardware permanente Einzel-Haftfehler betrachtet. Dabei werden aber nur die prozessorabhängigen Fehler untersucht, da Speicherfehler leicht durch eine geeignete Codierung erkannt werden können. Die prozessorabhängigen Fehler können dabei, bezogen auf die Mikroprozessoren der 68000-Familie von Motorola, in drei Fehlertypen unterteilt werden:

Busfehler: bei dem eine einzelne Leitung des Busses permanent auf einem Wert 0 oder 1 liegt.

Registerfehler: bei dem ein einzelnes Bit eines Registers ständig auf 1 oder 0 liegt.

Instruktionsfehler: bei dem eine falsche Ausführung einer einzelnen Instruktion des Befehlssatzes modelliert

> wird. D. h. anstelle der Instruktion I wird immer eine andere Instruktion J ausgeführt.
> = durch Steuerwerksfehler bedingte Ausführung eines vom Programm abweichenden Befehls.

Die Fehlerüberdeckung bezüglich der oben klassifizierten Fehler wird mit einem softwareimplementierten Fehlerinjektor /Hinz 89/, der für den 68000-Prozessor von Motorola an der Universität Karlsruhe verfügbar ist, erfaßt. Dieser Fehlerinjektor erzeugt die modellierten Fehlereffekte durch die Programmausführung im Einzelschrittmodus für jeden Programmbefehl und überprüft nach vollständiger Programmausführung der diversitären Varianten, ob die Fehler erkannt werden können.

Die Ergebnisse können bei der Auswertung folgenden Ergebnisklassen zugeordnet werden:

1)   korrekt

2)   fehlerhaft; erkannt durch Absoluttest

3)   fehlerhaft; erkannt durch Ergebnisvergleich

4)   gefährlich fehlerhaft; nicht erkannt, d. h. die Anzahl der identisch falschen Ergebnisse überwiegt.

Bei einem Simplexsystem existiert die Ergebnisklasse 3 nicht, da nur ein Ergebnis vorliegt. Die Ergebnisklasse 4 tritt immer dann ein, wenn ein falsches Endergebnis berechnet wird.

Der Einsatz von Entwurfsdiversität ermöglicht neben der Softwarefehlererkennung auch eine geringe Hardwarefehlererkennung, die zu einer Reduzierung des Auftretens des gefährlich fehlerhaften Zustandes führt. Durch den zusätzlichen Einsatz von systematischer Diversität werden weitere Hardwarefehler erkennbar, die ursprünglich zu einem gefährlich fehlerhaften Zustand führten.

2.2 Verfahren zur Generierung von systematischer Diversität

Basiert die Diversität auf der Modifikation der Datenrepräsentation, müssen für die auszuführenden Befehle unter Berücksichtigung der verwendeten Datenrepräsentation sowie des verwendeten Prozessors neue Befehlssequenzen entworfen, durch die zu den Originalbefehlen gehörigen Ergebnisse in der neuen Datenrepräsentation berechnet werden. Bezüglich einer eindeutigen Datenrepräsentation R stehen die einzelnen Befehle der diversitären Programmvarianten zueinander in folgender Beziehung:

Definition 1:

Sei ein Prozessor P mit einem Datenbereich D von darstellbaren Daten und einem Befehlssatz $F = \{f_i: DxD \to W \subseteq D\}$ gegeben.

Es existiere weiterhin zu einer Datenrepräsentation R eine bijektive, algorithmisch berechenbare Abbildung $r: D \to D$ (sowie deren Inverse r^{-1}), so daß zu jedem Befehl f_i eine Befehlssequenz s_i von Befehlen aus F mit folgenden Eigenschaften realisierbar ist:

$$s_i : r(D) \times r(D) \to r(W)$$

mit $\quad s_i(r(a) , r(b)) = r(f_i(a,b)) \quad$ und $\quad a,b \in D.$

Die zum Befehl f_i diversitäre Befehlssequenz bezüglich der Datenrepräsentation R ist dann durch $r^{-1} \circ s_i \circ r$ gegeben.

Eine andere Methode miteinander vergleichbare diversitäre Sequenzen zu erhalten, ist folgende Modifikation beider Varianten: $s \circ r$ und $r \circ f$.

Eine diversitären Befehlssequenz zu einem Befehl f, der aus den Operanden a und b das Ergebnis f(a,b) berechnet, benötigt die im folgenden beschriebenen drei Schritte, um aus den gegebenen Operanden a und b mittels diversitärer Datenrepräsentation das gesuchte Ergebnis f(a,b) zu berechnen (siehe Bild 2.4):

1. Transformation der Operanden durch die Abbildungsfunktion r

2. Ausführung einer speziellen Befehlssequenz s, die die transformierten Operanden in die Transformation des gewünschten Ergebnisses überführt.

3. Rücktransformation des Ergebnisses durch die Umkehrfunktion r^{-1}

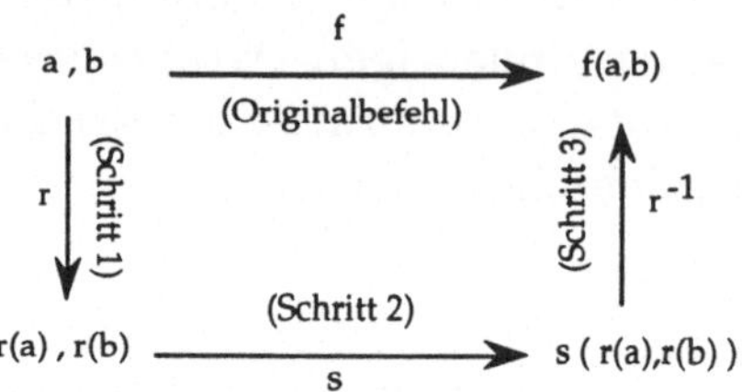

Bild 2.4: Ablauf einer diversitären Befehlssequenz

Bei einer Folge von Befehlen wird jeder einzelne Befehl entsprechend der gegebenen Abbildungsfunktion r verändert. Dabei können Schritt 3 des Befehls f_i und Schritt 1 des Befehls f_{i+1} zwischen den einzelnen Befehlen der Sequenz entfallen (siehe Bild 2.5), da die Zwischenvariablen nur von der modifizierten Datenrepräsentation in die Standardrepräsentation und wieder in die modifizierte Darstellung transformiert werden.

Dies gilt, da die Rücktransformation eines Wertes r(x) durch $r^{-1}(r(x))$ gegeben ist und für die erneute Transformation dieses Wertes in die modifizierte Datenrepräsentation gilt:

$$r(r^{-1}(r(x))) = r(x).$$

Bild 2.5 gibt den Ablauf eines Programms und der zugehörigen systematisch generierten diversitären Programmvariante wieder. Wenn das Ursprungsprogramm aus den Eingangsdaten E über die Zwischenergebnisse Z_i der Befehle f_i die Ausgabedaten A berechnet, dann kann die diversitäre Programmvariante die diversitär dargestellten Ausgabedaten A mit den modifizierten Befehlssequenzen s_i über die Zwischenergebnisse $r(Z_i)$ berechnen. Dabei können die Datentransformationen zwischen den Befehlssequenzen s_i (Schritt 3) und s_{i+1} (Schritt 1) entfallen.

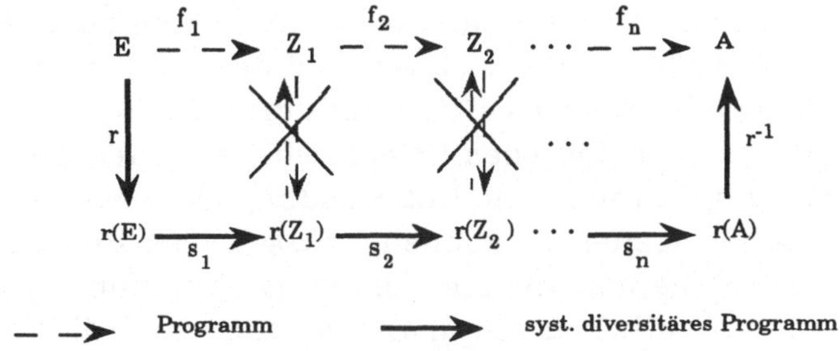

Bild 2.5: Ablauf eines systematisch diversitären Programms

3 Realisierung des Verfahrens

3.1 Wahl der Abbildungsfunktion r

Prinzipiell kann jede bijektive Abbildung $r: D \to D$, für die es zu jedem Befehl eines Prozessors eine diversitäre Befehlssequenz gibt, zur systematischen Entwicklung von Diversität eingesetzt werden. Für die Effizienz dieses Verfahrens muß die Datenabbildungsfunktion r leicht zu generieren sein und die Befehlssequenzen s_i müssen mit dem Befehlssatz des Prozessors effizient realisierbar sein. Außerdem sollte durch den Einsatz der durch die Abbildungsfunktion r gegebenen systematisch erzeugten Diversität die Hardwarefehlererfassung möglichst hoch sein.

Die bekannte Erfassung tatsächlich auftretender Fehler mit dem Haftfehlermodell sollte durch eine geeignete Wahl der Abbildung r aufgegriffen werden. Ein bekanntes Verfahren, das bei Speichern eingesetzt wird, komplementiert die gespeicherten Daten zur Unterscheidung transienter und permanenter Fehler. Das Komplementieren der Daten hat den Vorteil, daß die Anzahl der darstellbaren Daten durch diese Abbildung nicht verändert wird, wie es z. B. durch die von Hahn, Gössel und Vermeiren in [HaGö 91] verwendete Verschiebung der Daten um eine Bitstelle nach links der Fall ist. Desweiteren ist die Komplementierung der Daten für r und r^{-1} leicht durchführbar.

Es gibt zwei bekannte Verfahren, mit denen Zahlen komplementär dargestellt werden können: das Einer- und das Zweierkomplement. Eine einfache Realisierung der Diversität durch die Verwendung des Komplements erfordert für jeden Befehl f effiziente Realisierung der Befehlssequenz s. Um nun eine Entscheidung zwischen den beiden Komplementarten treffen zu können, müssen jene Befehlsklassen näher untersucht werden, die eine Datenmanipulation vornehmen. Dies sind im wesentlichen die arithmetischen und die logischen Befehle.

Logische Befehle können mit den de Morgan'schen Regeln bezüglich der Komplementbildung umgeformt werden. Für die logische Verknüpfung ODER gilt nach de Morgan:

$$a \vee b = \overline{\overline{a} \vee \overline{b}} = \overline{\overline{a} \wedge \overline{b}}$$

Überträgt man diese Form auf den log. Befehl OR a,b, dann erhält man den zu OR diversitären Befehl AND, der aus den invertierten Operanden $\overline{a}$ und $\overline{b}$ das zu c = OR a,b invertierte Ergebnis berechnet:

$$\overline{c} = OR \ \overline{a} , \overline{b}$$

Analog lassen sich die de Morgan'schen Regeln auf alle logischen Operationen eines Prozessors übertragen.

Bei den arithmetischen Befehlen bewirkt die Invertierung der einzelnen Bits eines Datenwortes x (= Bildung des Einerkomplements) folgende Wertänderung:

$$\overline{x} = -1 - x.$$

Betrachtet man den arithmetischen Befehl "Division mit Vorzeichen" näher, dann muß für die zugehörige diversitäre Befehlssequenz

$$\overline{\left(\frac{x}{y}\right)} = (-1) - \frac{x}{y} \ \overset{!}{=} \ \frac{(-1-x)}{(-1-y)} \text{ diversitär} = \frac{\overline{x}}{\overline{y}} \text{ diversitär}$$

gelten. Die modifizierte Befehlssequenz $s = \frac{(-1-x)}{(-1-y)}$ diversitär läßt sich folgendermaßen berechnen:

$$\overline{\left(\frac{x}{y}\right)} \;=\; -1-\frac{x}{y} \;=\; -1-\frac{-1-\overline{x}}{-1-\overline{y}} \;=\; -1+\frac{1}{-1-\overline{y}}+\frac{\overline{x}}{-1-\overline{y}} \;=\;$$

$$=\; -1+\frac{1}{-1-(-1-y)}+\frac{1}{\dfrac{-1}{-1-x}-\dfrac{-1-y}{-1-x}}$$

Es kann also $\dfrac{\overline{x}}{\overline{y}}$ diversitär durch

$$-1+\frac{1}{-1-\overline{y}}+\frac{1}{\dfrac{-1}{\overline{x}}-\dfrac{\overline{y}}{\overline{x}}} \;=\; -1+\frac{1}{-1-(-1-y)}+\frac{1}{\dfrac{-1}{-1-x}-\dfrac{-1-y}{-1-x}}$$

ersetzt werden, so daß die geforderte Gleichung erfüllt ist. Diese Berechnung ist sehr aufwendig und ist sowohl für $x = -1$ als auch für $y = 0$ nicht definiert, während die ursprüngliche Division nur für $y = 0$ nicht definiert ist.

Daraus kann man ersehen, daß sich die Invertierung der einzelnen Bitstellen eines Datenwortes nicht immer als geeignete Abbildung für die diversitäre Repräsentation der Daten erweist. Für die arithmetischen Operationen ist die Zweierkomplementdarstellung, bei der außer der Invertierung der einzelnen Bitstellen eine Addition von 1 zusätzlich durchgeführt wird, eine effizientere Abbildungsfunktion. Andererseits ist die Darstellung der Daten im Zweierkomplement nicht für alle logischen Befehle geeignet, so daß in der Abbildungsfunktion r das Einer- und das Zweierkomplement realisiert werden muß.

3.2 Optimierungsverfahren

3.2.1 Aktualisierung des Statusregisters

Nach der Wahl der Datenabbildung müssen für alle Befehle des Prozessors die Befehlssequenzen s entwickelt werden. Dabei muß bei der Untersuchung der Befehle beachtet werden, daß sich die Befehle nicht nur auf die explizit im Befehl angegebenen Operanden auswirken, sondern auch implizit auf das Benutzerbyte des *Statusregisters* (siehe Bild 3.1).

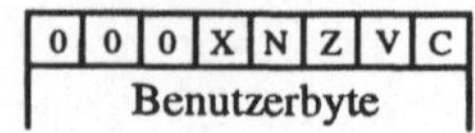

***Bild 3.1 Aufbau des Benutzterbytes des Statusregisters des Prozessors
M68000***

Das Benutzerbyte enthält die Sprungbedingungen (Flags) und wird
daher auch als Bedingungsregister (Condition-Code-Register – CCR)
bezeichnet. In diesem Byte sind Bit 0 - 4 mit Flags belegt, Bit 5 - 7
sind frei und können zwar beschrieben werden, beim Lesen erhält
man jedoch bei diesen Bits immer eine Null. Die Bedingungsbits 0 -
4 werden durch den Operanden bzw. das Ergebnis einer Operation
gesetzt oder zurückgesetzt und dienen z. B. als Sprungbedingungen
bei Verzweigungen. Welche Bits verändert werden ist dabei vom
ausgeführten Befehl abhängig und nicht jeder Befehl modifiziert alle
Bedingungsbits.

Bei der Transformation eines Assembler-Programms in ein
systematisch diversitäres Programm werden die einzelnen Befehle
durch neue Befehlssequenzen ersetzt. Dabei sollen die Bedingungsbits des Statusregisters im Vergleich zu den im Originalprogramm
gesetzten Bits invertiert gesetzt werden. Einige der diversitären
Befehlssequenzen erfüllen diese Forderung automatisch. Aber es gibt
auch Befehlssequenzen, die die Bedingungsbits so verändern, daß die
gesetzten Bits im Originalprogramm und im modifizierten Programm
in keiner Beziehung zueinander stehen. Für einen nachfolgenden
Verzweigungsbefehl, der eines oder mehrere Bedingungsbits abfragt,
muß aber eine Beziehung zwischen den Bedingungsbits im
Originalprogramm und dem diversitären Programm bestehen, damit
die Verzweigung korrekt ausgeführt werden kann. Deshalb muß das
Statusregister nach Befehlssequenzen, durch die die Bedingungsbits
nicht korrekt gesetzt werden, aktualisiert werden.

Zu jedem Befehl muß also eine Befehlssequenz entwickelt werden,
die einerseits die komplementären Daten generiert, und die
andererseits die einzelnen Bits des Statusregisters korrekt setzt.
Eine solche Generierung der korrekten Flags erfordert zur Laufzeit
einen hohen Zeitaufwand, der aber prinzipiell nur dann benötigt

wird, wenn anschließend auf ein nicht korrekt gesetztes Flags zugegriffen wird. Deshalb muß ein Kriterium entwickelt werden, anhand dessen entschieden wird, bei welchen Programmsequenzen die Flags aktualisiert werden müssen und bei welchen nicht.

Würde jeder ausgeführte Befehl alle Bedingungsbits verändern, dann müßten die Werte der Bedingungsbits nur dann aktualisiert werden, wenn mit dem nächsten auszuführenden Befehl auf die Bedingungsbits zugegriffen wird. Es hat sich aber gezeigt, daß viele Befehle nur einen Teil der Bedingungsbit verändern. Zu jedem Befehl muß also solange eine Aktualisierung des Statusregisters in Betracht gezogen werden, wie noch nicht alle Bedingungsbits überschrieben wurden. Gleichzeitig müssen auch für die nachfolgenden Befehle die Bedingungsbits korrekt bearbeitet werden. Die Speicherung der durch nachfolgende Befehle überschriebenen Bedingungsbits wird folglich für mehrere Befehle parallel durchgeführt.

Die Verwendung eines Kriteriums, bei dem die Statusbits nur dann aktualisiert werden, wenn auf die Bits anschließend zugegriffen wird, reduziert den benötigten Zusatzaufwand drastisch, da Befehle, die auf die Bedingungsbits zugreifen, die Minderheit der Befehle eines Programms ausmachen.

3.2.2 Umschaltung zwischen der Verwendung des Einer- bzw. des Zweierkomplements

Wie schon in Kapitel 3.1 erläutert wurde, erfordern die verschiedenen Befehlstypen für eine effiziente Realisierung der beschriebenen systematisch erzeugten Diversität den Einsatz des Einer- und des Zweierkomplements. Je nach Befehlsart wird dann zwischen den beiden Komplementarten umgeschaltet werden. Dabei ist von Vorteil, daß eine Umwandlung zwischen dem Einer- und dem Zweierkomplement leicht durch eine Addition bzw. Subtraktion von "1" durchgeführt werden kann.

Da eine häufige Umwandlung der Datenformate insgesamt zu einem erheblichen Aufwand führt, wird noch untersucht, ob die verschiedenen Befehle auch mit der jeweils anderen Komplementart realisiert werden können. Für die meisten Befehle gibt es für beide Komplementarten modifizierte Befehlssequenzen s, wobei je nach Befehlstyp eine Modifikation effizienter ist als die andere. Für einige Befehle ist zudem die Befehlssequenz s in der weniger geeigneten Komplementdarstellung effizenter als die Umschaltung zwischen den Datendarstellungen und die Ausführung der schnelleren Befehlssequenz.

Eine einzelne Addition von ganzzahligen Werten zwischen vielen logischen Operationen läßt sich z. B. effizienter im Einerkomplement berechnen als durch die Umschaltung ins Zweierkomplement. Dies erkennt man daran, daß für die Addition im Einerkomplement nur eine zusätzliche Ausgleichsaddition benötigt wird, während für die Umschaltung zwei Additionen und eine Subtraktion benötigt wird (vgl. Tabelle 3.1).

f	s für das Einerkomplement	Transformation	s für das Zweierkomplement

add a,b	add $\overline{a}$, $\overline{b}$
	 add #1, $\overline{b}$
		add #1, $\overline{a}$
		 add #1, $\overline{b}$
		
		 sub #1, $\overline{b}$
			add −a,−b

Tabelle 3.1:   *Aufwandsvergleich bei einer Umsetzung des Additionsbefehls*

Sind einzelne solcher Befehle in eine Befehlssequenz eingebettet, die mit der für diese Befehle weniger geeigneten Komplementdarstellung modifiziert werden (siehe Bild 3.2b), dann ist es bei einem solchen Befehlsablauf effizienter, wenn diese einzelnen Befehle mit der Komplementart der Sequenz realisiert werden, da einzelne Befehle von Transformationen umschlossen sind.

Für große, hintereinander geschaltete Blöcke aus gleichartigen Befehlen, d. h. aus Befehlen, die sich mit der gleichen Komplementdarstellung umformen lassen (siehe Bild 3.2a), ist bei einem Wechsel der Befehlssequenz mit gleichartiger Datenabbildung die Transformation der Daten in die andere Komplementart eine effiziente Lösung. Da die Transformation nur beim Sequenzwechsel durchge-

führt wird, nimmt der Komplementwechsel nur einen kleinen Anteil
an der Anzahl der durchgeführten Befehle ein.

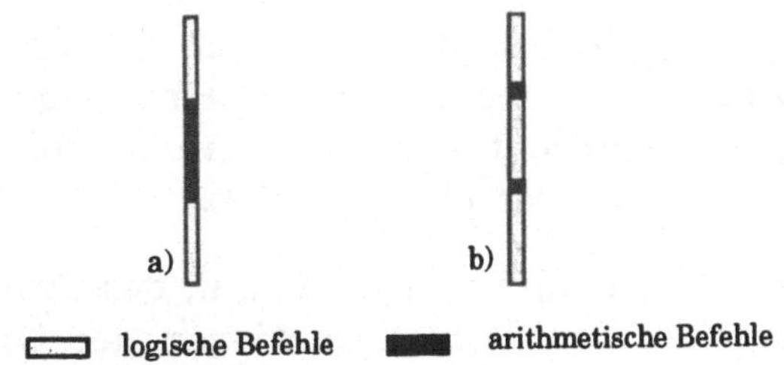

Bild 3.2: Darstellung von Befehlsabläufen:

> *a) große Befehlssequenzen mit jeweils gleichartiger Datenabbil-
> dung*
>
> *b) Befehlssequenz mit gleichartiger Datenabbildung, die durch
> einzelne Befehle andersartiger Datenabbildung unterbrochen
> wird*

Abhängig von den Befehlen eines zu modifizierenden Programms
kann entschieden werden, ob die Verwendung der aktuellen Komplementdarstellung zur Transformation eines Befehls eine effiziente
Lösung ist oder ob eine Umschaltung zur anderen Komplementarten
sinnvoller ist.

Allgemein kann man durch die beschriebene Verwendung des Einer-
und des Zweierkomplements mehrere verschiedene, diversitäre
Programmvarianten generieren. Das Ziel der Umschaltung zwischen
den einzelnen Komplementarten ist es aber, eine Programmvariante
zu erhalten, deren Zeitaufwand zur Laufzeit möglichst gering ist.

Die verschiedenen diversitären Programmvarianten zu einem
Programm P kann man aus dem zugehörigen Transformationsgraphen TG_P (siehe Bild 3.3) gewinnen.

Die Knoten $K_{0,i}$, $i \in \{1,...,n\}$, des Transformationsgraphen entsprechen
dabei den Zuständen des Originalprogramms vor der Ausführung des
Befehls f_i.

Die Knoten $K_{d,i}$, $d \in \{1,2\}$ und $i \in \{1,...,n\}$, des Transformationsgraphen entsprechen dabei den Zuständen des diversitären
Programms, bei denen der letzte Befehl f_{i-1} mit dem Einerkomple-

ment (d=1) bzw. mit dem Zweierkomplement (d=2) transformiert wurde.

Die Kanten $s_{d,i}$, $d \in \{1,2\}$ und $i \in \{1,...,n\}$, des Transformationsgraphen entsprechen den modifizierten Befehlssequenzen zu den Befehlen f_i mit der Repräsentation der Operanden im Einerkomplement (d=1) bzw. im Zweierkomplement (d=2).

Die Kanten $t_{d,i}$, $d \in \{1,2\}$ und $i \in \{1,...,n\}$, des Transformationsgraphen entsprechen den Transformationen der Operanden des Befehls f_i von der Einerkomplement- in die Zweierkomplementdarstellung (d=1) und umgekehrt (d=2).

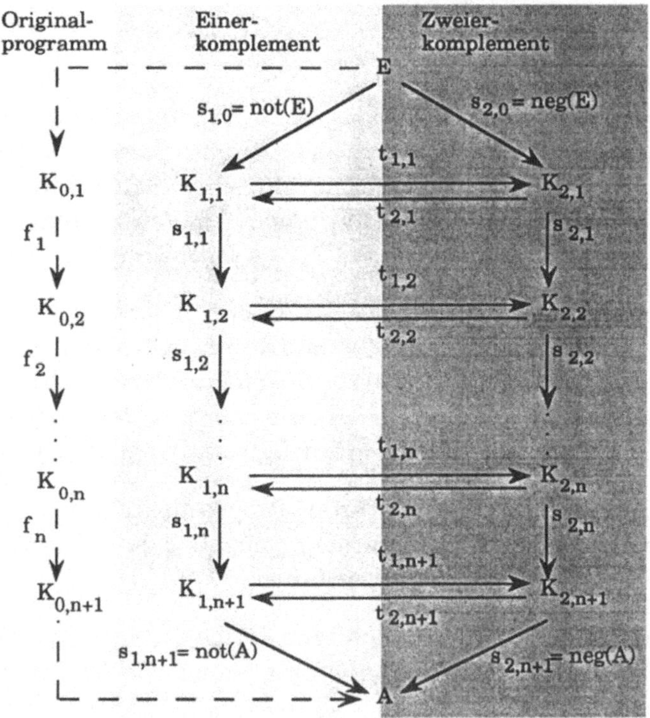

Bild 3.3: Transformationsgraph eines Programms mit Eingabedaten E und Ausgabedaten A

Das Assemblerprogramm einer diversitären Programmvariante entspricht einem Weg durch den Graphen von E nach A, bei dem jeder Knoten des Graphen maximal einmal durchlaufen wird. Ein solcher Weg durch den Transformationsgraphen entspricht einem Subgraphen von TG_P und wird im folgenden TG_P' bezeichnet. Dieser Subgraph TG_P' (siehe Bild 3.4) enthält auf jeder Stufe i genau eine Befehlssequenz $s_{d,i}$ und höchtens ein Transformationssequenz $t_{d,i}$.

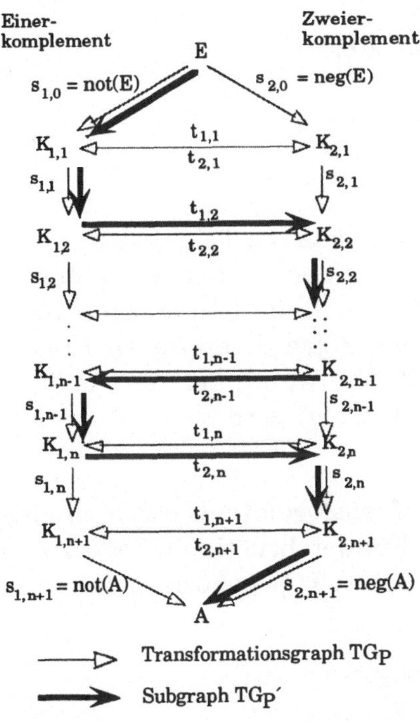

Bild 3.4: Subgraph TG_P' zu einem diversitären Assemblerprogramm

Für ein diversitäres Programm zu einem Ursprungsprogramm P mit den Befehlen f_i, $i \in \{1,...,n\}$, läßt sich folgende Aufwandsformel angeben:

Definition 2:

Die Transformationsfunktion trans(i) gebe an, mit welcher Datenrepräsentation (Einer- oder Zweierkomplement) die einzelnen Befehle f_i transformiert werden und sie sei folgendermaßen definiert:

$$\text{trans(i)} = \begin{cases} 1 & \text{falls } s_{1,i} \text{ Kante von } TG_P{'} \\ \\ 0 & \text{falls } s_{2,i} \text{ Kante von } TG_P{'} \end{cases} \qquad \text{für } i = 0, \dots, n+1$$

$$\text{trans(-1)} = \text{trans(0)}.$$

Definition 3:

A(x) bezeichne die Anzahl der für die Ausführung einer Befehlssequenz x benötigten Taktzyklen.

$A(TG_P{'})^{\,i}$ bezeichne den Zeitaufwand der zu den Befehlen $f_1,\dots,f_i$ modifizierten Befehlssequenzen des zu einem Subgraphen $TG_P{'}$ gehörigen diversitären Programms. $A(TG_P{'})^{\,0}$ bezeichne den Zeitaufwand, der für die Transformation der Eingabedaten E benötigt wird.

Satz:

Es sei TG_P der Transformationsgraph zu einem Programm P aus n Befehlen. Für den benötigten Zeitaufwand $A(TG_P{'})$ eines zu einem Subgraphen $TG_{P'}$ gehörigen diversitären Programms gilt:

$$
\begin{aligned}
A(TG_P{'}) \ &= \ A(TG_P{'})^{\,n+1} \\
&= \ A(TG_P{'})^{\,n} + \\
&\quad + (1\text{-trans}(n+1))\cdot[\text{trans}(n)\cdot A(t_{1,n+1}) + A(s_{2,n+1})] \\
&\quad + \text{trans}(n+1)\cdot[(1\text{-trans}(n))\cdot A(t_{2,n+1}) + A(s_{1,n+1})]
\end{aligned}
$$

mit $A(TG_P{'})^{\,0} = \text{trans}(0)\cdot A(s_{2,0}) + \text{trans}(0)\cdot A(s_{1,0})$.

Beweis:

Der Beweis gliedert sich in zwei Teile:

1. Für den Aufwand eines zu P gehörigen diversitären Programms ohne Rücktransformation der Ergebnisse gilt:

$$A(TG_P')^n = A(TG_P')^{n-1} +$$
$$+ (1-\text{trans}(n))\cdot[\text{trans}(n-1)\cdot A(t_{1,n}) + A(s_{2,n})]$$
$$+ \text{trans}(n)\cdot[(1-\text{trans}(n-1))\cdot A(t_{2,n}) + A(s_{1,n})]$$

2. Der Aufwand für die Rücktransformation der Ergebnisse ist gegeben durch:

$$(1-\text{trans}(n+1))\cdot[\text{trans}(n)\cdot A(t_{1,n+1}) + A(s_{2,n+1})]$$
$$+ \text{trans}(n+1)\cdot[(1-\text{trans}(n))\cdot A(t_{2,n+1}) + A(s_{1,n+1})]$$

Es gilt also: $A(TG_P') = A(TG_P')^{n+1} = A(TG_P')^n + A(\text{Rücktrans.})$

Zeige Punkt 1 durch Induktion über die Anzahl der Befehle des Programms P:

Induktionsanfang:

Der Transformationsgraph zu einem minimalen Programm, (n=1), enthält genau 3 Ebenen (Transformation der Eingabewerte, modifizierte Befehlssequenz zum Befehl f_1 und Rücktransformation der Daten).

<u>1. Fall</u>: $s_{1,0}$ und $s_{1,1}$ sind Kanten von TG_P' $\Rightarrow$ trans(0) = trans(1) = 1
$$A(TG_P')^0 = 0\cdot A(s_{2,0}) + 1\cdot A(s_{1,0}) = A(s_{1,0})$$
$$A'(TG_P')^1 = A(TG_P')^0 + 0\cdot[...] + 1\cdot[0\cdot A(t_{2,1}) + A(s_{1,1})]$$
$$= A(s_{1,0}) + A(s_{1,1})$$

<u>2. Fall</u>: $s_{1,0}$ und $s_{2,1}$ sind Kanten von $TG_P' \Rightarrow$ trans(0) = 1, trans(1) = 0
$$A(TG_P')^0 = 0\cdot A(s_{2,0}) + 1\cdot A(s_{1,0}) = A(s_{1,0})$$
$$A'(TG_P')^1 = A(TG_P')^0 + 1\cdot[1\cdot A(t_{1,1}) + A(s_{2,1})] + 0\cdot[...]$$
$$= A(s_{1,0}) + A(t_{1,1}) + A(s_{2,1})$$

<u>3. Fall</u>: $s_{2,0}$ und $s_{2,1}$ sind Kanten von TG_P' $\Rightarrow$ trans(0) = trans(1) = 0
$$A(TG_P')^0 = 1\cdot A(s_{2,0}) + 0\cdot A(s_{1,0}) = A(s_{2,0})$$
$$A'(TG_P')^1 = A(TG_P')^0 + 1\cdot[0\cdot A(t_{1,1}) + A(s_{2,1})] + 0\cdot[...]$$
$$= A(s_{2,0}) + A(s_{2,1})$$

<u>4. Fall</u>: $s_{2,0}$ und $s_{1,1}$ sind Kanten von $TG_P' \Rightarrow$ trans(0) = 0, trans(1) = 1
$$A(TG_P')^0 = 1\cdot A(s_{2,0}) + 0\cdot A(s_{1,0}) = A(s_{2,0})$$
$$A'(TG_P')^1 = A(TG_P')^0 + 0\cdot[...] + 1\cdot[1\cdot A(t_{2,1}) + A(s_{1,1})]$$
$$= A(s_{2,0}) + A(t_{2,1}) + A(s_{1,1})$$

$\Rightarrow$ Die Gleichung für $A(TG_P')^n$ ist für n = 1 erfüllt.

Induktionsannahme:

Sei die Gleichung für ein beliebiges $n \geq 1$ erfüllt, d. h. es gilt:

$$A(TG_P')^n = A(TG_P')^{n-1} +$$
$$+ (1\text{-}trans(n)) \cdot [trans(n\text{-}1) \cdot A(t_{1,n}) + A(s_{2,n})]$$
$$+ trans(n) \cdot [(1\text{-}trans(n\text{-}1)) \cdot A(t_{2,n}) + A(s_{1,n})]$$

Induktionsschritt:

Für $A(TG_P')^{n+1}$ gilt dann:

1. Fall: $s_{1,n}$ und $s_{1,n+1}$ sind Kanten von TG_P'
$\Rightarrow trans(n) = trans(n+1) = 1$
Da die Befehle f_n und f_{n+1} mit dem Einerkomplement transformiert werden, ergibt sich der Zeitaufwand $A(TG_P')^{n+1}$ aus dem bis zum Befehl f_n benötigten Aufwand $A(TG_P')^n$ plus der zusätzlichen Zeit für die Befehlssequenz $s_{1,n+1}$.
$\Rightarrow A(TG_P')^{n+1} = A(TG_P')^n + A(s_{1,n+1})$
Nach der Gleichung für $A(TG_P')$ gilt:
$$A(TG_P')^{n+1} = A(TG_P')^n + 0 \cdot [...] + 1 \cdot [0 \cdot A(t_{2,n}) + A(s_{1,n+1})]$$
$$= A(TG_P')^n + A(s_{1,n+1})$$

2. Fall: $s_{1,n}$ und $s_{2,n+1}$ sind Kanten von TG_P'
$\Rightarrow trans(n) = 1, \ trans(n+1) = 0$
Da die Befehle f_n und f_{n+1} mit unterschiedlichen Komplementarten transformiert werden, ergibt sich der Zeitaufwand $A(TG_P')^{n+1}$ aus dem bis zum Befehl f_n benötigten Aufwand $A(TG_P')^n$ plus der zusätzlichen Zeit für die Transformation der Operanden in das Zweierkomplement sowie der Zeit für die Befehlssequenz $s_{2,n+1}$.
$\Rightarrow A(TG_P')^{n+1} = A(TG_P')^n + A(t_{1,n}) + A(s_{2,n+1})$
Nach der Gleichung für $A(TG_P')$ gilt:
$$A(TG_P')^{n+1} = A(TG_P')^n + 1 \cdot [1 \cdot A(t_{1,n}) + A(s_{2,n+1})] + 0 \cdot [...]$$
$$= A(TG_P')^n + A(t_{1,n}) + A(s_{2,n+1})$$

3. Fall: $s_{2,n}$ und $s_{2,n+1}$ sind Kanten von TG_P'
$\Rightarrow trans(n) = trans(n+1) = 0$

Der Zeitaufwand $A(TG_P')^{n+1}$ ergibt sich aus dem bis zum Befehl f_n benötigten Aufwand $A(TG_P')^n$ plus der zusätzlichen Zeit für die Befehlssequenz $s_{2,n+1}$.

$\Rightarrow A(TG_P')^{n+1} = A(TG_P')^n + A(s_{2,n+1})$

Nach der Gleichung für $A(TG_P')$ gilt:

$$A(TG_P')^{n+1} = A(TG_P')^n + 1 \cdot [0 \cdot A(t_{1,n}) + A(s_{2,n+1})] + 0 \cdot [...]$$
$$= A(TG_P')^n + A(s_{2,n+1})$$

4. Fall: $s_{2,n}$ und $s_{1,n+1}$ sind Kanten von TG_P'

$\Rightarrow \text{trans}(n) = 0, \ \text{trans}(n+1) = 1$

Der Zeitaufwand $A(TG_P')^{n+1}$ ergibt sich aus dem bis zum Befehl f_n benötigten Aufwand $A(TG_P')^n$ plus der zusätzlichen Zeit für die Transformation der Operanden in das Zweierkomplement sowie der Zeit für die Befehlssequenz $s_{1,n+1}$.

$\Rightarrow A(TG_P')^{n+1} = A(TG_P')^n + A(t_{2,n}) + A(s_{1,n+1})$

Nach der Gleichung für $A(TG_P')$ gilt:

$$A(TG_P')^{n+1} = A(TG_P')^n + 1 \cdot [1 \cdot A(t_{1,n}) + A(s_{2,n+1})] + 0 \cdot [...]$$
$$= A(TG_P')^n + A(t_{2,n}) + A(s_{1,n+1})$$

Der Nachweis für Punkt 2 kann analog zum Induktionsschluß geführt werden. ∎

Sei $MP = \{P_1, ... ,P_m\}$ die Menge aller durch einen Transformationsgraphen gegebenen Programmvarianten. Dann erfüllt der Zeitaufwand $A(P_{eff})$ der effizientesten, diversitären Programmvariante der durch den Transformationsgraphen gegebenen Varianten folgende Gleichung:

$$A(P_{eff}) = \min (A(P_1), ... ,A(P_m)).$$

Der Algorithmus zur Auswahl der für die Transformation der einzelnen Befehle eines Programms zu verwendenden Komplementart läßt sich also auf ein graphentheoretisches Problem zurückführen. Wenn jeder Pfeil des Transformationsgraphen mit der Ausführungsdauer gewichtet wird, dann lautet das durch den Algorithmus zu lösende Problem: "Suche den kürzesten Weg vom Startknoten E zum Zielknoten A". Die Bestimmung von "kürzesten Wegen" in gewichteten Graphen ist ein bekanntes und gut untersuchtes Problem, für das schon viele Algorithmen entwickelt wurden [/Nolt 76/, /Mehl 84/].

4   Ergebnisse

Aufbauend auf den Untersuchungen von /Hinz 89/ zur Hardwarefehlererkennung durch diversitäre Software wurden die nicht erkannten Fehler analysiert, die sich bei Verwendung von reiner Entwurfsdiversität ergeben haben. Bei diesen Untersuchungen wurden für eine Problemstellung jeweils zwei diversitäre Algorithmen verwendet, die in der Programmiersprache C implementiert waren. Eine Ursache für eine große Zahl nicht erkannter Fehler lag dabei in der Verwendung standardmäßig gegebener Bibliotheksroutinen. Diese Routinen entsprechen einer großen Anzahl von Befehlssequenzen, die bei den einzelnen Programmvarianten identisch ablaufen und damit zu größeren, nicht diversitären Programmteilen führen. Um solche gleichen Programmteile vermeiden zu können, wurden entwurfsdiversitäre Bibliotheksroutinen implementiert, die zu einer verbesserten Fehlererfassung auf Grund erhöhter Entwurfsdiversität führten.

Die in Bild 4.1 angegebenen Diagramme zeigen die Mittelwerte, die sich bei den entwurfsdiversitären Programmbeispielen ergeben haben.

Das Auftreten des gefährlich fehlerhaften Zustandes, bei dem ein falsches Ergebnis berechnet und durch Absolut- und Relativtest nicht als falsch erkannt wird, konnte bei den untersuchten Programmbeispielen durch die Verwendung von entwurfsdiversitären Programmvarianten reduziert, aber nicht ausgeschlossen werden.

Um das Auftreten des gefährlich fehlerhaften Zustandes weiter zu reduzieren, wird zusätzlich zur Entwurfsdiversität die beschriebene systematisch erzeugte Diversität eingesetzt. Für die Auswertung der erreichten Fehlerüberdeckung wurde eine Programmvariante der bisher verwendeten Programmbeispiele unverändert übernommen. Die zweite Variante wurde aus der anderen entwurfsdiversitären Variante mit dem Precompiler systematisch diversitär erzeugt. Anschließend wurde die Fehlererfassung bei den sowohl entwurfsdiversitären als auch systematisch diversitären Programmvarianten mit Hilfe des softwareimplementierten Fehlerinjektors untersucht, der die modellierten Fehlereffekte durch die Programmausführung im Einzelschrittmodus für jeden Programmbefehl erzeugen kann.

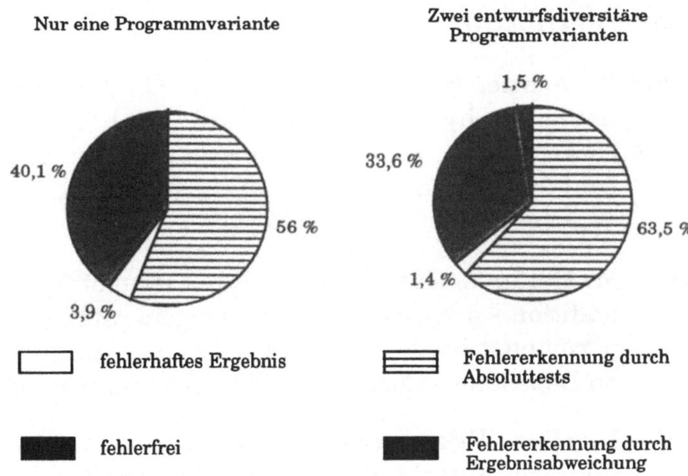

Bild 4.1: Vergleich der Ergebnisklassen zwischen einem Simplexsystem und einem virtuellen Duplexsystem mit entwurfsdiversitären Programmvarianten.

Der Precompiler zur systematischen Generierung von diversitären Programmvarianten wurde in einem Prototypen realisiert, in dem noch nicht alle Optimierungsmaßnahmen implementiert sind. Deshalb wurde die Fehlererfasssung bisher nur für zwei kleine Programmbeispiele untersucht, die von Hand optimiert wurden. Die Untersuchung der Fehlererfassung ergab, daß bei diesen Beispielen durch den Einsatz von systematisch erzeugter Diversität das Auftreten des gefährlich fehlerhaften Zustands um weitere 75% reduziert werden konnte. Da aus den Ergebnissen zweier kleiner Programmbeispiele noch keine statistischen Aussagen gemacht werden können, werden nach Fertigstellung des Precompilers umfangreichere Untersuchungen bezüglich der Fehlererfassung von sowohl entwurfsdiversitären als auch systematisch diversitären Programmvarianten durchgeführt.

5   Literatur

/ EHNi 90/   K. Echtle, B. Hinz, T. Nikolov: On Hardware fault detection by diverse software; 13th International conference on fault-tolerant systems and diagnostics, conf. proc., Verlag der Bulgarischen Akademie der Wissenschaften, 1990, S. 362 - 367.

/HaGö 91/   W. Hahn, M. Gössel: Pseudoduplication of floating point addition - a method of compiler generated checking of permanent hardware faults, Third European Workshop on Dependable Computing EWDC-3, Munich, April 1991

/Hinz 89/   B. Hinz: Erkennung von Mikroprozessor-Hardware-Fehlern mittels diversitär entwickelter Software; Diplomarbeit, Fakultät für Informatik, Univ. Karlsruhe, 1989.

/Mehl 84/   K. Mehlhorn: Datastructures and Algorithms 2 - Graph Algorithms and NP-Completeness, Springer Verlag, 1984.

/Mula 85/   M. Mulazzani: Reliability Versus Safety; Safecomp '85, conf. proc., 1985, S. 141 - 146

/Nolt 76/   H. Noltemeier: Graphentheorie mit Algorithmen und Anwendungen, de Gruyter, Berlin, 1976.

Graphische Entwicklung sicherheitstechnisch abnehmbarer Software für die Prozeßautomatisierung

Wolfgang A. Halang und **Bernd Krämer**
FernUniversität
Fachbereich Elektrotechnik
Postfach 940
W-5800 Hagen 1

Zusammenfassung

Ausgehend von einer IEC-Initiative zur Standardisierung höherer Programmiersprachen für speicherprogrammierbare Steuerungen wird ein herstellerunabhängiges Werkzeug zur graphischen Software-Entwicklung und zum schnellen Prototyping in industriellen Automatisierungsprojekten vorgestellt. Die Konstruktion der Programme erfolgt durch die Verknüpfung von Funktionsblockinstanzen, die aus einer Bibliothek bezogen werden und deren Korrektheit bewiesen ist. Es werden Methoden und Werkzeuge beschrieben, die, zur Ergänzung konventioneller Programmtestverfahren, die Verifikation dieser zusammengesetzten Entwürfe mit mathematischer Strenge erlauben.

1 Einleitung

Die steigende Komplexität von Software für speicherprogrammierbare Steuerungen (SPS) in der Automatisierungstechnik [1] verstärkt den Bedarf an wirkungsvollen Entwicklungsmethoden und Softwarewerkzeugen. Gegenwärtig sind solche Werkzeuge meist nur in herstellerspezifischer Form verfügbar. Zudem unterstützen sie bisher nur assemblerähnliche Programmiersprachen wie Anweisungslisten [2] oder ähnliche einfache halbgraphische Methoden wie Kontaktpläne, die eine Formalisierung elektrischer Schaltungsdiagramme zur Beschreibung relaisbasierter binärer Steuerungen darstellen. Eine der wenigen herstellerunabhängigen Umgebungen wurde kürzlich in [3] vorgestellt.

Zur Verbesserung dieser Situation, insbesondere um die Abhängigkeit von herstellerspezifischen Sprachen aufzulösen, hat die Internationale Elektrotechnische Kommission (IEC) zwecks späterer Standardisierung einen detaillierten Entwurf von vier kompatiblen höhere Sprachen zur Formulierung industrieller Automatisierungsprojekte ausgearbeitet [4]. Zwei dieser Sprachen sind textuell und die beiden anderen bauen auf graphischen Symbolen auf. Die Sprachen eignen sich für alle SPS-Leistungsklassen. Da sie ein Leistungsspektrum liefern, das über das für die Abdeckung der klassischen SPS-Anwendungsbereiche, nämlich binäre Verarbeitung, Erforderliche hinausgeht, sind sie auch für den Front-End-Teil verteilter Prozeßleitsysteme geeignet.

Die Standardisierungsinitiative hat das Ziel, die Programmierung in Maschinen-, Assembler- und prozeduralen Sprachen durch die Anwendung objektorientierter Sprachen mit graphischen Benutzerschnittstellen zu ersetzen. Deshalb betont sie die höhere graphische Sprache "Funktionsblockdiagramme" (FBD). Sie wurden von Diagrammen digitaler Schaltungen abgeleitet, bei denen jeder Chip ein bestimmtes Modul der Gesamtfunktionalität darstellt. Die direkte Verallgemeinerung dieses Konzepts führt zu Funktionsblöcken, die Eingänge und Ausgänge beliebiger Datentypen haben und die beliebige Verarbeitungsfunktionen durchführen können (s. Abb. 1). Die schematische Beschreibung logischer und funktionaler Beziehungen durch Symbole und konzeptionelle Signalflüsse darstellende Verbindungslinien garantiert leichte Verständlichkeit. Ein Funktionsdiagramm ist eine prozeßorientierte Darstellung eines Steuerungsproblems unabhängig von seiner Realisierung. Es dient als Kommunikationsmittel zwischen verschiedenen mit der Entwicklung und dem Einsatz von SPSen befaßten Interessengruppen, die meistens verschiedene technische Disziplinen vertreten. Die FBD-Sprache wird durch eine weitere graphische Sprache, die "Ablaufdiagramme" (Sequential Function Charts) ergänzt (s. Abb. 2). Die für Ablaufdiagramme gewählte Darstellungsmethode kann als eine industrielle Anwendung von Petri-Netzen betrachtet werden, die zur Formulierung der Koordination und Kooperation asynchroner sequentieller Prozesse eingesetzt werden [5]. Ablaufdiagramme werden vorzugsweise bei der Beschreibung von Ablaufsteuerungen eingesetzt, während Funktionsblockdiagramme besser für die modulare Strukturierung von Steuerungsfunktionen geeignet sind. Weiterhin umfaßt der IEC-Entwurf die höhere textuelle Programmiersprache "Strukturierter Text" (ST). Mit Schwerpunkt auf der Modularisierung hat sie eine Pascal-ähnliche Funktionalität, stellt aber auch das Task-Konzept zur Handhabung paralleler Echtzeitprozesse bereit.

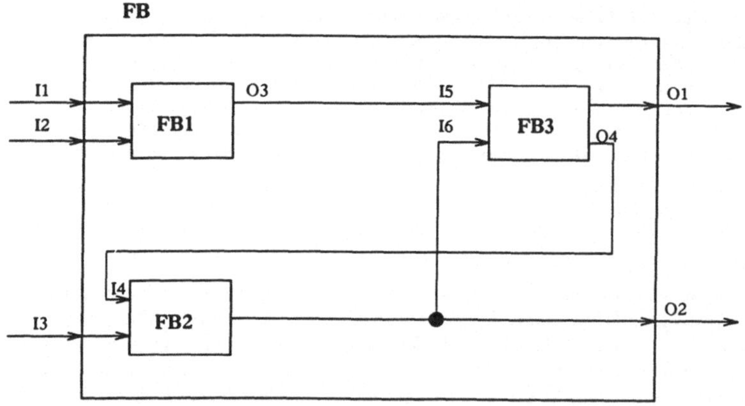

Abbildung 1: Zwei Hierarchie-Ebenen eines Funktionsblocks nach IEC 65 A

2 Graphische Konstruktion und schnelles Prototyping

Für die höheren IEC-Sprachen wurde ein systemunabhängiges schnelles Protoyping- und CASE-Werkzeug mit interaktiver graphischer Benutzerschnittstelle mit Menüführung für SPSen in der Prozeßautomatisierung und Prozeßleittechnik entwickelt. Die ST-Sprache dient der Formulierung projektspezifischer Software-Module in Form von Funktionsblöcken, die alle Implementierungsdetails enthalten und gleichzeitig verbergen. Diese Module werden dann eingesetzt und in den graphischen Sprachen FBD/SFC verknüpft, um automatisierungstechnische Lösungen von Steuerungsproblemen auszudrücken. So werden die Vorteile der graphischen Programmierung, nämlich Orientierung an der Denkweise des Ingenieurs, inhärenter Dokumentationswert, Klarheit und leichte Verständlichkeit, mit den Vorteilen der textuellen Programmierung, und zwar unbegrenzte Ausdrucksfähigkeit von syntaktischen Details, Kontrollstrukturen, Algorithmen und zeitlichem Verhalten, verbunden. Das Leitprinzip für die Entwicklung des CASE-Werkzeuges war die Kombination der Unterstützung für schnelles Prototyping, strukturierten Top-Down-Entwurf sowie für die Entwicklung zuverlässiger, sicherheitstechnisch abnehmbarer Software zur Anwendung in sicherheitskritischen Umgebungen. Letzteres wird durch die Reduzierung der Lösungsmöglichkeiten für ein Problem erreicht.

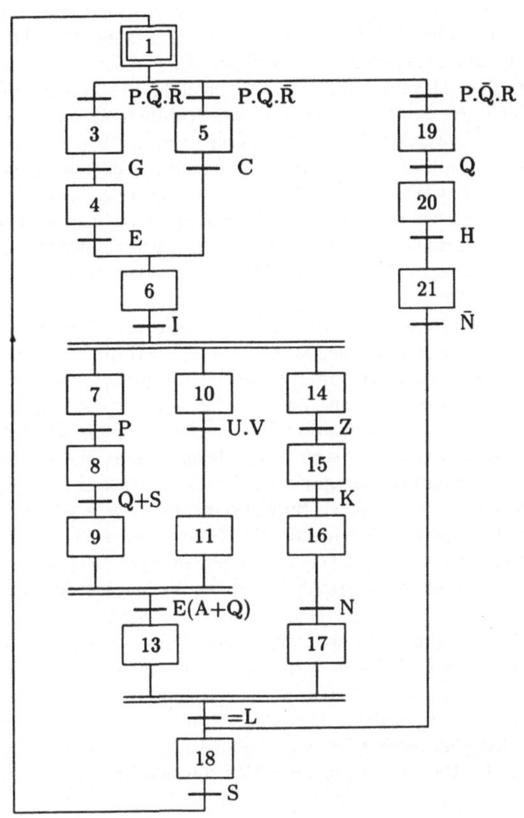

Abbildung 2: Ein Ablaufdiagramm

Die systemunabhängige Entwicklung und schnelles Prototyping von Software für SPSen erfolgt in zwei Schritten:

1. Aufbau einer Funktionsblockbibliothek und

2. Verknüpfung von Funktionsblockinstanzen (s. Abb. 3).

Als elementare Einheiten der Anwendungsprogrammierung von Prozeßleitsystemen werden Mengen von Basisfunktionsblöcken eingeführt. Es wurde ein Projekt zur Identifizierung und Definition solcher Funktionsmodule durchgeführt, die für Steuerungszwecke in der chemischen Industrie geeignet sind. Das Projekt zeigte, daß ungefähr 40 Funktionen für die Formulierung der überwiegenden Mehrheit der dort vorkommenden Automatisierungsaufgaben ausreichen. Dank ihrer Einfachheit und Universalität sind sie in vielen verschiedenen Zusammenhängen wiederverwendbar. Bei Programmierung in der Sprache ST überschreitet die Länge des Quell-Codes dieser Module in keinem Fall zwei Seiten. Deshalb besteht die Möglichkeit, ihre Korrektheit mit mathematischer Strenge zu beweisen. Dies ist notwendig, da ihr korrekter Betrieb oft entscheidend für die Erfüllung der harten Sicherheits- und Zuverlässigkeitsanforderungen der Gesamtsysteme ist. Auch aus Sicherheitsgründen wird der Maschinen-Code dieser Module im Mikroprogramm bzw. in ROMs gespeichert.

Im zweiten der oben erwähnten Schritte zum schnellen Prototyping bzw. zur Formulierung von Automatisierungsanwendungen mit Sicherheitscharakteristika wird die Lösung eines Steuerungsproblems in Form eines Funktionsblockdiagramms ausgearbeitet, das die Interaktion zwischen Funktionsmodulen bestimmt. Zu diesem Zweck ruft der Benutzer aus seiner Bibliothek Funktionsblockinstanzen auf, plaziert diese und verknüpft sie miteinander. Abgesehen von der Bereitstellung von Konstanten als externe Eingabeparameter sind die Funktionsblockinstanzen und die durch Verbindungslinien dargestellten Parameterflüsse zwischen ihnen die einzigen auf dieser Programmierebene verwendeten Sprachelemente. Um maximale Systemunabhängigkeit und Ausdruckskraft zu gewährleisten, setzt ein Kompilierer die in den Diagrammen enthaltene Logik in die Sprache ST um. Auf Grund der einfachen Struktur dieser Logik enthalten die generierten ST-Programme neben den notwendigen Vereinbarungen nur Folgen von Prozeduraufrufen.

Wie bereits oben erwähnt wird die Korrektheit der Elemente der Funktionsblockbibliothek validiert. Zu diesem Zweck wird eine Reihe bereits eingeführter Methoden und Richtlinien für die Entwicklung hoch verläßlicher Software, die zur Steuerung sicherheitskritischer technischer Prozesse eingesetzt wird, angewendet. Dies ermöglicht die sicherheitstechnische Abnahme der erzeugten Software. Beispiele solcher Software-Validierungstechniken sind symbolische Programmausführung, diversitäre Rückwärtstransformation, Inspektion, Simulation und Programmtest.

3   Erhöhung der Zuverlässigkeit

Einfachheit der Konstruktion war das primäre Ziel des ursprünglichen Entwurfs unseres CASE-Werkzeuges. Einige Prüf- und Prototyping-Einrichtungen werden indirekt auf der Ebene der ST-Programme bereitgestellt, in die graphische Funktionsblockentwürfe übersetzt werden. In diesem Abschnitt befassen wir uns mit der Erhöhung der Zuverlässigkeit des Entwurfs von SPS-Software durch automatisierte Werkzeuge, die auf die graphische Konstruktionsmethode des skizzierten Prototyps zugeschnitten sind. Diese Werkzeuge nutzen semantisches Wissen über die Sprachen FBD und SFC. Sie beinhalten ein interaktives Entwurfsprüfprogramm, halbautomatische Verifikationsunterstützung und eine Komponente zur symbolischen Ausführung von Funktionsblockdiagrammen, unabhängig von der Umsetzung der einzelnen Funktionsblöcke in ST-Moduln und deren Bindung und Übersetzung in lauffähige Programme.

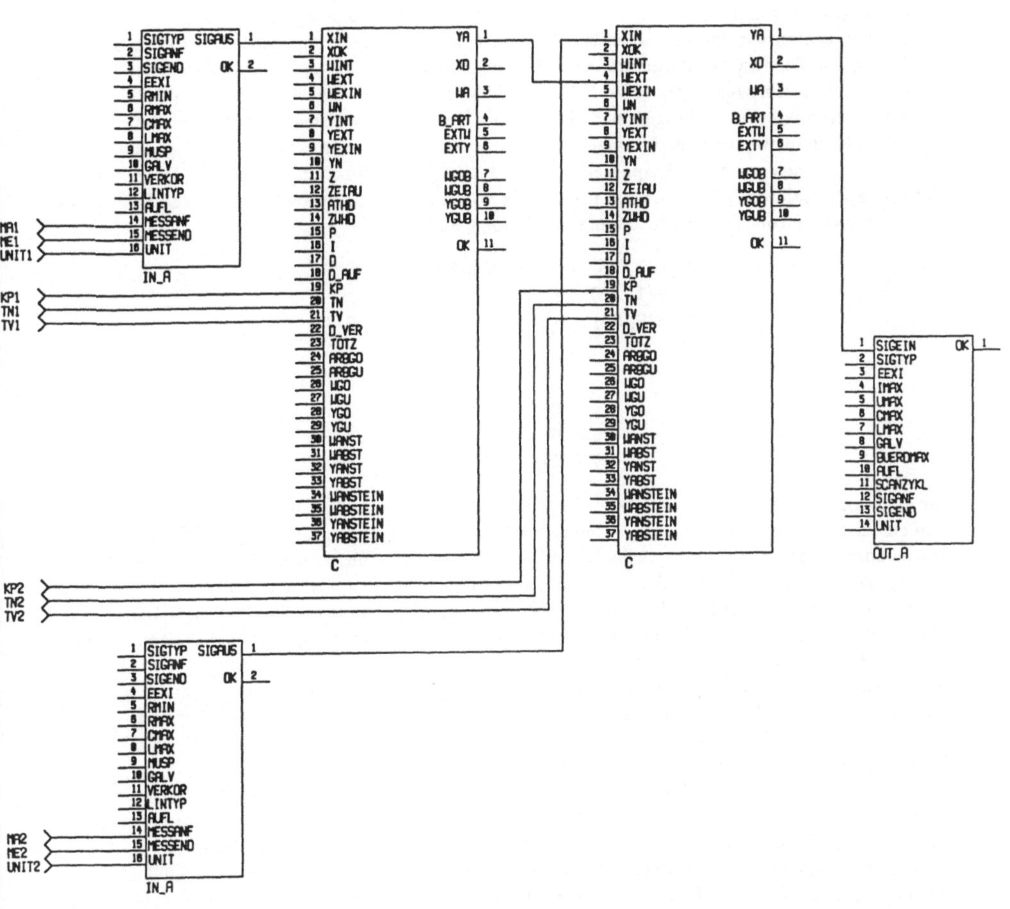

Abbildung 3: Ein graphisch formuliertes Steuerungsprogramm

3.1 Widerspruchsfreier Entwurf

Das Entwurfsprüfprogramm prüft die Konsistenz von Funktionsblockdiagrammen bezüglich der horizontalen und vertikalen Kompositionen der darin enthaltenen Funktionsblöcke zu komplexeren funktionalen Einheiten. Um die Effektivität des Entwurfsprüfprogramms zu veranschaulichen, betrachten wir den hierarchischen Entwurf des in Abb. 1 dargestellten Funktionsblocks.

Wie beim Hardware-Entwurf können die Anschlüsse (Ports) von Komponenten der für zusammengesetzte Entwürfe genutzten Funktionsblöcke nicht beliebig verknüpft werden. Nur bestimmte Arten von Verbindungen sind sinnvoll, da Ports semantischen Restriktionen wie Typen von Ein-/Ausgabewerten oder Aussagen über zulässige Bereiche der Ein- oder Ausgabedaten unterliegen. Nehmen wir zum Beispiel eine auf den mit einem Funktionsblock assoziierten Typen definierte Partialordnung $\preceq$ an. Dann sehen die vom Entwurfsprüfprogramm für das Beispiel in Abb. 1 erzwungenen Typeinschränkungen wie folgt aus:

$$
\begin{aligned}
type(\mathrm{I}_j.\mathrm{FB}) &\preceq type(\mathrm{I}_j.\mathrm{FB}_1) \quad j \in \{1,2\} \\
type(\mathrm{I}_4.\mathrm{FB}) &\preceq type(\mathrm{I}_4.\mathrm{FB}_2) \\
type(\mathrm{O}_i.\mathrm{FB}) &= type(\mathrm{O}_i.\mathrm{FB}_i) \quad i \in \{2,3\}
\end{aligned}
$$

für die vertikale Komposition und

$$
\begin{aligned}
type(\mathrm{O}_1) &\preceq type(\mathrm{I}_5) \\
type(\mathrm{O}_2) &\preceq type(\mathrm{I}_6) \\
type(\mathrm{O}_4) &\preceq type(\mathrm{I}_3)
\end{aligned}
$$

für die horizontale Komposition. Diese Restriktionen spiegeln das Konzept wider, daß Daten, die von einem Funktionsblock erzeugt werden, die Typeinschränkungen des Eingabe-Ports des diese Daten konsumierenden Funktionsblocks erfüllen müssen, um eine ordnungsgemäße Kooperation der Funktionsblöcke zu gewährleisten. Für die hierarchische Komposition stellen sie sicher, daß die einen zusammengesetzten Funktionsblock realisierenden Funktionsblöcke in der Lage sind, alle auf der höheren Ebene akzeptierten Daten zu handhaben und nur Daten zu erzeugen, die die Typeinschränkungen der Ausgabe-Ports der höheren Ebene erfüllen. Im letzteren Fall müssen unsere Restriktionen strenger sein, da Ausgabedaten auch als Eingabedaten verwendet werden können. Wenn zwischen Typen keine Ordnung besteht, reduziert sich die zu erfüllende Relation auf Gleichheit. Solche Forderungen zur Typkonsistenz können bereits während des graphischen Entwurfsprozesses interaktiv überprüft werden.

Eine weitere, statisch nachprüfbare Restriktion ist die Vollständigkeit der "Verdrahtung". Sie zwingt den Entwickler, alle Eingabeanschlüsse eines vorgefertigten Funktionsblockes vollständig zu verbinden, da nicht belegte Eingänge zu fehlerhaften Berechnungen oder sogar zu Blockierungen des Ablaufs führen können. Ähnliche Beschränkungen werden interaktiv im Falle von Ablaufplänen erzwungen. Ein Beispiel für eine Bereichseinschränkung für Eingabedaten wäre die Forderung

$$
value(\mathrm{I}_1.\mathrm{FB}) \leq value(\mathrm{I}_4.\mathrm{FB})
$$

unter der Annahme, daß die Vergleichsoperation $\leq$ auf dem den Eingängen I_1 und I_4 zugeordneten Datentyp definiert ist. Die Einhaltung solcher Forderungen kann mit Hilfe formaler Spezifikations- und Verifikationsmethoden zur Entwurfszeit nachgewiesen werden. Diese Art von Konsistenzprüfung erhöht jedoch nicht nur die Zuversicht über die funktionale Korrektheit eines Entwurfs, sondern trägt auch dazu bei, Fehlinvestitionen bei nachfolgenden Implementierungsschritten zu verringern.

3.2 Formale Verifikation

Formale Verifikationstechniken sind insbesondere in sicherheitskritischen Anwendungsbereichen eine akzeptierte und teilweise sogar als notwendig erkannte Vorgehensweise zur Erzielung zuverlässiger Software [6]. Sie befassen sich mit dem Einsatz mathematischer Techniken zur

Prüfung der Korrektheit von Software im Gegensatz zu konventionelleren Validationstechniken, die Inspektionen oder Programmtests einsetzen, um einen Entwurf und seine Implementation zu validieren. Tests und Inspektionen sind wirksame Mittel zur Fehlerermittlung, aber im allgemeinen sind sie nicht in der Lage, Korrektheit festzustellen. Oft ist Testen nicht ausreichend erschöpfend wegen der großen oder gar unendlichen Anzahl abzudeckender Testfälle. Nehmen wir zum Beispiel eine Steuerungskomponente an, die 10 logische Eingabesignale verarbeiten muß, von denen jedes die Werte `true` oder `false` annehmen kann. Ein vollständiger Test muß dann die Aktionen dieser Komponente in 2^{10} verschiedenen Situationen abdecken. Das Problem des Testens wird sogar noch schwieriger in Fällen kooperierender asynchroner Prozesse, weil Tests dann im allgemeinen nicht mehr reproduzierbar sind.

Wenn also Zuverlässigkeit von entscheidender Bedeutung ist, werden mechanisch überprüfte Korrektheitsbeweise unverzichtbar. Solche Beweise erfordern zu zeigen, daß eine spezifizierte Komponente oder eine vorhandene Verknüpfung von Komponenten das spezifizierte Verhalten für alle möglichen Eingaben realisiert.

Für Korrektheitsuntersuchungen von Funktionsblockdiagrammen können sowohl Techniken zur Spezifikations- als auch zur Programmverifikation eingesetzt werden. Die *Spezifikationsverifikation* ist anwendbar auf abstrakte (black-box) Sichten von Funktionsblöcken. Der Entwickler formuliert dabei kritische Anforderungen an die Funktionalität, das Zeitverhalten, Sicherheits- oder Zuverlässigkeitseigenschaften von Funktionsblöcken in einer formalen Beschreibungstechnik und weist mittels formaler Ableitungsschritte nach, daß die gegebene formale Entwurfsspezifikation diese Anforderungen erfüllt. Strukturelle Induktion, Invariantenkalküle, Erreichbarkeitsgraphen und andere Techniken finden hier Verwendung. Spezifikationsverifikation wird entscheidend erleichtert, wenn sowohl kritische Anforderungen als auch die Schnittstellenspezifikation im selben Formalismus ausgedrückt werden. Beweise auf der Spezifikationsebene sind oft einfacher als traditionelle Beweise der Programmkorrektheit, weil sie Einzelheiten der Implementierung unberücksichtigt lassen und eine ganze Klasse korrekter Implementierungen einer Spezifikation verifizieren.

Der Nachweis, daß ein bestimmtes Programm seine Schnittstellenspezifikation erfüllt, ist Gegenstand der *Programmverifikation*. Klassische Methoden, die hier zum Einsatz kommen, sind Hoare-Tripel oder Dijkstra's Prädikatentransformer [7]. Solche Beweise sind wegen der für den Anwendungsbereich typischen einfachen Datenstrukturen (Binärsignale, Bitströme, ganze und reelle Zahlen) und der in den Algorithmen verwendeten einfachen Sprachkonstrukte auch unter Praxisbedingungen beherrschbar. Der dennoch zu leistende Verifikationsaufwand ist dadurch gerechtfertigt, daß versteckte Fehler in Prozeßleitsystemen fatale Auswirkungen für ihre Benutzer haben können, daß die Beseitigung spät entdeckter Fehler erhebliche Mehrkosten verursacht können und daß sich die Kosten der Verifikation eines Funktionsblocks auf viele Anwendungen verteilen.

Die in [8] dargestellte und vom zweiten Autor dieses Beitrags entwickelte formale Spezifikationssprache *SEGRAS*[1] für nebenläufige und verteilte Software-Systeme wurde in [9] eingesetzt, um die mathematische Semantik von Funktionsblöcken explizit zu machen und gleichzeitig einen geeigneten Formalismus zur Anforderungsspezifikation bereitzustellen. *SEGRAS* beruht auf der Integration höherer Petri-Netze und algebraischer Spezifikationen abstrakter Datentypen (ADT). Das dynamische Verhalten einer Software-Komponente wird mittels beschrifteter Petri-Netze graphisch spezifiziert, während die Datenstrukturen, auf denen es operiert, textuell durch bedingte Gleichungen spezifiziert werden. Die Sprache wird durch eine auf Arbeitsplatzrechnern der Firma Symbolics implementierte Entwicklungsumgebung, "Graspin" [10], unterstützt. Die Umgebung umfaßt Komponenten zur algebraischen Verifikation, symbolischen Ausführung und statischen Verklemmungs- und Sicherheitsanalyse von Spezifikationen des dynamischen Verhaltens. Die Sprachdefinitionsmöglichkeiten dieser Umgebung erlaubten uns das Prototyping ausgewählter Eigenschaften der entworfenen semantischen Werkzeuge für die Sprache FBD.

Die semantische Abbildung von Funktionsblockdiagrammen auf die *SEGRAS* Sprache ist teil-

---

[1] *SEGRAS* ist ein eingetragenes Warenzeichen der GMD.

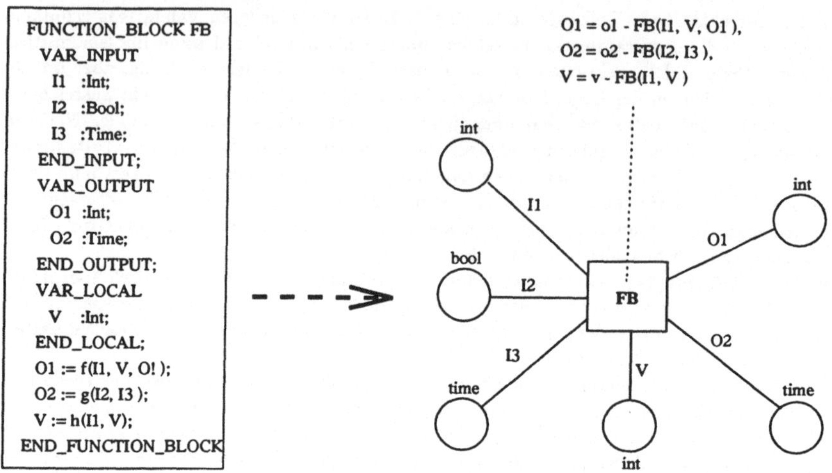

Abbildung 4: Abbildung von Funktionsblöcken auf höhere Petri-Netze

weise in Abb. 4 dargestellt; die Spezifikation eines Muster-ADTs, `bool`, folgt unten. In der Netzdarstellung verwenden wir gestrichelte Pfeile, um nicht destruktives Lesen von Stellen im Netz (dargestellt durch ○), und ungerichtete Kanten, um destruktives Lesen und Schreiben darzustellen. Die die Kanten beschriftenden Variablen bezeichnen die neuen erzeugten Werte. Die alten Werte werden durch gestrichene Versionen der entsprechenden Variablen referenziert (vgl. Gleichung (1) unten).

Konzeptionell hat jeder Funktionsblock eine *funktionale* und eine *dynamische* Seite. Die funktionale Seite wird durch die Idee erfaßt, mit jedem Ausgabe-Port und jeder lokalen Zustandsvariablen (wie z.B. V) eines Funktionsblocks eine Funktion des diesem Port oder dieser Variablen zugeordneten abstrakten Datentyps zu assoziieren. Diese Funktionen berechnen neue Werte bestimmter Datentypen für Ausgabe-Ports und lokale Zustandsvariablen (wie V in unserem Beispiel) aus Eingabedaten und alten Werten der Zustandsvariablen und Ausgabe-Ports.

Die dynamische verhaltensmäßige Seite wird durch ein einfaches beschriftetes Petri-Netz erfaßt, das die Berechnung der neuen Ausgabedaten und der Änderungen der lokalen Zustandsvariablen in einem einzigen schematischen Ereignis beschreibt. Das dynamische Verhalten eines jeden Funktionsblocks wird durch die Transitionsregel des *SEGRAS*-Netzes bestimmt. Die funktionale Beziehung zwischen den Variablen $I_1, \ldots, I_3$ auf den Eingabepfeilen des Netzes und den Variablen O_1, O_2 und V werden durch das folgende Gleichungssystem spezifiziert, das mit der Transition FB assoziiert ist, aber wegen der Lesbarkeit der graphischen Darstellung[2] verborgen bleibt:

$$O1 \;=\; [\mathtt{f(I1,V,O1')}] \tag{1}$$

$$O2 \;=\; [\mathtt{g(I2,I3)}] \tag{2}$$

$$V \;=\; [\mathtt{h(I1,V)}] \tag{3}$$

wobei [e] die *SEGRAS*-Semantik des ST-Ausdrucks e bezeichnet. Die Bedeutung der bei der Netzbeschriftung verwendeten Konstanten und Funktionen (und daher die Bedeutung der ST-Ausdrücke) wird abstrakt in einer Sammlung von ADT-Sepzifikationen definiert, die zu jedem Netz gehören. Es folgt ein einfaches Beispiel von ADT-Spezifikationen unter Verwendung der *SEGRAS*-Notation:

---

[2] Graspin bietet ein Menü an, um die Sichtbarkeit der Netzbeschriftungen einzuschalten.

```
data bool
    funs true, false:  -> bool.
    funs and, xor:  bool, bool -> bool.
    vars A, B, C: bool.
    eqns A and false = false.
        A and true = true.
        A xor false = A.
        A and A = false.
        A and (B xor C) = (A and B) xor (A and C).
        ...

end
```

Die solchen Spezifikationen zugrundeliegende Gleichungslogik ist relativ einfach und wohlverstanden. Es gibt ausreichend effiziente Algorithmen für viele Probleme hinsichtlich der Verifikation ihrer logischen Vollständigkeit und Konsistenz. In [11] wurde gezeigt, daß ein Gleichungslogik aufbauendes Spezifikationssystem erfolgreich für die Verifikation von Software-Spezifikationen einschließlich des logischen Entwurfs von Hardware-Komponenten eingesetzt werden kann. Unsere eigenen Erfahrungen, die wir bei der Anwendung dieser Beweistechniken auf durch *SEGRAS*-Spezifikationen dargestellte Funktionsblöcke gewonnen haben, sind vielversprechend hinsichtlich des Einsatzes automatisierter Werkzeuge zur Mechanisierung der Verifikationsaufgabe [9, 12]. Sie zeigen auch, daß die Verifikation neuer Anwendungssysteme weitgehend vereinfacht werden kann, wenn zusammen mit den Basissystembausteinen schon bewiesene Lemmata und Theoreme vorgehalten werden, die wichtige gezeigte Eigenschaften festhalten. Solche Lemmata und Theoreme vereinfachen die Verifikation neuer Theoreme über zusammengesetzte Systeme, weil sie in Korrektheitsbeweisen verwendet werden können. So wird die Wiederverwendung von Funktionsblöcken auf die Wiederverwendung entsprechender Beweise ausgedehnt.

Die Komposition von Funktionsblöcken wird unter Verwendung des in [8] definierten Netzkompositionsoperators auf die Identifizierung von Stellen der den Funktionsblöcken unterliegenden Netze zurückgeführt. Zur Ergäzung dieser Beweistechnik schlagen wir zur Verifikation der funktionalen Korrektheit der ST-Implementierung (clear-box-Sicht) von Funktionsblöcken den Einsatz der Hoare'schen Beweistechnik vor. Hierbei werden Tripel der Form

$$\{Z_E\}P\{Z_A\}$$

benutzt, um auszusagen, daß nach der Beendigung des Laufs von Programm P die Ausgangszusicherung Z_A gilt, sofern vor der Ausführung von P die Eingangszusicherung Z_E gegolten hat. Die Ausgangszusicherung gibt somit an, was das Programm bewirkt hat, während die Eingangszusicherung mitteilt, was gelten muß damit P korrekt arbeiten kann. Gelingt es nun, jedem Ausgang i eines Funktionsblocks ein Tripel $\{Z_{E_i}\}P_i\{Z_{A_i}\}$ zuzuordnen, wobei P_i das Programmstück bezeichnet, das den Wert an Ausgang i für gegebene Eingangsdaten und Werte lokaler Zustandsvariablen berechnet, und gelingt es gleichfalls, die (partielle) Korrektheit aller P_i's eines Funktionsblocks zu beweisen, so ergibt sich dessen Korrektheit wie folgt:

$$\{Z_{E_1} \wedge \cdots \wedge Z_{E_n}\}P_{j_1}; \ldots; P_{j_n}\{Z_{A_1} \wedge \cdots \wedge Z_{A_n}\}$$

Hierbei repräsentiert $P_{j_1}; \ldots; P_{j_n}$ eine beliebige sequentielle Komposition der die Ausgangswerte berechnenden Programmstücke. Dabei sollte man bestrebt sein, die Eingangszusicherungen so schwach wie nötig und die Ausgangszusicherungen so stark wie möglich zu bestimmen. Diese Technik wurde in einer Fallstudie zur Überprüfung der funktionalen Korrektheit elementarer Funktionsblöcke eingesetzt [12]. Dabei wurden algebraische Spezifikationen zur Formulierung der Ein- und Ausgangszusicherungen sowie Termersetzungsmechanismen für halbautomatische Korrektheitsbeweise eingesetzt.

Um schließlich die Korrektheit eines Funktionsblockdiagramms zu prüfen, genügt es, für jede Verbindung eines Ausgangs A eines Funktionsblocks mit dem Eingang E eines anderen zu zeigen, daß die Ausgangszusicherung Z_A die Konjunktion aller dem Eingang E zugeordneten Zusicherungen logisch impliziert. Die Konjunktion von Eingangszusicherungen wird dadurch notwendig, daß der Wert auf E in die Berechnung verschiedener Ausgangswerte eingeht. Diese Implikationsbeweise können auf der Grundlage von Termersetzungssystemen automatisiert werden. Dieser Ansatz wird derzeit in weiteren Fallstudien unter Zuhilfenahme verschiedener Prototypsysteme wie Graspin und OBJ3 überprüft. Eine von formalisierten Anforderungsdefinitionen ausgehende Konstruktion und Verifikation einzelner Funktionsblöcke mit Hilfe von OBJ3 ist in [13] ausführlich dargestellt.

3.3 Symbolische Ausführungen

Wenn man die Vorzüge formaler Verifikationstechniken diskutiert, ist es wichtig festzustellen, daß man durch Verifikation auch die Korrektheit unzulänglicher Spezifikation nachweisen kann. Dies beruht auf der Tatsache, daß eine Verifikation formal eine mathematische Abstraktion des zu verifizierenden Objektes mit einer Abstraktion der Absicht des Entwerfers ausgedrückt in Form von Theoremen in Beziehung setzt. Daraus folgt, daß Spezifikationen korrekt sein können, obwohl sie nicht die Erwartungen des Entwerfers oder des Benutzers erfüllen.

Deshalb ist schnelles Prototyping auf der Spezifikationsebene eine wertvolle Ergänzung zur formalen Verifikation. Es basiert auf einer symbolischen Auswertung von Funktionsanwendungen und symbolischer Netzanimation. Funktionsauswertung wird durch die Interpretation von Gleichungen als Termersetzungsregeln implementiert, während Netzanimation die Transitionsregel für Netze implementiert. Ein einfaches Beispiel zur Illustration des Mechanismus der Termersetzungsregeln ist die Vereinfachung des Ausdrucks "`p and (q xor r xor q) and p`", die den Ausdruck `r`, die Normalform des Originalausdrucks, ergibt. Diese Vereinfachung wird durch eine Schnittstellenfunktion von Graspin erreicht, die die Gleichungen des ADT `bool` solange rekursiv als Links-nach-Rechts-Termersetzungsregeln anwendet, bis keine weitere Regel mehr anwendbar ist. (Unser Beispiel beinhaltet Regeln für assoziative und kommutative Termersetzung, die nicht in der Spezifikation angegeben sind.) Termersetzungstechniken unterstützen Prototyping auf der Spezifikationsebene, was es dem Entwerfer erlaubt, das tatsächliche Verhalten der Systeme zu beobachten und festzustellen, ob sie seinen wirklichen Bedürfnissen entsprechen, und zwar vor ihrer konkreten Implementierung. Diese Technik wurde in [14] beispielhaft dargestellt.

4 Schlußfolgerungen

Das von uns entwickelte System hat das Ziel, eine Reihe geeigneter Konzepte zur schnellen Konstruktion zuverlässiger Software für in der industriellen Automatisierung verwendete SPSen erfolgreich zu integrieren. Dies beinhaltet

- eine komfortable graphische Schnittstelle für die Komposition von Funktionsblockdiagrammen und die Konstruktion von Ablaufplänen,

- eine Bibliothek wiederverwendbarer Funktionsblöcke mit assoziiertem ausführbarem Code und formalen Schnittstellenspezifikationen mit bewiesenen Eigenschaften,

- symbolische Ausführung von Schnittstellenspezifikationen für das Testen auf Spezifikationsebene und Verifikation durch gleichungsdefinierte Deduktion,

- rechnergestützte Programmverifikation der ST-Implementierung von Funktionsblöcken und

- inkrementelle Werkzeuge zur Prüfung der Korrektheit eines zusammengesetzten Entwurfs basierend auf den Schnittstellenspezifikationen seiner konstituierenden Komponenten.

Bisher haben wir diese Spezifikations- und Validierungstechniken zur Überprüfung der funktionalen und dynamischen Verhaltenskorrektheit von Funktionsblöcken benutzt. Anwendungen zur Behandlungen von Sicherheits- oder Echtzeitanforderungen an Prozeßautomatisierungs-Software stehen jedoch noch aus. Erste Ansätze zur formalen Modellierung von Sicherheitsanforderungen im Flugsicherungsbereich mittels zustandsbasierter Beschreibungstechniken (Statecharts) werden in [15] beschrieben. Dieser Ansatz kann auf der Grundlage der Netzsemantik von Funktionsblöcken direkt auf den Anwendungsfall Prozeßautomatisierung übertragen werden.

Literatur

[1] Peter Wratil. *Speicherprogrammierbare Steuerungen in der Automatisierungstechnik*. Elektronik. Vogel Buchverlag Würzburg, 1989.

[2] DIN 19239. *Steuerungstechnik: Speicherprogrammierbare Steuerungen*. DIN, Mai 1983.

[3] H.-J. Bullinger, J. Warschat, and K. Hengel. Benutzerfreundliche programmierung und inbetriebnahme von speicherprogrammierbaren steuerungen. *atp-Softwarepraxis*, 34(6,7):332–336 bzw. 402–409, 1992.

[4] Technical Committee 65: Industrial Process Measurement International Electrotechnical Commission and Working Group 6: Discontinuous Process Control Control, Subcommittee 65A: System Considerations. Standards for programmable controllers, working draft. Technical report, December 1988.

[5] Wolfgang Reisig. *Petri Nets*, volume 4 of *EATCS Monographs on Theoretical Computer Science*. Springer, Berlin, Heidelberg, New York, 1985.

[6] Zentral-Stelle für Sicherheit in der Informationstechnik, editor. *Kriterien für die Bewertung der Sicherheit von Systemen der Informationstechnik*. Bundesanzeiger, Köln, 1989.

[7] Roland C. Backhouse. *Program Construction and Verifikation*. International Series in Computer Science. Prentice-Hall, 1986.

[8] Bernd Krämer. *Concepts, Syntax and Semantics of SEGRAS - A Specification Language for Distributed Systems*. Oldenbourg Verlag, München, Wien, 1989.

[9] Wolfgang Halang and Bernd Krämer. Achieving high integrity of process control software by graphical design and formal verification. *Software Engineering Journal*, 7(1):53–64, January 1992.

[10] Bernd Krämer and Heinz-Wilhelm Schmidt. Architecture and functionality of a specification environment for distributed systems. In G. Knafl, editor, *Procs. compsac90*, pages 617–622. Computer Society Press, 1990.

[11] Joseph A. Goguen. OBJ as a theorem prover with applications to hardware verification. Technical Report SRI-CSL-88-4R2, SRI International, August 1988.

[12] Bernd Krämer and Wolfgang Halang. Computer aided specification and verification of process control software. In *Proceedings Safecomp '92*, 1992.

[13] W. Halang, S.-K. Jung, B. Krämer, and J. Scheepstra. *An Architecture Enabling the safety Licensing of Real Time Software Formulated in a High Level Graphical Language*. to appear 1993.

[14] Bernd Krämer. Prototyping and formal analysis of concurrent and distributed systems. In *Proceedings of the Sixth International Workshop on Software Specification and Design*, pages 60–66, Como, Italy, October 1991. Computer Society Press.

[15] N.G. Leveson, M. Heimdahl, H. Hildreth, J. Reese, and R. Ortega. Experiences using statecharts for a requirements specification. In *Proc. Sixth International Workshop on Software Specification and Design*, pages 31–41. IEEE Computer Society Press, 1991.

VSE *Verification Support Environment*

Ein Werkzeug zur Entwicklung vertrauenswürdiger und zuverlässiger
Systeme in Anlehnung an gültige Sicherheitskriterien

M. Ullmann, H. Hauff, D. Loevenich; Bundesamt für Sicherheit in der Informationstechnik, 5300 Bonn

P. Kejwal; R. Förster, Dornier GmbH, 7990 Friedrichshafen

P. Baur, P. Göhner, GPP mbH, 8024 Oberhaching

R. Drexler, W. Reif, W. Stephan, A. Wolpers, Universität Karlsruhe, 7500 Karlsruhe

J. Cleve, D. Hutter, C. Sengler; Universität Saarbrücken, 6600 Saarbrücken

E. Canver; Universität Ulm, 7900 Ulm

Abstrakt: Um das Vertrauen in die Korrektheit eines *IT-Systems* (Informationstechnisches System) zu beurteilen, werden in einschlägigen Sicherheitskriterien [IT-SK, ITSEC] Qualitätsanforderungen u.a. an den Entwicklungsprozeß der Sicherheitsfunktionalität von IT-Systemen gestellt. Für die hohen Qualitätssstufen [IT-SK]/Evaluationsstufen [ITSEC] wird insbesondere der Einsatz formaler Methoden zur Entwicklung der sicherheitsrelevanten Systemkomponenten vorgeschrieben.

In diesem Beitrag wird das Entwicklungswerkzeug *Verification Support Environment* und seine Methodik zur Entwicklung vertrauenswürdiger Software-Systeme vorgestellt. Dieses Werkzeug ist konzeptionell an den Anforderungen der höheren Qualitätsstufen/Evaluationsstufen einschlägiger Sicherheitskriterienwerke ausgerichtet.

Das Neue und Außergewöhnliche an diesem Werkzeug gegenüber klassischen CASE-Werkzeugen ist die Möglichkeit, über formale Spezifikations- und Verifikationsmethodiken, die Korrektheit ganzer Software-Systeme oder Teilen davon formal nachzuweisen.

1. Motivation zur Entwicklung eines formalen Spezifikations- und Verifikationswerkzeuges

In den Kriterienwerken [IT-SK, ITSEC] wird der Begriff Verläßlichkeit direkt nicht verwendet, sondern er ist im verwendeten Sicherheitsbegriff direkt mit eingeschlossen. Unter Sicherheit wird die Einhaltung der Grundanforderungen:

- *Vertraulichkeit* (kein unbefugter Informationsgewinn im IT-System)

- *Integrität* (keine unbefugte Modifikation von Informationen im IT-System)

- *Verfügbarkeit*

verstanden.

Verfügbarkeit (Aufrechterhaltung der Funktionalität) wird dabei als Synonym für die Zuverlässigkeit, bzw. technische Verläßlichkeit eines IT-Systems benutzt. D.h. Anforderungen an die Zuverlässigkeit (technische Verläßlichkeit) sind implizit im Sicherheitsbegriff der Kriterienwerke [ITSEC, IT-SK] enthalten.

Unter der Zuverlässigkeit eines IT-Systems wird sowohl die Eigenschaft verstanden, daß das IT-System keine kritischen Zustände annehmen kann und seiner Aufgabe entsprechend korrekt arbeitet. Darüberhinaus wird verlangt, daß das IT-System beim Auftreten externer Fehlerfälle in einen definierten Zustand übergeht und weder Dateninkonsistenzen hervorruft noch undefinierte Operationen ausführt.

Einbeziehung von Sicherheitsüberlegungen in die Systementwicklung bedeutet nach den ITSEC, neben funktionalen Anforderungen auch Sicherheitsanforderungen zu formulieren, die realen existierenden Bedrohungen widerstehen sowie den Nachweis zu erbringen, daß diese Sicherheitseigenschaften durch die Implementierung garantiert werden.

Die ITSEC definieren hierfür eine Reihe von *generischen Oberbegriffen* (Sicherheitsgrundfunktionen in den IT-SK), geben Hilfestellung zur Beurteilung der Wirksamkeit von Sicherheitsfunktionen und definieren einen Maßstab für die *Vertrauenswürdigkeit-Korrektheit* mit der Bewertung einer Reihe von Einzelaspekten, wie:

- Entwicklungsprozeß,

- Entwicklungsumgebung,

- Betriebsdokumentation und

- Betriebsumgebung.

Dieser Maßstab ist in 7 Stufen (*Evaluationsstufen* E0 - E6) unterteilt, wobei die gestellten Anforderungen mit wachsender Evaluationsstufe ansteigen.

Die Anforderungen an den Entwicklungsprozeß schlüsseln sich weiter auf in Forderungen an:

- die Sicherheitsanforderungen,

- den Architekturentwurf,

- den Feinentwurf und

- die Implementierung.

Für die Einstufung eines IT-Systems in die Korrektheitsstufen E1 - E3 sind nur informelle oder *semiformale Entwicklungs-Methoden/*-Beschreibungen bzw. Analysen vorgesehen.

Für die Einordnung eines IT-Systems in die Korrektheitsstufe E4 bedarf es der Angabe eines *formalen Sicherheitsmodells* für die implementierte Sicherheitsfunktionalität. Unter einem formalen Sicherheitsmodell ist die Beschreibung der Sicherheitsheitsanforderungen eines IT-Systems in einer mathematischen Notation zu verstehen.

Eine Bewertung nach E6 verlangt neben formalem Sicherheitsmodell und formalem Architekturentwurf (formale Spezifikation der Sicherheitsfunktionalität) den Nachweis der Konsistenz zwischen dem Sicherheitsmodell und dem Architekturentwurf.

In den IT-SK sind sogar 8 *Qualitätsstufen* (Q0 - Q7) definiert. Im Gegensatz zu den Evaluationsstufen der ITSEC werden in den Qualitätsstufen der IT-SK auch Anforderungen an die Wirksamkeit/Stärke von Sicherheitsmechanismen gestellt.

Die Anforderungen der IT-SK an den Entwicklungsprozeß für die Qualitätsstufe Q7 gehen über die bisher genannten Anforderungen der ITSEC noch hinaus. Gegenüber den Anforderungen der Korrektheitsstufe E6 ist für die Bewertung eines IT-Systems nach Q7 zusätzlich notwendig, daß die Implementierung der sicherheitsrelevanten Komponenten gegenüber ihrer Spezifikation verifiziert, d.h im mathematischen Sinn *korrekt* ist.

D.h. von zentraler Bedeutung bei der Entwicklung von Software-Systemen nach den Anforderungen der hohen Korrektheits-/Qualitätsstufen ist die Verwendung formaler Methoden bei der Spezifikation, dem Entwurf und bei der Verifikation. Entscheidend für den praktischen Einsatz ist die Unterstützung dieser Methodiken durch geeignete Werkzeuge. Um bis 1994 ein Softwarewerkzeug in Deutschland verfügbar zu machen, welches insbesondere formale Methoden zur Spezifikation und Verifikation und damit zur Entwicklung korrekter Software-Systemen nach dem heutigen Stand der Forschung unterstützt, wird im Auftrag des Bundesamt für Sicherheit in der Informationstechnik (BSI) von einem Industrie-/Universitätskonsortium das Werkzeug *Verification Support Environment* (VSE) entwickelt [Baur et al 92].

Im Gegensatz zu vielen ingenieurwissenschaftlichen Disziplinen (Bautechnik, Maschinenbau) gewinnen Korrektheitsfragen in der Informationstechnik erst gegenwärtig zunehmend an Bedeutung. Dies allerdings nicht nur im Umfeld der IT-Sicherheit im dargelegten Sinne sondern insbesondere auch in vielen technischen Anwendungsbereichen (Leittechnik, Luft- & Raumfahrttechnik, Medizintechnik, etc.), wo durch die korrekte Funktionsweise von IT-Systemen, die Unversehrheit menschlichen Lebens zu garantieren ist. Das BSI - zur Förderung der IT-Sicherheit in der Bundesrepublik Deutschland - am 1. Januar 1991 auf gesetzlicher Basis eingerichtet, hat die Notwendigkeit korrekter sicherheitsrelevanter IT-Systeme und Komponenten einerseits und das Fehlen dafür erforderlicher Entwicklungs- und Evaluationswerkzeuge andererseits frühzeitig erkannt. Mit der Entwicklung und Bereitstellung des Werkzeugs VSE leistet das BSI seinen Beitrag, um in naher Zukunft die Entwicklung/Evaluierung korrekter softwaretechnischer IT-Systeme zu ermöglichen.

2. VSE-Konzeption

2.1. Einführung

Aufgabe des VSE-Systems ist die Unterstützung des gesamten Software-Entwicklungsprozesses, ausgehend von der Anforderungsanalyse (Lastenheft) über die formale Spezifikation und Verifikation bis hin zur automatischen Generierung des Software-Systems in der vorgegebenen Zielsprache incl. Unterstützung der Entwicklungsdokumentation.

Das kommerziell verfügbare CASE-Werkzeug *EPOS-2000* und an Universitäten entstandene Werkzeuge, der *Karlsruhe Interactive Verifier* (KIV) [HRS 89] und ein auf dem INKA-System aufbauender *Induktionsbeweiser für Prädikatenlogik 1. Stufe* mit Gleichheit (TP) [Biundo et al] werden weiterentwickelt und zum System *Verification Support Environment* integriert.

Für die Spezifikation von Software-Systemen stellt VSE die neuentwickelte *Spezifikationssprache VSE-SL* bereit. VSE-SL ist eine streng getypte Sprache, die auf der Prädikatenlogik erster Stufe mit Gleichheit aufbaut. Zur Implementierung von Software-Systemen stellt VSE die *abstrakte Programmiersprache VSE-AP* zur Verfügung. Hierbei handelt es sich um eine Teilmenge von Ada, die z.B. die Ada-Konzepte der Nebenläufigkeit nicht enthält.

Für die formale Systementwicklung mit VSE wird ein spezielles VSE-Vorgehensmodell intendiert. Dies sieht einerseits die Entwicklung in Anlehnung an einen Top-down-Entwurf und andererseits eine Aufspaltung der Spezifikation in die Leistungsspezifikation (SPEC) und die Sicherheitseigenschaften (REQ) vor.

Im Rahmen der Systementwicklung nach dem intendierten VSE-Vorgehensmodell fallen eine Reihe von Deduktionsproblemen an, die vom VSE-System zu behandeln sind, um die Korrektheit eines entwickelten Software-Systems zu garantieren. Hierzu zählen sowohl der Nachweis, daß die Leistungsspezifikation die Sicherheitseigenschaften erfüllt, als auch der Nachweis der Korrektheit der VSE-AP-Implementierung gegenüber ihrer Leistungsspezifikation.

Die Deduktionsaufgaben werden von VSE eigenständig erkannt und formuliert. Beim Beweis der anfallenden Deduktionsaufgaben wird ein hoher Automatisierungsgrad und eine weitestgehende Benutzerunterstützung angestrebt.

2.2. VSE-Vorgehensmodell für die formale Systementwicklung

Nach der Erstellung des Lastenheftes, der Anforderungsanalyse, des Sicherheitsmodells und der Festschreibung der Teile der Entwicklung, die formal zu behandeln sind, folgt die eigentliche Phase der formalen Programmentwicklung. Diese beginnt mit einer abstrakten VSE-SL-Leistungsspezifikation des zu entwickelnden Programm-Systems. Im weiteren Verlauf der Entwicklung wird diese abstrakte VSE-SL-Leistungsspezifikation schrittweise bis hin zu einer vollständigen VSE-AP-Implementierung verfeinert.

Neben dem Nachweis der Korrektheit einer VSE-AP-Implementierung gegenüber ihrer VSE-SL-Leistungsspezifikation, ist man in vielen Fällen an zusätzlichen Eigenschaften des zu entwickelnden Systems interessiert. Diese Eigenschaften können z.B. Sicherheitseigenschaften sein, die das Sicherheitsmodell an das zu entwickelnde Software-System stellt. Diese Sicherheitseigenschaften (REQ) sind als eigenständige abstrakte Spezifikation zu verstehen.

In der Regel ergibt sich die Problematik, daß die formale Beschreibung (Leistungsspezifikation) eines großen Software-Systems selbst sehr groß und unübersichtlich ist. Es ist unrealistisch, eine derartige Leistungsspezifikation als monolithischen Block zu erstellen. Stattdessen werden Strukturierungsmittel benötigt, die es erlauben, das Gesamtsystem schrittweise von der Grobstruktur hin zu den Details zu spezifizieren und die Gesamtspezifikation in handhabbare Teile aufzubrechen. Diese Art der Unterteilung von Spezifikationen wird *horizontale Strukturierung* genannt. Die formalen Konzepte zur horizontalen Strukturierung sind u.a. die *Vereinigung*, die *Anreicherung* und die *Aktualisierung* von Spezifikationen [EM 85].

Das Ziel der Programmentwicklungsphase ist es, die in der Spezifikation (Leistungsbeschreibung) beschriebenen Operationen und funktionalen Zusammenhänge mit den Ausdrucksmitteln einer konventionellen imperativen Programmiersprache zu implementieren. Im allgemeinen wird die formale Leistungsbeschreibung eines Software-Systems zu abstrakt sein, als daß eine direkte Umsetzung in eine imperative Programmiersprache möglich ist. Daher ist es notwendig, formale vertikale Zwischenebenen zu spezifizieren, die die Distanz zwischen der abstrakten Leistungsbeschreibung einerseits und den Ausdruckmitteln einer imperativen Programmiersprache andererseits überbrücken. Das Bindeglied zwischen jeweils zwei Spezifikationsebenen (der abstrakteren und der implementationsnäheren) stellt ein *abstraktes Programm* (ausgedrückt in VSE-AP) dar, das die abstrakte höhere Spezifikation in terminis der implementationsnäheren, niedrigeren formalen Spezifikationsebene ausdrückt [Re 92b]. Dieser Vorgang der schrittweisen Implementierung von Spezifikationen durch konkretere Spezifikationen wird als *vertikale Verfeinerung* bezeichnet. Die aufgezeigte Strukturierungs- und Verfeinerungsproblematik beim Einsatz formaler Spezifikationssprachen zur Systementwicklung ist genereller Natur und keine spezielle Eigenart der im VSE-System verwendeten formalen Spezifikationssprache VSE-SL.

Die im VSE-System bereitgestellte formale Spezifikationssprache VSE-SL stellt neben dem Konzept der *abstrakten Datentypen* [Wi 90] das Konzept *abstrakter Maschinen* [Ru 91] zur Verfügung.

Grundidee bei der Modellierung eines IT-Systems mit Hilfe Abstrakter Datentypen ist, daß man das IT-System als ein Ensemble von typisierten Datenmengen und Operationen zu deren Manipulation auffassen kann. Durch dieses Konzept ist eine große Klasse von Systemen (z.B. Datenbanken) beschreibbar. Daneben existieren aber Systeme, die sich in natürlicher Weise durch abstrakte Maschinen modellieren lassen.

Formal gesehen besteht die Abstraktion von konkreten Repräsentationen darin, daß zu einer Spezifikation (eines abstrakten Datentyps) eine *Klasse* von Algebren als Semantik betrachtet wird. Eine Algebra ist dabei gegeben durch eine Kollektion von Grundmengen (zu den einzelnen Sortensymbolen) und einer Zuordnung von Operationen zu den verwendeten (Operations) Symbolen. Verschiedene Semantiken unterscheiden sich in der Wahl der jeweils betrachteten Klasse (von Algebren).

Abstrakte Maschinen werden durch Zustandsobjekte und Operationen, die die Zustandsübergänge definieren und die Spezifikation eines definierten Anfangszustandes beschrieben. Das Verhalten einer abstrakten Maschine wird durch Zustandsübergänge in Form von Vor- und Nachbedingungen der Operationen charakterisiert.

Anhand ausgewählter Teile der Spezifikation eines kleinen anschaulichen Systems (Leafcount), das natürliche Zahlen, Binärbäume und die zugehörigen Grundoperationen kennt, werden einige Spezifikationskonzepte für abstrakte Datentypen illustriert.

Die zu entwerfende Leistungsspezifikation Leafcount wird horizontal in drei Teile aufgeteilt: Eine Teilspezifikation für die natürlichen Zahlen mit den zugehörigen Grundoperationen, eine Teilspezifikation für Bäume und eine Teilspezifikation für die Funktion lfc, die die Anzahl der Blätter berechnet.

```
THEORY            Leafcount
   USING:         Nat, Tree.
   FUNCTIONS:         lfc: tree -> nat.
   VARS:          t1, t2: tree.
   AXIOMS:        lfc(nil) = succ(0);
                  lfc(cons(t1,t2)) = lfc(t1) + lfc (t2).
THEORYEND
```

Die Spezifikation Leafcount ist eine Anreicherung der disjunkten Vereinigung der Spezifikationen Nat und Tree (USING-Konstrukt) um die Funktion lfc, deren Definition durch AXIOMS gegeben ist. Bei VARS handelt es sich um die in den AXIOMS verwendeten Variablen.

```
THEORY                Tree
   TYPES:             tree
   CONSTRUCTORS:      nil: tree;
                      cons: tree, tree -> tree.
   VARS:              x, y, u, v: tree.
   AXIOMS:            nil /= cons(x, y);
                      cons(x,y) = cons(u,v) IMPL x = u AND y = v.
THEORYEND
```

Die Semantik einer solchen nicht-parametrisierten Spezifikation ist die Klasse aller durch die Konstruktoren (CONSTRUCTORS) erzeugten (also termerzeugten) Algebren, die die Axiome (AXIOMS) erfüllen. Durch die Termerzeugtheit wird automatisch für den Beweiser ein Induktionsaxiom generiert.

In diesem Beispiel wird durch Tree ein *freier* Datentyp beschrieben, wo jedes Objekt exakt eine syntaktische Repräsentation besitzt. Im allgemeinen (*nicht-freier* Datentype) muß diese eindeutige syntaktische Repräsentation eines Objektes nicht der Fall sein.

VSE-SL bietet die Möglichkeit, den wichtigen Spezialfall freier Datentypen syntaktisch besonders hervorzuheben. Dabei kann auf die Angabe obiger AXIOMS verzichtet werden.

Die Objekte eines nicht-freien Datentyps haben im allgemeinen keine eindeutige Konstruktortermdarstellung, im Gegensatz zu den *freien* Datentypen, wo jedes Objekt exakt eine syntaktische Repräsentation besitzt. Der Datentyp tree kann auch als freier Datentyp definiert werden, wobei dann auf die Angabe obiger AXIOMS verzichtet werden kann.

```
THEORY                Nat
   TYPES:             nat = 0|succ(pred: nat).
   FUNCTIONS:         _ + _, _ * _: nat, nat -> nat.
   PREDICATES:        _ < _, _ | _: nat, nat.
   VARS:              x, y, z: nat.
   AXIOMS:            x + y =
                          CASE x = 0: y,
                          OHERWISE succ(pred(x) + y);
                      x * y =
                          CASE x = 0: 0
                          OTHERWISE (y + (pred(x) * y));
                      x | y EQUIV EX z: x * z = y;
                      x < y EQUIV EX z: (z /= 0 AND (x + z) = y).
THEORYEND
```

Unter TYPES wird der freie Datentyp nat durch Angabe der Konstruktoren 0 und succ und durch Angabe des Selektors pred definiert. Neben dem strukturellen Induktionsaxiom werden noch zusätzliche Axiome generiert, für die Eindeutigkeit der syntaktischen Repräsentation

```
0 /= succ(x)
succ(x) = succ(y) -> x = y
```

und für die Definition des Selektors pred

```
pred(0) = 0
pred(succ(x)) = x
```

Unter FUNCTIONS und PREDICATES werden Funktions- und Prädikatensymbole mit ihrer Typisierung spezifiziert, deren Beschreibung unter AXIOMS angegeben werden. Bei Funktionen und Prädikaten über freien Datentypen können diese Definitionen auch algorithmisch spezifiziert werden, wie für + und * in der Spezifikation des Datentyps nat demonstriert. Demnach gilt im Fall x = 0, daß x + y = y und für x = succ(pred(x)) ist x + y = succ (pred(x) + y). Durch algorithmische Spezifikation kann der Beweiser neben den Repräsentationsaxiomen

```
x = 0 -> x + y = y
x = succ(pred(x)) -> x + y = succ(pred(x) + y)

x = 0 -> x * y = 0
x = succ(pred(x)) -> x * y = (y + (pred(x) * y))
```

weitere Informationen für die Induktion generieren [Wa 91].

Die Strukturierung von Leafcount läßt sich nun folgendermaßen grafisch darstellen:

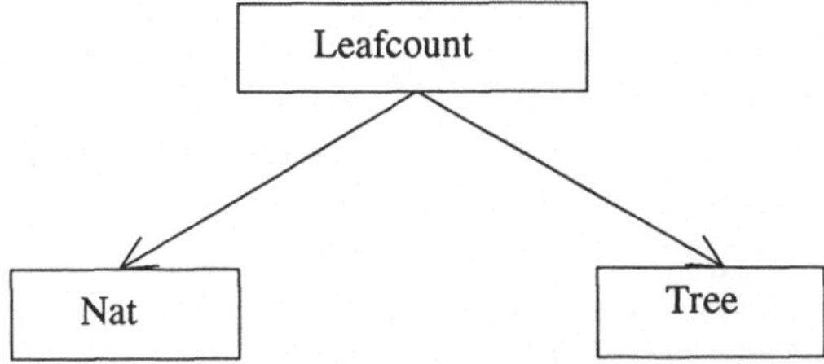

Die in der horizontal strukturierten Spezifikation von Leafcount beschriebenen Operationen und funktionalen Zusammenhänge sind zu abstrakt, um sie direkt mit den Ausdrucksmitteln der imperativen Programmiersprache VSE-SL zu implementieren. Daher muß die bisherige Spezifikation von Leafcount in mehreren Schritten vertikal verfeinert werden. Formal wird ein einzelner, vertikaler Verfeinerungsschritt durch eine Abbildung, im weiteren Verlauf *Mapping* genannt, beschrieben. Diese Abbildung benennt eine *Exportspezifikation*, die verfeinert werden soll, eine Implementierung sowie eine Korrespondenz zwischen den Typen und Operationen der Exportspezifikation und den Typen und Prozeduren der abstrakten Implementierung. Die Implementierung selbst besteht aus einer Sammlung von abstrakten Prozeduren und importiert Spezifikationen der Daten, auf denen diese Prozeduren rechnen.

Im folgenden wird illustriert, wie der Datentyp nat und die darauf definierten Funktionen und Prädikate durch Binärwörter implementiert werden können.

Spezifikation des Datentyps bin in der nächst tieferen Spezifikationsebene:

```
THEORY BinWord
   TYPES: bin.
   CONSTRUCTORS:    nul, one: bin -> bin;
                    s0, s1,: bin -> bin.
   FUNCTIONS:       pop, top: bin -> bin.
        .
        .
        .

   THEORYEND
```

In BinWord sind nul und one die elementaren Binärwörter. s0 und s1 sind die Konstruktoren, die eine nul bzw. eine one an das Ende eines Binärwortes anfügen. Die Funktionen pop und top schneiden bzw. selektieren das least significant bit eines Binärwortes aus.

Exemplarisch wird eine Prozedur in VSE-AP vorgestellt.

```
PROCEDURE SUCC
   PARAMS:    x IN : bin;
              y OUT: bin.
   BODY:
         IF x = nul
             THEN y := one
         ELSE IF x = one
             THEN y := s0(one)
         ELSE IF top(x) = nul
             THEN y := s1(pop(x))
         ELSE SUCC(pop(x), y);
             y:= s0(y)
         FI
         FI
         FI
PROCEDUREEND
```

Die Prozedur SUCC benötigt als Import die Spezifikation von BinWord.

Alle Prozeduren dieses Verfeinerungsschrittes sind in dem Implementierungsmodul NatBinImp zusammengefaßt.

```
MODULE NatBinImp
   IMPORT:         BinWord.
   ELEMENTS: ZERO, SUCC, PRED, ADD, TIMES, DIVISOR, LESS,
   DIV, MOD, BITADD.
MODULEEND
```

D.h. ein MODULE der abstrakten Programmiersprache VSE-AP hat im wesentlichen eine strukturbildene Funktion. Es zählt die abstrakten Prozeduren/Funktionen (ELEMENTS-Konstrukt) auf, die zur Implementierung einer formalen Spezifikation notwendig sind. Deren eigentliche Deklaration erfolgt außerhalb des Moduls im Rahmen eigener Objekte (siehe PROCEDURE SUCC).

Die globale Beschreibung des vertikalen Verfeinerungsschrittes der Spezifikation des Datentyps nat erfolgt letztlich durch das Mapping NatBinArith.

```
MAPPING NatBinArith
    EXPORTSPEC:      Nat
    IMPLEMENTATION:        NatBinImp

    MAPS:
        bin         IMPLEMENTS      nat
        ZERO              IMPLEMENTS        0
        SUCC        IMPLEMENTS      succ
        PRED        IMPLEMENTS      pred
        ADD         IMPLEMENTS      +
        TIMES             IMPLEMENTS        *
        DIVISOR     IMPLEMENTS      |
        LESS        IMPLEMENTS      <
MAPPINGEND
```

Damit hat der Entwicklungsgraph von Leafcount folgendes Aussehen:

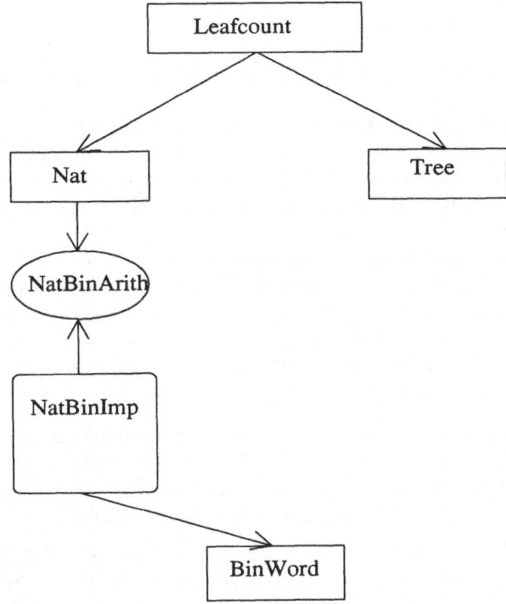

Nähere Details zur korrekten Verfeinerung abstrakter Datentypen u.a. aufgezeigt am Beispiel Leafcount, sind [Re 92b] zu entnehmen.

Das Resultat einer Softwareentwicklung nach diesem VSE-Vorgehensmodell ist eine Spezifikation, bestehend aus einer Reihe von vertikalen Verfeinerungsschritten (oder Moduln), deren abstrakte Programme zusammen die Implementation der Original-Spezifikation (Leistungs-spezifikation) darstellen.

Aus den abstrakten, verifizierten VSE-AP-Programmen der Implementierung einer Original-Spezifikation wird lauffähiger Ada-Code über einen im VSE-System integrierten Ada-Composer erzeugt.

Zusammenfassend ist der Programmentwicklungsstil charakterisierbar als Top-Down-Entwurf formaler strukturierter Spezifikationen und schrittweise Implementierung der Teile unter Verwendung von Zwischenspezifikationen, wobei im Laufe des formalen Entwicklungsprozesses alle für die Lösung relevanten Abstraktionsebenen explizit angegeben werden müsen. Das Ergebnis sind stark strukturierte Spezifikationen und dementsprechend modulare Software-Systeme.

2.3   Deduktionsprobleme

Bei einer Systementwicklung nach dem VSE-Vorgehensmodell treten unabhängig von der Spezifikationsart (abstrakter Datentyp, abstrakte Maschine) zwei Klassen von Deduktions-problemen auf:

1. Nachweis der Sicherheitseigenschaften (REQ) bezüglich der Leistungs-spezifikation (SPEC),

2. Nachweis der Korrektheit der vertikalen Verfeinerungsschritte.

Wird als Ausgangspunkt der Entwicklung eines sicherheitsrelevanten Teils eines IT-Systems ein formales Sicherheitsmodell entworfen, so ist als erstes zu zeigen, daß die Original-Spezifikation (Leistungsspezifikation SPEC) die im Sicherheitsmodell geforderten Eigenschaften (Sicherheitseigenschaften REQ) aufweist. Im einfachsten Fall kann eine Sicherheitsanforderung REQ aus SPEC mit Hilfe von Induktion prädikatenlogisch bewiesen werden: SPEC $\cup$ IND $\vdash$ REQ (IND steht für das Induktionsprinzip). Das neben den in SPEC formulierten Eigenschaften auch Induktion zum Nachweis von REQ verwendet werden darf, liegt daran, daß man sich bei der Semantik einer Spezifikation auf die Klasse der *termerzeugten Modelle* beschränkt hat. In solchen Modellen ist die verwendete Form der Induktion stets ein korrektes Beweisprinzip [Re 92a]. Gelingt der Nachweis, so gelten die Sicherheitseigenschaften REQ für jede korrekte Implementierung der Leistungsspezifikation.

In vielen Fällen lassen sich die Sicherheitseigenschaften aber nicht direkt aus der abstrakten Leistungsspezifikation ableiten. In diesen Fällen müssen die zu beweisenden Aussagen auf die nächste vertikale Verfeinerungsstufe vererbt werden. Anschließend wird versucht, das Theorem bezüglich der verfeinerten Spezifikation zu beweisen.

Für die Verfeinerung abstrakter Datentypen gilt, daß der Korrektheitsbegriff unter gewissen Voraussetzungen *kompositional* [Re 92b] ist, d.h. mit den Strukturierungsmitteln der horizontalen Strukturierung der Spezifikation kompatibel ist. Somit kann die Korrektheit des Gesamtsystems zurückgeführt werden auf die Korrektheit der einzelnen Verfeinerungsschritte. Dadurch ist die Verifikation modularer Systeme ebenfalls modular. Die Kompositionalitäts ist somit der zentrale Schlüssel zur Beherrschung der Verifikation.

Grob gesprochen ist eine Verfeinerung dann korrekt, wenn die Prozeduren dieses Verfeinerungsschrittes terminieren und die spezifizierten Eigenschaften der Exportspezifikation aufweisen.

Um die Korrektheit eines vertikalen Verfeinerungsschrittes eines abstrakten Datentyps letztlich zu zeigen, muß in einem ersten Schritt die Menge derjenigen Importdaten beschrieben werden, die als Repräsentationen der Exportdaten auftreten können. Diese Menge wird mittels einer Restriktionsformel R, einer Formel in der *Dynamischen Logik*, beschrieben. Anschließend müssen folgende Eigenschaften über die Verfeinerung bewiesen werden:

- **Nachweis der Terminierung**

  Die Funktionssymbole der Exportschnittstelle werden als totale Funktionen interpretiert. Die abstrakten Programme, die diese Funktionen implementieren können aber durchaus divergieren. D.h. es muß nachgewiesen werden, daß die abstrakten Programme des Verfeinerungsschrittes für alle Inputs, für die die Restriktionsformel zutrifft, terminieren.

- **Nachweis von Kongruenzeigenschaften**

  Falls die Gleichheit der Exportschnittstelle durch ein Programm implementiert wird muß gezeigt werden, daß dieses Programm auf dem durch die Restriktion beschriebenen Teil der jeweiligen Importdaten terminiert und eine *Kongruenz* liefert.

- **Erhaltung der Eigenschaften der Exportspezifikation**

  Die abstrakten Programme der Verfeinerung müssen das in den Axiomen der Exportspezifikation geforderte Verhalten aufweisen. Dafür werden die Exportaxiome in entsprechende Beweisverpflichtungen übersetzt.

- **Nachweis der Erzeugbarkeit**

  Hierbei wird gezeugt, daß sich alle Importdaten, für die die Restriktionsformel zutrifft, mit den angegebenen Konstruktoren auch erzeugen lassen.

Die Einzelheiten der verwendeten Theorie der Modulkorrektheit sind in [Re 92a] beschrieben.

Beim Korrektheitsnachweis der Implementierung einer abstrakten Maschine treten anders geartete Beweisproblem auf, um die Korrektheit eines vertikalen Verfeinerungsschrittes zu zeigen. Näheres siehe [Ru 91].

Alle diese Korrektheitsbedingungen können in der *Dynamischen Logik* (DL) [Ha 84] ausgedrückt werden. Die Dynamische Logik ist eine *Programmlogik*, die Konzepte von *Modal-Logiken* benutzt, um das "zeitliche Verhalten" imperativer Programme zu beschreiben. DL erweitert die Prädikatenlogik um Formeln der Bauart: $[\alpha]\varphi$, wobei α ein imperatives Programm und φ eine beliebige DL-Formel darstellt. Diese Formel ist zu lesen: Falls das Programm α terminiert, dann gilt anschließend φ.

Die verbreitete *Hoare Logik* kann als Teilsprache der Dynamischen Logik aufgefaßt werden, wobei partielle Korrektheitsaussagen - ausgedrückt in einer Formel der Hoare Logik: $\Psi\{\alpha\}\Omega$ (Ψ und Ω sind jetzt Formeln der Prädikatenlogik 1. Stufe) - in DL als Implikation: $\Psi\rightarrow\{\alpha\}\Omega$ dargestellt werden. Darüberhinaus können in DL aber weitere Eigenschaften ausgedrückt werden, so z.B. auch die Terminierung von Programmen: $<\alpha>\varphi$. Formeln dieser Bauart bedeuten: α terminiert und nach Ausführung von α gilt φ. Durch die Axiomatisierung der dynamischen Logik mit einem *finitären Kalkül* (siehe KIV) ist es dann möglich, Beweise von Aussagen über das Verhalten von Programmen maschinenunterstützt durchzuführen.

3.   VSE-Systemkonzept

3.1.   Systemarchitektur

Das VSE-System besteht aus den drei aufeinander abgestimmten Komponenten EPOS2000 und den *Deduktionssystemen* KIV und TP, die mit einer gemeinsamen Bedienoberfläche ausgestattet sind.

Aus Benutzersicht verwaltet das VSE-System eine zentrale Datenbasis. In dieser sind alle für die Abwicklung eines Entwicklungsvorhabens relevanten Daten (Requirements, Leistungsspezifikation, Sicherheitseigenschaften, abstrakte Programme, etc.) gespeichert.

Für die globale Unterstützung der Entwicklungs- und Beweistätigkeiten ist im VSE-System ein spezielles *Verifikationsmanagement* integriert. Dieses koordiniert, kontrolliert, protokolliert und visualisiert die Entwicklungs- und Verifikationstätigkeiten an den *formalen Entwicklungsobjekten* und den daraus gebildeten *Deduktionseinheiten*.

Unter dem Begriff Entwicklungsobjekte sind die einzelnen Spezifikationen (THEORY, OBJECT) und die zugehörigen MAPPINGs und MODULEs der Verfeinerung eine Systementwicklung zu verstehen. Durch bestimmte Gruppen von formalen Entwicklungsobjekten sind direkt Beweisprobleme gegeben, die im Verlauf einer Systementwicklung mit VSE behandelt werden müssen. Diese Gruppen werden Deduktionseinheiten genannt.

Das Verifikationsmanagement generiert und verwaltet spezielle Zusatzinformationen über die formalen Entwicklungsobjekte und Deduktionseinheiten. Hierzu zählen der Verifikationsstatus, die Kritikalität, der Beweiszustand und die Historie.

Von besonderer Bedeutung für die formale Entwicklung ist die Kritikalität. Alle formalen Objekte, die an einer oder an mehreren Deduktionseinheiten beteiligt sind (z.B. die Importspezifikation(en) eines Refinements), sind *kritisch* in dem Sinn, daß durch ihre Manipulation bereits erfolgreich durchgeführte Beweise ungültig werden können. Die Manipulation kritischer Entwicklungsobjekte wird über das Verifikationsmanagement durch Zugriffssperren verhindert bzw. durch Warnungen an den Benutzer möglichst vermieden.

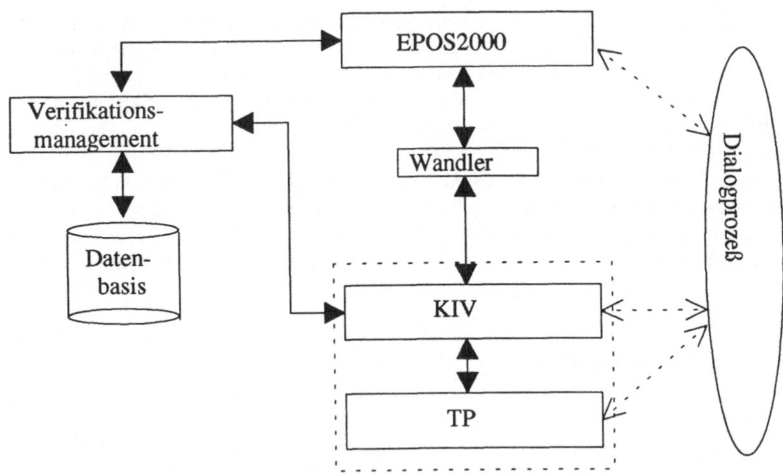

3.2. Funktionalität der Einzelkomponenten

3.2.1. EPOS-2000

EPOS-2000 ist ein CASE-Werkzeug zur Unterstützung sowohl der Entwicklungstätigkeiten ausgehend vom Requirement-Engineering über die Software-Spezifikation bis hin zur Implementierung als auch der Projektmanagement-Tätigkeiten im VSE-System.

Im Rahmen der VSE-Entwicklung wird es um die Bereitstellung der Spezifikationssprache VSE-SL und der abstrakten Programmiersprache VSE-AP erweitert. Es stellt damit die Plattform zur Eingabe und Verwaltung aller Projektinformationen dar. Für die verschiedenen Tätigkeitsbereiche stellt EPOS-2000 jeweils eine Beschreibungssprache, einen Datenbankbereich und ein Toolsystem zur Auswertung und Analyse der Projektinformationen in der Datenbank bereit.

3.2.2. KIV-System

Die im Rahmen der Software-Entwicklung auftretenden Deduktionsprobleme werden automatisch durch das KIV-System erzeugt und dort auch mit Ausnahme rein prädikatenlogischer Probleme bewiesen. Im Rahmen von VSE wird die Dynamische Logik verwendet [HRS 89a].

Das KIV-System als Ganzes ist eine "Shell" zur Implementierung von Logiken. Dem Paradigma des Taktischen Theorembeweisens folgend wird der jeweilige Kalkül in eine (funktionale) Programmiersprache eingebettet [HRS 90]. Hierdurch entsteht die Möglichkeit, geeignete Erweiterungen der jeweiligen Basislogik in Form von Taktiken zu programmieren und aufbauend auf die neu hinzugenommenen Schlußregeln spezielle Beweisstrategien zu realisieren.

Wichtig ist die Unterscheidung von drei konzeptionellen Ebenen beim KIV-System. Nach Definition der für eine spezielle Logik benötigten Datenstrukturen in der Metasprache PPL (*Proof Programming Language*) stehen auf der untersten Ebene dem (KIV-) Experten die Basisregeln des Kalküls zusammen mit den programmiersprachlichen Konstrukten von PPL zur Verfügung. Auf der nächsten Ebene können unter Verwendung entsprechender Konstrukte in PPL spezielle abgeleitete Regeln und Taktiken definiert werden. Unter Verwendung dieser (eingeschränkten) logischen Basis werden dann schließlich Strategien implementiert, mit deren Hilfe der Endbenutzer die erforderlichen Beweise einer speziellen Methode folgend interaktiv generieren kann. Die wesentlichen Aufgaben von Beweisstrategien sind die globale Beweissteuerung, die lokale Auswahl von Regeln und Taktiken und die Abwicklung des Dialogs mit dem Benutzer. Dem VSE-Benutzer stehen sowohl Beweisstrategien zum Nachweis der Korrektheit von Spezifikationsverfeinerungen, zur Programmverifikation und zur Programmsynthese zur Verfügung. Unter Programmsynthese wird dabei verstanden, daß das Programm und der zugehörige Korrektheitsnachweis auf Basis einer zustandsbasierten Spezifikation in Form von Vor- und Nachbedingung Hand in Hand entwickelt werden [HRS 89b].

3.2.3   Beweiser-System (TP)

Für die Lösung der in VSE anfallenden prädikatenlogischen Deduktionsprobleme ist ein den VSE-spezifischen Problemen angepaßtes Beweissystem (TP) integriert. TP ist ein Induktions-Beweiser für Prädikatenlogik 1. Stufe mit Gleichheit und baut auf dem INKA-System [Biundo et al 86] auf. TP basiert auf Resolution und Paramodulation.

In TP werden die VSE-Spezifikationen in prädikatenlogische Formeln transformiert. TP unterstützt vordefinierte Datentypen (wie INTEGER, SET). Insbesondere werden für einige vordefinierte Datentypen spezielle Entscheidungsverfahren integriert. Für die Induktion [Hu 92] ist es wichtig, geeignete Induktionsordnungen zu generieren. Dafür wurde in VSE-SL die Möglichkeit geschaffen, auf freien Datentypen Funktionen und Prädikate algorithmisch zu spezifizieren. TP beweist für algorithmische Spezifikationen die Konsistenz und Terminierung und generiert aus der Terminierung eine Induktionsordnung.

Die Beweissteuerung erfolgt durch zielgerichtete Strategien sowohl für induktive [Hu 91] als auch für allgemeine prädikatenlogische Beweise, wobei insbesondere ein Schwerpunkt in der Behandlung von Gleichheitsproblemen liegt. Darüberhinaus sind spezielle Techniken und Strategien zur Simplifikation von Formeln und zur effizienten Behandlung vordefinierter Datentypen (z.B. Integer-Arithmetik) integriert. Diese verwendeten Mechanismen erlauben bereits in einer Vielzahl von Beispielen das automatische Finden eines Beweises. Allerdings wird dem Benutzer zusätzlich die Möglichkeit geboten, auf Strategieebene Einfluß auf die Beweissuche zu nehmen.

4.   Ausblick

Erst mit der Einbettung formaler Spezifikations- und Verifikationsmethoden in Softwareentwicklungswerkzeuge und der damit verbundenen Rechnerunterstützung des formalen Software-Engineerings, ist für die Zukunft zu erwarten, daß für sicherheitskritische Anwendungsgebiete formale Spezifikations- und Verifikationsmethoden bei der Entwicklung "sicherer" im Sinne korrekter Software-Systeme zum Einsatz kommen.

Erste Erfahrungen aus der parallel zur VSE-Entwicklung laufenden Durchführung von Fallstudien aus dem industriellen Umfeld zeigen, daß durch den Einsatz formaler Methoden bei der Systementwicklung bereits frühzeitig Konzeptionsfehler erkannt und beseitigt werden können. Bei konventionellen Methoden hingegen werden meistens erst in den Testphasen

Fehler erkannt, aufwendig lokalisiert und können nur mit erheblichem Mehraufwand beseitigt werden. Zudem wachsen die Testaufwände für nach klassischen Methoden entwickelte Komponenten mit zunehmenden Zuverlässigkeitsanforderungen an das entwickelte System stark an, ohne jemals das Maß an Zuverlässigkeit - was formale Methoden garantieren - zu erreichen.

VSE ermöglicht es, neben dem Nachweis spezieller Eigenschaften der Spezifikation, die Korrektheit einer Implementierung gegenüber einer Spezifikation nachzuweisen. Die Erstellung einer dem Problem angemessenen Spezifikation bleibt der Kreativität des Entwicklers überlassen, wobei das VSE-System insofern den Entwickler unterstützt, als das bei der Durchführung der Verifikation auch Spezifikationsfehler aufgedeckt werden.

Damit dieses Werkzeug seinem hohen Anspruch - die Korrektheit einer Implementierung gegenüber seiner formalen Spezifikation nachzuweisen - gerecht werden kann, muß es selbst korrekt arbeiten, ohne formal entwickelt zu sein. Daher wird dieses Werkzeug parallel zur Entwicklung einer Zulassungsprüfung durch das BSI unterzogen mit dem Ziel, das Werkzeug VSE nach der Fertigstellung für die Entwicklung und Prüfung von IT-Systemen nach den Anforderungen der hohen Evaluations-/Qualitätstufen zuzulassen.

Referenzen

[Baur et al 92]   Baur et al., The Verification Support Environment VSE, IFA Symposium on Safety, Security and Reliability of Computers, 28. - 30.10.1992, Zurich, Switzerland

[Biundo et al 86] Biundo et al., The Karlsruhe Induction Theorem Proving System 8th International Conference on Automated Deduction, LNCS 230, Springer, 1986

[EA 85]   Ehrig, H., Mahr, B., Fundamentals of Algebraic Specifications, Springer, 1985

[Ha 84]   Harel, D., Dynamic Logic, Handbook of Philosophical Logic, D. Gabbay (ed), F. Guenther (ed), volume 2, 496-604

[HRS 89a]   Heisel, M., Reif, W. Stephan, W., A Dynamic Logic for Program Verification, Symposium om logical Foundations of Computer Science, Taitslin (ed), Springer LNCS, 1989

[HRS 89b]   Heisel, M., Reif, W. Stephan, W., Formal Software Development in the KIV-System, Proc. Workshop on Automating Software Design, IJCAI-89, Kestrel Institute, Palo Alto (1989), pp. 115 - 124, and AAAI press 1991

[HRS 90]   Heisel, M., Reif, W. Stephan, W., Tactical Theorem Proving in Program Verification, 10th International Conference on Automated Deduction, Kaiserslautern, FRG, July 1990, Springer LNCS 449, pp 117 - 131

[Hu 91]   Hutter, D., Mustergesteuerte Strategien für das Beweisen von Gleichheiten, Dissertation, Universität Karlsruhe 1991.

[Hu 92]   Hutter, D., Automatisierung der vollständigen Induktion, in: Bläsius, K.H., Bürckert, H.J., Deduktionssysteme, 2. Auflage, Oldenbourg, 1992

[ITSEC]   Kriterien für die Bewertung der Sicherheit von Systemen der Informationstechnik, EGKS-EWG-EAG, Brüssel • Luxemburg, 1991

[IT-SK]   IT-Sicherheitskriterien, Bundesanzeiger, 1989

[Re 92a]   Reif, W., Correctness of Generic Modules, Symposium on Logical Foundations of Computer Science, Tver, GUS, Nerode, Taitslin (eds.), Springer Lecture Notes in Computer Science, 1992

[Re 92b]   Reif, W., Verification of Large Software Systems, Foundations of Software Technology and Theoretical Computer Science, New Dehli, India, Shyamasundar (ed.) Springer Lecture Notes in Computer Science, 1992

[Ru 91]   Rusby, J., von Henke, F., Owre, S., An Introduction to Formal Specification and Verification Using EHDM, SRI International, Menlo Park, California, March 1991

[Wi 90]   Wirsing, M., Algebraic Specification, Handbook of Theoretical Computer Science, J. van Leeuven (ed.), volume B Elsevier 1990

[Wa 91]   Walter, C., Automatisierung von Terminierungsbeweisen, Vieweg Verlag, 1991

Evaluation eines Großrechner-Betriebssystems

- Erfahrungsbericht -

Elmar Stöcker
Siemens Nixdorf Informationssysteme AG
Otto-Hahn-Ring 6
W-8000 München 83
Tel. 089/636-43046

Zusammenfassung:

Die Veröffentlichung und Anwendung von Kriterienkatalogen zur Bewertung der Sicherheit von Produkten und Systemen der Informationstechnik hat dazu geführt, daß Hersteller heute der Sicherheit ihrer Produkte eine strategische Bedeutung beimessen. Der folgende Beitrag beschreibt die Evaluation des Großrechner-Betriebssystems BS2000® Version 10 aus Herstellersicht und gibt die dabei gemachten Erfahrungen wieder.

1. Einleitung

Die rasante Entwicklung im Bereich der Informationstechnik sowie eine ständig zunehmende Verbreitung von Systemen der Informationstechnik in allen Bereichen des öffentlichen Lebens, in Industrie und Verwaltung führt dazu, daß unsere Gesellschaft immer abhängiger von diesen Systemen wird. Eine funktionierende Wirtschaft ohne Systeme der Informationstechnik ist heute schon nicht mehr denkbar. Je abhängiger unsere Gesellschaft von diesen Systemen wird, desto mehr und um so dringender stellt sich auch die Frage nach der Sicherheit solcher Systeme.

Die Veröffentlichung und Anwendung von Kriterienkatalogen zur Bewertung

---

BS2000® ist ein eingetragenes Warenzeichen der Siemens Nixdorf Informationssysteme AG.

der Sicherheit von Systemen der Informationstechnik hat dazu geführt, daß Anwender und Hersteller heute den Sicherheitsfunktionen ihrer Produkte eine zunehmend stärkere Bedeutung beimessen.

2. Entstehung der Kriterienkataloge

Bereits 1983 wurden in den USA im Auftrag des amerikanischen Verteidigungsministeriums (DoD) Kriterien zur Bewertung von Betriebssystemen, die "Trusted Computer System Evaluation Criteria" veröffentlicht, besser bekannt unter dem Namen "Orange Book" /TCSEC 85/. Zu diesen Kriterien gibt es eine Reihe von Interpretationen, die die Anwendung der Kriterien auf andere Systeme der Informationstechnik ermöglichen sollen. Der Aufbau und die vorgeschriebene Sicherheitspolitik lassen eine Anwendung dieser Kriterien auf kommerzielle Produkte und Systeme nur sehr eingeschränkt zu.

Im Jahre 1989 wurden auch in Deutschland durch die damalige Zentralstelle für Sicherheit in der Informationstechnik (ZSI), ab dem 1.1.91 Bundesamt für Sicherheit in der Informationstechnik (BSI), Kriterien zur Bewertung von Systemen veröffentlicht, die IT-Sicherheitskriterien /ITSK 89/. Mit den IT-Sicherheitkriterien wurde ein neuer Weg beschritten, nämlich die Trennung der Anforderungen an die Funktionalität und Qualität.

Auch in anderen europäischen Ländern wurden eigene Kriterienkataloge entwickelt. Anfang 1990 begannen Bestrebungen, die verschiedenen existierenden europäischen Kriterienkataloge zu harmonisieren. Daran beteiligten sich die Länder Deutschland, Frankreich, Großbritannien und die Niederlande. Bereits im Juni 1991 wurden die harmonisierten "Information Technology Security Evaluation Criteria" /ITSEC 91/ veröffentlicht. Sie unterscheiden zwischen evaluierten Produkten und evaluierten Systemen. Inzwischen wurde auch ein Draft des "Information Technology Security Evaluation Manual" /ITSEM 92/ herausgegeben. Die Herausgabe einer ersten offiziellen Version ist in Vorbereitung.

Vor dem Hintergrund der Aktivitäten in Europa und der starken Ausrichtung des Orange Books auf den militärischen und behördlichen Bereich hat das amerikanische "National Institute for Standards and Technology (NIST)" in Zusammenarbeit mit der "National Security Agency (NSA)" begonnen

Sicherheitskriterien für den kommerziellen Bereich zu entwickeln.

3. Einfluß der Kriterienkataloge auf die Entwicklung von IT-Produkten

Heute zwingt die internationale Konkurrenzsituation Hersteller dazu, bewertete Produkte in ihrem Produktspektrum anzubieten. Der Nachweis, eine bestimmte Funktionalitätsklasse und Qualitätsstufe erreicht zu haben, wird durch ein Zertifikat einer unabhängigen Institution erbracht.

Prinzipiell ist Sicherheit eines Produkts oder Systems unabhängig von einem Zertifikat. Die Bewertung eines Produkts oder Systems und die Vergabe eines Zertifikats erhöhen jedoch die Güte einer Sicherheitsaussage für den Anwender, da die Sicherheitsfunktionen einem abgestimmten konsistenten Anforderungskatalog entsprechen müssen und die Qualität der Implementierung explizit durch die Evaluation nachgewiesen wird.

Bereits im Jahre 1988 wurde bei der Siemens AG die Notwendigkeit gesehen, bewertete Produkte in ihrem Produktspektrum anzubieten. Für das Großrechner-Betriebssystem BS2000 Version 10 wurde eine Evaluation angestoßen, mit dem Ziel, die Funktionalitätsklasse F2 und die Qualitätsstufe Q3 nach den IT-Sicherheitskriterien zu erreichen. Die folgende Tabelle zeigt den Vergleich mit den anderen Kriterienkatalogen:

	IT-Sicherheitskriterien	Orange Book	ITSEC
funktional	F2	C2	F-C2
qualitativ	Q3	B1	E3

4. Was charakterisiert ein nach F2/Q3 evaluiertes Produkt ?

Nach den IT-Sicherheitskriterien erfolgt die Bewertung eines Produkts unter den Gesichtspunkten Funktionalität und Qualität. Die zu bewertende Funktionalität wird durch die Sicherheitsanforderungen festgelegt. Für das

BS2000 sind die Sicherheitsanforderungen in einer Prüfliste der Sicherheitseigenschaften und in der Sicherheitsphilosophie niedergelegt.

Bei der Bewertung der Funktionalität wird geprüft, ob und mit welcher Effektivität die Sicherheitsfunktionen des Produkts die Sicherheitsanforderungen erfüllen. Bei der Bewertung der Qualität wird die Korrektheit der Implementierung der Sicherheitsfunktionen bewertet. Für die Qualitätsstufe Q3 geschieht dies durch eine detaillierte Analyse der Designdokumentation sowie stichprobenartige Quellcodeuntersuchungen. Weitere Qualitätsaspekte sind die Stärke der Mechanismen, die die Sicherheitsfunktionen realisieren, die Separierung der zu evaluierenden Systemteile von den nicht zu evaluierenden Systemteilen, der Herstellungsvorgang, die Betriebsqualität sowie die Darstellung und Erläuterung der Sicherheitsfunktionen in der Anwenderdokumentation.

Produkte, die die Anforderungen der IT-Sicherheitskriterien erfüllen (z.B. Funktionalitätsklasse F2 und Qualitätsstufe Q3) erhalten nach Abschluß der Bewertung (Evaluation) von der Evaluationsbehörde (BSI) ein Zertifikat, in dem bestätigt wird, daß das bewertete Produkt die gestellten Anforderungen erfüllt.

5. Evaluation des BS2000 aus der Sicht des Herstellers

Während der Evaluation des BS2000, die von Oktober 1988 bis November 1991 (über 3 Jahre) dauerte, traten eine Reihe von Schwierigkeiten und Problemen auf, die in dieser Form nicht eingeplant waren und die erhebliche Zusatzaufwände von Seiten des Herstellers erforderten. Im folgenden werden einige dieser Probleme und deren Lösung exemplarisch vorgestellt und erläutert.

5.1. Evaluierte Konfiguration

Evaluationsgegenstand war der Grundausbau des BS2000 Version 10 mit ausgewählten Teilen der Softwarekonfiguration (incl. ASECO und SECOS), das Netzbetriebssystem PDN mit spezifischer Konfiguration und der Service- und Konsolprozessor SKP2.

Die Evaluation des BS2000 wurde als entwicklungsbegleitende Evaluation durchgeführt. Deshalb stand zu Beginn der Evaluation die zu evaluierende Softwarekonfiguration noch nicht abschließend fest. Erst im Laufe der Evaluation wurde der genaue Umfang der zu evaluierenden Softwareteile festgeschrieben.

Um den Evaluationsaufwand und die Menge der zu evaluierenden Teile des BS2000 nicht zu groß werden zu lassen, sind einige Produkte der Softwarekonfiguration nicht mit evaluiert worden.

Das evaluierte BS2000 darf mit Ausnahmen auf allen Anlagen der Systemfamilie 7.500 betrieben werden. Ausgenommen sind Anlagen der Modellreihen C30 und C50. Diese dürfen laut Zertifikat nicht eingesetzt werden, da auf diesen Anlagen neben dem BS2000 zusätzlich auch SINIX® Teil der zu evaluierenden Systemteile ist, die dabei eingesetzte SINIX-Version aber keine evaluierte Variante darstellt. Auch die neueren Modellreihen C70 und H100 dürfen in einem F2/Q3-Betrieb nach den Vorgaben des Zertifikats nicht eingesetzt werden, da sie nicht zur evaluierten Hardware-Konfiguration gehören.

Die evaluierte Konfiguration muß beim Betreiben eines BS2000 unter den Bedingungen des F2/Q3-Zertifikates immer eingesetzt werden. Zusätzliche privilegiert ablaufende Software ist nicht zugelassen. Eine detallierte Aufstellung der zugelassenen Software und Hardware kann dem Sicherheitshandbuch für den Systemverwalter entnommen werden.

Um die Funktionalitätsklasse F2 zu erreichen, mußten zusätzliche Sicherheitsfunktionen realisiert werden. Im wesentlichen waren dies die Zugriffkontrolllisten für Dateien und eine Protokollierungskomponente, die die Aufzeichnung sicherheitsrelevanter Ereignisse ermöglicht. Die zentralen Sicherheitsfunktionen sind in dem Sicherheitsprodukt "Security Control System (SECOS)" zusammengefaßt.

5.2. Bereitstellung der Designdokumentation

Bei einer Evaluation nach Q3 werden die Anforderungen dieser Qualitätsstufe im wesentlichen auf der Basis der vom Hersteller vorgelegten Dokumentation geprüft. Die Anforderungen an eine Q3-fähige Dokumentation sind im IT-Evaluationshandbuch /ITEHB 90/ beschrieben.

Für die Evaluation des BS2000 Version 10 mußten große Teile der Designdokumentation erweitert bzw. neu erstellt werden. Dafür mußte von der Entwicklung ein Zusatzaufwand von ca. 20 Mannjahren erbracht werden. Insgesamt wurden ca. 500 Designdokumente mit 30000 Seiten Beschreibung für die Evaluation bereitgestellt.

Für die Erstellung der Designdokumentation wurde eine entwicklungsweit gültige Dokumentationsrichtlinie erarbeitet, in der die Anforderungen des IT-Evaluationshandbuchs bis zur Qualitätsstufe Q4 berücksichtigt wurden. Trotzdem genügten besonders im Hinblick auf Einzelfragen nicht alle vorgelegten Designdokumente im ersten Anlauf den Anforderungen. Bei der großen Anzahl unterschiedlicher Autoren und Beschreibungseinheiten war dies jedoch auch nicht zu erwarten gewesen.

Ein wesentliches Problem war die doch unterschiedliche Beschreibungstiefe der einzelnen Autoren sowie die noch fehlende Sensibilität der Autoren für die Beschreibung der Sicherheitsschnittstellen in den Designdokumenten.

5.3. Bereitstellung der Testdokumentation und der Testumgebung

Zum Nachweis einer ausreichenden Qualitätssicherung muß der Hersteller eine Bibliothek mit Testprogrammen sowie die zugehörige Testdokumentation bereitstellen.

Die Entwicklung der BS2000-Komponenten erfolgt an drei unterschiedlichen Standorten in München, Namur und Wien. Dem entsprechend gibt es auch an diesen Standorten eine eigene Qualitätssicherung. Von der Güte der Qualitätssicherungsverfahren überzeugten sich die Evaluatoren vor Ort.

Zusätzlich dazu wollten die Evaluatoren eigene Tests und Testfälle aus den

Testbibliotheken des Herstellers zum Ablauf bringen. Bei der Erstellung und Abwicklung eigener Tests mußten die Evaluatoren durch Mitarbeiter des Herstellers unterstützt werden. Insbesondere die Evaluatoren, denen die notwendigen Kenntnisse der BS2000 Kommando- und Programmieroberfläche fehlten, benötigten eine intensive Betreuung.

Die herstellereigenen Testprogramme sind in Testbibliotheken oder bei neueren Testfällen im Testfall- und Testdokumentations- Verwaltungssystem (ATS) abgelegt. Aus der Menge der vorhandenen Testfälle wählten die Evaluatoren eine repräsentative Teilmenge aus, die auf einem Rechner in München mit einer F2/Q3-Konfiguration zum Ablauf gebracht werden sollten.

Dabei traten folgende Probleme auf. Zum einen erwies es sich als sehr aufwendig, Testfälle aus Namur und Wien in der Testumgebung in München zu Ablauf zu bringen. Zum anderen waren viele Testfälle nicht in der F2/Q3-Konfiguration ablauffähig, da sie eine bestimmte Testumgebung voraussetzten, die in einer F2/Q3-Konfiguration aufgrund ihrer Restriktionen nicht gegeben war.

Das erste Problem wurde dadurch gelöst, daß die Evaluatoren die Testfälle aus Namur und Wien vor Ort zum Ablauf bringen ließen und die Testergebnisse dort auswerteten. Bei den abgewickelten Testfällen überzeugten sich die Evaluatoren davon, daß die nachgefahrenen Tests die gleichen Resultate lieferten, wie die vom Hersteller durchgeführten Tests.

Zur Lösung des zweiten Problems wurde in Abstimmung mit den Evaluatoren wie folgt vorgegangen. Die ausgewählten Testfälle wurden zunächst auf einer BS2000-Anlage nachgefahren, deren Konfiguration bis auf wenige Ausnahmen der einer F2/Q3-Konfiguration entsprach. Alle in der F2/Q3-Konfiguration ablauffähigen Testfälle wurden dann noch einmal in dieser Konfiguration zum Ablauf gebracht. Auch hier überzeugten die Evaluatoren davon, daß die nachgefahrenen Tests die gleichen Resultate lieferten, wie die vom Hersteller durchgeführten Tests.

Zur Vorbereitung der Testumgebung und zur Bereitstellung einer F2/Q3-Konfiguration waren erhebliche Aufwände von Seiten der Qualitätssicherung erforderlich. Alle Netzverbindungen zu anderen Rechnern und alle Verbindungen über gemeinsam mit anderen Rechnern genutzte Platten mußten physikalisch unterbrochen werden. Auch die eigentliche Testabwicklung wurde von Mitarbeitern der Qualitätssicherung durchgeführt.

5.4. Bereitstellung der Dokumentation zum Integrations- und Abnahmeverfahren

Um die Qualitätsstufe Q3 zu erreichen muß bei großen Systemen beim Hersteller ein Softwareintegrations- und Abnahmeverfahren etabliert sein. Innerhalb des Verfahrens müssen mindestens die Rollen von Entwickler und Tester getrennt sein.

Im Verlaufe der Evaluation wurde auch das für BS2000 angewandte Integrations- und Abnahmeverfahren geprüft. Für die Prüfung wurden von den Evaluatoren unterschiedliche Dokumente gefordert, aus denen die Einhaltung des Verfahrens zu ersehen war. Dazu zählten unter anderem eine Beschreibung des angewendeten Software-Entwicklungsprozesses und der verwendeten Werkzeuge sowie die Abnahmeprotokolle zwischen der Entwicklung und der Qualitätssicherung.

Die Rollentrennung innerhalb des Verfahrens wird bei Siemens Nixdorf dadurch sichergestellt, daß die Entwicklung und Qualitätssicherung unterschiedlichen Hauptabteilungen angehören. Um die Einhaltung des Verfahrens zu überprüfen, wollten die Evaluatoren in realer Umgebung den Weg einer ausgewählten BS2000-Komponente von der Entwicklung bis zur Freigabe verfolgen.

Obwohl die Evaluation des BS2000 als entwicklungsbegleitende Evaluation durchgeführt wurde, war eine Überprüfung des Integrations- und Abnahmeverfahrens in realer Umgebung zum Prüfungszeitpunkt nicht mehr möglich, da sich bereits die Folgeversion in der Entwicklung befand.

In Absprache mit den Evaluatoren konnte das Problem wie folgt gelöst werden. Mit den Evaluatoren wurde vereinbart, daß die Überprüfung nicht in realer Umgebung sondern anhand der vorhandenen Dokumentation und der innerhalb des Verfahrens gespeicherten Daten durchgeführt wird. Anhand dieser Daten war es den Evaluatoren möglich den Weg von BS2000-Komponenten von der Entwicklung bis zur Freigabe nachzuvollziehen.

Dadurch bekamen die Evaluatoren Einblick in alle internen Abläufe und Daten des Integrations- und Abnahmeverfahrens.

5.5. Erstellung der Sicherheitshandbücher

Für die Evaluation des BS2000 mußten zwei neue Handbücher erstellt werden, das Sicherheitshandbuch für den Systemverwalter und für den Benutzer.

Im Verlaufe der Evaluation mußten immer wieder Änderungs- oder Erweiterungsanforderungen der Evaluatoren in das Sicherheitshandbuch eingearbeitet werden. Kurz vor Abschluß der Evaluation überprüften die Evaluatoren noch einmal, ob auch alle Anforderungen von Seiten des Herstellers berücksichtigt worden waren.

5.6. Evaluationsbericht und Zertifikaterstellung

Zum Abschluß der Evaluation wird von den Evaluatoren ein detaillierter Evaluationsbericht erstellt. In diesem Bericht sind die Prüfergebnisse im Bezug auf die Funktionalitätsklasse F2 und die Qualitätsstufe Q3 dokumentiert. Es ist dort detailliert erläutert, warum die Anforderungen der Funktionalitätsklasse F2 und der Qualitätsstufe Q3 erfüllt sind und somit das vom Hersteller angestebte Evaluationsziel F2/Q3 erreicht wurde.

An die eigentliche Evaluation schloß sich ein Zertifizierungsnachlauf an. Während dieser Phase werden von der Abteilung für Zertifizierung des BSI, die von den Evaluatoren durchgeführten Evaluationsarbeiten geprüft und bewertet. Insbesondere wurde überprüft, ob alle notwendigen Prüftätigkeiten von den Evaluatoren durchgeführt wurden und ob diese ausreichend dokumentiert waren.

Im Verlauf der Zertifizierung wurden der Zertifizierungsbericht und das Sicherheitszertifikat erstellt. Auch in diese Phase war der Hersteller mit eingebunden. Fragen und Unklarheiten, die sich bei der Zertifizierung ergaben, mußten zusammen mit den Evaluatoren geklärt werden. Im Verlauf der Zertifizierung stellte es sich heraus, das bei alten Terminaltypen der Terminalspeicher über eine bestimmte Escape-Sequenz ausgelesen werden kann.

Dadurch könnte ein Benutzer, der die Escape-Sequenz kennt in den Besitz
fremder Kennworte gelangen, wenn sich diese noch im Terminalspeicher befinden. Beim Ausschalten des Terminals wird der Terminalspeicher gelöscht. Bei
neueren Terminaltypen ist der Terminalspeicher durch ein Kennwort
geschützt oder überhaupt nicht mehr auslesbar.

6. Welchen Einschränkungen unterliegt ein zertifiziertes BS2000 ?

Mit der Vergabe eines Zertifikats durch das BSI unterliegt das zertifizierte
BS2000 gewissen Einschränkungen. Diese leiten sich aus den Forderungen der
IT-Sicherheitskriterien ab. Soll das Zertifikat für ein installiertes BS2000
Gültigkeit haben, so sind bestimmte Voraussetzungen beim Betrieb des
BS2000 durch den Betreiber zu erfüllen.

Diese Voraussetzungen sind im Sicherheitshandbuch für den Systemverwalter
beschrieben. Insbesondere betreffen sie die Hardware/Software-Konfiguration
sowie die Generierung und Installation des BS2000.

Das Betriebssystem BS2000 Version 10 wurde als Stand-alone-System bewertet. Es darf nach den Vorgaben des Zertifikats nur als lokaler Terminalver-
bund betrieben werden, d.h. es darf keine Vernetzung mit anderen Rechnern
geben.

Für das zertifizierte BS2000 wird durch das Zertifikat eine explizit spezifizierte
Hardware- und Softwarekonfiguration festgelegt. Danach darf das zertifizierte
BS2000 nur mit der dort genannten Hardware betrieben werden. Neue
Hardware wie z.B. ein neuer Plattentyp darf nicht eingesetzt werden.
Auch die zugelassene Software-Konfiguration ist auf die evaluierte Software
beschränkt, das bedeutet, daß nicht alle potentiell möglichen Subsysteme des
BS2000 zugelassen sind.

System-Exits, über die in der Vergangenheit viele zusätzliche
Sicherheitsüberprüfungen durchgeführt wurden, müssen aus verständlichen
Gründen in einem zertifizierten BS2000 verboten sein. Im laufenden Betrieb
sind keine Korrekturen im Rahmen einer Softwarewartung möglich, so daß für
ein zertifiziertes BS2000 nur eine auf die Sicherheitsanforderungen abge-
stimmte Diagnosegarantie abgegeben werden kann. Werden Korrekturen im

laufenden Betrieb in das BS2000 eingebracht, so ist es formal zunächst einmal nicht mehr das zertifizierte BS2000. Damit das Zertifikat seine Gültigkeit nicht verliert, müssen diese Korrekturen durch ein vom BSI vorgeschriebenes Verfahren nach-evaluiert werden, bevor sie in einem zertifizierten BS2000 eingesetzt werden können.

Aufgrund zusätzlicher Sicherheitsfunktionen, schärferer Validierungen an Separierungsschnittstellen und aufgrund nicht evaluierter Subsysteme (z.B. Subsysteme zur Performanceverbesserung) der Softwarekonfiguration sind beim Einsatz des zertifizierten BS2000 Performanceverluste zu erwarten.

7. Welchen Nutzen bringt ein zertifiziertes BS2000 ?

7.1. Der Nutzen für den Anwender

Der größte Nutzen für den Anwender liegt wohl darin, daß er mit dem evaluierten BS2000 ein Produkt kaufen kann, daß von einer unabhängigen Stelle - nämlich dem BSI - evaluiert und zertifiziert wurde. Durch die Evaluation erhält die Güte der Sicherheitsaussage für den Anwender ein stärkeres Gewicht. Auch wenn das evaluierte BS2000 nicht nach den Vorgaben des Zertifikats betrieben wird, bleiben die Sicherheitsaussagen über die Sicherheitsfunktionen und die Qualität der Implementierung gültig, da ja auch in diesem Fall die evaluierten Teile des BS2000 eingesetzt werden. Einschränkungen, die durch das Zertifikat gemacht werden, können dann aufgehoben werden, wenn entsprechende organisatorische Sicherheitsmaßnahmen eingesetzt werden.

So kommt die Evaluation des BS2000 auch den Anwendern zugute, die ihr System nicht nach den strengen Vorgaben des Zertifikats betreiben. Der Anwender kann mit dem evaluierten BS2000 einen sicheren Betrieb organisieren. Dazu muß er die in seiner Umgebung vorhandenen Bedrohungen analysieren und geeignete Sicherheitsmaßnahmen ergreifen, die das Eintreten von Bedrohungen verhindern oder das Restrisiko auf ein für ihn akzeptables Maß reduzieren. Dabei ist der Anwender für die Sicherheit des Systems verantwortlich. Diese Verantwortung wird ihm auch beim Einsatz eines zertifizierten Produkts nicht abgenommen.

7.2. Der Nutzen für den Hersteller

Die Anzahl der Anwender, die ein zertifiziertes BS2000 gekauft haben, zeigt sehr deutlich, daß das zertifizierte BS2000 mit seinen Auflagen für die Praxis wenig geeignet ist. Die Gründe sind unter anderem darin zu suchen, daß das zertifizierte BS2000 nicht in einem Netz betrieben werden darf. Aber auch die zertifizierte Softwarekonfiguration schränkt den potentiellen Anwenderkreis ein. Darüberhinaus ergeben sich ganz wesentliche Einschränkungen aufgrund der beschränkten Flexibilität der Hardware/Software-Konfiguration.

Der Nutzen für den Hersteller liegt im wesentlichen darin, daß er ein von einer unabhängigen Stelle evaluiertes Produkt in seinem Produktspektrum anbieten kann. Zur Zeit ist die Werbewirksamkeit und damit der Wettbewerbsvorteil jedoch nicht sehr hoch.

Betrachtet man die Kosten-Nutzen-Relation so muß heute gesagt werden, daß die angewendeten Evaluations- und Zertifizierungsverfahren zu hohe Kosten verursachen und der erzielbare Nutzen für einen Hersteller nach den Erfahrungen von Siemens Nixdorf sehr gering ist.

Ähnliche Aussagen machen auch andere große Hersteller, die auch evaluierte Produkte in ihrem Produktspektrum anbieten.

8. Zusammenfassung

Die Evaluation und Zertifizierung eines Großrechner-Betriebssystems wie das BS2000 Version 10 hat gezeigt, welche Aufwände auf Seiten des Herstellers zu erbringen sind und wo die eigentlichen Problembereiche bei Evaluationen liegen. Die während der Evaluation und Zertifizierung gemachten Erfahrungen können bei zukünftigen Evaluationen dazu beitragen, die Evaluationszeit und den Zertifizierungsnachlauf deutlich zu verkürzen.

Ein ganz wesentlicher Punkt ist jedoch, daß sich durch die Evaluation des BS2000, das Sicherheitsbewußtsein aller an der Entwicklung und Qualitätssicherung Beteiligten wesentlich erhöht hat. Das kommt auch zukünftigen BS2000 Versionen zugute.

Es bleibt für den Hersteller jedoch zu prüfen, ob die Aufwendungen in einer akzeptablen Kosten-Nutzen-Relation stehen. Hersteller, die ein Produkt evaluieren lassen, sollten darauf achten, daß das Zertifikat dann vorliegt, wenn das evaluierte Produkt für den allgemeinen Kundeneinsatz freigegeben wird. Ein zertifiziertes Produkt bringt dem Hersteller nur dann einen wirklichen Wettbewerbsvorteil.

Literatur

/ITSEC 91/   Information Technology Security Evaluation Criteria, version 1.2 June 1991, ISBN 92-826-3004-8.

/ITSEM 92/   Information Technology Security Evaluation Manual, Draft version 0.2 1992.

/ITSK 89/   IT-Sicherheitskriterien: Kriterien für die Bewertung der Sicherheit von Systemen der Informationstechnik (IT). Herausgegeben von der Zentralstelle für Sicherheit in der Informationstechnik im Auftrag der Bundesregierung, 1. Fassung vom 11.1.1989. Veröffentlicht im Bundesanzeiger, Bundesanzeiger Verlagsgesellschaft mbH, ISBN 3-88784-192-1.

/ITEHB 90/   IT-Evaluationshandbuch: Handbuch für die Prüfung der Sicherheit von Systemen der Informationstechnik (IT). Herausgegeben von der Zentralstelle für Sicherheit in der Informationstechnik im Auftrag der Bundesregierung, 1. Fassung vom 22.2.1990. Bundesanzeiger Verlagsgesellschaft mbH, ISBN 3-88784-220-0.

/KERST 92/   Kersten, H.: Neue Aufgabenstellung des Bundesamtes für Sicherheit in der Informationstechnik, Zeitschrift Datenschutz und Datensicherung, Heft 6, Juni 1992.

/SHBSV 92/   Sicherheitshandbuch für die Systemverwaltung, BS2000 V10.0A, Ausgabe Februar 1992. Herausgegeben von der Siemens Nixdorf Informationssysteme AG, Bestellnummer U5627-J-Z125-1.

/STIEG 91/   Stiegler, H.G.: Welche Sicherheit bietet ein evaluiertes System? Erschienen im Informatik-Fachbericht 271 zur Fachtagung "Verläßliche Informationssysteme", Darmstadt März 1991.

/STOE 89/   Stöcker, E.: IT-Sicherheitskriterien - Bewertungsmaßstab für Systeme der Informationstechnik. Zeitschrift Praxis der Informationsverarbeitung und Kommunikation, Carl Hanser Verlag 1989.

/TCSEC 85/   Trusted Computer System Evaluation Criteria, DoD 5200.28-STD, U.S. Department of Defense, December 1985.

Die Evaluation des BS2000 V10.0 -
Erfahrungen mit Evaluationskriterien bei einem umfangreichen System"

Beitrag zur VIS'93

R. Schützig

RWTÜV, Institut für Informationssicherheit

Richard Wagner Straße 5

W-4300 Essen 1

Tel. 0201/ 825-2379

Die hier beschriebenen Arbeiten wurden bei der Firma

INFODAS GmbH

Rhonestr.2

W-5000 Köln 71

durchgeführt.

<u>Beruflicher Werdegang:</u>

Schützig, Roland, Diplom-Mathematiker.

Studium der Mathematik an der Westfälischen Wilhelms-Universität Münster von 1980 bis 1987. Im Anschluß daran bis Ende 1988 wissenschaftlicher Mitarbeiter am Rechenzentrum der Universität sowie am Institut für Politikwissenschaften der Universität.

Mitarbeiter der INFODAS GmbH in Köln von 1989 bis 1992 im Bereich "Technologieberatung und Sicherheit".

Seit 1993 Mitarbeiter des Instituts für Informationssicherheit des RWTÜV in Essen.

Zusammenfassung:

Die Anwendung eines Kriterienkataloges zur Beurteilung der Sicherheit auch auf ein umfangreiches und komplexes System ist möglich. Die Erfahrungen, die bei der Evaluation des Betriebssystems BS2000®[1] Version 10 auf der Basis der IT-Sicherheitskriterien [1] gewonnen wurden, könnten sich als typisch für umfangreiche und komplexe IT-Systeme erweisen. Die dort erkannten Probleme dürften überdies auch für Nachfolgekriterien wie den ITSEC gelten. Neben Fragen der Anwendbarkeit der Kriterien und der Interpretation wichtiger Begriffe wird insbesondere die enorme Bedeutung der Qualitätssicherung in Hinsicht auf den Evaluationsprozeß als solchen hervorgehoben.

1. Einleitung

Die Beurteilung der Sicherheit von Systemen der Informationstechnik auf der Basis von öffentlichen Kriterienkatalogen (Evaluation) ist ein weitgehend anerkanntes und erprobtes Verfahren. Der Hintergrund der dabei angewendeten Kriterienkataloge (etwa IT-Sicherheitskriterien oder heute die ITSEC) wird in [5] (in diesem Band) zusammengefaßt. Ausführlicheres ist in [6] zu finden wo auch die Rolle der Zertifizierungsstelle (hier Bundesamt für die Sicherheit in der Informationstechnik BSI) und der unabhängigen Prüfstellen im Prozeß der Evaluierung dargestellt wird.

BS2000 ist ein Standardbetriebssystem für die Siemens-Nixdorf-Systemfamilie 7500, in der Rechner gängiger "Mainframe"-Architekturen (/370- und /370-XA-verwandte Architekturen) zusammengefaßt sind. Die Version 10.0 des BS2000 wurde im Zeitraum von Oktober 1988 bis November 1991 erfolgreich einer entwicklungsbegleitenden Evaluation auf der Basis der IT-Sicherheitskriterien unterzogen [7]. Eine Darstellung der Evaluation aus der Sicht des Herstellers ist zu finden bei [5] (in diesem Band).

Das Evaluationsziel war die Funktionalitätsklasse F2 und die Qualitätsstufe Q3 gemäß den IT-Sicherheitskriterien [1].

"F2" besagt vereinfacht, daß das System für seine Daten die durch die jeweiligen Eigentümer festgelegten Zugriffsrechte für andere Benutzer durchsetzt und hierzu notwendige Hilfsfunktionen besitzt (Identifikation, Authentisierung, Beweissicherung, Wiederaufbereitung, usw.).

"Q3" besagt vereinfacht, daß zur Beschreibung des Systems und seines inneren Aufbaus grundsätzlich eine im wesentlichen verbale Systemspezifikation bis auf die Ebene der Software-Module hinunter ausreicht. Die Prüfarbeit drückt sich wesentlich durch die Untersuchung dieser Spezifikation aus. Die Sicherheitsmechanismen müssen sich dabei als mindestens "stark" erweisen, d.h. sie bieten "einen guten Schutz bei absichtlichen Verstößen gegen die Sicherheitsanforderungen und sind nur mit großem Aufwand bzw. unter Zuhilfenahme aufwendiger Hilfsmittel zu überwinden".

---

[1]BS2000 ist ein eingetragenes Warenzeichen der Siemens Nixdorf Informationssysteme AG.

Aus den vielfältigen bei dieser Evaluation gewonnenen Erfahrungen im Umgang mit Theorie und Praxis der IT-Sicherheitskriterien wurden für diesen Beitrag drei Schwerpunkte, ausgewählt. Sie betreffen

- die Anwendbarkeit der Funktionalitätsklassen am Beispiel der BS2000 Sicherheitsanforderungen,

- die Interpretation einiger Begriffe der Kriterien und

- die Maßnahmen zur Qualitätssicherung der Evaluation.

Der erste Punkt ist als Problemfeld bereits erkannt worden. Hier wird am Beispiel illustriert, wie notwendig eine Lösung ist. Die anderen beiden Punkte, insbesondere der dritte, haben im Hinblick auf die Vergleichbarkeit von Prüfungsergebnisse enorme Bedeutung.

2. Die Sicherheitsanforderungen des BS2000 V10

Die **Sicherheitsanforderungen** (auch "Sicherheitsvorgaben", in den ITSEC "security target") bilden für die Evaluation wie auch für die Nutzer der Ergebnisse das zentrale Dokument. Sie sind Ausgangspunkt der Untersuchungen auf der einen Seite und definieren auf der anderen Seite z.B. für den Anwender eines zertifizierten Systems "Art" und "Umfang" der Sicherheit.

Zentraler Bestandteil der Sicherheitsanforderungen ist daher die detaillierte Aufführung und möglichst genaue Spezifikation aller **Sicherheitsfunktionen**. Für den Anwender definieren diese, was "Sicherheit" im vorliegenden konkreten Fall heißt. Die Sicherheitsanforderungen stellen dabei eine Verbindung zu möglichen Bedrohungen her, um dem Leser des Prüfzertifikats die Einsatzzwecke, für die die Sicherheitsfunktionen des Systems gedacht sind, verständlich vor Augen zu führen. Die Sicherheitsfunktionen werden ggf. mit Bezug zu den bekannten **Sicherheitsgrundfunktionen** (Identifikation, Authentisierung, Beweissicherung usw., s. [1], [6]) formuliert und können auf vorbereitete **Funktionalitätsklassen** verweisen.

Für die Zwecke der Evaluation müssen die Sicherheitsanforderungen aufzeigen, durch welche Mechanismen im einzelnen die Sicherheitsfunktionen realisiert werden und wieso diese geeignet sind.

Die Sicherheitsanforderungen sind Gegenstand der Prüfung in drei Hinsichten.

1. Zum einen muß festgestellt werden, ob die Gesamtheit der Sicherheitsanforderungen mindestens die Anforderungen der angestrebten Funktionalitätsklasse (hier "F2") erfüllen. Diese rein mit der Funktionalität befaßte Frage läßt sich ohne jeden Bezug zur Realisierung rein formal durch die Analyse der Sicherheitsanforderungen beantworten.

2. Zum anderen sind die Sicherheitsanforderungen der Ausgangspunkt für die Qualitätsuntersuchungen. Dabei werden die Sicherheitsanforderungen in ihre elementarsten Aussagen zerlegt und auf ihre hinreichend qualitätsvolle (z.B. gemäß "Q3") Realisierung überprüft.

3. Für beide Prüfziele ist die innere Konsistenz der Sicherheitsanforderungen eine wichtige Voraussetzung.

Die Sicherheitsanforderungen des BS2000 wurden von SNI in zwei Teildokumenten vorgelegt. In der **"Sicherheitsphilosophie BS2000"** werden die Sicherheitseigenschaften verbal erläutert und in Beziehung zu den für BS2000 zu erwartenden Bedrohungen im praktischen Einsatz gesetzt. Die aufgezählten Bedrohungen sind entsprechend der Natur eines Mehrzweckbetriebssystems eher allgemeingültig. Die Bedrohungen gehen aus:

B1: vom Zugang unberechtigter Personen zum System,

B2: von der unbefugten Ausübung von privilegierten Tätigkeiten,

B3: vom unbefugten Zugriff auf Betriebsmittel und auf gespeicherte Informationen,

B4: von der fahrlässigen oder mißbräuchlichen Nutzung von Privilegien,

B5: von Fehlfunktionen des Systems,

B6: von der Fehlbedienung durch Systemadministration oder Benutzer und

B7: von der Verfälschung von Systemcode oder -daten.

Während der Hauptprüfarbeiten, der Analyse der Systemspezifikation, spielten die Ausführungen der "Sicherheitsphilosophie BS2000" keine wesentliche Rolle. Für die Bewertung der Mechanismenstärke sind die Angaben zur Bedrohungslage zu allgemein, als daß sich daraus Risikobetrachtungen ableiten ließen (vgl. Abs. 3.6. hierzu). Für die inhaltliche Darstellung der einzelnen Sicherheitsanforderungen war das zweite Teildokument, die **"Prüfliste BS2000"** mit den detaillierten und systemspezifischen Sicherheitsfunktionen das entscheidende Dokument.

Eine nähere Betrachtung verdienen dabei

- der Nutzen der Funktionalitätsklassen,

- die Darstellungsform der "Prüfliste BS2000" und

- die Abbildung zwischen Sicherheitsanforderung und Spezifikation.

2.1. Anwendbarkeit der Funktionalitätsklassen

Die Zusammenfassung von Sicherheitsfunktionen zu Funktionalitätsklassen und der Verweis auf diese ist sinnvoll, wenn dadurch für den Anwender unmittelbar deutlich wird, was das System für ihn "quantitativ" in Hinsicht auf die Sicherheit leisten kann. Für ihn ist dann, da er ohnehin auf die funktionalen Aspekte fixiert ist und weniger an den qualitativen Merkmalen der Vertrauenswürdigkeit, klar, welche "Sicherheit" er durch das System gewinnen kann. Idealerweise sollten sich also die Sicherheitsanforderungen wesentlich durch einen Verweis auf z.B. "F2" verwirklichen lassen. Tatsächlich ist dies aber schon deshalb nicht möglich, weil die Definitionen der Funktionalitätsklassen hierfür viel zu abstrakt sind. So heißt es etwa:

"Das System muß Zugriffsrechte zwischen Benutzern und/oder Benutzergruppen und Objekten, die der Rechteverwaltung unterliegen, kennen und verwalten."

Die Objekte selber werden nicht festgelegt. Das bedeutet in der Praxis, daß die Sicherheitsanforderungen konkretisieren müssen, welche Ausprägung nun im konkreten Fall die Objekte haben. Ähnliches gilt für andere Begriffe der "F2"-Definition wie die Rechteverwaltung, die Rechteprüfung, die Beweissicherung usw.. Stets reicht nicht der Verweis auf "F2" aus, sondern es muß dargelegt werden, in welcher Weise sich das im Detail ausdrückt. Die "Prüfliste BS2000" tut dies auf gut 60 Seiten mit mehreren hundert von Einzelstatements. Die Kategorisierung "F2" spielt dabei letztlich keine Rolle und hat als Aussage auf die praktische Prüfarbeit keine Auswirkungen.

"Jobvariable" "Datei" "Master-Catalog-Entry"
"Datei-Linkeintrag"
"Ausgabeauftrag" "Benutzerschalter"
"Event-/Serialisation-Item" "Shared Program"
"Benutzerauftrag"
"Kommandosatz" "Diskette" "Jobclass"
"FITC-Connections" "Temporäre Datei"
"Banddatenträger"
"Public Volume Set" "Benutzerkennung" "Benutzergruppen"
"Category"
"Memory-Pool" "Meldung" "FITC-Ports" "Geräte-Typen"
"Jobstream"
"Datei-ACL" "Bibliothekselement" "ITC-Items"
"Catalog" "DCAM-Anwendung"
"Page" "Subsystem"
"TSOS-Sicherungsdatei" "SPOOL-Gerät"
"SPOOL-Character-Set"
"Programm" "SPOOL-Formular"
"Transport Service Access Points" "ARCHIVE-Sicherungsauftrag"

Abbildung 1: Von den Sicherheitsanforderungen des BS2000 erfaßte Objekte

Z.B. sind im BS2000 wie üblich Dateien als Objekte ausgezeichnet. Die "Prüfliste" des BS2000 kennt darüber hinaus eine Reihe weiterer "Objekte" (s. Abb. 1), für die das Merkmal "F2" nicht anwendbar ist. Der Grund liegt in der Regel darin, daß für diese Objekte keine Zugriffskontrollisten (Access Control Lists, ACL's) geführt werden. Diese sind aber notwendig, um eine nach "F2" geforderte Granularität der Rechtevergabe zu ermöglichen, der zur Folge für jeden Benutzer im System separat dessen Zugriffsrechte festgesetzt werden können. Da die Definition von "F2" ein sinnvolles Ganzes aus Objekten, ihrer

Rechteverwaltung, der zugehörigen Rechteprüfung, der Beweissicherung und ggf. der Wiederaufbereitung herstellen, sind alle diese zusätzlichen Objekte, selbst falls im übrigen alle Ansprüche an Rechteprüfung, Rechteverwaltung und Beweissicherung erfüllen, nicht "F2-würdig". Wenn also BS2000 als ein F2-System bezeichnet wird, sind letztlich nur die Dateien gemeint.

In der Folge ist nur ein geringer Teil der "Prüfliste BS2000" (Größenordnung 10 %) letztlich durch ein Merkmal wie "F2" überhaupt beschreibbar. Die große Mehrheit der Sicherheitsanforderungen sind schlicht zusätzliche Forderungen, die geprüft wurden und auch in das Zertifikat Eingang fanden.

Diese zusätzlichen Sicherheitsanforderungen sind aus Sicht des Herstellers aber notwendig und wünschenswert. Sie sind wünschenswert deshalb, weil sie für die Praxis des BS2000 Einsatzes wichtige Sicherheitsfunktionalitäten beschreiben. Ein Zertifikat, daß nicht auch die Vertrauenswürdigkeit dieser Funktionen zum Ausdruck bringt, ist für den Anwender sehr viel weniger wert. Überdies ist ein Einsatz des BS2000 ohne diese Funktionen in der Praxis schlicht nicht vorstellbar. Falls die Prüfung dieser Zusatzfunktionen unterblieben wäre, hätte der Anwender bei der Zulassung seiner vertrauenswürdigen BS2000-Installation auf der Basis eines zertifizierten BS2000 keine sensitiven Anwendungen, die solche dann ungeprüfte Funktionen nutzen, einsetzen können. Soll das System überhaupt einsetzbar sein, mußten die Funktionen also mitgeprüft werden.

Obschon die weitgehend abstrakt gehaltenen Definitionen der Funktionalitätsklassen von den Autoren durchaus beabsichtigt sind und dies auch sinnvoll ist, wenn nicht durch die Hintertür de facto Implementierungsvorschriften in die Kriterien einziehen sollen, so muß sich diese Strategie dennoch an den folgenden Problemen prüfen lassen:

1) Vergleichbarkeit von Zertifikaten

Die immer noch sehr weitgehenden Spielräume in der konkreten Ausprägung eines Merkmals wie "F2" oder einer der anderen Funktionalitätsklassen können dazu führen, daß zwei Systeme mit gleicher Funktionalitätsklasse in der Praxis dennoch überhaupt nicht vergleichbar sind. Sie können sich zum einen in dem, was z.B. "F2" meint, im Extremfall gänzlich unterscheiden. Ferner können sie sich in den zusätzlich geprüften Funktionen, die durch die Funktionalitätsklasse nicht ausgedrückt werden, unterscheiden.

2) Mißverständnis der Bedeutung des Zertifikates

Bei den gegebenen Funktionalitätsklassen und unter Berücksichtigung der möglichen mangelhaften Vergleichbarkeit von Zertifikaten besteht die Gefahr, daß ein möglicher Anwender von zertifizierten Systemen die Möglichkeiten eines Systems und die mit den Möglichkeiten verbundene jeweilige Vertrauenswürdigkeit falsch einschätzt und insbesondere überschätzt.

3) Fehleinschätzung des Evaluationsaufwandes

Eine Vergleichbarkeit der mit einer Evaluation verbundenen Aufwände und insbesondere dann eine Abschätzung bei geplanten Vorhaben wird erschwert, wenn die "Menge" der geprüften Funktionen nicht ausreichend verglichen werden können.

Im Rahmen dieser Kritik soll natürlich nicht verschwiegen werden, daß zur Zeit z.B. im Rahmen von EG-Forschungsprojekten an der Schaffung eines Systems von sinnvollen Funktionalitätsklassen gearbeitet wird. In der Tat sehen die Autoren der IT-Sicherheitskriterien die vorgeschlagenen Funktionalitätsklassen nur als Vorschlag und als Demonstration der grundsätzlichen Machbarkeit (Gleiches gilt für die ITSEC). Es ist durchaus beabsichtigt, hier neue Klassen zu entwickeln. Die bei der Evaluation des BS2000 gewonnenen Erfahrungen lehren aber, daß die Funktionalitätsklassen sehr viel konkreter als die bestehenden sein müssen, sollen die erwarteten Normierungsvorteile tatsächlich erreicht werden.

2.2. Darstellungsform der Sicherheitsanforderungen

Das zentrale Arbeitsinstrument für die Analyse der Systemspezifikation war die "Prüfliste BS2000". Deren Qualität kam daher eine besondere Bedeutung zu. Eine konsistente Prüfliste, aus der klare Prüfaufträge im Detail abgeleitet werden können, ist für seine effektive und vollständige Abarbeitung unabdingbar. Insbesondere, um die geforderte Konsistenz und die Vollständigkeit der Arbeiten nachweisen zu können, mußte die Prüfliste schließlich in vielen Teilen die verbale Darstellung weitgehend verlassen und eine fast semiformale Darstellungsform annehmen. Abb. 2 zeigt ein typisches Statement der "Prüfliste BS2000". Eine weitergehende Formalisierung, wie sie zum Beispiel durch die "Claims Language" (s. [3]) vorgeschlagen wird, also eine semiformale Darstellung der Sicherheitsanforderungen, erscheint im Interesse einer klaren, präzisen und eindeutigen Formulierung der Sicherheitsanforderungen zumindest für komplexe und umfangreiche Systeme auch schon bei einer Qualität Q3 sinnvoll.

"Eine Rechteprüfung erfolgt bei Zugriff auf die folgenden Objekte bei den jeweils aufgeführten Aktionen durch die jeweils aufgeführte Funktionseinheit zum angeführten Prüfaspekt bzgl.

.....

(18) Memory-Pools
    Anschlußrecht
        Kommando: -
        SVC: 1, 122 (ENAMP)
            VMMCMP, NAMEMGR: Zuordnung zu richtigem Scope

    Attributsänderung (Schreibschutz, Freigabe durch nicht CSTMP-Berechtigten)
        Kommando: -
        SVC: 1 (CSTMP)
            VMMCMP: Prüfung auf CSTMP-Recht

.....

Abbildung 2: Ein typisches Statement der BS2000 Sicherheitsanforderungen

2.3. Abbildung zwischen Sicherheitsanforderungen und Systemspezifikation

Die Prüfmethode der IT-Sicherheitskriterien (wie auch der ITSEC) basiert darauf, daß grundsätzlich der Hersteller des zu prüfenden IT-Systems den Prüfern dazulegen hat, in welcher Weise die Sicherheitsanforderungen erfüllt werden. Die "Beweislast" liegt also beim Hersteller, während es die Aufgabe der Evaluatoren ist, die vorgelegten "Beweise" zu untersuchen und entsprechend zu beurteilen. Sie müssen dabei im wesentlichen die innere Konsistenz der Darlegungen des Herstellers prüfen. Zusätzlich sollen sich die Evaluatoren in einer von der Evaluationsstufe abhängigen Weise und Intensität etwa durch Tests und Code-Untersuchungen davon überzeugen, daß die Ausführungen auch der Realität entsprechen. Für den Fall der Qualitätsstufe Q3 dient im Kern eine "Systemspezifikation" zur Beschreibung des Systems.

Diese "Beweislast" bedeutet insbesondere, daß in den Sicherheitsanforderungen für jede einzelne Aussage (Stichwort "detailliert") ein "Zeiger" auf die Spezifikation verweist. Dort muß die Realisierung über die Hierarchie der Software bis zum Code nachvollziehbar sein. Es ergibt sich also eine Art "Schnittstelle" zwischen den Sicherheitsanforderungen als oberste Spezifikation der Sicherheitsfunktionen und der technischen Systemspezifikation, die insbesondere die Realisierung der Sicherheitsfunktionen durch Verfeinerung darlegt. Diese "Schnittstelle" ist durch die Gliederungsebene der Systemspezifikation, auf die die Sicherheitsanforderungen verweisen, gegeben.

Die Kriterien legen nun nicht genau fest, wie "genau" dieser Zeiger die relevanten Teile der Spezifikation treffen muß, d.h. auf welcher Ebene diese "Schnittstelle" liegen muß. Bei kleineren IT-Systemen ist dieses auch nicht sehr wichtig, weil dann nur dokumentationstechnisch relevant. Bei einem so umfangreichen und komplexen System wie BS2000 war eine Aufgabenteilung bei der Erstellung der Dokumentation unvermeidlich:

- Erstellung der Sicherheitsanforderungen und

- Erstellung von "Design-Dokumenten" für "Funktionseinheiten".

Die Sicherheitsanforderungen wurden zentral durch einen Mitarbeiter erstellt und gepflegt. Die "Funktionseinheiten" (ca. 200) entsprechen der oben angesprochenen "Schnittstelle" und umfassen jeweils logisch relativ abgeschlossene Einheiten wie z.B. das Archivierungssystem oder die Bibliothekszugriffsfunktionen. Die Design-Dokumente zu den Funktionseinheiten wurden in den jeweils für die Entwicklung zuständigen Fachabteilungen durch einen Mitarbeiter erstellt. Entsprechend boten sich die Funktionseinheiten auch als faßbare und hinreichend übersichtliche Arbeitseinheiten für die Evaluatoren an.

Für die Herstellung des Zusammenhangs zwischen den detaillierten Sicherheitsanforderungen und ihren entsprechenden Realisierungen sind jedoch auf der Seite des Herstellers eigentlich im Gegensatz zu dieser Aufgabenteilung eher Mitarbeiter mit

- großem Überblick über die Evaluation und ihrer Methodik und

- mit zugleich hohem Detailwissen über die Implementierung des Systems

erforderlich. Ersteres ermöglicht der richtige Beurteilung der Anforderungen in den Kriterien und in der Folge ein ausreichendes Verständnis der Sicherheitsanforderungen und ihrer Bedeutung. Die zweite genannte Kompetenz ermöglicht eine zutreffende Beurteilung der Sicherheitsrelevanz (im Sinne der Sicherheitsanforderungen) der Implementierungskomponenten. Für ein umfangreiches System ist eine derartige umfassende Kompetenz kaum möglich. In der Folge

- kann der Autor der Sicherheitsanforderungen wegen fehlender Detailkenntnisse oft nicht ausreichend genau die realisierenden Teile der Spezifikation angeben und

- können die Autoren der Designdokumente, die dann meist Entwickler ohne tiefere Kenntnisse der Sicherheit und der Prüfmethodik sind, den Bezug zu den Sicherheitsanforderungen oft nur mangelhaft herstellen.

In der Praxis bedeutete dies, daß z.B. die in die Designdokumente eingearbeiteten Passagen, die auf die sicherheitsrelevanten Aspekte und Teilfunktionen hinweisen sollten, für die Evaluatoren oft nur von mäßigen Wert waren. Der umgekehrte Verweis von der Systemspezifikation zurück auf die Sicherheitsanforderungen war somit sehr oft mangelhaft. Dieser Rückverweis wäre jedoch bei einem umfangreichen System eine große Hilfe, wird jedoch nicht explizit von den IT-Sicherheitskriterien gefordert.

Zusammenfassen ist hier festzustellen, daß bei der Herstellung des vollständigen und korrekten Zusammenhangs zwischen Sicherheitsanforderungen (hier "Prüfliste") und der Systemspezifikation (hier "Designdokumente") die Evaluatoren im hohem Maße mithelfen mußten. Im Rahmen der besonderen Bedingung einer entwicklungsbegleitenden Evaluation ist dies akzeptabel. Falls jedoch die mit BS2000 hier gemachten Erfahrung typisch für umfangreiche und komplexe Systeme sind, wird sich immer wieder die Frage stellen, woher der Hersteller die zur Erstellung der Dokumentation notwendigen Leute mit ausreichendem gleichzeitigem "Durch- und Überblick" bekommt. Die Erfahrungen mit BS2000 zeigten, daß diese Leute letztendlich ein Kompetenzprofil besitzen müssen, daß dem der Evaluatoren nicht unähnlich ist.

3. Verschiedene Probleme mit Begriffen der IT-Sicherheitskriterien

Die bei weitem überwiegende Masse der Prüfarbeiten resultierte aus den Anforderungen zur Qualität. Diese teilen sich in den IT-Sicherheitskriterien für die Qualitätsstufe "Q3" auf in verschiedene Anforderungen an die Sicherheitsanforderungen, die Spezifikation, die Realisierung der Mechanismen und ihrer Abgrenzung, den Herstellungsvorgang sowie an den Betrieb und die Dokumentation des Systems.

Die Notwendigkeit einer Präzisierung oder Interpretation der jeweiligen Anforderungen im Detail zeigte sich überraschenderweise oftmals erst nach einer expliziten Operationalisierung der Anforderungen (vgl. Kap. 4.2.). In dieser Weise ergab sich innerhalb der "Q3"-Forderungen an insgesamt etwa 20 Stellen der Bedarf nach Interpretation bzw. Klarstellung. Insbesondere vordergründig klare Begriffe wiesen bei näherer Betrachtung und dem Versuch, die notwendigen Aktivitäten zu konkretisieren, ihre Tücken auf.

3.1. Systemstart, Systemgenerierung, Konfiguration, Herstellung

Keiner dieser Begriffe wird in den Kriterien genau definiert oder von den anderen abgegrenzt. Ihr Gebrauch verweist jedoch auf eher klassische Vorstellungen derzufolge das System beim Hersteller zunächst übersetzt (compiliert) wird. Übersetzte Module oder Bibliotheken von diesen werden dann beim Kunden vor Ort zum ablauffähigen System gebunden. Schließlich wird das System in einem Boot-Vorgang gestartet. Dieser Ablauf trifft im Prinzip auch für das BS2000 als ein traditionelles Betriebssystem zu, so daß die genannten Begriffe grundsätzlich zunächst auch abbildbar sind.

BS2000 ist für den 24-Stunden Betrieb ausgelegt und verfügt über entsprechende Mechanismen, mit deren Hilfe ganze Software-Subsysteme dynamisch im laufenden Betrieb in das System eingeführt bzw. aus dem System entfernt werden können („Dynamic Subsystem Management", DSSM). Unter diesen Bedingungen muß bei näherer Untersuchung eine angemessene Deutung der Begriffe "Systemstart" und "Generierung" doch etwas differenzierter ausfallen. Das Einfügen eines neuen Subsystems hat in der Tat Anteile an beiden Vorgängen. Auswirkungen haben diese Betrachtungen insbesondere auf die konkreten Prüfaktivitäten im Detail und die Beurteilung der Beweissicherung.

Die geschilderte Problematik gibt Anlaß zu weitergehenden Überlegungen in Hinsicht auf Systeme mit veränderlicher "Trusted Computing Base". Ebenso bestehen Beziehungen zur Problematik der Reevaluation von Teilen eines Systems. Schon der Begriff Reevaluierung suggeriert, daß es sich dabei im Prinzip um die Ausnahme handelt. Das Gegenteil ist jedoch realistisch. Die Analyse der IT-Sicherheit wird sich realistischerweise immer häufiger statt mit statischen Systemen mit ständig ändernden Software-Konfigurationen auseinandersetzen müssen. So ist z.B. bei vernetzten Systemen ein "Systemstart" in der Regel gar nicht auszumachen oder ist wenig relevant.

Ein so komplexes System wie BS2000 existiert in der evaluierten Version streng genommen nur für einen sehr kurzen Zeitraum. Ein reges Fehlermeldungs- und korrekturwesen sorgt dafür, daß das System lebt und nicht ohne baldigen völligen Verlust der Brauchbarkeit eingefroren werden kann. Dabei sind bei umfangreichen Systemen der Art des BS2000 Fehler nicht etwa überraschende Ereignisse, sondern mit statistischen Erwartungswerten fest eingeplant. Die zur Bewältigung dieser Problematik für BS2000 vorgesehenen Verfahrensweisen entsprechen im wesentlichen dem in ITSEM ausführlicher entwickelten Ansatz.

Ein Beleg für die praktische Machbarkeit der laufenden Reevalutation mit dem Ziel eines "lebenden", sich anpassenden Zertifikates auch für umfangreiche und komplexe Systeme steht noch aus. Es ist jedoch zu befürchten, daß letztlich nur für Systeme mit einer Architektur, die den besonderen Problemen einer Reevaluation entgegenkommt, ein ständiges Fortschreiben des Zeritifikates wegen des damit verbundenen Aufwandes ökonomisch möglich und sinnvoll sein wird. Die sich ergebenden hohen Anforderungen an Transparenz, Modularität und Systemarchitektur bedeuten, daß die Qualität der Dokumentation sich in solchen Fällen ganz sicher am oberen Rand der durch die Qualitätsstufe gegebenen Spielraums oder besser sogar darüber befinden muß.

3.2. Systemwartung

Ähnlich zu den im vorherigen Abschnitt besprochenen Begriffen "Systemstart" usw. kann auch der Begriff der "Systemwartung" überraschende Schwierigkeiten aufwerfen. Die Wartungs- und Diagnosemöglichkeiten sind beim BS2000 differenziert und vielfältig. Es zählen hierzu zunächst diverse privilegierte Diagnoseschnittstellen des Systems sowie privilegierte Schnittstellen zum Steuern der Systemfunktionen. Zentrales Diagnosewerkzeug ist ein Debugger, dessen Zugriffsmöglichkeiten differenziert von der Systemverwaltung gesteuert werden können. Dabei kann getrennt nach nur lesendem bzw. schreibendem Zugriff über mehrere Stufen kontrolliert der Zugang zu zunehmend sensitiveren Bereichen des Betriebssystems geöffnet werden.

Aufgrund der zahlreichen Möglichkeiten in Verbindung mit der Komplexität des Systems ist es letztlich unmöglich, nachzuvollziehen, was im Wartungsfall wirklich geschehen ist. Es kann in Konsequenz nur sinnvoll protokolliert werden, wann der Wartungsfall eingetreten ist, d.h. wann Diagnoseschnittstellen aktiviert wurden.

Die expliziten Anforderungen der Kriterien in Hinsicht auf Dokumentation und Protokollierung der Wartungsfälle waren leicht prüfbar und warfen im Ergebnis auch keine wesentlichen Probleme auf. Zwei wichtige Fragen sind dadurch jedoch nicht beantwortet:

- Soll die Wartung überhaupt gestattet werden, bzw. bis zu welchem Ausmaß, falls wie bei BS2000 Differenzierung möglich sind ?

- Welche Auswirkungen haben Wartungsarbeiten auf die Gültigkeit des Zertifikats für das konkrete System ?

Für die Beantwortung dieser Fragen erwies sich für BS2000 die Unterscheidung nach nur lesendem bzw. schreibenden, also veränderndem Zugriff als Schlüssel. Der nur lesende Zugriff verändert nicht den Sicherheitszustand des Systems und kann in die Verantwortung des Systembetreibers gestellt werden. Ein möglicher schreibender Zugriff bei der Wartung setzt das Zertifkat des Systems bis zum nächsten Start außer Kraft, das System gilt als unsicher. Es muß jedoch deutlich festgestellt werden, daß dieser Ansatz nur für BS2000 gefunden wurde und nicht allgemeingültig sein muß.

In die Details der Lösung flossen spezifische Systemeigenschaften des BS2000 und seines angenommenen Bedrohungsszenarios ein. Bedeutung hatte zum einen etwa die Tatsache, daß Paßworte im Speicher unmittelbar nach Bearbeitung gelöscht werden. Zum anderen hatte die Möglichkeit, bestimmte Testprivilegien innerhalb der komplexen Gruppenstruktur zu delegieren, erheblichen Einfluß.

Die Fragen im Zusammenhang mit Wartung/Diagnose und deren Auswirkungen auf den zertifizierten Sicherheitszustand verdienen besondere Aufmerksamkeit bei der Weiterentwicklung der Kriterien. Gerade bei umfangreichen und komplexen Systemen wie etwa Netzwerken erscheint es nicht ausreichend, lediglich - im Rahmen der Betriebsqualität - die Dokumentation der Folgen von Wartungsarbeiten und deren Protokollierung zu verlangen.

3.3. Abgrenzung

Die präzise Zerlegung des zu prüfenden IT-Systems in einen zu evaluierenden Systemteil und einen nicht prüfrelevanten Anteil in Verbindung mit entsprechenden Schutzmechanismen an den Grenzen zwischen diesen Systemteilen ist notwendige Voraussetzung für die Effektivität aller Sicherheitsfunktionen. Die Kriterien verlangen vom Hersteller, daß dieser die Zerlegung und die Abgrenzungsfunktionen darlegt. Das IT-Evaluationshandbuch [2] stellt aber auch hierzu abschwächend fest, daß sich die genaue Aufteilung des Systems in der Regel wohl erst im Verlauf der Evaluation ergibt, entsprechend auch die Abgrenzungsmechanismen.

Im Falle des BS2000 war jedoch die Aufteilung des Systems im Sinne der Abgrenzung stets recht klar. Der zu evaluierende Systemteil besteht aus allen nicht im unprivilegierten Prozessormodus ("Task User", TU) laufenden Komponenten und zusätzlich einigen wenigen ausgezeichneten vertrauenswürdigen Anwendungsprogrammen der Systemverwaltung.

Die Mechanismen der Abgrenzung sind dann entsprechend die **Adreßraumverwaltung,** die einen Zugriff auf Systemspeicher und fremde Adreßräume verhindert, und der kontrollierte Zustandswechsel des Prozessors beim Wechsel von Benutzerprogrammen zu Betriebssystemfunktionen (**Unterbrechungen**). Als weitere klassische Abgrenzungsmechanismen wurden die syntaktischen und ggf. semantischen Prüfungen an der **Kommandoschnittstelle** sowie der **Programmierschnittstelle** (System Calls) erkannt.

Der wahre Umfang der Schnittstellen ergab sich jedoch tatsächlich, wie vom IT-Evaluationshandbuch vorhergesagt, erst im Verlauf der Prüfung.

So erlauben etwa eine Reihe von Systemkommandos die Spezfikation von Dateien als Teil der Parameter. Diese "**Datenschnittstellen**" sind dann als Schnittstellen im Sinne der Separierung anzusehen, wenn der Inhalt der Dateien vom System im privilegierten Verarbeitungszustand nicht trivial interpretiert wird (also z.B. mehr als einfaches Kopieren). Ein Beispiel sind in Dateiform vorliegende Benutzerprogramme mit einer komplexen inneren Syntax. Dabei ist wohlgemerkt nicht die Logik des vom Benutzer definierten Programms als solchem gemeint, sondern die für das System beim Laden benötigte Programmbeschreibung (etwa Lage und Größe von Segmenten oder Link-Informationen).

Die Sicherheitsmechanismen der klassischen Kommandoschnittstelle oder der Programmierschnittstelle zeigten sich bei der Evaluierung als grundsätzlich gut und durchdacht, auch wenn etwa an der Programmierschnittstelle in einzelnen Fällen ebenso klassische Schwächen gefunden und behoben wurden (fehlende Parametervalidierung). Bedrohungen an dieser Stelle sind dem Hersteller und seinen Entwicklern hier grundsätzlich sehr bewußt.

Probleme gab es aber bei den für das Sicherheitsverständnis der Entwickler ungewohnten Schnittstellen wie etwa der "Datenschnittstelle". Für diese mußten in elf Fällen (z.B. Binderlader, Archivierung, Bibliothekswesen u.a.) besondere Anstrengungen zum Nachweis der Sicherheit der Schnittstellen unternommen werden. In einigen Fällen mußten zum Teil erhebliche Nachbesserungen der Implementierung bei der Überprüfung von Form und Inhalt der interpretierten Dateiinhalte bei Datenschnittstellen veranlaßt werden.

Aus den Erfahrungen mit der Abgrenzung im BS2000 ist schließlich noch allgemein die Lehre zu ziehen, daß die Evaluatoren kaum dort Fehler finden, wo der Hersteller bereits selber an Gefahren gedacht hat und Vorkehrung entwickelt hat. Der Sachverstand der Entwickler dürfte für die jeweiligen speziellen Problemen in aller Regel den der Evaluatoren übersteigen. Weit gefährlicher sind die Stellen, wo auf der Seite der Entwickler kein oder kein systematisches Problembewußtsein vorhanden ist.

3.4. Identifikation

Die Identifikation von Objekten wie z.B. Dateien ist eine der zentralen Sicherheitsfunktionen. Beim Versuch, diejenigen Systemteile zu erkennen, die durch Sicherheitsmechanismen Beiträge zur Identifikation leisten und also besonders untersucht werden müssen, zeigen sich unerwartete Tücken des Begriffs.

Zum Beispiel existiert im BS2000 eine Systemkomponente BS2000, das „Data Management System" DMS, daß alle Zugriffe auf die Datenträger einschalt und die Dateistruktur darauf verwaltet. Vielfach verwendet der Benutzer aber nicht direkt die Dienste von DMS sondern ruft andere Systemdienste mit Parametern auf, die auch Dateinamen sein können. Es stellt sich die Frage, ob und welche Beiträge zu Sicherheitsanforderungen hier zu sehen sind. In der Tat stellt sich der Identifikationsbegriff differenziert dar (vgl. Abb. 3).

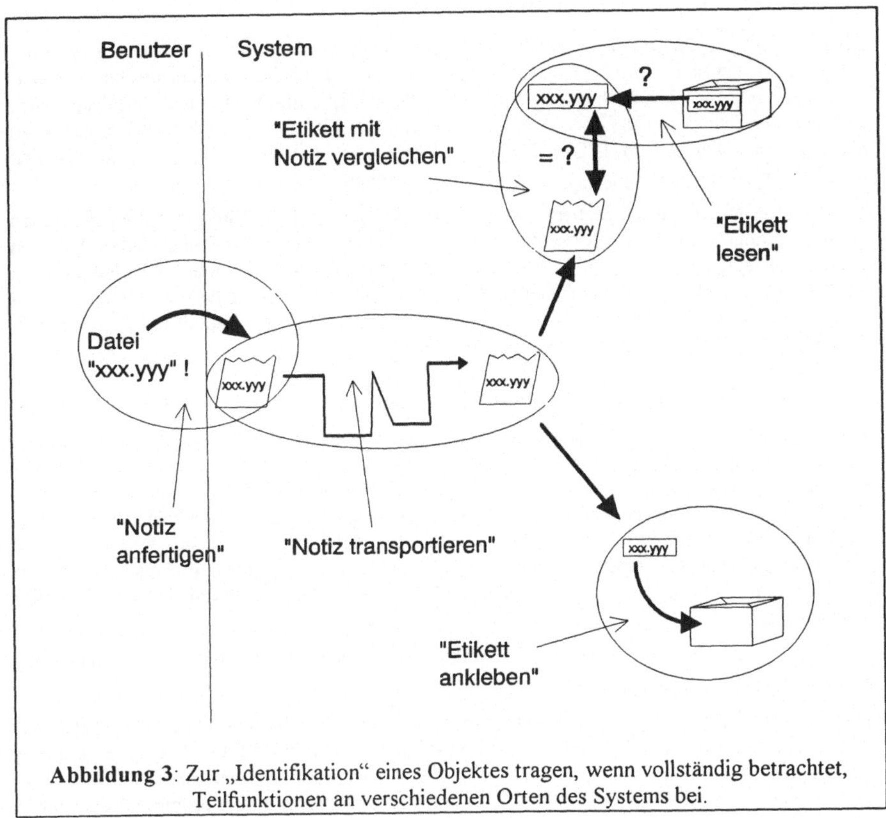

Abbildung 3: Zur „Identifikation" eines Objektes tragen, wenn vollständig betrachtet, Teilfunktionen an verschiedenen Orten des Systems bei.

- Als eine Identifikation im engeren Sinn ist die Bearbeitung des Zusammenhangs zwischen einem Objekte und einem Namen ("Etikett") zu sehen
    - ◆ - beim Erzeugen oder Umbenennen ("Etikett ankleben") oder
    - ◆ - beim "Wahrnehmen" des Objektes ("Etikett ablesen")
- Als eine Identifikation im weiteren Sinn ist aber auch jeglicher Gebrauch der Objektnamen ("Notiz")
    - ◆ - bei der Entgegennahme von Objektnamen von Benutzern ("Notiz erstellen"),

♦ - bei der Zwischenspeicherung und Weitergabe in systeminternen Schnittstellen ("Notiz transportieren") und

♦ - beim Auffinden des gesuchten Objektes ("Vergleich zwischen Notiz und Etikett").

Ohne die Betrachtung der Identifikation im weiteren Sinn sind sinnvolle Sicherheitsanforderungen nicht denkbar. Ein System, daß zwar ein ordentliches Dateisystem besitzt, aber zuläßt, daß der Zugriffswunsch des Benutzers auf dem Weg zum Dateisystem verfälscht wird, ist nicht zweckmäßig. Dies gilt selbst auch dann, wenn die eigentliche Zugriffskontrolle im Dateisystem vollzogen wird. Der Benutzer möchte auch innerhalb seiner eigenen Dateien natürlich einen zuverlässigen Zugriff gewährleistet sehen.

Die Erläuterungen der IT-Sicherheitskriterien zum Begriff Identifikation haben dies auch erkannt, indem darauf hingewiesen wird, daß "von Bedeutung sein kann, ..unter welchen Umständen eine Identifikation ... erfolgen muß.". Das Problem ist jedoch, daß hierdurch alleine eine eher als formal anzusehende Sicherheitsrelevanz einer Reihe von Systemkomponenten, die sonst keine Sicherheitsmechanismen besitzen, eintritt. Bedeutung hat dies z.B. für den für Reevaluationen zu treibenden Aufwand.

3.5. Klassifizierung der zu evaluierenden Systemteile

Als ein Ergebnis der Evaluation muß die Zerlegung des untersuchten Systems in diejenigen Teile, die Sicherheitsmechanismen enthalten, und solche Teile, die keine enthalten, klar geworden sein. Der letztere muß nur deshalb mitgeprüft werden, weil er wegen ungenügender Separierung durch Nebenwirkungen die Funktionsweise der Sicherheitsmechanismen beeinträchtigen könnte. Dieser Ansatz geht von der Erwartung aus, daß in der Regel der erste Anteil mit den Sicherheitsmechanismen (nach ITSEC "security enforcing") relativ klein (im Idealfall ein "Seurity Kernel") gegenüber dem zweiten Anteil (nach ITSEC "security relevant") ist.

Im Verlauf der BS2000 Evaluation wurden die folgenden für diesen Zusammenhang wichtigen Beobachtungen gemacht.

Die Konzentrierung von Sicherheitsmechanismen in wenigen Komponenten (mit Blick auf das Ideal eines "Security Kernels") kann für bestimmte Sicherheitsfunktionen wie etwa der Rechteprüfung recht zufriedenstellend durchgeführt werden (im BS2000 etwa für Dateien so geschehen). Eine wirklich wesentliche Beschränkung der Anzahl von Komponenten mit in ihnen implementierten Sicherheitsfunktionen wird zumindest für komplexe Systeme wie es das BS2000 darstellt kaum gelingen, weil zum einen bestimmte Sicherheitsfunktionen von ihrer Natur her verteilt implementiert sind (z.B. die Beweissicherung) und zum anderen umfangreiche, differenzierte Sicherheitsanforderungen sich unweigerlich an entsprechend zahlreichen Stellen des Systems realisieren (vgl. die Vielfalt der Objekte im BS2000 in Abb. 1!).

Weitere Unsicherheiten und im Zweifel zusätzliche Komponenten mit Sicherheitsfunktionen können sich aus unterschiedlichen Interpretationen der Basisbegriffe, mit denen die Sicherheitsgrundfunktionen gebildet werden, ergeben (s.o. 3.4. z.B. beim Begriff der Identifikation).

Der unausgesprochene Wunsch der Kriterien (der IT-Sicherheitskriterien wie auch der ITSEC), sich bei der Evaluierung im wesentlichen auf wenige eigentliche Sicherheitskomponenten zu konzentrieren, und alles andere nur daraufhin zu prüfen, ob die Sicherheitsfunktion gestört werden können, scheint zumindest für umfangreiche und komplexe Systeme nicht erfüllbar. Die "Sicherheit" ist zu stark im System verteilt.

In der Regel gibt es zahllose unvermeidliche Abhängigkeiten zwischen Sicherheitsmechanismen und von diesen benutzten allgemeinen Systemdiensten ("Basismechanismen"), die man gerne als lediglich "security relevant" einstufen möchte. In der Praxis der Evaluation muß auch für solche Komponenten eine Art Qualitätsaussage getroffen werden, obwohl der Begriff der Mechanismenstärke sich nur auf Sicherheitsmechanismen bezieht. Die hier liegenden methodischen Probleme sind noch wenig beleuchtet und haben Auswirkungen auf die Vergleichbarkeit von Evaluationen, ihre Effizienz und die Machbarkeit von Reevaluationen.

Es kann Komponenten des zu evaluierenden Systems geben, die eigentlich weder Sicherheitsfunktionen enthalten noch elementare Dienste des Betriebssystems zur Unterstützung solcher darstellen, jedoch wegen ungenügender Abgrenzung auf mögliche Nebenwirkungen untersucht werden müssen. Solche aus Sicht der Evaluation "überflüssigerweise" im Systemkern befindliche Komponenten sind allerdings eher selten. Sie finden sich kaum auf niederen Ebenen der Design-Hierarchie, weil diese Systemkomponenten über irgendwelche Nutzungsbeziehungen schließlich doch Sicherheitsfunktionen auf höherer Ebene unterstützen und damit Basismechanismen wie vorangehend diskutiert darstellen. Vielmehr stellen sie anscheinend in der Regel anwendungsnahe Funktionen dar. Dann aber enthalten sie wieder Abgrenzungsmechanismen und sind dann wieder sicherheitsrelevant im engeren Sinn.

3.6. Qualitätsmessung

Bei der Evaluation des BS2000 mit den IT-Sicherheitskriterien wird die Stärke der Sicherheitsmechanismen mit einem der Werte aus einer sechsteiligen Skala bestimmt. Für Q3 ist der Wert "Stark" als regelmäßige Mindeststärke maßgeblich. Bei der praktischen Arbeit erwies sich diese Skala zumeist als wenig nützlich.

In der Tat drehen sich die als Illustrierung herangezogenen Beispiele zur Anwendung der Qualitätsskala regelmäßig um den Paßwortmechanismus oder Verschlüsselungsfragen. Hier sind auch die Wahrscheinlichkeitsbetrachtungen möglich, die eine differenzierte Skala für die Güte von Mechanismen - als Attribut des Mechanismus verstanden- sinnvoll macht. Die Erfahrungen bei der Evaluation des BS2000 zeigen jedoch, daß derartige Fälle zumindest für Systeme dieser Art die absolute Ausnahme darstellen. In der weit überwiegenden Zahl der Sicherheitsmechanismen stellte sich die Frage der Mechanismusstärke eher als einfache Ja/Nein-Entscheidung:

> "Funktioniert der Mechanismus so wie beschrieben und ist er unumgehbar oder entdeckt der Evaluator eine Sicherheitslücke ?"

Und wenn erkannte Lücken geschlossen wurden, gibt es im Grunde nur noch die einfache Feststellung, daß ein Mechanismus wie beschrieben funktioniert und in fast allen Fällen liegt dann eigentlich auch das Urteil "nicht überwindbar" (der höchste Skalenwert) nahe. Eine solche Feststellung kann aber kaum mit dem für die Qualitätsstufe verbundenen Evaluationsaufwand und mit der sich daraus wiederum ergebenden Verläßlichkeit des

Evaluationsurteils getroffen werden. Für BS2000 wurde in den Fällen pragmatisch festgestellt:

> "Der Mechanismus XY wird gemäß den Anforderungen für die Qualitätsstufe Q3 auf aufgrund der durchgeführten Prüfungen als mindestens 'STARK' im Sinne der Bewertungsskala der IT-Sicherheitskriterien bewertet. Eine bessere Bewertung scheint möglich, dies wurde jedoch nicht geprüft."

In nur sehr wenigen Fällen war eine Grenze für die Qualität erkennbar, war eine „bessere Bewertung" eben nicht möglich.

Die eigentliche Ursache für diese Probleme ist, daß die Stärke eines Mechanismus als Attribut des Mechanismus verstanden wird. Tatsächlich gehen in die Definition der Stärke aber nicht Eigenschaften des Mechanismus sondern Eigenschaften der Bedrohungslage ein. Es ist dabei z.B. die Rede vom Aufwand zur Überwindung von Mechanismen, vom notwendigen Know-How oder davon, ob ein Verstoß "absichtlich" bzw. "unabsichtlich" geschieht.

Es erscheint für die Weiterentwicklung der Kriterien daher wesentlich sinnvoller und pragmatischer, nicht über Länge und Differenzierung von Stärkeskalen zu streiten, sondern die Energie auf Inhalt, Form und die Beschreibung von Bedrohungslagen zu konzentrieren.

Es erscheint wenig sinnvoll, ein und denselben Mechanismus bei verschiedenen Evaluationen wegen unterschiedlicher Bedrohungslagen, die ja in den Sicherheitsanforderungen beliebig genau (und unterschiedlich) beschrieben sein können, unterschiedlich zu beurteilen. Als Beispiel für die Problematik können die "Datenschnittstellen" als Teil der Abgrenzung im BS2000 dienen (s.o. Abs. 3.3.). Die hier entdeckten Schwächen könnten ggf. auch für die Qualitätsstufe Q3 ohne (kostspielige) Nachbesserung tragbar sein, wenn die Sicherheitsanforderungen in akzeptabler Weise zum Ausdruck bringen könnten, daß die nicht vertrauenswürdigen Nutzer des BS2000 nicht über die Kompetenz und/oder ausreichende Gelegenheit verfügen, derartig subtile und enge Sicherheitslücken zu erkennen, nutzbar zu machen und dann auch effektiv auszunutzen.

4. Qualitätssicherung

Eine Evaluation kann - zumal wenn entwicklungsbegleitend - selbst als eine qualitätssichernde Maßnahme aufgefaßt werden. Da die Evaluation aber selber auch ein explizites Ergebnis produziert, den Prüfbericht und in der Folge das Zertifikat, kommt auch der "Qualität" des Prüfvorgangs selber im Interesse der Vergleichbarkeit der Arbeit verschiedener Evaluationsstellen eine hohe Bedeutung zu. Die Evaluation des BS2000 hatte einen Pilot-Charakter für Systeme dieser Größe wurde unter besonderer Aufsicht und zum Teil Mitarbeit des BSI durchgeführt. Dadurch und durch die relevanten Maßgaben der IT-Sicherheitskriterien wurde die Qualität der Prüfarbeit für diesen speziellen Fall sichergestellt.

Im weiteren sollen Evaluationen jedoch von akkreditierten Prüflaboratorien mit weit schwächerer Präsenz der Zertifizierungsstelle durchgeführt werden. Die Güte der Arbeit muß dann durch Maßgaben zum einen aus den Kriterien selber und zum anderen durch die der Akkreditierung zugrundeliegenden Vorgaben, wie sie aus der hierfür angewendeten Norm EN4500 folgen, gesichert werden. Die Norm EN45000 fordert insbesondere die Existenz eines "Qualitätssicherungssystems", läßt aber offen, wie dieser Begriff für die Bedingungen einer Evaluation zu deuten ist. Aus dem Evaluationshandbuch zu den ITSEC [4] lassen sich zumindest als abstrakte Ziele der Qualitätssicherung die **Wiederholbarkeit**, die **Objektivität** und die **Nachvollziehbarkeit** der Prüfarbeiten ableiten. Zur Zeit ist lediglich das in den Kriterien vorgesehene Reviewing der Arbeitsergebnisse als eine explizite Maßnahme zur Erreichung der genannten Ziele erkennbar.

Im Verlauf der Evaluation des BS2000 wurden einige für diese Thematik interessante Erfahrungen gewonnen.

4.1. Test versus Analyse

Es zeigte sich etwa, daß Code-Untersuchungen, also die Analyse, in vielen Fällen erheblich effektiver waren als Tests. Es war oft sehr viel einfacher, beim Aufkeimen eines bestimmten Verdachtes die Quelltexte zu konsultieren. Bestätigte sich der Verdacht dort oder wurde er nicht ausreichend ausgeräumt, wurden die Entwickler befragt. Die bereitwillige Mitwirkung der Entwickler ist dabei durchaus im Interesse des Herstellers, da hierdurch Probleme leichter und damit billiger ausgeräumt werden können.

Die daraus zu ziehende Lehre läßt sich in der Weise verallgemeinern, daß der Versuch, potentielle Hacker nachzuahmen und deren Aktionen im Sinne der alten "Tiger Teams" vorwegzunehmen, gerade bei umfangreichen Systemen zum Scheitern verurteilt ist. Denn hierzu sind schon die Ausgangsvoraussetzungen zu unterschiedlich. Diese sind in Schlagworten:

- "Hacker" haben viel Zeit und wenig Dokumentation, d.h. sie testen.

- Evaluatoren haben wenig Zeit und viel Dokumentation, d.h. sie analysieren.

Damit ist gemeint, daß Hacker im allgemeinen keine ausreichende Dokumentation über das System besitzen, um gezielt Schwachstellen ausnutzen zu können. Sie profitieren dafür stärker von oft zufällig entdeckten Lücken oder Nebeneffekten. Überdies können sie oft von den kummulierten Erfahrungen einer Gemeinde von Gleichgesinnten profitieren. Im Gegensatz dazu ist die Evaluation ein auch dem Wettbewerb unterliegendes Geschäft und wird also in Projekten mit geplanten und begrenzten finanziellen und zeitlichen Ressourcen durchgeführt. Das beliebige Verfolgen auch schwächerer Verdächte ist damit nicht in jedem Fall möglich. Im Ausgleich dazu können die Evaluatoren stärker, je nach Qualitätsstufe, auf zum Teil auch interne Dokumentation zurückgreifen.

Ein Qualitätssicherungssystem muß uneffektive Prüfarbeiten ggf. unterbinden und dadurch die Ressourcen für andere Arbeiten sichern.

4.2. Evaluation als formaler Prozeß

Es zeigte sich ferner im Verlauf der Evaluation, daß vielfach erst eine extreme Operationalisierung aller Arbeitsvorschriften der Kriterien bis hin in zu elementarsten Handlungen ermöglichte, die konkreten Handlungen, ihre Vorgaben und Ergebnisse für den einzelnen Evaluator zu klären. Auch die Vollständigkeit aller Prüfarbeiten wurde so am ehesten sichergestellt.

Nur so bleibt die Arbeit des Prüflabors auch unter allen Umständen wiederholbar. Prüfungen, die in anderen Prüflabors mit den gleichen vom Auftraggeber bereitgestellten Materialien wiederholt werden, müssen zumindest im Prinzip zu den gleichen Ergebnissen gelangen. Ziel ist also, auch wenn das absurd klingen mag, nicht Fehler zu finden, sondern nur, eine Meßlatte, nämlich die Sicherheitskriterien, möglichst akkurat anzulegen und abzulesen.

Eine Lehre daraus ist im Umkehrschluß, daß ein guter Evaluator sich nicht dadurch auszeichnet, daß er besonders viele Fehler im zu untersuchenden System findet. Auch ist es zunächst grundsätzlich kein Merkmal der Qualität eines Prüfers, wenn dieser besonderes Know-How über das zu untersuchende System besitzt und daraus Erkenntnisse gewinnt. Aus ähnlichen Gründen sind erklärte Gegner oder Freunde sowie ausgewiesene Kenner des Systems nicht zu gebrauchen.

Ein Qualitätssicherungssystem hat daher eine gewisse Vorliebe für Formales, wie man sie scherzhaft Beamten unterstellt, zu unterstützen.

4.3. Wirkliche Gefahren für die Qualität

Eine tatsächliche Gefährdung des Evaluationsergebnisses und seiner Qualität scheint nach den Erfahrungen der BS2000 Evaluation nicht so sehr aus ggf. mangelndem Verständnis der Evaluationsmethodik im engeren Sinn herzurühren. Zumindest in Projekten dieser Größenordnung gehen die Gefahren nicht so sehr von einer z.B. unterschiedlichen Einschätzung darüber, was etwa "stark" oder "mittelstark" als Mechanismusstärke bedeutet.

Weit bedeutender sind erfahrungsgemäß eher äußerliche Faktoren wie

- die Bewältigung der Materialflut,

- ein gutes Projektmanagement und

- ausreichende Ressourcen.

Die bis zum Ende der Evaluation des BS2000 gewachsene Dokumentenliste umfaßt ca. 1500 Titel (etwa 1,5 m^3). Darin sind nicht die Großteile der Quelltexte und Testdokumentationen, die für den Abruf bereitgehalten und zum Abschluß auf Datenträgern übergeben wurden, enthalten. In dieser Situation besteht die reelle Gefahr, daß Dokumente, die ein Evaluator nicht kennt, nicht wiederfindet oder nicht problemlos bei Bedarf zugreifen können, nicht beachtet werden. In dieser Situation ist eine überaus penible Verwaltung aller Dokumente (bis zur letzten Telefon-Notiz) die einzige Rettung.

Die Arbeitssituation des einzelnen Evaluators war dadurch gekennzeichnet, daß er stets viele inhaltlich voneinander unabhängige Teilaktivitäten gleichzeitig in Arbeit hatte. Für eine Projekt dieser Größe scheint es charakteristisch zu sein, daß offene Fragen, notwendige Abstimmungen mit anderen Evaluatoren, noch offenes Reviewing, Abhängigkeiten von anderen Prüfergebnissen und noch nicht erfüllte Dokumentenforderungen regelmäßig dazu führt, daß Aktivitäten auch mehrfach für Tage oder gar Wochen zurückgestellt werden müssen. Fehler, Mängel und Versäumnisse können in dieser Situation auch durch normales Reviewing nur schwer vermieden werden. Hier wurde neben einem besonders straffen Projektmanagement insbesondere die Erzeugung von weitgehend formalisierten Zwischenberichten zur Erfassung der gesicherten Zwischenergebnisse als hilfreich erkannt. Rückblickend erscheint auch die Unterstützung durch Werkzeuge, wie etwa einem System zur Vorgangsbearbeitung, sinnvoll.

Auf die Bedeutung der Ressourcen für die Qualität wurde schon hingewiesen. Aus Mängel des Projektmanagement resultierende Ressourcenknappheiten wie auch insgesamt zu knapp gehaltene Ressourcen führen zu oberflächlichen Prüfungen.

Literatur:

[1]   ZSI (Hrsg.) Zentralstelle für Sicherheit in d. Informationstechnik im Auftr. d. Bundesregierung: **IT-Sicherheitskriterien** — *Kriterien für die Bewertung der Sicherheit von Systemen der Informationstechnik (IT)*, 1. Fassung vom 11. Januar 1989; Köln, Bundesanzeiger, 1989.

[2]   ZSI (Hrsg.) Zentralstelle für Sicherheit in d. Informationstechnik im Auftr. d. Bundesregierung: **IT-Evaluationshandbuch** — *Handbuch für die Prüfung der Sicherheit von Systemen der Informationstechnik (IT)*, 1. Fassung vom 22. Februar 1990; Köln, Bundesanzeiger, 1990.

[3]   Office for Official Publications of the European Communities: **ITSEC** — *Information Technology Security Evaluation Criteria — Provisional Harmonised Criteria Version 1.2;* Luxembourg, June 1991.

[4]   Commission of the European Communities: **ITSEM** — *Information Technology Security Evaluation Manual — Draft V0.2*, Brüssel, 2. April 1992.

[5]   Stöcker E.: Evaluation eines Großrechnerbetriebssystems - Erfahrungsbericht, in diesem Band, 1993.

[6]   Kersten H.: Einführung in die Computer-Sicherheit, Reihe "Sicherheit in der Informationstechnik" Band 1, Oldenbourg, 1991.

[7]   BSI Bundesamt für die Sicherheit in der Informationstechnik: Zertifikat BSI-ITS-0004-1992 mit Zertifizierungsbericht zu BS2000-SC Version 10.0 der Siemens Nixdorf Informationssysteme AG, Bonn, 1992.

Sicherheitsanforderungen - Sicherheitsmaßnahmen

Sibylle Mund
Siemens AG
ZFE ST SN 5
Otto-Hahn-Ring 6
8000 München 83

26. Januar 1993

Zusammenfassung

Es wird aufgezeigt, daß es zwei Arten von Sicherheitsanforderungen, nämlich eigenschaftsorientierte und maßnahmenorientierte Sicherheitsanforderungen gibt. Weiterhin
wird erläutert, wie man zu Sicherheitsanforderungen mit Hilfe der Elementaroperationen der Manipulation die entsprechenden Sicherheitsmaßnahmen ermitteln kann.

1 Einleitung

Sicherheitsanforderungen werden recht unterschiedlich formuliert. Zum einen beziehen sie
sich rein auf die Eigenschaften, die das betreffende System erfüllen soll, zum anderen auf die
zu verwendenden Maßnahmen oder Mechanismen. Letzteres Vorgehen kann zur Folge haben, daß ohne darüber nachzudenken, welche Eigenschaften das zukünftige System aufweisen soll, zu früh Festlegungen bezüglich der einzusetzenden Maßnahmen und Mechanismen
getroffen werden. Die Formulierung der Sicherheitsanforderungen hängt in aller Regel auch
davon ab, wer sie formuliert. Während ein späterer Anwender des Systems mehr die Eigenschaften von diesem hervorhebt, wird ein Entwickler eher dazu neigen, die Maßnahmen
oder Mechanismen, die das zukünftige System aufweisen soll, zu betonen.

Beide Sichtweisen von Sicherheitsanforderungen haben ihre Berechtigung. Während die
maßnahmenorientierte Sichtweise die spätere Realisierung des Systems erleichtert, hilft die
eigenschaftsorientierte Sichtweise bei der Kommunikation mit dem zukünftigen Anwender.
Es ist jedoch wichtig, daß die Bestimmung der Eigenschaften des zukünftigen Systems an
erster Stelle steht und danach erst die Einbeziehung entsprechender Maßnahmen oder Mechanismen erfolgt. Ansonsten besteht die große Gefahr, daß leicht Eigenschaften übersehen
werden.

Hierbei ergibt sich nun ein großes Problem: wie können die für die Erfüllung der Eigenschaften und damit der eigentlichen Sicherheitsanforderungen benötigten Maßnahmen
oder Mechanismen ermittelt werden? Innerhalb des Konstruktionsprozesses für sichere Systeme gibt es bei der Ermittlung dieser größere Schwierigkeiten, da die für die Erfüllung der
Sicherheitsanforderungen benötigten Sicherheitsmaßnahmen häufig rein intuitiv vom Entwickler ausgewählt werden. Dabei entscheidet der Kenntnisstand des Entwicklers, d.h. die
Möglichkeiten, die er sieht, wie eine bestimmte Eigenschaft verletzt werden kann, darüber,
welche Maßnahmen zum Einsatz kommen und welche nicht. Hat somit ein Entwickler wenig

Erfahrung und damit Schwierigkeiten bei der Feststellung möglicher Verletzungen, so wird er auch nicht alle notwendigen Sicherheitsmaßnahmen bestimmen können.

Bisher gibt es in der einschlägigen Literatur sehr wenig Lösungsansätze, um dieses Problem der Zuordnung der richtigen Sicherheitsmaßnahmen oder -mechanismen zu den Sicherheitsanforderungen zu lösen. Insebesondere haben die bisherigen Ansätze in der Regel einen beispielhaften Charakter und beschreiben nur, wie sich zu ausgewählten Sicherheitsanforderungen Sicherheitsmaßnahmen zuordnen lassen.

Z. B. werden im Rahmen der IT-Sicherheitskriterien [IT-S 89] Sicherheitsgrundfunktionen definiert, die exemplarisch Sicherheitsanforderungen gegenübergestellt werden. Die Sicherheitsgrundfunktionen entsprechen dabei in etwa unseren Sicherheitsmaßnahmen.

In unserem Papier wollen wir nun einen weiteren möglichen Weg für die Bestimmung der für die Erfüllung einer Sicherheitsanforderung notwendigen Sicherheitsmaßnahmen aufzeigen. Ausgehend von den auf der Basis von Eigenschaften formulierten Sicherheitsanforderungen (siehe Abschnitt 2) wollen wir aufzeigen, wie man mit Hilfe der Elementaroperationen der Manipulation die entsprechenden Sicherheitsmaßnahmen erhalten kann.

Als wichtiges Bindeglied zwischen den Sicherheitsanforderungen und den Sicherheitsmaßnahmen betrachten wir dabei die Elementaroperationen der Manipulation wie sie in [HMS 93] definiert wurden und hier in Abschnitt 3 kurz erläutert werden. Kann man nämlich für jede Sicherheitsanforderung diejenigen Elementaroperationen der Manipulation bestimmen, die eine Verletzung der entsprechenden Eigenschaften bewirken, und kennt man die Sicherheitsmaßnahmen, die die Ausführung der entsprechenden Elementaroperation verhindern, so kann man die Sicherheitsmaßnahmen bestimmen, die für die Erfüllung der Sicherheitsanforderung benötigt werden. Diese Sicherheitsmaßnahmen sind dabei in Abhängigkeit der Art des IT-Systems den Elementaroperationen der Manipulation zuzuordnen. So muß in einem Kommunikationssystem unter Umständen eine andere Sicherheitsmaßnahme ergriffen werden als in einem monolithischen Computersystem (siehe Abschnitt 4).

Abschnitt 5 beschreibt schließlich, wie die zu den in Abschnitt 2 beschriebenen eigenschaftsorientierten Sicherheitsanforderungen dualen maßnahmenorientierten Sicherheitsanforderungen gebildet werden können.

2 Eigenschaftsorientierte Sicherheitsanforderungen

Sicherheitsanforderungen sind spezielle Systemanforderungen, gegen deren Erfüllung Bedrohungen gerichtet sind, die als wichtig erachtet werden [Aman 92]. Dabei hängt die Einstufung einer Anforderung als Sicherheitsanforderung vom konkreten Anwendungsfall, der Einsatzumgebung und der Einschätzung des betreffenden Anwenders ab [PeSt 91]. Somit sind Sicherheitsanforderungen sehr stark anwendungsbezogen und von der subjektiven Sichtweise abhängig. Zu ihrer Ermittlung sind bereits in verschiedenen anderen Papieren ([PeSt 91], [HMS 93] und [Stra 91]) Aussagen getroffen worden.

Sicherheitsanforderungen stehen immer in Beziehung zu der Funktionalität des Systems. Sie stellen sicher, daß die für eine reibungslose Funktion des Systems notwendigen Eigenschaften der Objekte und Funktionen erhalten bleiben und nicht verletzt werden sowie daß die Subjekte und Funktionen des Systems keine das System zerstörenden Eigenschaften besitzen oder erhalten. Außerdem gewährleisten sie, daß die für das System geltenden Rahmenbedingungen (z.B. Gesetze, Verordnungen etc.) und die damit verbundenen Eigenschaften des Systems eingehalten werden. Damit dies der Fall ist, können sie das Ausführen von Funktionen einschränken oder in bestimmten Fällen unterbinden. In der Regel fordern sie für das Ausführen der Funktionen den Einsatz zusätzlicher Sicherheitsmaßnahmen, die die Erhaltung der Eigenschaften bzw. Rahmenbedingungen gewährleisten.

Eine Sicherheitsanforderung ist *eigenschaftsorientiert*, wenn sie direkt ausdrückt, welche Eigenschaften der Subjekte, Objekte oder Funktionen zu erhalten sind bzw. nicht auftreten dürfen. Sie ist *maßnahmenorientiert*, wenn sie ausdrückt, wie die gewünschten Eigenschaften zu erhalten sind. Betrachtet man z.B. die Sicherheitsanforderung: Die Unversehrtheit der Nachricht ist bei ihrer Übertragung zu garantieren. Dies ist eine eigenschaftsorientierte Formulierung. Dagegen ist folgende Formulierung maßnahmenorientiert: Die Nachricht muß bei der Übertragung durch Objekt-Integrität (vor dem Modifizieren, Einfügen und Löschen) geschützt sein. Diese Formulierung fordert den Erhalt einer Eigenschaft aufgrund des Einsatzes einer Maßnahme.

Kennt man nun die für die Erhaltung der jeweiligen Eigenschaften zu verwendenden Maßnahmen, kann man jede eigenschaftsorientierte Sicherheitsanforderung in eine maßnahmenorientierte umformulieren. Ebenso gilt der umgekehrte Weg. Die maßnahmenorientierten Sicherheitsanforderungen können dabei in ihrer Formulierung die Eigenschaft explizit nennen; sie müssen es jedoch nicht tun. Häufig wird letzteres der Fall sein. Somit steht bei der Formulierung der eigenschaftsorientierten Sicherheitsanforderungen die Frage nach dem *was*, nämlich was ist zu erhalten bzw. zu garantieren im Mittelpunkt; während bei den maßnahmenorientierten Sicherheitsanforderungen die Frage nach dem *wie*, nämlich wie ist es zu erhalten bzw. zu garantieren im Mittelpunkt steht.

Die Formulierung der eigenschaftsorientierten Sicherheitsanforderungen soll im folgenden durch eine Liste von möglichen Eigenschaften unterstützt werden. Dabei gilt es jedoch zu bedenken, daß aufgrund der unterschiedlichen Verstehensweisen von Wörtern innerhalb der deutschen Sprache die Liste zum einen wahrscheinlich unvollständig ist und es zum anderen zu Überschneidungen zwischen Eigenschaften kommt, die der eine stärker, der andere schwächer empfindet.[1] Weiterhin ist zu beachten, daß jede dieser Eigenschaften zur Formulierung von Sicherheitsanforderungen weitere zusätzliche Angaben verlangt. Es ist immer anzugeben, auf welche Teile der Funktionalität (Subjekte, Objekte, Funktionen) sich die Eigenschaft bezieht und in Bezug auf welche anderen Subjekte, Objekte und Funktionen die Eigenschaft gelten muß.

- Vertraulichkeit: Subjekte, Objekte oder Funktionen weisen diese Eigenschaft auf, wenn sie nur berechtigen Subjekten, Objekten oder Funktionen zur Kenntnis gelangen können. Eng damit verbunden ist die Anonymität, bei der ein Subjekt, ein Objekt oder eine Funktion die Nichtangabe seines/ihres Namens gegenüber anderen Subjekten, Objekten und Funktionen praktiziert. Das betreffende Subjekt wahrt damit eine bestimmte Art der Vertraulichkeit, nämlich die Vertraulichkeit seines Namens. Gleiches gilt für die betreffenden Objekte und Funktionen.

- Unversehrtheit: Ist ein Subjekt, Objekt oder eine Funktion unversehrt, so darf es im System keine anderen Subjekte, Objekte oder Funktionen geben, die das Subjekt, das Objekt oder die Funktion auf syntaktischer Ebene verletzt haben. Mit der Unversehrtheit verbunden ist auch die Korrektheit, die zusätzlich keine Verletzung auf der semantischen Ebene fordert.

- Echtheit: Diese Eigenschaft garantiert, daß ein Subjekt, Objekt oder eine Funktion

---

[1] Wo sie uns bewußt sind, werden wir versuchen, sie auch dem Leser zu vermitteln.

nicht durch ein anderes Subjekt, Objekt oder eine andere Funktion ersetzt wird. Die Echtheit steht in engem Bezug zur Unversehrtheit, denn wenn ein Subjekt, Objekt oder eine Funktion verletzt wurde, gleicht es auch nicht mehr dem ursprünglichen Subjekt, Objekt oder der ursprünglichen Funktion und verliert damit seine Echtheit. Im Gegensatz zur Unversehrtheit, die ihren Schwerpunkt auf der Verhinderung von Verletzungen hat, hat die Echtheit ihren Schwerpunkt auf der Verhinderung eines Austausches des ensprechenden Subjektes, Objektes oder der Funktion.

- Verfügbarkeit: Subjekte, Objekte oder Funktionen weisen diese Eigenschaft auf, wenn sie in zugesicherter Form und Qualität innerhalb eines zugesicherten Zeitraums für andere Subjekte, Objekte und Funktionen verfügbar sind.

- Verbindlichkeit: Subjekte, Objekte und Funktionen sind verbindlich, wenn garantiert ist, daß ihre Verwendung bzw. Ausführung unter gesellschaftlicher Kontrolle steht. Verbindlichkeit in diesem Sinne hängt eng mit Verläßlichkeit zusammen, die davon ausgeht, daß entsprechend der zuvor getroffenen Vereinbarungen auch gehandelt wird.

- Nachweisbarkeit: Subjekte, Objekte und Funktionen weisen diese Eigenschaft auf, wenn Änderungen an ihnen bzw. ihre Verwendung nachgewiesen werden kann.

Außer diesen positiven Eigenschaften gibt es auch negative Eigenschaften, die Subjekte, Objekte oder Funktionen nicht annehmen sollen. Beispiel für solch eine Eigenschaft ist die

- Wiederverwendbarkeit: Subjekte, Objekte oder auch Funktionen sollen diese Eigenschaft nicht aufweisen, denn sie sollen nicht in beliebiger Form wieder verwertet werden können. Damit soll z.B. eine einfache Weitergabe ausgeschlossen werden. Der Ausschluß dieser Eigenschaft ist in engem Zusammenhang mit dem Erhalt der Vertraulichkeit bzw. der Unversehrtheit und der Echtheit zu sehen.

Häufig lassen sich positive Eigenschaften auch durch negative Eigenschaften formulieren und umgekehrt. In aller Regel wird dabei eine der beiden Formulierungsweisen bevorzugt verwendet.

3   Elementaroperationen der Manipulation

Mit Hilfe der Elementaroperationen der Manipulation kann man nun feststellen, wie die Eigenschaften der Subjekte, Objekte und Funktionen verletzt werden können.

Im folgenden werden die Elementaroperationen der Manipulation gemäß [HMS 93] aufgelistet. Ob dies alle Elementaroperationen der Manipulation sind, oder ob weitere bisher nicht bekannte Elementaroperationen existieren, ist zum derzeitigen Zeitpunkt nicht untersucht. Außerdem findet eine Zuordnung der Elementaroperationen zu den Eigenschaften statt, die sie verletzen bzw. die durch sie auftreten können:

- Modifizieren: das unzulässige Ändern von Daten bzw. Vorgängen (Unversehrheit, Korrektheit, Echtheit)

- Einfügen: das unzulässige Einfügen von Daten bzw. Vorgängen in bestehende Daten bzw. Vorgänge (Unversehrtheit, Korrektheit, Echtheit)

- Löschen: das unzulässige Vernichten von Daten bzw. Vorgängen (Unversehrtheit, Korrektheit, Echtheit, Verfügbarkeit)

- Ausforschen: die unzulässige Kenntnisnahme von Daten bzw. Vorgängen (Vertraulichkeit)

- Ersetzen: das unzulässige Ersetzen von gültigen Daten bzw. Vorgängen durch andere (Unversehrtheit, Korrektheit, Echtheit)

- Weitergeben: das unzulässige Durchsickernlassen von Daten und Vorgängen in einen Bereich, für den sie nicht bestimmt sind (Wiederverwendbarkeit, Vertraulichkeit)

- Wiedereinspielen: die unzulässige Wiederholung von Vorgängen (Wiederverwendbarkeit, Unversehrtheit)

- Vorenthalten: die unzulässige Behinderung anderer Subjekte des IT-Systems bei der Nutzung der Funktionalität (Verfügbarkeit)

- Ableiten: der unerwünschte Rückschluß auf geschützte Daten aus bekannten Daten (Vertraulichkeit, Anonymität)

- Zweckentfremden: die unzulässige Verwendung von Daten außerhalb ihrer Zweckbestimmung (Vertraulichkeit, Wiederverwendbarkeit)

- Leugnen: das Abstreiten, der Urheber eines Vorgangs zu sein bzw. an einer Kommunikation beteiligt gewesen zu sein (Nachweisbarkeit, Verbindlichkeit)

- Unterlassen: das Unterlassen eines Handlungsgebots (Verbindlichkeit)

Bei dieser Zusammenstellung der Elementaroperationen der Manipulation sieht man jetzt auch deutlich, wie die im vorigen Abschnitt erwähnten Eigenschaften miteinander in Verbindung stehen. Außerdem gibt es zwischen den Elementaroperationen bestimmte Abhängigkeiten. So können Dritte, d.h. Außenstehende, nur die Elementaroperationen Ableiten, Zweckentfrenden, Weitergeben ausführen, wenn sie zuvor die Elementaroperation Ausforschen ausgeführt haben und somit im Besitz der Daten sind.

Kennt man nun die Eigenschaften der Subjekte, Objekte und Funktionen, die entsprechend der Sicherheitsanforderungen nicht auftreten bzw. nicht zerstört werden sollen, so kann man nun als nächstes die Elementaroperationen der Manipulation bestimmen, die die entsprechenden Eigenschaften beeinflußen.

Hat man z.B. die Sicherheitsanforderung, daß die Vertraulichkeit der Daten zu garantieren ist, so folgt daraus, daß diese Anforderung durch die Elementaroperationen Ausforschen, Weitergeben, Ableiten und Zweckentfremden gefährdet ist. Als nächstes sind somit daraus die Elementaroperationen zu bestimmen, vor deren Ausführung die Daten zu schützen sind, denn nicht immer ist es notwendig die Daten vor der Ausführung aller möglichen Elementaroperationen zu schützen. Häufig wird das Auftreten bestimmter Elementaroperationen nicht als sicherheitskritisch eingestuft. Bei vielen Daten wird z.B. das Ausführen der Funktion Ableiten nicht als kritisch angesehen, da sich dadurch für den Ausführenden keine neuen Kenntnisse ergeben. Sind somit die relevanten Elementaroperationen bestimmt, so ist der Einsatz von Sicherheitsmaßnahmen notwendig, die gerade das Eintreten dieser Elementaroperationen verhindern.

Ein anderes Beispiel ist die Sicherheitsanforderung, daß die Unversehrtheit der Daten bei ihrer Übertragung garantiert werden muß. In diesem Fall können die Elementaroperationen Modifizieren, Einfügen, Löschen, Ersetzen und Wiedereinspielen auftreten.

4 Sicherheitsmaßnahmen und die Elementaroperationen der Manipulation

Sicherheitsmaßnahmen verhindern das Eintreffen der Elementaroperationen der Manipulation oder sie ermöglichen ein Aufdecken ihrer Ausführung. Sie dienen somit der Erhaltung bestimmter Eigenschaften bzw. sorgen dafür, daß bestimmte Eigenschaften nicht eintreten. Ihre Realisierung erfolgt durch den Einsatz einer oder mehrerer Sicherheitsmechanismen [Aman 92].

Welche Sicherheitsmaßnahme für den Schutz vor welcher Elementaroperation verwendet werden kann, hängt sowohl von der Wirkung der Maßnahme als auch von der Einsatzumgebung ab. So kann z.B. das Ausforschen von Daten bei einem Rechner durch Zugriffskontrolle verhindert werden, während bei einem Kommunikationsnetz der Einsatz der Verschlüsselung als Sicherheitsmaßnahme notwendig ist.

Im folgenden werden nun die verschiedenen zur Verfügung stehenden Sicherheitsmaßnahmen kurz beschrieben. Welche Sicherheitsmechanismen letztendlich für ihre Realisierung ausgewählt wird, hängt von verschiedenen weiteren Kriterien, wie z.B. Leistung, Kosten, Speicherplatz, Realisierbarkeit etc., ab.[2] Für eine Beschreibung der Sicherheitsmechanismen sei der Leser auf [FFKK 93] verwiesen.

- Verschlüsselung: Hierbei wird mittels eines Schlüssels zu einem Klartext der entsprechende Chiffriertext berechnet. Sicherheitsmechanismen, die für die Implementierung dieser Maßnahme verwendet werden können, sind Public-Key- oder Secret-Key-Kryptosysteme (Block-, Stromchiffren).

- Verkehrsvertraulichkeit[3]: Ziel dieser Sicherheitsmaßnahme ist es sicherzustellen, daß aus dem Verkehrsaufkommen oder den Verkehrsdaten bei einer Kommunikation keine Annahmen über das Nachrichtenaufkommen der einzelnen Stationen bzw. über die Sender und Empfänger der Nachrichten gemacht werden können. Sicherheitsmechanismen, die diese Maßnahme unterstützen sind z.B. der Einsatz von Dummy-Nachrichten bei einer verschlüsselten Kommunikation, das Senden über Mixe, das überlagernde Senden oder das Verwenden von Multicast- bzw. Broadcast-Adressen.

- Anonymisierung[4]: Diese Sicherheitsmaßnahme hilft gesammelte Daten, bei denen eine Zuordnung zu Personen oder Sachverhalten möglich ist, so zu verändern, daß ein Außenstehender diese Zuordnung nicht mehr treffen kann, aber weiterhin die relevanten Aussagen der Daten erhalten bleiben. Eine Möglichkeit, dies zu erreichen ist, statistische Verfahren einzusetzen, wobei es auch wichtig ist, die evtl. zwischen verschiedenen Daten bestehenden Querbezüge zu verwischen.

- Daten-Integritätsschutz: Ziel dieser Sicherheitsmaßnahme ist der Schutz der Subjekte, Objekte und Funktionen vor Modifikationen (Ändern, Löschen, Einfügen). Dazu verwendete Sicherheitsmechanismen, die in der Regel eine sofortige Entdeckung von

---

[2]Diese sind Gegenstand einer weiteren Arbeit innerhalb des Projektes.

[3]Diese Sicherheitsmaßnahme wird auch häufig in der Literatur mit Anonymisierung der Kommunikation bzeichnet

[4]Wir trennen hier bewußt zwischen der Anonymisierung der Kommunikation (siehe Verkehrsvertraulichkeit) und der Anonymisierung im Rahmen einer Sammlung von Daten. Beide Sicherheitsmaßnahmen führen zwar eine Anonymisierung durch, sie haben jedoch unterschiedliche Einsatzumgebungen (Netz bzw. monolithisches Computersystem)

Veränderungen in den Daten ermöglichen, sind z.B. die digitale Signatur, der Message Authentication Code und der Message Detection Code (Hashfunktion).

- Serien-Integritätsschutz: Diese Sicherheitsmaßnahme dient dazu, entweder die Reihenfolge über mehrere Objektblöcke oder über mehrere Verarbeitungsschritte hinweg zu garantieren. Sie sorgt unter anderem dafür, daß z.B. bei der Übertragung oder Speicherung keine zusätzlichen Datenblöcke eingefügt werden, Datenblöcke gelöscht werden oder die Reihenfolge von Datenblöcken geändert wird. Dazu wird der verbindungsorientierte Integritätsschutz als Sicherheitsmechanismus verwendet. Für die Sicherstellung der Reihenfolge über mehrere Verarbeitungsschritte kann diese Maßnahme z.B. in Form des Sicherheitsmechanismus Information Labeling eingesetzt werden.

- Zugriffskontrolle: Mit Hilfe der Zugriffskontrolle kann der Zugriff auf Systeme und Daten eingeschränkt werden. Sie kann zum einen durch die Sicherheitsmechanismen Zugriffskontrollisten, Zugriffskontrollmatrix, Capabilities oder Directories realisiert werden, die alle eine wahlfreie Zugriffskontrolle durch die Besitzer der Objekte ermöglichen. Zum anderen kann der Sicherheitsmechanismus Mandatory Access Control für die Realisierung einer besitzerunabhängigen Zugriffskontrolle verwendet werden. Für die Zugriffskontrolle wird auf jeden Fall auch die Authentifikation benötigt, denn es muß sicher gestellt werden, daß der, der den Zugriff auf ein System oder auf bestimmte Daten möchte, auch derjenige ist, für den er sich ausgibt.

- Non-Repudiation: Diese Sicherheitsmaßnahme weist bei einer Kommunikation nach, daß zum einen ein Empfänger den Empfang von Daten und zum anderen ein Sender das Senden der Daten nicht leugnen kann. Als Sicherheitsmechanismen setzt sie die digitale Unterschrift und einen Notariatsdienst ein.

- Authentifikation: Die Authentifikation dient der Echtheitskontrolle von Daten, Personen und Instanzen. Sie wird in diesem Sinne in anderen Sicherheitsmaßnahmen verwendet. Insgesamt kann man drei Arten von Authentifikation unterscheiden: Datenauthentifikation, wie sie durch die digitale Signatur oder den Message Authentication Code für die Überprüfung der Echtheit von Daten bereitgestellt wird; Personen-Instanzen-Authentifikation, wie sie in Password-Protokollen, Chipkarten-Protokollen oder biometrischen Verfahren für die Überprüfung der Echtheit von Personen realisiert ist und Instanzen-Instanzen-Authentifikation, wie sie in den CCITT-Protokollen, im Needham-Schroeder-Protokoll, im Fiat-Shamir-Protokoll realisiert ist. Zusätzlich zu den reinen Authentifikationsprotokollen gibt es Authentifikationsprotokolle, die gleichzeitig die Generierung bzw. Verteilung von kryptographischen Schlüsseln unterstützen. Jedes dieser Authentifikationsprotokolle verwendet wiederum weitere Sicherheitsmaßnahmen, wie z.B. Integritätsschutz und Verschlüsselung.[5]

- Auditing: Diese Sicherheitsmaßnahme dient der Protokollierung und damit dem Nachweis der Durchführung sicherheitsrelevanter Aktionen in einem System. Sie hilft festzustellen, ob die bestehenden Sicherheitsmaßnahmen eingehalten wurden bzw. wo Verletzungen dieser aufgetreten sind. Die dabei verwendeten Mechanismen übertragen wichtige Daten in eine spezielle Auditdatei und werten diese aus.

---

[5]Dies führt zu einer Kette von eingesetzten Sicherheitsmaßnahmen, die bei einer face-to-face-Authentifkation mit Schlüsselverteilung abbricht.

Wie bereits bei der Authentifikation angesprochen, kann der Einsatz einer Sicherheitsmaßnahme auch den Einsatz weiterer Sicherheitsmaßnahmen zur Folge haben. Dies wollen wir
hier jedoch nicht weiter betrachten, sondern verweisen den Leser auf [FFKK 93], wo diese
Abhängigkeiten für die einzelnen Mechanismen aufgeführt sind.

Nach der Beschreibung der verschiedenen Sicherheitsmaßnahmen sollen diese nun in
Abhängigkeit der Systemumgebung den einzelnen Elementaroperationen der Manipulation
zugeordnet werden (siehe Tabelle 1). Dabei betrachten wir zum einen Netze, die Daten zwischen Endsystemen übertragen und hier insbesondere den Übertragungsaspekt und zum
anderen monolithische Computersysteme. Natürlich ist auch in den einzelnen Endsystemen
der Netze eine lokale Datenhaltung und -verarbeitung zur Verwaltung des entsprechenden
Netzes notwendig. Für diese sind jedoch dieselben Sicherheitsmaßnahmen zu ergreifen wie
für monolithische Computersysteme. Wird dabei über das Netz auf eine lokale Datenhaltung zugegriffen, so müssen natürlich die für beide Bereiche notwendigen Sicherheitsmaßnahmen miteinander kombiniert werden. Weiterhin ist zu beachten, daß dies nur zwei mögliche Einsatzumgebungen der Elementaroperationen betrachtet werden. Weitere mögliche zu
betrachtende Arten von IT-Systemen sind z.B. Datenbanksysteme. Diese können den Einsatz anderer als der hier aufgeführten Sicherheitsmaßnahmen zur Folge haben; sie werden
aber von uns nicht näher betrachtet.

Anhand der Tabelle 1 lassen sich verschiedene Feststellungen machen:

1. Innerhalb von Netzen kann man nicht das Auftreten aller Elementaroperationen der
   Manipulation abwehren. Da Daten nach ihrer Übermittlung in aller Regel in den Besitz eines anderen Subjektes übergehen, können die Elementaroperationen Weitergeben bzw. Zweckentfremden ohne Probleme durch die Empfänger der Daten ausgeführt
   werden. Während der Übertragung können nur physikalische Maßnahmen, wie z.B.
   das Abschotten der Leitung, vor diesen Elementaroperationen schützen.

2. Netze und Computer (monolithische Systeme) unterscheiden sich insbesondere dadurch, daß viele der Elementaroperationen bei monolithische Systeme durch den Einsatz der Zugriffskontrolle zu verhindern sind, während diese bei Netzen in aller Regel
   außer bei der Zugangskontrolle keinen Schutz bietet. Die Gründe hierfür sind in den
   Netzleitungen zu suchen, die häufig für Dritte ohne Probleme zugänglich sind und in
   dem Besitzerwechsel, bei dem Daten in der Regel nach ihrem Empfang in den Besitz
   des Empfängers übergehen.

3. Wenn Elementaroperationen den Einsatz einer Sicherheitsmaßnahme fordern, bedeutet dies noch lange nicht, daß damit alle Sicherheitsmechanismen, die sich unter dieser Sicherheitsmaßnahme subsummieren lassen, auch gleich gut eignen und denselben Schutz bieten. Betrachtet man z.B. die Elementaroperationen Modifizieren und
   die Sicherheitsmaßnahme Daten-Integritätsschutz, so ist klar feststellbar, daß sich
   der Message Authentication Code oder die digitale Signatur besser eignen und mehr
   Schutz bieten als der Message Detection Code, der nur die in beschränktem Umfang
   die Unversehrtheit der Daten aber nicht ihre Echtheit sicherstellt.

4. Wenn die Ausführung einer Elementaroperation durch mehrere Sicherheitsmaßnahmen verhindert werden kann, kann es zum einen von der Umgebung abhängen, welche
   der Sicherheitsmaßnahmen besser geeignet ist, zum anderen aber auch von den Subjekten, Objekten und Funktionen, die mit ihren Eigenschaften von der Ausführung
   der ensprechenden Elementaroperation zu schützen sind. Betrachtet man z.B. das

Elementaroperation	Netze	monolithische Computersysteme
Modifizieren	Daten-Integritätsschutz Serien-Integritätsschutz	Zugriffskontrolle Daten-Integritätsschutz Serien-Integritätsschutz
Einfügen	Daten-Integritätsschutz Serien-Integritätsschutz	Zugriffskontrolle Daten-Integritätsschutz Serien-Integritätsschutz
Löschen	Daten-Integritätsschutz Serien-Integritätsschutz	Zugriffskontrolle Daten-Integritätsschutz Serien-Integritätsschutz
Ausforschen	Verschlüsselung Verkehrsvertraulichkeit	Zugriffskontrolle Verschlüsselung
Ersetzen	Daten-Integritätsschutz Serien-Integritätsschutz Non-Repudiation	Zugriffskontrolle Daten-Integritätsschutz Serien-Integritätsschutz
Weitergeben	-	Zugriffskontrolle
Wiedereinspielen	Serien-Integritätsschutz	Zugriffskontrolle Serien-Integritätsschutz
Vorenthalten	Zugriffskontrolle plus Authentifikation	Zugriffskontrolle plus Authentifikation
Ableiten	Verkehrsvertraulichkeit	Anonymisierung
Zweckentfremden	-	Zugriffskontrolle Serien-Integrität
Leugnen	Non-Repudiation Auditing	Auditing
Unterlassen	Auditing	Zugriffskontrolle Auditing Vorgangssteuerung

Tabelle 1: Elementaroperationen der Manipulation und Sicherheitsmaßnahmen

Modifizieren, so reicht es aus den Daten-Integritätsschutz zu wählen, wenn nur die Modifikation einzelner Objekte verhindert werden soll. Soll aber die Modifikation einer Serie von Objekten[6] verhindert werden, muß auf jeden Fall der Serien-Integritätsschutz gewählt werden.

5. In der Tabelle zeigt sich, daß eine Sicherheitsmaßnahme in der Regel vor der Ausführung mehrerer Elementaroperationen schützt. So kann man z.B. den Daten-Integritätsschutz gegen die Ausführung der Operationen Modifizieren, Einfügen, Löschen und Ersetzen einsetzen.

6. Vor der Elementaroperation Vorenthalten kann durch den gemeinsamen Einsatz der Sicherheitsmaßnahmen Zugriffskontrolle und Authentifikation geschützt werden. Beide Maßnahmen zusammen bilden die Zugangskontrolle.

7. Die Ausführung der Elementaroperation Unterlassen kann nur teilweise mit Hilfe der klassischen Sicherheitsmaßnahmen unterbunden werden. Viel wirkungsvoller ist hier der Einsatz einer Vorgangssteuerung, die feste Ablaufschemata für Vorgänge definiert und somit das Unterlassen von Vorgängen verhindert. Die Vorgangssteuerung muß dazu allerdings genauso wie jeder andere Vorgang vor Modifikation etc. geschützt sein.

   Die Sicherheitsmaßnahme Auditing stellt nur insofern einen Schutz gegen die Elementaroperation Unterlassen dar, als daß ein fehlender Eintrag das Unterlassen eines Handlungsgebotes aufzeigt und somit eine gewisse abschreckende Wirkung vorhanden ist.

Hier soll nun anhand zweier Beispiele erläutert werden, wie der Weg von der Anforderung zu den Maßnahmen und den sie realisierenden Mechanismen aussehen kann.

1. Beispiel: Hat man die Sicherheitsanforderung, daß die Unversehrtheit der Nachrichten während ihrer Übertragung nicht durch Modifikation, Ersetzen oder Löschen verletzt werden darf, so muß man bei der Auswahl der Sicherheitsmaßnahme zu allererst überlegen, ob es sich dabei nur um einzelne Nachrichten handelt oder auch um eine Serie von Nachrichten. Ist ersteres der Fall, so benötigt man die Sicherheitsmaßnahme Daten-Integritätsschutz; trifft letzteres zu, so wird auch die Sicherheitsmaßnahme Serien-Integritätsschutz benötigt, da die Umgebung ein Kommunikationsnetz ist. Die Sicherheitsmaßnahme Daten-Integrität kann z.B. durch Digitale Signatur, Message Authentication Code oder Message Detection Code realisiert werden. Welcher von diesen dreien verwendet wird, hängt in allererster Linie von den weiteren Anforderungen an das System ab. Gibt es z.B. eine weitere Sicherheitsanforderung, daß die Echtheit der Nachricht gesichert sein muß, so kann man als Sicherheitsmechanismus die digitale Unterschrift implementieren.

Betrachtet man die Serien-Integrität, so kommt hier als Sicherheitsmechanismus nur der verbindungsorientierte Integritätsmechanismus in Frage, da sich nur dieser in Netzen wirkungsvoll einsetzen läßt.

2. Beispiel: In einem monolithischen Computersystem sollen die Vertraulichkeit der Daten einer Anwendung sichergestellt sein. Diese ist durch die Ausführung der Elementarfunktionen Ausforschen, Weitergeben, Ableiten und Zweckentfremden gefährdet.

---

[6]z.B. die Reihenfolge von Nachrichtenpaketen

Als erstes ist nun zu entscheiden, welche dieser Elementaroperationen eine wirkliche Gefahr für die Daten darstellen. Je nach der Beschaffenheit der Daten kann es z.B. gut möglich sein, daß die Elementarfunktion Ableiten überhaupt keine Gefahr darstellt, da keine weiteren geheime, detailierte Informationen aus den Daten zu gewinnen sind. Werden alle vier Elementaroperationen als wesentlich angesehen, können als Sicherheitsmaßnahmen die Zugriffskontrolle, die Verschlüsselung und die Anonymisierung eingesetzt werden.

Wird Zugriffskontrolle als Sicherheitsmaßnahme eingesetzt, so kann mit Hilfe der Vergabe von Zugriffsrechten ein Ausforschen, Weitergeben oder Zweckentfremden durch Dritte, die nicht Zugriff zu der Anwendung haben, ausgeschlossen werden. Außerdem können die Zugriffsrechte für die Benutzer der Anwendung so gesetzt werden, daß diese die Daten nur lesen aber nicht kopieren können, um damit ein direktes Weiterleiten der Daten zu verhindern. Ebenso kann der Zugriff auf die Daten an den Zugriff auf bestimmte Programme gekoppelt sein, so daß eine Zweckentfremdung der Daten ausgeschlossen ist. Damit die Benutzer nichts aus den Daten ableiten können, muß eine Anonymisierung der Daten erfolgen.

Für den Schutz gegenüber Dritten kann statt der Zugriffskontrolle auch die Verschlüsselung eingesetzt werden.

5 Maßnahmenorientierte Sicherheitsanforderungen

Wie bereits in Abschnitt 2 erwähnt, gibt es neben den eigenschaftsorientierten Sicherheitsanforderungen auch maßnahmenorientierte Sicherheitsanforderungen. Für die Formulierung dieser können nun die den Elementaroperationen der Manipulation zugeordneten Sicherheitsmaßnahmen verwendet werden. Damit kann nun in einer Sicherheitsanforderung statt dem, was sicherzustellen ist, das, wie es sicherzustellen ist, betont werden und der Übergang zwischen den Sicherheitsanforderungen als solches und den Sicherheitsmaßnahmen ist gewährleistet.

Betrachtet man die in Abschnitt 4 beschriebenen Beispiele, so kann man diese auch wie folgt maßnahmenorientiert formulieren:

1. **Beispiel:** Die Daten müssen während ihrer Übertragung durch Daten- bzw. Serien-Integrität vor Modifikation, Ersetzen, Löschen ud Einfügen gesichert werden. Diese Formulierung stellt nur die Unversehrtheit der Daten sicher. Soll zusätzlich ihre Echtheit gewährleistet werden, so muß die Sicherheitsmaßnahme Datenauthentifikation in die Formulierung miteinbezogen werden: Die Daten müssen während ihrer Übertragung durch Daten- bzw. Serien-Integrität und Datenauthentifikation gesichert werden.

2. **Beispiel:** Die Daten müssen durch Anonymisierung, Zugriffskontrolle und Verschlüsselung vor Ableiten, Ausforschen, Weitergeben und Zweckentfremden geschützt werden. Damit wird die Vertraulichkeit der Daten sichergestellt.

Durch die Einbeziehung der Elementaroperationen in die Formulierung wird die Ausrichtung der Sicherheitsmaßnahmen klar festgelegt. Betrachtet man das 2. Beispiel, so geht klar aus diesem hervor, daß die Sicherheitsmaßnahme Zugriffskontrolle in einer Form einzusetzen ist, daß keine Weitergabe der Daten möglich ist.

Ebenso wie die Sicherheitsmaßnahmen können auch die für ihre Realisierung verwendeten Sicherheitsmechanismen für die Formulierung *mechanismenorientierter* Sicherheitsanforderungen verwendet werden. Hierbei besteht jedoch die Gefahr, daß im Entwicklungsprozeß zu früh detailierte Festlegungen getroffen werden. Vor allen Dingen besteht dieses Problem, wenn sich verschiedene Sicherheitsmechanismen gleich gut für die Realisierung einer Sicherheitsmaßnahme eignen und die Auswahl z.B. durch Leistungsanforderungen entschieden wird. Für die Festlegung der Sicherheitsmechanismen sollten somit die gesamten Systemanforderungen bekannt sein.

Weiterhin ist zu beachten, daß beim Einsatz von Sicherheitsmaßnahmen wiederum bestimmte Voraussetzungen (Eigenschaften) zu erfüllen sind, so daß deswegen der Einsatz weiterer Sicherheitsmaßnahmen notwendig ist. Dabei können die geforderten Eigenschaften von dem für die Realisierung der Sicherheitsmaßnahme gewählten Sicherheitsmechanismus abhängen.

6 Resümee

Sicherheitsanforderungen mit Hilfe von Eigenschaften aufzustellen, fällt einem außenstehenden Anwender wahrscheinlich am einfachsten. Allerdings kann das Verständnis, was unter einer bestimmten Eigenschaft verstanden wird, sehr unterschiedlich sein. Häufig wird hierbei auch versucht unter einer Eigenschaft möglichst viele von ihrer Bedeutung verwandte Eigenschaften zu subsummieren, anstatt diese als eigenständige Eigenschaften zu betrachten.

Werden Sicherheitsanforderungen mit Hilfe von Sicherheitsmaßnahmen beschrieben, so werden häufig zu frühe Festlegungen getroffen. Weiterhin fehlt hier oft das Bewußtsein, was man mit der gewählten Maßnahme erreichen will. Dies führt leicht dazu, daß bestimmte Bedrohungen, die nicht von der gewählten Maßnahme abgedeckt werden, übersehen werden.

Die Elementaroperationen der Manipulation helfen nun einem Anwender alle möglichen Bedrohungen festzustellen und dann gezielt in Abhängigkeit von seinem IT-System dagegen Sicherheitsmaßnahmen einzusetzen. Sie zeigen aber auch gegen welche Bedrohungen und damit für die Erhaltung welcher Eigenschaften eine Sicherheitsmaßnahme eingesetzt werden kann. Sie helfen allerdings nicht sehr viel bei der Auswahl der für die Realisierung der Sicherheitsmaßnahmen benötigten Sicherheitsmechanismen, da diese auch von anderen Kriterien (Leistung, Realsierbarkeit, Kosten etc.) abhängen.

Danksagung

Diese Arbeiten sind im Rahmen des Förderprojektes REMO (Referenzmodell für sichere IT-Systeme) entstanden. Kooperationspartner in diesem Verbundprojekt sind das Europäische Institut für Systemsicherheit (E.I.S.S.) der Universität Karlsruhe, die Gesellschaft für Mathematik und Datenverarbeitung mbH (GMD), die Industrieanlagen-Betriebsgesellschaft mbH (IABG), die Siemens AG und die Telematic Services GmbH. Das Projekt wird vom BMFT unter dem Kennzeichen 01 IS 202 E gefördert.

Literatur

[Aman 92] E. Amann: Glossar, REMO-Arbeitspapier No. 78.02, IABG, 1991

[FFKK 93] O. Fries, A. Fritsch, V. Kessler, B. Klein: Katalog von Sicherheitsmechanismen (erscheint demnächst)

[HMS 93] S. Herda, S. Mund, A. Steinacker: Szenarien zur Sicherheit informationstechnischer Systeme, Oldenbourg Verlag, München, 1992 (erscheint demnächst)

[IT-S 89] IT-Sicherheitskriterien, BSI, Bundesanzeiger, 1989

[PeSt 91] B. Pertzsch, A. Steinacker: Sicherheitsanforderungen - Der Schlüssel zur Sicherheit, Tagungsband DATASAFE (Hrsg: T. Beth, P. Horster), VDE-Verlag, Berlin, 1991

[Stra 91] H. Strack: Formale Modellierung + Spezifikation + Verifikation = Sicherheit ?, Tagungsband DATASAFE (Hrsg: T. Beth, P. Horster), VDE-Verlag, Berlin, 1991

Sicherheit von IT-Systemen als
"sogar wenn - sonst nichts - Eigenschaft"

Joachim Biskup

Institut für Informatik

Universität Hildesheim

Samelsonplatz 1

D-3200 Hildesheim

e_mail: biskup@informatik.uni-hildesheim.de

Sicherheit von IT-Systemen ist ein Schlagwort, hinter dem sich häufig sehr verschiedene Vorstellungen verbergen. Wir entwickeln eine Begrifflichkeit, die die Kontextabhängigkeit des Redens über Sicherheit betont: nur auf dem Hintergrund von offengelegten Zwecken und Werten kann sinnvoll von Sicherheit gesprochen werden; nur bezüglich einer Spezifikation von zu leistenden Diensten und bezüglich Beschreibungen von Herausforderungen sind Aussagen über die Sicherheit eines IT-Systems wirklich sinnvoll. Unser Definitionsversuch zeigt ferner die Zweigesichtigkeit von Sicherheit auf: einerseits soll das Geforderte tatsächlich geschehen, andererseits soll im wesentlichen sonst nichts, mindestens aber nichts ausdrücklich Verbotenes geschehen. Die üblichen Sicherheitsanforderungen der Vertraulichkeit, Integrität und Verfügbarkeit sowie weitergehende Forderungen der Authentizität, Anonymität, Anerkennung und Rollentrennung werden beispielhaft in den Rahmen unserer Begrifflichkeit eingeordnet.

1. Einführung

Während der vergangenen Jahre wurde zunehmend anerkannt, daß "Sicherheit" eine wichtige Eigenschaft von IT-Systemen ist. Dies drückt sich insbesondere dadurch aus, daß wissenschaftliche Zeitschriften und Tagungsreihen über Sicherheit eingeführt wurden und daß staatliche Behörden gegründet wurden, die unter anderem sogenannte Kriterien zur Sicherheit von IT-Systemen herausgeben und Produkte in bezug auf solche Kriterien begutachten und einstufen. Eine kleine Auswahl von Schriften zur Sicherheit ist durch folgende Liste gegeben: [BeLa 74, De 82, DoD 83, ClWi 87, DoDe 89, NaS 89, ITSEC 91, IFIP 91, Bi 91, Pa 92]. Trotz - oder vielleicht angesichts der Auseinandersetzungen auch wegen - der Vielfalt der Bemühungen um Sicherheit, läßt sich noch schwerlich ein gemeinsames Verständnis des Begriffs "Sicherheit" erkennen. Ein Grund dafür mag in einer eigentlich weithin anerkannten Einsicht liegen: Sicherheit ist eine umfassende Eigenschaft. Andererseits erfassen einzelne

Arbeiten über Sicherheit doch allzu leicht nur jeweils einen Ausschnitt der bedeutsamen Gesichtspunkte: die einzelnen Ausschnitte sind aber nicht immer untereinander verträglich und ergeben zusammengenommen kein klares Bild.

Dieser Beitrag möchte eine Diskussion beginnen, die schließlich zu einem gemeinsamen klaren Verständnis des Begriffs "Sicherheit" als eine umfassende Eigenschaft von IT-Systemen führen soll. Es wird sich zeigen, daß weniger eine geraffte Definition von Sicherheit als eine weitgespannte Denk- und Vorgehensweise das Ergebnis sein wird.

Diese Denk- und Vorgehensweise muß hier notgedrungen vereinfachend und auch idealisierend vorgestellt werden: vereinfachend, weil viele Einzelheiten erst bei einer tatsächlich vorliegenden Anwendung sichtbar werden; idealisierend, weil anders als im folgenden Gedankengang ein umfangreiches IT-System kaum jemals von Grund auf neu und ohne vielfältige Einflüsse technischer, finanzieller, betrieblicher oder sonstiger Art eingeführt wird.

2. Definitionsversuche: erster Durchgang

In einem ersten Durchgang entwickeln wir unseren Definitionsversuch für den Begriff "Sicherheit" auf drei Betrachtungsebenen: einer unternehmerisch-gesellschaftlichen, einer technisch orientierten und einer operationalisierten. Damit folgen wir der Entwicklungs-Methodologie der schrittweisen Verfeinerung von inhaltlichen Anforderungen zu einem formalen IT-System.

2.1. Unternehmerisch-gesellschaftliche Betrachtungsebene

Wir beginnen mit einer (informalen) unternehmerisch-gesellschaftlichen Betrachtungsebene. Unter dem Gesichtspunkt der Sicherheit müssen IT-Systeme angesehen werden als ein technisches Mittel für ein **Unternehmen,** das seinerseits in die **Gesellschaft** eingebettet ist. Das Unternehmen setzt das IT-System für gewisse zu erfüllende **Zwecke** ein; die Gesellschaft möchte oder muß dabei (möglicherweise mehr oder weniger widerstreitende) **Werte** wahren. Ein Muster für zu erfüllende Zwecke besteht darin, daß ein (gezielter) Informationsfluß zwischen gewissen Sendern und Empfängern stattfinden soll, etwa um die Kommunikation zwischen Menschen zu unterstützen oder etwa um Anlagen zu steuern. Beispiele für zu wahrende Werte sind Gesundheit und Leben, Lebensraum, Geheimnisse, Eigentum, informationelle Selbstbestimmung, Mitwirkung und Mitbestimmung.

Im allgemeinen dienen auch die zu erfüllenden unternehmerischen Zwecke gesellschaftlich geachteten Werten. Diese hinter den Zwecken liegenden Werte können durchaus mit anderen gesellschaftlichen Werten widerstreitend sein. Dann muß bereits auf der vorliegenden Betrachtungsebene eine Abwägung der Werte stattfinden, deren Ergebnis die folgende Annahme begründet:

Werte-Annahme: Nach Abwägung aller Werte sind die zu erfüllenden unternehmerischen Zwecke als **berechtigt** anerkannt.

Unter dieser Werte-Annahme kann man dann versuchsweise festlegen:

1. Definitionsversuch: Ein IT-System ist **sicher**, wenn es seine unternehmerischen Zwecke erfüllt, ohne die zu wahrenden Werte unberechtigt zu verletzen.

2.2. Technische Betrachtungsebene

Wir gehen jetzt über zu einer schon formaleren, mehr technisch orientierten Betrachtungsebene. Für den weiteren Entwurf eines IT-Systems müssen nun die zu erfüllenden unternehmerischen Zwecke zu technischen **Diensten** verfeinert werden.

Unter dem Gesichtspunkt der Sicherheit erscheint die folgende Forderung wichtig, die wir unten noch kurz erörtern:

Zweck-Forderung: Die zu erfüllenden unternehmerischen Zwecke müssen **vollständig** und **abschließend** zu technischen Diensten **spezifiziert** werden.

Unter dieser Zweck-Forderung können wir nun auch den 1. Definitionsversuch verfeinern:

2. Definitionsversuch: Ein IT-System S **verwirklicht sicher** die spezifizierte Menge von Diensten **D** , wenn

1. [**verläßlich korrekt**]   S leistet verläßlich alle Dienste aus **D** ,

2. [**begrenzt**]   S leistet sonst nichts.

Wenn ein IT-System S die spezifizierte Menge von Diensten **D** sicher verwirklicht (im Sinne des 2. Definitionsversuchs), so ist das IT-System offensichtlich auch sicher (im Sinne des 1. Definitionsversuchs). Denn S erfüllt seine unternehmerischen Zwecke wegen der Zweck-Forderung und der verläßlichen Korrektheit, und S verletzt zu wahrende Werte nicht unberechtigt wegen der Werte-Annahme und der Begrenztheit. Man beachte, daß ohne die Zweck-Forderung und die Werte-Annahme die Definitionsversuche leicht ins Leere laufen würden: eine technische Verständigung über "Sicherheit" setzt ein gemeinsames unternehmerisch-gesellschaftliches Verständnis von Zwecken und Werten voraus.

Allerdings ist eine vollständige und abschließende Spezifikation der geforderten Dienste zwar wohl grundsätzlich möglich und für gut abgrenzbare IT-Systeme auch tatsächlich erreichbar, aber in vielen praktischen Fällen doch schwierig durchzuführen. Dagegen muß man sich wohl der grundsätzlichen Einsicht beugen, daß die Vielfalt der Erscheinungsformen von Werten und der nicht geforderten Dienste als offen und niemals vollständig beschreibbar angesehen werden müssen. Also ist die Forderung der verläßlichen Korrektheit von vornherein mit einer erheblichen praktischen Schwierigkeit, die Forderung der Begrenztheit mit einer grundsätzlichen Schwierigkeit behaftet.

Die Zweigesichtigkeit von Sicherheit, einerseits verläßliche Korrektheit und andererseits Begrenztheit, ist auch in der Literatur schon häufig angesprochen worden. Hier seien nur drei Beispiele zitiert. J. Dobson [Do 91] spricht von "expected behavior" einerseits und "protection against enemies" andererseits; J. Rushby [Ru 91] fordert einerseits "good things must happen" und andererseits "bad things must not happen"; J. Biskup [Bi 90, Bi 91] möchte Datenfluß einerseits "gewährleistet" und andererseits "begrenzt" sehen. Auch in diesen Redeweisen klingt an, daß die (positive) Leistungsanforderung der verläßlichen Korrektheit genau, wenn auch im Einzelfall schwierig ausdrückbar ist, daß aber die (negative) Abwehrforderung der Begrenztheit grundsätzlich unter der oben angesprochenen Offenheit leidet.

Ein Ansatz, mit dieser unvermeidbaren Offenheit umzugehen, besteht darin, die Abwehrforderung gegen ausdrücklich genannte **Bedrohungen** zu erheben. Solche Bedrohungen können sowohl die anderen zu wahrenden Werte als auch die unternehmerischen Zwecke und damit auch die diese berechtigenden Werte gefährden. Bedrohungen richten sich also nicht nur gegen die Begrenztheit, sondern auch gegen die Korrektheit. Deshalb haben wir oben auch von (angesichts von Bedrohungen) "verläßlicher Korrektheit" gesprochen.

2.3. Operationalisierte Betrachtungsebene

Schließlich begeben wir uns auf eine operationalisierte Betrachtungsebene. Wir setzen weiterhin voraus, daß bezüglich der vorangehenden Betrachtungen die Werte-Annahme und die Zweck-Forderung erfüllt sind. Insbesondere liegt also eine vollständige und abschließende Spezifikation der zu leistenden Dienste vor. Es ist wünschenswert, diese Spezifikation in möglichst formaler Fassung verfügbar zu haben, um spätere formale Verifikationen wenigstens ansatzweise zu ermöglichen.

Für die angestrebte operationalisierte Betrachtungsebene müssen wir im wesentlichen noch unser Verständnis von "System", "Bedrohung", "leistet verläßlich" und "leistet sonst nichts" verfeinern.

Unter einem "System" wollen wir einen ausführbaren Formalismus, z.B. ein PASCAL-Programm (syntaktischer Teil) mit einer PASCAL-Maschine (semantischer Teil) verstehen.

Solch ein ausführbarer Formalismus soll mindestens ein wohldefiniertes Ein / Ausgabe-Verhalten bezüglich seiner Schnittstelle und ein wohldefiniertes Übergangs-Verhalten bezüglich seiner Zustände besitzen. Ferner soll man sinnvoll davon reden und auch (wenigstens ansatzweise) verifizieren können, daß ein ausführbarer Formalismus einen spezifizierten Dienst leistet (implementiert). Schließlich benötigen wir die Eigenschaft, daß man sinnvoll davon reden und auch überprüfen kann, daß ein ausführbarer Formalismus einen Dienst **nicht** leistet. Eine genauere Festlegung der Art eines solchen ausführbaren Formalismus würde den Rahmen dieses Beitrags sprengen.

Für die operationalisierte Betrachtungsebene nehmen wir nun an, daß das auf Sicherheit hin zu bewertende IT-System S als ausführbarer Formalismus vorliegt. Dann fordern wir, daß jede Bedrohung durch zwei Angaben beschrieben wird. Die erste Angabe bestimmt einen ausführbaren Formalismus (der gleichen Art wie der des Systems), und zwar derart, daß wir diesen Formalismus als **Umgebung** U des gewünschten Systems deuten können. Gewünschtes System S und Umgebung U zusammen bilden dann also wieder einen ausführbaren Formalismus. Die zweite Angabe für eine Bedrohung bestimmt für die Kopplung von S in U eine Menge V(U) als **verboten angesehener Dienste**. Eine derart als Paar (U , V(U)) operationalisierte Bedrohung nennen wir im folgenden eine **Herausforderung**.

Die Kopplung des gewünschten Systems S in die Umgebung U kann insbesondere dazu dienen, im gewünschten System nach außen verdeckte Schnittstellen bloßzulegen und dann zu betrachten, wie die (etwa böswillige) Umgebung über diese Schnittstellen das gewünschte System beeinflussen kann. Bei partieller Spezifikation der zu leistenden Dienste kann die Kopplung auch dazu dienen, gemäß dem unternehmerischen Zweck nicht vorgesehenes Verhalten an der Schnittstelle des Systems zu simulieren und die Auswirkungen davon zu untersuchen. (Untersuchungen der letzten Art sind jedoch, wenn sie nicht mit anderen Betrachtungen verbunden werden, vom tatsächlichen System unabhängig und könnten deshalb schon auf der Betrachtungsebene der Spezifikation der Dienste durchgeführt werden.)

Angesichts der grundsätzlichen Offenheit der Bedrohungen müssen wir unsere Bemühungen um Operationalisierung jedoch wie folgt einschränken:

Bedrohungs-Forderung: Die als **bedeutsam** angesehenen Bedrohungen müssen bestimmt und als **Herausforderungen** der Form (U, V(U)) von jeweils **erwarteter Umgebung** U mit **verbotener Dienstmenge** V(U) beschrieben werden.

Natürlich wird man im allgemeinen die erwarteten Umgebungen nicht jeweils einzeln als ausführbaren Formalismus angeben, sondern eine abstraktere Beschreibung von geeigneten (Teil-) Klassen solcher ausführbaren Formalismen anstreben. Ferner wird man die zugehörigen verbotenen Dienste jeweils möglichst für eine ganze (Teil-) Klasse von Umgebungen uniform zu beschreiben versuchen.

Unter dieser zusätzlichen Forderung können wir nun für die operationalisierte Betrachtungsebene unseren 2. Definitionsversuch weiter verfeinern:

3. Definitionsversuch: Ein (als ausführbarer Formalismus operationalisiertes) IT-System S **verwirklicht sicher** die spezifizierte Menge von Diensten **D** unter der beschriebenen Menge der Herausforderungen H, wenn gilt:

für alle Herausforderungen (U , V(U)) $\in$ **H** :

1. [**verläßlich korrekt**] die Kopplung von S in U leistet alle Dienste D $\in$ **D**,

2. [**begrenzt**]   die Kopplung von S in U leistet keinen Dienst
   D $\in$ V(U).

Mit diesem Definitionsversuch haben wir in einem ersten Durchgang den Begriff der "Sicherheit" - wie im Titel dieses Beitrags angekündigt - entwickelt als

" sogar wenn -   (das System in eine (böswillige) Umgebung eingebettet wird, geschehen
  sonst nichts -   (Verbotenes)
  Eigenschaft".

3. Weitere Gesichtspunkte

Wie in der Einführung schon angedeutet, soll der obige Versuch weniger eine Allgemeingültigkeit beanspruchende geraffte Definition als eine weitgespannte Denk- und Vorgehensweise liefern. Der Versuch stellt damit sozusagen ein Arbeitsvorhaben dar, das in jedem Anwendungsfall noch mühsam angepaßt und ausgearbeitet werden muß. Genau dies möchte dieser Beitrag auch anregen. Im folgenden sollen (weiterhin losgelöst von einer tatsächlichen Anwendung) einige weitere Gesichtspunkte erörtert werden.

3.1. Wahrscheinlichkeits- und Komplexitäts-Aussagen zur Sicherheit

Die im Definitionsversuch enthaltenen Aussagen zur Sicherheit, verläßliche Korrektheit und Begrenztheit, werden meistens in obiger strenger Form nicht tatsächlich erreichbar sein. Stattdessen wird man sich bestenfalls mit schwächeren Aussagen begnügen müssen, die

> Wahrscheinlichkeiten vom Eintreffen gewisser Ereignisse und
> algorithmische Komplexitäten von Umgebungen

in die Betrachtungen einbeziehen. Dann sind Aussagen etwa der folgenden Art anzustreben, wobei k jeweils eine Komplexitätsfunktion und ε eine vorgegebene (kleine) Schranke für Wahrscheinlichkeiten sei:

1^*. **[k - ε verläßlich korrekt]**

> wenn U nur Betriebsmittel $\leq k$ verbraucht,
> so leistet die Kopplung von S in U alle Dienste
> $D \in \mathbf{D}$ mit Wahrscheinlichkeit $\geq 1 - \varepsilon$.

2^*. **[k - ε begrenzt]**

> wenn U nur Betriebsmittel $\leq k$ verbraucht,
> so leistet die Kopplung von S in U einen (verbotenen)
> Dienst $D \in V(U)$ mit Wahrscheinlichkeit $\leq \varepsilon$.

Natürlich stellt eine anwendungsgerechte Bestimmung von Wahrscheinlichkeitsverteilungen ein schwieriges Problem dar. Und die Komplexitätsbetrachtungen werden durch das weitgehende Fehlen bewiesener unterer Komplexitätsschranken häufig allenfalls unter komplexitätstheoretischen Annahmen (wie z.B. $P \neq NP$) möglich sein.

3.2. Sicherheit als Trennungseigenschaft

Die im Definitionsversuch enthaltenen Aussagen (gegebenenfalls in einer Wahrscheinlichkeits- und Komplexitäts- orientierten Form) kann man auch als Trennungseigenschaft deuten: das IT-System S trennt in jeder erwarteten Umgebung (mit Betriebsmittel-Verbrauch $\leq k$) die als gewünscht spezifizierten Dienste aus $\mathbf{D}$ von den übrigen, verbotenen Diensten (mit Verletzungswahrscheinlichkeiten $\varepsilon_1 > 0$, $\varepsilon_2 > 0$). Denn solange eine erwartete (böswillige)

Umgebung in ihrer algorithmischen Komplexität durch die Schrankenfunktion k beschränkt bleibt, kann man die Leistung der gewünschten Dienste mit hoher Wahrscheinlichkeit $1 - \varepsilon_1$ und das Auftreten eines verbotenen Dienstes nur mit kleiner Wahrscheinlichkeit ε_2 erwarten (wobei wir $1 - \varepsilon_1 \gg \varepsilon_2$ annehmen).

Aus dieser Überlegung ergibt sich sofort eine Folgerung bezüglich der Spezifikation der Menge von zu leistenden Diensten **D**: wenn die Komposition von Diensten möglich ist (was üblicherweise der Fall sein wird), dann setzt Sicherheit im Sinne unseres Definitionsversuchs voraus, daß für je zwei zu leistende Dienste $D_1 \in$ **D** und $D_2 \in$ **D** die Komposition wieder als wünschenswert angesehen wird, d.h. daß auch $D_1 \cdot D_2 \in$ **D**. Denn andernfalls sind die beiden Aussagen zur Sicherheit nicht gleichzeitig erfüllbar. Diese Folgerung führt zu folgender Forderung, die bereits bei der Bestimmung der Zwecke und ihrer Spezifikation zu Diensten berücksichtigt werden muß:

Abschluß-Forderung für Dienste: Die (als zu leisten) spezifizierte Menge von Diensten **D** muß "natürliche Abschlußeigenschaften" besitzen.

Als klassisches Beispiel zu diesen Überlegungen sei das wohlbekannte Problem des transitiven Informationsflusses genannt: wenn Informationsfluß von A nach B und Informationsfluß von B nach C zu leisten sind, dann wird Informationsfluß von A nach C im allgemeinen schwerlich zu verhindern sein. Diese Einsicht ist dann auch tief verankert im Sicherheitsmodell von Bell-LaPadula [BeLa 74], insbesondere in der sogenannten *-Eigenschaft. Andererseits zeigt die Erfahrung mit diesem Sicherheitsmodell auch, daß eine strenge Anwendung der Abschluß-Forderung für ein Modell dazu führen kann, daß das Modell nicht mehr anwendungsgerecht wird und **außerhalb** des Modells weitere Informationsflüsse zugelassen werden müssen (etwa als "downgrading" oder "sanitization", siehe etwa [De 82]).

3.3. Lebenszyklus von IT-Systemen, Sicherheitszwecke und Risikoanalyse

Bislang haben wir eine recht statische Sicht vom Lebenszyklus eines IT-Systems verfolgt, denn die Entwicklung wurde vereinfachend in aufeinanderfolgenden Betrachtungsebenen beschrieben. Auf der ersten Ebene, der unternehmerisch-gesellschaftlichen, werden die Anforderungen als zu erfüllende Zwecke und dabei zu wahrende Werte ausgedrückt. Auf der zweiten Ebene, die schon technisch orientiert ist, werden Zwecke zu Diensten spezifiziert, und die Bestimmung der bedeutsamen Bedrohungen ergänzt die Anforderungen. Auf der dritten Ebene schließlich erfolgt eine volle Operationalisierung der Anforderungen, indem das gewünschte IT-System als ausführbarer Formalismus angegeben und seine Herausforderungen als erwartete Umgebungen mit verbotenen Diensten beschrieben werden.

Wie aus der Programmentwicklung oder anderen Entwicklungs-Methodologien bekannt, ist tatsächlich natürlich eine dynamischere Sicht erforderlich. So ergeben sich etwa die Bestandteile der Anforderungen - Zwecke, Werte, Bedrohungen - nicht unabhängig voneinander. Beispielsweise kann man folgende Wechselwirkungen beobachten:

- Ausgedrückte Zwecke machen Werte bewußt und Bedrohungen sichtbar.

- Bewußt werdende Werte führen zu neuen Zwecken, die dann durch sichtbar werdende Bedrohungen wieder gefährdet erscheinen.

- Sichtbar werdende Bedrohungen machen Werte bewußt und führen zu neuen Zwecken.

Entsprechend wirken die Bestandteile der Operationalisierung - IT-System und seine Herausforderungen - aufeinander ein:

- Das IT-System enthält Gegenmaßnahmen auf Herausforderungen.

- Gegenmaßnahmen lassen neue Herausforderungen erwarten.

Ferner werden sich aus der Operationalisierung Rückwirkungen auf die Anforderungen ergeben.

Schließlich wird man im Sinne einer "partizipativen Systementwicklung" auch die betroffenen Menschen am Lebenszyklus beteiligen müssen. Dabei wird insbesondere zu fragen sein, welche Beteiligten sich wie als "Problembesitzer" bezüglich Sicherheit sehen, d.h. welche Zwecke ihnen nützlich, welche Werte ihnen bewahrenswert und welche Bedrohungen ihnen gefährlich erscheinen. Verschiedene Beteiligte "besitzen" dabei durchaus unterschiedliche Probleme.

Diese vielfältigen Wechsel- und Rückwirkungen werden im allgemeinen dazu führen, daß neben den ursprünglichen "unternehmerischen Zwecken" noch zusätzliche **"Sicherheitszwecke"** aufgestellt werden. Diese Sicherheitszwecke müssen dann wieder zu "Sicherheitsdiensten" spezifiziert und schließlich im IT-System operationalisiert werden.

In einer solchen dynamischen Sicht des Lebenszyklus erscheinen Zwecke und Werte einerseits und Bedrohungen andererseits, bzw. schließlich das IT-System einerseits und seine erwarteten Umgebungen andererseits, wie Gegenspieler. Man beachte jedoch, daß eine grundsätzliche Ungleichheit vorliegt:

- Das System ist voll operationalisiert.

- Obwohl jede Herausforderung ebenfalls operationalisierbar zu beschreiben ist, bleibt die Gesamtheit der Herausforderungen offen und ist nicht vollständig erfaßbar.

Die Methoden der Risikoanalyse bieten Ansätze, der dynamischen Sicht mit ihrer grundsätzlichen Ungleichheit gerecht zu werden.

Man kann fordern [An 92], daß die dynamische Sicht sogar noch weiter gefaßt wird: Während wir bislang von nur jeweils **einem** Unternehmen und seinem IT-System gesprochen haben (und andere Systeme allenfalls als bedrohende Umgebungen wahrgenommen haben), müßte man wohl eigentlich das Zusammenwirken solcher Unternehmen bedenken und nach Ansätzen für "gemeinsame Sicherheit" suchen. Bezöge man dann alle "Unternehmen" in die Überlegungen zur Sicherheit mit ein, so könnten aus möglichen Gegenspielern Verständigung anstrebende Partner werden.

Solche von (im guten Sinne) gesellschaftlicher Utopie geleiteten Forderungen sind von der hier vorgestellten Denk- und Vorgehensweise nicht mehr voll erfüllbar, sie werden aber durch die Werte-Annahme immerhin berücksichtigt.

3.4 Verletzung von Sicherheit

Wir haben bereits eine grundsätzliche Schwierigkeit des Begriffs der Sicherheit erkannt, nämlich daß die Erscheinungsformen von Werten, die Klasse der nicht spezifizierten Dienste und die Gesamtheit der Bedrohungen und damit der Herausforderungen als offen und niemals vollständig beschreibbar angesehen werden müssen.

Ferner haben wir bemerkt, daß die im Definitionsversuch enthaltenen Aussagen zur Sicherheit, verläßliche Korrektheit und Begrenztheit, im allgemeinen allenfalls in abgeschwächter Form erreichbar sind.

Selbst wenn man der in diesem Beitrag entwickelten Denk- und Vorgehensweise folgt, so muß man also doch die unvermeidbare Unvollkommenheit der Bemühungen einsehen:

Verletzungs-Annahme: Für ein IT-System muß grundsätzlich mit Verletzungen von Sicherheit gerechnet werden.

Man begegnet der sich daraus ergebenen Gefahr weithin dadurch, daß das Arbeiten eines IT-Systems ständig beobachtet und bezüglich Verletzungen von Sicherheit überwacht wird. Typischerweise führt dies wieder zu zusätzlichen "Sicherheitszwecken" und damit zusätzlich spezifizierten "Sicherheitsdiensten", die dann zu einer **Überwachungskomponente** des IT-Systems operationalisiert werden. Es ergibt sich damit ein (zumindest teilweise) sich selbst beobachtendes System. Mit Hilfe eines solchen Systems sollte man erkannte Verletzungen von Sicherheit möglichst auch auf eingrenzbare Ursachen in einer Umgebung zurückführen können.

Ein IT-System wird nun in einem unternehmerisch-gesellschaftlichen Zusammenhang eingesetzt, in dem schließlich Menschen als letztlich Handelnde auftreten. Deshalb sollte angestrebt werden, die Ursachen von Verletzungen jeweils verantwortlichen Menschen zuzurechnen. Während Erkennung von Verletzungen und Ursachenbestimmung eine (nur bedingt lösbare) technische Aufgabe darstellt, zerfällt die Zurechnung von Verantwortung in eine technische und eine menschlich-organisatorische Aufgabe. Die (wiederum nur ansatzweise lösbare) technische Aufgabe besteht insbesondere darin, das System so zu entwerfen, daß jegliche Systemtätigkeit auf menschliche Handlungen an Schnittstellen des Systems zurückverfolgt werden kann. Zusammengefaßt fordern wir also als Wunschziel:

Verantwortlichkeits-Forderung: Verletzungen von Sicherheit sollen erkennbar und auf verantwortlichen Menschen zurechenbare Ursachen zurückführbar sein.

4. Nachweis von Sicherheit

Bevor ein (als ausführbarer Formalismus operationalisiertes) IT-System tatsächlich in einem Unternehmen eingesetzt wird, soll auch der Nachweis seiner Sicherheit geführt werden. Diese bereits im US-amerikanischen "Orange Book" [DoD 83] erhobene Forderung wird in den deutschen und europäischen Sicherheitskriterien [NaS 89, ITSEC 91] sogar ausdrücklich von den funktionalen Anforderungen getrennt. Folgt man unserem Begriff von Sicherheit, so sind für einen solchen Nachweis mindestens anzugeben:

1. **Anforderungen** als
   zu erfüllende unternehmerische Zwecke,
   zu bewahrende gesellschaftliche Werte,
   bedeutsame Bedrohungen.

2. Vollständige und abschließende **Spezifikation**
   der zu leistenden technischen Dienste,
   einschließlich derjenigen zur Erkennung und Zurückführung
   von Verletzungen von Sicherheit.

3. **Operationalisierung** des IT-Systems mit Überwachungskomponente.

4. **Operationalisierbare Beschreibungen** der Herausforderungen.

5. **Aussagen** über verläßliche Korrektheit und Begrenztheit
   (die die Operationalisierungen in Beziehung zur Spezifikation setzen).

Wir haben schon an den entsprechenden Stellen jeweils vermerkt, daß solch ein Nachweis meistens nicht in strenger Form zu liefern ist. Dagegen erscheint es aufgrund der Struktur unseres Definitionsversuchs unverzichtbar, zu allen fünf Punkten tatsächlich (wenn auch gegebenenfalls unvollkommen) Beiträge zu leisten.

5. Ein Muster für Zwecke

In der Literatur, etwa auch in den deutschen und europäischen Kriterien zur Sicherheit von IT-Systemen [NaS 89, ITSEC 91] wird "Sicherheit" häufig durch drei Anforderungen umschrieben:

Vertraulichkeit:	Schutz vor unbefugtem Informationsgewinn,
Integrität:	Schutz vor unbefugter Modifikation von Informationen,
Verfügbarkeit:	Schutz vor unbefugter Beeinträchtigung der Funktionalität.

In diesem Abschnitt wollen wir zeigen, wie diese Auffassung von Sicherheit sich zu unserem Verständnis von Sicherheit verhält.

Ein Grundmuster für unternehmerische Zwecke besteht darin

einen (gezielten) **Informationsfluß**
zwischen **Sendern**
und **Empfängern**

zu verlangen. Für Datenbanken ist diese Art von Zweck in [Bi 90, Bi 91] genauer beschrieben.

Gegen einen solchen Zweck kann man insbesondere folgende Grundbedrohungen richten:

1. Gegen das Zustandekommen des Informationsflusses
   durch Zerstörung oder Verweigerung: Verlust der **Verfügbarkeit**.

2. Gegen das Zutreffen der Information: Verlust der **Integrität**.

3. Gegen die Richtigkeit der Empfänger: Verlust der **Vertraulichkeit**.

4. Gegen die Richtigkeit des Senders: Verlust der **Authentizität**.

5. Gegen die Privatheit des Informationsflusses: Verlust der **Anonymität**.

6. Gegen die Beweisbarkeit des Informationsflusses: Verlust der **Anerkennung**.

Genau genommen richtet sich die zuletzt genannte Grundbedrohung gegen einen um eine Art von Überwachung erweiterten Zweck. Man verlangt nicht nur, daß der gewünschte Informationsfluß tatsächlich erfolgt, sondern zusätzlich, daß man diese Tatsache auch später noch nachweisen kann. Man beachte, daß die im ersten Satz dieses Abschnitts noch recht allgemein benutzten Begriffe Vertraulichkeit, Integrität und Verfügbarkeit in der Liste der Grundbedrohungen im Zusammenhang mit dem genannten Zweck und damit eingeschränkter verwendet werden. Ferner zeigt sich, daß für den genannten Zweck weitere Grundbedrohungen bestehen, die sich nicht unmittelbar aus den drei Begriffen ableiten lassen. Allerdings findet man in den genannten Kriterien die Stichworte der weiteren Grundbedrohungen (außer Anonymität) dann doch noch in einer Aufzählung von "Grundfunktionen sicherer Systeme".

Diese kurze Gegenüberstellung soll auch zwei früher erhobene Behauptungen stützen: Viele Arbeiten über Sicherheit erfassen nur einen Ausschnitt der bedeutsamen Gesichtspunkte; für einen Nachweis ist die Vorgabe von Zwecken unverzichtbar, insbesondere um den Begriffen eine klare Bedeutung zu geben.

Man beachte auch, daß andere Muster für Zwecke möglicherweise noch ganz andere Grundbedrohungen sichtbar machen. Beispielsweise fordern unternehmerische Zwecke häufig, daß eine Person an vielen verschiedenen Informationsflüssen beteiligt sein soll. Aber andererseits verlangen zu bewahrende Werte, daß aus der Gesamtheit der ihr angebotenen Informationsflüsse nicht alle gleichzeitig (oder direkt aufeinanderfolgend) wahrgenommen werden dürfen, um mögliche Interessenkonflikte zu vermeiden. Die jeweils erlaubten Zusammenstellungen sind darüberhinaus im allgemeinen nicht statisch festgelegt, sondern ergeben sich dynamisch aus dem bisherigen Verhalten der Person. In [BiBr 88] wird dies durch die Atmost One Role Per Group-Regel und in [BrNa 89] durch die Chinese Wall-Regel ausgedrückt. Damit ergibt sich eine weitere Grundbedrohung:

7. Gegen die Konfliktfreiheit der Informationsflüsse: Verlust der **Rollentrennung**.

Schließlich kann man noch die oben genannten sieben Gesichtspunkte, ergänzt um den Gesichtspunkt der Überwachung, daraufhin betrachten, welcher der beiden Aussagen zur Sicherheit, verläßliche Korrektheit und Begrenztheit, sie jeweils vorrangig zuzuordnen sind.

Die folgende Übersicht zeigt das Ergebnis:

	verläßlich korrekt	begrenzt
Verfügbarkeit	x	
Integrität	(x)	x
Vertraulichkeit		x
Authentizität		x
Anonymität		x
Anerkennung	x	
Rollentrennung		x
Überwachung	x	

6. Schlußbemerkungen

Sicherheit von IT-Systemen ist ein Schlagwort, wenn auch ein wichtiges, hinter dem sich häufig sehr verschiedene Vorstellungen verbergen. In unserem Definitionsversuch haben wir eine Begrifflichkeit bzw. eine Denk- und Vorgehensweise entwickelt, die zunächst die Kontextabhängigkeit des Redens über Sicherheit betont: nur auf dem Hintergrund von offengelegten Zwecken und Werten kann sinnvoll von Sicherheit gesprochen werden; nur bezüglich einer Spezifikation von zu leistenden Diensten und bezüglich Beschreibungen von Herausforderungen sind Aussagen über die Sicherheit eines IT-Systems wirklich sinnvoll. Unser Definitionsversuch zeigt ferner die Zweigesichtigkeit von Sicherheit auf: einerseits soll das Geforderte tatsächlich geschehen, andererseits soll im wesentlichen sonst nichts, mindestens aber nichts ausdrücklich Verbotenes geschehen.

Will man Sicherheit wie in der vorgestellten Denk- und Vorgehensweise erreichen, so stößt man an vielen Stellen auf Schwierigkeiten. Eine grundsätzliche Schwierigkeit liegt in der

Offenheit von Werten, nicht spezifizierten Diensten und Bedrohungen. Diese Schwierigkeit darf nicht verdeckt werden, sondern man muß mit ihr verantwortungsvoll umgehen, etwa durch Überwachungskomponenten, die insbesondere eine Zurechnung von Systemtätigkeiten auf menschliche Handlungen ermöglichen sollen. Andere Schwierigkeiten liegen in unseren (noch?) begrenzten Informatik-Fähigkeiten: die Kunst der strukturierte Entwicklung von IT-Systemen   - von Anforderungen über eine Spezifikation zum ausführbaren Formalismus - ist (noch?) unzureichend entwickelt; die Möglichkeiten der Verifikation von Aussagen über IT-Systeme, hier der verläßlichen Korrektheit und der Begrenztheit, sind (noch?) recht beschränkt. Für die Zukunft kann man hier hoffen, daß die Forderungen nach Sicherheit den Forschungen über Entwicklungs-Werkzeuge und über Verifikation neue Anstöße bringen. Für die Gegenwart verursacht unser Unvermögen eine weitere Relativierung des Redens von Sicherheit, diesmal bezüglich der Überzeugungskraft der vorgelegten Nachweise.

Sicherheit - nicht als Schlagwort, sondern wie in diesem Beitrag verstanden - ist eine hochkomplexe und vielfach parametrisierte Eigenschaft. Schon die Skizze eines einfachen, aber nichttrivialen Beispiels für die gesamte hier entwickelte Denk- und Vorgehensweise erfordert mehr Raum zur Darstellung als für diesen Beitrag verfügbar.

Danksagung: Ich danke den weiteren Mitgliedern der Arbeitsgruppe "Informationssysteme und Sicherheit" an der Universität Hildesheim, K. Bähker, G. Bleumer, H.H. Brüggemann, C. Eckert, A. Pfitzmann und B. Pfitzmann, für viele wertvolle Gespräche und hilfreiche Anregungen.

Literaturangaben

An 92   Anonymus,
          Gutachten für VIS '93 zu diesem Beitrag, 1992.

BeLa 74   D.E. Bell, L.J. La Padula,
          Secure Computer Systems, Mitre Corporation, Bedford, 1974.

Bi 90   J. Biskup, A general framework for database security,
          Proc. European Symposium on Research in Computer Security,
          Toulouse, Oct. 1990, pp. 35 - 41.

Bi 91   J. Biskup, Sicherheit: Gewährleistung und Begrenzung des
          Oldenbourg, 1991, pp. 363 - 388.

BiBr 88   J. Biskup, H.H. Brüggemann,
             The personal model of data - towards a privacy-oriented information system,
             Computers & Security 7 (1988), pp. 575-597.

BrNa 89   D.F.C. Brewer, M.J. Nash, The Chinese Wall security policy,
             Proc. IEEE Symp. on Security and Privacy, 1989, Oakland, pp. 206 - 214.

ClWi 87   D.D. Clark, D.R. Wilson,
             A comparison of commercial and military computer security policies,
             Proc. IEEE Symp. on Security and Privacy, 1987, Oakland, pp. 184-194.

De 82   D. Denning, Cryptography and Data Security,
             Addison-Wesley, Reading etc., 1982.

Do 91   J. Dobson, Security and (other forms of) Dependability:
             some differences, some similarities, in [IFIP 91].

DoD 83   Department of Defense Computer Security Center,
             Trusted Computer Systems Evaluation Criteria,
             CSC-STD-011-83, Fort Meode, 1983.

DoDe 89   J.E. Dobson, J.A. Mc Dermid, Security models and enterprise models,
             Database Security, III: Status and Prospects (ed: C.E. Landwehr),
             North-Holland, Amsterdam etc., 1989, pp. 1 - 39.

IFIP 91   Proc. Joint Meeting of IFIP WG 10.4 (Dependable Computing and Fault
             Grand Canyon, Arizona, Febr. 1991.

ITSEC 91   Information Technology Security Evaluation Criteria (ITSEC),
             Office for Official Publications of the European Communities,
             Luxembourg, 1991.

NaS 89   Nationale IT-Sicherheitskriterien,
             Bundesanzeiger-Verlag, 1989.

Pa 92   D.B. Parker, Restating the foundation of information security,
             Proc. IFIP / Sep. '92, Singapore, pp. 159 - 171.

Ru 91   J. Rushby, Kernels and safety, in [IFIP 91].

Architektur von RiskMa - ein erster Ansatz zum on-line Risikomanagement*

Helmut Meitner
Fraunhofer-Institut für Arbeitswirtschaft und Organisation (IAO)
Nobelstr. 12, D-7000 Stuttgart 80
E-mail: meitner@iao.fhg.de

Zusammenfassung

Der Einsatz von Personal Computern und Workstations und die Vernetzung mit traditionellen Mainframe-Umgebungen nimmt zu. Verteilte, offene Informationssysteme entstehen, die sich aus vielen Komponenten zusammensetzen. Die Abhängigkeiten zwischen den Komponenten sind oft nicht mehr überschaubar. Die Risiken beim Einsatz solcher Systeme steigen. Es ist ein Risikomanagement erforderlich, das der ständigen Weiterentwicklung des Systems gerecht wird. Das Informationssystem sollte on-line beobachtet und gesteuert werden können. Dieser Beitrag stellt die Architektur für ein Risikomanagement-Werkzeug vor, das insbesondere auf die Anbindung an das in Betrieb befindliche System ausgerichtet ist. Es werden die Phasen des Risikomanagements beschrieben und Konzepte zur Modellierung des Informationssystems vorgeschlagen. Grundlegende Einrichtungen für die Beobachtung und Modifikation des Informationssystems werden dargestellt.

1   Einleitung

Risikomanagement wird in den unterschiedlichsten Funktionsbereichen im Unternehmen betrieben, um gegenwärtige und mögliche zukünftige Gefahren zu analysieren und geeignet Sicherungsmaßnahmen zu ergreifen. So werden beispielsweise im betriebswirtschaftlichen Bereich bei Investitionen die Gefahren betrachtet, daß der "Return on Investment" unzureichend ist (vgl. Hertz 1964). Ein weiteres Beispiel wäre das Marketing, bei dem die Gefahren aufgrund von falscher Einschätzung von Marktchancen und ineffizienter Vertriebsstrukturen betrachtet werden.

Risikomanagement wird nicht nur in unterschiedlichen Funktionsbereichen, sondern auch in verschiedenen Branchen eingesetzt. Insbesondere ist ein Risikomanagement dort wichtig, wo Gefahren für Menschen existieren. Beispiele sind die Gefahren im Zusammenhang mit Atomkraftwerken und Chemieanlagen, aber auch das Transportwesen mit Bahn, Flugzeug oder Straßenverkehr (vgl. Lange 1984). Im

---

* Diese Arbeit wurde im Rahmen des ESPRIT Projekts 2071, COMANDOS (Construction and Management of Distributed Open Systems), gefördert.

Vergleich zu diesen Branchen ist das Risikomanagement beim Einsatz von Informationstechnik (IT) noch eine junge Disziplin. Ziel eines IT-Risikomanagements ist es, die Informationssicherheit auf einen vorher definierten Stand zu bringen, auf diesem Niveau zu halten und soweit möglich noch zu verbessern.

Informationssicherheit ist als die Beschaffenheit des Informationssystems zu verstehen, bei der die Risiken, die mit dem Einsatz des Informationssystems verbunden sind, als tragbar angesehen werden. Risiken können in Bezug auf verschiedene Grundbedrohungen vorhanden sein. Zu den Grundbedrohungen, denen ein Informationssystem ausgesetzt ist, gehören: Verlust der Integrität, der Verlust der Verfügbarkeit und der Verlust der Vertraulichkeit (vgl. ZSI 1989, CEC 1991).

Zur Unterstützung des IT-Risikomanagements existieren bereits einige Softwarewerkzeuge (vgl. Breuer 1987, Guarro 1987, Hoffmann 1989, Moses 1991). Sie sind meist so angelegt, daß lediglich eine einmalige Risikoanalyse unterstützt wird. Eine kontinuierliche Beobachtung des Informationssystems ist nicht möglich, da eine direkte Schnittstelle zum Rechnersystem fehlt. In diesem Beitrag soll ein Softwarewerkzeug für das IT-Risikomanagement vorgestellt werden, das eine permanente, "on-line" Systembeobachtung durchführt und auch die Möglichkeit bietet, Modifikationen im Informationssystem durchzuführen.

Bei dem Softwarewerkzeug steht die Zuverlässigkeit eines verteilten, offenen Informationssystems im Mittelpunkt der Betrachtungen. Zuverlässigkeit wird verstanden als die Beschaffenheit einer Einheit, während oder nach vorgegebenen Zeitspannen bei vorgegebenen Anwendungsbedingungen die Zuverlässigkeitsanforderungen zu erfüllen (vgl. DIN 1990). Die Verfügbarkeit wird als Zuverlässigkeitsmerkmal eingeordnet. Eine Ausdehnung der Betrachtung auf Aspekte der Integrität und Vertraulichkeit ist möglich.

2   Eigenschaften verteilter, offener Informationssysteme

Verteilte, offene Informationssysteme zeichnen sich dadurch aus, daß sie sich aus einer Vielzahl von Einzelkomponenten zusammensetzen, die räumlich verteilt sind und zwischen denen klar definierte Schnittstellen existieren. Ein typisches Beispiel ist ein Local Area Network mit mehreren Workstations und Personal Computern, die zusätzlich noch mit einem Mainframe verbunden sind. Vorteile solcher vernetzter Systeme sind:

- Medienbrüche können vermieden werden.
- Datenhaltung und Verarbeitung erfolgen weitestgehend lokal.
- Dedizierte Hardware im Netz kann systemweit genutzt werden.

- Einbau von Redundanzen mit einer feineren Granularität ist möglich.
- Systemfunktionalität kann kontrolliert abgestuft werden.
- Durch Vernetzung kann Fehlertoleranz erreicht werden.

Durch die Vielzahl der Komponenten und der Vernetzung ergibt sich allerdings auch eine Reihe von Nachteilen:
- Systemkonfiguration wird komplex.
- Durchführung lokaler Systemverwaltungsaufgaben wird erforderlich.
- Abhängigkeit vom Informationssystem ist nicht mehr offensichtlich.
- Dynamik des Informationssystems aufgrund der Flexibilität und Erweiterbarkeit erschwert das Risikomanagement.

3 Anforderungen an das IT-Risikomanagement

Management umfaßt die Erhebung von Daten, die Analyse eines Systems (basierend auf einem Modell), das Treffen von Entscheidungen sowie die Umsetzung von Entscheidungen. Im Rahmen eines IT-Risikomanagements sind Sicherheitsrisiken im Informationssystem zu untersuchen und geeignete Sicherungsmaßnahmen zu ergreifen.

Als Grundlage für die Untersuchung ist ein Modell des Informationssystems erforderlich, das die wesentlichen Systemkomponenten beinhaltet. Insbesondere müssen die funktionalen Abhängigkeiten zwischen den Systemkomponenten modelliert werden. Durch Messungen am laufenden System sind Zuverlässigkeitsmerkmale für Systemkomponenten zu ermitteln. Sie dienen als Eingangsparameter für die Untersuchung der Auswirkungen des Ausfalls einer Systemkomponente auf das korrekte Arbeiten anderer Systemkomponenten. Dabei sind die Auswirkungen soweit zu verfolgen, bis die Konsequenzen für den Ablauf von Geschäftsprozessen sichtbar werden. Zur Verbesserung des Systemverhaltens sind Sicherungsmaßnahmen einzubauen, die die Auswirkungen von Ausfällen einschränken oder die Wahrscheinlichkeit eines Ausfalls verringern.

4 Evolutionärer Ansatz

Da verteilte, offene Informationssysteme einem schnellen technologischen Wandel unterworfen sind, reicht eine einmalige oder sporadische Risikoanalyse nicht aus. Vielmehr ist ein zyklisches Risikomanagement erforderlich, das dem evolutionären Charakter des Informationssystems gerecht wird.

Untersucht man die in der Literatur vorgeschlagenen Ansätze für das Risikomanagement (vgl. Meitner 1990), so lassen sich vier Phasen (Bild 1) unterscheiden. In der Initiierungsphase werden der Umfang und der Rahmen für die Durchführung der weiteren Arbeiten geplant. Insbesondere ist abzuklären, welche Geschäftsprozesse und damit welche Unternehmensbereiche in die Untersuchung mit einzubeziehen sind. Die angestrebten Sicherheitsziele werden festgelegt. Weiterhin ist eine Auswahl zu treffen bezüglich der zu untersuchenden Umgebung (Bauten, Technik, Personal, Organisation). Ein Projektteam, bestehend aus einem Sicherheitsexperten und Vertretern aus den betroffenen Unternehmensbereichen, wird zusammengestellt.

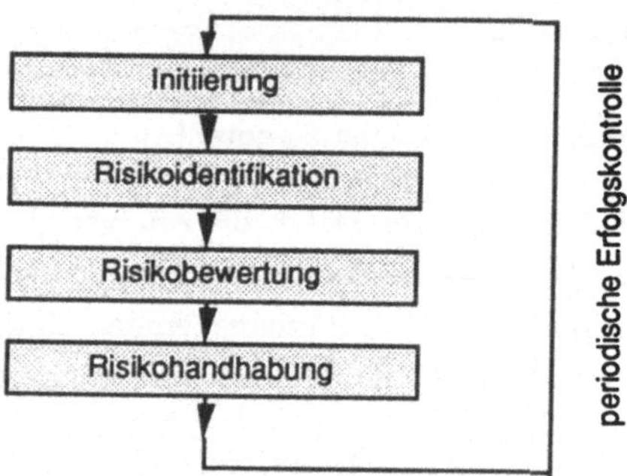

Bild 1: Phasen des Risikomanagements

In der Phase der Risikoidentifikation werden zunächst die für das Unternehmen wichtigen Systemobjekte ermittelt. Dies können materielle Objekte (z.B. Softwarepakete, Anwendungsdaten) oder auch immaterielle Objekte (z.B. Geschäftsprozesse, Information) sein. Quantitative und qualitative Bewertungsverfahren ermöglichen eine Bestimmung des Wertes der Systemobjekte für das Unternehmen. Es wird untersucht, welcher Schaden entsteht, wenn Vertraulichkeit, Integrität oder Verfügbarkeit verletzt werden. Die möglichen Bedrohungen für die Systemobjekte werden mit Hilfe von Checklisten erfaßt und ihre Auswirkungen auf die Systemobjekte ermittelt.

Bei der Risikobewertung werden die Risiken unter Berücksichtigung von Schadenshöhe und -wahrscheinlichkeit für die einzelnen Systemteile untersucht und miteinander verglichen. Als Kenngröße für das Risiko wird oft das Produkt von Schadenshöhe und -wahrscheinlichkeit verwendet. Diese Kenngröße allein ist aber nicht ausreichend, da Gefahren, die einen großen Schaden verursachen, auch dann zu beachten sind, wenn die Kenngröße aufgrund einer geringen Schadenswahrscheinlichkeit klein ist. Der Risikobewertung sind allerdings Grenzen gesetzt, da Schadenshöhe und -wahrscheinlichkeit meist nicht genau ermittelt werden können und deshalb mit Schätzungen gearbeitet werden muß.

Die Phase der Risikohandhabung umfaßt die Analyse und Bewertung von Handlungsalternativen sowie Auswahl und Realisierung einer Handlungsalternative. Als Handlungsalternativen bieten sich grundsätzlich Risikovermeidung, -verminderung, -überwälzung und -akzeptanz an. Bei der Risikovermeidung werden bestimmte Handlungen oder Vorgänge, die als zu gefährlich eingestuft werden, einfach unterlassen. Durch den Einsatz von Sicherheitsmaßnahmen kann eine Risikoverminderung erreicht werden. Zur Risikoüberwälzung können geeignete Versicherungen abgeschlossen werden, um den Verlust im Schadensfall auszugleichen. Bei Risikoakzeptanz wird dagegen eine Verlustmöglichkeit in Kauf genommen.

Gemäß der Evolution des Informationssystems muß auch das Risikomanagement einen evolutionären Ansatz verfolgen. Die Menge der Sicherheitsmaßnahmen muß stufenweise an die veränderten Bedingungen angepaßt werden. Dazu ist eine periodische Erfolgskontrolle erforderlich. Dies wird in vielen Unternehmen vernachlässigt. Die Studie von KES und Cap Gemini Sesa hat gezeigt, daß etwa 80% der Befragten keine regelmäßige Überprüfung ihres Sicherheitskonzeptes vornehmen (vgl. KES 1990).

5   Modellierung des Informationssystems

Die Konzepte, die zur Modellierung des Informationssystems verwendet werden, sind in Bild 2 dargestellt. Die Modellelemente, die in der Modelldatei des in Kapitel 6.1 beschriebenen Softwarewerkzeugs RiskMa (Risk Management Tool) verwendet werden, sind eine Untermenge der Modellelemente, die konzeptionell erforderlich sind.

Ein Geschäftsprozeß wird verwendet, um einen Vorgang oder Ablauf im Unternehmen darzustellen. Er ist eine Folge von Geschäftsaktivitäten, die sequentiell oder parallel ausgeführt werden. Jeder Geschäftprozeß beginnt mit genau einer Geschäftsaktivität und endet mit genau einer Geschäftsaktivität. Eine Geschäftsaktivität ist eine atomare Arbeitseinheit, die ohne Unterbrechung durchgeführt wird. Jede Geschäftsaktivität kann einem Aktivitätstyp zugeordnet werden. Um Arbeiten eines bestimmten Aktivitätstyps ausführen zu können, ist Funktionssoftware erforderlich, die die Ausführung unterstützt. Die Funktionssoftware beschreibt die erforderliche Funktionalität des Informationssystems aus der Sicht des Benutzers und typisiert die Softwarekomponenten. Eine Typenhierarchie von Funktionssoftware ist möglich.

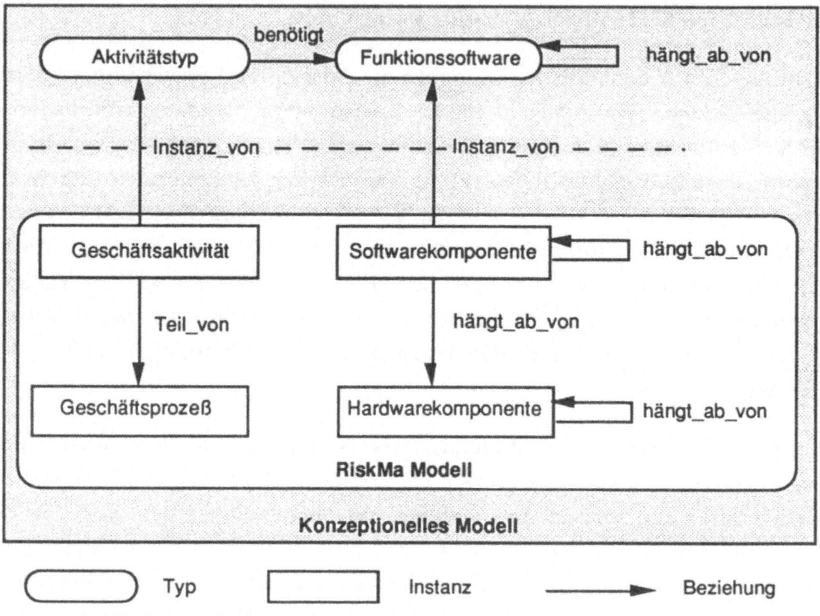

Bild 2: Systemmodell für das Risikomanagement

Softwarekomponenten entsprechen real existierenden Komponenten, wie beispielsweise Anwendungsprogramme oder Daten. Die Funktionsfähigkeit von Software-
komponenten ist von der Funktionsfähigkeit von Hardwarekomponenten abhängig.
Hardwarekomponenten bilden die physischen Einheiten des Informationssystems
ab. Sie können auf unterschiedlichen Abstraktionsebenen definiert werden. Beispielsweise kann ein Rechner ebenso als Hardwarekomponente modelliert werden,
wie eine CPU oder eine Plattenpartition.

6   Werkzeugunterstützung für das IT-Risikomanagement

Ein on-line IT-Risikomanagement kann nur dann erreicht werden, wenn
entsprechende Softwarewerkzeuge zur Verfügung stehen. Sie müssen in der Lage
sein, die Prozesse und Zustände des Informationssystems zu beobachten, das Verhalten des Informationssystems zu analysieren und zu simulieren sowie Änderungen an der Systemkonfiguration vorzunehmen. Die grundlegende Beobachtung bezieht sich auf das Ausfallverhalten von Hardware- und Software-
komponenten. Bei vorgangsbezogenen Informationssystemen ist aber eine Ausdehnung der Beobachtung auf die Geschäftsaktivitäten möglich und sinnvoll.

Im einzelnen sind durch das Softwarewerkzeug folgende Anforderungen zu erfüllen:

- Unterstützung in allen Phasen eines Entscheidungsprozesses (Erkenntnisgewinnung, Modellerstellung, Bewertung und Implementierung)
- Modellierung der Abhängigkeiten im verteilten System
- Messungen der Zuverlässigkeitsmerkmale im laufenden System
- Bewertung der Zuverlässigkeit der Systemkomponenten
- Änderung der Systemkonfiguration

6.1 Architektur eines Softwarewerkzeugs

Zur Unterstützung der Aufgaben des Risikomanagements wurde im Rahmen des ESPRIT Projektes COMANDOS (Construction and Management of Distributed Open Systems) ein Softwarewerkzeug zur Unterstützung des Risikomanagements spezifiziert und als Prototyp implementiert. Ziel des Prototyps ist es, die Auswirkung von Ausfällen der Software- oder Hardwarekomponenten auf den Ablauf von Geschäftsprozessen (Vorgängen im Unternehmen) zu analysieren. Grundlage für die Analyse ist ein Systemmodell, das die Beziehungen zwischen den Geschäftprozessen sowie den Software- und Hardwarekomponenten beschreibt. Die Analyse gibt Aufschluß darüber, in welchen Systemteilen Sicherheitsmaßnahmen vorzusehen sind, um die Zuverlässigkeit des Informationssystems zu verbessern.

Die Struktur des rechnergestützten Risikomanagement-Werkzeugs (Bild 3) ist entsprechend den funktionalen Komponenten eines Entscheidungsprozesses gegliedert (vgl. Meitner 1991). Das Werkzeug besitzt eine graphische Benutzerschnittstelle. Die Hauptkomponenten sind der Erkenntnismanager, der Erstellungsmanager, der Bewertungsmanager und der Implementierungsmanager. Der Zugriff auf die Komponenten sowie der Wechsel zwischen ihnen wird durch den Funktionskomponentenmanager ermöglicht.

Der Erstellungsmanager ermöglicht den Umgang mit dem Rechensystemmodell und dem Geschäftsprozeßmodell. Das Rechensystemmodell beschreibt die zu betrachtenden Hardware- und Softwarekomponenten. Das Geschäftsprozeßmodell, das Angaben zu den Unternehmensabläufen beinhaltet, wird durch den Anforderungsinterpreter von einem Werkzeug zur organisatorischen Gestaltung (vgl. COMANDOS 1990) übernommen.

Der Erkenntnismanager liefert Informationen über das Ausfallverhalten der Komponenten des aktuellen Systems. Zu diesen Informationen zählen Statistiken, wie die Anzahl der Ausfälle, die mittlere Ausfalldauer, die mittlere Zeitdauer zwischen zwei Ausfällen und die Verfügbarkeit. Die Angaben werden in einer graphischen Darstellung präsentiert. Die Messdaten werden von einer allgemeinen Systembeobachtungseinrichtung SOF (System Observation Facility) erhoben (vgl. COMANDOS 1990, Ness 1990).

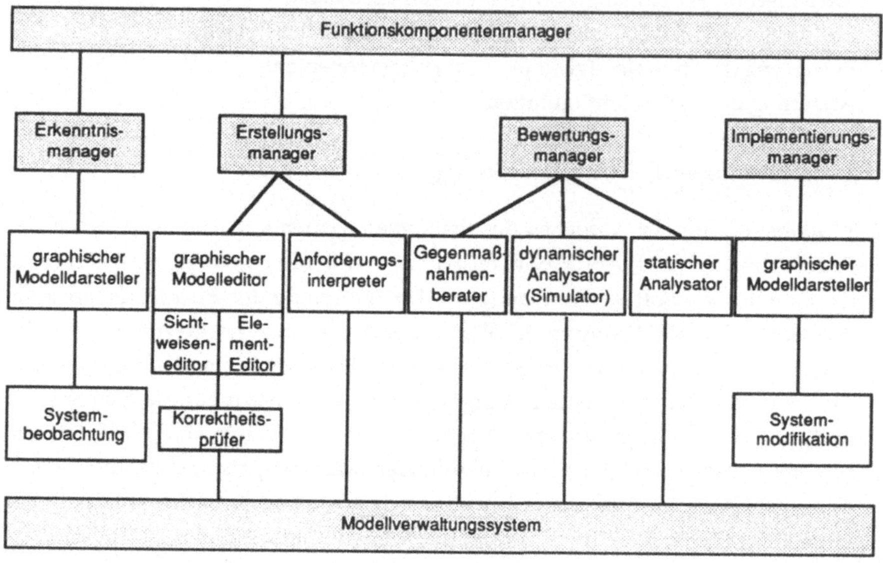

Bild 3: Architektur von RiskMa

Der Bewertungsmanager unterstützt die Bewertung der Risiken durch eine statische und dynamische Analyse. Bei der statischen Analyse wird die Struktur des Informationssystems mittels eines Abhängigkeitsgraphen untersucht. Die dynamische Analyse ermöglicht die Untersuchung des Systemverhaltens im Zeitverlauf. Hinweise auf Möglichkeiten von Schutzmaßnahmen werden durch den Gegenmaßnahmenberater gegeben.

Der Implementierungsmanager erlaubt die Durchführung von Änderungen am aktuellen System. Software-Komponenten beispielsweise können auf andere, zuverlässigere Hardware-Komponenten verlagert werden und der Redundanzgrad von Software-Komponenten kann verändert werden. Die Änderungen an der Systemkonfiguration werden von einer allgemeinen Systemmodifikationseinrichtung SCF (System Control Facility) durchgeführt (vgl. COMANDOS 1990, Ness 1990).

6.2 Systembeobachtung und -modifikation

Die Systembeobachtungseinrichtung SOF und die Systemmodifikationseinrichtung SCF wurden ebenfalls im Rahmen des COMANDOS-Projektes spezifiziert und implementiert. SOF besteht aus einem oder mehreren Systembeobachtungszentren und Sensoren, die in den zu beobachtenden Objekten installiert sind (Bild 4).

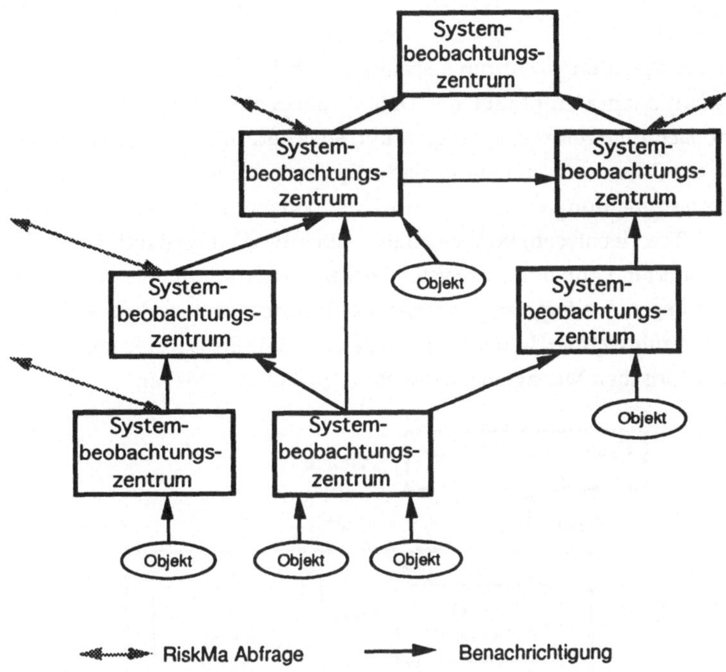

Bild 4: Hierarchie von Systembeobachtungszentren

Die Sensoren, die mittels Software oder Hardware realisiert sein können, liefern periodisch oder ereignis-orientiert Daten über das Informationssystem an ein Systembeobachungszentrum. Mögliche Sensoren sind:

- Verfügbarkeitssensor: Er meldet für jeden Ausfall eines Rechners den Zeitpunkt des Neustarts und die Dauer des Ausfalls. Der Sensor wird auf jedem Rechner im Netz installiert. Die Aktivierung des Sensors erfolgt durch das Ereignis "Neustart des Rechners".

- Erreichbarkeitssensor: Er prüft, ob Netzverbindungen zu wichtigen Systemkomponenten (z.B. Gateways, Mail-Server) existieren und meldet den Zustand der Verbindungen. Der Sensor wird auf den Rechnern installiert, für die eine

Netzverbindungen wesentlich ist. In festgelegten Zeitintervallen wird der Sensor gestart und gibt eine Meldung ab.

-   Prozessensor: Er kontrolliert wichtige System- und Anwendungsprozesse (z.B. Betriebssystemprozesse, Datenbankprozesse) hinsichtlich ihrer Verfügbarkeit. Der Sensor wird auf allen Rechnern installiert. Die zu beobachtenden Prozesse werden durch eine Parameterdatei festgelegt. Der Aufruf des Sensors erfolgt periodisch.

Das Systembeobachtungszentrum besteht aus drei Teilen (Bild 5). Die Sammel- und Speicherkomponente empfängt die Daten von den Sensoren und von anderen Systembeobachtungszentren, aggregiert und speichert diese. Die Alarmkomponente analysiert die Daten und erkennt kritische Systemzustände, zeichnet diese auf und gibt eine Alarmmeldung aus. Die Statistikkomponente nimmt statistische Auswertungen (z.B. Trendanalysen) vor. Sie können über die Abfrageschnittstelle abgerufen werden. Weiterhin können sie an Systembeobachtungszentren, die in der Hierarchie weiter oben liegen, weitergeleitet werden. Die hierarchische Strukturierung von SOF kann frei gewählt werden. In der Praxis bietet sich eine Strukturierung entsprechend der organisatorischen Managementbereiche (vgl. Sloman 1987) an.

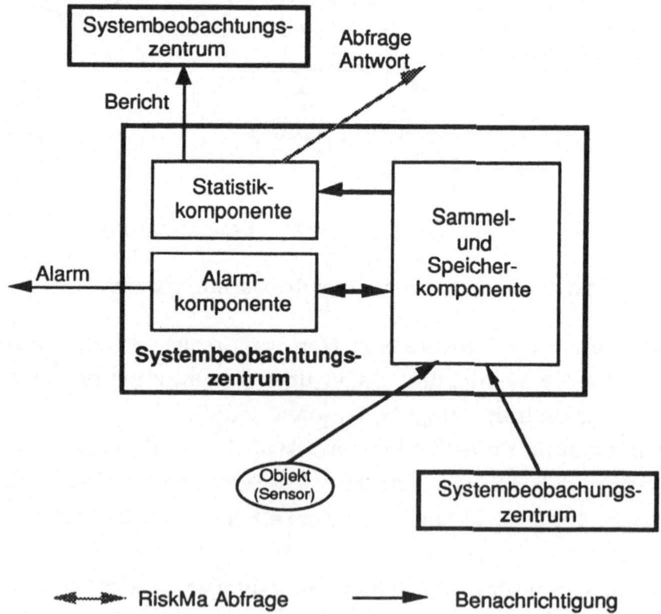

Bild 5: Struktur eines Systembeobachtungszentrums

Analog zu der Hierarchie der Systembeobachtungszentren existiert auch eine Hierarchie von Systemmodifikationszentren. Das Systemmodifikationszentrum nimmt Änderungsaufträge entgegen und führt diese mit Hilfe von Effektoren aus. Jedes Systemmodifikationszentrum besteht aus vier Teilen (Bild 6). Die Auftragssammelkomponente verwaltet die Änderungsaufträge und gibt diese an die Kommandoausführungskomponente weiter. Diese besitzt einen Satz von möglichen Kommandos, der über die Managementschnittstelle des Systemmodifikationszentrums definiert wird. Die Ausführung eines Kommandos kann entweder direkt zu einer Effektoransteuerung oder zur Erteilung eines Auftrages an ein untergeordnetes Systemmodifikationszentrum führen.

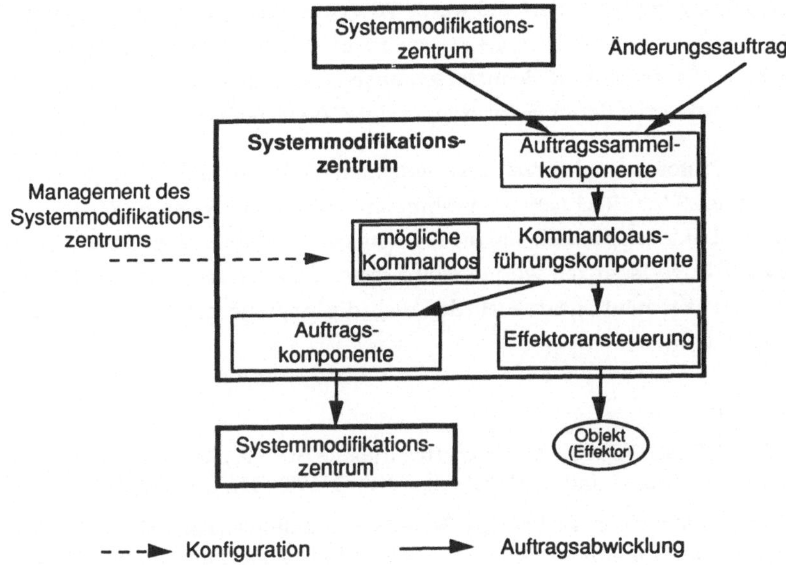

Bild 6: Struktur eines Systemmodifikationszentrums

Mögliche Effektoren im Zusammenhang mit dem Risikomanagement sind:

- Replikationseffektor: Er kann von einer Softwarekomponente weitere Replikate anlegen. Wird ein Anwendungsprogramm beispielsweise nur von einem Server bereitgestellt, dessen Verfügbarkeit nicht befriedigend ist, so kann der Effektor Kopien des Anwendungsprogramms auf die einzelnen Client-Rechner verteilen.

- Meldungseffektor: In Fällen, in denen einen automatische Auslösung einer Änderung nicht gewünscht oder nicht sinnvoll ist, schickt dieser Effektor eine Meldung an den Systemadministrator.

Da die Effektoren Veränderungen in der Systemkonfiguration bewirken können, sind sie besonders vor Mißbrauch zu schützen. Die Ausführung der Sensoren darf nur durch befugte Personen in Verbindung mit dem Softwarewerkzeug RiskMa erfolgen. Weiterhin ist bei der Realisierung von Effektoren in Abhängigkeit von den auszuführenden Operationen zu entscheiden, welche Veränderungen in der System-konfiguration unmittelbar während des Betriebs und welche erst in Betriebspausen durchgeführt werden dürfen.

7   Status und Ausblick

Die vorgestellten Softwarewerkzeuge wurden als Prototypen in einer vernetzten Unix-Umgebung implementiert und werden dort auch eingesetzt. Als Programmier-sprache wurde weitestgehend C++ verwendet. Kleinere Teile sind auch in C geschrieben. Die graphische Benutzerschnittstelle ist mit X und dem darauf auf-bauenden, objekt-orientierten Softwarepaket InterViews realisiert.

Der RiskMa Prototyp wird derzeit verwendet, um die Zuverlässigkeitseigenschaften von vernetzten Unix-Rechnern zu bestimmen und zu analysieren. Weitere Feld-versuche sind hier erforderlich, um die Eignung der Konzepte zu prüfen. Neben den Arbeiten zur Zuverlässigkeit wird derzeit auch an einer erweiterten Unterstützung des Risikomanagements gearbeitet, die auch die Aspekte der Integrität und der Vertraulichkeit mit einbezieht.

8   Literatur

Breuer, R.: DDIS, RISKPAC, SBA: "Expertensysteme" im Vergleich. In: Zeitschrift für Kommunikations- und EDV-Sicherheit KES 3 (1987) Nr. 6, S. 298-311.

CEC (Hrsg.): Information Technology Security Evaluation Criteria (ITSEC). Luxem-bourg: Office for Official Publications of the European Communities, 1991.

COMANDOS: Implementation Specification for the Management Tools. Projektbericht UoS/IAO-45, ESPRIT Projekt 2071. Stuttgart: Universität Stuttgart und Fraunhofer-IAO, 1990.

DIN: Zuverlässigkeit - Begriffe. Norm DIN 40041, Berlin: Beuth Verlag, 1990.

Guarro, S.B.: Principles and Procedures of the LRAM Approach to Information Systems Risk Analysis and Management. In: Computers & Security 6 (1987) Nr. 6, S. 493-504.

Hertz, D.B.: Risk Analysis in Capital Investment. In: Harvard Business Review, Januar/Februar 1964, S. 141-152.

Hoffman, L.J.: Smoking Out the Bad Actors: Risk Analysis in the Age of Microcomputers. In: Computers & Security 8 (1989) Nr. 4, S. 299-302.

KES (Hrsg.): KES/Cap Gemini Sesa Sicherheits-Enquête, Ingelheim: Peter Hohl Verlag, 1990.

Lange, S. (Hrsg.): Ermittlung und Bewertung industrieller Risiken. Berlin u.a.: Springer-Verlag, 1984.

Meitner, H.: Phasenkonzepte für das Risikomanagment. In: Zeitschrift für Kommunikations- und EDV-Sicherheit KES 6 (1990) Nr. 6, S. 394-399.

Meitner, H.: Modellierung und Analyse von Ausfallrisiken in verteilten Informationssystemen. In: Sicherheit in Informationssystemen: SECUNET '91 und 2. Deutsche Konferenz über Computersicherheit, 10.-12. Juni 1991, Bonn/ Hrsg. von H. Lippold; P. Schmitz; H. Kersten. Braunschweig: Friedr. Vieweg & Sohn Verlagsgesellschaft, 1991, S. 75 - 87.

Moses, R.H.: A Framework for Information Technologie (IT) - Computer and Communications - Security Risk Analysis and Management - And How Cramm Matches against it. London: BIS Applied Systems Limited, August 1991.

Ness, A. J.: Eine Systemarchitektur für die Gestaltung und das Management verteilter Informationssysteme. Berlin u.a.: Springer-Verlag, 1990.

Sloman, M.: Distributed Systems Management - A Report. London: Imperial College, Department of Computing, April 1987.

ZSI (Hrsg.): IT-Sicherheitskriterien: Kriterien zur Bewertung der Sicherheit von Systemen der Informationstechnik (IT). Köln: Bundesanzeiger Verlagsges., 1989.

Beweiswert elektronischer Signaturen

Volker Hammer

Zusammenfassung: In einer Simulationsstudie Rechtspflege wurde untersucht, welchen Beweiswert elektronisch signierte Dokumente haben können. Nach geltendem Recht können sie durch das Gericht nur im Rahmen des Augenscheinbeweises oder durch Sachverständigenbeweis berücksichtigt werden. Daher bleiben Defizite gegenüber der Beweisfunktion von Papier-Urkunden bestehen. Es werden Anforderungen zur Verbesserung des Beweiswertes aufgezeigt. Es ist zu untersuchen, ob und wie ein elektronischer Urkundsbeweis gesetzlich geregelt werden kann.[1]

1. Rechtsverbindliche Telekooperation

Künftig werden viele Rechtsgeschäfte als *rechtsverbindliche Telekooperation*[2] mit elektronischen Dokumenten abgewickelt werden. Wie die heutigen Papierdokumente sollen sie als Vertrag, Bestellung, Zahlungsanweisung oder Quittung Beweis für Willenserklärungen und Handlungen erbringen. Sie werden deshalb künftig auch als Beweismittel in Rechtsstreitigkeiten vor Gericht eine wichtige Rolle spielen. Sollte sich allerdings herausstellen, daß sie als Beweismittel ungeeignet sind, könnten Rechtsgeschäfte mit elektronischen Dokumenten nur mit einem zusätzlichen Risiko für die Kooperationspartner abgewickelt werden. Wird dieses Risiko als zu hoch eingeschätzt, wird die elektronische Signatur für rechtsverbindliche Willenserklärungen nicht akzeptiert werden.

---

[1] Der Aufsatz entstand im Rahmen des Forschungsprojektes "Verletzlichkeit und Verfassungsverträglichkeit rechtsverbindlicher Telekooperation", das die Projektgruppe verfassungsverträgliche Technikgestaltung - provet -, Darmstadt, in Zusammenarbeit mit der Gesellschaft für Mathematik und Datenverarbeitung, Darmstadt, im Auftrag des Bundesministers für Forschung und Technologie durchführt (vgl. dazu provet/GMD, provet-AP 50). Für wertvolle Hinweise danke ich den Juristen Prof. Alexander Roßnagel und Dr. Johann Bizer sowie Dipl. Inform. Ulrich Pordesch.

[2] Zum Begriff vgl. Roßnagel 1991, provet-AP 63. Ein Szenario z.B. in Hammer, DuD 1988.

Im Rahmen einer *Simulationsstudie Rechtspflege*[3] wurden durch die Projektgruppe verfassungsverträgliche Technikgestaltung (provet) unter anderem Fragen des Beweiswertes elektronischer Dokumente im Rechtstreit untersucht. Im Telekooperationslabor der GMD wurden dazu zwei Gerichte, zwei Anwaltskanzleien, drei Vertrauensinstanzen, eine Rechtsschutzversicherung, eine Bank und viele rechtssuchende Bürger, Unternehmen und Behörden nachgebildet und mit einer Prototyp-Software für die Rechtspflege ausgestattet. In ihr waren unter einer Benutzeroberfläche ein Rechtsanwaltsbürosystem, ein Sicherungs-Softwarepaket und e-mail-Funktionen integriert. Zwei Richter und zwei Anwälte verlegten für zwei Wochen mit ihren Gehilfinnen als *sachverständige Testpersonen* ihre Arbeitsplätze in die Simulationsumgebung. Die sachverständigen Testpersonen stritten echten Fällen nachempfundene Rechtsstreitigkeiten elektronisch aus. Die Arbeitsbedingungen entsprachen weitgehend ihren üblichen Arbeitsplätzen. Die Simulationsteilnehmer verwendeten einfache Chipkarten als Schlüsselträger, die Sicherungsfunktionen wurden im Anwendungssystem erbracht.

Wir gingen für die Konzeption der Simulationsstudie von der Annahme aus, daß elektronische Dokumente künftig mit elektronischen Signaturen gesichert werden. Die sachverständigen Testpersonen signierten daher alle Schriftsätze elektronisch. Darüber hinaus wurden elektronische Dokumente als Beweismittel in die Verfahren eingebracht. Die Urheber konnten sie in einer "beliebigen Umgebung" erstellen und signieren. Im Rahmen der Simulationsstudie wurden die Authentikatoren[4] und die zweistufigen Zertifikate[5] unmittelbar an das elektronische Dokument angehängt und konnten als Klartext gelesen werden. Die Dokumente wurden per electronic mail oder mit Datenträgern ausgetauscht.

Von der Rechtsordnung geforderte Formen für Willenserklärungen dienen vielfältigen unterschiedlichen Funktionen. Besondere Bedeutung hat die *Schriftform*. Sie bezeichnet die eigenhändige Unterschrift unter einer schriftlichen Willenserklärung.[6] Unter anderem wurde daher in der Simulationsstudie Rechtspflege untersucht, ob elektronischen Signaturen der gleiche Beweiswert

---

[3] Zur Durchführung der Simulationsstudie Rechtspflege und allgemein zur Methode vgl. provet/GMD 1993, provet-AP 80 mwN. Zur Technikanwendung in der Rechtspflege vgl. Bizer 1991 provet-AP 54 und Bizer 1991 provet-AP 55.

[4] Mit Authentikator ist jeweils der mit dem secret key verschlüsselte Hash-Wert zu einem Dokumentteil gemeint.

[5] Für die Schlüsselverwaltung wurden unter einer Wurzel-Zertifizierungsinstanz 14 untere Zertifizierungsinstanzen (z.B. Gerichte, Einwohnermeldeämter, Bank, Arbeitsamt) mit unterschiedlichen Zuständigkeiten eingerichtet.

[6] Siehe § 126 BGB. Vgl. auch Roßnagel 1991 provet-AP 62.

wie eigenhändigen Unterschriften zugemessen werden kann.[7] Daher wurde in der Simulationsstudie versucht, einige Formen funktionsäquivalent zu realisieren. Z.B. wurden Verträge als übereinstimmende Willenserklärungen von beiden Parteien nacheinander elektronisch signiert. Da die Vorstandsmitglieder eines Unternehmens in der Simulationsstudie nur zu mehreren gemeinsam zeichnungsberechtigt waren, mußten ihre elektronischen Dokumente mehrere elektronische Signaturen enthalten. Es wurden außerdem verschiedene Formen von Zugangsnachweisen nachgebildet. Zu Zwecken einer unverfälschbaren Dokumentation des Posteingangs konnten - auch bereits signierte Dokumente - mit einem elektronischen Posteingangsstempel versehen werden.

In der Simulationsstudie Rechtspflege wurden durch die Fallauswahl Auswirkungen auf die Rechtsordnung und die *Verfassungsverträglichkeit*[8] der eingesetzten Telekooperationstechnik untersucht. Durch Angriffe konnten Erkenntnisse zur *Verletzlichkeit*[9] der Rechtspflege und dem Sicherheitsbewußtsein der sachverständigen Testpersonen gesammelt werden. Die Veränderungen der Arbeitsorganisation und des Kommunikationsverhaltens wurden beobachtet und psychologisch ausgewertet. Im folgenden werden als Ausschnitt des Untersuchungsergebnisses Probleme der Beweiswürdigung elektronischer Signaturen dargestellt.[10]

2. Beweise

Im Zivilprozeß als Parteiprozeß muß die Partei, die aus einer bestrittenen Behauptung einen Vorteil zieht, versuchen, diese zu belegen. In ihrem Sachvortrag bietet sie daher zu jeder Behauptung einen Beweis an. Wenn die Behauptung umstritten und entscheidungsrelevant ist, wird das Gericht einen entsprechenden Beweisbeschluß treffen. Die Partei muß dann ihren Beweis antreten, zum Beispiel ihre Urkunde vorlegen oder ihren Zeugen stellen. Der Beweis ist geführt, wenn die Darlegung den Richter überzeugt. Während alle anderen Beweismittel der freien Beweiswürdigung durch das Gericht unterliegen (*Freibeweis*), erleichtern für eigenhändige unterschriebene Urkunden for-

---

[7] Im folgenden wird nur die Funktionsäquivalenz des Beweiswertes von elektronischen Signaturen zu eigenhändigen Unterschriften im Rahmen der Schriftform untersucht. Zu anderen Formen der Urkunde siehe z.B. Seidel 1992.

[8] Zum Begriff siehe Roßnagel/Wedde/Hammer/Pordesch 1990

[9] Zum Begriff siehe Roßnagel/Wedde/Hammer/Pordesch 1989.

[10] Andere Fragestellungen und Projektergebnisse werden an anderer Stelle behandelt. Eine Zusammenfassung der Auswertung findet sich in provet/GMD 1993, provet-AP 80.

melle Regeln zur Überprüfung des Beweismittels (*Formalbeweis*) die Beweisführung.

Fünf Funktionen der eigenhändigen Unterschrift

Die eigenhändige Unterschriften hat aus rechtlicher Sicht fünf Funktionen.[11] Sollen elektronische Dokumente den gleichen Beweiswert wie Papier-Urkunden besitzen, müssen elektronische Signaturen diese fünf Funktionen adäquat nachbilden. Im Rahmen der Simulationsstudie wurden Untersuchungen zu dieser Fragestellung durchgeführt.

Eigenhändige Unterschriften sollen ein Dokument abschließen (*Abschlußfunktion*) und dadurch von einem Entwurf abheben. Sie sollen die Echtheit der Unterzeichnung belegen (*Echtheitsfunktion*).[12] Der Unterzeichner soll durch sie auf die Rechtsverbindlichkeit des unterzeichneten Dokuments hingewiesen werden (*Warnfunktion*) und mit ihrer Hilfe identifizierbar sein (*Identitätsfunktion*). Sie hat außerdem für den Fall eines Rechtsstreits *Beweisfunktion*, weil sie Willenserlärungen Glaubwürdigkeit verschafft.

Beweisverfahren

Nach dem Zivil- und Verwaltungsprozeßrecht können fünf Beweisarten unterschieden werden.

Im *Urkundsbeweis* nach §§ 415 ff. ZPO können Dokumente allein auf Grund ihrer Wahrnehmung objektiv gedeutet werden. Ist die Urkunde unbeschädigt und vollständig (§ 419 ZPO) und die Unterschrift nicht bestritten (§ 440 Abs. 2 ZPO), gilt der Inhalt des Dokuments als abgegebene Willenserklärung des Unterzeichners.[13] Andernfalls kann über die Echtheit einer Unterschrift auch mit Schriftvergleich und Sachverständigenbeweis nach §§ 441f. ZPO entschieden werden. Der Urkundsbeweis ist entsprechend dieser Regeln der einzige Formalbeweis. Für ihn gelten die in §§ 415 ff. ZPO genannten gesetzlichen Beweisvermutungen und - anders als für die weiteren Beweisarten - nicht der Grundsatz der freien Beweiswürdigung durch das Gericht.

---

[11]   Im Sinne des § 126 BGB. Allerdings sind nicht in jedem Zusammenhang alle fünf Funktionen erforderlich. Beispielsweise entfällt im Schriftverkehr zwischen Anwalt und Gericht die Warnfunktion. Vgl. dazu auch Bizer, DuD 1992, 172; Roßnagel 1992, 3 ff..

[12]   Im Sinne der Unverfälschtheit als "biometrisches" Merkmal eines Unterzeichners.

[13]   Die Regeln des Formalbeweises spiegeln damit einen sozialen Vertrauenstatbestand wieder, der auf Grund "langer Erfahrung" eigenhändigen Unterschriften zugemessen wird. Vgl. dazu Bizer, DuD 1992, 173.

Im *Augenscheinbeweis* nach §§ 371 ff. ZPO kann sich das Gericht von der Richtigkeit einer Behauptung durch eigene gegenständliche Wahrnehmung überzeugen. Für den *Sachverständigenbeweis* nach §§ 402 ff. ZPO wird durch einen vereidigten Sachverständigen zur Frage eines Beweisbeschlusses eine schriftliche oder mündliche Stellungahme abgegeben. Der Beweisführer kann darüber hinaus Beweis für seine Behauptungen durch *Zeugenbeweis* nach §§ 373 ff. ZPO oder durch *Parteivernehmung* nach §§ 445 ff. ZPO erbringen.

Elektronische Dokumente sind *nicht* der unmittelbaren Wahrnehmung zugänglich. Sie können nur mit Hilfsmitteln zur Kenntnis genommen werden, die Prüfung der elektronischen Signatur ist nur mittels Progamm möglich. Sie sind daher keine Urkunden im Sinne des Gesetzes und dem Urkundsbeweis nicht zugänglich.[14] Sie können nach gültigem Recht jedoch im Rahmen des Augenschein- und des Sachverständigenbeweises vom Gericht herangezogen werden, unterliegen dabei jedoch der freien Beweiswürdigung nach § 286 ZPO. Der Ausgang des Beweisverfahrens ist daher gegenüber dem klassischen Urkundsprozeß unsicherer.

Könnten die Abschlußfunktion, Echtheitsfunktion, Warnfunktion und Identitätsfunktion entsprechend eigenhändigen Unterschriften und die Unversehrtheit und Vollständigkeit des elektronischen Dokuments wie für Papierdokumente belegt werden, dürfte elektronischen Dokumenten im Augenscheinbeweis allerdings faktisch weitgehend das gleiche Gewicht wie Urkunden zugemessen werden. Die im Rahmen der Simulationsstudie eingesetzte Software-Version konnte diese Anforderungen jedoch nicht erfüllen. Wie im folgenden gezeigt wird, konnten erfolgreiche Angriffe in einigen Fällen die Beweisfunktion der elektronischen Signatur unterlaufen.

3. Augenschein elektronisch signierter Dokumente

In der Simulationsstudie Rechtspflege wurden Richter und Anwälte mit dem in der Rechtspflege neuen Beweismittel "elektronisch signiertes Dokument" konfrontiert. Die *fünf Funktionen,* die den *Beweiswert einer eigenhändig unterschriebenen Urkunde* ausmachen,[15] konnten mit elektronisch signierten Do-

---

[14] Vgl. dazu auch Bizer, DuD 1992, 173; Roßnagel 1992, 6.

[15] Nachweis der Abschluß-, Echtheits-, Identitäts- und Warnfunktion sowie der Unversehrtheit und Vollständigkeit des Dokuments. Allerdings lassen sich die Funktionen der eigenhändigen Unterschrift wegen des Medienwechsels und der unterschiedlichen Eigenschaften den elektronischen Signaturen nicht 1:1 zuordnen.

kumenten im Rahmen eines Augenscheinbeweises nicht ausreichend sicher belegt werden.[16]

Angriffe

Im Rahmen der Simulationsstudie Rechtspflege und in ihrem Umfeld wurden eine Reihe von Angriffen durchgeführt.[17] Obwohl den sachverständigen Testpersonen dieses Versuchsziel bekannt war, gelang es unter anderem, Dokumente zu manipulieren, Chipkarten mit PIN zu entwenden und beliebige oder teilweise veränderte Dokumente zum Signieren unterzuschieben. Die Angriffe gelangen völlig unabhängig vom mathematischen Teil des Signaturverfahrens und nutzten keine Schwachstellen aus, die sich aus der Prototyp-Implementierung ergaben. Einige Angriffe basierten zwar auf speziellen Eigenschaften des eingesetzten Betriebssystems, der Benutzeroberflächen oder der Sicherungssoftware. Es ist aber anzunehmen, daß auch mit anderer Technik nur ein Teil der Probleme ausgeräumt werden kann - und andere entstehen.

3.1 Nachweis der Abschlußfunktion

Untergeschobene Dokumente

Dokumente konnten auf einfache Art untergeschoben werden, wenn der Chipkarteninhaber seine Karte samt PIN beispielsweise am Arbeitsplatz zurückgelassen hatte. Der Angreifer konnte mit Hilfe technischer und psychologischer Tricks sachverständige Testpersonen auch dazu bringen, andere Dokumente als diejenigen zu signieren, die sie unmittelbar zuvor im Editor angeschaut hatten.[18]

Das vorgelegte elektronische Dokument mußte das Gericht zu Schlußfolgerungen führen, die nicht der Wirklichkeit entsprachen. Die Manipulation kann in diesen Fällen von den Betrogenen allerdings nicht belegt werden. Der Nachweis der Abschlußfunktion ist daher für elektronische Signaturen nicht in gleicher Weise wie für eigenhändige Unterschriften möglich.

---

[16] Vgl. zum folgenden ausführlich Hammer 1993, provet-AP 86.

[17] Zu den im folgenden genannten Angriffen vgl. Pordesch 1992, provet-AP 81.

[18] Er nutzte beipielsweise die autoexec-Funktion eines Editors beim Aufruf aus, um Dateien zu vertauschen oder manipulierte die File-Allocation-Table mit Kreuz-Verkettungen.

3.2 Nachweis der Echtheitsfunktion und Nachweis der Unversehrtheit und Vollständigkeit des Dokuments

Die Echtheit einer eigenhändigen Unterschrift und die Unversehrtheit des Dokuments sind für die Beweisführung mit Hilfe von Papier-Dokumenten zwei getrennte Fragestellungen. Für elektronisch signierte Dokumente sind sie wegen des mathematischen Zusammenhangs zwischen Dokument und Authentikator unmittelbar verknüpft.

Technische Prüfung von Signaturen

In vielen Fällen unterblieb wegen des zusätzlichen Aufwands eine technische Prüfung der elektronischen Signaturen und es wurden einige "offensichtlich" gefälschte Dokumente - in dem Sinne, daß das Prüfergebnis auf *Signatur falsch* gelautet hätte - in den Prozessen akzeptiert. Gefälschte Aufforderungen von Mandanten führten beispielsweise dazu, daß Anwälte die Klage zurücknahmen oder einen Prozeßvergleich zum Nachteil ihres Mandanten abschlossen. Die mathematische Prüfung könnte in Zukunft allerdings durch eine besser in die Anwendungsumgebung integrierte Prüffunktion automatisch erfolgen und könnte solche Angriffe u.U. weitgehend abwehren.

"Korrekt" manipulierte Dokumente

Schwerwiegender war es jedoch, daß es dem Angreifer gelang, signierte Dokumente so zu manipulieren, daß das technische Prüfergebnis *Signatur korrekt* lautete. So konnte ein Dokument dem Anschein nach durch zwei Parteien korrekt signiert sein, jedoch nur eine echte und korrekte Signatur enthalten.[19] Darüber hinaus konnte der Anschein erweckt werden, daß ein innerhalb der Signatur nachträglich um Textpassagen erweitertes Dokument korrekt signiert sei.[20]

Für die Parteien bzw. das Gericht waren die Manipulationen nicht zu erkennen. Die Echtheit der elektronischen Signatur und die für Papier-Urkunden geforderte Unversehrtheit konnte daher nicht sicher überprüft werden.

---

[19]　Dies ist ein prinzipielles Probem von Signaturen im Fließtext eines Dokuments. Zur Prüfung muß ein Signatur-Header erkannt werden. Ist dieser geeignet verfälscht, ignoriert das Prüfprogramm die gesamte Signatur. Für den Empfänger ist dies jedoch nicht unmittelbar erkennbar.

[20]　Dies war auf einen Implementierungsfehler des in der Simulationsstudie eingesetzten Prüfprogramms zurückzuführen.

3.3 Nachweis der Identitätsfunktion

Aus der eigenhändigen Unterschrift soll die Identität des Urhebers hervorgehen. In elektronischen Signaturen wird dies durch geeignete Zertifikate gewährleistet.[21] Für elektronische Signaturen ist allerdings zusätzlich nachzuweisen, daß die Signatur auch wirklich durch den Chipkarteninhaber erzeugt wurde. Wird die Signatur durch einen Dritten ausgelöst, gelingt eine "perfekte Fälschung": Unterschiede zu einer vom Chipkarteninhaber ausgelösten Signatur sind nicht festzustellen.

Stellvertretung

Willenserklärungen können auch durch einen Stellvertreter im Namen des Vertretenen abgegeben werden. Bei "offener Stellvertretung" wird dem Empfänger der Willenserklärung deutlich, daß es sich um eine Stellvertretung handelt. Während der Simulationsstudie gaben die Anwälte und Richter allerdings ihre Chipkarte und PIN an ihre Assistenzkräften weiter, die mit deren Hilfe *echte Willenerklärungen ihrer Chefs* abgaben. Der Empfänger konnte diese *verdeckte Stellvertretung* nicht erkennen. Künftig ist auch anzunehmen, daß Anwender durch Freigabe der Chipkarte für eine Session oder das Signieren von mehreren Dokumenten im Block ihren Sicherungsaufwand insbesondere auf "Heimat-Systemen" vermindern werden. Dies kann zu Schwachstellen im Sicherungskonzept führen, die Angreifer auszunutzen wissen.

Mißbrauchte, entwendete und gefälschte Chipkarten

Mißbräuchlich und unbemerkt konnte ein Angreifer Signaturen erzeugen, weil Chipkarten samt PIN in der Mittagspause am Arbeitsplatz zurückgelassen wurden. Indem sich der Angreifer als Mitarbeiter einer Zertifizierungsinstanz ausgab, gelang es ihm auch, in den Besitz fremder Chipkarten zu gelangen.[22] Mit "Taschenspielertricks" konnte er sogar in einer Zertifizierungsinstanz eine zusätzliche korrekte Chipkarte erhalten, für die die Inhaberidentität von der Zertifizierungsinstanz nicht festgehalten wurde.

Der Unterzeichner eines elektronischen Dokuments wäre in vergleichbaren realen Fällen nicht sicher zu benennen. Nach den ersten beiden Angriffen mußten Willenserklärungen sogar den ursprünglichen Chipkarteninhabern zu-

---

[21] Zu rechtlichen Problemen siehe z.B. Seidel 1992, 30 ff.

[22] Er gab vor, eine fehlerhafte Chipkarte auszutauschen.

gerechnet werden, da sie keinen Verlust "bemerken" konnten und deshalb keine Sperrung veranlaßten. Die Identitätsfunktion der elektronischen Signaturen ist durch solche Angriffe zu unterlaufen.

Zwar werden auch heute Ausweise gestohlen, vertauscht oder gefälscht, der Angreifer muß aber, selbst wenn er sich mit einem solchen Dokument ausweist, immer noch die notwendigen Unterschriften nachahmen. Zumindest ein Sachverständiger verfügt dann über eine Reihe von Möglichkeiten, um die Echtheit von Unterschriften zu überprüfen. Werden dagegen elektronische Signaturen mit Chipkarten gefälscht, gibt der Augenschein keinerlei Hinweis auf deren Unechtheit.[23] Ein betroffener Chipkarteninhaber kann allenfalls versuchen, z.B. durch Zeugen zu belegen, daß die Signatur nicht von ihm stammen kann.

Inhaltliche Signaturprüfung

Zwar wurden die Vorteile qualifizierender Zertifikate[24] erkannt, die zusätzlichen Informationen jedoch kaum geprüft. Oft wurde keine inhaltliche Sichtprüfung für die elektronischen Signaturen auf Identität des Urheber und dessen Unterschriftsberechtigung vorgenommen.[25] Elektronische Dokumente und ihre Ausdrucke entziehen sich einer Prüfung des "optischen Gesamteindrucks".[26] Die Defizite in der inhaltlichen Prüfung durch Richter und Anwälte sind außerdem darauf zurückzuführen, daß elektronische Signaturen bisher nicht praktikabel auf Papier dargestellt werden können.[27] Gerade weil sie zusätzliche Informationen enthalten müssen, sind sie erheblich umfangreicher als herkömmliche Unterschriften und daher nur mit höherem Aufwand inhaltlich zu prüfen und zu interpretieren.

3.4 Nachweis der Warnfunktion

In vielen Fällen soll die Warnfunktion den Unterschreibenden vor Übervorteilung schützen. Kann der Systembetreiber die Benutzeroberfläche geeignet

---

[23] Allerdings könnten künftig mit Video-Ausstattung und Haushaltsrobotern auch Fälschungen eigenhändiger Unterschriften leichter möglich sein.

[24] In qualifizierenden Zertifikaten werden Informationen zu Berechtigungen durch die Zertifizierungsinstanz bestätigt. Dies sind z.B. Funktionen (Richter, vereidigter Sachverständiger) oder Unterschriftsberechtigungen im Geschäftsverkehr. Zur rechtlichen Bewertung siehe Bizer/Roßnagel 1993 provet-AP 73.

[25] Es wurden deshalb auch von Unberechtigten signierte Dokumente in einigen Fällen akzeptiert.

[26] Briefpapier und -kopf, Schriftzug und ähnliche Merkmale.

[27] Für den Bereich der Rechtspflege muß auch künftig die Papier-Akte als Leitakte angenommen werden. Vgl. dazu Bizer/Roßnagel 1993 provet-AP 73.

beeinflussen, wird der Chipkarteninhaber möglicherweise über die Bedeutung seiner Handlung getäuscht. So könnte z.B. ein Warnhinweis[28] nicht wie heute mit dem Dokument verknüpft sein. Dadurch könnten Verbraucherschutzregeln umgangen werden. Der Chipkarteninhaber könnte auch über die Rechtsverbindlichkeit seiner Handlung getäuscht werden, in dem die PIN-Eingabe vorgeblich für eine andere Funktionsfreigabe oder wegen eines Fehlers wiederholt erfolgen soll. In solchen Fällen ist zweifelhaft, ob dem signierten Dokument überhaupt ein rechtsgeschäftlicher Wille des Chipkarteninhabers entnommen werden kann.

3.5 Funktionsäquivalent elektronische Signatur?

Beurteilung von Prüfergebnissen

Die Prüffunktion der eingesetzten Sicherungssoftware bot zwei Detaillierungsgrade für das Prüfergebnis an. Zusammengefaßt wurde das Ergebnis mit den Meldungen *Signatur korrekt* bzw. *Signatur falsch.* Darüber hinaus konnte das Prüfergebnis mit Signaturzeitpunkt und Zusatzinformationen aus den Zertifikaten für jeden einzelnen Authentikator abgerufen werden. In der Praxis wurde das detaillierte Prüfergebnis von den sachverständigen Testpersonen allerdings nicht verwendet. Dies mag teilweise in einer unzureichenden Benutzeroberfläche in der Simulationsstudie begründet liegen. Es ist jedoch gleichermaßen zu erwarten, daß Benutzer faktisch mit der Interpretation detaillierter Ergebnisse überfordert werden und sie deshalb auf ein wenig differenzierendes und zusammenfassendes Gesamtergebnis angewiesen sind.

Beweisfunktion elektronischer Signaturen im Ausgenschein

Einige der genannten Probleme wurden durch die Bedingungen der Simulationsstudie verschärft.[29] Dennoch muß festgehalten werden, daß mit dem gegenwärtigen Stand der Technik für den Richter und den Anwalt nicht unmittelbar zu erkennen ist, welchen Beweiswert ein eingebrachtes elektronisches Beweismittel besitzt. Sie können nicht entscheiden,
- welches Dokument dem Chipkarteninhaber vor dem Signieren angezeigt wurde,
- ob die Anwendungsumgebung vertauenswürdig war,

---

[28] Z.B Rücktrittsberechtigung bei Haustürgeschäften, oder die zusätzliche datenschutzrechtliche Einwilligung in die Schufa-Klausel bei einer Kontoeröffnung.

[29] Z.B. Defizite in der Benutzeroberfläche, mangelnde Erfahrung im Umgang mit Chipkarten.

- ob das Ergebnis des Prüfprogramms korrekt ist und
- ob der Zertifikatinhaber wirklich selbst signiert hat.

Lücken in der Beweisführung für die Bewertung elektronischer Dokumente könnten in einzelnen Fällen möglicherweise durch den Zeugenbeweis oder die Parteivernehmung geschlossen werden.[30] Anwälte und Richter können sich aber nur begrenzt auf den Augenschein elektronischer Signaturen und insbesondere die vorgeblichen Umgebungsbedingungen beim Signieren verlassen. Vermutlich werden sie sich nur teilweise das erforderliche Spezialwissen aneignen können, um elektronische Beweismittel zu beurteilen. Wenn elektronische Dokumente umstritten sind, wird der Augenschein keinen Beweis zu liefern vermögen. Die Beweisführer werden versuchen, ihre Behauptung durch Sachverständigengutachten zu beweisen.

4. Sachverständigenbeweis zu elektronischen Signaturen

Im Rahmen der Simulationsstudie wurden mehrere Gutachten durch die Gerichte gefordert. Aus diesen Erfahrungen und zusätzlichen Tests können die folgenden Ergebnisse für den Sachverständigenbeweis abgeleitet werden.[31]

Gutachter werden in ihren Prüf- und Interpretationsmöglichkeiten einen gewissen Vorsprung gegenüber den Gerichten haben. Sie könnten auch über ein besser gesichertes System als das Gericht verfügen, so daß Manipulationen an der Prüfsoftware weitgehend ausgeschlossen werden können. Für sie ist außerdem der Einsatz von Hilfsmitteln sinnvoll, mit denen sie zusätzliche Prüfungen über die der "normalen" Prüfsoftware hinaus durchführen können.

4.1 Gutachten zur Abschlußfunktion

Zum Nachweis der Abschlußfunktion muß belegt werden, daß der vorgebliche Unterzeichner eines Dokuments dieses vor der Signatur vollständig zur Kenntnis nehmen konnte. Manipulationsmöglichkeiten an der Dateistruktur, bei der Dateiauswahl oder dem Dateiinhalt zwischen Kenntnisnahme und dem Signieren müssen ausgeschlossen werden. Gutachter werden allerdings vor erhebliche Probleme gestellt, wenn sie Fragen zur Signatursituation an *fremden End-*

---

[30]　Sie können z.B. Hinweise auf die Signier-Situation oder die Systemumgebung geben.

[31]　Vgl. zum folgenden ausführlich Hammer 1993 provet-AP 86.

systemen[32] machen sollen. Dazu muß nicht nur die verwendete Version des Signaturprogramms, sondern beispielsweise auch die Darstellung des Dokuments am Bildschirm,[33] die Farb-Einstellungen,[34] die Tastatur bis hin zur korrekten Systemkonfiguration[35] geprüft werden. Unter Berücksichtigung der Technik heutiger Systeme scheint es jedoch fast aussichtslos, sichere gutachterliche Aussagen hinsichtlich der Vertrauenswürdigkeit der Anwendungsumgebung zum Signaturzeitpunkt zu machen.

In bestimmten Situationen können sogar an *eigenen Endsystemen*[36] des signierenden Chipkarteninhabers Angriffe gelingen. Im Rahmen der Simulationsstudie signierten Betroffene ungewollt auf einem eigenen MS-DOS-Rechner elektronische Dokumente, die ihnen der Angreifer auf zugesandten Diskette untergeschoben hatte. Ob der Angreifer mit geschickter Kombination von psychologischen Tricks, der Kenntnis von Systemparametern und für ihn geeigneten Funktionen und Schwachstellen von Betriebs- und Anwendungssystemen sein Opfer überlistet hat oder ob das "Opfer" der Vertragsabschluß reut und es nachträglich Manipulationen in der Systemumgebung behauptet, um die Rechtsverbindlichkeit seiner Signatur anzugreifen, läßt sich in aller Regel später wohl auch von einem Sachverständigen nicht mehr nachvollziehen.

Künftige Technik

Künftige Betriebs- und Anwendungssysteme sollen validiert sein. Wenn eine solche Systemumgebung angenommen werden kann, sinkt die Wahrscheinlichkeit für einen erfolgreichen Angriff. Allerdings müßte aus der Signatur erkennbar sein, daß in einer validierten Umgebung signiert wurde. Weitgehend ausgeschlossen werden kann eine erfolgreiche Manipulation allerdings nur dann, wenn der Betreiber des Systems keinen wesentlichen Einfluß auf die Konfiguration haben kann.

Eine etwas günstigere Ausgangsposition besteht, wenn auch in fremder Umgebung ein leistungsfähiges *Kartenzugangsgerät unter der Kontrolle des Chip-*

---

[32] Gemeint sind damit Anwendungssysteme, deren Betrieb nicht unter der Kontrolle des Signierenden steht.

[33] Z.B. Texte "hinter" dem Seitenrand oder einem vorgeblichen Dokumentende.

[34] "Weiß auf Weiß" dargestellte Ziffern wie "(9)90,00 DM".

[35] Programmgesteuerte Manipulationen am Dokument zwischen Kenntnisnahme und Authentikatorberechnung.

[36] Gemeint sind damit Anwendungssysteme, deren Betrieb vom Chipkarteninhaber kontrolliert wird.

karteninhabers steht.[37] Es ist jedoch unsicher, ob dieses Technikvariante die nötige Akzeptanz findet und die mit elektronischen Signaturen auftretenden Transparenzprobleme lösen kann.[38] Auch kann ein Angreifer versuchen, seine Kenntnisse über die Konfiguration der Zugangsgeräte in seine Manipulation einzubeziehen.[39] Verwenden Chipkarteninhaber eigene Technik und bestehen Standards für die Dokumentdarstellung, werden sie sich allerdings mit Systemkenntnis *und* Disziplin weitgehend gegen das Unterschieben von elektronischen Dokumenten schützen können.

Zwischen der Sicherung einer Systemumgebung gegen Manipulation, deren Revisionsfähigkeit und sichere Dokumentation in Signaturen und ihrer Konfigurierbarkeit für eine angemessene Handhabung, ihrer Änder- und Erweiterbarkeit und der Transparenz für den Benutzer bestehen jedoch Zielkonflikte. Monofunktionale, konsequent gesicherte Systeme werden nicht immer den Bedürfnissen der Anwender entsprechen.

4.2　Gutachten zur Echtheitsfunktion und zum Nachweis der Unversehrtheit und Vollständigkeit des Dokuments

Sachverständige verfügen über detaillierte Kenntnisse über Zusammenhänge zwischen der Dokumentstruktur und Signaturen. Sie können daher in einer systematischen Konsistenzprüfung beipielsweise erkennen, daß eine im Dokument vorgeblich enthaltene Signatur durch Manipulation des Signaturheaders für die Prüfsoftware "unsichtbar" wird. Sofern Manipulationen behauptet werden oder vom Gutachter für naheliegend gehalten werden, können systematische Tests helfen, Fehler des Signatur- oder Prüfalgorithmus zu erkennen.[40]

---

[37] Beipielsweise ein eigener Portfolio-PC, vgl. Schärges, KES 1990; oder andere Konzepte wie Micro-Workstations oder Personal Digital Assistants. Superchipkarten (z.B. Beutelspacher/Kersten/Pfau 1991 12f.) werden im allgemeinen wohl keine ausreichenden Ein- und Ausgabemöglichkeiten bieten.

[38] So wurden in einem Urteil des LG Aachen die allgemeinen Geschäftsbedingungen eines elektronisch über BTX geschlossenen Vertrages nicht anerkannt, da nicht die Möglichkeit ihrer Kenntnisnahme in zumutbarer Weise bestand (Bildschirmdarstellung, geringer Umfang je Seite). Siehe NJW 1991, 2159f.

[39] Wie in einigen Angriffen der Simulationsstudie an PCs geschehen.

[40] Allerdings kann im Rahmen von Tests nur die Anwesenheit, nicht die Abwesenheit von Fehlern festgestellt werden.

Künftige Technik

Das "Ausschalten" von Signaturen ist in strukturierten Dokumenten[41] erheblich schwieriger als für Signatur-Header. Allerdings dürften für strukturierte Dokumente im allgemeinen die Zusammenhänge zwischen Dokument-Teilen und den Authentikatoren weniger transparent sein. Wahrscheinlich können die Standard-Prüfprogramme validierter Signatur-Verfahren in vielen Fällen "primitive Manipulationen" erkennen und darstellen. Entsprechende Einwände gegen Beweismittel können dann auch von den Parteien vorgebracht werden. Detailliertere Prüfungen oder der Nachweis von Implementierungsfehlern werden kenntnisreichen Laien oder Gutachtern vorbehalten bleiben.

4.3 Gutachten zur Identitätsfunktion

Die Sicherheit von Aussagen zur Identität des Urhebers von elektronischen Signaturen wird durch vier Faktoren beeinflußt:
- Unikat des Schlüsselpaares[42]
- Zugriffssicherung zum Trägermedium
- Sperrdienste
- Sicherheit der Ausgabeverfahren und Verzeichnisdienste

Der Nachweis der Unikatssicherung von Schlüsselpaaren und der korrekten Ausgabeverfahren und Verzeichniseinträge ist gleichermaßen ein Validierungs- wie Revisionsproblem. Sind diese Prüfungen erfolgreich[43] und war die Chipkarte außerdem unbestritten im Besitz des Chipkarteninhaber, kann ihm die Signatur zugerechnet werden.

Chipkarten mit herkömmlicher Zugangskontrolle per PIN oder Passwort können jedoch vergleichsweise leicht mißbraucht werden. Selbst Sperreinträge verhindern Mißbrauch jedoch nicht, wenn das Signaturdatum vom Angreifer zurückgesetzt werden kann. Hier können Sachverständige versuchen, durch Konsistenzprüfungen verschiedener Datums- und Zeiteinträge im Dokument Unstimmigkeiten oder dilletantische Manipulationsversuche aufzudecken.[44] Als

---

[41] Elektronische Dokumente, in denen Dokument-Elemente explizit ausgewiesen sind. Dies kann sich aus Konventionen der Anwendungssysteme über den Dokumentaufbau oder durch eine zum Dokument gehörende Dokumentstrukturbeschreibung ergeben.

[42] Zielkonflikte ergeben sich dafür aus Interessen der inneren Sicherheit. Vgl. zur Kryptokontroverse z.B. Seidel 1992, 73 ff, 89 ff.

[43] Ob für solche Fragestellungen wirklich jedesmal erneut geprüft werden wird, ist zweifelhaft. Wahrscheinlicher sind Zulassungsverfahren und Stichproben, die zu "begründeten Annahmen" veranlassen.

[44] Z.B. Erstelldatum der Datei, letzte Änderung, Datumsangaben in Datei-Headern von Editoren, im Dokument enthaltene Datumsangaben, Signaturzeitpunkt, Gültigkeitszeitraum der Chipkarte.

Revisoren können sie eine Prüfung des sicheren und rechtsgemäßen Betriebs von Vertrauensinstanzen vornehmen.[45]

Künftige Technik

Verbesserungen können mit portablen eigenen Kartenzugangsgeräten erreicht werden. Mit ihnen wären bessere biometrische Zugangssicherungen zu Chipkartenfunktionen möglich.[46] Sie könnten auch über zertifizierte Referenz-Uhren verfügen, die einen korrekten Signaturzeitpunkt eintragen.[47]

4.4 Gutachten zur Warnfunktion

Warnfunktionen müssen durch die Gestaltung der Benutzeroberfläche realisiert werden. Behauptungen dazu könnten belegt werden, wenn die entsprechenden Systemkonfigurationen geeignet nachgewiesen werden. Die Probleme entsprechen dem Nachweis der Abschlußfunktion. Sofern eigene Endsysteme zum Signieren verwendet werden, kann der Benutzer die korrekte Umsetzung der Warnfunktion wohl sicherstellen.

4.5 Sachverständigenbeweis zu elektronischen Signaturen?

Da breite Erfahrungen für einen Vergleich zur eigenhändigen Unterschriften bisher fehlen, können nur auf der Basis der Erfahrungen der Simulationsstudie und "Laborerprobungen" zusammenfassend Thesen zu Gewinnen und Verlusten des Beweiswertes von elektronischen Signaturen im Sachverständigenbeweis aufgestellt werden.

Gewinne sind wohl hinsichtlich des Nachweises der *Unversehrtheit* von Dokumenten zu erwarten. Validierte und erprobte Systeme werden Angreifern nur selten Möglichkeiten zur Verfälschung von elektronisch signierten Dokumenten offen lassen. Die *Warnfunktion* wird nach einer Gewöhnung der Chipkarteninhaber mit Informationstechnik adäquat realisiert werden können. Benutzer könnten allerdings gerade an eigenen Endgeräten versuchen, Komfort-

---

[45] Zu Anforderungen an Revisionssysteme und -Konzepte vgl. z.B. Pordesch/Hammer/Roßnagel 1991.

[46] Z.B. Dynamik der eigenhändigen Unterschrift oder Fingerabdruck. Biometrische Verfahren können auch an fremden Endgeräten Sicherungsgewinne erzielen. Die Hürden werden auch dort für Angreifer erhöht. Aufzeichnungsmöglichkeiten und replay-Angriffe erfordern jedoch für diese Variante wieder zusätzliche Sicherungskonzepte.

[47] Auch daraus ergibt sich zusätzlicher Aufwand für die Schlüsselverwaltung und vermutlich eine Verlängerung elektronischer Signaturen.

verluste zu umgehen. Mit **Verlusten** muß dagegen für den Nachweis der *Abschlußfunktion* gerechnet werden. Selbst wenn künftig die angesprochenen Technikentwicklungen zum Tragen kommen, wird die Transparenz gegenüber Papiermedien für den Benutzer wohl sinken. Für die *Identitätsfunktion* ergeben sich zumindest erhebliche Veränderungen. Gewinnen wie qualifizierenden Zertifikaten und Sperrmöglichkeiten stehen Verluste hinsichtlich der Auslösung durch den Aussteller und die Notwendigkeit einer Sicherungsinfrastruktur gegenüber. Die Akzeptanz biometrischer Zugangskontrollen ist bisher ebenfalls nicht gesichert. Andererseits muß in Rechnung gestellt werden, daß sich die Echtheits- und damit auch die Identitätsfunktion für eigenhändige Unterschriften durch bessere Nachahmungstechniken für Fälscher verschlechtert.

Festzuhalten ist auch, daß die Ergebnisse von Gutachten zu elektronischen Signaturen wohl schwerer nachvollziehbar sein werden, als dies heute für eigenhändig unterschriebene Dokumente der Fall ist. Zur Erzeugung und zum Prüfen elektronischer Signaturen ist eine komplexe Technik erforderlich. Gutachten werden daher häufig Annahmen treffen müssen, beipielsweise über die Korrektheit von Programmen oder die mathematische Sicherheit der Signaturverfahren. Diese Voraussetzungen und die daraus resultierende Bewertung der Untersuchungsbefunde zu elektronischen Dokumenten wird technischen Laien schwerfallen. Auch werden nur wenige Sachverständige zu einzelnen Anwendungssystemen kompetent Stellung nehmen können.

Auch mit künftig verbesserter Technik können sich Anwälte und Richter nur begrenzt auf den Augenschein elektronischer Signaturen und insbesondere die vorgeblichen Umgebungsbedingungen beim Signieren verlassen. Vermutlich werden sie sich nur teilweise das erforderliche Spezialwissen aneignen können, um für elektronische Beweismittel selbst sachverständig zu sein.

Als interessantes Ergebnis der Simulationsstudie Rechtspflege muß außerdem erwartet werden, daß Fälschern eine Fälschung nicht mehr nachgewiesen werden kann. Da Manipulationen keine Spuren hinterlassen, werden sie einen Verdacht immer mit der Behauptung von Übertragungs-, Speicher- und Systemfehlern, (nicht-beweisbaren) Manipulationen des Kooperationspartners oder ihnen untergeschobenen Dokumenten entkräften können.

5. Anforderungen an elektronische Signatur-Systeme

Nach geltendem Recht ist die Verwendung elektronischer Signaturen nach dem Augenschein- und dem Sachverständigenbeweis möglich. Beide Beweisarten sind mit der heutigen Technik nicht zufriedenstellend. Daher sind sowohl Möglichkeiten der technische Verbesserungen zu prüfen. Zu untersuchen sind auch organisatorische Alternativen und mögliche Neuregelungen des Beweisrechts.

Vertrauenswürdige elektronische Dokumente

Sollen elektronische Signaturen einen zu eigenhändigen Unterschriften vergleichbaren Beweiswert erhalten, müssen sich die Benutzer darauf verlassen können, daß sich Signaturen wirklich auf Dokmentinhalte beziehen und Prüfergebnisse korrekt sind. Signatur- und Anwendungssysteme müßten daher validert werden. Zu erwarten ist, daß mit strukturierten Dokumenten bessere Möglichkeiten bestehen, sichere Implementierungen zu realisieren. Allerdings muß der Benutzer dann über den entsprechenden Dokumenteditor verfügen. Seine Möglichkeiten, Dokumente "direkt" anzusehen, werden eingeschränkt. Die Komplexität strukturierter Dokumente wird voraussichtlich höher sein, ihre Darstellung am Bildschirm und ihr Papier-Ausdruck entsprechen nicht mehr der elektronischen Darstellung. Die Transparenz für den Benutzer könnte sinken.

Überprüfbare Systeme

In fremden Anwendungsumgebungen ist der Chipkarteninhaber von der Vertrauenswürdigkeit des Systembetreibers abhängig. Sofern nicht gewährleistet werden kann, daß der Chipkarteninhaber sich auf einfache Weise von einem durch eine neutrale Instanz bestätigten Sicherheitsstandard überzeugen kann,[48] wird ein erhebliches Manipulationsrisiko auf den Signierenden verlagert. Es ist zu prüfen, ob rechtliche Regelungen dieses Risiko auf ein akzeptables Maß reduzieren können. Sie könnten sowohl den erforderlichen Validierungsstandard als auch Beweislastverteilungen und Beweisvermutungen für den Streitfall regeln.

---

[48] Z.B. indem die Signaturanwendung auf der Chipkarte so parametrisiert werden kann, daß sie nur mit solchen Systemen zusammenarbeitet.

Mindestens müßte ein Gutachter in die Lage versetzt werden, zu überprüfen, ob ein System für Signaturen gemäß den rechtlichen Anforderungen geeignet konfiguriert war. Ob es aussichtsreich ist, alle an einem Signaturvorgang beteiligten Software- und Hardware-Komponenten und deren Konfiguration in der Signatur festzuhalten, scheint fraglich. Möglicherweise können durch "Fake-Terminals" die Sicherungsanstrengungen relativ leicht zunichte gemacht werden. Die Alternative, Systeme unter persönlicher Kontrolle des Chipkarteninhabers einzusetzen, wird zwar vereinzelt vertreten, scheint aber auf Seiten der Anwendungsanbieter bisher nicht auf großes Interesse zu stoßen. Zu suchen wäre nach Technikvarianten, die für Benutzer eine hohe Transparenz gewährleisten und gleichzeitig eine hohe Akzeptanz erreichen. Ob dies für Superchipkarten, Portfolio-PCs oder ähnliche Systeme zutreffen wird, kann gegenwärtig nicht entschieden werden. So bestehen Zielkonflikte zwischen Komfort, Sicherheit, Transparenz und Komplexität. Möglicherweise werden sich nur bestimmte gesellschaftliche Gruppen mit solchen Geräten ausstatten wollen. In jedem Fall sollte der Zwang zur Verwendung solcher Systeme vermieden werden.

Funktionsfähigkeit der Gerichte

Eigenhändig unterschriebene Papierdokumente können mit Hilfe des Urkunds- oder Augenscheinsbeweises weitgehend ohne Sachverständige Beweis erbringen. Können die aufgezeigten Probleme zur Prüfung elektronischer Signaturen nicht hinreichend gut gelöst werden, werden Sachverständige allerdings in vielen Prozessen benötigt, in denen elektronische Beweismittel vorgelegt werden. In der künftigen Informationsgesellschaft würde damit die Abhängigkeit von Sachverständigen ansteigen. Prozesse würden dadurch - bei gleichem Streitgegenstand, nur durch Wechsel des Mediums - längern dauern und teurer werden.

Signaturverfahren können für unterschiedliche Anwendungssysteme eingesetzt werden. Obwohl die zugrunde liegenden mathematischen Signaturkonzepte gleich sind, werden sich die einzelnen Anwendungen häufig in der Systemumgebung, der Dokumentstruktur, Signaturparametern oder der Handhabung unterscheiden. Es ist deshalb zu erwarten, daß einige unterschiedliche Signaturverfahren in vielen Anwendungsvarianten implementiert werden.[49] Sofern beispielsweise anwendungsspezifische Dokumenteditoren verwendet werden, werden Gerichte in aller Regel nicht über die entsprechenden Softwaresysteme

---

[49] Eine Diversifikation ist unter dem Gesichtspunkt der Verletzlichkeit sogar wünschenswert - siehe z.B. Roßnagel/Wedde/Hammer/Pordesch 1989, 234f.

verfügen, unter Umständen fehlt ihnen sogar die erforderliche besondere Hardware-Ausstattung. Im Gegensatz zur unmittelbaren Wahrnehmung einer Papierurkunde verfügt der Richter dann nicht einmal über die Technikausstattung, um elektronische Beweismittel in ihrer "originären" Form zur Kenntnis zu nehmen. Die Parteien des Zivilprozesses würden dadurch in vielen Fällen von externen Gutachtern oder Herstellern abhängig. In einigen Fällen wird es sogar unmöglich sein, neutrale Gutachter mit ausreichender Qualifikation zu finden.

Gutachter-Tools

Gutachter müssen unabhängig von Systemherstellern arbeiten können. Es muß vermieden werden, daß erkannte Fehler durch Interessenkonflikte verschwiegen werden und daß Manipulationsrisiken bestehen bleiben. Hersteller werden nur schwerlich verpflichtet werden können, ihre Systemspezifikation oder gar die Implementierung offenzulegen. Gutachter benötigen daher in jedem Fall Hilfsmittel. Sie müssen Dokumente nicht nur mit Prüfprogrammen des Systemanbieters untersuchen können, sondern sollen besondere Tests durchführen. Dazu benötigen sie **universelle Dokument-Editoren** und **Signatur-Algorithmen**, die ihnen gezielte Prüfmöglichkeiten einräumen.[50]

Sinnvoll wäre auch der Aufbau einer **Fehler-Datenbank**, in der erkannte Schwächen von Signaturanwendungen gesammelt werden. Dies würde es ermöglichen, ein breiteres Spektrum gutachterlichen Wissens zusammenzutragen und jeweils die einschlägigen Prüfungen durchzuführen. Die dort aufgeführten Angriffsmöglichkeiten erhöhen scheinbar die Wahrscheinlichkeit von Attakken, wenn Motivierte Zugang zu den Informationen erhalten. Systementwickler und Anwender könnten deshalb versuchen, Fehler zu vertuschen oder Einträge zu verhindern.

Das Risiko kann jedoch bereits erheblich reduziert werden, wenn dem Hersteller eine angemessene Frist zur Fehlerbeseitigung eingeräumt wird. Da Hersteller vermeiden wollen, daß ihr Produkt genannt wird, werden sie sich durch ein solches Instrument angehalten fühlen, Mißstände schnell zu beheben. Darüber hinaus bietet eine solche Fallsammlung die Chance, Fehler anderer bei Neuentwicklungen zu vermeiden. Zudem können sich Politik und Öffentlichkeit ein Bild über die Zuverlässigkeit der Verfahren machen und ein begründetes Ver- oder Mißtrauen entwickeln. Abzuwarten belibt, ob ein solches Instrument weitgehend akzeptiert wird. Ein fachöffentlicher Diskurs wird zwar

---

[50] Auch dies würde für eine Zulassung von Signaturverfahren für rechtsverbindliche Telekooperation sprechen, da dann die Bereitstellung der entsprechenden Hilfsmittel sicherzustellen wäre.

eine Reihe von Problemen aufgreifen können, jedoch viele Einzellösungen unberücksichtigt lassen. Gutachter, die privatunternehmerisch tätig sind, könnten
versucht sein, ihr Wissen nicht oder unvollständig zu dokumentieren.

6. Beweis durch elektronische Signatur?

Elektronisch signierte Dokumente können im Rechtsstreit als Beweismittel
vorgelegt werden. Ihre Beweiswürdigung kann *nach geltendendem Recht* erfolgen. Es müssen Annahmen zur Technik berücksichtigt werden, viele Fragen
sind nicht oder nur mit großer Unsicherheit zu beantworten. Die beweispflich-
tige Partei sollte allerdings den Beweiswert im Prozeß abschätzen können.
Dies wird erleichtert, wenn konkrete Anforderungen an Signatur und Zertifikat
und die Verteilung von Nachweispflichten bekannt sind.[51]

Neben technischen Nachbesserungen könnte der Beweiswert der elektronischen Signatur auch durch Rechtsänderungen verbessert werden. So könnte
daran gedacht werden, die Rechtsordnung den technischen Veränderungen
insofern anzupassen, als die *Beweisregeln des Urkundsbeweises* auch auf
elektronische Dokumente angewendet werden. Obwohl elektronische Dokumente nicht aus sich selbst heraus den Nachweis menschlicher Gedankenerklä-
rungen zu bieten vermögen, könnte ein durch die zertifizierte Hard- und Software des Gerichts akzeptiertes Dokument mit korrekter elektronischer Signatur
als "elektronische Urkunde" anerkannt werden. Die Anforderungen an Signaturen könnten sich nach dem Stand der Technik richten. Ein unmittelbarer
Transfer des Urkundsbeweises würde zwar die Rechtssicherheit erhöhen, wäre
aber mit Verlusten für die Einzelfallgerechtigkeit behaftet. Der Nachweis, daß
ein Dokument eine zurechenbare Willenserklärung, untergeschoben oder verfälscht worden sei, wäre schwer zu erbringen.

Soll dagegen auch bei Verwendung elektronischer Signaturen der effektive
Rechtsschutz für den Einzelnen[52] gewährleistet werden, müßten in allen
Zweifelsfällen Sachverständige befragt werden. Die Kosten für das Gutachten
müßten allerdings so verteilt werden, daß sie die finanziellen Ressourcen der
sozial schwächeren Partei nicht überforden. Selbst wenn nur die Verhältnis-
mäßigkeit von Gutachterkosten zu Streitwert für die Berücksichtigung elektro-

---

[51] Vgl. zum folgenden auch Roßnagel 1992, 7; Bizer, DuD 1992, 173.

[52] Der sich aus dem Rechtsstaatsgebot ergibt, das u.a. in Art. 19 Abs. 4 GG seinen Niederschlag gefunden
hat. Danach dürfen z.B. keine technischen Sachzwänge die Inanspruchnahme der Gerichte verhindern oder
erschweren. Vgl. hierzu und zum folgenden auch Roßnagel 1992, 7.

nischer Dokumente eine Rolle spielt, könnte dies zu einem selektiven Zugang zum Rechtsschutz führen.

Um den bisher unzureichenden Beweiswert elektronischer Dokumente zu verbessern, könnte daran gedacht werden, für elektronisch signierte Dokumente den *"elektronischen Urkungsbeweis"* vergleichbar dem Urkundsbeweis der Zivilprozeßordnung einzuführen. Dieser Schritt wäre aber allenfalls dann vertretbar, wenn er durch technische und rechtliche Risikoabsicherungen unterstützt würde. Notwendig wären zumindest:
- Mindestanforderungen an Signatur- und Anwendungssysteme,
- Mindestanforderungen an elektronisch signierte Dokumente, die als formales Beweismittel eingebracht werden sollen,
- Festlegung der Eignung verschiedener Funktionen von elektronischen Signaturen zum Beweis von Sachverhalten,
- eine Beweislastverteilung zu Signaturen an eigenen und fremden Endgeräten,
- Bereitstellungspflichten von Herstellern und Betreibern,
- Mindestanforderungen für Schlüssel-Verwaltungen und Verzeichnisdienste,
- Zurechnungsregeln bei verdeckter Stellvertretung und Sperrung.

Ohne solche ergänzenden Rechtsregeln und technische Verbesserungen sollten elektronische Dokumente nur unter sehr begrenzten Bedingungen im Rechtsstreit als Beweismittel anerkannt werden.

Die künftigen Möglichkeiten der Techniksicherung werden die Vertrauenswürdigkeit von elektronisch signierten Dokumenten gegenüber heute verbessern. Die Zielkonflikte zwischen einerseits Sicherungsgüte, Beweiswert, Verbraucherschutz und Transparenz und andererseits Komplexität, Handhabung, Offenheit und Kosten werden jedoch nicht völlig aufgelöst werden können. Wenn der einzelne Bürger elektronische Dokumente auf eigenes Risiko in einer nicht von ihm kontrollierten Systemumgebung signiert, besteht das Risiko, daß sich durch "technische Sachzwänge" in Verbindung mit der Marktmacht von Anwendungsanbietern in der Rechtspraxis deren Interessen gegenüber den Rechten der Verbraucher durchsetzen.[53] Eine derartige Anpassung der Rechtsordnung ist jedoch unter dem Gesichtspunkt der Verfassungsverträglichkeit unbefriedigend.

---

[53] So ist bisher die Gestaltung der Beweismittel (Belege) bei Abhebungen am Bargeldautomaten für den Kontoinhaber eigentlich unzureichend.

Alternativ müßte die Anwendung elektronischer Urkunden auf geschlossene Benutzergruppen beschränkt bleiben.[54] Insbesondere für Rechtsgeschäfte, in denen die Schriftform vorgeschrieben ist, dürften elektronische Dokumente nicht eingesetzt werden. Verbraucherschutzaspekte könnten viele weitere Akte rechtsverbindlicher Telekooperation ausschließen.

Literatur

Beutelspacher, A. / Kersten, A. / Pfau, A. (1991): Chipkarten als Sicherheitswerkzeuge, Berlin, Heidelberg, 1991.

Bizer, J. (1991): Stand und Entwicklung der Informatisierung in der Rechtspflege. provet-Arbeitspapier 54, provet Darmstadt 1991.

Bizer, J. (1991): Trendszenario zur Telekooperation in der Rechtspflege. provet-Arbeitspapier 55, Darmstadt 1991.

Bizer, J. (1992): Das Schriftformprinzip im Rahmen rechtsverbindlicher Telekooperation, DuD 4/92, 169 ff.

Bizer, J. / Roßnagel, A. (1993): Dokumentation und Auswertung der Simulationsstudie Rechtspflege, provet-Arbeitspapier 73, Darmstadt, 1993.

Hammer, V. (1988): TeleTrusT: Verletzlichkeit und Verfassungsverträglichkeit eines Konzeptes für rechtssichere Transaktionen in der Informationsgesellschaft, DuD 1988, S.391ff.

Hammer, V. (1993): Gutachten in der Simulationsstudie Rechtspflege, provet-Arbeitspapier 86, Darmstadt, 1993.

Pordesch, U. (1992): Experimente zur Verletzlichkeit in der Simulationsstudie Rechtspflege, provet-Arbeitspapier Nr. 81, Darmstadt 1992.

Pordesch, U. / Hammer, V. / Roßnagel, A. (1991): Prüfung des rechtsgemäßen Betriebs von ISDN-Anlagen, Braunschweig, 1991.

provet / GMD (1991): Verletzlichkeit und Verfassungsverträglichkeit rechtsverbindlicher Telekooperation, provet-Arbeitspapier 50, Darmstadt 1991.

provet / GMD (1993): Die Simulationsstudie Rechtspflege, provet-Arbeitspapier 80, Darmstadt, 1993.

Roßnagel, A. (1991): Telekommunikationsdienste und rechtliche Formvorschriften, provet-Arbeitspapier 62, Darmstadt 1991.

Roßnagel, A. (1991): Rechtsverbindlichkeit - Versuch zur Klärung des Begriffs 'rechtsverbindliche Telekooperation', provet-Arbeitspapier 63, Darmstadt 1991.

Roßnagel, A. (1992): Zur Verfassungsverträglichkeit digitaler Unterschriften, in: Struif, B, (Hrsg): 2. GMD-SmartCard Workshop, GMD, Darmstadt 1992.

Roßnagel, A. / Wedde, P. / H., Volker / Pordesch, U. (1989): Die Verletzlichkeit der Informationsgesellschaft, Opladen 1989.

Roßnagel, A. / Wedde, P. / Hammer, V. / Pordesch, U. (1990): Digitalisierung der Grundrechte - zur Verfassungsverträglichkeit der Informationsgesellschaft, Opladen 1990.

Schärges, H. (1990): Zugriffskontrolle per Karte - ein konzeptioneller Fehler?, KES 5/1990, 304 ff.

---

[54] So wurde durch Gesetzesänderung die elektronische Signatur im elektronischen Mahnverfahren zur Dokumentsicherung zugelassen (§ 690 Abs. 3 ZPO " ... wenn in anderer Weise gewährleistet ist, daß der Antrag nicht ohne den Willen des Antragstellers übermittelt wird."). Vgl. dazu auch Bizer, DuD 1992, 172 mwN. Durch das Zulassungsverfahren bleibt diese Anwendung jedoch auf eine geschlossene Benutzergruppe beschränkt, da jeder Anwalt dafür individuell vom Gericht zugelassen werden muß.

Seidel, U. (1992): Signaturverfahren und elektronische Dokumente - Rechtliche Bewertung und Regelungsvorschläge, in: Herda, S./ Seidel, U./ Struif, B.: Bestandsaufnahme über die elektronischen Signaturverfahren, Studie der GMD für das Bundesamt für Sicherheit in der Informationstechnik, 1992.

Abkürzungen

BGB ....Bürgerliches Gesetzbuch
CR ....Computer und Recht (Zeitschrift)
DuD ....Datenschutz und Datensicherung (Zeitschrift)
GMD ....Gesellschaft für Mathematik und Datenverarbeitung
KES...................Zeitschrift für Kommunikations- und EDV-Sicherheit
LG ....Landgericht
mwN..................mit weiteren Nachweisen
NJW ....Neue Juristische Wochenschrift (Zeitschrift)
PIN ....Persönliche Identifikationsnummer
ZPO ....Zivilprozeßordnung

Komponenten informationstechnischer Authentifikationsdienste

Birgit Klein

Frank Damm

E.I.S.S.
Universität Karlsruhe
Postfach 6980
W-7500 Karlsruhe 1
kleinb@ira.uka.de
damm@ira.uka.de

Zusammenfassung

In dieser Arbeit beschäftigen wir uns mit Authentifikationsdiensten, die mit zunehmender Verbreitung offener und verteilter Informationssysteme immer bedeutender werden. Ein Authentifikationsdienst wird dabei in die drei Komponenten Verwaltung, Vorbereitung und Authentifikation zerlegt. Die Aufgaben dieser Komponenten werden mit den zu ihrer Bewältigung verfügbaren Mechanismen erläutert. Als konkrete Beispiele dienen Kerberos, SPX und SELANE.

Wir beabsichtigen, mit dieser Arbeit das für individuelle Anwendung und Entwicklung erforderliche Verständnis dieser Dienste zu fördern.

1. Einleitung

Die allgemeine Verbreitung von Dienstleistungen über offene Kommunikationsnetze erfordert eine Authentifikation der Benutzer, damit nur berechtigte – beispielsweise nur zahlende – Personen solche Leistungen in Anspruch nehmen können. In verschiedenen Umgebungen sind einige solcher Authentifikationsdienste entstanden, die allerdings unterschiedlichen Anforderungen genügen. In dieser Arbeit wird anhand der allgemeinen Anforderungen die Struktur eines Authentifikationsdienstes herausgearbeitet. Dazu verdeutlichen wir die Phasen einer Authentifikation, aus denen sich die zur Realisierung möglichen Mechanismen ergeben. Die Zusammenführung solcher Mechanismen zu einem

Authentifikationsdienst erfordert eine genaue Analyse ihrer Auswirkungen, damit gegenseitige Beeinflussungen berücksichtigt und die Effizienz sowie die gewonnene Sicherheit erläutert werden können.

Eine typische Umgebung für einen elektronischen Authentifikationsdienst ist ein lokales Netz von Workstations, die mit einem offenen Betriebssystem wie UNIX arbeiten und über ein offenes Netz wie z.B. das Ethernet miteinander verbunden sind. Eine Authentifikation kann hier beispielsweise bei der Benutzung des File Servers gewünscht sein.

Bei der Untersuchung von elektronischen Authentifikationsdiensten erweist sich die Analogie zur alltäglichen Authentifikation als hilfreich. Eine polizeiliche Personenkontrolle beispielsweise besteht – auf den ersten Blick – aus dem Vorzeigen des Personalausweises oder eines vergleichbaren Dokumentes. Hier zählt die Herstellung der Personalausweise durch die Bundesdruckerei zur Verwaltung dieses uns allen zugänglichen Authentifikationsdienstes, während das Vorzeigen des Ausweises die Vorbereitung und die Prüfung desselben anhand der bekannten Kriterien die eigentliche Authentifikation ausmacht. Diese Authentifikation ist eine *einseitige*, üblicherweise weist sich der Polizist nicht gegenüber der zu prüfenden Person aus. In vielen Informationssystemen ist auch heute noch die einseitige Authentifikation üblich (z.B. Authentifikation des Benutzers am Terminal gegenüber dem Zentralrechner durch Eingabe eines Kennworts, während es keine Authentifikation des Zentralrechners gegenüber dem Benutzer gibt), allerdings ist diese Situation für offene verteilte Systeme nicht befriedigend. Die Analogie mit alltäglicher Authentifikation hat jedoch auch Grenzen, da für Menschen selbstverständliche Dinge von Maschinen explizit berücksichtigt werden müssen (z.B. die anhaltende Authentifikation, vgl. Abschnitt 4). Sie müssen also von Benutzern spezifiziert und von Entwicklern implementiert werden.

In Abschnitt 2 unterscheiden wir zwischen der Verwaltung des Authentifikationsdienstes, der Vorbereitung einer Authentifikation und der eigentlichen Authentifikation als wesentliche Komponenten solcher Dienste. In Abschnitt 3 analysieren wir den Teilaspekt der Vorbereitung von einer oder mehreren Authentifikationen, gefolgt von der Untersuchung der eigentlichen Authentifikation in Abschnitt 4.

Zur Veranschaulichung der Ergebnisse dieser Arbeit dienen in Abschnitt 5 die Authentifikationsdienste Kerberos (MIT [StNS88, Kohl91]), SPX (DEC [GGKL89, TaAl91]) und SELANE (E.I.S.S., Universität Karlsruhe [BaKn89, HoK191, HoK291]). Vor der Beschreibung der in diesen Systemen verwendeten Maßnahmen werden die aus den jeweiligen Authentifikationsmechanismen folgenden grundsätzlichen Möglichkeiten der Vorbereitung untersucht.

Wir verfolgen mit dieser Arbeit einerseits das Ziel, auch die nicht sofort offensichtlichen Aspekte einer elektronischen Authentifikation zu verdeutlichen und Entwicklern sowie Anwendern ihre explizite Spezifikation und Beachtung ans Herz zu legen. Andererseits erläutern wir den Baukasten der Mechanismen, mit denen ein Authentifikationdienst nach individuellen Bedürfnissen konstruiert werden kann.

2. Komponenten von Authentifikationsdiensten

Authentifikationsdienste lassen sich nach der Häufigkeit der Benutzung und der Sicherheitsrelevanz in drei Komponenten zerlegen (vgl. Abbildung 1):

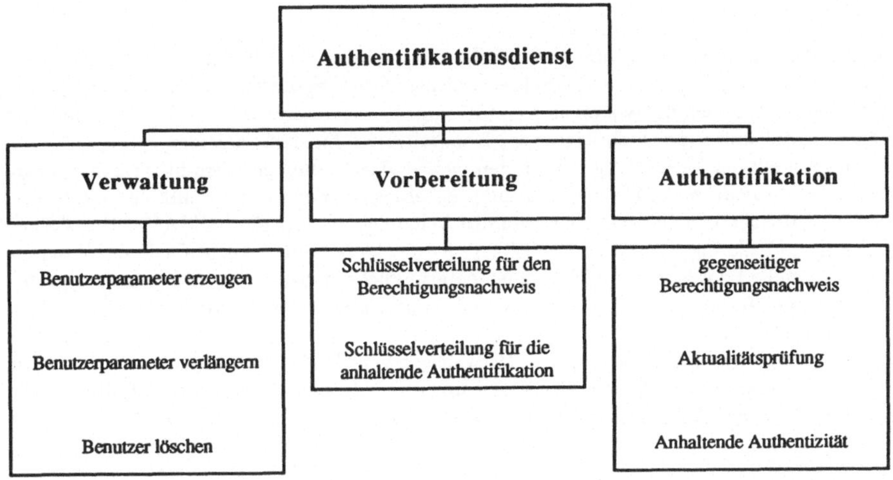

Abbildung 1: Struktur eines informationstechnischen Authentifikationsdienstes

- Verwaltung des Authentifikationsdienstes

- Vorbereitung der Authentifikation

- Authentifikation von Benutzern

Zur Verwaltung des Authentifikationsdienstes zählen z.B. das Bereitstellen, Verlängern oder Sperren von unfälschbaren Merkmalen (Ausweise) für die Authentifikation. Solche Vorgänge fallen typischerweise jährlich oder monatlich an, während die eigentliche Authentifikation einer Workstation gegenüber dem File Server und umgekehrt etwa täglich oder häufiger notwendig ist. Im Unterschied zum Alltagsbeispiel gibt es im elektronischen Fall im allg. viele Behörden, die Ausweise ausstellen dürfen. Die Art der Herstellung beweist elektronisch ebenso wie augenscheinlich beim Personalausweis die Echtheit des Ausweises, allerdings benötigt der Prüfer eines elektronischen Ausweises andere Informationen zur Echtheitsprüfung.

Dazu ist die Vorbereitung einer Authentifikation erforderlich. Sie umfaßt beispielsweise die authentische Verteilung öffentlicher Merkmale (Schlüssel) für asymmetrische Kryptosysteme oder die authentische Verteilung von Uhrzeiten. In der Regel sind für eine

Authentifikation mehr als ein Vorbereitungsschritt erforderlich, so daß die Vorbereitung
in Teilen parallel zu den ersten Authentifikationsschritten realisiert werden kann.

Die Authentifikation von Benutzern schließlich ist die eigentliche Anwendung des
Dienstes und besteht u.a. aus dem Identitätsnachweis und der Sicherung einer anhaltenden Authentifikation (bspw. während der gesamten Lesezeit einer Datei). Hier muß die
alltäglich übliche optische Prüfung durch einen elektronischen Mechanismus ersetzt werden.

Die drei Komponenten von Authentifikationsdiensten sind hinsichtlich der üblicherweise zur Realisierung verwendeten Mechanismen (vorwiegend aus der Kryptologie) ähnlich, jedoch nur bedingt voneinander abhängig. In der Literatur führt dies mitunter zu
einer Verquickung von Anforderungen, Komponenten und Mechanismen.

Der Aspekt der Verwaltung wird in den meisten Darstellungen bekannter Authentifikationsdienste weniger berücksichtigt, sondern eher als einer von vielen Punkten in Arbeiten
zur Architektur von Informationssystemen behandelt [GGKL89, ECMA88]. Die Vorbereitung und die eigentliche Authentifikation sind bspw. durch kryptologische Arbeiten
über spezielle Protokolle und Mechanismen gründlicher untersucht, in denen aber in der
Regel keine Unterscheidung zwischen den Komponenten gemacht wird.

Die detaillierte Untersuchung der Verwaltung von Authentifikationsdiensten können
wir im Rahmen dieser Arbeit nicht vornehmen, der folgende Abschnitt enthält die zur
Vorbereitung der Authentifikation nötigen Maßnahmen.

3. Vorbereitung einer Authentifikation

Für die Authentifikation zweier Parteien, der eigentlichen Anwendung des Dienstes,
müssen die Merkmale der Parteien für den Berechtigungsnachweis (vgl. Kapitel 4) authentisch vorliegen. Die Vorbereitung der Authentifikation besteht daher im wesentlichen
aus der Verteilung der den Benutzern in der Verwaltungsphase zugeordneten Merkmale.
Für die Gewährleistung der Authentizität und Vertraulichkeit der einer Authentifikation
folgenden Kommunikation werden sogenannte Sitzungsschlüssel benötigt. Diese werden
häufig mit demselben Mechanismus verteilt wie die den Parteien zugeordneten Merkmale.
Daher zählen wir auch diesen Punkt zur Vorbereitung.

Die Vorbereitung einer Authentifikation umfaßt also folgende Punkte:

- Schlüsselverteilung für den Berechtigungsnachweis und

- Schlüsselverteilung für die anhaltende Authentifikation.

Im Beispiel der Personenkontrolle entspricht die Schlüsselverteilung für den Berechtigungsnachweis dem Vorzeigen des Personalausweises und der Übermittlung des Wissens über die Gestalt eines gültigen Ausweises. Durch dieses Wissen kann der Polizist
die Gültigkeit des speziellen Ausweises prüfen. Die Schlüsselverteilung für die anhaltende Authentifikation hat kein eindeutiges Pendant in der alltäglichen Authentifikation.
Sie ersetzt in der elektronischen Authentifikation das persönliche Gegenüberstehen der
alltäglichen Authentifikation.

In diesem Abschnitt soll verdeutlicht werden, daß diese sogenannte Schlüsselverteilung nach Verteilung symmetrischer und asymmetrischer Schlüssel unterschieden werden kann. Die Vor- und Nachteile dieser Möglichkeiten werden beschrieben und an im Bereich der Authentifikation wesentlichen Beispielen erläutert.

Eine Schlüsselverteilung ist die Verteilung kryptographischer Schlüssel an Parteien, wobei ein Schlüssel durch eine Beglaubigung nachweisbar mit einer (oder mehreren) Partei(en) in Zusammenhang gebracht wird. Dabei ist zu unterscheiden, ob symmetrische oder asymmetrische Schlüssel verteilt werden. Für den Nachweis eines Zusammenhangs zwischen Partei und (geheimem) Schlüssel kann im asymmetrischen Fall der zu dem geheimen Schlüssel gehörende öffentliche Schlüssel verwendet werden, der jedem bekannt sein kann. Im symmetrischen Fall muß der Nachweis dagegen vertraulich erfolgen. Der Zusammenhang zwischen einer Partei und einem Schlüssel wird im allg. mittels einer digitalen Signatur oder eines MAC (Message Authentication Code, z.B. durch symmetrische Verschlüsselung der Nachricht mit dem Sitzungsschlüssel in einem Feedback Mode) durch eine vertrauenswürdige Instanz beglaubigt.

Verteilung symmetrischer Schlüssel

In diesem Fall ist das Ergebnis einer Schlüsselverteilung, daß zwei Parteien A und B im Besitz desselben symmetrischen Schlüssels sind. Dieser Schlüssel darf genau den Parteien A und B (und eventuell einer vertrauenswürdigen Instanz als dritter Partei) bekannt werden. Möchte A auch mit einer anderen Partei C einen symmetrischen Schlüssel teilen, so muß ein neuer Schlüssel erzeugt werden, der an A und C verteilt wird.

Verteilung asymmetrischer Schlüssel

Für diese Verteilung wird vorausgesetzt, daß eine Partei A ein asymmetrisches Schlüsselpaar besitzt. Die Schlüsselverteilung gibt nun den öffentlichen Schlüssel von A mit Hilfe von übermittelnden Instanzen an eine Partei B authentisch weiter. A und B müssen für die Authentizität der Übermittlung den zu der mit ihnen direkt verbundenen übermittelnden Instanz gehörenden Schlüssel authentisch und ggfs. auch geheim aufbewahren.

In verteilten Systemen wird der Zusammenhang einer Partei und ihres Schlüssels nicht von einer einzigen Instanz beglaubigt. Zwei Parteien, die miteinander kommunizieren wollen, gehören eventuell zu verschiedenen vertrauenswürdigen Instanzen. Für den ersten Kommunikationsaufbau bauen die Partei A und ihre Instanz einen authentischen Kanal auf, die Instanz von A und die Instanz von B einen Kanal und die Partei B mit ihrer Instanz einen weiteren Kanal. Zwischen der Instanz von A und der Instanz von B können in großen Netzen sehr viele andere Instanzen liegen, zwischen denen ebenfalls authentische Kanäle für die Kommunikation aufgebaut werden müssen. Aus Durchsatzgründen sollte nicht die eigentliche Kommunikation, sondern nur eine Schlüsselverteilung zwischen A und B über diese Kanäle laufen. Mit Hilfe der zwischen A und B ausgetauschten Schlüssel kann für die eigentliche Kommunikation ein Kanal direkt zwischen ihnen aufgebaut werden.

Jede Partei sollte die mit anderen Parteien für die Prüfung einer Beglaubigung ausgetauschten Schlüssel authentisch speichern und wiederverwenden. Sind symmetrische Schlüssel ausgetauscht worden, so müssen sie authentisch und geheim aufbewahrt werden. Gelangt nämlich ein Unbefugter in den Besitz eines solchen Schlüssels, so kann er sich

Funktion	Mechanismus	
	allgemein	speziell
Schlüsselverteilung	symmetrischer Schlüssel	KATHY
		symmetrisches Needham–Schroeder Verfahren
	asymmetrischer Schlüssel	asymmmetrisches Needham–Schroeder Verfahren
		X.509
Beglaubigung	MAC	Blockchiffre im CBC-Mode
		Blockchiffre im CFB-Mode
	digitale Signatur	ElGamal
		RSA
		Zero-Knowledge Protokoll (z.B. nach Beth oder Fiat–Shamir)

Tabelle 1: Mechanismen für die Vorbereitung einer Authentifikation

für die Parteien ausgeben, zwischen denen der Schlüssel ausgetauscht war. Werden asymmetrische Schlüssel verteilt, so muß jede Partei die erhaltenen öffentlichen Schlüssel mit den zugehörigen Parteien nur authentisch speichern. Dringt ein Unbefugter in eine solche Datei einer Partei A ein, so kann er die gespeicherten öffentlichen Schlüssel verändern. Nachdem A bemerkt hat, daß die Authentizität dieser öffentlichen Schlüssel verletzt wurde, benötigt sie für ihre Kommunikationen einen neuen Kommunikationsaufbau, um die richtigen öffentlichen Schlüssel der anderen Partien wiederzuerhalten. Der Unbefugte kann also keine Parteien kompromittieren.

Aus diesem Grunde ist es sicherer, asymmetrische Schlüssel zu verwenden und authentisch an die Parteien zu binden. Da asymmetrische Kryptoverfahren aber langsamer sind als symmetrische, wird die Vertraulichkeit bzw. Integrität einer Kommunikation im allg. mittels symmetrischer Schlüssel gewährleistet. In vielen Anwendungen folgt der Verteilung asymmetrischer Schlüssel für die Identifikation daher eine Verteilung symmetrischer Schlüssel für die Kommunikation. Entweder werden die symmetrischen Schlüssel vor der Verteilung und unabhängig von den Empfängern von einer vertrauenswürdigen Instanz oder von der initiierenden Partei erzeugt und mit Hilfe der asymmetrischen Schlüssel geheim und authentisch an die andere Partei übermittelt, oder die Schlüssel werden parteien(personen)bezogen interaktiv aus den beiden asymmetrischen Schlüsseln der Kommunikationspartner erzeugt.

Soll aus Sicherheitsgründen kein symmetrischer Schlüssel gespeichert, sondern für jede Kommunikation ein neuer verwendet werden, so muß die Verteilung der Sitzungsschlüssel einfach und schnell sein. Ihre Effizienz kann u.a. dadurch erhöht werden, daß nur die Kommunikationspartner und keine dritte (darüberhinaus notwendigerweise vertrauenswürdige) Instanz an der Schlüsselverteilung beteiligt sind.

Eine Übersicht über mögliche Mechanismen der Schlüsselverteilung geben Tabelle 1 und die folgenden Charakterisierungen. Ausführliche Beschreibungen können der Literatur [NeSc78, NeSc87, ISO290, ISO190, HoK191, HoK291] entnommen werden.

KATHY
Der öffentliche Identifikationsschlüssel wird von der Partei A direkt an die Partei B gesendet, mit der A kommunizieren möchte. Aus diesem Datum wird mit Hilfe einer Zufallszahl und des Diffie-Hellman Schlüsselaustausch-Verfahrens [DiHe76] ein symmetrischer identitätsbasierter Schlüssel erzeugt. Danach ist B im Besitz des symmetrischen Schlüssels, den A mit einer Variante des Bethschen Zero-Knowledge Identifikationsschema [Beth88] und dem ElGamal Signatur-Verfahren [ElGa85] ebenfalls erzeugen kann.

Needham-Schroeder Schlüsselverteilung für symmetrische Schlüssel
Es wird eine zentrale vertrauenswürdige Instanz vorausgesetzt, die die Schlüssel erzeugt. Eine Partei, die mit einer anderen Partei kommunizieren möchte, authentifiziert sich zunächst gegenüber der vertrauenswürdigen Instanz und erhält dann einen Schlüssel. Zusätzlich bekommt sie ein Ticket, das u.a. denselben Schlüssel enthält. Mit Hilfe dieses Tickets kann sich die Partei gegenüber der anderen Partei authentifizieren. Sie gibt es in der ersten Nachricht des Authentifikationsprotokolls an die Partei weiter, mit der sie kommunizieren möchte. Danach sind beide Parteien im Besitz desselben symmetrischen Schlüssels.

Needham-Schroeder Schlüsselverteilung für asymmetrische Schlüssel
Hier wird eine zentrale vertrauenswürdige Instanz zur Verteilung der Schlüssel vorausgesetzt. Eine Partei A, die mit einer anderen Partei B kommunizieren möchte, authentifiziert sich zunächst gegenüber der vertrauenswürdigen Instanz und erhält dann ein Ticket, das u.a. den öffentlichen Schlüssel von A enthält. Mit Hilfe des Tickets kann A sich gegenüber B authentifizieren. Sie gibt es in der ersten Nachricht des Authentifikationsprotokolls an B weiter. Danach ist B im Besitz des authentischen öffentlichen Schlüssels von A.

X.509 Schlüsselverteilung asymmetrischer Schlüssel
Es wird (werden) eine (oder mehrere) vertrauenswürdige Instanz(en) vorausgesetzt. Eine Partei A erhält von einer Instanz eine Wegbeschreibung, die von der für eine Kommunikation gewünschten Partei B über Instanzen zurück zu A führt. A sendet in der ersten Nachricht des Authentifikationsprotokolls diesen Weg (sogenannter Zertifikationspfad, der im wesentlichen aus einer Verkettung von Beglaubigungen öffentlicher Schlüssel besteht) an die Partei B, die mit dessen Hilfe den öffentlichen Schlüssel von A authentisch ermittelt.

4. Gegenseitige Authentifikation von Benutzern

Dieser Abschnitt untersucht die Bestandteile der von einem Authentifikationsdienst zu leistenden Authentifikation in offenen und verteilten Rechnersystemen. Die drei Bestandteile werden erläutert und zu ihrer Durchführung mögliche Mechanismen angegeben. Die Auswahl eines solchen Mechanismus impliziert bestimmte Vorbereitungen der in Abschnitt 3 untersuchten Art.

Die eigentliche Authentifikation von Benutzern umfaßt folgende Funktionen:

- Benutzerberechtigung gegenseitig nachweisen

- Aktualität dieses Nachweises sichern

- Anhaltende Authentifikation durchführen

Die erste Funktion bei der gegenseitigen Authentifikation zweier Benutzer eines verteilten Informationssystems ist der Nachweis der Benutzerberechtigung. Jeder der beiden Kommunikationspartner muß dem anderen beweisen, daß er zur Benutzung des Systems berechtigt ist. Im zwischenmenschlichen Alltag geschieht das durch Vorzeigen der Personalausweise, beispielsweise beim Abschluß eines Kaufvertrages.

Als zweite Funktion ist die Aktualität dieses Nachweises zu sichern. Dies geschieht bei der Personenidentifikation durch Personalausweise unwillkürlich, denn die beteiligten Personen stehen sich in der Regel körperlich gegenüber und wissen (sehen) also, daß der andere *jetzt* im Besitz eines Ausweises ist. Im elektronischen Fall besteht der Nachweis der Benutzerberechtigung aus digitalen Nachrichten, die beliebig vervielfältigt werden können. Daher besteht die Gefahr, daß alte Identifikationsnachrichten wiederverwendet werden, obwohl der Benutzer nicht mehr als Benutzer berechtigt ist. Eine weitere Gefahr ist das Aufzeichnen der Identifikationsnachrichten durch Dritte, die sich später für den anderen ausgeben können, wenn die Aktualität des Berechtigungsnachweises nicht jedesmal erneut gesichert wird. Eine unmittelbare Konsequenz ist, daß zwischen Benutzern verteilter Rechnernetze niemals eine Folge von Identifikationsnachrichten zweimal verwendet werden kann. Dies ist (allerdings nur scheinbar) ein Gegensatz zur Personenidentifikation mit dem Personalausweis.

Die dritte Funktion ist die Vorbereitung einer sogenannten "anhaltenden Authentifikation". Bei der Personenidentifikation reicht das Vorzeigen der Ausweise für ein authentisches Gespräch über längere Zeit. Solange sich die beteiligten Personen nicht aus den Augen verlieren, ist ein erneutes Vorzeigen der Ausweise nicht erforderlich. Im elektronischen Fall ist auch dieses explizit zu berücksichtigen, da die Kommunikationsverbindung im allgemeinen jederzeit unterbrochen oder umgeleitet werden kann, ohne das dies von den Benutzern bemerkt wird. Daher muß es einen Mechanismus geben, der für die gesamte Dauer der authentischen Kommunikation bei jeder empfangenen Nachricht sichert, daß sie (unverändert) vom zuvor ausgewiesenen Kommunikationspartner kommt.

Eine Übersicht der für die einzelnen Funktionen möglichen Mechanismen gibt Tabelle 2. Für den Nachweis der Berechtigung verwenden die Benutzer eine redundante Nachricht und das persönliche geheime Merkmal, das sie von der Verwaltung des Authentifikationsdienstes als Berechtigungsbeweis erhalten haben. Dabei wird die redundante Nachricht entweder mit einem symmetrischen Verschlüsselungssystem und dem Merkmal als Schlüssel chiffriert oder mit einem digitalen Unterschriftensystem signiert. Der jeweilige Empfänger dechiffriert und prüft die Redundanz oder prüft die Redundanz der im Klartext übertragenen Nachricht und die Gültigkeit der Signatur. Im Fall der symmetrischen Verschlüsselung muß das geheime Merkmal zuvor vertraulich und authentisch zu den kommunizierenden Benutzern gelangt sein, im Fall der Signatur muß der Absender das geheime Merkmal vertraulich und authentisch erhalten haben und der Empfänger das zugehörige öffentliche Merkmal authentisch erhalten haben.

Zur Prüfung der Aktualität sind drei Möglichkeiten bekannt. Neben der Verwendung und Überprüfung eines Zeitstempels kommen das Numerieren der Kommunikationssitzungen mit jedem Partner oder ein Challenge-Response Verfahren in Betracht. Dabei setzen die Verwendung von Zeitstempeln die sichere Verteilung von Zeitangaben und das

Funktion	Mechanismus	Vorbereitungen
Berechtigungsnachweis bzw. Identitätsnachweis	symmetrische Verschlüsselung mit geheimem Merkmal als Schlüssel	geheimes Merkmal vertraulich und authentisch verteilt
	digitale Unterschrift mit geheimem Merkmal als Schlüssel	geheimes Merkmal vertraulich und authentisch verteilt, öffentliches Merkmal authentisch verteilt
Aktualitätsprüfung	Verwendung und Überprüfung eines Zeitstempels	Verteilung authentischer Zeit
	Numerieren der Gespräche	
	Challenge-Response Verfahren	Verteilung authentischer Zufallszahlen
Anhaltende Authentifikation	Sitzungsschlüssel für Verschlüsselung der Kommunikation verwenden	Sitzungsschlüssel vertraulich und authentisch verteilt
	Sitzungsschlüssel für Integritätsprüfung mittels MAC bei gesamter Kommunikation verwenden	Sitzungsschlüssel vertraulich und authentisch verteilt

Tabelle 2: Mechanismen für die drei Funktionen sicherer Authentifikation

Austauschen von Zufallszahlen beim Challenge-Response Verfahren die sichere Übertragung dieser Zahlen voraus.

Eine anhaltende Authentifikation wird üblicherweise durch die Verschlüsselung der gesamten Kommunikation mit einem authentisch erzeugten Sitzungsschlüssel realisiert. In diesem Fall muß der Sitzungsschlüssel zuvor vertraulich und authentisch verteilt worden sein. Falls zwar anhaltende Authentifikation, aber keine Vertraulichkeit gefordert ist, kann die Kommunikation auch im Klartext erfolgen und ihre Unversehrtheit durch einen MAC gewährleistet werden. Auch dafür muß der Sitzungsschlüssel zuvor vertraulich und authentisch übertragen worden sein. Andere Verfahren zur Garantie anhaltender Authentifikation sind heute in der Regel zu langsam.

5. Abhängigkeiten und konkrete Dienste

In diesem Abschnitt soll einerseits die natürliche Abhängigkeit der vorbereitenden Schlüsselverteilungen von den Mechanismen der eigentlichen Authentifikation dargestellt werden. Unter Verwendung der in Abschnitt 3 betrachteten Mechanismen werden die verschiedenen Lösungsmöglichkeiten angegeben. Andererseits werden diese möglichen Lösungen den Authentifikationsdiensten Kerberos, SPX und SELANE zugeordnet.

5.1 Konsequenzen konkreter Authentifikationsmechanismen

Für die Funktionen 'gegenseitiger Berechtigungsnachweis' bzw. 'Anhaltende Authentifikation' der eigentlichen Authentifikation werden je eine Schlüsselverteilung vorausgesetzt. Aus Durchsatzgründen wird heute für die anhaltende Authentifikation ein symmetrisches Kryptoverfahren zur Verschlüsselung der Kommunikation mit authentischen Sitzungsschlüsseln verwendet. Daher werden von jedem Dienst symmetrische Schlüssel verteilt. Der Berechtigungsnachweis kann jedoch auf symmetrischen oder asymmetrischen Schlüsseln beruhen.

Im Fall symmetrischer Schlüssel kann die symmetrische Needham-Schroeder Version für beide Verteilungen, gegebenenfalls sogar zeitgleich, verwendet werden. Beruht der Berechtigungsnachweis dagegen auf einem asymmetrischen Verfahren, so sind jedenfalls zwei Verteilungen notwendig, je eine für die asymmetrischen und die symmetrischen Schlüssel. Aus diesem Grunde sind hier mehrere Kombinationen möglich. Die Verteilung der asymmetrischen Schlüssel für den Berechtigungsnachweis kann mittels der asymmetrischen Needham-Schroeder Version oder X.509 erfolgen. Die Verteilung der symmetrischen Sitzungsschlüssel kann auf der symmetrischen Needham-Schroeder Version beruhen oder auf von der initiierenden Partei erzeugten Sitzungsschlüsseln. Daraus ergeben sich vier mögliche Kombinationen.

Eine andere Möglichkeit ist ein KATHY-Protokoll, das während der Verteilung der asymmetrischen Schlüssel für den Berechtigungsnachweis auch symmetrische Sitzungsschlüssel erzeugt und verteilt.

5.2 Beispiele für Authentifikationsdienste

Im System Kerberos [StNS88] beruht die Beglaubigung in den Berechtigungsnachweisen auf einem symmetrischen Verschlüsselungsverfahren, das auch für die anhaltende Authentifikation verwendet wird. Die dafür vorausgesetzte symmetrische Schlüsselverteilung ist eine modifizierte Needham-Schroeder Verteilung, die für die Aktualitätsprüfung statt des Challenge-Response Verfahrens Zeitstempel verwendet.

Kerberos	
Funktion	Mechanismus
Berechtigungsnachweis	symmmetrisches Verfahren
Aktualitätsprüfung	Verwendung und Prüfung eines Zeitstempels
Anhaltende Authentifikation	symmetrischer Sitzungsschlüssel wird von vertrauenswürdiger Instanz erzeugt
Schlüsselverteilung für den Berechtigungsnachweis und die anhaltende Authentifikation	modifiziertes symmetrisches Needham-Schroeder Verfahren

Der Authentifikationsdienst SPX [TaAl91] verbindet die Parteien und ihre Merkmale durch ein asymmetrisches Verfahren. Für die Verteilung der asymmetrischen Schlüssel wird ein modifiziertes Needham-Schroeder Verfahren verwendet. Die symmetrischen Sitzungsschlüssel werden vom jeweiligen Initiator der Kommunikation erzeugt und ohne Beteiligung einer dritten Instanz asymmetrisch verschlüsselt und unterschrieben übertragen.

SPX	
Funktion	Mechanismus
Berechtigungsnachweis	asymmetrisches Verfahren
Schlüsselverteilung für den Berechtigungsnachweis	modifiziertes asymmetrisches Needham-Schroeder Verfahren
Aktualitätsprüfung	Verwendung und Prüfung eines Zeitstempels
Anhaltende Authentifikation	symmetrischer Sitzungsschlüssel wird vom Initiator erzeugt
Schlüsselverteilung für die anhaltende Authentifikation	Sitzungsschlüssel wird von der initiierenden Partei erzeugt, asymmetrisch verschlüsselt und signiert übertragen

Das System SELANE [HoK291] verwendet für den Berechtigungsnachweis eine ElGamal Signatur (mit den Vorteilen einer Anbindung von asymmetrischen Schlüsseln an die Parteien) und symmetrische Sitzungsschlüssel. Es sind hier also wie auch in SPX eigentlich zwei Schlüsselverteilungen erforderlich. In der Verbindung dieser beiden Verteilungen durch Verwendung des Bethschen Zero-Knowledge Identifikationsverfahrens (dem das zur Beglaubigung verwendete ElGamal Signatur-Verfahren zugrunde liegt) und des Diffie-Hellman Verfahrens liegt der Reiz der in SELANE verwendeten KATHY Protokolle. Die Aktualitätsprüfung erfolgt dabei durch das Challenge-Response Verfahren.

SELANE	
Funktion	Mechanismus
Berechtigungsnachweis	asymmetrisches Verfahren
Aktualitätsprüfung	Challenge-Response Verfahren
Anhaltende Authentifikation	symmetrischer Sitzungsschlüssel wird interaktiv erzeugt
Schlüsselverteilung für Berechtigungsnachweis und anhaltende Authentifikation	KATHY

6. Zusammenfassung

Ein Authentifikationsdienst in offenen und verteilten Informationssystemen besteht aus den Komponenten Verwaltung, Vorbereitung und Authentifikation. Diese Struktur wurde im vorliegenden Papier erläutert und weiter aufgegliedert (vgl. Abbildung 1). Dabei standen die Vorbereitung der Authentifikation und die eigentliche Authentifikation im Vordergrund.

Die Vorbereitung einer Authentifikation realisiert die Funktionen *Schlüsselverteilung für den Berechtigungsnachweis* und *Schlüsselverteilung für die anhaltende Authentifikation*.

Die eigentliche Authentifikation realisiert drei Funktionen, sie ist *gegenseitig, aktuell und anhaltend*. Jede dieser Funktionen ist mit verschiedenen Mechanismen realisierbar, die Auswahl der verwendeten Mechanismen hängt von den Bedürfnissen der individuellen Situation ab. Die Wahl der Mechanismen für die eigentliche Authentifikation setzt eine oder mehrere entsprechende Schlüsselverteilungen in der Vorbereitung voraus. Dabei unterscheiden sich die Verteilung symmetrischer und asymmetrischer Schlüssel in wesentlichen Punkten. Ebenso wie bei der Vorbereitung der Authentifikation ist die Verwaltung des Authentifikationsdienstes grundsätzlich weniger durch die für die Authentifikation verwendeten Mechanismen festgelegt als in der Literatur gewöhnlich dargestellt.

Die weitere Untersuchung von Authentifikationsdiensten könnte zunächst darauf abzielen, das Verständnis der Verwaltungsdienste dem der Authentifikation und ihrer Vorbereitung anzunähern, um schließlich ein homogenes Gesamtbild zu erreichen.

7. Unterstützung

Wir danken Prof. Dr. Th. Beth und Priv.-Doz. Dr. P. Horster für ihre großzügige Unterstützung, außerdem Dr. D. Gollmann (Royal Holloway and Bedford New College, Egham, Surrey, GB), unserem Kollegen Hans-Joachim Knobloch sowie unseren Studenten für hilfreiche Diskussionen, zahlreiche Hinweise und Fragen. Besonderer Dank gilt auch den Gutachtern, durch deren konstruktive Hinweise die Arbeit an Deutlichkeit gewonnen hat.

Teile dieser Arbeiten wurden im Rahmen des Förder-Projekts REMO "Referenzmodell für sichere IT-Systeme" durchgeführt. Kooperationspartner in diesem Verbundprojekt sind das Europäische Institut für Systemsicherheit (E.I.S.S.) der Universität Karlsruhe, die Gesellschaft für Mathematik und Datenverarbeitung mbH (GMD), die Industrieanlagen-Betriebsgesellschaft (IABG), die Siemens AG und Telematic Services mbH (TELES). Das Projekt REMO wird vom BMFT unter dem Kennzeichen "01 IS 202 C" gefördert.

Literatur

[BaKn89]   F. Bauspieß, H.-J. Knobloch, "How to keep Authenticity Alive in a Computer Network", Advances in Cryptology, Proceedings of Eurocrypt '89, Springer LNCS 434 (1990) 38-46.

[Beth88]   Th. Beth, "Zero-Knowledge Identification Scheme for Smart Cards", Advances in Cryptology, Proceedings of Eurocrypt '88, Springer LNCS 330 (1988) 77-84.

[DiHe76]   W. Diffie, M.E. Hellman, "New Directions in Cryptography", IEEE Trans. on Information Theory 22, 1976, 644-654.

[ECMA88]   ECMA: "Security in Open Systems – A Security Framework, TR/46", European Computer Manufacturers Association, July, 1988.

[ElGa85]   T. ElGamal, "A Public-Key Cryptosystem and Signature Scheme Based on Discrete Logarithms", IEEE Transactions on Information Theory, Vol. IT-31 (1985) 469-472.

[GGKL89]   M. Gasser, A. Goldstein, C. Kaufman, B. Lampson, "The Digital Distributed System Security Architecture", Proceedings, 12th National Computer Security Conference, Baltimore, Md., October 1989, 305-319.

[HoK191]   P. Horster, H.-J. Knobloch, "Protokolle zum Austausch authentischer Schlüssel", GI-Fachtagung VIS 1991, Verläßliche Informationssysteme, Springer Informatik-Fachberichte 271 (1991) 321-328.

[HoK291]   P. Horster, H.-J. Knobloch, "Discrete Logarithm Based Protocols", D.W.Davies (ed.): Advances in Cryptology — Proceedings of EUROCRYPT '91, Springer LNCS 547, Berlin 1991, 399–408.

[ISO190]   International Organization for Standardization: "Information Technology – Open Systems Interconnection – The Directory – Part 1: Overview of Concepts, Models and Services", International Standard ISO/IEC 9594-1 (1990).

[ISO290]   International Organization for Standardization: "Information Technology – Open Systems Interconnection – The Directory – Part 8: Authentication Framework", International Standard ISO/IEC 9594-8 (1990).

[Kohl91]   J.T.Kohl: "The Evolution of the Kerberos Authentication Service", presented at the Spring 1991 EurOpen Conference, Tromsø, Norway.

[NeSc78]   R.M. Needham, M.E. Schroeder, "Using Encryption for Authentication in Large Networks of Computers", Communication of the ACM 21 (1978) 993-999.

[NeSc87]   R.M.Needham, M.D.Schroeder: "Authentication Revisited", ACM Operating Systems Review 21 (1/1987), 7.

[StNS88]   J. Steiner, C. Neumann, J. I. Schiller, "Kerberos: An Authentication Service for Open Network Systems", Usenix Workshop Proceedings, UNIX Security Workshop, Portland, Or. (1988).

[TaAl91]   J.J.Tardo, K.Alagappan: "SPX – Global Authentication Using Public-Key Certificates", Proceedings of the IEEE Symposium on Security and Privacy (1991), 232–244.

Designprinzipien für Authentifizierungsmechanismen[1]

Walter Fumy

Siemens AG, ZFE ST SN 54

Otto-Hahn-Ring 6, 8000 München 83

Bei der Authentifizierung von Benutzern, Geräten oder Prozessen wird deren Identität aufgrund unverwechselbar zugeordneter Merkmale nachgewiesen. Dieser Beitrag stellt Designprinzipien für Authentifizierungsmechanismen auf der Basis symmetrischer kryptographischer Techniken vor. Grundsätzlich gibt es eine enorme Vielfalt unterschiedlicher Protokolle zur einseitigen bzw. gegenseitigen Authentifizierung. Es ist zweifellos wünschenswert, diese Mechanismen auf eine Weise zu beschreiben, die es ermöglicht, ihre wesentlichen Anforderungen und Eigenschaften zu vergleichen. Nicht zuletzt diesem Ziel dient das hier präsentierte Bausteinkonzept.

1. Einführung

Bei der Authentifizierung eines Subjekts wird dessen Identität aufgrund ihm unverwechselbar zugeordneter Merkmale nachgewiesen. Die eindeutige Identifizierung von Benutzern und Geräten ist insbesondere für die Sicherheit verteilter Datenverarbeitungssysteme von entscheidender Bedeutung. Dieser Erkenntnis wird nicht zuletzt durch die Entwicklung geeigneter Sicherheitsarchitekturkonzepte Rechnung getragen [BaKn 89]. Als prominente Beispiele seien das am *Massachusetts Institute of Technology* entwickelte *Kerberos* [MNSS 87], [Ko 89], die von der *Digital Equipment Corporation* vorgestellte *Distributed System Security Architecture* (DSSA) [TaAl 91], sowie das europäische Projekt *SESAME* [Pa 91] genannt.

In diesem Beitrag werden verschiedene Designprinzipien für Authentifizierungsmechanismen auf der Basis symmetrischer kryptographischer Techniken vorgestellt. Zum überwiegenden Teil können diese problemlos auf die Situation bei asymmetrischen Chiffren übertragen werden. Authentifizierungsmechanismen für unterschiedliche Anwendungserfordernisse werden u.a. von der internationalen Standardisierungsorganisation ISO genormt [ISO 9798-

1   Diese Arbeit ist zum Teil im Rahmen des Förderprojektes REMO (Referenzmodell für sichere IT-Systeme) entstanden. Kooperationspartner in diesem Verbundprojekt sind das Europäische Institut für Systemsicherheit (E.I.S.S.) der Universität Karlsruhe, die Gesellschaft für Mathematik und Datenverarbeitung mbH (GMD), die Industrieanlagen-Betriebsgesellschaft mbH (IABG), die Siemens AG und die Telematic Services GmbH. Das Projekt wird vom BMFT unter dem Kennzeichen 01 IS 202 E gefördert.

2], [ISO 9798-3]. Die in [ISO 9798-2] enthaltenen Standardisierungsvorschläge werden kritisch möglichen Alternativen gegenübergestellt.

Authentifizierungsmechanismen bestehen aus einer definierten Folge von Kommunikationsschritten (Transaktionen) und internen Operationen bzw. Berechnungen. An ihrem Ende steht eine Entscheidung über den Erfolg oder Mißerfolg des Authentifizierungsvorgangs. In ein derartiges (kryptographisches) Protokoll sind zumindest zwei verschiedene Parteien involviert, eine sich authentifizierende und eine verifizierende Instanz. Bei jeder Authentifizierung muß dafür Sorge getragen werden, daß ein ungebetener Beobachter (Abhörer) eines Authentifizierungsvorgangs keine Erkenntnisse gewinnen kann, die ihm einen Betrug erleichtern. So dürfen insbesondere keine Rückschlüsse auf geheime Authentifizierungsinformation möglich sein; die ausgetauschten Daten müssen gegen Fälschung und betrügerische Verwendung geschützt sein.

Aufgrund unterschiedlicher Designentscheidungen gibt es eine enorme Vielfalt unterschiedlicher Authentifizierungsmechanismen. Es ist zweifellos wünschenswert, diese Mechanismen auf eine Weise zu beschreiben, die es ermöglicht, ihre wesentlichen Anforderungen und Eigenschaften zu vergleichen. Nicht zuletzt diesem Ziel dient das hier präsentierte Bausteinkonzept.

2. Sicherheitsanforderungen

Eine wesentliche Anforderung an kryptographische Protokolle besteht darin, das erfolgreiche Wiedereinspielen abgehörter Transaktionen zu verhindern. Um diese Forderung bei einem Authentifizierungsmechanismus zu erfüllen, müssen sich die ausgetauschten Daten von einem Authentifizierungsvorgang zum nächsten unterscheiden. Diesem Zweck dienen zeitabhängige Parameter, wobei durch deren Einsatz u.U. auch zusätzliche Sicherheitsanforderungen entstehen können. So ist in vielen Anwendungen das Übertragen eines zeitabhängigen Parameters nur dann sinnvoll, wenn dieser zumindest gegen Modifikation geschützt wird. Drei Realisierungsmöglichkeiten für zeitabhängige Parameter werden gegenübergestellt: Zeitstempel, Sequenznummern und *challenge and response* Mechanismen.

Der Einsatz von Zeitstempeln erfordert die Verfügbarkeit einer hinreichend exakten und zuverlässigen Systemzeit. In Mitteleuropa kann hierfür z.B. der Offenbacher Zeitnormalsender DCF77 genutzt werden ("Funkuhr"). Die verifizierende Instanz akzeptiert eine Nachricht, falls die Abweichung zwischen dem Zeitpunkt des Nachrichteneingangs und dem Zeitstempel einen Schwellwert nicht übersteigt. Soll ein Wiedereinspielen von Transaktionen auch innerhalb des tolerierten Zeitintervalls verhindert werden, so muß über akzeptierte Nachrichten entsprechend lange Buch geführt werden. Eine Schwierigkeit beim praktischen Einsatz von Zeitstempeln bildet die Synchronisation der Uhren bei den beteiligten Instanzen (je synchroner die Systemzeit ist, desto niedriger kann die Akzeptanzschwelle gesetzt werden); problematisch kann aber auch deren häufig mangelhafte Manipulationssicherheit sein. Vorteilhaft ist einerseits die einfache Integration in kryptographische Protokolle, andererseits die Möglichkeit, (u.U. erzwungene) Verzögerungen bei der Übertragung von Nachrichten zu erkennen.

Die Grundidee von Sequenznummern besteht darin, daß bei einem Authentifizierungsmechanismus zu jeder Sequenznummer nur eine Nachricht (oder eine Nachricht innerhalb eines bestimmten Zeitraums) akzeptiert wird. Die beteiligten Instanzen müssen hierzu ein Verfahren zur Numerierung der Nachrichten festlegen. Üblicherweise wird eine Nachricht akzeptiert, falls ihre Sequenznummer "größer" als die entsprechende gespeicherte Nummer ist. Sequenznummern werden daher gelegentlich auch als *logische Zeitstempel* bezeichnet. Die Verwendung von Sequenznummern erfordert einen gewissen Verwaltungsaufwand. Die Mindestanforderung besteht im Speichern der jeweils aktuellen Sequenznummer für jede Kommunikationsbeziehung. Auch müssen, z.B. für den Fall eines Systemausfalls, Synchronisationsmechanismen vorgesehen werden. Vorteilhaft ist auch hier die einfache Integration in Protokolle, sowie die Möglichkeit, neben dem Wiedereinspielen auch das Vertauschen oder Löschen von Nachrichten erkennen zu können.

Eine dritte Möglichkeit zur Realisierung zeitabhängiger Parameter besteht im Einsatz sogenannter *challenge and response* Mechanismen. Hierbei übermittelt die verifizierende Instanz der sich authentifizierenden Stelle eine Zufallszahl (*challenge*) und letztere identifiziert sich, indem sie mit einem von der erhaltenen Zufallszahl abhängigen Funktionswert antwortet (*response*). Zusätzlich kann gefordert werden, daß die Antwort innerhalb eines bestimmten Zeitintervalls eintrifft (*timeout*). Für den Einsatz von (Pseudo-) Zufallszahlen bei *challenge and response* Mechanismen spielen deren statistische Eigenschaften nur eine untergeordnete Rolle. Von Bedeutung ist vielmehr die bei entsprechender Größe der *challenge* sehr geringe Wahrscheinlichkeit, daß sich ein Wert wiederholt. Häufig hängt die Sicherheit einer Authentifizierung allerdings auch von der Unvorhersehbarkeit der ausgewählten *challenge* Werte ab. *Challenge and response* Mechanismen erfordern den geringsten Buchführungsaufwand, benötigen aber eine zusätzliche Transaktion zur Übertragung der Zufallszahl.

3. Grundbausteine für Authentifizierungsmechanismen

Eine gängige Möglichkeit zur Implementierung eines Authentifizierungsprotokolls besteht darin, die Kenntnis eines Geheimnisses (i.a. ein kryptographischer Schlüssel) zu überprüfen. Auf Basis der vorgestellten zeitabhängigen Parameter gibt es eine Vielzahl von Möglichkeiten, einem Kommunikationspartner die Kenntnis eines Schlüssels auf eine Weise zu belegen, die ein Wiedereinspielen eines einmal gegebenen Nachweises verhindert. Ein Teilnehmer A führt diesen Nachweis im Prinzip dadurch, daß er mit diesem Schlüssel eine Verschlüsselungsoperation E, eine Entschlüsselungsoperation D oder eine MAC-Berechnung (*Message Authentication Code*, siehe z.B. [ISO 9797]) durchführt und das Resultat an Teilnehmer B übermittelt. Letztlich können all diese Realisierungsmöglichkeiten als Frage-Antwort-Schemata aufgefaßt werden. Von diesem Standpunkt aus sind die zu transformierenden Daten entweder von B explizit vorgegeben (z.B. eine Zufallszahl R), oder implizit durch einen synchronisierten Parameter (z.B. einen Zähler CT) definiert. Im letzteren Fall ist nur eine Transaktion für den Nachweis der Kenntnis eines Schlüssels erforderlich.

Eine Auswahl von Grundbausteinen für Authentifizierungsmechanismen ist in Tabelle 1 zusammengestellt. Dabei bezeichnen E(K,M) die Verschlüsselung der Daten M unter Verwendung des Schlüssels K, **MAC(K,M)** analog eine MAC-Berechnung und a‖b die Konkatenation von a und b.

Die Bausteine (auth1) bis (auth4) bestehen aus jeweils einer Transaktion, wobei im Fall von (auth1) und (auth2) Zeitstempel (TD steht für *time and date*) eingesetzt werden, während die Bausteine (auth3) und (auth4) in analoger Weise auf Sequenznummern basieren. Man beachte, daß in Baustein (auth2) der Zeitstempel TD zusätzlich übertragen wird, um dem Empfänger eine Verifikation des Authentifizierungscodes zu ermöglichen. Die Parameter x1 und x2 bezeichnen jeweils optionale Datenfelder, die in den weiter unten beschriebenen Authentifizierungsmechanismen vom Teilnehmer X zur Übermittlung zusätzlicher Information genutzt werden.

Bei den Bausteinen (auth5) bis (auth9) handelt es sich um *challenge and response* Mechanismen, die je zwei Transaktionen umfassen. In Baustein (auth7) gibt der Teilnehmer B mit einem Schlüssel K verschlüsselte Daten vor, so daß A die zugehörige Entschlüsselungsoperation anwenden muß. In diesem Fall besteht eine wesentliche Anforderung darin, daß die verschlüsselten Daten unvorhersagbar sind. Als zeitabhängiger Parameter kommt daher nur eine Zufallszahl in Frage. Interpretiert man diese Zufallszahl als Schlüssel K*, so kann A die Kenntnis von K durch Entschlüsseln und anschließendes Verwenden von K* zur Verschlüsselung bzw. MAC-Berechnung nachweisen (Bausteine (auth8) und (auth9)).

Bei den bislang beschriebenen Grundbausteinen bilden die zeitabhängigen Parameter jeweils einen Bestandteil der verschlüsselten bzw. mit einem Authentifizierungs-Code gesicherten Nachricht. Ein alternatives Konzept besteht darin, den Schlüssel K in Abhängigkeit von einer Sequenznummer oder einer Zufallszahl zu modifizieren. Dieses Prinzip wird durch die beiden Bausteine (auth3') und (auth5') illustriert. Zeitstempel können bei diesem Konzept nicht verwendet werden, da der Empfänger hier den exakten Wert des zeitabhängigen Parameters kennen muß, um ihn überprüfen zu können. Der Baustein (auth3') kommt z.B. bei einem als Schlüsseloffset bezeichneten Mechanismus zur Anwendung, bei dem der zur Verschlüsselung verwendete Schlüssel mit einer Sequenznummer exklusiv-oder verknüpft wird (siehe z.B. [ANSI X9.17]).

Die Bausteine (auth1), (auth3), (auth3'), (auth5), (auth5') und (auth8) erlauben zusätzlich zur Authentifizierung im Datenfeld a2 die Übermittlung vertraulicher Daten an die verifizierende Instanz, die Bausteine (auth7), (auth8) und (auth9) ermöglichen im Datenfeld b2 eine verschlüsselte Übertragung in der Gegenrichtung. Diese Eigenschaft kann z.B. zur Schlüsselverteilung ausgenutzt werden.

In allen Fällen wird eine geeignete Betriebsart der zugrundeliegenden Chiffre vorausgesetzt. Insbesondere darf es nicht möglich sein, gesicherte Datenfelder gezielt zu modifizieren, d.h. beispielsweise ohne Kenntnis des Schlüssels K den Wert E(K, x ‖ y) durch E(K, x ‖ z) zu ersetzen. Dies ist z.B. im ECB-Modus möglich, falls die Grenzen der Datenfelder mit einer Blockgrenze zusammenfallen. Um diese Problematik zu vermeiden, wird in [BGHJ 91] vorgeschlagen, anstelle der in den hier beschriebenen Bausteinen verwendeten Konkatenation jeweils eine Kaskade von Verschlüsselungsoperationen durchzuführen. Der Ausdruck E(K, x ‖ y) würde danach durch E(K, x xor E(K, y)) ersetzt.

Eine weitere Anforderung an das zugrundeliegende Chiffrierverfahren besteht in dessen Resistenz gegenüber Angriffen mit bekanntem Klartext. Vereiteln kann man derartige Angriffe durch modifizierte Grundbausteine, bei denen die verschlüsselten Daten stets mit einer nicht im Klartext bekannten Zufallszahl beginnen.

Bezeichnung	Transaktionen	
(auth1)	A → B:	a1 || E(K_{AB}, TD_A || a2)
(auth2)	A → B:	a1 || TD_A || MAC(K_{AB}, TD_A || a2)
(auth3)	A → B:	a1 || E(K_{AB}, CT_A || a2)
(auth3')	A → B:	a1 || E(f(K_{AB}, CT_A), a2)
(auth4)	A → B:	a1 || MAC(K_{AB}, CT_A || a2)
(auth5)	A ← B:	b1 || R_B
	A → B:	a1 || E(K_{AB}, R_B || a2)
(auth5')	A ← B:	b1 || R_B
	A → B:	a1 || E(f(K_{AB}, R_B), a2)
(auth6)	A ← B:	b1 || R_B
	A → B:	a1 || MAC(K_{AB}, R_B || a2)
(auth7)	A ← B:	b1 || E(K_{AB}, R_B || b2)
	A → B:	a1 || R_B
(auth8)	A ← B:	b1 || E(K_{AB}, K^* || b2)
	A → B:	a1 || E(K^*, a2)
(auth9)	A ← B:	b1 || E(K_{AB}, K^* || b2)
	A → B:	a1 || MAC(K^*, a2)

Tabelle 1: Grundbausteine für Authentifizierungsmechanismen

Im folgenden Abschnitt betrachten wir die Situation, daß die beiden Kommunikationspartner A und B bereits über einen gemeinsamen Schlüssel verfügen, mit dessen Hilfe sie sich direkt gegenseitig authentifizieren können. Ein zweites Szenario geht davon aus, daß A und B mit einer dritten Instanz sicher kommunizieren und mit deren Unterstützung eine Authentifizierung durchführen können (Abschnitt 5).

4. Direkte Authentifizierung mit Hilfe symmetrischer Chiffren

In einem symmetrischen Kryptosystem benötigen je zwei Kommunikationspartner einen gemeinsamen geheimen Schlüssel. Verfügen zwei Teilnehmer A und B bereits über einen solchen Schlüssel K_{AB}, so kann sich A unmittelbar gegenüber B identifizieren, indem sie ihm nachweist, daß sie K_{AB} besitzt und umgekehrt. Abhängig von den gegebenen Voraussetzungen kann eine derartige Authentifizierung mit verschiedenartigen Protokollen durchgeführt werden.

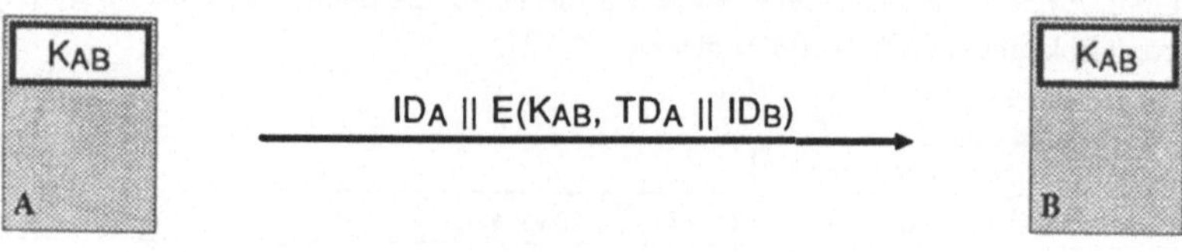

Bild 1: Einseitige Authentifizierung

Die Mechanismen können nach der Anzahl der erforderlichen Transaktionen, nach den verwendeten Grundbausteinen, und schließlich danach klassifiziert werden, ob es sich um eine einseitige, oder um eine gegenseitige Authentifizierung handelt. Bedient man sich der oben beschriebenen Bausteine, so sind für eine einseitige Authentifizierung maximal zwei, für eine gegenseitige Authentifizierung zwei oder drei Transaktionen nötig. Da die Vielfalt der Kombinationsmöglichkeiten exponentiell mit der Zahl der Authentifizierungsschritte in einem Mechanismus wächst, beschränken wir uns auf die exemplarische Beschreibung typischer Vertreter für die verschiedenen Klassen von Mechanismen.

4.1 Einseitige Authentifizierung

Bei dem in Bild 1 dargestellten Mechanismus übermittelt A an B neben ihrer Identität ID_A einen mit K_{AB} verschlüsselten Zeitstempel TD. Die verschlüsselten Daten beinhalten zusätzlich ID_B, den eindeutigen Namen der verifizierenden Instanz B. Damit ist diese Transaktion nicht nur gegen Wiedereinspielen, sondern auch gegen sogenannte Reflexionsangriffe geschützt. Eine Transaktion der Form $ID_A \parallel E(K_{AB}, TD)$ könnte nämlich von einem Angreifer leicht zu $ID_B \parallel E(K_{AB}, TD)$ modifiziert werden, womit sich dieser sodann gegenüber A als Teilnehmer B identifizieren könnte. Das Protokoll basiert auf dem Baustein (auth1) und ist immer dann anwendbar, wenn die Teilnehmer über hinreichend synchrone Zeitbasen verfügen und die Übertragung der Authentifizierungsinformation nicht unwägbar lange dauert, so daß sich der Empfänger von der Plausiblität des entschlüsselten Wertes TD mit genügend hoher Sicherheit überzeugen kann. Auf der Basis der Grundbausteine (auth2) bis (auth4) können weitgehend analoge Authentifizierungsmechanismen konstruiert werden (siehe auch Tabelle 2).

Eine einseitige Authentifizierung mit Hilfe eines *challenge and response* Mechanismus erfordert zwei Transaktionen, bedarf dafür aber keiner besonderen Voraussetzung. Allerdings müssen auch hier Vorkehrungen gegen Reflexionsangriffe getroffen werden. Bild 2 zeigt einen derartigen Angriff, wie er bei einem naiven Einsatz des Grundbausteins (auth5) möglich wird. Bei dem dargestellten Angriff präsentiert der Angreifer C dem Teilnehmer B in der zweiten Transaktion die zuvor von B erhaltene Zufallszahl R_B und verwendet die Antwort von B dann dazu, sich B gegenüber als Teilnehmer A zu identifizieren. Dies kann

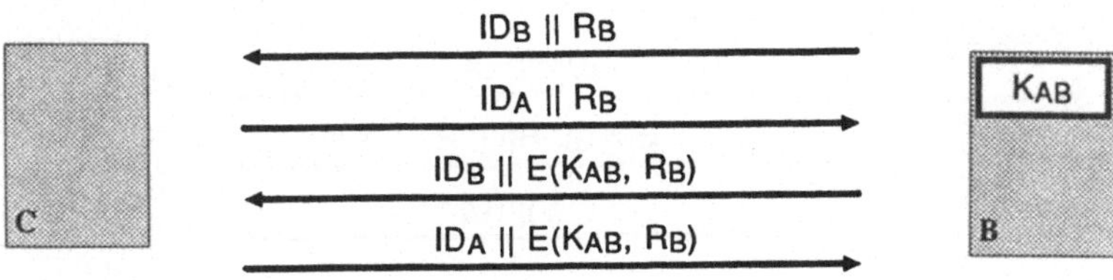

Bild 2: Reflexionsangriff

durch verschiedene Maßnahmen verhindert werden. Beispielsweise könnte B die selbst generierten Zufallszahlen speichern und eingehende Authentifizierungsanforderungen anhand dieser Liste im Hinblick auf eine Reflexion prüfen. Eine zweite Möglichkeit besteht darin, die eigene Authentifizierung zu verweigern, solange eine selbst initiierte Authentifizierungsanforderung nicht beantwortet wurde. Schließlich kann man im Rahmen des Protokolls Maßnahmen gegen Reflexionsangriffe treffen und z.B. den Namen der verifizierenden Instanz in die zweite Transaktion integrieren.

Baustein	Trans-aktionen	kryptogr. Operationen (A,B)	Transaktion B → A		Transaktion A → B		Bemerkung
			Datenfeld b1	Datenfeld b2	Datenfeld a1	Datenfeld a2	
(auth1)	1	1 + 1	-	-	ID_A	ID_B	ISO 9798-2
(auth2)	1	1 + 1	-	-	ID_A	ID_B	
(auth3)	1	1 + 1	-	-	ID_A	ID_B	ISO 9798-2
(auth3')	1	1 + 1	-	-	ID_A	ID_B	
(auth4)	1	1 + 1	-	-	ID_A	ID_B	
(auth5)	2	1 + 1	ID_B	-	ID_A	ID_B	ISO 9798-2
(auth5')	2	1 + 1	ID_B	-	ID_A	ID_B	
(auth6)	2	1 + 1	ID_B	-	ID_A	ID_B	
(auth7)	2	1 + 1	ID_B	ID_A	ID_A	-	
(auth8)	2	2 + 2	ID_B	ID_A	ID_A	-	
(auth9)	2	2 + 2	ID_B	ID_A	ID_A	-	

Tabelle 2: Einseitige Authentifizierungsmechanismen

Die aus den in Tabelle 1 aufgeführten Grundbausteinen ableitbaren einseitigen Authentifizierungsmechanismen sind in Tabelle 2 zusammengestellt. In allen Fällen authentifiziert sich Teilnehmer A gegenüber B. Neben der Zahl der Transaktionen ist auch die Zahl der bei den beiden Teilnehmern erforderlichen kryptographischen Operationen (Verschlüsselung bzw. MAC-Berechnung) angegeben; beide Größen stellen ein Maß für die Komplexität ei-

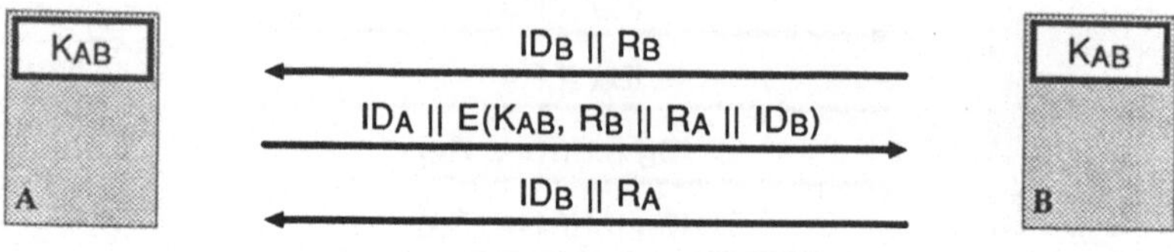

Bild 3: Gegenseitige Authentifizierung

nes Protokolls dar. Authentifizierungsmechanismen auf der Basis symmetrischer kryptographischer Verfahren werden u.a. von der internationalen Standardisierungsorganisation ISO genormt [ISO 9798-2]. In der Spalte "Bemerkung" sind die im derzeitigen Normentwurf enthaltenen Mechanismen entsprechend gekennzeichnet.

4.2 Gegenseitige Authentifizierung

Eine gegenseitige Authentifizierung kann im Prinzip aus zwei einseitigen Authentifizierungen zusammengesetzt werden. Auf der Basis der Grundbausteine (auth1) bis (auth4) benötigt man je eine Transaktion in jeder Kommunikationsrichtung, sowie je zwei kryptographische Operationen. Da zwei aufeinanderfolgende Transaktionen in dieselbe Kommunikationsrichtung zu einer zusammengefaßt werden können, kommt man bei der Kombination eines der Grundbausteine (auth1) bis (auth4) mit einer einseitigen Authentifizierung auf der Basis eines *challenge and response* Mechanismus ebenfalls mit zwei Transaktionen aus. Zwei derartige Kombinationsmöglichkeiten sind in Tabelle 3 aufgeführt, wobei die Kombination von (auth3) (alternativ auch (auth1)) mit (auth7) besonders effizient ist, da beim resultierenden Authentifizierungsmechanismus jeder der Kommunikationspartner nur eine kryptographische Operation durchführen muß.

Analoge Einsparungsmöglichkeiten ergeben sich bei der Kombination zweier *challenge and response* Mechanismen. Auch in diesem Fall können zwei der zunächst resultierenden vier Datentransfers zusammengefaßt werden, so daß für eine gegenseitige Authentifizierung insgesamt drei Transaktionen genügen. Von den in Tabelle 3 enthaltenen Beispielen dieses Typs ist die Kombination von (auth5) mit (auth7) hervorzuheben, bei der ebenfalls jeder Teilnehmer nur eine Ver- oder Entschlüsselung durchführen muß. Bild 3 zeigt dieses *challenge and response* Protokoll zur gegenseitigen Authentifizierung. Bei allen in Tabelle 3 aufgeführten Mechanismen authentifiziert sich zunächst Teilnehmer A gegenüber B, danach B gegenüber A.

Bausteine	Transaktionen	kryptogr. Op. (A,B)	Transaktion B → A		Transaktion A → B		Transaktion B → A		Bemerkung
			Datenfeld b1	Datenfeld b2	Datenfeld a1	Datenfeld a2	Datenfeld b1	Datenfeld b2	
(auth3) + (auth3)	2	2 + 2	-	-	ID_A	ID_B	ID_B	ID_A	ISO 9798-2
(auth3) + (auth5)	2	2 + 2	-	-	$ID_A \parallel R_A$	ID_B	ID_B	ID_A	
(auth3) + (auth7)	2	1 + 1	-	-	ID_A	$R_A \parallel ID_B$	ID_B	-	
(auth5) + (auth5)	3	2 + 2	ID_B	-	$ID_A \parallel R_A$	ID_B	ID_B	ID_A	
(auth5) + (auth7)	3	1 + 1	ID_B	-	ID_A	$R_A \parallel ID_B$	ID_B	-	Bild 3
(auth7) + (auth7)	3	2 + 2	ID_B	ID_A	$ID_A \parallel R_B$	ID_B	ID_B	-	

Tabelle 3: Gegenseitige Authentifizierungsmechanismen

5. Authentifizierung mit Hilfe Dritter

In der Praxis kann man in der Regel nicht davon ausgehen, daß zwei Kommunikationspartner A und B bereits einen gemeinsamen geheimen Schlüssel K_{AB} besitzen. Eine gegenseitige Authentifizierung ist dennoch möglich, falls beide Teilnehmer jeweils mit einer übergeordneten dritten Stelle (z.B. einem Authentifizierungs-Server) einen Schlüssel gemeinsam haben. Mit Hilfe einer derartigen Zentrale Z können sie zunächst in den Besitz eines Schlüssels K_{AB} gelangen und sich dann damit gegenseitig authentifizieren. Wir beschränken uns hier auf die Situation, daß A und B direkt mit dieser zentralen Stelle kommunizieren können und gehen im folgenden davon aus, daß A den Authentifizierungsvorgang initiiert. Dann können die drei in Bild 4 schematisch dargestellten Protokollstrukturen unterschieden werden.

(a)   Teilnehmer A wendet sich im ersten Schritt an die Zentrale Z und erhält von dort die zur gegenseitigen Authentifizierung von A und B erforderliche Information, d.h. einen Schlüssel K_{AB}, sowie für B bestimmte Daten (einen sogenannten *Token*), die ebenfalls den Authentifizierungsschlüssel K_{AB} enthalten. Diesen Token reicht A im dritten Schritt an B weiter. Nach dieser Schlüsselverteilungsphase können sich A und B gegenseitig authentifizieren (Schritt 4).

(b)   Teilnehmer A wendet sich mit einer Authentifizierungsanforderung an seinen Kommunikationspartner B, welcher die Zentrale Z anspricht und von dort die zur gegenseitigen Authentifizierung erforderlichen Daten erhält (um die Analogien zwischen den verschiedenen Protokollstrukturen zu verdeutlichen, beginnt die

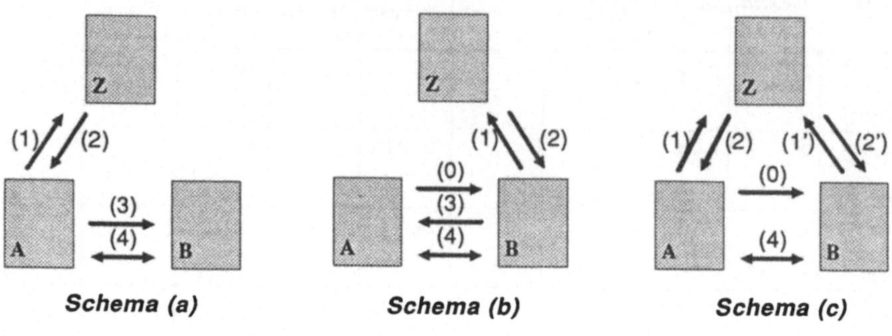

Bild 4: Authentifizierung mit Zentrale

Numerierung der Schritte in diesem Schema mit 0). In diesem Fall ist dies analog zum Schema (a) neben dem Schlüssel K_{AB} ein für A bestimmter Token, der u.a. K_{AB} enthält und von B in Schritt (3) an A weitergereicht wird.

(c)   Teilnehmer A übermittelt zunächst B seinen Authentifizierungswunsch (Schritt (0)). Die beiden Kommunikationspartner wenden sich sodann unabhängig voneinander an die Zentrale Z und erhalten von dort jeweils den zur gegenseitigen Authentifizierung erforderlichen Schlüssel K_{AB}. Danach können sich A und B gegenseitig authentifizieren (Schritt 4). Die Weitergabe eines Token ist bei diesem Schema nicht erforderlich.

Bei jedem der beschriebenen Schemata müssen die Authentifizierungsschlüssel geheimgehalten, sowie diese und die Token gegen Wiedereinspielen geschützt werden. Dies kann man durch eine geeignete Auswahl und Parametrierung der in den Mechanismen eingesetzten Grundbausteine relativ einfach erreichen. Die Kommunikation zwischen den Teilnehmern und der Zentrale kann dabei jeweils eine einseitige oder eine gegenseitige Authentifizierung beinhalten. Die Mindestanforderung ist in jedem Fall eine Authentifizierung der Zentrale gegenüber den Teilnehmern. Wählt man hierfür einen der Bausteine (auth1), (auth3), (auth5), oder (auth8), so kann Z den geheimen Schlüssel K_{AB} im Datenfeld z2, einen Token in einem der Datenfelder z1 oder z2 übertragen.

Das Schema (a) erfordert in der Regel die geringste Zahl von Transaktionen. Da die Schritte (3) und (4) kombiniert werden können, sind im Falle einer gegenseitigen Authentifizierung von A und B insgesamt vier Transaktionen ausreichend. Ein Beispiel für ein derartiges Protokoll ist in Bild 5 angegeben. Der dargestellte Mechanismus benutzt in der ersten Phase den Grundbaustein (auth5) zur einseitigen Authentifizierung von Z gegenüber A. Die mit dem ersten Protokollschritt verbundene Schlüsselanforderung wird dabei durch die Bezeichnung des gewünschten Kommunikationspartners (hier: ID_B) repräsentiert und im Datenfeld a1 übertragen (die für die Schlüsselverteilung spezifischen Datenelemente sind kursiv hervorgehoben). Zur anschließenden gegenseitigen Authentifizierung von A und B wird eine

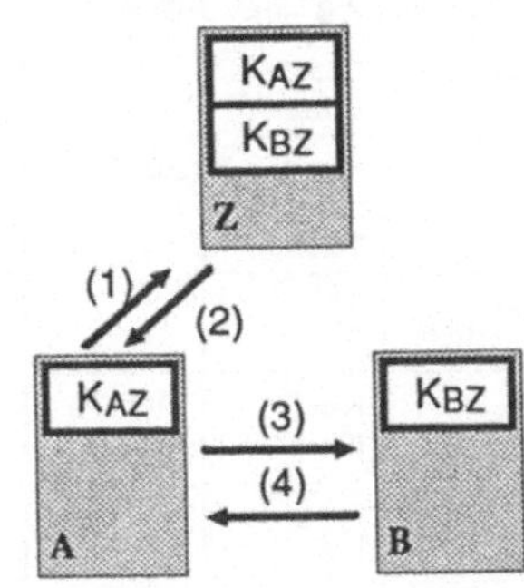

Transaktionen:

(1) A → Z: $ID_A \parallel R_A \parallel ID_B$

(2) Z → A: $ID_Z \parallel E(K_{AZ}, R_A \parallel K_{AB} \parallel ID_B \parallel Token_B)$

(3) A → B: $ID_A \parallel Token_B \parallel E(K_{AB}, CT_A \parallel R'_A \parallel ID_B)$

(4) B → A: $ID_B \parallel R'_A$

Bild 5: Authentifizierung mit Zentrale - Schema (a)

Kombination der Bausteine (auth3) und (auth7) verwendet. Der für B bestimmte Token ist hierbei im Datenfeld a1 integriert.

Token beinhalten u.a. geheime Authentifizierungsschlüssel. Sie müssen daher nicht nur verschlüsselt, sondern auch mit Hilfe zeitabhängiger Parameter gegen Wiedereinspielen geschützt werden. Je nach Protokollschema finden als zeitabhängige Parameter meist Zeitstempel oder *challenge and response* Mechanismen Verwendung. Bezeichnet K_{BZ} den gemeinsamen Schlüssel von B und Zentrale Z, so kann im Schema (a) der für B bestimmte Token beispielsweise die Form

$$Token_B = E(K_{BZ}, TD_Z \parallel K_{AB} \parallel ID_A)$$

besitzen. Das in Bild 5 angegebene Protokoll erfordert somit bei jeder der beteiligten Instanzen 2 kryptographische Operationen. Der diesem Schema entsprechende Standardisierungsvorschlag verwendet zur gegenseitigen Authentifizierung von A und B die Bausteine (auth1) bzw. (auth3) und benötigt daher bei ebenfalls 4 Transaktionen insgesamt zwei zusätzliche kryptographische Operationen [ISO 9798-2] (siehe auch Tabelle 4).

Ein weiteres Beispiel für das Schema (a) ist das ebenfalls in Tabelle 4 aufgeführte Needham-Schroeder Protokoll [NeSc 78]. Bei diesem Mechanismus sind 5 Transaktionen erforderlich, da hier die Schritte (3) und (4) nicht kombiniert wurden, d.h. die Übertragung des Token von A nach B getrennt vom Authentifizierungsvorgang erfolgt. Die in der Originalversion des Needham-Schroeder Protokolls benutzten Token beinhalten keine zeitabhängigen Parameter, so daß u.a. Teilnehmer B die Aktualität des empfangenen Authentifizierungsschlüssels nicht überprüfen kann.

Schritte	Bausteine	Trans-aktionen	kryptogr. Op. (A,B,Z)	Transaktion A → Z/B		Transaktion Z/B → A		Bem.
				Datenfeld a1	Datenfeld a2	Datenfeld z1/b1	Datenfeld z1/b2	
(1) & (2)	(auth5)	4	2 + 2 + 2	ID_A || ID_B	-	ID_Z	K_{AB} || ID_B || $Token_B$	Bild 5
(3) & (4)	(auth3) + (auth7)			ID_A || $Token_B$	ID_B	ID_B	-	
(1) & (2)	(auth5)	4	3 + 3 + 2	ID_B	-	-	K_{AB} || ID_B || $Token_B$	ISO 9798-2
(3) & (4)	(auth1) + (auth1)			$Token_B$	IDB	-	ID_A	
(1) & (2)	(auth5)	5	3 + 3 + 2	ID_A || ID_B	-	-	K_{AB} || ID_B || $Token_B$	Needham-Schroeder
(4)	(auth3) + (auth3)			-	-	-	-	

Tabelle 4: Authentifizierungsmechanismen mit Zentrale - Schema (a)

Für das Protokollschema (b) sind bei einer gegenseitigen Authentifizierung von A und B mindestens fünf Transaktionen erforderlich. Da bei diesem Schema der erste Schritt eine von A initiierte Authentifizierungsanforderung an B ist, kann in diesem Fall der für A bestimmte Token mit Hilfe eines *challenge and response* Mechanismus gegen Wiedereinspielen geschützt werden. Setzt man den Baustein (auth5) zur einseitigen Authentifizierung von Z gegenüber B, eine Kombination der Bausteine (auth5) und (auth7) zur gegenseitigen Authentifizierung von A und B ein, so kommen in diesem Protokoll ausschließlich *challenge and response* Mechanismen zum Einsatz. Das Verfahren benötigt dann insgesamt 6 kryptographische Operationen, während der entsprechende Normentwurf wiederum 8 Operationen erfordert [ISO 9798-2].

Bei dem Protokollschema (c) schließlich agieren die Kommunikationspartner A und B weitgehend gleichberechtigt. Auch dieses Schema kann unter ausschließlicher Verwendung von *challenge and response* Mechanismen realisiert werden. Da hier jeder Teilnehmer den Authentifizierungsschlüssel direkt von der zentralen Instanz erhält, sind keine Token involviert. Für dieses Authentifizierungsschema sind zumindest 7 Transaktionen erforderlich, wobei vor allem die Zentrale durch Buchführungsaufgaben und zusätzlichen Kommunikationsaufwand belastet wird. Es kann mit 6 kryptographische Operationen realisiert werden.

Die vorgestellten Protokolle zur Authentifizierung mit Hilfe einer Zentrale können auf vielfältige Weise variiert werden. Falls nur eine einseitige Authentifizierung von A oder B erforderlich ist, können in der Regel Transaktionen weggelassen bzw. vereinfacht werden. Welchem Protokollschema in der Praxis der Vorzug zu geben ist, hängt stark von den jeweiligen Gegebenheiten ab. Bei den Schemata (a) und (b) ist der Aufwand für die Realisierung der zentralen Instanz deutlich geringer als in der Situation (c). Schema (c) dagegen kann wie

Schema (b) ausschließlich mit Hilfe von *challenge and response* Mechanismen realisiert werden.

Literatur:

[ANSI X9.17] ANSI X9.17-1985: *Financial Institution Key Management (Wholesale)*, 1985.

[BaKn 89] Bauspieß, F.; Knobloch, H.-J.: *How to Keep Authenticity Alive in a Computer Network*, Proceedings of Eurocrypt'89, Springer LNCS **434** (1990), 38-46.

[BGHJ 91] Bird, R.; Gopal, I.; Herzberg, A.; Janson, P.; Kutten, S.; Molva, R.; Yung, M.: *Systematic Design of two-Party Authentication Protocols*, Advances in Cryptology - Crypto'91, Springer Lecture Notes in Computer Science **576** (1991), 44-61.

[ISO 9797] ISO/IEC International Standard 9797: *Data Integrity Mechanism Using a Cryptographic Check Function Employing a Block Cipher Algorithm*, 1989.

[ISO 9798-2] ISO/IEC Committee Draft 9798-2: *Entity Authentication Mechanisms - Part 2: Entity Authentication Using Symmetric Techniques*, 1992.

[ISO 9798-3] ISO/IEC Draft International Standard 9798-3: *Entity Authentication Mechanisms - Part 3: Entity Authentication Using a Public-Key Algorithm*, 1992.

[Ko 89] Kohl, J.T.: *The Use of Encryption in Kerberos for Network Authentication*, Advances in Cryptology - Crypto'89, Springer Lecture Notes in Computer Science **435** (1990), 35-43.

[MNSS 87] Miller, S.P.; Neuman, C.; Schiller, J.I.; Saltzer, J.H.: *Kerberos Authentication and Authorization System*, Project Athena Technical Plan, MIT, 1987.

[NeSc 78] Needham, R.M.; Schroeder, M.D.: *Using Encryption for Authentication in Large Networks of Computers*, Communications of the ACM, **21** (1978), 993-999.

[Pa 91] Parker, T.A.: *A Secure European System for Applications in a Multi-vendor Environment*, Proceedings of National Computer Security Conference, Baltimore 1991, 505-513.

[TaAl 91] Tardo, J.J.; Alagappan, K.: "SPX: Global Authentication Using Public Key Certificates", Proceedings of 1991 IEEE Computer Society Symposium on Research in Security and Privacy (1991), 232-244.

Authentisches Booten und Software-Integritätstest auf PC-Architekturen

Stefan Osterlehner

Siemens Nixdorf Informationssysteme AG
Werk für Arbeitsplatzsysteme, Augsburg

seit August 1992:
Institut für Sicherheitstechnologie GmbH
Postfach 13 13
D-8046 Garching
E-Mail: 100135.1670@compuserve.com

Jörg Sauerbrey

Lehrstuhl für Datenverarbeitung
Technische Universität München
Postfach 20 24 20
D-8000 München 2
E-Mail: sy@ldv.e-technik.tu-muenchen.de

Zusammenfassung

Ein Verfahren zum authentischen Booten und ein darauf aufbauender Software-Integritätstest sind insbesondere bei PCs aufgrund der Virenproblematik besonders wichtig. Der vorliegende Artikel stellt ein Verfahren vor, welches ohne nennenswerte Komforteinbußen für den Benutzer die Integrität des Systems beim Booten überprüft. Als authentische, durch Software nicht manipulierbare Basiskomponente für das authentische Booten dient der in jedem PC vorhandene Ein-Chip-Microcontroller UPI. Dieser wird benutzt, um einen geheimen Schlüssel aufzunehmen und vor unautorisiertem Zugriff zu verbergen. Die Realisierbarkeit des Verfahrens wurde im Rahmen einer prototypischen Implementierung gezeigt.

1. Einleitung

Der Benutzer eines IT-Systems geht üblicherweise davon aus, daß die Funktionalität der benutzten Komponenten ihrer Spezifikation entspricht. Dabei vertraut er auf die Zuverlässigkeit der Hersteller von Hardware und Software. Ein IT-System eines vertrauenswürdigen Herstellers ist nur dann vertrauenswürdig, wenn die Hardware nicht manipuliert wurde und das System von einem authentischen Betriebssystem eines ebenfalls vertrauenswürdigen Herstellers gesteuert wird. Geht man von einer nicht manipulierten Hardware aus, so muß das Betriebssystem so gestartet werden, daß seine Authentizität vor dem Start überprüft wird. Diese Vorgehensweise wird authentisches Booten genannt (vgl. [ClePfi91], [Groß91]).

Authentisches Booten muß sich letztlich auf eine nicht manipulierbare Systemkomponente abstützen. Dies sollte ein Teil der Hardware sein, dessen Integrität gesichert ist. Nach dem authentischen Booten kann das Betriebsystem dazu benutzt werden, die Integrität von anderen Programmen zu überprüfen (z. B. mit kryptographisch abgesicherten Prüfsummen [Herda91]).

Dieser integere Zustand bleibt häufig nicht lange bestehen. Wird beispielsweise ein neues Programm eingespielt und gestartet, dessen Herkunft unbekannt ist, so ist die Systemintegrität unter Umständen nicht mehr gewährleistet. Insbesondere bei PCs, deren hauptsächlich verwendete Betriebssysteme keinerlei Schutzmechanismen (MS-DOS) oder wenig Schutzmechanismen (OS/2) bieten [Oster92], können beliebige Prozesse unautorisiert Änderungen an installierter Software vornehmen. Dies ist ein Hauptgrund, warum der Virenproblematik

[Cohen87] auf PCs so schwer wirkungsvoll zu begegnen ist. Viren können auf PCs nicht nur Anwendungsprogramme infizieren, sondern auch das Betriebssystem selbst manipulieren. Dies führt dazu, daß einerseits Virenschutzmaßnahmen vereitelt werden können (z. B. durch Tarnkappenviren [Swimme91]), andererseits die Virenausbreitung auch nach einem kompletten Rücksetzen (reset) und Neustarten des Rechners u. U. weiter stattfindet, selbst wenn danach kein virenverseuchtes Anwendungsprogramm gestartet wurde.

Gerade im Hinblick auf die Virenproblematik auf PCs ist also ein authentisches Booten notwendig, das Integritätsverletzungen meldet. Dadurch wird zwar eine Virenausbreitung nicht verhindert, aber diese immerhin dem Benutzer bekannt gemacht. Da die meisten Viren Schadensfunktionen zeitverzögert ausführen, hat der Benutzer im allgemeinen die Möglichkeit, Gegenmaßnahmen zu treffen, bevor die Schadensfunktion ausgeführt wird.

Eine Möglichkeit, ein authentisches System zu booten, besteht bei PCs darin, das Betriebssystem immer von einer schreibgeschützten nicht manipulierten Orginal-Systemdiskette zu booten oder einen Betriebssystem-Integritätstest im ROM abzulegen. Beide Lösungen bringen Komfortverluste für den Anwender mit sich. Das Booten von Diskette dauert bei MS-DOS schon recht lange, bei OS/2 2.0 benötigt man zum Booten sogar zwei Disketten, mit denen der Systemstart etliche Minuten dauert. Die ROM-Lösung bringt Probleme bezüglich einer mangelnden Flexibilität gegenüber Versionsänderungen des Betriebssystems mit sich.

Im folgenden soll ein Verfahren vorgestellt werden, das auf herkömmlichen PCs ein authentisches Booten mit integriertem Software-Integritätstest ermöglicht, ohne die genannten Nachteile zu besitzen. Dabei wird vorausgesetzt, daß keine unautorisierte Manipulation an der Hardware vorgenommen wurde. Das Verfahren erfordert keine Hardwareerweiterungen der PC-Architektur und auch keine Änderungen am Betriebssystem.

2. Basiskomponente für das authentische Booten

Wie bereits erwähnt muß sich authentisches Booten letztlich auf einem integeren, durch Software nicht manipulierbaren Hardwarebaustein abstützen. Ein solcher Baustein kann eine geheime Information enthalten, auf der sich eine Kette von Integritätstests abstützt, die zum Start eines authentischen Betriebssystems führt.

Bei genauer Betrachtung der PC-Architektur findet man in jedem PC einen Baustein, der alle hier nötigen Eigenschaften aufweist - den UPI (Universal Peripheral Interface). Der UPI ist ein Schnittstellenbaustein, der einen kompletten Mikrocomputer (Prozessor, ROM, RAM, Taktgeber usw.) enthält. Er wird vorwiegend als intelligente Schnittstelle für die Tastatur und für die sichere Unterscheidung zwischen Kalt- und Warmstart verwendet. Im Programmspeicher des UPI ist genug Platz, um eine über einen geheimen Schlüssel (im folgenden UPI-Schlüssel genannt) parametrisierte Einwegfunktion unterzubringen, die als Ausgangspunkt einer Kette von Integritätsprüfungen dienen kann.

Um den Mißbrauch der Einwegfunktion durch ein nicht autorisiertes Programm (z. B. einen Virus) auszuschließen, kann der Zugriff auf diese Funktion nach ihrer Verwendung durch das autorisierte Programm abgeschaltet und erst bei einem Kaltstart wieder eingeschaltet werden. Die Kaltstart-Erkennung im UPI ist aufgrund der Hardware-Beschaltung zuverlässig und nicht umgehbar ([Intel], [IBMAT]).

Wenn eine spezielle Speicherzelle (Security-Bit) im UPI programmiert wird, ist der Inhalt des UPI-Programmspeichers selbst nach dem Auslöten des Bausteins vor Auslesen geschützt [Intel]. Damit könnte der UPI-Schlüssel in allen PCs identisch sein, ohne daß dadurch die Sicherheit eingeschränkt wird. Ein Ermitteln des UPI-Schlüssels durch eine Beobachtung der Kommunikation mit dem UPI ist bei einer geeigneten Auswahl der Einwegfunktion nicht möglich (siehe beispielsweise [Simmon92]).

3. Ablauf beim Booten

Der Ablauf beim Booten erfolgt in mehreren Schritten:

1. Ein im ROM-BIOS integrierter Integritätstest prüft nach dem Kaltstart die Integrität des Partitions-Laders und Teile einer (zum Konzept gehörenden) Spezial-Partition der Festplatte.

2. Das Prüfprogramm auf der Spezial-Partition testet, vor dem Start des Betriebssystems, die Integrität von Boot-Sektor, Betriebssystem und anderen wichtigen ausführbaren Dateien.

3. Ein weiteres Prüfprogramm testet nach dem Start des Betriebssystems (z.B. als über die Datei CONFIG.SYS in das Betriebssystem eingebundener Gerätetreiber) die Integrität von Dateien auf weiteren Datenträgern, die nur mit Hilfe des Betriebssystems oder Gerätetreibern ansprechbar sind (z.B. HPFS-Partitionen bei OS/2 [DeiKog92]).

Das Vorgehen in Stufen stellt sicher, daß kein Code ausgeführt wird, der nicht entweder unveränderbar im ROM liegt oder vor seiner Ausführung hinsichtlich seiner Integrität getestet wurde.

Abbildung 1 zeigt den Ablauf beim Booten einschließlich des Software-Integritätstests in Form eines Struktogramms. Die gegenüber dem normalen Bootvorgang neu hinzugekommenen Teile sind grau hinterlegt. Die Funktionen, die durch Programme auf der Security-Partition realisiert werden, sind mit einem gestrichelten Rahmen gekennzeichnet.

Im folgenden wird der Ablauf im einzelnen erläutert:

Nach dem Kaltstart initialisiert und testet der POST (Power On Self Test) des BIOS die Hardware. Anschließend werden Option-ROMs (z.B. mit SCSI-Treiber) gesucht und eingebunden.

Nun kommt die BIOS-Erweiterung zum Integritätstest des Partitions-Laders und der Spezial-Partition zur Ausführung: Zunächst wird mit Hilfe des UPI überprüft, ob ein Kaltstart vorliegt. Das ist nötig, da die später benötigte Einweg-Funktion im UPI nur nach einem Kaltstart aktiv ist. Es wird nun der Partitions-Lader gelesen und mit Hilfe einer kryptographischen Hash-Funktion [Bürk91] ein eindeutiges Kondensat (Hash-Wert) abgeleitet. Dieser Hash-Wert wird durch den UPI verschlüsselt und mit dem Sollwert verglichen, der an einer bestimmten

Stelle auf der Security-Partition abgespeichert ist. Diese Werte werden im folgenden mit MAC (Message Authentication Code) bezeichnet. Auf die gleiche Weise wird das Programm auf der Security-Partition getestet. Die dafür nötigen Daten (MAC-Werte und Länge des zu testenden Security-Programms) sind im ersten Sektor (Boot-Sektor) der Security-Partition gespeichert.

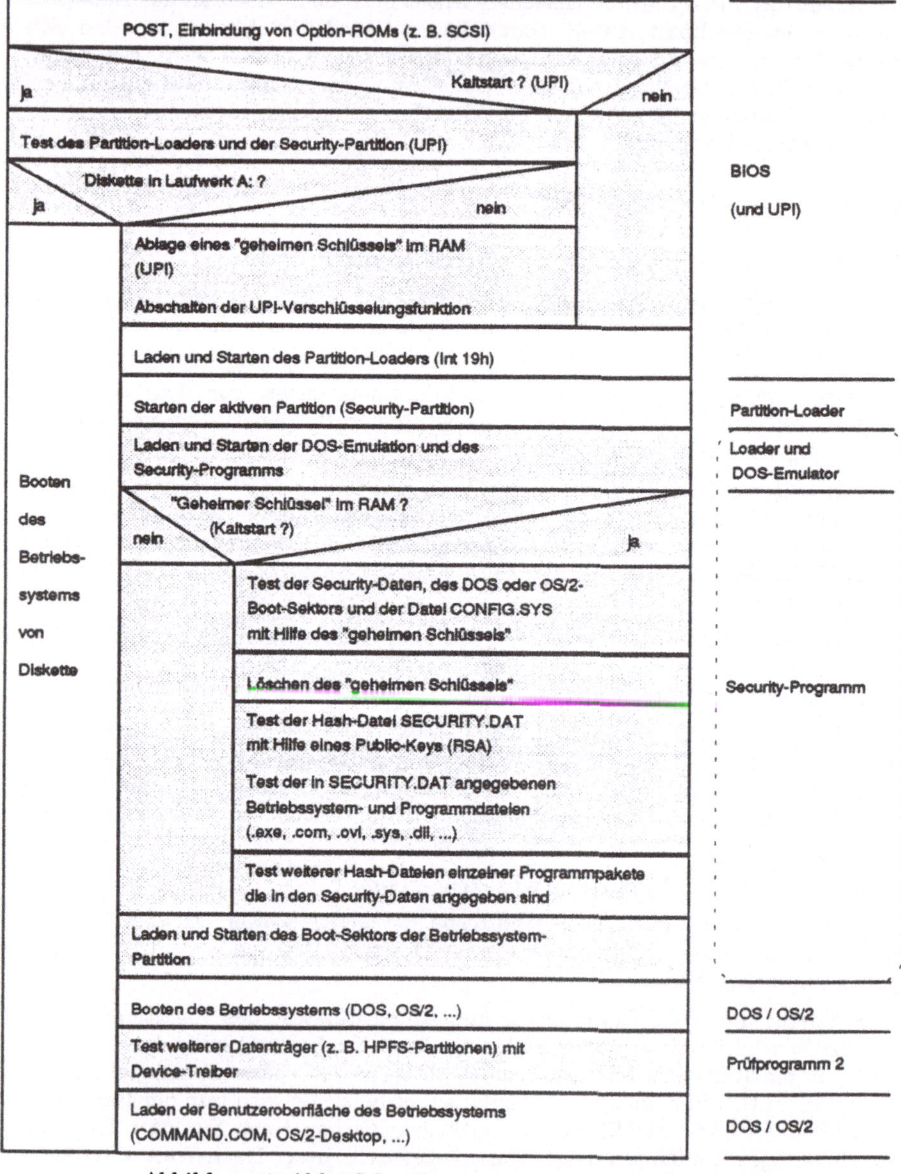

Abbildung 1: Ablauf des Systemstarts mit Integritätstest

Abbildung 2 zeigt den mit Hilfe des UPI ablaufenden Integritätstest in graphischer Form (siehe auch [PozGra87] und [BeuRos91]).

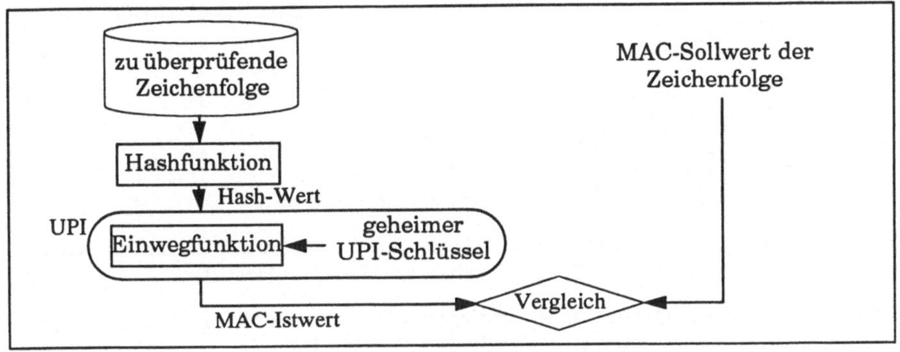

Abbildung 2: Integritätstest mit UPI

Stimmt der MAC-Istwert mit dem gespeicherten MAC-Sollwert nicht überein (z.B. beim ersten Programmlauf nach der Installation oder bei Virenbefall) so erhält der Anwender eine Meldung. Beim ersten Programmlauf kann der Anwender (z.B. nach Angabe eines Paßwortes) die neu ermittelten MAC-Werte authentifizieren und dann abspeichern lassen. Treten bei einem späteren Programmlauf Differenzen auf, so liegt eine Integritätsverletzung (z. B. Virenbefall) vor. In diesem Fall können die veränderten Teile von einer Sicherungsdiskette restauriert werden.

Liegt keine Diskette in Laufwerk A, wird eine Seriennummer (die z. B. aus der Hardware-Konfiguration des PCs abgeleitet wird) im UPI verschlüsselt und als zu diesem PC gehöriger geheimer Schlüssel im Hauptspeicher abgelegt. Dann wird die Verschlüsselungsfunktion des UPI abgeschaltet. Sie wird erst wieder durch einen Kaltstart hardwaremäßig eingeschaltet.

Jetzt lädt wie gewohnt das BIOS den standardmäßigen Partitions-Lader (mit BIOS-Interrupt 19h) von der Festplatte und startet seinen Code. Der Partitions-Lader wiederum lädt und startet den Boot-Sektor der (aktiven) Security-Partition. Der Boot-Sektor lädt und startet das Security-Programm von der Security-Partition. Das Security-Programm ermittelt wieder mit einer Hash-Funktion den Hash-Wert der Daten auf der Security-Partition. Dieser Wert wird dann mit einer durch den vom BIOS abgelegten geheimen Schlüssel parametrisierten Einwegfunktion verschlüsselt und mit dem ebenfalls in der Security-Partition abgespeicherten MAC-Sollwert verglichen (siehe Abbildung 3). Damit wurde die Integrität der Security-Partition überprüft.

Die Daten auf der Security-Partition umfassen z.B. die MAC-Werte von veränderbaren Betriebssystem-Teilen (Boot-Sektor und CONFIG.SYS), die Pfadangaben von Hash-Dateien verschiedener Programmpakete, die vom Hersteller mitgeliefert werden sollten, sowie Hash-Werte von Programmen, die ohne Signaturdatei geliefert wurden.

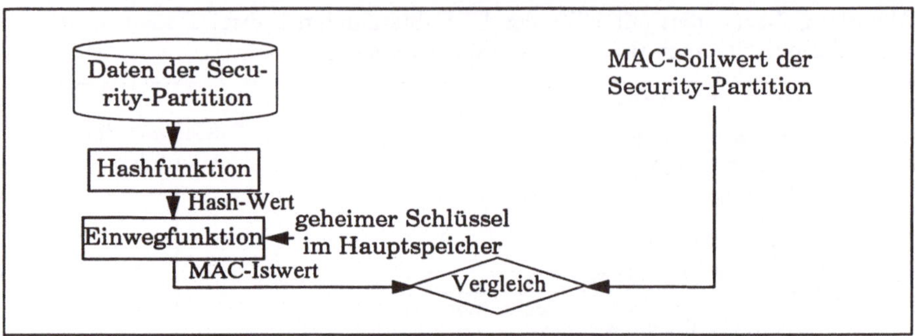

Abbildung 3: Integritätstest der Security-Partition

Der geheime Schlüssel im Hauptspeicher wird nun nicht mehr benötigt und daher gelöscht. Die weiteren auszuführenden Integritätstest arbeiten mit asymmetrischen kryptographischen Verfahren.

Auf der zu prüfenden Betriebssystem-Partition befindet sich die Hash-Datei C:\SECURITY.DAT, die Namen, Pfad und Hash-Werte aller zu testenden Programmdateien enthält. Sie wird vom Betriebssystemhersteller (oder -händler) erstellt, mit einer Signatur versehen und mitgeliefert. Die Signaturen werden mit einem asymmetrischen kryptographischen Verfahren (z.B. RSA oder DSA [NIST91]) erzeugt und verifiziert [Saloma90]. Der zur Verifikation der Signatur der Datei notwendige öffentliche Schlüssel ist auf der bereits getesteten Security-Partition abgelegt und daher nicht manipuliert worden. Ergibt diese Überprüfung der Signatur, daß die Datei authentisch ist, so werden alle darin angegebenen Programmdateien überprüft, indem ihr Hash-Wert ermittelt und mit dem in SECURITY.DAT verzeichneten verglichen wird. Durch diese Vorgehensweise wird eine sichere Software-Distribution erreicht (siehe auch [HuePfa90]). Auf die selbe Weise wird mit weiteren Hash-Dateien verfahren, deren Namen und Lage nach der Installation von neuen Programmpaketen in die Security-Daten aufgenommen wurden. Nach Abschluß dieser Prüfungen wird der Boot-Sektor des Betriebssystems geladen und gestartet und damit das Betriebssystem gebootet.

In der Konfigurationsdatei CONFIG.SYS werden Gerätetreiber geladen. Hier kann auch ein weiteres Prüfprogramm angegeben sein (z.B. mit DEVICE=SECU-RITY.SYS), das dann (ähnlich wie das Programm auf der Security-Partition) Dateien auf anderen Datenträgern, die nur mit Gerätetreibern ansprechbar sind (z.B. HPFS-Partitionen) überprüft. Jetzt wird die Benutzeroberfläche wie gewohnt geladen. Alle Integritätsprüfungen sind abgeschlossen und behindern den weiteren Rechnerbetrieb nicht.

Abbildung 4 zeigt noch einmal Lage und Interaktion der einzelnen beteiligten Komponenten.

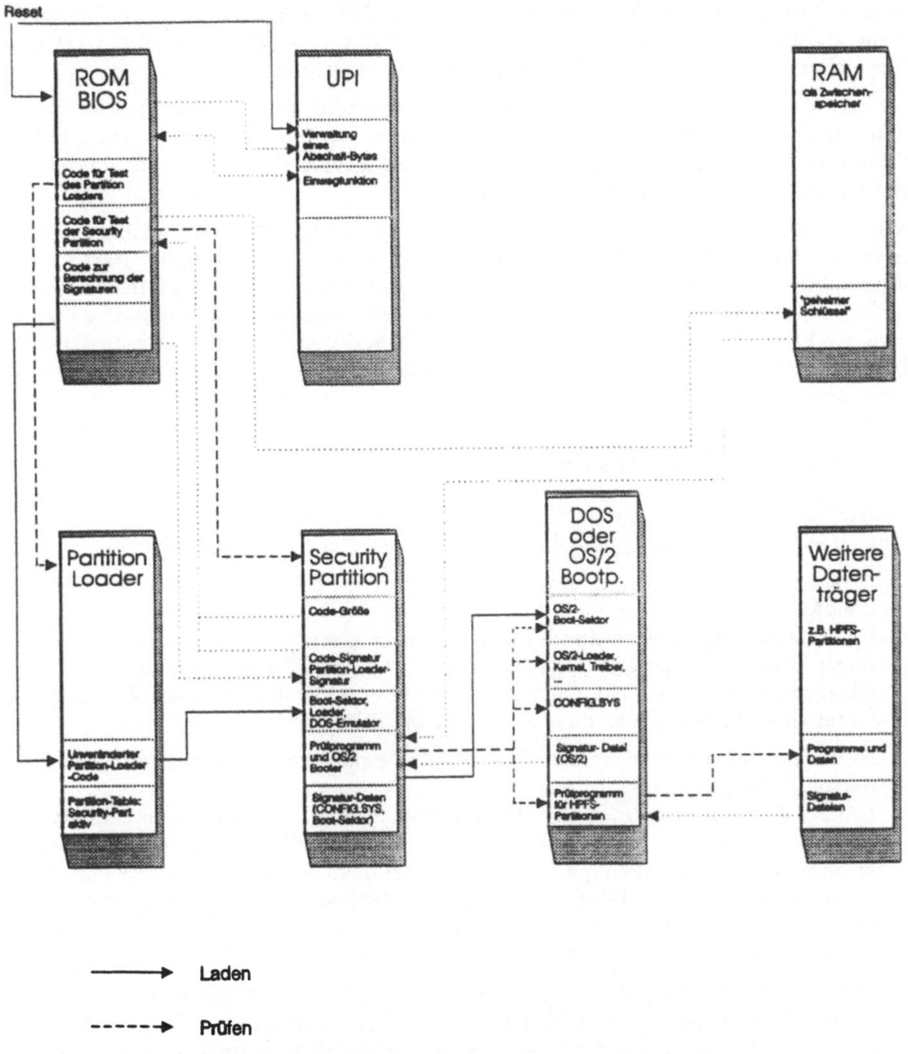

Abbildung 4: Lage und Interaktion der einzelnen beteiltigten Komponenten

4. Verhalten bei Integritätsverletzung und Installation neuer Software

Wird beim Integritätstest eine Veränderung festgestellt, so erhält der Anwender eine Bildschirmmeldung. Er muß nun entscheiden, ob er die Veränderung selbst herbeigeführt hat (z.B. durch Änderung der Datei CONFIG.SYS) oder eine unzulässige Veränderung (z. B. Virenbefall) vorliegt. Hat er die Veränderung selbst herbeigeführt, so kann er nach Eingabe eines Paßwortes die neuen Hash-Werte abspeichern und damit den neuen Zustand authentifizieren.

Um unauthorisierte Veränderungen an Partitions-Lader, Boot-Sektor, Betriebssystem oder an der Datei CONFIG.SYS rückgängig machen zu können, kann mit einem geeigneten Hilfsprogramm eine Sicherungskopie dieser Bereiche erstellt und bei Bedarf wieder zurückkopiert werden.

Wird ein neues Programmpaket installiert, so kann beim nächsten Prüflauf die Lage der mitgelieferten Hash-Datei angegeben und auf der Security-Partition abgespeichert werden. Ist für die neuinstallierten Programme keine Hash-Datei verfügbar, so können beim nächsten Prüflauf die neuen Programmdateien vom Security-Programm gesucht werden und ihre Lage und Namen zusammen mit ihren daraufhin erzeugten MAC-Sollwerten auf der Security-Partition gespeichert werden.

5. Angriffsmöglichkeiten

Welche Möglichkeiten hat ein Angreifer (z. B. ein Virus), eine Integritätsverletzung so vorzunehmen, daß sie beim nächsten Booten nicht bemerkt wird?

1. Änderung einer Datei in einer Weise, in der ihr Hash-Wert unverändert bleibt.
   Ein solcher Angriff wird durch die Wahl einer geeigneten kryptographischen Hash-Funktion vereitelt. Kryptographische Hash-Funktionen haben die Eigenschaft, daß es nicht möglich ist, zu einem gegebenen Hash-Wert eine Datei zu erzeugen, die zu diesem Hash-Wert führt[1].

2. Änderung des abgespeicherten Hash-Wertes einer Datei, so daß er zur veränderten Datei paßt.
   Die Hash-Werte sind in einer Datei abgespeichert, die durch eine Signatur authentisiert wurde. Der Angreifer müßte eine neue Signatur erzeugen, wozu er ohne den notwendigen geheimen Schlüssel nicht in der Lage ist. Er könnte auch versuchen, einen falschen öffentlichen Schlüssel für die Verifikation der Signatur unterzuschieben. Der öffentliche Schlüssel steht allerdings auf der Security-Partition, deren Integrität geschützt ist.

3. Der Inhalt der Security-Partition kann nur unbemerkt geändert werden, wenn ihr MAC gefälscht wird. Hierzu muß der temporär im Hauptspeicher abgespeicherte geheime Schlüssel bekannt sein, der aber nach seiner Benutzung gelöscht wird. Daher darf auch kein Schlüssel im Hauptspeicher abgelegt werden, wenn eine Diskette im Laufwerk A liegt, sonst könnte ein Virus, der dort im Boot-Sektor installiert ist, beim Booten von Diskette auf ihn zugreifen. Ebenso wird kein Schlüssel im Hauptspeicher abgelegt, wenn Partitions-Lader oder Security-Partition nicht integer sind. Der Angreifer kann den geheimen Schlüssel auch nicht selbst ableiten, da er dazu die Verschlüsselungsfunktion des UPI benötigt, die abgeschaltet ist.

---

1. Natürlich kann durch Probieren eine Datei zu einem gegebenen Hash-Wert gefunden werden. Die Wahrscheinlichkeit für einen Erfolg ist allerdings beliebig gering, wenn die Breite des Hash-Wertes groß genug gewählt wird.

4. Ausspähen des Schlüssels im UPI.

   Der geheime UPI-Schlüssel muß geheim bleiben. Organisatorisch ist hier nötig, daß bei der Programmierung und Vervielfältigung beim Hersteller der UPI-Inhalt geheim bleibt. Der fertig programmierte UPI kann (wenn das Security-Bit programmiert wurde) auch nach dem Auslöten nicht ausgelesen werden. Mit sehr hohem Aufwand ist es jedoch möglich, den UPI-Baustein aufzuätzen und mit Hilfe eines Rasterelektronenmikroskopes (REM) den Inhalt sichtbar zu machen. Der extrem hohe Geräte- und Arbeitsaufwand dieses Verfahrens macht seine Anwendung unwahrscheinlich. Abgesehen davon sollte der interne UPI-Schlüssel bei jeder UPI-Änderung variiert werden, so daß das Wissen eines UPI-Inhaltes nur für eine begrenzte PC-Anzahl nutzbar ist.

5. Benutzen der UPI-Einwegfunktion auf einem manipulierten anderen Rechner.

   Es wäre denkbar, daß bei immer gleicher Verschlüsselung im UPI ein Angreifer auf einem anderen, baugleichen PC den MAC zu einer manipulierten Hash-Datei berechnet und dann bei einer Vireninfektion überträgt. Aus diesem Grund wird bei der Hash-Wert-Ermittlung zusätzlich eine individuelle (z. B. von den Konfigurationsmerkmalen des PC abhängige) Seriennummer verwendet. Da in Zukunft wohl die meisten PCs Verbindung zu einem Netzwerk (LAN) haben werden, könnte z. B. auch die (eindeutige) Seriennummer der Netzwerkkarte als Parameter für die Hash-Funktion verwendet werden.

Eine grundsätzliche Gefahrenquelle ist der Anwender. Wird ein neues Betriebssystem installiert oder die Datei CONFIG.SYS verändert, so erscheint beim nächsten Booten eine Meldung. Hier muß der Anwender entscheiden, ob er die Änderung selbst durchgeführt hat, oder ob Virenbefall vorliegt. Erscheint die Meldung, daß der Partitions-Lader verändert wurde und der Anwender gibt an, daß diese Änderung in Ordnung ist, obwohl ein Virus sie durchgeführt hat, so wird dieser Virus nicht mehr erkannt. Abhilfe kann hier ein Paßwortschutz schaffen, der nur einem Virenschutzbeauftragten die Authentifizierung von Änderungen erlaubt.

Hilfreich ist auch eine sorgfältige Auswahl der Bildschirmmeldungen. Wird eine unerwartete Änderung des Partitions-Lader-Codes festgestellt, so ist ein Virenbefall sehr wahrscheinlich, da dieser sonst nur bei der ersten Installation des Betriebssystems auf der Festplatte geändert (installiert) wird. Es sollte in diesem Fall eine sehr deutliche Viren-Warnung erfolgen. Eine "erlaubte" Veränderung der Datei CONFIG.SYS kommt häufiger vor (z.B. oft bei der Installation neuer Programme) - das sollte sich auch bei der Virenschutz-Meldung niederschlagen. Beispielsweise könnten die Änderungen von CONFIG.SYS am Bildschirm dargestellt werden.

6. Vorteile des Verfahrens

Das vorgestellte Verfahren zum authentischen Booten mit integriertem Software-Integritätstest für PC-Architekturen bietet folgende Vorteile:

- Die Flexibilität des Bootens mit schreibgeschützter Diskette und die Sicherheit einer ROM-Lösung werden zu einem Verfahren kombiniert, das für den Anwender keine nennenswerten Komforteinbußen mit sich bringt.

- Der größte Teil der verwendeten Software-Erweiterungen ist auf der Festplatte (auf einer Spezial-Partition) gespeichert und kann damit problemlos vom Anwender durch eine neue Version ersetzt werden.

- Wird das Schutzsystem beim PC-Hersteller eingebracht, ist kein zusätzlicher Hardware-Aufwand nötig (BIOS-Ergänzung und anderes UPI-Programm). Wird nachträglich der Schutz gewünscht, kann er mit einer Einsteckkarte, die ein Option-ROM mit der BIOS-Erweiterung und ein dem UPI vergleichbaren Baustein enthält, nachgerüstet werden.

- Mit dem beschriebenen Konzept ist eine sichere Software-Distribution vom Entwickler bis zum Kunden möglich.

- Die Integritätssicherung eines nachladbaren BIOS (auf Flash-ROM oder Festplatte) ist möglich.

- Das Konzept ist außer für MS-DOS und OS/2 auch für andere PC-Betriebssysteme (z. B. UNIX oder Windows NT) geeignet.

- Die Sicherheit bleibt von der Veröffentlichung der verwendeten Verfahren unberührt. Nur der UPI-Schlüssel muß geheim bleiben

7. Fazit

Ein auf einem authentischen Bootvorgang aufbauender Software-Integritätstest ist auf PC-Architekturen ohne Hardware-Erweiterung möglich.

Als Ausgangspunkt für die notwendige Kette von Integritätsprüfungen kann der bereits in jedem PC vorhandene Ein-Chip-Mikrocomputer (UPI) verwendet werden. Er bietet alle Eigenschaften, die an einen Aufbewahrungsort für einen geheimen Schlüssel gestellt werden müssen. Durch den eingebauten Mikroprozessor kann, ähnlich wie bei einer Chipkarte, ein definiertes Protokoll mit der Außenwelt abgewickelt werden. Durch das softwaremäßig nicht manipulierbare Abschalten der UPI-Funktion und den Ausleseschutz ist ein Angriff auf diesen Baustein sehr schwierig.

Das vorgestellte Verfahren zum authentischen Booten wurde bereits prototypisch realisiert [Osterl92]. Durch den Einsatz verschiedener Pufferspeicher und einer teilweisen Programmierung in Assembler wird eine hohe Ausführungsgeschwindigkeit erreicht. Für die Prüfung von 1 MByte Code werden mit einem 80486-33 Prozessor und einer 200 MB AT-Bus-Festplatte nur etwa 3,8 Sekunden benötigt. Dabei werden die 128 Bit breiten Hashwerte mit einer in [Herda91] beschriebenen Hashfunktion erzeugt.

Der Prototyp enthält den Grundstock für ein fertiges Produkt. Es sind alle problematischen konzeptbedingten Funktionen realisiert. Eine komfortable Benutzerführung, das asymmetrische kryptographische Verfahren zur Signaturerzeugung und -verfikation und einfacher zu bedienende Installationsprogramme sind noch zu erstellen.

Wir danken der Fa. Siemens Nixdorf Informationssysteme AG, Werk für Arbeitsplatzsysteme, Augsburg, insbesondere Herrn K. Fabian für die Unterstützung dieser Arbeit. Weiterhin gilt unser Dank Herrn Prof. Dr.techn. J. Swoboda.

Literatur

[BeuRos91] Beutelspacher, Albrecht; Rosenbaum, Ute: "Kann man mit kryptographischen Methoden Viren erkennen?", in Paul, M. (Hrsg.): 'GI - 19. Jahrestagung I', Proceedings, Informatik Fachberichte 222, S. 564-577, Springer, 1989

[Bürk91] Bürk, Holger: "Hashfunktionen in der Praxis der Datensicherung", Beth, T; Horster, P.: 'DATASAFE '91, Tagungsband', S. 189-198, VDE-Verlag, Berlin, 1991

[ClePfi91] Clesle, Wolfgang; Pfitzmann, Andreas: "Rechnerkonzept mit digital signierten Schnittstellenprotokollen erlaubt individuelle Verantwortungszuweisung", Datenschutz-Berater, Jg. 14, Nr. 8/9, S. 8-38, 1991

[Cohen87] Cohen, F.: "Computer Viruses - Theory and Experiments", Computer & Security, Vol. 6, Nr. 1, S. 22-35, 1987

[DeiKog92] Deitel, H. M.; Kogan, M. S.: "The Design of OS/2", Addison-Wesley, 1992

[Groß91] Groß, Michael: "Vertrauenswürdiges Booten als Grundlage authentischer Basissysteme", in Pfitzmann A.; Raubold, E. (Hrsg.): "VIS'91 - Verläßliche Informationssysteme", Proceedings (Informatik Fachberichte 271), S. 190-207, Springer, März 1991

[Herda91] Herda, Siegfried: "Chiffrier- und Signaturverfahren", Tutoriumsband "Verläßliche Informationssysteme", Deutsche Informatik Akademie, Bonn, 1991

[HuePfa90] Hueske, Thomas; Pfau, Axel: "Software-Versiegelung mit kryptographischen Methoden", Datenschutz und Datensicherung, Jg. 90, Nr. 6, S. 298-304, Juni 1990

[Intel] Intel: "UPI-41,42 - Universal Peripheral Interface 8-Bit Slave Microcontroller", Datenblatt, Intel Corporation, Santa Clara, CA

[IBMAT] IBM: "PC-AT Hardware Reference Manual", IBM-Corporation

[NIST91] NIST: "A Proposed Federal Information Processing Standard for Digital Signature Standard (DSS)", National Institute of Standards and Technology (NIST), 1991

[Osterl92] Osterlehner, Stefan: "Entwicklung eines Software-Virenschutzkonzeptes für die Betriebssysteme MS-DOS und OS/2", Diplomarbeit am Lehrstuhl für Datenverarbeitung der TU München, 1992

[PozGra87] Pozzo, Maria M.; Gray, Terence E.: "An Approach to Containing Computer Viruses; Computers & Security, Vol. 6, S. 321-331, 1987

[Saloma90] Salomaa, Arto: "Public-Key Cryptography", Springer, Berlin, 1990

[Simmon92] Simmons, Gustavus J.: "Contemporary Cryptology - The Science of Information Integrity", IEEE Press, Piscataway, NJ, 1992

[Swimme91] Swimmer, Morton: "Der Tequila-Virus", in Virus-Telex, Jg. 91, Nr. 6, S. 6-9, Vogel-Verlag, 1991

Literatur

Der "Digital Signature Standard": Aufwand, Implementierung und Sicherheit

Dirk Fox

Schneider & Koch & Co. Datensysteme GmbH

Daimlerstraße 15, W-7500 Karlsruhe 21

Abstract

Mit der Veröffentlichung des Entwurfs für einen "Digital Signature Standard" (DSS) durch NIST im Herbst 1991 wurde erstmalig für ein kryptographisches Verfahren zur Erzeugung elektronischer Unterschriften eine Standardisierung eingeleitet. Nach einer Erläuterung des DSS-Signier- und Testalgorithmus' werden effiziente Algorithmen für eine Software-Implementierung der im DSS-Verfahren benötigten modularen Langzahl-Exponentiation betrachtet. Es folgen Vorschläge für eine schnelle Version der DSS-Algorithmen mit Vorausberechnungen. Aufwandsabschätzungen und Messungen einer Implementierung für 80x86-Mikroprozessoren des DSS- und des RSA-Verfahrens werden verglichen. Die Darstellung schließt mit Betrachtungen zur Sicherheit des DSS-Verfahrens auf der Grundlage der aktuellen Diskussion.

Einleitung

Mit ihrer wegweisenden Arbeit über asymmetrische Kryptoverfahren stießen Diffie und Hellman 1976 [13] eine intensive Forschungstätigkeit im Bereich der modernen Kryptographie an, die bis heute nicht zum Stillstand gekommen ist. Eine Schlüsselrolle spielt dabei die Entwicklung kryptographischer Verfahren zur Erzeugung digitaler Signaturen, mit denen die Authentizität und Integrität von Nachrichten auch gegenüber Dritten beweisbar wird. Die Idee ist einfach: Der Sender i einer N̲achricht N berechnet mit einem nur ihm bekannten, geheimzuhaltenden Signierschlüssel G_i und einem (allgemeinen) S̲ignieralgorithmus S eine S̲ignatur Sig für N,

$$\text{Sig} := S(N, G_i).$$

Das Paar (N, Sig) schickt er an den gewünschten Empfänger. Dieser erhält ein Paar (N', Sig') und kann nun mit Hilfe eines ö̲ffentlich bekannten Testschlüssels $Ö_i$ des Senders i, den er bspw. einem Verzeichnis ("Telefonbuch") entnimmt, und des T̲estalgorithmus' T die Herkunft und Unverfälschtheit der Nachricht N' prüfen:

$$T(N', \text{Sig}', Ö_i) = \text{true } ?$$

Da der Schlüssel $Ö_i$ allgemein bekannt ist, ermöglicht ein solches Verfahren dem Empfänger den Nachweis gegenüber Dritten, daß die Nachricht N' tatsächlich von Sender i stammt und während der Übertragung (oder vom Empfänger selbst) nicht verfälscht wurde.

Die Sicherheit eines solchen Digitalen Signaturverfahrens beruht auf seiner Asymmetrie, d.h. der praktischen Unmöglichkeit, aus einem öffentlich bekannten Testschlüssel $Ö_i$ den zugehörigen geheimen Signierschlüssel G_i zu gewinnen. Mehr noch: Das Verfahren muß gewährleisten, daß ein *passiver*, d.h. lediglich mithörender Angreifer, aus Paaren (N, Sig) ebenfalls keine Informationen gewinnen kann, die ihm das Fälschen einer Signatur ermöglichen. Idealerweise sollte das Verfahren auch gegen *aktive* Angriffe gefeit sein, d.h. gegen das Abhören von Signaturen zu vom Angreifer selbst gewählten und eingeschleusten Nachrichten N [23].

Digitale Signaturverfahren sind für eine Vielzahl von Anwendungen geeignet: Sie können nicht nur als Authentizitäts- und Integritätsnachweis für elektronisch übermittelte Nachrichten eingesetzt werden, sondern spielen auch eine Rolle in Schlüsselaustauschprotokollen für klassische, symmetrische Kryptoverfahren, siehe z.B. [7, 11]. Eine weitere, zur Zeit wieder intensiver diskutierte Anwendung ist ihr Einsatz als Software-Integritätstest zur Erkennung von unautorisierter Programmodifikation, beispielsweise durch Virenprogramme [12].

Das älteste bekannte Digitale Signaturverfahren ist der 1978 veröffentlichte, auf dem sogenannten "Faktorisierungsproblem" basierende RSA-Algorithmus [40]. Inzwischen wurde eine große Zahl weiterer Verfahren vorgestellt, deren Sicherheit auf unterschiedlichen, meist zahlentheoretischen Problemen beruht. Dennoch hat sich RSA (wenigstens in den USA) als "de-facto"-Industriestandard durchsetzen können. Mit dem DSS liegt nun erstmalig ein Standardentwurf für ein Digitales Signaturverfahren vor [14].

In Kapitel 1 wird zunächst die Funktionsweise des im DSS-Entwurf spezifizierten Signier- und Testalgorithmus' skizziert. Anschließend werden in Kapitel 2 Überlegungen zu deren effizienter Software-Implementierung und Aufwandsbetrachtungen angestellt. Ausführlich wird dabei auf Algorithmen zur modularen Exponentiation eingegangen. Es folgen Vorschläge für eine Implementierung des DSS-Verfahrens mit Vorausberechnungen und ein Vergleich von Aufwand und Software-Implementierung des DSS- und des RSA-Verfahrens. Die Untersuchung schließt mit einer übersichtsartigen Darstellung der aktuellen Sicherheitsdiskussion über den vorgeschlagenen Standard in Kapitel 3 und einer zusammenfassenden Bewertung in Kapitel 4.

1   Der Standardentwurf

Am 30. August 1991 wurde vom US-amerikanischen "National Institute of Standards and Technology" (NIST) ein Vorschlag für einen "Digital Signature Standard" (DSS) veröffentlicht. Das in diesem Entwurf spezifizierte Signaturverfahren leitet sich ab vom El-Gamal-Signaturverfahren [16]; es ähnelt einer von Schnorr vorgeschlagenen Variante [42]. Die Sicherheit dieses Verfahrens beruht auf der praktischen Unmöglichkeit, diskrete Logarithmen langer Zahlen (d.h. den Logarithmus einer Zahl bezüglich eines großen Modulus) in vernünftiger Zeit zu berechnen.

Das vorgeschlagene Signaturverfahren besitzt die folgenden Parameter:[1]

- Öffentliche, authentische Verfahrensparameter (p, q, g): p, $q \in Prim^2$ mit $2^{511} < p < 2^{512}$, q Teiler von (p-1), $2^{159} < q < 2^{160}$; $g := h^{(p-1)/q}$ mod p; dabei sei $0 < h < p$ mit $g > 1$.
- Geheimzuhaltender Signierschlüssel G_i: beliebige Ganzzahl mit $0 < G_i < q$.
- Authentisch zu veröffentlichender Testschlüssel $\ddot{O}_i := g^{G_i}$ mod p.

Weiter muß eine Hashfunktion H vereinbart werden, mit der jede zu signierenden Nachricht N zunächst auf einen Haschwert in der zulässigen Blocklänge, d.h. H(N)<q, abgebildet wird.[3]

---

[1] Die Beschränkung der Größe von p wird in der überarbeiteten Fassung des Entwurfs aufgehoben. Die Länge von p kann dann frei in 64-bit-Schritten zwischen 511 und 1023 bit gewählt werden [44].

[2] *Prim* bezeichne die Menge aller Primzahlen >2.

[3] H(N) wird auch "Fingerabdruck" oder "Message Digest" (MD) genannt.

Diese muß *kollisionsfrei* [10] gewählt werden, d.h. es darf praktisch nicht möglich sein, ein Nachrichtenpaar (N_1, N_2), $N_1 \neq N_2$ zu finden mit $H(N_1) = H(N_2)$.[4]

Die Hashfunktion H wird im DSS-Entwurf nicht festgelegt. Vom NIST wurde jedoch am 31. Januar 1992 ein Entwurf für einen "Secure Hash Standard" (SHS) veröffentlicht [43], der eine Hashfunktion für das DSS-Verfahren spezifiziert. Die dort vorgeschlagene Hashfunktion ähnelt dem "Message Digest Algorithm" MD4 von Ronald Rivest, RSA Inc. [36, 37]. Sie erzeugt aus einer bis zu 2^{64}-1 bit langen Nachricht einen 160 bit langen "Fingerabdruck".[5]

Der DSS-Signieralgorithmus S erzeugt zu einer gegebenen Nachricht N folgendermaßen eine Signatur Sig = $S(N, G_i)$:

- Zu der Nachricht N wird mit der Hashfunktion H ein "Fingerabdruck" H(N) bestimmt.
- Der Signierer wählt (je Signatur neu) zufällig ein k mit $0<k<q$.
- Anschließend berechnet er $r := (g^k \bmod p) \bmod q$ und $s := (k^{-1} \cdot (H(N) + G_i \cdot r)) \bmod q$.[6]

Das Paar Sig:= (r, s) wird als die zur Nachricht N gehörige Signatur mit N verschickt. Sig umfaßt demnach maximal 318 bit.

Der Empfänger eines Paares (N', Sig') mit Sig' = (r', s') kann nun mit dem DSS-Testalgorithmus $T = T(N', Sig', \ddot{O}_i)$ auf folgende Weise die Authentizität und Integrität der Nachricht N' prüfen:

- Zu der empfangenen Nachricht N' bestimmt er den "Fingerabdruck" H(N').
- Er berechnet das multiplikative Inverse w von s' modulo q: $w := s'^{-1} \bmod q$.
- Dann werden zwei Hilfswerte bestimmt: $u_1 := H(N') \cdot w \bmod q$, $u_2 := r' \cdot w \bmod q$.
- Zuletzt prüft der Empfänger, ob gilt: $r' = (g^{u_1} \cdot \ddot{O}_i^{u_2} \bmod p) \bmod q$.

Wurden weder Nachricht noch Signatur bei der Übertragung verfälscht, dann gilt:

$$(H(N')+G_i \cdot r') \cdot w = k, \text{ und damit auch } (g^k \bmod p) \bmod q = (g^{(H(N')+G_i \cdot r') \cdot w} \bmod p) \bmod q.$$

Scheitert der Test, dann wurde entweder die Nachricht N' oder die Unterschrift Sig' verfälscht.

2 Aufwand und Implementierung

Läßt man die Hashfunktion H außer Betracht, dann bestehen Signier- und Testfunktion des DSS-Entwurfs ausschließlich aus modularen Langzahloperationen: Multiplikationen, Quadrierungen, Modulo-Operationen und Additionen. Sowohl der Euklidsche Algorithmus zur Bestimmung von k^{-1} (Signieralgorithmus) und s'^{-1} (Testalgorithmus) als auch die modularen Exponentiationen setzen sich aus diesen Basisoperationen zusammen [2, 27, 28, 31].

Eine effiziente Implementierung des DSS-Verfahrens erfordert daher dreierlei:

- eine optimierte modulare Langzahlarithmetik, d.h. schnelle Multiplikations-, Divisions-, Quadrierungs-, Additions- und Modulooperationen für sehr große Ganzzahlen,
- einen effizient implementierten Euklidschen Algorithmus und
- einen modularen Exponentiationsalgorithmus, der mit möglichst wenigen modularen Langzahloperationen auskommt.

---

4   Genauer: Die Wahrscheinlichkeit, ein solches Paar durch systematisches Verfahren zu finden, darf nicht signifikant größer sein als Raten: $P(H(N_1)=H(N_2)) = 2^{-160}$.

5   Eine genauere Betrachtung der SHS-Haschfunktion würde den Rahmen dieser Darstellung sprengen.

6   Mit k^{-1} wird das multiplikative Inverse von k modulo q bezeichnet.

Optimierte Algorithmen für modulare Langzahloperationen sind umfangreich in der Literatur beschrieben und werden an dieser Stelle nicht betrachtet; siehe dazu [28, 8, 33, 22, 6, 9, 15, 34, 30, 19]. Effiziente Implementierungen des Euklidschen Algorithmus sind in einschlägiger Literatur zu finden [2, 28, 31]; auch auf sie wird daher nicht eingegangen.

Anders bei Algorithmen für die modulare Exponentiation: Sie setzen sich aus sehr vielen aufwendigen modularen Langzahloperationen zusammen und machen über 95% des Aufwandes von Signier- und Testalgorithmus aus; Optimierungen sind an dieser Stelle besonders wirkungsvoll. Zwar finden sich Vorschläge in der Literatur [28, 9, 19], keineswegs alle sind jedoch für das DSS-Verfahren geeignet. In Abschnitt 2.1 wird daher der Aufwand unterschiedlicher Exponentiationsalgorithmen im Hinblick auf ihre Verwendung im DSS-Verfahren genauer untersucht. Aufbauend darauf werden in den Abschnitten 2.2 und 2.3 effiziente Implementierungen des DSS-Signier- und Testalgorithmus' skizziert und deren Aufwand bestimmt. Das Kapitel schließt mit einer vergleichenden Darstellung der Ausführungsgeschwindigkeiten einer effizienten Softwareimplementierung des DSS- und des RSA-Verfahrens für 80x86-Mikroprozessoren in Abschnitt 2.4.

2.1   Exponentiationsalgorithmen

Eine modulare Exponentiation b^e mod p setzt sich zusammen aus modularen Multiplikationen und modularen Quadrierungen. Bei den üblicherweise verwendeten Algorithmen wächst der Aufwand einer modularen Multiplikation quadratisch mit der Länge der Faktoren. Das gilt auch unabhängig von dem verwendeten Reduktionsverfahren [33, 28, 29]. Multiplikationsalgorithmen, deren Aufwand nicht quadratisch in der Faktorenlänge wächst, wie beispielsweise der von Karatsuba entwickelte mit $O(n^{\log 3})$, lohnen sich erst bei Moduluslängen, die erheblich über den beim DSS-Verfahren erforderlichen liegen [2, 28, 19].

Der Aufwand einer modularen Quadrierung kann bei effizienter Implementierung auf 3/4 einer modularen Multiplikation reduziert werden [6, 9, 19]. In den folgenden Aufwandsabschätzungen wird daher der Aufwand einer modularen Multiplikation mit A_M, der einer modularen Quadrierung mit $0.75 \cdot A_M$ bezeichnet.

Die Anzahl der für eine modulare Exponentiation erforderlichen modularen Multiplikationen und Quadrierungen hängt von dem zur Auswertung des Exponenten e verwendeten Algorithmus ab. Die folgenden Verfahren kommen dafür in Frage:

2.1.1   Square-and-Multiply

Die einfachste Methode ist der bekannte "Square-and-Multiply"-Algorithmus, der für jedes der m Exponentenbits e_1, e_2, ..., e_m mit $e_i \in \{0,1\}$ eine modulare Quadrierung und (Gleichverteilung der $\{0,1\}$-Werte vorausgesetzt) durchschnittlich eine halbe modulare Multiplikation erfordert [28, 12, 7, 19].

Das Verfahren läßt sich kurz folgendermaßen beschreiben:

$$b^e = (...((1^2 \cdot b^{e_1})^2 \cdot b^{e_2})^2 ...)^2 \cdot b^{e_m}.$$

Die Auswertung des Exponenten beginnt demnach mit dem höchstwertigen Bit $e_1=1$.[7] Die erste modulare Quadrierung und die erste Multiplikation können durch eine Zuweisung ersetzt werden: $1^2 \cdot b^{e_1} = b$. Der Gesamtaufwand des Verfahrens liegt damit, Gleichverteilung der Exponentenbits vorausgesetzt, bei

$$\textbf{Square-and-Multiply} \quad \lceil 1.25 \cdot (m\text{-}1) \rceil\, A_M \qquad (1)$$

Die folgende Tabelle vergleicht die Anzahl der im Square-and-Multiply-Verfahren erforderlichen modularen Multiplikationen und Quadrierungen für eine Exponentiation mit den DSS- und RSA-typischen Exponentenlängen $m = 160$ bit und $m = 512$ bit (bei übereinstimmendem Modulus):

Exponentenlänge m [bit]	160	512
modulare Multiplikationen	80	256
modulare Quadrierungen	159	511
Gesamtaufwand [A_M]	199	639

Tabelle 1:   Aufwand des Square-and-Multiply-Algorithmus für m = 160 und m = 512 bit.

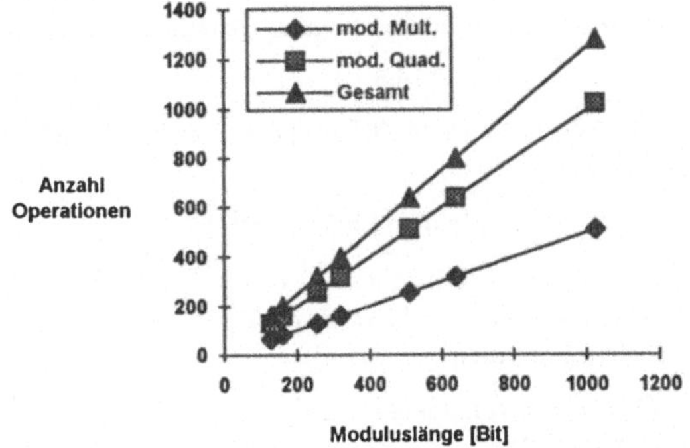

Bild 1:   Anzahl der beim Square-and-Multiply-Algorithmus erforderlichen Operationen für die Moduluslängen 128, 160, 256, 320, 512, 640 und 1024 bit.

2.1.2   Bitgruppenauswertung

Eine Verallgemeinerung des Square-and-Multiply-Verfahrens reduziert durch blockweises Auslesen des Exponenten die Zahl der erforderlichen Multiplikationen erheblich. Dazu wird der

---

7   Alternativ kann die Auswertung auch mit dem niederstwertigen Bit beginnen; im Algorithmus ist dann jedoch eine weitere Hilfsvariable erforderlich [27, 28].

Exponent beginnend mit dem höchstwertigen Bit e_1 in Bitgruppen (Nibbles) gleicher Länge r zerlegt. Dabei verbleibt ggf. ein kürzeres "Restnibble" [28, 9].[8]

Seien $nib_1 := e_1...e_r$, $nib_2 := e_{r+1}...e_{2\cdot r}$, ..., $nib_i := e_{(i-1)\cdot r+1}...e_{i\cdot r}$ mit $i \in \{1, ..., (m\ div\ r)\}$, weiter $nib^* := e_{(m\ div\ r)\cdot r+1}...e_m$ das Restnibble, $z := 2^r$ und $z^* := 2^{(m\ mod\ r)}$. Dann läßt sich das Auswertungsverfahren folgendermaßen kurz beschreiben:

$$b^e = (...((1^z \cdot b^{nib_1})^z \cdot b^{nib_2})^z \cdot ...)^{z^*} \cdot b^{nib^*}.$$

Die Auswertung beginnt mit dem höchstwertigen Nibble nib_1.[9] Die Exponenten nib_i können genau 2^r unterschiedliche Werte annehmen. Die Faktoren b^j ($0 \leq j \leq 2^r-1$) werden vorausberechnet und in einer Tabelle vermerkt. Da $b^0 = 1$ und $b^1 = b$ bekannt sind, genügt es, eine Tabelle mit 2^r-2 Einträgen vorzusehen. Die Hälfte dieser Tabelleneinträge ($b^{2\cdot j}$, d.h. gerader Exponent) kann durch je eine Quadrierung, die andere ($b^{2\cdot j+1}$, d.h. Exponent ungerade) durch jeweils eine Multiplikation des vorausgehenden Eintrags mit der Basis b bestimmt werden. Insgesamt sind für diese Vorausberechnungen also $2^{r-1}-1$ modulare Quadrierungen und ebensoviele Multiplikationen durchzuführen. Wechselt die Basis bei jeder Exponentiation, so sind diese Vorausberechnungen jedesmal erneut erforderlich.

Ist die Tabelle gefüllt, sind nur noch $((m\ div\ r)-1)\cdot r$ modulare Quadrierungen und $(m\ div\ r)-1$ Multiplikationen für die $(m\ div\ r)$ Nibbles vorzunehmen: Die ersten r Quadrierungen und die erste Multiplikation können durch eine Zuweisung ersetzt werden, da $1^z \cdot b^{nib_1} = b^{nib_1}$. Für das ggf. vergbleibende Restnibble nib^* sind weiter $(m\ mod\ r)$ modulare Quadrierungen und eine Multiplikation mit b^{nib^*} erforderlich.

Gleichverteilung der Exponentenbits vorausgesetzt, gilt für die Wahrscheinlichkeit, daß das Nibble nib_i den Wert 0 besitzt und daher eine modulare Multiplikation gespart werden kann:

$$P(nib_i=0) = 2^{-r}.$$

Da $(m\ mod\ r) < r$ ist die Wahrscheinlichkeit, daß keine Restbits übrigbleiben, das Restnibble also den Wert Null hat, etwas größer:

$$P(nib^*=0) = 2^{-(m\ mod\ r)}.$$

Neben der Vorausberechnung der Tabelle sind also immer m-r modulare Quadrierungen erforderlich und durchschnittlich $((m\ div\ r)-1)\cdot(1-2^{-r})+(1-2^{-(m\ mod\ r)})$ Multiplikationen zu erwarten. Der Gesamtaufwand beträgt im Mittel:

$$(2^{r-1}-1 + m-r) \text{ modulare Quadrierungen (exakt) und}$$
$$(2^{r-1} + [((m\ div\ r)-1)\cdot(1-2^{-r})-2^{-(m\ mod\ r)}]) \text{ modulare Multiplikationen (im Mittel).}$$

Ausgedrückt in modularen Multiplikationen läßt sich der Gesamtaufwand des Verfahrens angeben mit durchschnittlich

$$\boxed{\textbf{Bitgruppenauswertung } \lceil 0.75\cdot(2^{r-1}+m-r-1) + 2^{r-1} + (m/r-1)\cdot(1-2^{-r}) \rceil A_M \quad (2)}$$

Um den Gesamtaufwand zu optimieren, ist die Nibblelänge r in Abhängigkeit von der Exponentenlänge m einzustellen: Der Aufwand für die Vorausberechnungen darf die Einsparungen nicht übersteigen.

---

[8] Der Square-and-Multiply-Algorithmus ist ein Spezialfall der Bitgruppenauswertung mit r = 1.
[9] Beginnt man mit dem niederstwertigen Nibble, wird der Algorithmus erheblich komplizierter [28].

Daß eine Optimierung der Nibblelänge r lohnt, zeigen die folgenden Tabellen, die die Anzahl der notwendigen modularen Quadrierungen und Multiplikationen für die im DSS- und RSA-Verfahren auftretenden Exponentenlängen m = 160 bit und m = 512 bit für unterschiedliche Nibblelängen r angeben:

Nibblelänge r [bit]	2	3	4	5	6	7	8
modulare Multiplikationen	62	49	44	47	57	85	148
modulare Quadrierungen	159	160	163	170	185	216	279
Gesamtaufwand [A_M]	182	169	167	175	196	247	358

Tabelle 2:   Aufwand der Bitgruppenauswertung für m = 160 bit.

Nibblelänge r [bit]	2	3	4	5	6	7	8
modulare Multiplikationen	194	152	126	114	114	135	190
modulare Quadrierungen	511	512	515	522	537	568	631
Gesamtaufwand [A_M]	578	536	512	506	517	561	663

Tabelle 3:   Aufwand der Bitgruppenauswertung für m = 512 bit.

Die Formel (2) für den Gesamtaufwand kann zur Einstellung der Nibblelänge herangezogen werden: r ist optimal genau dann, wenn die Zahl der erforderlichen modularen Quadrierungen und Multiplikationen minimal wird. Daß dieser Wert für r klein sein muß, ist leicht einzusehen: Der Aufwand für die Vorausberechnung der Tabellen steigt exponentiell, die Einsparung wächst jedoch nur linear in r.

Das Minimum der Aufwandsformel läßt sich über die Nullstellen der ersten Ableitung finden. Es gilt:

$$f(r) = 0.75 \cdot (2^{r-1}+m-r-1) + 2^{r-1} + (m/r-1) \cdot (1-2^{-r})$$

$$f'(r) = 7 \cdot \ln(2) \cdot 2^{r-3} - \ln(2) \cdot 2^{-r} - 0.75 + m \cdot (2^{-r}/r^2 + \ln(2) \cdot 2^{-r}/r - r^{-2}$$

$$\boxed{f'(r) = 0 \implies m = r^2 \cdot (7 \cdot \ln(2) \cdot 2^{r-3} - \ln(2) \cdot 2^{-r} - 0.75)/(1-2^{-r} - \ln(2) \cdot r \cdot 2^{-r}). \quad (3)}$$

Mit dieser Gleichung (3) läßt sich r in Abhängigkeit von m tabellieren: Setzt man für r jeweils 1.5, 2.5 usw. ein, dann erhält man die Exponentenlänge in bit, ab der als Nibblelänge der Wert 2, 3 usw. zu wählen ist:

Exponentenlänge m [bit] $\geq$	6	31	107	321	904	2436	6351
Nibblelänge r [bit] =	2	3	4	5	6	7	8

Tabelle 4:   Optimierung der Nibblelänge r für die Bitgruppenauswertung.

Der Vergleich der Tabellen 1, 2 und 3 zeigt, daß der Aufwand einer modularen Exponentiation bei optimaler Wahl von r gegenüber dem Square-and-Multiply-Verfahren erheblich reduziert werden kann: Bei einem 160 bit langen Exponenten sind nur noch 55% der modularen Multiplikationen erforderlich, und für m = 512 bit sinkt die Anzahl sogar unter 45%. Der Gesamtaufwand läßt sich also auf 84% bzw. 79% senken.

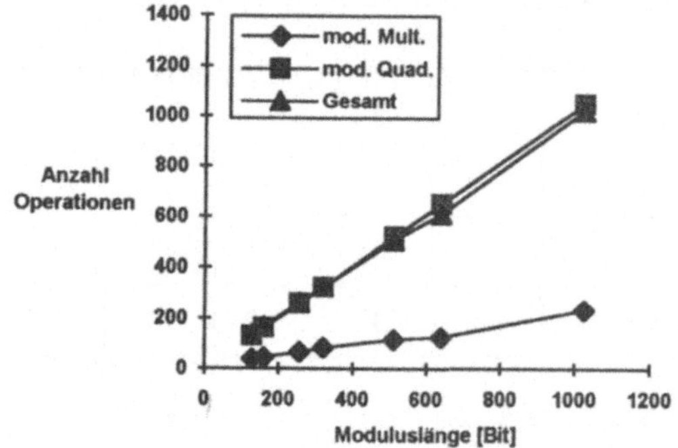

Bild 2:   Anzahl der bei der Bitgruppenauswertung mit optimierter Länge r erforderlichen Operationen für die Moduluslängen 128, 160, 256, 320, 512, 640 und 1024 bit.

Ist die Basis wie beim DSS-Signieralgorithmus fest und bekannt oder sind viele Exponentiationen zu derselben Basis erforderlich, dann genügt es, die Tabelle einmalig vorauszuberechnen. Die Exponentiation setzt sich dann nur noch aus den bei der Auswertung des Exponenten anfallenden modularen Multiplikationen und Quadrierungen zusammen. Für bestimmte Anwendungen kann der Gesamtaufwand daher — je nach verfügbarem Speicherplatz, Rechenzeit und Häufigkeit der Exponentiationen — durch die Wahl größerer Nibbles weiter reduziert werden.

2.1.3   Fenstertechnik

Verwendet man statt festen Blöcken (wie bei der Bitgruppenauswertung) ein dynamisches Fenster fester Größe, das nur solche Blöcke auswählt, die mit einem 1-Bit beginnen, kann die erforderliche Tabelle halbiert und die Zahl der Multiplikationen weiter verringert werden [9, 19]. Eine solche Auswertung läßt sich realisieren, indem ein r bit breites "Fenster" in Auswertungsrichtung, d.h. beginnend beim höchstwertigen Bit e_1, über den Exponenten geschoben wird. Ist das erste Bit im Fenster ungleich Null, wird der Fensterinhalt als Nibble nib_i gewählt und das Fenster um r Bit weitergeschoben. Führende Null-Bits werden übersprungen, da sie ohnehin keinen Einfluß auf den Faktor b^{nib_i} haben; für jedes übersprungene Bit ist jedoch vor der Multiplikation mit b^{nib_i} ein zusätzliches Mal zu quadrieren.

Bezeichne nun s_i die Zahl der vor dem Nibble nib_i übersprungenen Nullbits. Mit $s_1 = 0$, $nib_1 = e_1...e_r$, $nib_2 = e_{(r+s_2+1)}...e_{(2r+s_2)}$, $nib_3 = e_{(2r+s_2+s_3+1)}...e_{(3r+s_2+s_3)}$ usw. und $z_i := 2^{(r+s_i)}$, $z^* := 2^{rest}$ (rest sei dabei die Anzahl der verbleibenden, niederstwertigen Exponentenbits) gilt dann:

$$b^e = (...((1^{z_1} \cdot b^{nib_1})^{z_2} \cdot b^{nib_2})^{z_3} \cdot ...)^{z^*} \cdot b^{nib^*}.$$

Da alle Nibbles mit einem 1-Bit beginnen, ist nur noch die "obere Hälfte" der Tabelle vorauszuberechnen; die Fenstertechnik hat daher lediglich den halben Speicherbedarf der Bitgruppenauswertung. Mit r-1 modularen Hilfsquadrierungen erhält man den ersten, durch weitere 2^{r-1}-1 Multiplikationen alle weiteren Tabelleneinträge.[10]

Auch hier können die ersten r Quadrierungen und die erste Multiplikation durch eine Zuweisung ersetzt werden: $1^{z_1} \cdot b^{nib_1} = b^{nib_1}$. Es verbleiben exakt m-r Quadrierungen.

Der Erwartungswert für die Zahl der vor dem i-ten Nibble nib_i überspringbaren Null-Bits ist (für lange Exponenten e) näherungsweise eins (m_i bezeichnet hier die Zahl der hinter nib_{i-1} verbleibenden Exponentenbits):

$$\sum_{j=1,...,m_i} 2^{-(j+1)}.$$

Für die Abschätzung der erforderlichen Anzahl Multiplikationen kann leicht vergröbernd angenommen werden, daß (bis auf das erste Nibble) jeweils ein Exponentenbit übersprungen wird: Eine modulare Multiplikation erfolgt damit im Mittel nur alle r+1 Bits. Zu den Vorausberechnungen kommen daher weitere ((m-r) div (r+1)) Multiplikationen hinzu.

Der Restfaktor b^{nib^*} findet sich nicht in der Tabelle, da $nib^* < 2^{r-1}$. Er muß separat berechnet werden. Dazu sind (nach den Betrachtungen in Abschnitt 2.1.1) durchschnittlich (r-1)/2 modulare Multiplikationen durchzuführen.

Insgesamt sind für eine Exponentiation nach der Fenstertechnik erforderlich:

(m-1) modulare Quadrierungen (exakt) und

$(2^{r-1} - 1 + [(m-1) \text{ div } (r+1)] + \lceil (r-1)/2 \rceil)$ modulare Multiplikationen (im Mittel).

In modularen Multiplikationen läßt sich der Gesamtaufwand des Verfahrens durch folgende Formel ausdrücken:

Fenstertechnik	$\lceil 0.75 \cdot (m-1) + 2^{r-1} - 1 + [(m-1) \text{ div } (r+1)] + (r-1)/2 \rceil A_M$ (4)

Auch hier ist die Größe des Fensters wie bei der Bitgruppenauswertung in Abhängigkeit von der Exponentenlänge zu optimieren. Die folgenden Tabellen und Graphiken zeigen die Unterschiede anschaulich für die DSS- und RSA-typischen Exponentenlängen:

---

[10] Hier kann leider nicht - wie bei der Bitgruppenauswertung - die Hälfte der Multiplikationen durch schnellere Quadrierungen ersetzt werden.

Fenstergröße r [bit]	2	3	4	5	6	7	8
modulare Multiplikationen	55	43	40	43	56	88	148
modulare Quadrierungen	159	159	159	159	159	159	159
Gesamtaufwand [A_M]	175	163	160	163	176	208	268

Tabelle 5:   Aufwand der Fenstertechnik für m = 160 bit.

Fenstergröße r [bit]	2	3	4	5	6	7	8
modulare Multiplikationen	172	131	110	101	105	129	187
modulare Quadrierungen	511	511	511	511	511	511	511
Gesamtaufwand [A_M]	555	514	493	484	488	512	570

Tabelle 6:   Aufwand der Fenstertechik für m = 512 bit.

Die Bestimmung der optimalen Fenstergröße kann mit Gleichung (4) auf die gleiche Weise erfolgen wie bei der Bitgruppenauswertung: r ist optimal, wenn der Gesamtaufwand minimal ist. Dazu ist die Nullstelle der ersten Ableitung zu bestimmen:

$$f(r) = 0.75 \cdot (m-1) + 2^{r-1} - 1 + (m-1)/(r+1) + 0.5 \cdot (r-1)$$

$$f'(r) = \ln(2) \cdot 2^{r-1} - (m+1)/(r+1)^2 + 0.5$$

$$\mathbf{f'(r) = 0} \;\Rightarrow\; \mathbf{m = (r+1)^2 \cdot (\ln(2) \cdot 2^{r-1} + 0.5) - 1.} \qquad (5)$$

Nun läßt sich r in Abhängigkeit von m tabellieren, indem für r jeweils 1.5, 2.5, usw. in die Gleichung (5) eingesetzt wird. Die obere Zeile der Tabelle gibt dann die Exponentenlänge in bit an, ab der die Fenstergröße r auf den in der unteren Zeile angegebenen Wert eingestellt werden muß:

Exponentenlänge m [bit] $\geq$	9	30	89	252	683	1792	4568
Fenstergröße r [bit] =	2	3	4	5	6	7	8

Tabelle 7:   Optimierung der Fenstergröße (Fenstertechnik).

Im Vergleich zum Square-and-Multiply-Algorithmus benötigt die Fenstertechnik bei optimaler Fenstergröße für einen 160 Bit langen Exponenten nur 50%, für einen 512 Bit langen Exponenten sogar weniger als 40% der Multiplikationen. Der Gesamtaufwand reduziert sich damit auf etwa 80% bzw. 76% des Square-and-Multiply-Algorithmus.

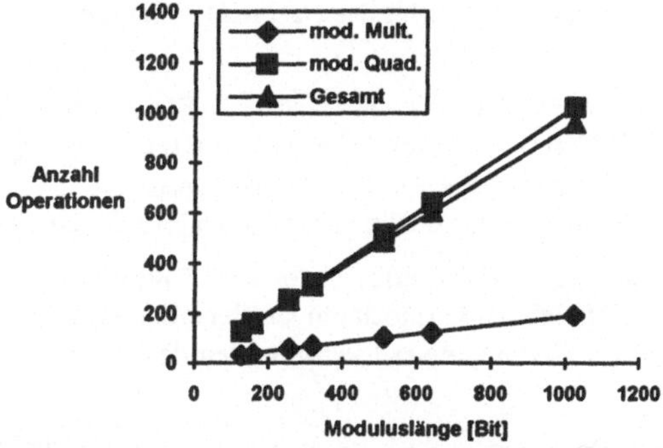

Bild 3:   Anzahl der bei der Fenstertechnik und optimierter Wahl von r erforderlichen Operationen für die Moduluslängen 128, 160, 256, 320, 512, 640 und 1024 bit.

Erfolgen wie beim DSS-Signieralgorithmus viele modulare Exponentiationen mit derselben Basis bezüglich desselben Modulus oder sind Basis und Modulus lange vorher bekannt, genügt es, die Berechnung der Tabelle einmalig vorab durchzuführen. Für die eigentliche Exponentiation fallen dann nur noch die für die Auswertung des Exponenten erforderlichen Multiplikationen und Quadrierungen an. Auch hier kann der Gesamtaufwand aller Exponentiationen zur gleichen Basis durch die Wahl eines größeren Fensters weiter verringert werden (siehe Abschnitt 2.3).

2.1.4   Additionsketten

Das in Abschnitt 2.1.2 beschriebene Verfahren der Bitgruppenauswertung läßt sich verallgemeinern, indem die Bitgruppenzerlegung als Additionskette bezüglich einer festen Zweierpotenzbasis verstanden wird. Werden nun beliebige Basen zugelassen, ist es möglich, optimale Additionsketten mit minimalem Multiplikationsaufwand zu finden. Eine differenzierte Betrachtung dieses Verfahrens findet sich in [5, 41].

Es zeigt sich allerdings, daß die Einschränkung auf eine feste Zweierpotenz zu nur geringfügig vom Optimum abweichenden Zerlegungen führt [3]. Die Suche nach einer optimalen Zerlegung und die Basiskonvertierung des Exponenten erfordern zudem einen keineswegs vernachlässigbaren Aufwand. Sinnvoll ist die Verwendung von Additionsketten daher dann, wenn der Exponent fest bleibt und die optimale Zerlegung vorausberechnet werden kann. Da dies zwar beim RSA-Verfahren, nicht aber beim DSS-Verfahren möglich ist,[11] wird dieser Ansatz hier nicht weiter verfolgt.

2.2   Signieraufwand

Wie in Kapitel 1 skizziert, setzt sich der DSS-Signieralgorithmus aus einer Reihe von Operationen zusammen. Dazu zählen einmal der Aufwand für die Generierung der Zufallszahl k und

---

[11] Bei Signier- und Testalgorithmus des DSS-Verfahrens bleibt die Basis konstant, siehe Abschnitte 2.2, 2.3.

die Berechnung des "Fingerabdrucks" H(N) der Nachricht N mit der gewählten Hashfunktion H. Weiter werden

- eine modulare Exponentiation mit anschließender Reduktion vorgenommen ($r := (g^k \mod p) \mod q$), 512 bzw. 160 bit Modulus, 512 bit Exponentenlänge),
- ein multiplikatives Inverses berechnet (160 bit Modulus) und
- zwei modulare Multiplikationen durchgeführt (160 bit Modulus).

Der Aufwand der Berechnung des Hashwertes ist von der Länge der Nachricht N abhängig. Da die Basisoperationen der Hashfunktion jedoch um Größenordnungen schneller arbeiten als die arithmetischen Operationen, ist der Aufwand selbst bei sehr langen Nachrichten vernachlässigbar [26].

Der für die Generierung einer Zufallszahl k (je Signatur erneut erforderliche) Aufwand kann hingegen nicht vernachlässigt werden. Er wird, da er von dem verwendeten Zufallszahlengenerator abhängt, hier mit A_G bezeichnet. Für den praktischen Einsatz bietet sich beispielsweise die Verwendung des BBS-"x^2-mod-n"-Pseudozufallszahlengenerators an, dessen Unvorhersagbarkeit äquivalent dem Faktorisieren des Modulus ist [4].[12] Er erfordert eine modulare Quadrierung für acht Pseudozufallsbits.[13] Bei der Generierung eines 160 bit langen k fallen also 20 modulare Quadrierungen an, d.h. $A_G = 15 \cdot A_M$. In einer späteren Version des DSS-Entwurfs soll ein Verfahren zur Generierung der Pseudozufallszahlen vorgeschlagen werden [44], daher wird der Aufwand A_G im folgenden nicht genauer bestimmt.

Ebenfalls nicht vernachlässigbar ist die Berechnung des multiplikativen Inversen $k^{-1} \mod q$, die mehrere Langzahl-Divisionen erfordern. Deren Aufwand läßt sich nicht exakt in modularen Multiplikationen ausdrücken; asymptotisch liegt er bei $O(\log q)$ [31]. Er wird daher im folgenden separat angeführt und mit A_I bezeichnet.

Die Generierung von Zufallszahlen k kann vorab erfolgen, wenn sichergestellt ist, daß diese Werte geheim gehalten werden können. Dann können auch jeweils $k^{-1} \mod q$ und $(g^k \mod p) \mod q$ vorausberechnet werden [26, 44].

Auf diese Weise läßt sich der aktuelle Aufwand einer Signatur auf zwei modulare Multiplikationen (160 bit Modulus) reduzieren - alle anderen Berechnungen erfolgen in der Vorphase.

Generell sollten Vorausberechnungen vor allem dann vorgesehen werden, wenn die Exponentiationszeit kritisch und die Leistung des signierenden Gerätes niedrig sind. Diese Effizienzverbesserungen lassen sich jedoch nicht in jeder Anwendung realisieren. Findet der Signiervorgang beispielsweise auf einer Smart Card statt, scheiden Vorausberechnungen wegen Speichermangels aus.

In der folgenden Darstellung wird der Aufwand des DSS-Signieralgorithmus dem Aufwand des durch Vorausberechnungen beschleunigten Signierverfahrens gegenübergestellt:[14]

---

[12] Allerdings würde die Sicherheit des Signatursystems in diesem Fall sowohl auf der praktischen Unlösbarkeit des Diskreten-Logarithmus-Problems als auch auf der des Faktorisierungsproblems beruhen.

[13] Das gilt für die hier betrachtete Moduluslänge von $m = 2^8 = 512$ Bit. Allgemein können nach jeder modularen Quadrierung die niederstwertigen ld(m) Bits des Ergebnisses verwendet werden.

[14] Die Indizes 160 und 512 geben die Moduluslänge der bezeichneten Operation an.

DSS	**Signieraufwand**
	$A_G + A_{I_{160}} + 484 \cdot A_{M_{512}} + 2 \cdot A_{M_{160}}$
mit Vorausber.	$2 \cdot A_{M_{160}}$

Tabelle 8: Aufwand des DSS-Signieralgorithmus' ohne und mit Vorausberechnungen.

2.3 Testaufwand

Auch beim Testen kann der Aufwand für die Berechnung des "Fingerabdrucks" $H(N')$ vernachlässigt werden. Die Aufwandsabschätzung umfaßt daher

- die Berechnung eines multiplikativen Inversen (160 bit Modulus),
- zwei modulare Multiplikationen (160 bit Modulus),
- zwei modulare Exponentiationen ($g^{u_1} \cdot \ddot{O}_i^{u_2}$ mod p, 512 bit Modulus, 160 bit Exponentenlänge) und
- eine weitere modulare Multiplikation (160 bit Modulus).

Die beiden Exponentiationen $g^{u_1} \cdot \ddot{O}_i^{u_2}$ mod p lassen sich zusammenfassen, sofern der Square-and-Multiply-Algorithmus oder die Bitgruppenauswertung verwendet wird: Nach jedem Schritt der Exponentenauswertung können die Zwischenergebnisse miteinander multipliziert und die erforderlichen modularen Quadrierungen an dem Produkt durchgeführt durchgeführt werden. Auf diese Weise läßt sich die Zahl der erforderlichen modularen Quadrierungen halbieren [16]. Die folgende Darstellung illustriert das Verfahren für die Bitgruppenauswertung:

Sei u_1 zerlegt in Nibbles $nib_{u_1 1} := u_{11} \ldots u_{1r}$, $nib_{u_1 2} := u_{1(r+1)} \ldots u_{1(2 \cdot r)}$, ..., $nib_{u_1 i} := u_{1((i-1) \cdot r+1)} \ldots u_{1(i \cdot r)}$ mit $i \in \{1, \ldots, (m \text{ div } r)\}$, und sei weiter $nib_{u_1}{}^* := u_{1((m \text{ div } r) \cdot r+1)} \ldots u_{1m_1}$ das Restnibble. Analog sei u_2 zerlegt in die Nibbles $nib_{u_2 1}, \ldots, nib_{u_2}{}^*$. Wie in Abschnitt 2.1.2 seien $z := 2^r$ und $z^* := 2^{(m \text{ mod } r)}$. Dann gilt:

$$g^{u_1} \cdot \ddot{O}_i^{u_2} \text{ mod } p =$$
$$[(\ldots(((1^z \cdot g^{nib_{u_1 1}})^z \cdot g^{nib_{u_1 2}})^z \cdot \ldots)^{z^*} \cdot g^{nib_{u_1}{}^*} \cdot (\ldots(((1^z \cdot \ddot{O}_i^{nib_{u_2 1}})^z \cdot \ddot{O}_i^{nib_{u_2 2}})^z \cdot \ldots)^{z^*} \cdot \ddot{O}_i^{nib_{u_2}{}^*}] \text{ mod } p =$$
$$[(\ldots(((1^z \cdot g^{nib_{u_1 1}} \cdot \ddot{O}_i^{nib_{u_2 1}})^z \cdot g^{nib_{u_1 2}} \cdot \ddot{O}_i^{nib_{u_2 2}})^z \cdot \ldots)^{z^*} \cdot g^{nib_{u_1}{}^*} \cdot \ddot{O}_i^{nib_{u_2}{}^*}] \text{ mod } p.$$

Weiter sind die Basis g, die Basis $\ddot{O}_i$ und der Modulus p unabhängig von der signierten Nachricht und somit fest. Daher können - wie in Abschnitt 2.1.3 angemerkt - die für die Exponentiationen erforderlichen Tabellen vorausberechnet werden, sofern genügend Speicherplatz und Rechenzeit zur Verfügung stehen und signierte Nachrichten häufig getestet werden.[15] In den folgenden Aufwandsbetrachtungen werden (wie in Abschnitt 2.2) beide Methoden getrennt betrachtet:

---

[15] Eine mögliche Anwendung für diesen Fall ist ein Software-Integritätstest.

DSS	Testaufwand
	$A_{I_{160}} + 2 \cdot A_{M_{160}} + 211 \cdot A_{M_{512}}$
mit Vorausber.	$A_{I_{160}} + 2 \cdot A_{M_{160}} + 154 \cdot A_{M_{512}}$

Tabelle 9:   Aufwand des DSS-Testalgorithmus' ohne und mit Vorausberechnungen.

2.4 Aufwandsvergleich mit RSA

Das älteste bekannte Digitale Signaturverfahren RSA basiert auf der als praktisch unlösbares zahlentheoretisches Problem geltenden Primfaktorzerlegung langer Zahlen [40]. Da das Verfahren sich in den letzten Jahren - nicht nur in den USA - als "quasi-Standard" durchgesetzt hat, soll dessen Aufwand hier zum Vergleich herangezogen werden.

Das RSA-Signaturverfahren besitzt die folgenden Parameter:

- Einen öffentlichen, authentischen Exponenten e.
- Einen authentisch zu veröffentlichenden Testschlüssel $Ö_i = p_i \cdot q_i$, mit p_i, $q_i \in Prim$ und p_i, $q_i > 2^{250}$, $2^{511} < Ö_i < 2^{512}$.
- Den geheimzuhaltenden Signierschlüssel $G_i := e^{-1} \bmod \varphi(Ö_i)$.[16]

Auch hier muß eine Hashfunktion H vereinbart werden, mit der von jeder zu signierenden Nachricht N zunächst ein "Fingerabdruck" in der zulässigen Blocklänge, d.h. $H(N) < n_i$, berechnet wird. Die Signatur $Sig = S(N, G_i)$ einer Nachricht N wird vom Sender i dann folgendermaßen bestimmt:

$$Sig := H(N)^{G_i} \bmod Ö_i$$

Der Empfänger des Paares (N', Sig') überprüft die Signatur Sig', indem er mit $T=T(N', Sig', Ö_i)$ testet, ob gilt:

$$H(N') = Sig'^e \bmod Ö_i$$

Vernachlässigt man auch hier den Aufwand für die Berechnung von H(N), dann ist beim Signieren eine modulare Exponentiation (512 bit Exponenten- und Moduluslänge) durchzuführen. Dabei können die in den Abschnitten 2.1 erläuterten Exponentiationsalgorithmen verwendet werden. Da der Signierer die Faktorisierung des Modulus $Ö_i$ kennt, kann er diese durch zwei modulare Exponentiationen halber Moduluslänge (256 bit Exponenten- und Moduluslänge) und eine Anwendung des Chinesischen-Reste-Algorithmus (CRA) ersetzen [35, 25, 17, 20]. Dazu seien zunächst $G_{p_i} := e^{-1} \bmod (p_i-1)$, $G_{q_i} := e^{-1} \bmod (q_i-1)$. Dann gilt:

$$Sig_{p_i} := H(N)^{G_{p_i}} \bmod p_i$$

$$Sig_{q_i} := H(M)^{G_{q_i}} \bmod q_i$$

$$Sig = CRA(Sig_{p_i}, Sig_{q_i}, p_i, q_i).$$

---

[16] $\varphi(Ö_i)$ bezeichnet die Eulersche-Phi-Funktion. Sie gibt die Anzahl der zu $Ö_i$ relativ primen Zahlen kleiner $Ö_i$ an, d.h. $\varphi(Ö_i) := (p_i-1) \cdot (q_i-1)$.

Der geheimzuhaltende Schlüssel G_i wird so auf vier Komponenten erweitert: $G_i = (G_{pi}, G_{qi}, p_i, q_i)$.

Der CRA erfordert etwa 1.5 modulare Multiplikationen, d.h. $A_{CRA} = 1.5 \cdot A_{M256}$, damit hat der Signieralgorithmus im Mittel einen Aufwand von:

$$\text{RSA-Signieraufwand} \quad 500 \cdot A_{M256} \qquad (6)$$

Der Empfänger muß beim Testen der Signatur eine volle Exponentiation (512 bit Moduluslänge, 512 bit Exponentenlänge) durchführen, da er die Primfaktoren des Modulus n nicht kennt:

$$\text{RSA-Testaufwand} \quad 484\, A_{M512} \qquad (7)$$

Es wird daher vielfach vorgeschlagen, den öffentlichen Exponenten klein zu wählen, z.B. die 5. Fermatzahl $e = 2^{16}+1$ [25, 6, 29]. Bisher wurde allerdings nicht gezeigt, daß mit dieser Wahl keine Sicherheitseinbußen verbunden sind. Der Testaufwand reduziert sich in diesem Fall auf:

$$\text{RSA-Testaufwand } (e=2^{16}+1) \quad 13 \cdot A_{M512} \qquad (8)$$

Die folgende Tabelle faßt die Ergebnisse der Aufwandsbetrachtungen in den Abschnitten 2.2, 2.3 und 2.4 übersichtsartig zusammen:

Verfahren	Signieraufwand	Testaufwand
DSS	$A_G + A_{I160} + 484 \cdot A_{M512} + 2 \cdot A_{M160}$	$A_{I160} + 2 \cdot A_{M160} + 211 \cdot A_{M512}$
DSS (mit Vor.)	$2 \cdot A_{M160}$	$A_{I160} + 2 \cdot A_{M160} + 154 \cdot A_{M512}$
RSA	$500 \cdot A_{M256}$	$484 \cdot A_{M512}$
RSA $(e = 2^{16}+1)$	$500 \cdot A_{M256}$	$13 \cdot A_{M512}$

Tabelle 10:   Aufwandsvergleich zwischen den DSS- und RSA-Verfahren.

Mit einer eigenen Software-Implementierung des RSA- und des DSS-Verfahrens auf der Basis einer schnellen, in C und Maschinensprache kodierten modularen Langzahlarithmetik wurden bei Schneider & Koch für die Signier- und Testoperationen auf einem 80286-PC/AT (20 MHz) und einem 80486-PC (50 MHz) die in den Tabellen 11 und 12 zusammengefaßten Ergebnisse erzielt.

Die Gegenüberstellung zeigt, daß der Signieraufwand des DSS-Verfahrens mit Vorausberechnungen um etwa drei Größenordnungen unter dem des RSA-Signieralgorithmus liegt. Der Signieraufwand des "reinen" DSS-Verfahrens ist jedoch etwa dreimal größer als der des "reinen" RSA-Verfahrens — ebensoviele modulare Multiplikationen bezüglich eines doppelt so langen Modulus.

Verwendet man beim RSA-Verfahren einen sehr kurzen (hier: 16 bit langen) Exponenten, liegt auch der Testaufwand erheblich unter dem des DSS-Verfahrens. Nicht aber, wenn der Exponent e zufällig gewählt wird: Dann ist der DSS-Testalgorithmus um den Faktor 2 schneller.

80286, 25 MHz	Signieren [sec]	Testen [sec]
DSS	4,04	1,86
DSS (mit Vor.)	ca. 0,002	1,40
RSA	1,24	3,95
RSA $(e = 2^{16}+1)$	1,23	0,12

Tabelle 11:   Signier- und Testzeit einer effizienten Softwareimplementierung der DSS- und RSA-Verfahren auf einem 80286-PC/AT (25 MHz).

80486, 50 MHz	Signieren [sec]	Testen [sec]
DSS	1,16	0,54
DSS (mit Vor.)	ca. 0,0005	0,41
RSA	0,41	1,13
RSA $(e = 2^{16}+1)$	0,40	0,03

Tabelle 12:   Signier- und Testzeit einer effizienten Softwareimplementierung der DSS- und RSA-Verfahren auf einem 80486-PC (50 MHz).[17]

---

[17] Die Softwareimplementierung verwendet ausschließlich 16-bit-Operationen der 80x86-Mikroprozessoren. Eine zur Zeit in Entwicklung befindliche Version der Langzahlarithmetik wird die 32-bit-Operationen der Mikroprozessiren 80386 und 80486 nutzen. Dadurch ist eine Geschwindigkeitssteigerung um den Faktor 3 zu erwarten.

3 Sicherheit

Für das der Sicherheit des DSS zugrundeliegende zahlentheoretische Problem der Berechnung diskreter Logarithmen ist bis heute kein Beweis geführt worden, daß tatsächlich kein Lösungsalgorithmus existiert, der polynomialen Aufwand besitzt. Gleiches gilt für das sogenannte "Faktorisierungsproblem" (d.h. die Zerlegung sehr langer Zahlen in ihre Primfaktoren), auf dem das RSA-Verfahren beruht. Die Zahlentheoretiker sind sich recht sicher, daß beide Probleme in diesem Sinne gleich schwierig und mit hoher Wahrscheinlichkeit praktisch unlösbar sind, da sie seit vielen Jahren intensiv untersucht werden.

Dies allein garantiert jedoch noch nicht die Sicherheit des Kryptoverfahrens: Es muß weiter (möglichst bewiesenermaßen) sichergestellt sein, daß das Fälschen einer Signatur äquivalent dem Lösen des zugrundeliegenden mathematischen Problems ist - beim DSS-Verfahren der Berechnung des diskreten Logarithmus, beim RSA-Verfahren der Faktorisierung des Modulus. Auch ein solcher Beweis wurde bis heute für keines der beiden Verfahren geführt.

Im praktischen Einsatz ist für die Fälschungssicherheit des DSS-Verfahrens außerdem eine authentische Veröffentlichung der Testschlüssel und der Moduli p und q wesentlich. Können diese Parameter modifiziert werden, sind Signaturen leicht zu fälschen. Die Authentizität der verwendeten Schlüssel muß durch die Einrichtung einer Zertifizierungsinstanz und durch die Festlegung eines Zertifizierungsverfahrens sichergestellt werden (z.B. X.509, [21]).

Speziell für das DSS-Verfahren ist ein weiterer Aspekt von besonderer Bedeutung: Da hier die Zufälligkeit und die einmalige Verwendung des Parameters k notwendige Bedingung für die Sicherheit des Verfahrens sind, müssen alle Teilnehmer über einen sicheren Zufallszahlengenerator verfügen. Ein (passiver) Angreifer darf nicht in der Lage sein, aus "alten" Werten $r = ((g^k \bmod p) \bmod q)$ den Generator zu rekonstruieren. Dies kann nur durch eine echte, gleichverteilte Zufallsquelle oder einen sicher unvorhersagbaren Pseudozufallszahlengenerator garantiert werden; siehe z.B. [4, 32].

Ronald Rivest [38, 39] und Martin Hellman [24] weisen in ihrer Kritik an dem Standardentwurf DSS auf weitere Punkte hin:

- Gemeinsame öffentliche Moduli sind gefährlich, da ein erfolgreicher Angriff alle Teilnehmer trifft. Daher sollten Teilnehmer eigene Moduli wählen und veröffentlichen.
- Es existieren "trap-door"-Primzahlen, bei denen die Berechnung des diskreten Logarithmus in vernünftiger Zeit möglich ist. Sie sind ggf. schwer als solche zu erkennen.
- Die Veröffentlichung der Moduli p und q könnte es einem Angreifer erleichtern, Unterschriften zu fälschen. Eine Variante des DSS-Verfahrens, das als Moduli Produkte großer Primzahlen verwendet, besäße diese mögliche Schwäche nicht.
- Das DSS-Verfahren ist eine Modifikation des Signaturverfahrens von El Gamal. Es ist eine bisher ungenügend untersuchte Frage, ob diese Variante einfacher zu brechen ist - d.h. ohne das Problem der Berechnung des Diskreten Logarithmus zu lösen.
- Es könnte sich als problematisch erweisen, daß g in der Größenordnung von q (160 bit) statt p (512 bit) gewählt wird.

In einer Antwort auf die in der sechsmonatigen Diskussionsphase eingegangene Kritik am DSS-Entwurf kündigte NIST auf der Crypto '92 für August 1992 einen überarbeiteten Standard an, in dem Moduluslängen bis 1024 bit zugelassen sein werden [1, 44]. Die Überarbeitung ist bisher nicht veröffentlicht; vor Ende 1993 ist nach offiziellen Aussagen mit einem Abschluß der Standardisierung nicht zu rechnen.

4   Zusammenfassung

Der von NIST vorgeschlagene DSS ist als Digitales Signaturverfahren durchaus für praktische Zwecke geeignet: Sowohl die Sicherheit als auch die Geschwindigkeit genügen vielen Anwendungen, in denen die erzeugten Signaturen und die verwendeten Schlüssel eine (z.B. auf ein Jahr) begrenzte Gültigkeit besitzen. Der Aufwand der Algorithmen liegt in der Größenordnung derer des RSA-Verfahrens.

Es wurde gezeigt, daß durch Verwendung unterschiedlicher Algorithmen für die modulare Exponentiation und umfassende Vorausberechnungen der Signieraufwand des DSS-Verfahrens erheblich gesenkt werden kann. Ist genügend Speicher verfügbar, dann ist so eine sehr schnelle Software-Implementierung möglich. Laufzeiten einer effizienten Implementierung für 80x86-Mikroprozessoren in C und Maschinensprache wurden angegeben.

Eine Realisierung muß jedoch sowohl hinsichtlich des verwendeten Zufallszahlengenerators, der kollisionsfreien Hashfunktion als auch der eingesetzten Zertifizierungsverfahren zur Authentisierung der öffentlichen Testschlüssel mit Bedacht erfolgen: Ein Sicherheitsverfahren ist schließlich immer nur so sicher wie sein schwächstes Glied. In dieser Hinsicht sind kryptographische Analysen des SHS [43] und des angekündigten Pseudozufallszahlengenerators abzuwarten.

Nur eingeschränkt geeignet erscheint der DSS-Entwurf als nationaler oder gar internationaler Standard: Da das Verfahren erst wenig untersucht ist, sollte sicherheitshalber mit einer kurzen "Lebensdauer" gerechnet werden. NIST versucht diesem Problem Rechnung zu tragen: Es hat eine Überprüfung des Standards alle fünf Jahre angekündigt [44].

Benötigt man Signaturen, die über viele Jahre ihre Gültigkeit behalten, sollten etwas aufwendigere, aber dafür bewiesen sichere Verfahren gewählt werden, wie beispielsweise das GMR-Signaturverfahren mit einer Damgård-Hashfunktion, für die die Äquivalenz von Fälschung bzw. Kollisionsfindung und Faktorisierung nachgewiesen sind [23, 10, 18, 17].

Dank

Die Ergebnisse der Untersuchung unterschiedlicher Exponentiationsalgorithmen in Abschnitt 2.1 sind im wesentlichen meiner Diplomarbeit entnommen [19], die von Birgit Pfitzmann betreut wurde. Ich verdanke ihr viele Ideen, Anregungen und kritische Diskussionen. Mein Dank für konstruktive Kommentare zu diesem Papier und Hinweise auf jüngere Veröffentlichungen gilt weiter Michael Waidner, Manfred Böttger, Patrick Horster, Hubert Weiler und Ralf Aßmann sowie einigen ungenannten Gutachtern.

Literatur

[1] John A. Adam: "Cryptography = privacy?", Special Report Data Security, IEEE Spectrum, August 1992, S.29-35.

[2] Alfred V. Aho, John E. Hopcroft, Jeffrey D. Ullman: "The Design and Analysis of Computer Algorithms", Addison Wesley, Massachusetts, 1974.

[3] E. Brickell, D.M. Gordon, K.S. McCurley, D. Wilson: "Fast Exponentiation with Precomputation", Eurocrypt '92, Extended Abstracts, 24.-28.3.1992, Balatonfüred (Ungarn), S.193-201.

[4] L. Blum, M. Blum, M. Schub: "A Simple Unpredictable Pseudo-Random Number Generator", SIAM J. Computing, 15/2, 1986, S.364-383.

[5] Jurjen Bos, Mattijs Coster: "Addition Chain Heuristics", Proc. of Crypto '89, LNCS Nr.435, Springer, Berlin 1989, S.377-386.

[6] Dieter Bong, Christoph Ruland: "Optimized Software Implementation of the Modular Exponentiation on General Purpose Microprocessors", Computers and Security, Nr.8, 1989, S.621-630.

[7] Gilles Brassard: "Modern Cryptology", A Tutorial, LNCS 325, Springer, 1988.

[8] Ernest F. Brickell: "A Fast Modular Multiplication Algorithm with Applications to Two Key Cryptography", Proc. of Crypto '82, S.51-60.

[9] Paul G. Comba: "Exponential Cryptosystems on the IBM-PC", IBM Systems Journal, Bd.29, Nr.4, 1990, S.526-538.

[10] Ivan Bjerre Damgard: "Collision free Hash Functions and Public Key Signature Systems", EuroCrypt 1987, LNCS 304, Springer 1988, S.203-216.

[11] Donald W. Davies, Wyn L. Price: "Security for Computer Networks", 2. Auflage, John Wiley & Sons Ltd., Chichester, 1989.

[12] Dorothy Elizabeth Robling Denning: "Cryptography and Data Security", Addison Wesley, Massachusetts, 1982.

[13] Whitfield Diffie, Martin E. Hellman: "New Directions in Cryptography", IEEE Transactions on Information Theory, Bd. IT-22, Nr.6, 1976, S.644-654.

[14] Digital Signature Standard (DSS), Federal Information Processing Standards (FIPS) Publication XX, Draft, National Institute of Standards and Technology (NIST) 19.8.1991.

[15] Stephen R. Dussé, Burton S. Kaliski (Jr.): "A Cryptographic Library for the Motorola DSP 56000", Proc. of Crypto '90, LNCS 473, S.230-244.

[16] Taher El Gamal: "A Public Key Cryptosystem an Signature Scheme Based on Discrete logarithms", IEEE Trans. on Inform. Theory, Bd. IT-31, Nr.4, 7/1985, S.469-472.

[17] Dirk Fox, Birgit Pfitzmann: "Effiziente Software-Implementierung des GMR-Signatursystems", Proc. of VIS '91, Verläßliche Informationssysteme, Informatik Fachberichte Nr.271, Springer-Verlag, Heidelberg 1991, S.329-345.

[18] Dirk Fox: "Implementierung eines sicheren digitalen Signatursystems", Studienarbeit am Institut für Rechnerentwurf und Fehlertoleranz, Universität Karlsruhe, 5/1990.

[19] Dirk Fox: "Effiziente Softwareimplementierung asymmetrischer Kryptosysteme und der zugrundeliegenden modularen Langzahlarithmetik", Diplomarbeit am Institut für Rechnerentwurf und Fehlertoleranz, Universität Karlsruhe, 1991.

[20] Markus Frisch: "Ein Überblick zum Thema RSA", Draft Report 91/15, E.I.S.S., Universität Karlsruhe, 1991.

[21] Walter Fumy: "Sicherheitsstandards für offene Systeme", Datenschutz und Datensicherung (DuD), 6/91, S.288-295.

[22] J.K. Gibson: "A Generalisation of Brickell's Algorithm for Fast Modular Arithmetic", BIT 28, 1988, S.755-764.

[23]   Shafi Goldwasser, Silvio Micali, Ronald L. Rivest: "A Digital Signature Scheme Secure against Adaptive Chosen Message Attacks", SSIAM Journal on Computing, Bd.17, Nr.2, 1988, S.281-308.

[24]   Martin E. Hellman: "Response to NIST's Proposal", Communication of the ACM, Bd.35, Nr.7, 7/1992, S.47-49.

[25]   Achim Jung: "Implementing the RSA Cryptosystem", Computers and Security, Bd.6, Nr.4, 1987, S.342-350.

[26]   Burt Kaliski: "A letter to NIST commenting on the proposed Digital Signature Standard (DSS)", RSA Data Security Inc., Newsgroups: sci.crypt, 4.11.1991.

[27]   Hans-Joachim Knobloch, Patrick Horster: "Eine Krypto-Toolbox für Smartcards", DuD Datenschutz und Datensicherheit, 7/92, S.353-361.

[28]   Donald Erwin Knuth: "The Art of Computer Programming", Bd.2: "Seminumerical Algorithms", 2.Auflage, Addison-Wesley, Massachusetts 1981.

[29]   Denis Laurichesse, Laurent Blain: "Optimized Implementation of RSA Cryptosystem", Computers and Security, 10/1991, S.263-267.

[30]   P. Lippitsch, R. Posch: "PC-RSA: A Cryptographic Toolkit for MS-DOS", Proc. of VIS '91, Verläßliche Informationssysteme, Informatik Fachberichte 271, Springer-Verlag, Heidelberg 1991, S.346-354.

[31]   John D. Lipson: "Elements of Algebra and Algebraic Computing", Benjamin/Cummings, Massachusetts, 1981.

[32]   Silvio Micali, Claus P. Schnorr: "Efficient, Perfect Polynomial Random Number Generators", Journal of Cryptology, Bd.3, Nr.3, 1991, S.157-172.

[33]   Peter L. Montgomery: "Modular Multiplikation without Trial Division", Mathematics of Computation, Bd.44, Nr.170, 4/1985, S.519-521.

[34]   Hikary Morita: "A fast Modular Multiplication Module for Smart Cards", Proceedings of Auscrypt '90, LNCS 453, S.406-409.

[35]   J.-J. Quisquater, C. Couvreur: "Fast Deciphering Algorithm for RSA Public-Key Cryptosystem", Electronic Letters, Bd.18, Nr.21, 10/1982, S.905-907.

[36]   Ronald L. Rivest: "The MD4 Message Digest Algorithm", Advances in Cryptology, Crypto '90 Proceedings, Springer-Verlag, Heidelberg 1991, S.303-311.

[37]   Ronald L. Rivest: "The MD4 Message-Digest Algorithm", Network Working Group, MIT Laboratory for Computer Science and RSA Data Security, Inc., 4/1992.

[38]   Ronald L. Rivest: "Response to NIST's Proposal", Communication of the ACM, Bd.35, Nr.7, 7/1992, S.41-47.

[39]   Ronald L. Rivest: "The Debate over the U.S. Digital Signature Standard", Special Report Data Security, IEEE Spektrum, August 1992, S.34-35.

[40]   Ronald L. Rivest, Adi Shamir, Leonard Adleman: "A Method for obtaining Digital Signatures and Public Key Cryptosystems", Communications of the ACM, Bd.21, Nr.2, 1978, S.120-126.

[41]   Jörg Sauerbrey, Andreas Dietel: "Ressurce Requirements for the Application of Addition Chains in Modulo Exponentiation", Extended Abstracts, EuroCrypt '92, 24.-28.3.1992, Ungarn, S.159-167.

[42]   Claus P. Schnorr: "Efficient Signature Generation by Smart Cards", Journal of Cryptology, Bd.4, Nr.3, 1991, S.161-174.

[43]   Secure Hash Standard (SHS), Federal Information Processing Standards (FIPS) Publication, Draft, National Institute of Standards and Technology (NIST) 31.1.1992.

[44]   Miles E. Smid, Dennis K. Branstad (NIST): "Response to Comments on the NIST proposed Digital Signature Standard", Draft, Crypto '92, 17.8.1992.

Selbstmodifizierende Verbindungsnetzwerke

Ein neuartiges Konzept zur Realisierung kryptographischer Basisfunktionen

Patrick Horster

E. I. S. S.
Europäisches Institut für Systemsicherheit
Universität Karlsruhe
Am Fasanengarten 5
D-7500 Karlsruhe 1

Zusammenfassung

Betrachtet man rekonfigurierbare Verbindungsnetzwerke als Permutationsnetzwerke, so lassen sich damit auf kanonische Weise Permutations- und Substitutionschiffren darstellen. Große Verbindungsnetzwerke könnten so konfiguriert werden, daß eine Kryptoanalyse praktisch unmöglich ist. Wegen der großen Anzahl erforderlicher Tauscher ist allerdings eine technische Realisierung de facto unmöglich. Kleine Verbindungsnetzwerke dagegen sind hardwaremäßig einfach zu verwirklichen, ergeben aber leicht zu brechende Kryptosysteme. Ein Ausweg aus diesem Dilemma könnte sich durch die im Projekt SINC (SINC: Selfmodifying Interconnection Network based Cryptosystem) entwickelten selbstmodifizierenden Verbindungsnetzwerke ergeben. Am Beispiel selbstmodifizierender Benes-Netzwerke wird das neuartige Konzept zur Realisierung kryptographischer Basisfunktion vorgestellt. Es wird gezeigt, wie sich SINCs als universelle kryptographische Bausteine zur Verschlüsselung, als Pseudozufallsgenerator und als Grundfunktion für kryptographische Hashfunktionen einsetzen lassen. Anhand des als VLSI-Baustein realisierten Prototypen werden Anwendungsbeispiele erläutert. Außerdem wird auf Schwächen hingewiesen, die sich durch spezielle Selbstmodifikationen ergeben können.

1. Einleitung

Zahlreiche Kryptosysteme können als Permutation über einer Grundmenge $[0 : m - 1]$ aufgefaßt werden, wobei m häufig eine 2-er Potenz ist. In diesem Zusammenhang spricht man auch von einer Permutationschiffre oder schlicht von einer P-Box (Permutations-Box). In Abhängigkeit von der realisierten Permutation wird einem Input genau ein Output zugeordnet. Von kryptographischer Relevanz sind solche P-Boxen, bei denen die Permutation durch einen Schlüsselparameter ausgewählt werden kann.

Die Kryptofunktion des Data Encryption Standard (DES) beschreibt beispielsweise Permutationen von 2^{64} Elementen, die Permutationsauswahl geschieht durch einen 56 Bit langen Schlüssel. Betrachtet man das RSA-Verfahren als Permutation, so sind $\varphi(\varphi(n))$ (φ: Eulerfunktion) Schlüssel möglich, von denen jeder eine Permutation auf der Menge $[0 : n - 1]$ festlegt. Die Zahl n ist hierbei als Produkt zweier geeigneter Primzahlen und in der Größenordnung von mindestens 2^{512} zu wählen.

Ist m eine 2-er Potenz ($m = 2^n$), so erfordert eine P-Box 2^n Eingänge und 2^n Ausgänge. Um die Anzahl der Verbindungen zur Außenwelt gering zu halten (vgl. Abb. 1), wird die Eingabe gewöhnlich über einen Decoder A und die Ausgabe über einen Encoder B vollzogen. Die Anzahl der Ein- und Ausgänge reduziert sich damit auf jeweils n. Gebilde dieser Form werden als S-Box (Substitutions-Box) bezeichnet. Der DES kann somit auch als Substitutionchiffre über 64 Bit lange Wörter aufgefaßt werden.

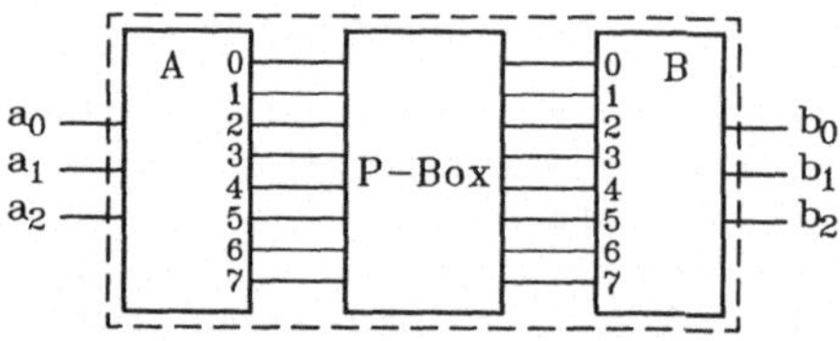

Abb. 1: Substitutions-Box

Motiviert durch diese Vorüberlegungen und Arbeiten von M. Portz [Por191, Por291] ist das Projekt SINC (SINC: Selfmodifying Interconnection Network based Cryptosystem) entstanden. Ziel des SINC-Projekts ist, die kryptologische Relevanz von Verbindungsnetzwerken zu untersuchen. Unter einem Verbindungsnetzwerk ist hier eine Struktur zu verstehen, die es erlaubt, beliebige Permutationen auf einer festen Menge $[0 : m - 1]$ zu realisieren. Um eine große Anzahl bzw. alle $m!$ Permutationen auswählen zu können, muß das Verbindungsnetzwerk rekonfigurierbar ausgelegt werden. Die jeweils gewünschte Permutation wird durch einen Parameter festgelegt. Wird ein solches Verbindungsnetzwerk als Kryptosystem genutzt, so kann dieser Parameter als Schlüssel verwendet werden.

2. Verbindungsnetzwerke

Hauptbestandteil vieler Verbindungsnetzwerke [Feng81] sind die sogenannten Tauscher, die man sich als einfache Schaltelemente vorstellen kann (vgl. Abb. 2). Zwei Inputs können von einem Tauscher entweder unmittelbar oder vertauscht auf die beiden Outputs geschaltet werden. Der Wert eines Kontrollparameters entscheidet, ob die Inputs vertauscht werden (z.B. beim Wert 1) oder nicht (z.B. beim Wert 0). Um aus den

Tauschern Verbindungsnetzwerke aufzubauen, ist eine Vorschrift zur Verbindung dieser Elemente erforderlich.

Abb. 2: Tauscher

Im SINC-Projekt werden zunächst Benes-Netzwerke [Bene65] betrachtet, prinzipiell sind jedoch auch andere Verbindungsnetzwerke von Interesse. Die Topologie eines Benes-Netzwerks B_n mit 2^n Inputs läßt sich durch die in folgender Abb. dargestellte rekursive Konstruktionsvorschrift beschreiben.

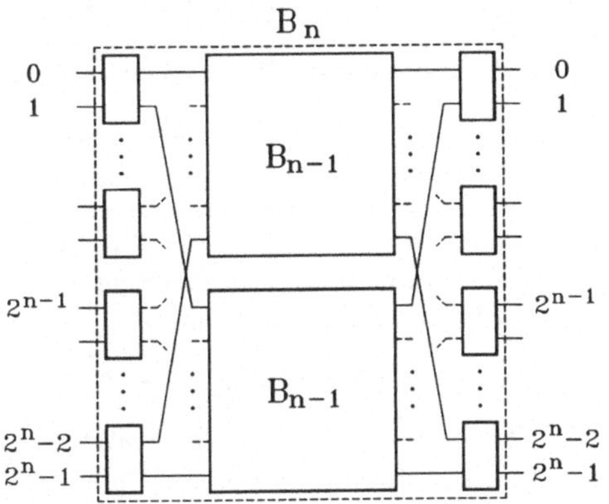

Abb. 3: Rekursiver Aufbau von Benes-Netzwerken

Ein Benes-Netzwerk B_n besteht aus zwei Benes-Netzwerken B_{n-1} und 2^n zusätzlichen Tauschern (2^{n-1} Eingangs- und 2^{n-1} Ausgangstauscher), wobei ein Benes-Netzwerk B_1 durch einen einfachen Tauscher realisiert wird. Für die Verbindungen dieser Tauscher ist wesentlich, daß von jedem Eingangstauscher eine (hier die obere) Verbindung in das obere und eine in das untere Teilnetzwerk führt. Numeriert man die Ein- und Ausgänge der Tauscher in jeder Spalte mit 0 bis $2^n - 1$ und betrachtet die zugehörigen Binärdarstellungen $0 = (0, \ldots, 0)_2$ bis $2^n - 1 = (1, \ldots, 1)_2$, so lassen sich die Verbindungen zwischen den Tauschern leicht beschreiben. Die Verbindungen zwischen der ersten Spalte (den Eingangstauschern des B_n) und der zweiten Spalte (den Eingangstauschern der B_{n-1}) werden durch zyklische Rechtsshifts beschrieben. Der Output $(x_1, \ldots, x_{n-1}, x_n)_2$ wird mit Input $(x_n, x_1, \ldots, x_{n-1})_2$ verbunden. So wird beispielsweise der Output $1 = (0 \ldots 01)_2$ der ersten Spalte mit dem Input $2^{n-1} = (10 \ldots 0)_2$ der zweiten Spalte verbunden. Die Verbindungen zwischen vorletzter und letzter Spalte werden analog durch zyklische Linksshifts beschrieben. Der Output $(x_1, x_2, \ldots, x_n)_2$ wird mit Input $(x_2, \ldots, x_n, x_1)_2$ verbunden. Insgesamt ergibt sich eine zur mittleren Spalte spiegelsymmetrische Struktur (vgl. Abb. 4).

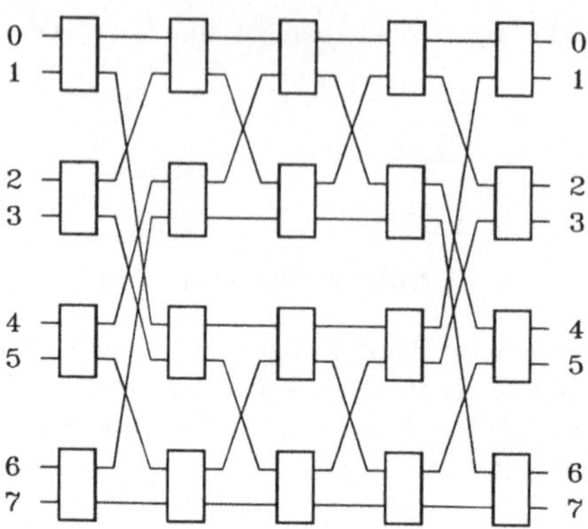

Abb. 4: Topologie des Benes-Netzwerks B_3

Bei der technischen Realisierung wird die Eingabe über einen Decoder vollzogen, der eine n Bit Binäreingabe auf einen $(1 \text{ aus } 2^n)$-Code expandiert (vgl. Abb. 1). Die n Bit Binärausgabe wird durch einen entsprechenden Encoder realisiert. Hierdurch wird erreicht, daß zu jedem Zeitpunkt genau einer der 2^n Eingänge des (internen) Benes-Netzwerks aktiviert wird, außerdem wird die Durchlaufrichtung festgelegt. Dieser Sachverhalt ist in der folgenden Abb. nochmals angedeutet.

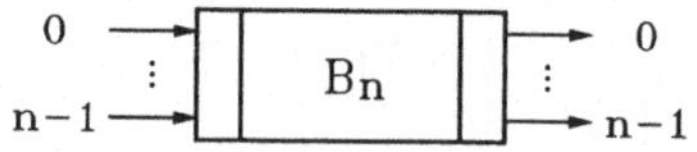

$$0 \longrightarrow \boxed{\quad B_n \quad} \longrightarrow 0$$
$$n-1 \longrightarrow \phantom{\boxed{\quad B_n \quad}} \longrightarrow n-1$$

Abb. 5: S-Box mit internem Benes-Netzwerk B_n

Benes-Netzwerke B_n haben den Vorteil, daß sich damit sämtliche Permutationen auf der Menge $[0 : 2^n - 1]$ parametergesteuert realisieren lassen. Die Anzahl der erforderlichen Basiselemente (Tauscher) wächst jedoch exponentiell mit n. Ein Benes-Netzwerk B_n erfordert $2^{n-1} \cdot (2n - 1)$ Tauscher, die in 2^{n-1} Zeilen und $2n - 1$ Spalten angeordnet sind. Eine Permutation kann somit durch eine binäre $(2^{n-1} \times (2n - 1))$-Schlüsselmatrix S festgelegt werden.

Im linken Teil von Abb. 6 ist ein Benes-Netzwerk B_3 dargestellt, dessen 20 Tauscher durch die Schlüsselmatrix S eingestellt sind, wodurch die Permutation π realisiert ist.

$$S = \begin{pmatrix} s_{11} & s_{12} & s_{13} & s_{14} & s_{15} \\ s_{21} & s_{22} & s_{23} & s_{24} & s_{25} \\ s_{31} & s_{32} & s_{33} & s_{34} & s_{35} \\ s_{41} & s_{42} & s_{43} & s_{44} & s_{45} \end{pmatrix} = \begin{pmatrix} 1 & 0 & 1 & 1 & 0 \\ 0 & 1 & 1 & 0 & 1 \\ 0 & 1 & 1 & 0 & 0 \\ 1 & 0 & 0 & 1 & 0 \end{pmatrix}$$

$$\pi = \begin{pmatrix} 0 & 1 & 2 & 3 & 4 & 5 & 6 & 7 \\ 2 & 4 & 6 & 7 & 0 & 1 & 5 & 3 \end{pmatrix}$$

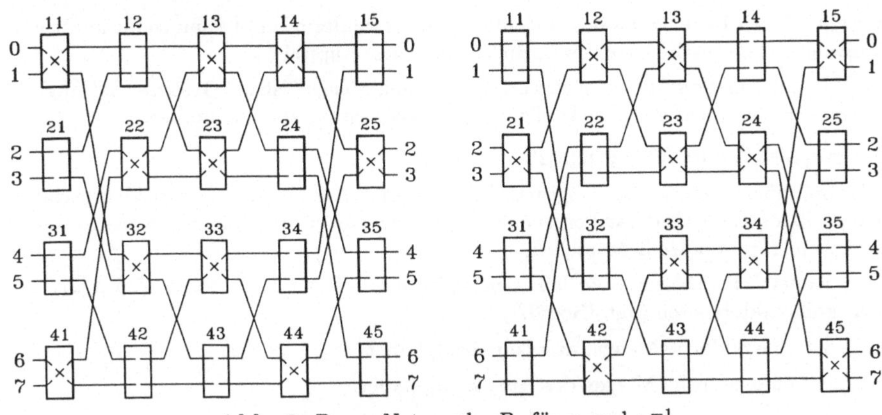

Abb. 6: Benes-Netzwerke B_3 für π und π^{-1}

Berücksichtigt man die Symmetrie der Benes-Netzwerke, so kann die zu π gehörende Umkehrpermutation π^{-1} mittels der Schlüsselmatrix $\overline{S}$, die durch Spiegelung der Spalten von S ermittelt wird, leicht mit demselben Benes-Netzwerk realisiert werden. Dies geschieht durch Umladen der entsprechenden Kontrollparameter. Das zugehörige Benes-Netzwerk ist im rechten Teil der Abb. 6 dargestellt.

$$\overline{S} = \begin{pmatrix} s_{15} & s_{14} & s_{13} & s_{12} & s_{11} \\ s_{25} & s_{24} & s_{23} & s_{22} & s_{21} \\ s_{35} & s_{34} & s_{33} & s_{32} & s_{31} \\ s_{45} & s_{44} & s_{43} & s_{42} & s_{41} \end{pmatrix} = \begin{pmatrix} 0 & 1 & 1 & 0 & 1 \\ 1 & 0 & 1 & 1 & 0 \\ 0 & 0 & 1 & 1 & 0 \\ 0 & 1 & 0 & 0 & 1 \end{pmatrix}$$

$$\pi^{-1} = \begin{pmatrix} 0 & 1 & 2 & 3 & 4 & 5 & 6 & 7 \\ 4 & 5 & 0 & 7 & 1 & 6 & 2 & 3 \end{pmatrix}$$

Bedingt durch den Aufbau und die damit verbundene Redundanz läßt sich leicht zeigen, daß sich jede der $n!$ Permutationen durch wenigstens $2^{2^{n-1}-1}$ unterschiedliche Schlüsselmatrizen realisieren läßt. Schlüsselmatrizen S_1 und S_2, die dieselbe Permutation realisieren, heißen äquivalent und werden mit $S_1 \sim S_2$ bezeichnet. Invertiert man bei einem Benes-Netzwerk B_k die Kontrollparameter der Eingangs- und Ausgangstauscher und vertauscht man die Kontrollparameter der beiden Teil-Benes-Netzwerke B_{k-1} (vgl. Abb. 3), so sind die zugehörigen Schlüsselmatrizen äquivalent. Ausgehend von der zu Abb. 6 gehörenden Schlüsselmatrix S erhält man beispielsweise die folgenden äquvalenten Schlüsselmatrizen.

$$S = \begin{pmatrix} 1 & 0 & 1 & 1 & 0 \\ 0 & 1 & 1 & 0 & 1 \\ 0 & 1 & 1 & 0 & 0 \\ 1 & 0 & 0 & 1 & 0 \end{pmatrix} \sim \begin{pmatrix} 0 & 1 & 1 & 0 & 1 \\ 1 & 0 & 0 & 1 & 0 \\ 1 & 0 & 1 & 1 & 1 \\ 0 & 1 & 1 & 0 & 1 \end{pmatrix} \sim \begin{pmatrix} 0 & 0 & 0 & 1 & 1 \\ 1 & 1 & 1 & 0 & 0 \\ 1 & 0 & 1 & 1 & 1 \\ 0 & 1 & 1 & 0 & 1 \end{pmatrix}$$

Diesen Sachverhalt kann ein Kryptoanalytiker nutzen, um Benes-Netzwerke mittels einer Chosen-Plaintext-Attacke zu analysieren. Dazu können beispielsweise die Kontrollparameter der linken oberen Eingangstauscher eines jeden Benes-Netzwerks frei gewählt werden. Durch Beobachten des Outputs bei ausgewähltem Input kann somit leicht eine äquivalente Schlüsselmatrix gewonnen werden (vgl. Kapitel 5).

Schaltet man mehrere Benes-Netzwerke hintereinander, so ist die Gesamtschaltung trivialerweise durch ein geeignet konfiguriertes Benes-Netzwerk simulierbar.

3. Sequentielle Maschinen

Selbstmodifizierende Verbindungsnetzwerke lassen sich leicht als sequentielle Maschinen beschreiben. Die sich daraus ergebenden Nomenklaturen sind außerdem geeignet, den Bezug zur Kryptologie herzustellen.

Eine sequentielle Maschine $\mathcal{M}$ läßt sich durch ein 6-Tupel $\mathcal{M} = (\Sigma, \Delta, Z, \delta, \lambda, z_0)$ eindeutig charakterisieren (vgl. [Boot67]).

1. Σ ist eine endliche Menge, das Eingabealphabet.

2. Δ ist eine endliche Menge, das Ausgabealphabet.

3. Z ist eine endliche Menge, die Zustandsmenge.

4. δ ist eine Abbildung von $\Sigma \times Z$ in Z, die Zustandsüberführungsfunktion.

5. λ ist eine Abbildung von $\Sigma \times Z$ in Δ, die Ausgabefunktion.

6. z_0 ist ein ausgezeichneter Zustand der Zustandsmenge, der Startzustand.

Für weitere Betrachtungen wollen wir Σ und Δ identifizieren. Wir betrachten also von nun an sequentielle Maschinen $\mathcal{M} = (\Sigma, \Sigma, Z, \delta, \lambda, z_0)$. Um Klartexte und Schlüsseltexte (Chiffrate) unterscheiden zu können, bezeichnen wir die Klartextmenge mit $M = \Sigma$ und die Schlüsseltextmenge mit $C = \Sigma$.

Betrachtet man eine Klartextfolge $m_0, m_1, m_2, \ldots$ und einen Startzustand z_0, so kann bei geeigneter Wahl der Funktionen λ und δ die Folge $c_0, c_1, c_2, \ldots$ mit

$$c_i = \lambda(m_i, z_i), \ z_{i+1} = \delta(m_i, z_i), \ m_i \in M, \ c_i \in C, \ z_i \in Z$$

als Chiffretextfolge aufgefaßt werden. Kann man in Abhängigkeit von λ und δ Funktionen λ' und δ' bestimmen, für die

$$m_i = \lambda'(c_i, z_i), \ z_{i+1} = \delta'(c_i, z_i)$$

gilt, so kann $\mathcal{M} = (M, C, Z, \delta, \lambda, z_0)$ auf kanonische Weise als Verschlüsselungsmaschine und $\mathcal{M}' = (C, M, Z, \delta', \lambda', z_0)$ als die zugehörige Entschlüsselungsmaschine betrachtet werden. λ und λ' können dabei als Ver- und Entschlüsselungsfunktion aufgefaßt werden.

Wird der Startzustand z_0 als Schlüsselparameter zwischen zwei Kommunikationspartnern auf einem vertraulichen Kanal vereinbart und gilt außerdem $\delta(x, z_0) = \delta'(x, z_0) = z_0$ für alle $x \in \Sigma$, so wird hierdurch die klassische (symmetrische) Substitutionschiffre über dem Alphabet Σ beschrieben.

Bezeichnet ε das leere Wort, so kann die Funktion $\lambda : \Sigma \times Z \to \Sigma$ durch

$$\lambda^*(\varepsilon, z) = \varepsilon, \ \ \lambda^*(aw, z) = \lambda(a, z)\lambda^*(w, \delta(a, z)), \ a \in \Sigma, \ w \in \Sigma^*, \ z \in Z$$

zu einer Funktion $\lambda^* : \Sigma^* \times Z \to \Sigma^*$ erweitert werden. Die Funktion $\delta : \Sigma \times Z \to Z$ kann entsprechend durch

$$\delta^*(\varepsilon, z) = z, \ \delta^*(aw, z) = \delta^*(w, \delta(a, z)), \ a \in \Sigma, \ w \in \Sigma^*$$

zu einer Funktion $\delta^* : \Sigma^* \times Z \to Z$ erweitert werden. Bei geeigneter Wahl von δ und Z kann der sich durch $\delta^*(w, z)$ ergebende Zustand genutzt werden, eine kryptographische Hashfunktion $H(\delta^*(w, z))$ zu konstruieren.

Wählt man einen Startwert z_0 sowie einen Initialwert $s_0 \in \Sigma$ und betrachtet die Werte

$$s_{i+1} = \lambda(s_i, z_i), \ z_{i+1} = \delta(s_i, z_i),$$

so kann die Folge $s_0, s_1, s_2, \ldots$ bzw. eine daraus abgeleitete Folge $f(s_0), f(s_1), f(s_2), \ldots$ bei geeigneter Wahl der Parameter als Pseudozufallsfolge benutzt werden.

Solche Zufallsfolgen können dann als Schlüsselfolgen einer Stromchiffre (Vernam-Chiffre) verwendet werden:

$$c_i = m_i \oplus s_i, \ m_i = c_i \oplus s_i$$

Hierbei ist lediglich darauf zu achten, daß die Zufallsgeneratoren sender- und empfängerseitig synchron laufen.

4. Selbstmodifizierende Verbindungsnetzwerke

Betrachtet man kleine Benes-Netzwerke als Kryptosysteme, so stellen diese lediglich einfache Substitutionschiffren dar, die leicht zu brechen sind. Kleine Benes-Netzwerke sind aber hardwaremäßig relativ einfach zu realisieren. Da für jeden Input nur $2n - 1$ Tauscher durchlaufen werden, können mittels VLSI-Schaltungen extrem schnelle (kleine) Benes-Netzwerke B_n verwirklicht werden. Benes-Netzwerke von der Größenordnung, wie sie durch den DES oder das RSA-Verfahren vorgesehen sind, können wegen der großen Anzahl erforderlicher Tauscher praktisch nicht realisiert werden.

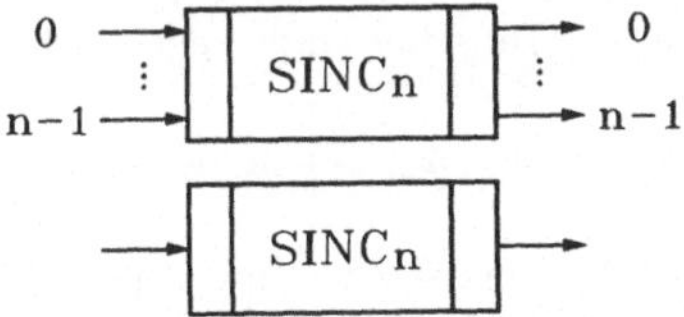

Abb. 7: Äquivalente Darstellungen eines $SINC_n$

Ein Ausweg aus diesem Dilemma könnte sich durch Verwendung von selbstmodifizierenden Verbindungsnetzwerken ergeben. Auch hier stehen zunächst selbstmodifizierende Benes-Netzwerke im Vordergrund der Untersuchungen. Im folgenden bezeichnet $SINC_n$ eine S-Box, deren P-Box durch ein selbstmodifizierendes Benes-Netzwerk realisiert wird. Die Topologie des Verbindungsnetzwerks eines $SINC_n$ ist also identisch mit der eines Benes-Netzwerks B_n. Im Gegensatz zu einem Benes-Netzwerk B_n, das eine beliebige aber feste Permutation beschreibt, ändert sich bei einem $SINC_n$ die Permutation abhängig vom Input und dem aktuellen Zustand des $SINC_n$. Bei den weiteren

Betrachtungen werden die in Abb. 7 angegebenen Darstellungen eines $SINC_n$ synonym verwendet.

Betrachtet man die Alphabete $M = C = \Sigma = \{0,1\}^n$ und definiert die Kontrollparameter der $2^{n-1} \cdot (2n-1)$ Tauscher als Zustandsmenge $Z = \{0,1\}^{2^{n-1}\cdot(2n-1)}$, so kann ein $SINC_n$ als sequentielle (endliche) Maschine betrachtet werden:

$$SINC_n = (\{0,1\}^n, \{0,1\}^n, \{0,1\}^{2^{n-1}\cdot(2n-1)}, \delta, \lambda, S_0)$$

Die Ausgabefunktion λ wird durch die jeweilige Permutation des selbstmodifizierenden Benes-Netzwerks bestimmt. Der zu einem Input gehörende Output ergibt sich durch den Weg, den dieser durch das Netzwerk zurücklegt. Die Selbstmodifikation wird durch die Funktion λ festgelegt, wobei darauf zu achten ist, daß zunächst λ und erst dann δ ausgewertet werden. Diese Forderung ist für die Invertierbarkeit von ausschlaggebender Bedeutung. Die Schlüsselmatrix S_0 legt eine Startpermutation π_0 fest.

Betrachtet man eine Klartextfolge $m_0, m_1, m_2, \ldots$ und die zugehörige Schlüsseltextfolge $c_0, c_1, c_2, \ldots$, so kann man bei geeigneter Wahl der Selbstmodifikation δ die folgenden Bedingungen erreichen:

$$c_i = \lambda(m_i, S_i), \ \ S_{i+1} = \delta(m_i, S_i)$$

$$m_i = \lambda(c_i, \overline{S_i}), \ \ \overline{S_{i+1}} = \delta(c_i, \overline{S_i})$$

Hierbei stellen S_i und $\overline{S_i}$ Schlüsselmatrizen zur Realisierung der Permutationen π_i und π_i^{-1} dar.

Berücksichtigt man wiederum den speziellen Aufbau der zugrundeliegenden Benes-Netzwerke, so lassen sich derartige Selbstmodifikationen leicht konstruieren. Dies ist darin begründet, daß jedes Benes-Netzwerk B_n eine $(2^{n-1} \times (2n-1))$-Matrix von Tauschern darstellt, und jeder Input m in B_n einen eindeutigen Weg $w(m)$ festlegt, wobei aus jeder Spalte $j \in [1 : 2n-1]$ genau ein Tauscher verwendet wird.

$$w(m) = (w_1, w_2, \ldots, w_{2n-1}), \ \ w_j \in \{ij \mid i \in [1 : 2^{n-1}]\}$$

w_j legt die Nummer des Tauschers in der j-ten Spalte fest. Für das in Abb. 8 dargestellte Benes-Netzwerk B_3 ergibt sich beispielsweise der Weg $w(0) = (11, 32, 43, 34, 25)$. Dieser durch die Schlüsselmatrix S festgelegte Weg bestimmt den zugehörige Output c. Wird anstelle von S die Schlüsselmatrix $\overline{S}$ verwendet, so ergibt sich für den Input c nicht nur der Output m, es werden auch "dieselben" (gespiegelten) Wege benutzt (vgl. Abb. 6).

Betrachtet man einen Input x und den zugehörigen Output y, so ergeben sich zwei einfache Selbstmodifikationen, die durch den Weg zwischen x und y bestimmt werden.

Wegemodifikation 1. Art:

Bei dieser Selbstmodifikation werden alle Kontrollparameter der Tauscher invertiert, die sich auf dem Weg zwischen x und y befinden.

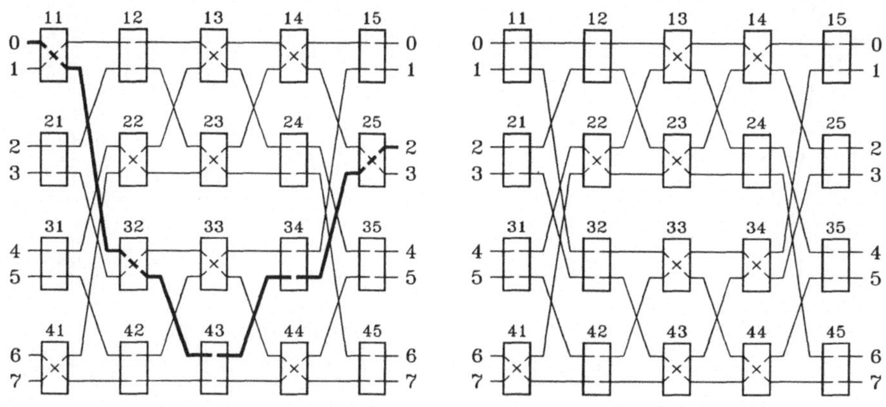

Abb. 8: Wegemodifikation 1. Art für $w(0) = (11, 32, 43, 34, 25)$

Betrachten wir das Beispiel aus Abb. 8, so erhält man aus der gegebenen Schlüsselmatrix S und dem Input $x = 0$ die Schlüsselmatrix $S' = \delta(x, S)$.

$$S = \begin{pmatrix} s_{11} & s_{12} & s_{13} & s_{14} & s_{15} \\ s_{21} & s_{22} & s_{23} & s_{24} & s_{25} \\ s_{31} & s_{32} & s_{33} & s_{34} & s_{35} \\ s_{41} & s_{42} & s_{43} & s_{44} & s_{45} \end{pmatrix} = \begin{pmatrix} 1 & 0 & 1 & 1 & 0 \\ 0 & 1 & 1 & 0 & 1 \\ 0 & 1 & 1 & 0 & 0 \\ 1 & 0 & 0 & 1 & 0 \end{pmatrix}$$

$$S' = \begin{pmatrix} s'_{11} & s'_{12} & s'_{13} & s'_{14} & s'_{15} \\ s'_{21} & s'_{22} & s'_{23} & s'_{24} & s'_{25} \\ s'_{31} & s'_{32} & s'_{33} & s'_{34} & s'_{35} \\ s'_{41} & s'_{42} & s'_{43} & s'_{44} & s'_{45} \end{pmatrix} = \begin{pmatrix} 0 & 0 & 1 & 1 & 0 \\ 0 & 1 & 1 & 0 & 0 \\ 0 & 0 & 1 & 1 & 0 \\ 1 & 0 & 1 & 1 & 0 \end{pmatrix}$$

In Abhängigkeit des Weges $w(m) = (w_1, w_2, \ldots, w_{2n-1})$ kann die Wegemodifikation 1. Art folgendermaßen beschrieben werden:

$$s'_{ij} = \begin{cases} 1 - s_{ij} & \text{falls } w_j = ij \\ s_{ij} & \text{sonst} \end{cases}$$

Betrachtet man die zu S gehörende Schlüsselmatrix $\overline{S}$ und gilt $c = \lambda(m, S)$, so erhält man (aus Symmetriegründen) die folgenden Zusammenhänge:

$$m = \lambda(c, \overline{S}), \quad \overline{S'} = \delta(c, \overline{S}),$$

womit die Wegemodifikation 1. Art auf einfache Weise zur Ver- und Entschlüsselung eingesetzt werden kann.

Wegemodifikation 2. Art:

Bei dieser Selbstmodifikation werden alle Kontrollparameter der Tauscher invertiert, die sich nicht auf dem Weg zwischen x und y befinden.

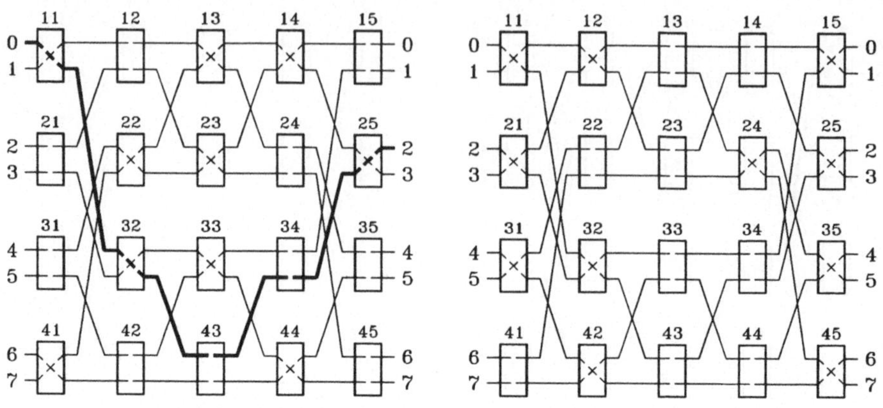

Abb. 9: Wegemodifikation 2. Art für $w(0) = (11, 32, 43, 34, 25)$

Betrachten wir das Beispiel aus Abb. 9, so erhält man aus der gegebenen Schlüsselmatrix S und dem Input $x = 0$ die Schlüsselmatrix $S' = \delta(x, S)$.

$$S = \begin{pmatrix} s_{11} & s_{12} & s_{13} & s_{14} & s_{15} \\ s_{21} & s_{22} & s_{23} & s_{24} & s_{25} \\ s_{31} & s_{32} & s_{33} & s_{34} & s_{35} \\ s_{41} & s_{42} & s_{43} & s_{44} & s_{45} \end{pmatrix} = \begin{pmatrix} 1 & 0 & 1 & 1 & 0 \\ 0 & 1 & 1 & 0 & 1 \\ 0 & 1 & 1 & 0 & 0 \\ 1 & 0 & 0 & 1 & 0 \end{pmatrix}$$

$$S' = \begin{pmatrix} s'_{11} & s'_{12} & s'_{13} & s'_{14} & s'_{15} \\ s'_{21} & s'_{22} & s'_{23} & s'_{24} & s'_{25} \\ s'_{31} & s'_{32} & s'_{33} & s'_{34} & s'_{35} \\ s'_{41} & s'_{42} & s'_{43} & s'_{44} & s'_{45} \end{pmatrix} = \begin{pmatrix} 1 & 1 & 0 & 0 & 1 \\ 1 & 0 & 0 & 1 & 1 \\ 1 & 1 & 0 & 0 & 1 \\ 0 & 1 & 0 & 0 & 1 \end{pmatrix}$$

In Abhängigkeit des Weges $w(m) = (w_1, w_2, \ldots, w_{2n-1})$ kann die Wegemodifikation 2. Art folgendermaßen beschrieben werden:

$$s'_{ij} = \begin{cases} 1 - s_{ij} & \text{falls } w_j \neq ij \\ s_{ij} & \text{sonst} \end{cases}$$

Betrachtet man die zu S gehörende Schlüsselmatrix $\overline{S}$ und gilt $c = \lambda(m, S)$, so erhält man analog zur Wegemodifikation 1. Art:

$$m = \lambda(c, \overline{S}), \quad \overline{S'} = \delta(c, \overline{S}),$$

womit auch die Wegemodifikation 2. Art zur Ver- und Entschlüsselung eingesetzt werden kann.

Hiermit ist das prinzipielle Konzept selbstmodifizierender Verbindungsnetzwerke beschrieben. Es wurde (über die Darstellung als sequentielle Maschine, vgl. Kapitel 3) gezeigt, wie sich SINCs als universelle kryptographische Bausteine zur Verschlüsselung, als Pseudozufallsgenerator und Grundfunktion für kryptographische Hashfunktionen einsetzen lassen.

Bei der Verwendung eines SINC als Pseudozufallsgenerator oder als Hilfsmittel zur Konstruktion kryptographischer Hashfunktionen ist die bei der Verschlüsselung erforderliche "invertierbare" Selbstmodifikation natürlich nicht erforderlich.

Die kryptographische Stärke (Sicherheit) eines SINC ist abhängig von der Wahl der Selbstmodifikation. Besondere Bedeutung kommt dabei wieder den äquivalenten Schlüsselmatrizen zu. Im Gegensatz zu Benes-Netzwerken heißen hier zwei Schlüsselmatrizen S_1 und S_2 äquivalent (Schreibweise: $S_1 \approx S_2$), falls die folgenden Bedingungen für alle $m \in M$ erfüllt sind:

$$S_1 \approx S_2 \iff \begin{cases} \lambda(m, S_1) = \lambda(m, S_2) \\ \delta(m, S_1) \approx \delta(m, S_2) \end{cases}$$

Eine weitere sicherheitsrelevante Eigenschaft ist, daß sich durch die Hintereinanderschaltung von SINCs neue Funktionen ergeben, die sich i. allg. nicht durch ein einzelnes SINC realisieren lassen.

5. Schwächen der Wegemodifikationen

Bei der Auswahl der Selbstmodifikationen ist besondere Sorgfalt geboten. Am Beispiel der in Kapitel 4 (exemplarisch) eingeführten Wegemodifikationen 1. und 2. Art werden sicherheitsrelevante Schwächen aufgezeigt.

Wegemodifikation 1. Art:

Wird bei der Selbstmodifikation eines $SINC_n$ die Wegemodifikation 1. Art gewählt, so sind nach Ermittlung von $x = \lambda(a, S_i)$ und $S_{i+1} = \delta(a, S_i)$ höchstens $2n$ der 2^n Inputs des zugehörigen Benes-Netzwerks B_n betroffen. Dies sind alle die Inputs, die zu einem Tauscher führen, der auf dem Weg $w(a)$ von a nach x liegt. Wählt man einen der nicht betroffenen $2^n - 2n$ Inputs (den wir mit b bezeichnen), und gilt $y = \lambda(b, S_{i+1})$, so gilt auch $y = \lambda(b, S_i)$. Insgesamt erhält man somit

$$\delta^*(ab, S_i) = \delta^*(ba, S_i), \quad \lambda^*(ab, S_i) = xy, \quad \lambda^*(ba, S_i) = yx.$$

Dies bedeutet aber, daß ein Angreifer mit einer Wahrscheinlichkeit $p \geq 1 - n/2^{n-1}$ eine Vertauschung zweier benachbarter Schlüsseltextzeichen durchführen kann, ohne das Kryptosystem zu stören. Entsprechendes gilt auch für eine beliebige aus einem Zustand $S \in Z$ abgeleitete Hashfunktion H, da für alle $a, b \in \Sigma$, $w, v \in \Sigma^*$ und $S_0 \in Z$ mit Wahrscheinlichkeit $p \geq 1 - n/2^{n-1}$ $H(\delta^*(wabv, S_0)) = H(\delta^* wbav, S_0))$ gilt. Werden bei einer solchen (lokalen) Vertauschung beispielsweise Ziffern einer Kontonummer oder Ziffern eines Geldbetrages vertauscht, so kann dies für die beteiligten Kommunikationspartner fatale Auswirkungen haben.

Wegemodifikation 2. Art:

Bei der Wegemodifikation 2. Art werden alle die Tauscher umgeschaltet, die nicht auf dem Verschlüsselungsweg liegen. Dies hat aber zur Folge, daß bei der Verschlüsselung von zwei aufeinanderfolgenden gleichen Klartextzeichen die zugehörigen Schlüsseltextzeichen ebenfalls gleich sind und der ursprüngliche Zustand $S \in Z$ wiederhergestellt wird. Mit $x = \lambda(a, S)$ gilt

$$\delta^*(aa, S) = S, \ \lambda^*(aa, S) = xx.$$

Betrachtet man auch hier wieder eine aus einem Zustand $S \in Z$ abgeleitete Hashfunktion, so sind die Hashwerte $H(\delta^*(wv, S_0))$ und $H(\delta^*(wa^{2n}v, S_0))$ für alle $w, v \in \Sigma^*$, $a \in \Sigma$ und $S_0 \in Z$ gleich.

Bei Wegemodifikationen 1. und 2. Art können die zu einer Schlüsselmatrix S äquivalenten Schlüsselmatrizen wie in Kapitel 2 konstruiert werden. Insgesamt existieren hier jeweils $2^{2^{n-1}-1}$ äquivalente Schlüsselmatrizen. Bedingt durch die relativ einfachen Wegemodifikationen und die große Anzahl äquivalenter Schlüsselmatrizen ist bei kleinen SINCs eine Chosen-Plaintext-Attacke leicht durchzuführen. Hierbei ist es ausreichend, eine zu S äquivalente Schlüsselmatrix T zu ermitteln.

Beobachtet man beispielsweise das Ein-Augabeverhalten des in Abb. 8 dargestellten Benes-Netzwerks B_3, so kann unter Berücksichtigung der verwendeten Wegemodifikation 1. Art eine zu $S_0 = S$ äquivalente Schlüsselmatrix $T_0 = T$ bestimmt werden. In T_0 können die linken oberen Kontrollparameter eines jeden Teil-Benes-Netzwerks frei gewählt werden. Wählt man jeweils den Wert 0 und bezeichne X die noch unbestimmten Werte, so ergibt sich eine erste Teillösung für T_0.

$$T_0 = \begin{pmatrix} 0 & 0 & X & X & X \\ X & X & X & X & X \\ X & 0 & X & X & X \\ X & X & X & X & X \end{pmatrix}$$

Bei der Eingabe einer 0 erhält man die Ausgabe 2. Betrachtet man T_0, so führt der Input 0 in das obere Teil-Benes-Netzwerk, womit der Output aus dem oberen Teil-Benes-Netzwerk kommen muß. Der Kontrollparameter des Tauschers 25 muß somit auf 0 liegen, womit sich

$$T_0 = \begin{pmatrix} 0 & 0 & X & X & X \\ X & X & X & X & 0 \\ X & 0 & X & X & X \\ X & X & X & X & X \end{pmatrix}$$

ergibt. Mit $S_0 \approx T_0$ sind auch $S_1 = \delta(0, S)$ und $T_1 = \delta(0, T_0)$ äquivalent. Aus der Eingabe 0 resultiert die modifizierte Matrix T_1.

$$T_1 = \begin{pmatrix} 1 & 1 & X & X & X \\ X & X & X & X & 1 \\ X & 0 & X & X & X \\ X & X & X & X & X \end{pmatrix}$$

Bei der Eingabe 5 ergibt sich (vgl. Abb. 8) nun die Ausgabe 3, womit in T_1 der Wert 1 für den Kontrollparameter des Tauschers 31 feststeht. Berücksichtigt man den Weg von 5 nach 3 und führt die Wegemodifikation aus, so ergibt sich die Matrix T_2.

$$T_2 = \begin{pmatrix} 1 & 1 & X & X & X \\ X & X & X & X & 0 \\ 0 & 0 & X & X & X \\ X & X & X & X & X \end{pmatrix}$$

Setzt man das hier angedeutete Verfahren fort, so erhält man bei geeigneter Wahl der Eingaben und Buchführung der anfallenden Werte die zu S äquivalente Matrix $T = T_0$.

$$T = \begin{pmatrix} 0 & 0 & 0 & 1 & 1 \\ 1 & 1 & 1 & 0 & 0 \\ 1 & 0 & 1 & 1 & 1 \\ 0 & 1 & 1 & 0 & 1 \end{pmatrix}$$

6. Aufbau des realisierten Prototypen

Im Rahmen des SINC-Projekts wurde die bytorientierte VLSI-Realisierung eines $SINC_8$ mit Wegemodifikation 1. Art durchgeführt [HoNP92]. Ein $SINC_8$ besteht dabei aus 1920 selbstmodifizierenden Tauschern, die in einer (128×15)-Matrix angeordnet sind. Die Schlüsselmatrix S, die einen 1920 Bit langen Schlüssel K darstellt, wird seriell in das $SINC_8$ geladen (vgl. Abb. 10). Außerdem kann die aktuelle (in der Regel modifizierte) Schlüsselmatrix (spaltenweise) über dafür vorgesehenen Ausgänge seriell ausgelesen werden.

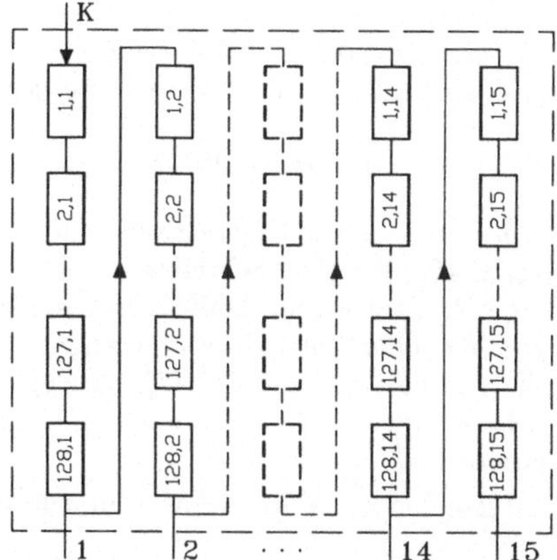

Abb. 10: Schema der Ein- und Ausgabe einer Schlüsselmatrix

Die Wegemodifikationen 1. und 2. Art sind hardwaremäßig besonders einfach zu realisieren, da im zugrundeliegenden Benes-Netzwerk jeweils genau ein Weg benutzt wird. Die Tauscher der Wegemodifikation 1. Art können daher mittels eines einfachen Toggle-Flip-Flops realisiert werden (vgl. Abb. 11, linker Teil). Das Toggle-Flip-Flop eines Tauschers ändert genau dann seinen Zustand (in Abhängigkeit des Takteingangs Clk), wenn der Toggle-Eingang T durch die Benutzung des Tauschers aktiviert wird. Die Realisierung der Wegemodifikation 2. Art erhält man dadurch, daß die Eingänge aller Toggle-Flip-Flops invertiert werden (vgl. Abb. 11, rechter Teil).

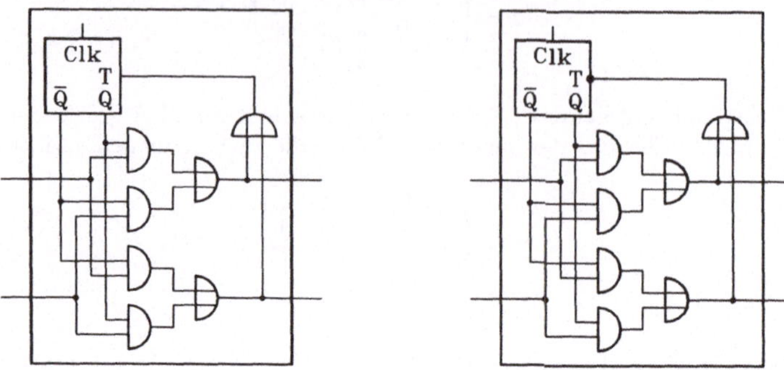

Abb. 11: Prinzip der selbstmodifizierenden Tauscher 1. und 2. Art

7. Anwendungsbeispiele

Am Beispiel des realisierten $SINC_8$ werden abschließend einige Anwendungsmöglichkeiten exemplarisch beschrieben. Betrachtet man die Schlüsselmatrix S als Schlüssel K, so kann dieser als 15-Tupel

$$K = (k_1, k_2, \ldots, k_{14}, k_{15})$$

aufgefaßt werden, wobei k_i die i-te Spalte von S darstellt. Entsprechend kann die zugehörige Schlüsselmatrix $\overline{S}$ als Schlüssel $\overline{K}$ dargestellt werden (vgl. Kapitel 4).

$$\overline{K} = (\overline{k_1}, \overline{k_2}, \ldots, \overline{k_{14}}, \overline{k_{15}}) = (k_{15}, k_{14}, \ldots, k_2, k_1)$$

Im weiteren bezeichnet $m_0, m_1, m_2, \ldots$ eine Klartextfolge und $c_0, c_1, c_2, \ldots$ die zugehörige Schlüsseltextfolge ($m_i, c_i \in \{0,1\}^8$). Die Schreibweise $i = 0, 1, 2, \ldots$ soll andeuten, daß für i die Reihenfolge $0, 1, 2, \ldots$ zwingend beibehalten werden muß. Um zu unterscheiden, ob ein $SINC_8$ zur Ver- oder Entschlüsselung eingesetzt wird, verwenden wir die Bezeichnungen $SINC_8^e$ (encryption) und $SINC_8^d$ (decryption). Ein $SINC_8$ wird durch Laden eines Schlüssels K zum $SINC_8^e$, wird der zugehörige Schlüssel $\overline{K}$ geladen, so erhält man das entsprechende $SINC_8^d$.

Ein $SINC_8$ kann somit auf kanonische Weise zur Ver- und Entschlüsselung eingesetzt werden.

$$c_i = SINC_8^e(m_i), \quad i = 0, 1, 2, \ldots$$

$$m_i = SINC_8^d(c_i), \quad i = 0, 1, 2, \ldots$$

Verwendet man zur Ver- bzw. Entschlüsselung die in Abb. 12 dargestellte Erweiterung, so kann die in Kapitel 5 beschriebene Chosen-Plaintext-Attacke erheblich erschwert werden, da ein Angreifer hier das Ein-/Ausgabeverhalten des $SINC_8$ i. allg. nicht beobachten kann.

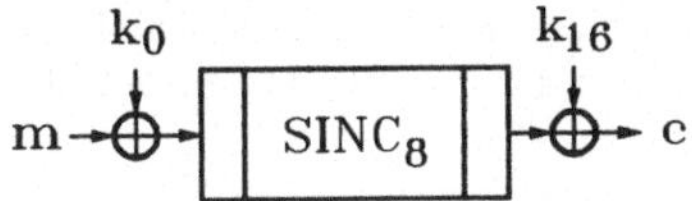

Abb. 12: Erweiterte Verschlüsselung

$$c_i = k_{16} \oplus SINC_8^e(m_i \oplus k_0), \quad i = 0, 1, 2, \ldots$$

$$m_i = k_0 \oplus SINC_8^d(c_i \oplus k_{16}), \quad i = 0, 1, 2, \ldots$$

Wird eines der hier beschriebenen Verschlüsselungsverfahren zur vertraulichen Kommunikation eingesetzt, so muß sichergestellt sein, daß die übertragenen Schlüsseltexte $c_0, c_1, c_2, \ldots$ unverfälscht beim Kommunikationspartner ankommen. Wird c_i gesendet und $c_i' \neq c_i$ empfangen, so können die nachfolgenden Schlüsseltexte nicht korrekt entschlüsselt werden, da sich die durch c_i und c_i' erzeugten Folgezustände des $SINC_8^d$ i. allg. unterscheiden.

Verwendet man in einer Stromchiffre ein $SINC_8$ als Pseudozufallsgenerator, so tritt dieses Problem nicht auf. In Abb. 13 sind zwei Vorschläge für Pseudozufallsgeneratoren dargestellt. Dabei bezeichnet I einen Inititialisierungsvektor (seed) und D ein 8 Bit breites Verzögerungselement, das den $SINC_8$-Ausgang für einen Taktzyklus speichern kann.

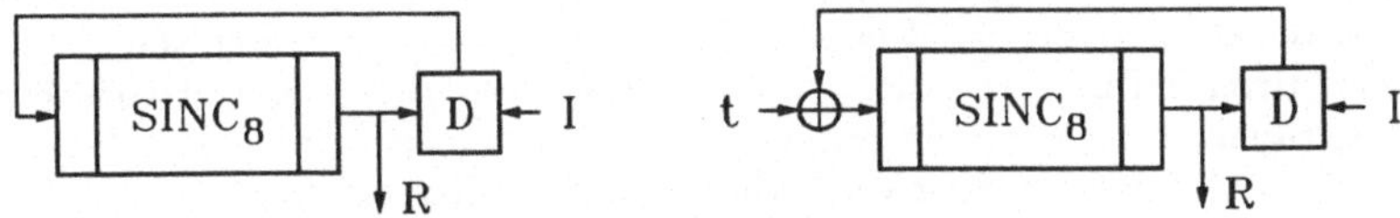

Abb. 13: Beispiele für Pseudozufallsgeneratoren

Bezeichnet t einen frei gewählten (festen) Offset, so ergeben sich die entsprechenden Pseudozufallsfolgen $R = r_0 r_1 r_2 \ldots$ folgendermaßen:

$$r_0 = SINC_8^e(I), \quad r_{i+1} = SINC_8^e(r_i)$$

$$r_0 = SINC_8^e(t \oplus I), \quad r_{i+1} = SINC_8^e(t \oplus r_i)$$

Bei der Realisierung des $SINC_8$ wurde die Möglichkeit geschaffen, den jeweils aktuellen Zustand spaltenweise auszulesen. Die dabei anfallenden 15 Werte der Länge 128 Bit können genutzt werden, um mittels einer geeigneten Funktion H einen 128 Bit Hashwert $H(m)$ zu ermitteln. Hierbei stellt $m = m_0, m_1, \ldots, m_{r-1}$ eine Folge von Klartexten dar.

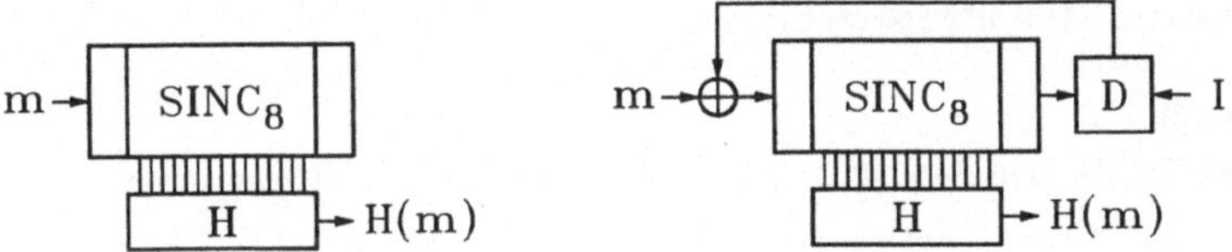

Abb. 14: Beispiele für Hashfunktionen

Abb. 14 verdeutlicht den Ablauf an zwei Beispielen. Die Funktion H kann beispielsweise (128 mal) zeilenorientiert ($H : \{0,1\}^{15} \to \{0,1\}$) oder auf der gesamten Schlüsselmatrix operieren ($H : \{0,1\}^{1920} \to \{0,1\}^{128}$).

Ist K_0 der initiale Schlüssel des $SINC_8$, so kann man mittels der Funktionen δ und λ das Verhalten dieser Beispiele leicht beschreiben. Für die im linken Teil von Abb. 14 angegebene Schaltung erhält man folgendes Übergangsverhalten:

$$K_{i+1} = \delta(m_i, K_i), \quad i = 0, 1, \ldots, r - 1$$

Bezeichnet $I_0 = I$ den Initialisierungsvektor des Verzögerungselements, so erhält man das Übergangsverhalten der im rechten Teil von Abb. 14 angegebenen Schaltung.

$$K_{i+1} = \delta(m_i \oplus I_i, K_i), \quad I_{i+1} = \lambda(m_i \oplus I_i, K_i), \quad i = 0, 1, \ldots, r - 1$$

Der Hashwert $H(m)$ wird in beiden Fällen durch Auswertung des finalen Schlüssels K_r ermittelt.

8. Abschließende Bemerkungen

Das VLSI-Design des byteorientierten $SINC_8$ wurde von Armin Nückel am E.I.S.S. (Europäisches Institut für Systemsicherheit) in $1\,\mu$ CMOS-Technologie der Firma ES2 durchgeführt. Der Prototyp enthält ca. 60.000 Transistoren und wurde bei ES2 in Aix en Provence gefertigt. Bei der Verschlüsselung wurden Durchsatzraten von 32 MBit s^{-1} und beim Hashen Durchsatzraten von 80 MBit s^{-1} erreicht. Der Unterschied in den Durchsatzraten ist darin begründet, daß beim Hashen gemäß Abb. 14 (linker Teil) die Gatterlaufzeiten des Encoders nicht berücksichtigt werden müssen.

Prinzipiell sind SINCs daher geeignet, effiziente kryptographische Basisfunktionen der beschriebenen Art zu realisieren. Für die Sicherheit ist die verwendete Selbstmodifikation von ausschlaggebender Bedeutung. Im SINC-Projekt werden derzeit weitere Selbstmodifikation bzgl. ihrer Sicherheit untersucht. Abhängig von der jeweiligen Anwendung werden auch Selbstmodifikationen betrachtet, die lediglich vom aktuellen internen Zustand und nicht von der jeweiligen Eingabe abhängen. Neben den hier vorgestellten Benes-Netzwerken sollen außerdem weitere Typen von Verbindungsnetzwerken (vgl. [Clos53, Feng81]) näher untersucht werden.

Für Hinweise und anregende Diskussionen bedanke ich mich bei Frank Damm, Volker Hatz, Felix Holderied, Michael Portz und Peer Wichmann. Mein besonderer Dank gilt Armin Nückel und Carsten Otto. Armin Nückel hat viel Zeit und Know-How in das VLSI-Design gesteckt, Carsten Otto hat für den Prototypen eine spezielle PC-Karte entworfen und Testsoftware erstellt.

Literatur

[Boot67] T.L.Booth: Sequential Maschines and Automata Theory, John Wiley (1967).

[Bene65] V.E.Benes: Mathematical Theory of Connecting Networks and Telefon Traffic, Academic Press, New York (1965).

[Clos53] C.Clos: A Study of nonblocking switching Networks, Bell System Technical Journal, Vol. 32 (1953) 406-424.

[Feng81] Tse-yun Feng: A Survey of Interconnection Networks, IEEE Computer, December (1981) 12-27.

[HoNP91] P.Horster, A.Nückel, M.Portz: The Design of a VLSI Cryptochip Using an Intelligent Design Environment, E.I.S.S. Report 91/14, Universität Karlsruhe (1991), zugleich: Proceedings IFIP Workshop on Secure Design and Test of Crypto-Chips, Gmunden (Österreich), 20.-23. Oktober 1991.

[Por191] M.Portz: On the Use of Interconnection Networks in Cryptography, Advances in Cryptology – EUROCRYPT'91, Lecture Notes in Computer Science 547 (1991) 302-315.

[Por291] A New Class of Cryptosystems Based on Interconnection Networks, Aachener Informatik-Berichte Nr. 91-4, RWTH Aachen (1991).

Datenbankmanagementsysteme mit hohem Sicherheitsanspruch

G. Pernul, A M. Tjoa, J. T. Hotz-Behofsits

Institut für Statistik u. Informatik

Universität Wien

Liebigg. 4/3-4, A-1010 Wien, Österreich

E-mail: *guenther@ifs.univie.ac.at*

Kurzfassung: Der Artikel stellt Datenbankmanagementsysteme (DBMSe) mit Zielrichtung der Realisierung eines hohen Informationsschutzes vor. Die einzelnen Systeme beinhalten benutzerbestimmbare Zugriffskontrolle, regelbasierende Zugriffskontrolle oder unterstützen das Privacy-Modell. Es wird kurz auf die theoretischen Voraussetzungen für vertrauenswürdige DBMSe eingegangen bevor SeaView, LDV, ASD_Views, Trudata, Sword und DORIS hinsichtlich logischem Datenmodell, Sicherheitspolitik und Systemarchitektur betrachtet werden.

1 Einleitung

Der enorme Anstieg von EDV-Anlagen in allen Bereichen der Wirtschaft und Verwaltung und der damit verbundene Datenanfall hat einen großen Bedarf an DBMSen mit sich gezogen. Solche Systeme müssen eine ausreichende Verfügbarkeit der Daten garantieren und stellen für viele Organisationen einen wesentlichen Produktionsfaktor dar. Ein Verlust von Daten kann Unternehmen oft binnen weniger Tage ruinieren, eine unerlaubte Bekanntgabe von wichtiger Information schwerwiegende Folgen haben. Dem hohen Wert der Information muß daher in Form von Datenbanksicherheit entsprechend Rechnung getragen werden.

Unter dem Begriff *'Datenbanksicherheit'* werden im wesentlichen drei Komplexbereiche verstanden: Die *Konsistenz* betrifft die logische Richtigkeit der Eingabedaten, die *Datensicherheit* betrifft den Schutz der gespeicherten Daten gegen Verlust, und der *Informationsschutz* betrifft den Schutz der gespeicherten Daten gegen unberechtigten Zugriff, unberechtigte Weitergabe von Daten, bzw. mutwillige Veränderung von Information.

Die Frage nach der Beurteilung des Grades der Sicherheit eines Systems ist gegenwärtig Gegenstand von nationalen und internationalen Evaluations- und Standardisierungsbestrebungen. Diese Arbeiten beziehen sich hauptsächlich auf Informationsschutz. Als grundlegend seien in diesem Zusammenhang das Orange Book [1] des US Computer Security Centers, die Bestrebungen in Deutschland und in Canada ([2], [3]) oder die gemeinsamen Standardisierungsbestrebungen der EG-Länder [4] erwähnt. Von großer Relevanz für DBMSe ist [5], die Interpretation von [1] für Datenbanken. All diese Arbeiten haben als Ziel, Computersysteme hinsichtlich ihrer Sicherheitsfunktionen zu evaluieren und unterschiedlichen Sicherheitsstufen zuzuordnen. So wird z. B. in [5] beschrieben, welche Voraussetzungen an den Informationsschutz für DBMSe für das Erreichen einer gewünschten Sicherheitsstufe notwendig sind. In [5] besteht eine Sicherheitsstufe aus einem Buchstaben D, C, B oder A (wobei A als am sichersten eingestuft wird) und einer Ziffer, die eine feinere Einteilung zuläßt. Bei gleichem Buchstaben bedeutet eine höhere Ziffer eine höhere Sicherheit. DBMSe, die keine Sicherheit bieten, werden in die Klasse D und Systeme, die den höchsten Informationsschutz garantieren, in die Klasse A1 eingestuft.

Für viele Fragen aus dem Bereich Informationsschutz wurden Lösungsansätze präsentiert. Manche in Form von Modellen mit genauer Definition der Sicherheitspolitik, andere als Prototypen oder vollständig implementierte Systeme, die sich auf diese Modelle stützen. Ziel dieser Arbeit ist eine Diskussion von unterschiedlichen Konzepten aus DBMSen, die in der Literatur häufig vertreten sind und zumindest als Prototypimplementation verfügbar sind. Die Systeme werden hinsichtlich ihrem logischen Datenmodell, der Sicherheitspolitik und ihrer Systemarchitektur analysiert. Der Vollständigkeit halber beginnen wir mit Systemen, die benutzerbestimmbare Zugriffskontrolle unterstützen. Dieses Modell bietet keinen hohen Informationsschutz (maximal C3), ist jedoch in den meisten kommerziellen DBMS-Produkten realisiert. Im Kapitel 2 beschränken wir uns daher auf eine kurze Darstellung und der den darauf basierenden Systemen zugrunde liegenden Nachteile. Im Kapitel 3 beschreiben wir Systeme, die regelbasierenden Zugriffsschutz anbieten. Die Zielrichtung dieser Systeme ist eine Evaluierung mit Sicherheitsstufe A1. Da die meisten kommerziellen Produkte noch im Evaluierungsstadium sind bzw. technische Information nur eingeschränkt publiziert wurde und daher für uns nicht verfügbar war, beschränken wir uns auf die Beschreibung (semi-) akademischer Prototypimplementationen und nur einem kommerziellen Produkt. Im Kapitel 4 beschreiben wir kurz das datenschutzorientierte Informationssystem (DORIS), eine interessante Alternative zu regelbasierenden Systemen. Dieses System hat die Zielsetzung, das durch die Bundesdeutsche Verfassung geschützte Grundrecht der informationellen Selbstbestimmung in einem Informationssystem zu realisieren. Die Ausführungen in dieser Arbeit beziehen sich auf publizierte Berichte und stellen unsere Interpretation der einzelnen Systeme dar.

2 Systeme mit benutzerbestimmbarer Zugriffskontrolle

Benutzerbestimmbare Sicherheitsmodelle (discretionary security) werden durch eine Menge von Sicherheitsobjekten O, einer Menge von Sicherheitssubjekten S und einer Menge von Zugriffsprivilegien T charakterisiert. Zugriffsprivilegien beschreiben die Art des Zugriffs eines Subjektes auf ein bestimmtes Objekt. Die grundlegende Idee von benutzerbestimmbarer Zugriffskontrolle (discrectionary access control) liegt jedoch im Prinzip von *'ownership of information'* und *'delegation of rights'*. In benutzerbestimmbaren Sicherheitssystemen wird die Weitergabe von Zugriffsprivilegien auf einzelne Subjekte durch die Objekte selbst geregelt.

In Datenbanksystemen werden zwei unterschiedliche Verfahren zur Implementation von benutzerbestimmbarer Zugriffskontrolle häufig verwendet. In System R-basierten Systemen wird inhaltsbezogene Zugriffskontrolle mit Hilfe des Sichtenkonzeptes (*view*) realisiert [6]. In diesem Zusammenhang ist eine Sicht eine nicht materialisierte Abfrage, die erst zur Laufzeit exekutiert wird. Anstelle eine Autorisierung der Benutzer auf die aktuell gespeicherten Basisrelationen vorzunehmen, sind die Sicherheitsobjekte virtuelle *view*-Relationen. Das zweite Verfahren zur Implementation von benutzerbestimmbarer Zugriffskontrolle ist das Prinzip der Abfragemodifikation und liegt Ingres-basierten Systemen zugrunde [7]. Hier wird die Selektionsklausel jeder Benutzerabfrage mit einer für den entsprechenden Benutzer bestimmten Einschränkung konjunktiv verknüpft. Die Einschränkung ist in Form eines Prädikates in einer Systemtabelle gespeichert und entspricht der Zugriffseinschränkung einer bestimmten Benutzerklasse.

Sichtenkonzept und Abfragemodifikation bieten als gemeinsamen Vorteil ihre große Flexibilität an. Obwohl ausreichend für die meisten Standardanwendungen, sind beide Modelle jedoch aufgrund folgender fundamentaler Einschränkungen für sicherheitskritische Datenbankanwendungen nur bedingt einsetzbar:

(1) Grant Privileg. Durch die Weitergabemöglichkeit einer Autorisierung von einem Subjekt an ein anderes liegt die Einhaltung einer Sicherheitspolitik in der Verantwortung der Datenbankbenutzer. Wenn mehrere Subjekte Autorisierungen an ein bestimmtes Objekt vergeben, kann es bei der Rücknahme der Zugriffsberechtigung zu Auflösungsproblemen im Autorisierungsgraphen kommen.

(2) Trojanische Pferde. Bentuzerbestimmbare Zugriffskontrollen schützen nicht vor unberechtigter Weitergabe von Autorisierungen durch Trojanische Pferde.

(3) Update Beschränkung. Nicht alle Daten können integritätserhaltend in allen views verändert werden.

(4) Performance. Da jeder Zugriff auf Daten eines views in entsprechende Operationen auf Basisrelationen übersetzt werden muß, können views bzw. Abfragemodifikation zu

signifikanten Einschränkungen in der Performance führen.

3 Systeme mit regelbasierender Zugriffskontrolle

Während sich benutzerbestimmbare Sicherheitsmodelle auf die Definition, die Modellierung und den Zugriff auf Daten beschränken, wird in regelbasierenden (oder festgelegten) Sicherheitsmodellen auch der Informationsfluß zwischen den Subjekten betrachtet. Um den Anforderungen von regelbasierenden Systemen zu genügen, müssen Objekte und Subjekte mit Sicherheitsstufen ausgestattet sein. Den Objekten wird eine Klassifikation (*class*) und den Subjekten eine Freigabe (*clear*) zugeordnet. In diesem Zusammenhang sind Subjekte Benutzer oder Prozesse, die aufgrund von Operationen der Benutzer gestartet wurden und Sicherheitsobjekte sind logische Datenbestände. Hinsichtlich der Granularität des Sicherheitsobjektes gibt es noch keine einheitliche Meinung. So werden z. B. in einigen Implementationen Sicherheitsstufen nur für einzelne Relationen, in anderen für Tupel und wieder in anderen Sicherheitsstufen sogar für Attribute unterstützt.

Jede Sicherheitsstufe besteht aus 2 Komponenten: a) einem Element aus einer Liste von Sicherheitsklassen (z. B. streng_geheim > geheim > vertraulich > offen) und b) einer Kategorie aus einer Menge von Kategorien. Sicherheitsklassen repräsentieren die Sensitivität der gespeicherten Information sowie die Vertraulichkeit der Benutzer; Kategorien entsprechen schutzwürdigen Objekttypen der Realität (der Datenbank). Eine Sicherheitsstufe dominiert eine andere Sicherheitsstufe unter zwei Bedingungen: Erstens, die Klassifikation oder Freigabe ist $\geq$ der anderen Sicherheitsstufe und zweitens die Kategorie enthält die andere Kategorie zumindest als unechte Teilmenge. Somit ergibt sich eine vollständige Reihenfolge von Klassifikationen und Freigaben, insgesamt ist nur eine Teilordnung von Sicherheitsstufen möglich.

Regelbasierende Sicherheitssysteme beruhen auf den Anforderungen des Bell-LaPadula (BLP) Modells [8] und sind durch 2 Regeln definiert:

(1)   Ein Subjekt s kann ein Objekt o lesen, wenn die

$$clear(s) \geq class(o)$$

ist. Diese Regel schützt die Information vor unberechtigtem Lesen.

(2)   Ein Subjekt kann nur Daten in eine Datenbank schreiben, wenn

$$class(o) = clear(s)$$

ist. Hier wird das Objekt vor unberechtigter Modifikation geschützt. Regel 2 entspricht der 'restricted *-property' nach [8] und gilt nur für nicht vertrauenswürdige Sicherheitssubjekte.

Regelbasierende Zugriffskontrolle führt bedingt durch die verschiedenen Sicherheitsstufen zu mehrstufigen Datenbanken (*multilevel secure databases*). Mehrstufige Datenbanken können entstehen, weil Benutzer mit unterschiedlichen Freigaben die Realität unterschiedlich sehen können. Daraus folgt ein fundamentaler Unterschied zwischen herkömmlichen Datenbankmodellen und mehrstufigen Datenmodellen. Herkömmliche Datenmodelle bauen auf die Eigenschaft der Realität, daß jedes Ereignis von einem anderen Ereignis genau unterschieden werden kann. Auf diese Annahme stützt sich z. B. die Theorie des relationalen Datenmodelles und die resultiert in der Einschränkung, daß ein Ereignis der Realität auch nur einmal in der Datenbank repräsentiert werden kann. Für mehrstufige Datenmodelle gilt diese Einschränkung nun nicht mehr, da für Subjekte mit unterschiedlichen Freigaben die Realität unterschiedlich erscheinen mag. Diese wichtige Eigenschaft von mehrstufigen Datenmodellen heißt Polyinstantierung und man versteht darunter die simultane Existenz von Datenobjekten mit identem Namen aber unterschiedlichen Sicherheitsstufen. Da die meisten mehrstufigen DBMSe auf dem relationalen Datenmodell basieren, hat dies zur Folge, daß das relationale Datenmodell um weitere Einschränkungen erweitert werden mußte. In der Folge werden die wichtigsten davon kurz dargestellt:

Mehrstufige Objektintegrität: Kein Schlüsselwert darf den Nullwert annehmen, jeder Schlüssel muß eindeutig sein und die Klassifikation der Schlüsselattribute muß von der Klassifikation aller anderen Attribute dominiert werden.

Mehrstufige Verweisintegrität: Verweist ein Tupel auf ein Tupel in einer anderen Relation, so muß für den Fremdschlüssel gelten, daß seine Klassifizierung die Klassifizierung des referenzierenden Tupels dominiert.

Polyinstantierungsintegrität: Zwei Datenelemente dürfen nur mit gleichem Schlüssel existieren, wenn sie polyinstantierte Tupel oder Attribute repräsentieren.

Polyinstantierung kann immer dann entstehen, wenn für eine Datenmanipulation die Klassifikation der referenzierten Daten und die Freigabe des Benutzerprozesses unterschiedlich sind. Ein polyinstantiertes Tupel kann z. B. entstehen, wenn ein Subjekt mit niedriger Freigabe versucht, ein Tupel in eine Relation einzufügen, dieses aber schon mit einer höheren Klassifikaion in dieser Relation existiert. Über die Notwendigkeit Polyinstantierung zu unterstützten, herrscht im Moment zwischen den einzelnen Forschungsgruppen noch keine Einigkeit. Es gibt Gruppen, die meinen, daß es sinnvoller ist, den Benutzer mit niedriger Freigabe zu informieren und die Einfüge-Operation abzubrechen (siehe Sword-Modell). Als Begründung wird von ihnen angegeben, daß durch Polyinstanzierung die Integrität der Datenbank permanent verletzt wird und zusätzlich noch Performanceeinschränkungen entstehen würden. Vertreter der anderen Gruppe hingegen meinen, daß in mehrstufigen Systemen aus Gründen des angestrebten hohen Informationsschutzes das neue Tupel in die Relation eingefügt werden muß. Dies scheint realistisch zu sein, denn würde das DBMS dem Subjekt über die Existenz des Primärschlüssel durch Abbruch der Einfüge-Operation Mitteilung machen, so könnte das Subjekt daraus schließen, daß höher klassifizierte Daten existieren müssen. Dies liegt insbesondere dadurch begründet, daß aufgrund der Lesezugriffregel nach [8] das bereits gespeicherte Tupel für das Subjekt nicht sichtbar ist.

Anschließend werden fünf der bekanntesten mehrstufig relationalen DBMSe vorgestellt, wobei besonders auf das Datenmodell, die Architektur, Sicherheitspolitik und Art der Unterstützung von Polyinstanzierung eingegangen wird. Für eine detaillierte und weiterführende Beschreibung des mehrstufig relationalen Datenmodells sei auf [9] verwiesen.

3.1 SeaView

Secure Data Views (z. B. in [10], [11], [12], [13], [14]) ist das bekannteste Projekt im Bereich mehrstufig relationaler DBMSe. SeaView wurde 1987 von SRI International in Zusammenarbeit mit Gemini Computers Inc. und der Firma Oracle gestartet. Ziel dieses Projektes ist die Entwicklung eines DBMS, das mit der Sicherheitstufe A1 evaluiert werden kann. Als Designvorgaben wurde die Verwendung des kommerziellen Referenzmonitors GEMSOS als TCB (Trusted Computing Base) und eines Oracle DBMS B1 Prototypes gewählt.

3.1.1 SeaView Logisches Datenmodell

Ausgangspunkt des SeaView Modelles ist das relationale Datenmodell, das um die Facette eines mehrstufigen Informationsschutzes erweitert wurde. Von den Erweiterungen betroffen sind hauptsächlich die Zugriffskontrolle und die Integritätsregeln. Das Datenmodell unterstützt Polyinstantierung auf Datenbank-, Relationen-, Tupel-, und Attribut-Ebene und besteht aus folgenden Komponenten:

A) Strukturkomponenten

Mehrstufige Datenbanken: Datenbanken wird ein Bereich von Sicherheitsstufen zugewiesen. Alle Daten der DB müssen innerhalb dieses Bereiches klassifiziert werden.

*Mehrstufige Relationen:*Relationen werden ebenfalls Klassifikationsbereiche zugewiesen. Alle Daten einer Relation müssen in einem vorher definierten Bereich liegen. In SeaView werden drei Arten von Relationen unterschieden:

> *Mehrstufige Basisrelationen:* Sie sind äquivalent den Relationen im relationalen Standardmodell und um Sicherheitsstufen erweitert. Für sie gelten alle mehrstufigen

Integritätsbedingungen.

Mehrstufige Views: Das sind Views über mehrstufige Basisrelationen und/oder über andere mehrstufige Views. Für sie gelten die Integritätsbedingungen nur indirekt über die angesprochenen Basisrelationen.

Mehrstufige Schnappschüsse: Ergebnisse von mehrstufigen Views können als Schnappschüsse permanent gemacht werden. Ein Schnappschuß ändert sich bei Änderung der Datenbank nicht.

Mehrstufige Tupel: Jedes Tupel wird um eine aus den Attributklassifikationen abgeleitete Sicherheitsstufe erweitert.

Mehrstufige Attribute: SeaView unterstützt das Klassifizieren von 'individullen Eigenschaften der Realität'. Dies führt dazu, daß für jedes Attribut ein zusätzliches Klassenattribut geführt werden muß. Bei der Definition einer Relation wird für jedes Attribut festgelegt, in welchem Bereich die Attributklassifizierung liegen muß.

B) Integritätskomponente

SeaView unterstützt zwei Arten von Integritätsregeln: anwendungsunabhängige und anwendungsabhängige. Anwendungsunabhängig sind die oben beschriebenen Regeln: mehrstufige Objektintegrität, mehrstufige Verweisintegrität und Polyinstantierungsintegrität. Durch anwendungsabhängige Integritätsregeln können die erlaubten Zustände in einer Datenbank durch Einschränkungen von Wertebereichen noch weiter eingegrenzt werden. Da in SeaView alle Aktionen nur unter Einhaltung dieser Regeln durchgeführt werden, müssen appliktionsabhängige Integritätsregeln nur einmal eingegeben und von allen Applikationen mit Zugriff auf die Datenbank eingehalten werden.

C) Zerlegungs- und Zusammensetzungskomponente

Mehrstufige Basisrelationen werden mit Hilfe eines Dekompositionsverfahrens in einstufige Relationen zerlegt. Alle Operationen, die auf mehrstufige Relationen durchgeführt werden, müssen dann in äquivalente Operationen für einstufige Relationen umgesetzt werden. Mehrstufige Relationen sind daher nur als virtuelle View-Relationen realisiert, die durch Zusammensetzung aus einstufigen Relationen erzeugt werden. Der Grund für diese Zerlegung liegt einerseits im erhöhten Informationschutz und andererseits darin, daß kommerzielle relationale DBMS-Produkte nur einstufige Relationen verarbeiten können. Über die Art der Zerlegung von mehrstufigen Relationen in einstufige Relationen gibt es in der Literatur noch keine einheitliche Meinung. Unterschiedliche Zerlegungs- und Zusammenführungsverfahren wurden in den letzten Jahren diskutiert (z. B. [15], [16], [17], [18]). Keines dieser Verfahren hat sich jedoch bisher eindeutig durchgesetzt.

3.1.2 SeaView Sicherheitspolitik

SeaView unterstützt benutzerbestimmbare und regelbasierende Zugriffskontrolle. Für regelbasierende Kontrolle werden alle Subjekt-Objekt Zugriffe durch den Referenzmonitor (Gemsos) kontrolliert. In SeaView kommt das Bell-LaPadula (BLP) Modell zur Anwendung. Zusätzlich werden noch zwei Klassen von Benutzern unterstützt: *Vertrauenswürdige* Benutzer dürfen zusätzlich zu den durch BLP auferlegten Einschränkungen mathematisch/statistische Funktionen anwenden, wobei das Ergebnis auch niedriger klassifiziert sein kann als Daten, die eingeflossen sind (Sanitization). *Nicht-vertrauenswürdige* Benutzer unterliegen vollständig den BLP-Einschränkungen.

In SeaView wurden neben den eingangs diskutierten Integritätsregeln auch Klassifikationsregeln integriert. Mit diesen Regeln wird die Mindest- und Höchstsicherheitsstufe eines Elementes bestimmt. Als Besonderheit können in SeaView für die einzelnen Datenbanken zusätzliche Klassifikationsregeln aufgestellt werden mit deren Hilfe eine Klassifizierung automatisch vorgenommen werden kann. Ziel dieser Regel ist es, eine vollständige und konsistente Klassifizierung der Datenbank sicherzustellen.

Benutzerbestimmbare Sicherheit beruht in SeaView auf den Prinzipien 'Verweigerung hat Vorrang' und 'spezielle Regel hat Vorrang vor der allgemeinen Regel'. Unterstützt werden Benutzergruppen und einzelne Benutzer. Als Sicherheitsobjekte dienen für benutzerbestimmbare Sicherheit Datenbanken und Relationen. Die Sicherheitskomponente stellt verschiedene Privilegien zur Verfügung: Der *Null-Modus* bedeutet, daß nichts erlaubt ist. Weiters gibt es *Lese-Modus, Schreib-Modus* und *Referenzmodus*. Die Weitergabe von Rechten wird mittels der grant und give-grant-Modi geregelt. Mit dem *grant-Modus* dürfen zwar Berechtigung erteilt und entzogen werden, der grant und *give-grant Modus* bleibt davon aber ausgenommen. Diese beiden Modi dürfen nur bei Besitz des give-grant Modus weitergegeben werden.

3.1.3 SeaView Architektur

Das SeaView-System basiert auf einer Schichtenarchitektur. Der Vorteil liegt darin, daß jede Schicht seine eigene Politik implementieren kann und durch die Politiken der unteren Schichten die höheren Schichten nicht in ihrer Funktionalität eingeschränkt werden können (TCB Subsetting). So werden z. B. alle Schreib/Lesezugriffe vom Referenzmonitor (er ist verantwortlich für den regelbasierenden Zugriffsschutz) kontrolliert und darüberliegende Schichten brauchen sich daher nicht mehr um regelbasierende Zugriffskontrolle zu kümmern. Der hierarchische Aufbau von SeaView wird in Abbildung 1 [19] illustriert und nachfolgend anhand einer Sitzung erläutert.

```
┌─────────────────────────────────────┐
│          SeaView-Benutzer           │
├─────────────────────────────────────┤
│      SeaView-Benutzeranwendung      │
├─────────────────────────────────────┤
│           MSQL-Prozessor            │
├─────────────────────────────────────┤
│     ORACLE Mandatory Prototype      │
├─────────────────────────────────────┤
│          Ressource Manager          │
├─────────────────────────────────────┤
│            GEMSOS  TCB              │
└─────────────────────────────────────┘
```

Abbildung 1: SeaView Architektur (nach [19])

Der Ablauf einer SeaView-Sitzung sieht folgendermaßen aus: Der Benutzer 'loggt' sich ein und ruft seine Anwendung auf. Die Anwendung schickt an den MSQL Prozessor einen Befehl, der interpretiert und vom MSQL-Preprozessor in entsprechende SQL Befehle übersetzt und an das DBMS System weitergeleitet wird. Dort werden die SQL Befehle unter Kontrolle des Referenzmonitors ausgeführt und das Ergebnis an die Anwendung zurückgegeben.

Voraussetzung für den sicheren Ablauf einer Sitzung ist natürlich ein sicheres Betriebssystem. In SeaView wird GEMSOS, ein Mehrprozessorbetriebssystem für den Intel iAPX 286 Mikroprozessor, als Referenzmonitor eingesetzt. Als einstufiges relationales DBMS kommt ORACLE zur Anwendung. Dazwischen wurde eine Softwareschicht, der Ressource Manager, eingefügt. Dieser bietet zusätzliche Betriebssystemfunktionen an, die für die Unterstützung des ORACLE B1 Prototypes und des MSQL Prozessors wichtig sind. Die wohl wichtigste Schicht in SeaView stellt der MSQL Prozessor dar. Hier werden Operationen auf mehrstufigen Relationen in äquivalente SQL Befehle umgewandelt und zusätzlich die mehrstufigen Relationen als Views über den entsprechenden einstufigen Relationen dargestellt. In MSQL wurde der SQL-Sprachumfang um alle Belange von regelbasierender Zugriffskontrolle erweitert. So können z. B. polyinstanzierte Tupel verwaltet werden oder nach der Sicherheitsstufe von Tupel oder Attributen selektiert werden. Beim Create-Table Befehl kann der Klassenbereich angegeben und auch so eingeschränkt werden, daß alle Tupel einer einzigen Sicherheitsstufe (keine Polyinstantierung) genügen müssen.

3.2 LDV (Lock Data Views)

LDV ([20], [21]) wurde von Honeywell Secure Computing Technology Corporation (SCTC) als mehrstufiges relationales DBMS mit A1 Sicherheit geplant und als Prototyp implementiert. Basis für die Entwicklung ist der Referenzmonitor LOCK (Logical Coprocessing Kernel) von Honeywell, der die Architektur von LDV stark mitgeprägt hat.

3.2.1 LDV Logisches Datenmodell

Das Datenmodell von LDV erinnert stark an jenes von SeaView, es wird hier also vorwiegend auf die gravierendsten Unterschiede eingegangen. Im Gegensatz zu SeaView gibt es keine polyinstanzierten Attribute, sondern lediglich polyinstanzierte Tupel. Mehrstufige Relationen werden nicht in einstufige Relationen zerlegt, wodurch auch kein einstufiges Standard-DBMS zum Einsatz kommen kann. Die Aufteilung der Daten wird nach folgendem Schema vorgenommen: Für jede Sicherheitsstufe existiert genau ein File. Zusätzlich wird für jedes Attribut, das in einer Kontext-Regel vorkommt, ebenfalls ein eigenes File angelegt. Aus Gründen der Konsistenz kann jedes Attribut nur in einem File gespeichert werden. Bei Abfragen wird aus den einzelnen Files die mehrstufige Relation gebildet und die Sicherheitsstufe aus den Attributen abgeleitet. Beim Einfügen eines Tupels wird die Sicherheitsstufe mitgespeichert, mit der das Tupel eingefügt wurde.

3.2.2 LDV Sicherheitspolitik

LDV unterstützt das BLP-Modell und ähnlich wie SeaView vertrauenswürdige und nicht-vertrauenswürdige Subjekte. In LDV wurde eine umfassende Klassifizierungspolitik implementiert, die als ein herausragender Bestandteil der Sicherheitspolitik von LDV gesehen werden kann. Folgende Klassifizierungspolitiken werden unterstützt:

Namensabhängige Klassifizierung: Sie bezieht sich auf Relationen und Attribute.

Inhaltsabhängige Klassifizierung: Sie bezieht sich auf Attributwerte.

Kontextabhängige Klassifizierung: Klassifizieren von Kombinationen aus mehreren Attributen.

*Klassifizierung von Aggregationen:*Datenaggregate können unterschiedlich zu den zugrundeliegenden Daten klassifiziert sein.

Inferenzkontrolle: Bestimmung der Sensitivität von Daten auf Grund potentieller Herleitungen Inferenzkontrolle kann ermöglicht werden, wenn das System eine History-Funktion eingebaut hat und die Zugriffskontrolle vergangene Abfragesequenzen mitberücksichtigt.

In LDV werden alle Daten default-mäßig klassifiziert, um vollständiges Klassifizieren der Datenbank zu gewährleisten. Datenbankkonsistenz wird durch sechs Regeln sichergestellt, denen die Klassifizierungsregeln genügen müssen. Diese Regeln entsprechen zum Teil den anwendungsunabhängigen Integritätsregeln von SeaView, gehen aber in einigen Fällen auch darüber hinaus.

3.2.3 LDV Architektur

Entscheidend für die Architektur von LDV sind die Funktionalität und Mechanismen vom Referenzmonitor LOCK. Folgende drei Komponenten sind für die Durchführung der gesamten regelbasierenden Sicherheitspolitik ausschlaggebend:

Kapselung: Das Gesamtsystem wird in voneinander abgekapselte Bereiche gegliedert. In einem dieser Bereiche läuft das DBMS LDV. Zwei weitere Bereiche, die Importer Domain und die Exporter Domain, übernehmen die ein- und ausgehende Kommunikation von LDV mit der DB-Applikation. (Siehe Abbildung 2)

Pipelines: Der Datenaustausch zwischen gekapselten Bereichen erfolgt über 'sichere' Pipelines. Eine Pipeline ist eine Sammlung von Kommunikationsprozessen, wobei jeder Kommunikationsprozeß hinsichtlich Sicherheitsverletzungen isoliert verifiziert werden kann. Sichere Pipelines müssen drei Bedingungen erfüllen:

1. Die verifizierten Transformationen können nicht umgangen werden.
2. Die Transformationen in den Pipelines sind korrekt.
3. Daten der transformierten Typen können nicht verfälscht werden.

Typbindung: Vom System wird eine Domain Definition Table (DDT) verwaltet. Jedes Subjekt arbeitet in einem definierten Bereich (Domain). Alle Daten (Objekte) werden auf Grund ihrer ursprünglichen Domain typisiert. Die erlaubten Zugriffsarten der Subjekttypen und Objekttypen werden in der DDT gespeichert und der Subjekt-Objektzugriff wird mit Hilfe dieser Tabelle gesteuert. Das Zusammenspiel 'Kapselung - sichere Pipelines - Typbindung' ist die Basis für den regelbasierenden Zugriffsschutz von LOCK und in weiterer Folge für LDV.

LDV baut auf die LOCK TCB auf. Der Benutzer kommuniziert mit LDV mittels Request Importer und einem Request Exporter. Der Zugriff auf Daten und Metadaten wird durch LOCK kontrolliert. Daten und Metadaten werden dabei in einstufigen Files gespeichert (d.h. in LOCK Objekten). LOCK garantiert, daß diese Files nur von Subjekten für Schreib/Lese-Operationen geöffnet werden können, wenn ihre Prozesse auf der richtigen Sicherheitsstufe und in den geeigneten DB Domains laufen (Typbindung). Somit deckt der Referenzmonitor einen großen Teil der Sicherheitspolitik von LDV, vor allem die statischen Abhängigkeiten wie Namens-, Inhalts- oder Kontextabhängigkeit, ab. Zur Realisierung von dynamischen Abhängigkeiten war eine Erweiterung der Request Exporter Domain notwendig.

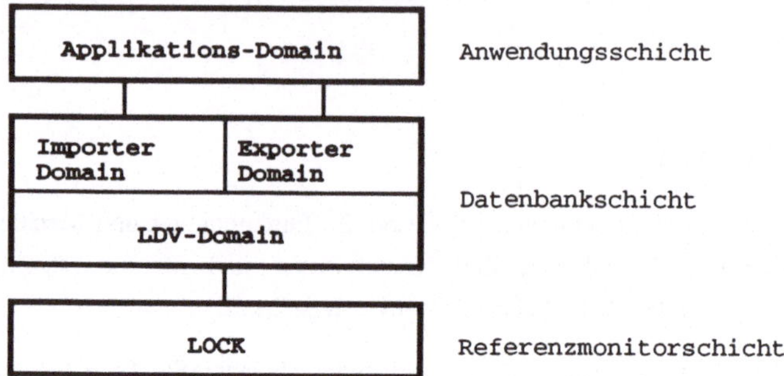

Abbildung 2: LDV-Systemarchitektur

Das LDV System besteht aus den logischen Subsystemen Data Dictionary Manager (DDM), User Request Manager (URM), Relational Access Manager (RAM) und Execution Manager (EM). Die Kommunikation zwischen den Subsystemen erfolgt über Pipelines und ist in Abbildung 3 vereinfacht dargestellt.

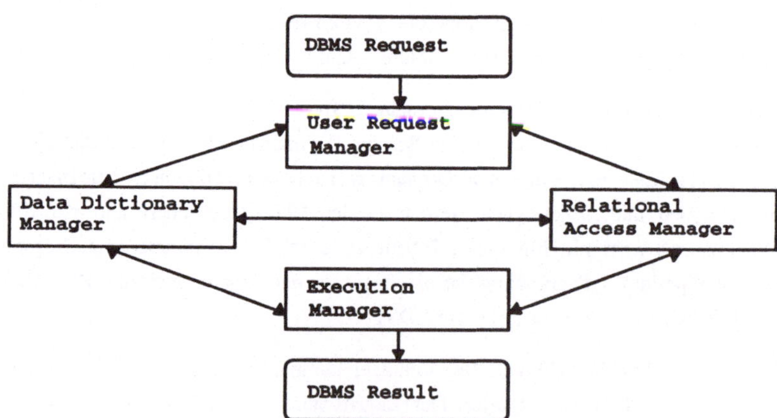

Abbildung 3: LDV-Subsysteme und Systemdatenfluß

Der *Data Dictionary Manager* verwaltet die Metadaten der Datenbank (DB-Schemabeschreibungen, Sicherheitseinschränkungen, Integritätsregeln und die History-Information zur Inferenzkontrolle) und dient als Server für die anderen Subsysteme. Der *User Request Manager* stellt ein SQL-Interface zur Verfügung und übersetzt die SQL Abfragen in eine interne Darstellung. Der *Relational Access Manager* optimiert die interne Darstellung der Abfrage auf Grund der Informationen des DDMs und liefert als Output eine Abarbeitungsstrategie der Abfrage. Das *Execution Manager* Subsystem führt die Abarbeitung der Abfrage nach der gefundenen Strategie aus und benutzt dazu die Dienste des RAM und des Transaction Execution Manager (TEM, nicht in Abb. 3). Zur Interprozeßkommunikation unterstützt LDV drei unterschiedliche Pipelines: die Metadaten Pipeline, die Response Pipeline und die Update Pipeline. Die *Metadaten Pipeline* stellt Mechanismen zur Definition von DB-Strukturen, Relationen, Views, Attributen sowie Klassifikationsregeln zur Verfügung. Ihre Verwendung bleibt normalerweise dem DB-Administrator und dem Sicherheitsbeauftragten vorbehalten. Die *Response Pipeline* übergibt eine Abfrage aus der Applikationsdomain an das DBMS, führt die Abfrage durch und erstellt eine Ergebnisrelation, klassifiziert das Ergebnis und gibt dieses an die Benutzerdomain weiter. Die *Update Pipeline* erlaubt Subjekten, deren Prozesse in einer speziellen Domain ausgeführt werden, die Vorbereitung von Datensätzen für den Input in das DBMS oder die Identifizierung von Datensätzen zum Löschen. In allen Pipelines werden sowohl Teile mit sicherheitskritischem Code sowie auch Teile ohne sicherheitskritischem Code verwendet. Abbildung 4 enthält eine schematische Darstellung der Update Pipeline und zeigt die Interaktion zwischen den einzelnen LDV Subsystemen anhand eines Update-Requests.

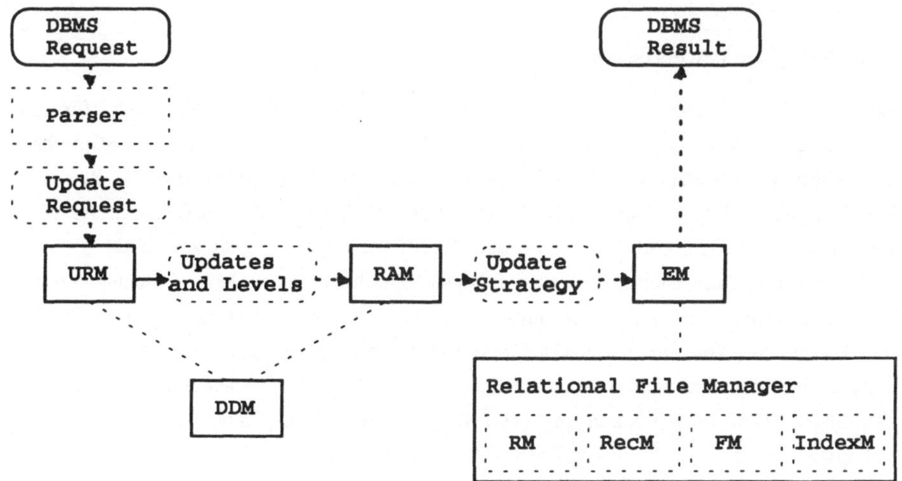

Abbildung 4: LDV Update Pipeline

3.3 ASD_Views

In vielen kommerziellen DBMSen werden Views erfolgreich für die benutzerbestimmbare Zugriffskontrolle eingesetzt. Die Firma TRW hat sich zum Ziel gesetzt, ein mehrstufiges DBMS zu entwickeln, in dem Views auch als Objekte der regelbasierenden Zugriffskontrolle dienen sollen. Als Basis für die Implementation stand ASD, ein A1 DBMS Prototyp aus gleichem Hause zur Verfügung.

3.3.1 ASD_Views Logisches Datenmodell

Die Verwendung von Views als Sicherheitsobjekt und die so erreichte Flexibilität läßt beinahe beliebige Klassifizierung von Daten zu. Die Autoren von ASD-Views ([22], [23]) sehen durch die Verwendung von Views zur regelbasierenden Zugriffskontrolle für ihr System die folgenden Vorzüge: Views ermöglichen inhaltsabhängige Klassifizierung auf Relationen-, Tupel- und Attributebene. In Verbindung mit einer Zugriffsmatrix können Views auch zu benutzerbestimmbarer Zugriffskontrolle verwendet werden. Views können zur Definition von Datenaggregaten eingesetzt werden. Durch eine Änderung der View-Definition können Daten rasch und ohne hohen Aufwand neu klassifiziert werden.

Neben diesen Vorteilen erwachsen durch die Unterstützung des View-Konzeptes jedoch auch erhebliche Nachteile und Einschränkungen. Neben Einschränkungen in der Performance und erhöhter Fehleranfälligkeit durch falsche View-Definitionen sei in diesem Zusammenhang auch eine erschwerte Inferenzkontrolle erwähnt.

3.3.2 ASD_Views Sicherheitspolitik

In ASD_Views werden Views sowohl für die regelbasierende als auch für die benutzerbestimmbare Zugriffskontrolle verwendet. Die benutzerbestimmbare Zugriffskontrolle bezieht sich auf einzelne Benutzer, Benutzergruppen oder alle Benutzer. Die Zugriffsprivilegien sind SELECT, UPDATE, INSERT und DELETE. Individuelle Rechte haben Vorrang vor allgemeinen und Zugriffsverweigerung geht vor Erlaubnis. Für regelbasierende Zugriffskontrolle gelten folgende Einschränkungen: Jeder Datenbankprozeß arbeitet mit dem Sicherheitslevel des initiierenden Subjektes. Views sind klassifizierte Objekte und können nur von einem Sicherheitsbeauftragten erzeugt werden. Subjekte werden in vertrauenswürdige und nicht-vertrauenswürdige eingeteilt. Nicht-vertrauenswürdige Subjekte unterliegen den Einschränkungen des BLP-Modells. ASD_Views unterstützt keine Polyinstantierung.

3.3.3 ASD_Views Architektur

ASD_Views wurde als eine Erweiterung des bereits existierenden mehrstufig relationalen DBMS ASD implementiert. ASD unterstützt Klassifizierung auf Tupel-Ebene. Aus Gründen der Performance wurde in ASD_Views folgende Architektur gewählt: Der View-Prozessor wurde Bestandteil der TCB und um ihn klein zu halten, wurde die Funktionalität der View-Definitonssprache stark eingeschränkt. Für View-Definitionen werden nur SELECT und PROJECT Operationen unterstützt.

Da ASD_Views auf ASD zugreift, ist es notwendig, auch dieses System kurz zu beschreiben. ASD wurde als portables System konzipiert, das auf verschiedenen sicheren Betriebssystemen implementiert werden kann, sofern diese gewisse Voraussetzung mitbringen. Die Sicherheit von ASD hängt dabei letztlich von der Sicherheit des Betriebssystems ab und kann Sicherheitsstufe A1 erreichen. Neben der Portabilität stand eine hohe Performance als Zielsetzung im Vordergrund. Aus diesen Gründen wurde die Durchführung der Sicherheitspolitik auf zwei Ebenen verteilt. Das DBMS selbst wurde als sicheres Subjekt (aus der Sicht des Betriebssystems), das die regelbasierende Sicherheit selbst regelt, implementiert. Im Gegensatz zu SeaView werden in ASD jedoch nicht alle Zugriffe von einem Referenzmonitor kontrolliert. Abbildung 5 zeigt eine Darstellung der Systemarchitektur von ASD.

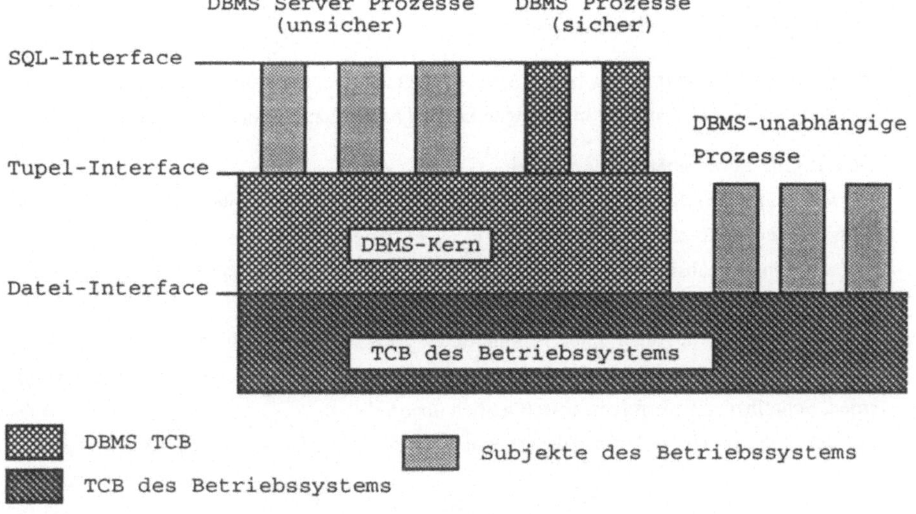

Abbildung 5: ASD Systemarchitektur

ASD besteht aus mehreren Modulen. Der DBMS Kern ist aus der Sicht des Betriebssystems ein sicheres Subjekt, das im Auftrag von Benutzerprozessen mit unterschiedlichen Freigaben Operationen auf klassifizierte Tupel durchführt. Für jeden Benutzer und jede Applikation werden nicht-vertrauenswürdiger DBMS Server Prozesse erzeugt, die auf den DBMS Kern zugreifen. ASD unterstützt auch vertrauenswürdige Subjekte, die vordefinierte Aufgaben, wie z. B. die DBMS Initialisierung, DB-Reorganisation oder Aufgaben eines Sicherheitsbeauftragten durchführen. ASD unterstützt regelbasierende Zugriffskontrolle auf Tupelebene und benutzerbestimmbare Zugriffskontrolle auf Relationenebene. Regelbasierende Kontrolle basiert auf einem erweiterten BLP-Modell.

3.4 Trudata

Trudata [24] ist ein kommerziell verfügbares mehrstufiges DBMS, das abhängig vom verwendeten Betriebssystem mit B1 oder B2 evaluiert wird. Da Trudata ein kommerzielles Produkt ist, unterscheiden sich die Zielsetzungen von denen der oben beschriebenen Systeme. Trudata sollte bisher getätigte Investitionen der Firma Intercon in Standard DBMS-Produkte nutzen indem diese Produkte mit kommerziell realistischem Aufwand in eine sichere Umgebung eingebettet werden sollten. Weiters sollte das System prasixnahe Einsatzbereiche unterstützen und das zugrunde liegende Sicherheitsmodell sollte auf Views basieren.

3.4.1 Trudata Logisches Datenmodell

Dem verwendeten Datenmodell (siehe Abb. 6) liegt ein eingeschränkter relationaler Ansatz zugrunde. Die wichtigsten Einschränkungen können folgend zusammengefaßt werden:

- Dateizugriff ist nur über *Views* möglich.
- *PViews* sind Einschränkungen von Views und werden durch Projektionen erzeugt. Sie dürfen sich nicht überlappen, außer ein PView ist eine Untermenge eines anderen. Diese Regel soll ein unbeabsichtigtes 'write down' verhindern. PViews müssen a priori festgelegt werden, noch bevor Daten in die Relation eingefügt werden.
- *MViews* bestehen aus über Joins verknüpften PViews. MViews können im Gegensatz zu PViews auch nachträglich angelegt werden jedoch kann auf sie nicht schreibend zugegriffen werden. Schreibzugriffe erfolgen ausschließlich über PViews.
- Für jede konzeptuelle Relation existiert eine *BaseView* mit allen Attributen dieser Relation.

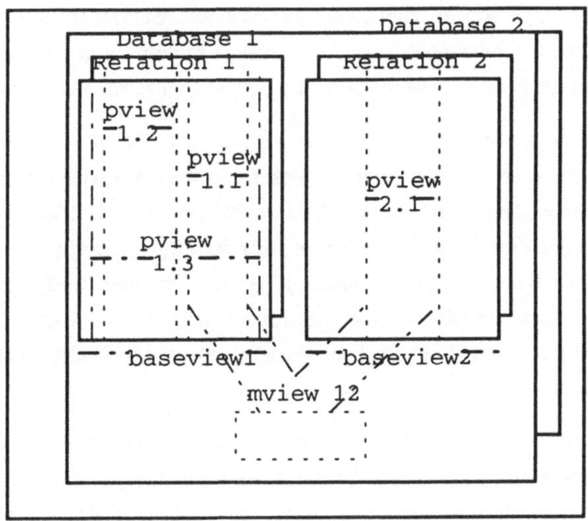

Abbildung 6: Trudata Logisches Datenmodell, Containermodell

3.4.2 Trudata Sicherheitspolitik:

Die Komponenten der Sicherheitspolitik können folgenden Klassen zugeordnet werden:

Sicherheitssubjekte: Dazu zählen Benutzer sowie vertrauenswürdige und nicht-vertrauenswürdige Anwendungen. Bei der Definition erhält jedes Subjekt zwei Freigaben, die die Mindest- und Höchstsicherheitsstufe des Subjektes beschreiben. Die aktuelle Subjektklasse muß innerhalb dieses Bereiches liegen.

Sicherheitsobjekte: Objekte können in Namensobjekte (Datenbank, Relation, View) und Speicherobjekte (PView) unterteilt werden. Namensobjekte stellen Daten-Container dar.

Sicherheitsstufen: In Anlehnung an BLP bestehen Sicherheitsstufen aus zwei Komponenten: einem Element aus einer Liste von Sensitivitätsstufen und einer Kategorie aus einer Menge von Kategorien. Trudata unterscheidet drei unterschiedliche Arten von Klassifikationen:

CCR: Die 'Container Clearance Requirement' gibt die Mindest- und Höchstklasse aller im Container gespeicherten Daten an.

DSL: Der 'Default Security Level' dient als Vorgabe falls nicht näher klassifiziert wird.

ASL: Der aktuelle Sicherheitslevel der mit jedem PView gespeichert wird.

Operationen: Subjekte können Objekte nur mittels vordefinierten Operationen bearbeiten.

Trudata stellt Operationen zum Lesen aus MViews, Schreiben von PViews, Löschen aus Containern, Erzeugen von Containern, Ändern von Sicherheitsstufen und Operationen zur benutzerbestimmbaren Zugriffskontrolle zur Verfügung.

Benutzerbestimmbare Zugriffskontrolle: Der Zugriff auf Daten wird entsprechend den Namensobjekttypen 4-stufig geregelt. Sicherheitsobjekte sind hierarchisch angeordnet (System Level, Datenbank Level, Relation/MView Level, PView Level) und bei Gewährung des Zugriffs auf einer Ebene wird das Zugriffsprivileg den unteren Ebenen weitervererbt. Bekommt der Benutzer z. B. das Privileg 'read database', erhält er automatisch Lesezugriff für alle Relationen und Views dieser Datenbank. Die Vererbungskette kann durchbrochen werden, indem das Recht einer Ebene explizit entzogen wird.

Regelbasierende Zugriffskontrolle: Trudata unterscheidet fünf Subpolitiken für regelbasierende Zugriffskontrolle (create, read, write, update, remove). Jede Subpolitik wird durch einen Entscheidungsbaum beschrieben, aus dem abgeleitet werden kann, ob ein Subjekt bezüglich der Sicherheitspolitik für eine Operation autorisiert oder nicht autorisiert ist. Abbildung 7 zeigt den Entscheidungsbaum für die Leseoperation. In Abbildung 7 entspricht u der Freigabe eines vertrauenswürdigen Subjektes, *useclev* der Freigabe eines nicht vertrauenswürdigen Subjektes, ASL der Klassifikation eines PViews und MSL der Klassifikation eines MViews.

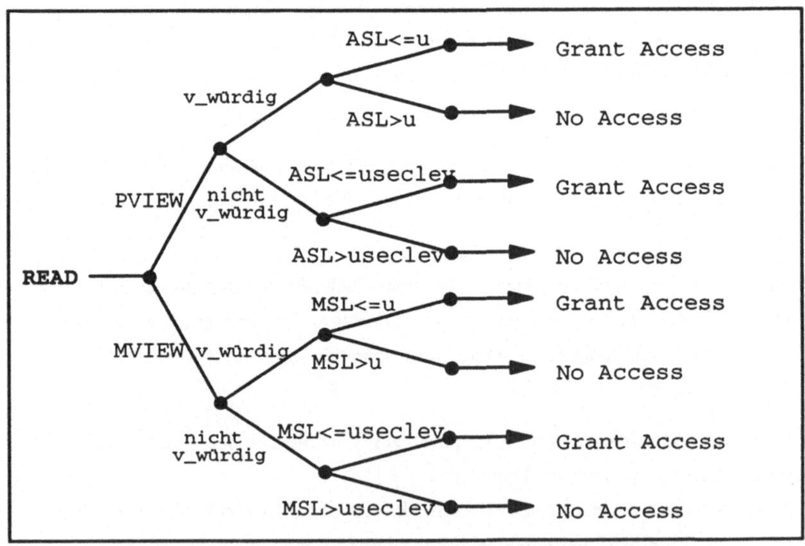

Abbildung 7: Trudata Sicherheitspolitik für die Lese-Operation

3.4.3 Trudata Systemarchitektur

Trudata basiert auf einer Client-Server Architektur in der alle Sicherheitsvorkehrungen in der Front-End Komponente verwirklicht werden. Die DBMS Komponente kann nur über den verifizierten Front-End (TFE) erreicht werden. Als TFE wird das AT&T B1 System V/MLS für einen 3B2 Prozessor und als DBMS eine relationale DB-Maschine von Britton Lee verwendet.

3.5 Sword

Sword ([25], [26]) steckt noch am Beginn der Entwicklung und wird daher in dieser Arbeit nur der Vollständigkeit halber erwähnt. Sword ist so ausgelegt, daß es ohne Polyinstantierung auskommt. Das System unterstützt Klassifikation auf Attributebene und Tupelebene. Zur Zeit ist ein in Ada geschriebener Prototyp auf einer VAX/VMS Plattform implementiert. Als Datenbankmaschine wird Secure Ingres verwendet, ein in England entwickeltes B1 Prudukt.

4 PRIVACY SYSTEME

Während alle bisher beschriebenen Modelle die Geheimhaltung von sensitiver Information als Schwerpunkt ihrer Sicherheitspolitik sehen, ist es das Ziel des Privacy-Modells, die informationelle Selbstbestimmung von Personen zu gewährleisten. *Informationelle Selbstbestimmung* ist als Grundrecht in den Verfassungen vieler Länder verankert und ist das Recht jedes Staatsbürgers, selbst zu entscheiden, welche Daten über ihn gespeichert werden dürfen. Eine auf diese Zielvorgabe basierende Prototyp-Implementation stellt das datenschutzorientierte Informationssystem DORIS [27] dar.

Datenschutzorientiertes Informationssystem (DORIS)

Im Privacy Modell [28] wird versucht eine Welt nachzubilden, in der jeder Handelnde (Benutzer des Informationssystems) nur über sein eigenes, für ihn notwendiges persönliches Wissen verfügt und im weiteren dann mit anderen Handelnden innerhalb festgelegter Regeln Mitteilungen austauschen kann. In diesem System soll es also nicht möglich sein, Daten von anderen Benutzern dauerhaft aufzubewahren. Jede Information über andere Handelnde muß stets neu beantragt und bewilligt werden.

4.1 DORIS Logisches Datenmodell

DORIS nutzt Konzepte der objekt-orientierten Programmierung sowie relationale Datenbanktechniken. In der Folge werden die wichtigsten Systemkomponenten von DORIS beschrieben.

Persons: Personen (person objects) sind das Grundkonzept im Privacy-Modell und repräsentieren Information über die gespeicherten Individuen als auch über die Benutzer der Datenbank. Jeder Handelnde oder Betroffene wird im Informationssystem als ein eingekapseltes, systemweit eindeutig durch ein Surrogat identifizierbares Person-Objekt repräsentiert. Sein persönliches Wissen wird im Datenteil dieses Objektes als Teil einer relationalen Datenbank beschrieben. Zusätzlich wird jede Person dargestellt durch:

Acquaintances. Durch Acquaintances erhalten einzelne Personen Kenntnis über die Existenz anderer Personen. Die Menge der Acquaintances bestimmt die Anzahl der Personen, mit denen eine erlaubte Kommunikation möglich ist. Kommunikation zwischen Personen wird in Form von Nachrichten durchgeführt, die von einem Person-Objekt zu einem anderen Person-Objekt gesendet werden. Dies kann nötig sein, um beispielsweise Daten über die jeweilige Person zu erfragen oder um Daten verändern zu dürfen.

Roles und Authorities: Jedes Person-Objekt wird abhängig von seiner Rolle im Unternehmen einer oder mehreren Personengruppen zugeordnet. Für jede Gruppe werden entsprechende Rollen und Vollmachten vereinbart. Rollen und Vollmachten können nicht wie Acquaintances dynamisch verändert werden, sondern sind im System statisch deklariert. Eine Rolle besteht aus einem Rollennamen und einer Menge von zulässigen Operationen. In der Authorities-Komponente können Gruppen mit den ihnen gewährten Vollmachten angegeben werden.

4.2 DORIS Sicherheitspolitik

Im Privacy Modell beruht Informationsschutz auf der Vergabe von zwei voneinander unabhängig vereinbarten Arten von Rechten an die Benutzer:

1. Stellt ein Benutzer eine Anfrage, so wird sie für sein ihn repräsentierendes Objekt ausgeführt. Erfolgt eine Anfrage über Daten anderer Person-Objekte, werden nur diejenigen Personen gefragt, die das repräsentierende Objekt in seiner Acquainted-Komponente enthalten hat.

2. Die zweite Art der Zugriffseinschränkung ergibt sich durch die Authorities-Komponente. Wird ein Person-Objekt als Mitglied einer Gruppe erzeugt, so erhält es alle Vollmachten, die dieser Gruppe obliegen. Wenn ein Benutzer nicht die notwendigen Vollmachten vorweisen kann, wird die Auswertung seiner Anfrage vom System zurückgewiesen.

5. Schlußfolgerung

In diesem Artikel wurden verschiedene Implementationen von DBMSen mit hohem Sicherheitsanspruch diskutiert. Ein aussagekräftiger Vergleich dieser Systeme ist schwierig, da die Systeme zwar als Grundlage das relationale Datenmodell verwenden aber dennoch ihre eigenen Prioritäten hinsichtlich unterschiedlicher Aspekte des Informationsschutzes setzen.

Zusammenfassend kann gesagt werden, daß DBMSe mit benutzerbestimmbarer Zugriffskontrolle ihre Anwendung finden sollen, wenn keine hohen Anforderungen an den Informationsschutz gestellt werden. In Systemen mit hohen Sicherheitsanforderungen bedarf es einer effizienten Informationsflußkontrolle, die in benutzerbestimmbaren Systemen völlig fehlt. Regelbasierende Systeme kommen dieser Aufgabe entgegen, wurden aber ursprünglich nur für die Verwendung in militärischen Bereichen konzipiert. Das starke Engagement von kommerziellen Datenbanksystementwicklern (z. B. Informix, Ingres, Oracle, Sybase und andere) in Richtung der Entwicklung und Evaluierung von Systemen mit festgelegter Zugriffskontrolle beweist jedoch die praktische Relevanz von solchen Systemen. Es ist jedoch die Meinung der Autoren, daß ihre Verwendung auf sicherheitskritische Spezialanwendungen beschränkt bleiben wird. Wir glauben, daß dies haupsächlich im erhöhten Bedarf an spezieller Hard- und Software und in eingeschränkter Performance-Leistung begründet ist. Privacy-Security stellt für Anwendungen, in denen haupsächlich personenbezogene Daten verarbeitet werden, eine interessante Alternative dar.

Fast alle vorgestellten mehrstufigen DBMSe (ausgenommen ist LDV) basieren auf folgendem Architekturmodell: Systeme verwenden als Basis den Kern von kommerziellen DBMS-Produkten. Dieser Kern wird um eine oft stark eingeschränkte relationale Datenbanksprache erweitert und auf ein Betriebssystem mit hohen Sicherheitsvorkehrungen aufgesetzt. Diese Architektur mag für Prototypimplementationen genügen, resultierende Systeme sind aber für sicherheitskritische kommerzielle Anwendungen meist nicht ausreichend. Weitere Forschung und Entwicklung wird notwendig sein, bis Systeme entstehen können, die von Beginn an die Realisierung von Informationsschutz als Hauptaufgabe haben. Es ist zu erwarten, daß Systeme mit mehrstufigem Informationsschutz der nächsten Generation nicht mehr auf Standard-DBMSe aufbauen, sondern Speicherstrukturen, Transaktions- und Recoverytechniken oder Datenmodelle verwenden, die speziell im Hinblick auf Informationsschutz entwickelt wurden.

Danksagung: Ein Teil dieser Arbeit wurde über den Wissenschafts- und Technik - Kooperationsvertrag zwischen Spanien und Österreich finanziert.

Literatur

[1]   Trusted Computer System Evaluation Criteria. *US National Computer Security Center*, 1985. DoD 5200.28-STD.

[2]   IT Security Criteria. Criteria for the Evaluation of Trustworthiness of Information Technology (IT) Systems. *German Information Security Agency*, 1989.

[3]   The Canadian Trusted Computer Product Evaluation Criteria. *Canadian System Security Centre*. Version 2.1e, July 1991.

[4]   Information Technology Security Evaluation Criteria (ITSEC), Provisional Harmonized Criteria. June 1991. *Commission of the European Communities*, Brussels.

[5]   Trusted Database Management Interpretation of the Trusted Computer System Evaluation Criteria. *US National Computer Security Center*, August 1990, NCSC-TG-021, Version 1.

[6]   P. P. Griffiths, B. W. Wade. An authorization mechanism for a relational database system. *ACM Trans. on Database Systems (TODS)*, Vol. 1, Nr. 3 (1976), 242 -253.

[7]   M. Stonebraker, P. Rubinstein. The Ingres Protection System. *Proc. 1976 ACM Annual Conference.*

[8]   D. E. Bell und L. J. LaPadula. Secure Computer System: Unified Exposition and Multics Interpretation. *Tech. Report MTR-2997, Mitre Corp.*, Bedford, Mass., Mar. 1976, available as NTIS AD A023588.

[9]   S. Jajodia, R. S. Sandhu. Toward a Multilevel Secure Relational Data Model. *Proc. 1991 ACM Int'l Conf. on Management of Data (SIGMOD)*, 50-59.

[10] D. E. Denning, T. F. Lunt, R. R. Schell, M. Heckman, W. R. Schockley. A Multilevel Relational Data Model. *Proc. 1987 IEEE Symposium on Research in Security and Privacy*, 220-234.

[11] T. F. Lunt, R. R. Schell, W. R. Shockley, M. Heckman, D. Warren. A Near-Term Design for the SeaView Multilevel Database System. *Proc. 1988 IEEE Symposium on Research in Security and Privacy*, 234-244.

[12] D. E. Denning, T. F. Lunt, R. R. Schell, W. R. Shockley, M. Heckman. The SeaView Security Model. *Proc. 1988 IEEE Symposium on Research in Security and Privacy*, 218-233.

[13] D. Denning, S. Ackl, M. Heckman, T. Lunt, M. Morgenstern, P. Neumann, R. Schell. Views for Multilevel Database Security. In: *Advances in Computer Security*, Volume III, Artech House Inc., 1988. (reprinted from *IEEE TOSE, SE-13, 2, 1987*), 223-233.

[14] T. F. Lunt, D. Denning, R. R. Schell, M. Heckman, W. R. Shockley. The SeaView Security Model. *IEEE Trans. on Software Engineering (TOSE)*, Vol. 16, No. 6 (1990), 593-607.

[15] S. Jajodia und R.S. Sandhu. A Formal Framework for Single Level Decomposition of Multilevel Relations. *Proc. IEEE Workshop on Computer Security Foundations*, Franconia, New Hampshire, June 1990, 152-158.

[16] S. Jajodia, R. S. Sandhu. A novel decomposition of Multilevel Relations into Single-level Fragments. *Proc. 1991 IEEE Symposium on Research in Security and Privacy.*

[17] G. Pernul, G. Luef. A Multilevel Secure Relational Data Model Based on Views. *Proc. 1991 IEEE Computer Security Applications Conference.*

[18] F. Cuppens. K. Yazdanian. A "Natural" Decomposition of Multi-level Relations. *Proc. 1992 IEEE Symposium on Research in Security and Privacy.*

[19] A. Hentschel. Studie: Sicherheit in Datenbanksystemen, *ZFE IS SOF4*, Siemens München, Nov. 1991.

[20] J. T. Haigh et al. The LDV Secure Relational DBMS Model. *Proc. 4th IFIP WG 11.3 Workshop on Database Security*, 1990.

[21] P. D. Stachour, M. B. Thuraisingham. Design of LDV: A multilevel secure relational database management system. *IEEE Trans. on Knowledge and Data Engineering (TKDE)*, Vol. 2, No. 2, (1990), 190-209.

[22] C. Garvey, A. Wu. ASD_Views, *Proc. 1988 IEEE Symposium on Research in Security and Privacy*, 85-95.

[23] J. Wilson. A Security Policy for an A1 DBMS (a Trusted Subject). *Proc. 1989 IEEE Symposium on Research in Security and Privacy*, 70-84.

[24] R. B. Knode, R. A. Hunt. Making Databases Secure with Trudata Technology. Intercon Systems Corporation. *Proc. 1988 IEEE US Nat'l Computer Security Conference.*

[25] A. W. Wood. The Sword Model of Multilevel Secure Databases. *RSRE Report No. 90008*, Malvern, Worcestershire, UK, June 1992.

[26] A. W. Wood, S. R. Lewis, S. R. Wiseman. The Sword Multilevel Secure DBMS. *RSRE Report No. 92005*, Malvern, Worcestershire, UK, Feb. 1992.

[27] J. Biskup, H. H. Brüggemann. Das datenschutzorientierte Informationssystem DORIS: Stand der Entwicklung und Ausblick. *Proc. 2. GI-Fachtagung Verläßliche Informationssysteme (VIS'91)*, Informatik Fachberichte 271, Springer Verlag 1991.

[28] J. Biskup, H. H. Brüggemann. The Personal Model of Data: Towards a Privacy-Oriented Informtion System. *Computers & Security*, Vol. 7, North Holland (Elsevier) 1988.

Netzwerksicherheit durch selektiven Pakettransport

Fritz Bauspieß

Competence Center Informatik GmbH
Meppen

Patrick Horster
Steffen Stempel

Europäisches Institut für Systemsicherheit
Universität Karlsruhe

Zusammenfassung

Am Beispiel des ISO-Schichtenmodells und der Protokollfamilie TCP/IP wird die Modularisierung von Netzwerksystemen vorgestellt. Ausgehend von typischen Angriffen wird die Unterteilung von kleinen Netzwerken motiviert und ein Verfahren beschrieben, mit dem ein kleines begrenztes Netzwerk mit einem minimalen Verlust an Funktionalität und Performance gegen Angriffe aus einem angeschlossenen weltweiten Netz geschützt werden kann.

1 Einleitung

Heutige Rechnerinstallationen kommen kaum noch ohne Vernetzung der einzelnen, teilweise recht unterschiedlichen Systeme zum Zwecke des Datenaustausches aus. Ein wesentliches Einteilungskriterium der bei der Rechnerkopplung entstehenden *Netzwerke* ist deren räumliche Ausdehnung:

- **LANs** (local area networks) umfassen ein Labor, ein Gebäude oder eine kleine Universität.
- **MANs** (metropolitan area networks) vernetzen eine große Universität oder Firma oder die Verwaltungen einer ganzen Stadt.
- **WANs** (wide area networks) durchziehen ganze Länder oder sogar die ganze Welt.

Ein System kann gleichzeitig an ein LAN und ein WAN angeschlossen sein[1]. Über das LAN werden in der Regel lokale Dienste wie Drucken, File-Service, institutsinterne E-Mail, usw. angeboten. Über das WAN (oder MAN) werden globale Dienste wie weltweite E-Mail, Network-News, Filezugriff auf Archiv-Rechner, Datenbankzugriffe, etc. abgewickelt.

Durch den Anschluß an ein WAN wird das System allerdings auch leichter angreifbar: Ist ein System nicht vernetzt oder nur an ein sehr begrenztes LAN angeschlossen, so genügt es, den Zugang zu den Terminals, den Workstations und dem Netzwerk selbst physikalisch zu sichern und damit auf autorisierte Personen zu beschränken. Bei Anschluß an ein WAN hingegen werden Angriffe aus der ganzen Welt möglich. Einige sehr eindrucksvolle Beispiele für Angriffe über ein WAN sind in [1] beschrieben.

Diese Arbeit stellt zunächst in kurzer Form die Modularisierung von Netzwerksystemen (am Beispiel des *ISO-Schichtenmodells*) und eine Realisierung in heutigen Systemen (die Protokollfamilie *TCP/IP* unter UNIX) vor. Anschließend werden einige typische Angriffe dargestellt. In einem weiteren Abschnitt wird die topologische Unterteilung eines kleinen LANs motiviert und ein Verfahren vorgestellt, mit dem ein kleines begrenztes LAN mit einem minimalen Verlust an Funktionalität und Performance gegen Angriffe aus einem angeschlossenen WAN geschützt werden kann.

2 Problemstellung

In heutigen Rechnersystemen existiert sowohl ein Bedarf für lokale Kopplung (Druck- und Fileservice, Booten von plattenlosen Maschinen über das Netz) als auch der Anschluß an WANs (weltweite E-Mail, Abfrage von Datenbanken oder Programmarchiven, ...).

Bei einem vertrauenswürdigen und überschaubaren Anwenderkreis (z.B. die Mitarbeiter eines kleinen Institutes) kann man davon ausgehen, daß sich die Benutzer gegenüber dem System fair verhalten und keine Angriffe auf das System durchführen. Ist außerdem der Zugriff auf die Rechner (sowohl direkt auf die Hardware, als auch indirekt über ein eventuell vorhandenes Netz) begrenzt, kann man darüber hinaus von einer *vertrauenswürdigen Umgebung* ausgehen, in der nur autorisierte Benutzer Zugriff auf das System bekommen. Schutzmaßnahmen müssen lediglich gegen Bedienfehler, nicht aber gegen böswillige Attacken ergriffen werden.

Fazit: Sind die Rechner eines Systems mit „disziplinierten" Benutzern in abgeschlossenen Räumlichkeiten untergebracht und auch nicht über ein Netzwerk erreichbar, so sind zunächst keine weiteren Sicherheitsmaßnahmen erforderlich.

---

[1]Dies bedeutet nicht unbedingt, daß das System zwei Netzwerkanschlüsse besitzt, sondern daß es Daten sowohl in das LAN als auch in das WAN schicken kann.

Für die Bereitstellung bestimmter Funktionalitäten, wie E-Mail, Filearchivzugriffe, u.ä. ist allerdings ein Anschluß an ein WAN unumgänglich. Dann läßt sich die Systemumgebung in zwei Teile zerlegen:

1. den *inneren* Teil, der aus dem lokalen Netz und dem loyalen Anwenderkreis besteht. Aus diesem Teil sind *keine* Angriffe zu erwarten.

2. dem nach *außen sichtbaren* Teil, der aus den Maschinen besteht, die Dienste des WAN benutzen oder im WAN anbieten. Diese Maschinen sind über das WAN angreifbar.

Es muß nun ein Verfahren gefunden werden, welches die Dienste vom *äußeren* ins *innere* Netz (und auch in umgekehrter Richtung) durchläßt, dabei aber die externen Angriffsmöglichkeiten minimiert. Zum besseren Verständnis wird zunächst ein kurzer Überblick über die Modellierung und Realisierung heutiger Kommunikationsprotokolle gegeben.

3 Das ISO-Schichtenmodell

3.1 Das Schichtenmodel

Im ISO-Referenzmodell [2, 3, 4] werden die Netzwerkkomponenten in insgesamt 7 Schichten mit unterschiedlichen Aufgaben eingeteilt. Schicht n stellt dabei Schicht $n + 1$ *Dienste* zur Verfügung, die sie mit Hilfe der Dienste der Schicht $n - 1$ erbringt (*vertikale Kommunikation* innerhalb eines Systems). Schicht-n in Host A baut zur Schicht n in Host B über die Dienste der Schicht $n - 1$ eine Verbindung auf. In zwei getrennten Hosts kommunizieren also immer gleiche Schichten miteinander (*horizontale Kommunikation*). Abb. 1 zeigt die ISO-Schichtung in zwei Endsystemen sowie die beiden Kommunikationsformen.

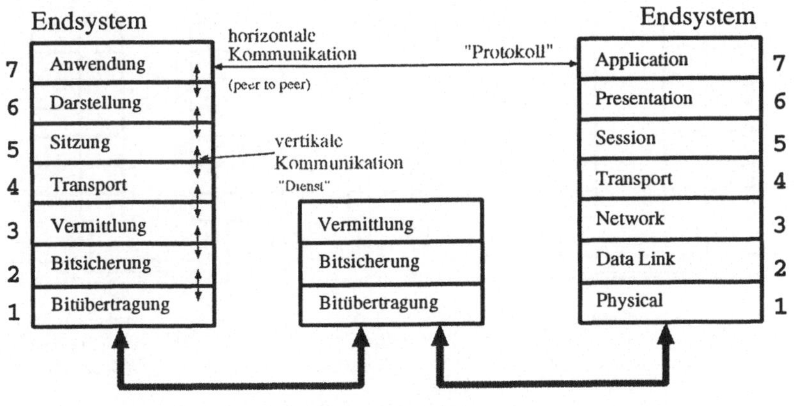

Abb. 1: ISO-Referenz-Modell

Ein Datenpaket von Schicht $n + 1$ wird von Schicht n um Adress- und Steuerinformation erweitert und an die darunter liegende Schicht weitergereicht. Jede Schicht erweitert beim

Senden also die Daten der über ihr liegenden Schicht und reicht sie weiter. Beim Empfangen entfernt die Schicht ihre Steuerinformation und reicht die Nutzdaten an die darüberliegende Schicht weiter. In Abb. 4 wird am Beispiel der Internet-Protokollfamilie der hierarchische Aufbau eines Paketes gezeigt.

3.2   End- und Transitsysteme

Das Referenzmodell unterscheidet zwischen *End-* und *Transitsystemen*. In *Endsystemen* sind Teilnehmer beheimatet, die mit Teilnehmern in anderen Endsystemen kommunizieren. *Transitsysteme* dagegen nehmen nur Daten entgegen, führen z.B. eine Protokollwandlung durch und geben sie an das nächste Transit- oder Endsystem weiter. In einem Transitsystem werden also keine für den Teilnehmer sichtbaren Dienste erbracht. Es ist somit durchaus möglich, daß ein System für eine Kommunikationsbeziehung ein Endsystem, für eine andere allerdings nur ein Transitsystem ist.

Ein Beispiel dafür zeigt Abb. 2. In Vorgriff auf Kapitel 4 wird als Protokoll auf den Schichten 1 und 2 Ethernet und FDDI benutzt.

Host B nimmt einen Schicht-7-Dienst von Host C in Anspruch. Damit sind für diese Kommunikationsbeziehung Host B und C Endsysteme.

Host A dagegen nimmt, über Host C und D als Transitsysteme, einen Dienst in Host E in Anspruch. Host A schickt Daten über Ethernet im lokalen Universitätsnetz in Karlsruhe an Host C. Dieser setzt die Schichten 1 und 2 von Ethernet auf FDDI um und überträgt die Daten über das Glasfasernetz „BelWü" von Karlsruhe nach Stuttgart zu Host D. Dieser setzt die Daten wieder von FDDI nach Ethernet um und sendet sie über das lokale Netz der Universität Stuttgart zu Host E, der nun den Dienst erbringt.

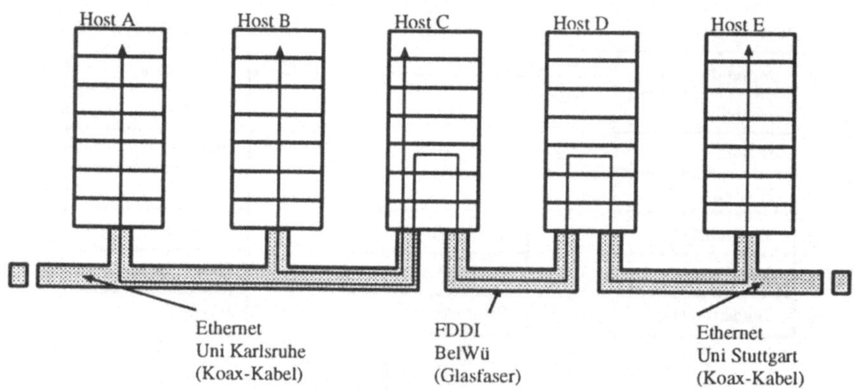

Abb. 2: Kommunikation zwischen mehreren ISO-Systemen

3.3 Verbindungsorientierte und verbindungslose Dienste

Die horizontale Kommunikation zwischen zwei Systemen läßt sich außerdem in *verbindungslose* und *verbindungsorientierte* einteilen.

- Bei einem verbindungsorientierten Dienst existiert eine virtuelle oder physikalische Verbindung zwischen den beiden kommunizierenden Instanzen. Dadurch wird sichergestellt, daß die Daten beim Empfänger in derselben Reihenfolge ankommen, wie sie der Sender abgeschickt hat. Außerdem erfolgt eine Überwachung der Verbindung zwischen den beiden Systemen. Fällt eines der Endsysteme oder ein Transitsystem aus, so wird dies bemerkt, auch wenn zur Zeit keine Nutzdaten übertragen werden. Ein verbindungsorientierter Dienst ist mit dem Telefonnetz vergleichbar. Bricht die Verbindung zusammen oder hängt der Partner ein, so bemerkt man dies, auch wenn nichts gesprochen wurde.

- Bei einem verbindungslosen (paketorientierten) Dienst werden einzelne Datenpakete an den Kommunikationspartner gesendet. Es ist *nicht* gewährleistet, daß die Pakete in der gleichen Reihenfolge empfangen werden, wie sie gesendet wurden. Die Verdoppelung oder der Verlust von Paketen kann ebenfalls nicht ausgeschlossen werden. Der Ausfall eines Systems im Kommunikationsweg wird erst bemerkt, wenn ein Paket geschickt wird und darauf keine Antwort erfolgt. Verbindungslose Dienste sind mit dem Austausch von Briefen über die Post vergleichbar. Zwei nacheinander abgeschickte Briefe können in vertauschter Reihenfolge oder auch gar nicht ankommen. Das Verschwinden eines Briefes oder der Ausfall des ganzen Netzes (Poststreik) kann nur am Ausbleiben einer erwarteten Nachricht festgestellt werden.

Die Einteilung in verbindungslose und verbindungsorientierte Dienste wird bei der Betrachtung der TCP/IP-Protokollfamilie in Kapitel 4.1.4 von Bedeutung sein.

3.4 Die sieben Schichten des ISO-Modells

1. Die **Bitübertragungsschicht** („**Physical Layer**") stellt eine unzuverlässige bittransparente Voll- oder Halbduplex-Verbindung zwischen zwei physikalisch verbundenen Systemen her.

2. Die **Sicherungsschicht** („**Data Link Layer**") verbessert die unsichere Schicht-1-Verbindung mit Prüfsummenverfahren zu einer gesicherten Systemverbindung. Meist werden Codes nur zur Fehlererkennung eingesetzt und die als beschädigt erkannten Schicht-1-Pakete ignoriert. Es ist dann die Aufgabe der höheren Schichten, auf den Datenausfall entsprechend zu reagieren (z.B. durch erneutes Anfordern des Paketes).

3. Die **Vermittlungsschicht** („**Network Layer**") stellt eine Endsystemverbindung (eventuell unter Ausnutzung von Transitsystemen) zur Verfügung. Sie entbindet die darüberliegenden Schichten von der Routenwahl und der Verwaltung netzwerkspezifischer Ressourcen. Sie sorgt auch beim Ausbleiben von Paketen (Prüfsummenfehler von Schicht 2, Paket verloren gegangen) für ein erneutes Anfordern des verschwundenen Paketes.

4. Die **Transportschicht** („**Transport Layer**") stellt kommunizierenden Anwendungen ((System-) Prozessen) auf verschiedenen Systemen unter Benutzung der Endsystemverbindung der Schicht 3 eine Verbindung mit gewissen Güteparametern (Geschwindigkeit, Restfehlerrate, usw.) zur Verfügung. Sie kann außerdem mehrere Schicht-4-Verbindungen zu einer Schicht-3-Verbindung zusammenfassen („multiplexing").

5. Die **Kommunikationssteuerungsschicht** (,,**Session Layer**") stellt Sprachmittel zum Aufbau, der Durchführung, der Synchronisation und dem Abbau einer Verbindung zwischen zwei Teilnehmern zur Verfügung.

6. Die **Darstellungsschicht** (,,**Presentation Layer**") transformiert die Objekte (Datentypen) des lokalen Systems in die bzw. aus der Netzwerkdarstellung. Sie ermöglicht somit die Kommunikation zwischen Systemen mit unterschiedlichen Darstellungsformen.

7. Auf der **Anwendungsschicht** (,,**Application Layer**") läuft schließlich die eigentliche Applikation (z.B. Datenbankabfrage, Archivzugriff, E-Mail). Sie muß für die Authentifikation des Kommunikationspartners, Regelungen zur Kostenübernahme usw. sorgen.

4   Die Internetprotokollfamilie

Eines der am weitesten verbreiteten Kommunikationsprotokolle ist das *Internet-Protokoll* [5]. Für fast alle Rechnerfamilien existieren Implementierungen dieser Protokollfamilie. Im UNIX-Sektor sind sie der Standard für die Kommunikation zwischen den einzelnen Systemen.

Im folgenden wird nun am Beispiel eines BSD-basierten[2] UNIX-Systems der Aufbau eines realen Netzwerksystems unter Berücksichtigung des ISO-Referenz-Modells aufgezeigt. Die Zuordnung zwischen den einzelnen ISO-Schichten und den verwendeten Protokollen entstammt [8] und ist in Abb. 3 zu sehen.

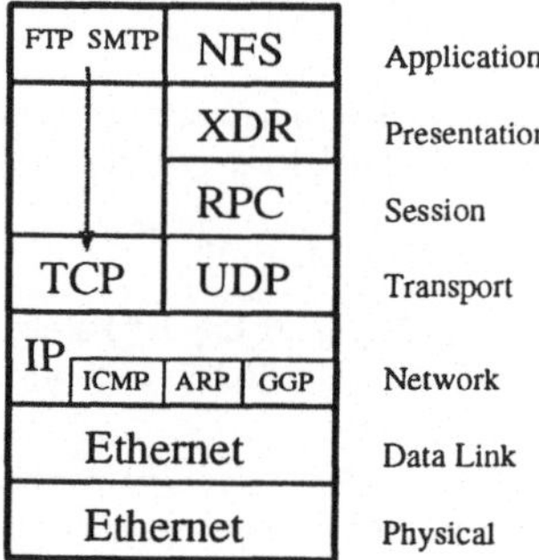

Abb. 3: Einbettung von TCP/IP in die Schichten des ISO-Modells

---

[2]BSD = Berkeley Software Distribution

4.1 Aufbau der Internet-Protokoll-Familie

4.1.1 Die Bitübertragungschicht: Ethernet

Zur Bitübertragung wird das Ethernet-Protokoll [6, 7] benutzt. Unter Schicht 1 im Sinne des ISO-Modells fällt die Hardware, die das eigentliche Netzwerk ausmacht, also beispielsweise Stecker, Kabel, Pegelwandler und Networkcontroller.

4.1.2 Die Sicherungsschicht: Ethernet

Das Ethernet-Protokoll legt die Art fest, in der einzelne Bits von Schicht 2 in Pakete zusammengefaßt und zum Partner übertragen werden. Ein Ethernetpaket enthält

- eine *Zieladresse*, also die eindeutige Identifikation des Adressaten. Besondere Formen von Adressen (Multicasts und Broadcasts) erlauben das Senden von Paketen an eine Gruppe von Systemen oder an alle,

- eine *Quelladresse*, also die eindeutige Identifikation des Absenders,

- eine Kennung für das von Schicht 3 verwendete *Protokoll*,

- die *Nutzdaten* der Schicht 3 und

- eine *Prüfsumme* über die obigen Daten.

Für die späteren Betrachtungen sind die Quell- und Zieladressen, die sogenannten *Ethernet-* oder *Netzwerkadressen* interessant. Die Ethernetadressen werden weltweit eindeutig vergeben. Größeren Herstellern werden aus organisatorischen Gründen ganze Adressbereiche zugewiesen.

Zu beachten ist, daß per Ethernet nur eine Verbindung zu einem System hergestellt werden kann, das physikalisch am selben Netz angeschlossen ist. In Abb. 2 kann mit Ethernet keine Verbindung zwischen den Endsystemen A und E, sondern nur zwischen dem Endsystemen A und dem Transitsystem C aufgebaut werden.

4.1.3 Die Vermittlungsschicht: Das Internet-Protokoll

Das *Internet-Protokoll* verbindet über die Grenzen des physikalischen Netzwerkes hinaus zwei Systeme miteinander. Hierzu wird eine weitere Adressierung, nämlich die *Internet-* oder auch *Protokoll-Adresse* eingeführt, die aus insgesamt 4 Bytes besteht. Auch diese Adressen sind eindeutig, weisen aber im Gegensatz zur Netzwerkadresse eine baumartige Struktur auf. So ist z.B. `129.13.x.x` für die Informatik-Rechner-Abteilung der Universität Karlsruhe und darunter `129.13.59.x` für unser Institut reserviert.

Mit dem Internet-Protokoll ist es nun auch möglich, Verbindungen durch Transitsysteme hindurch aufzubauen (vgl. Abb. 2).

Adressiert werden jedoch immer noch ganze Systeme. Die Aufteilung in Teilnehmer auf einem System erfolgt in der nächsthöheren Schicht.

Das „Internet-Protokoll" umfaßt in Wirklichkeit mehrere Teilprotokolle. Dazu gehören:

- Das *Internet Control Message Protocol* (ICMP, [9]) ist für den Austausch von Fehler- und Statusinformationen zwischen IP-Hosts und Gateways zuständig.

- Das *Address Resolution Protocol* (ARP, [12]) sucht zu einer Internetadresse die dazugehörende Ethernetadresse.

- Das *Gateway-to-Gateway-Protocol* (GGP) regelt den Austausch von Routing-Tabellen zwischen Gateways.

Von diesen Protokollen soll uns später nur das *Address Resolution Protocol* (vgl. Kapitel 4.2) interessieren

4.1.4   Die Transportschicht: TCP oder UDP

Auf der Transportschicht kommunizieren Teilnehmer (in UNIX: Prozesse) miteinander. Es stehen zwei unterschiedliche Protokolle zur Verfügung:

1. **TCP** (Transmission Control Protocol, [10]) stellt eine verläßliche *Verbindung* zwischen zwei Teilnehmern her. Über TCP ausgetauschte Daten werden von der anderen Seite quittiert, der Verlust von Daten wird erkannt und eine Neuübertragung eingeleitet. Abb. 4 zeigt den vereinfachten Aufbau eines Ethernetpaketes mit eingebettetem IP-Paket und darin wiederum eingebettet ein TCP-Paket.

2. **UDP** (User Datagram Protocol, [11]) ist ein *verbindungsloser* Dienst. Daten werden in Form eines Paketes zum empfangenden Teilnehmer geschickt, ohne daß dafür eine Verbindung aufgebaut oder aufrecht erhalten wird. Verloren gegangene, verdoppelte oder in ihrer Reihenfolge vertauschte Pakete müssen von der darüber liegenden Schicht erneut angefordert oder ausgesondert werden.

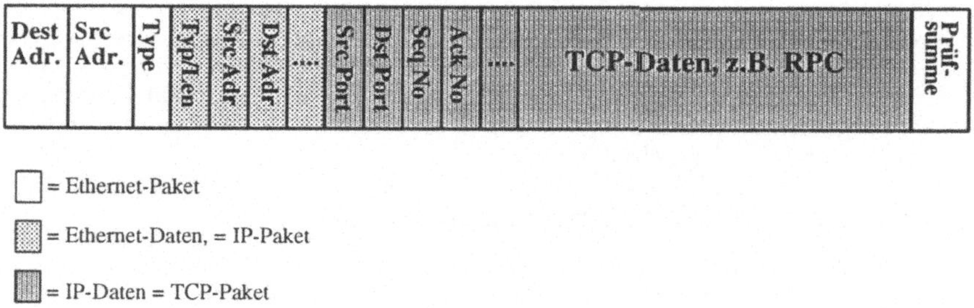

Dest Adr.	Src Adr.	Type	Typ/Len	Src Adr	Dst Adr	....	Src Port	Dst Port	Seq No	Ack No	....	TCP-Daten, z.B. RPC	Prüf-summe

☐ = Ethernet-Paket

▦ = Ethernet-Daten, = IP-Paket

▥ = IP-Daten = TCP-Paket

Abb. 4: Ethernet/IP/TCP-Paket

4.1.5   Die Kommunikationssteuerungsschicht: RPC

Das *Remote Procedure Call Protocol* [13] dient dem transparenten Aufruf von Prozeduren über das Netzwerk auf einem anderen System. Dabei werden Prozedurparameter hin- und Prozedurergebnisse zurück übertragen. RPC wurde von der Firma Sun Microsystems vorgestellt und dient als Protokoll-Grundlage für das *Network File System* von Sun (vgl. Kapitel 4.3.5).

Das RPC-Protokoll[3] verwendet auf Schicht 4 nur das User Datagram Protocol. Einen Dienst der Schicht 5, der TCP benutzt, gibt es in SunOS nicht.

---

[3]RPC = Remote Procedure Call

4.1.6 Die Darstellungsschicht: XDR

Das *External Data Representation* Protokoll [14] erlaubt bei Verwendung von RPC-Aufrufen eine systemunabhängige Datendarstellung. Dies ist vor allem in heterogenen Netzwerken von großer Bedeutung. XDR ist nur in Zusammenhang mit dem RPC-Protocol der Schicht 5 und dem User Datagram Protocol der Schicht 4 interessant.

4.1.7 Die Anwendungsschicht

Auf der Anwendungsschicht residieren diverse Applikationen, die zum einen über XDR, RPC und UDP und zum anderen unter Umgehung der Schichten 5 und 6 direkt auf TCP basierend Dienste erbringen.

Zur ersten Kategorie gehören *NFS (Network File System)*, *NIS (Network Information System)*, der *Mount-Dienst* für NFS usw. Auf TCP basierende Dienste sind *SMTP (E-Mail)*, *FTP (File-Transfer)*, *Rlogin* und *Telnet*, *NNTP (Network-News)* sowie die Windowsysteme *X11* und *NeWS*.

4.2 Das Address Resolution Protocol

Das *Address Resolution Protocol* [12] stellt den Zusammenhang zwischen den Protokoll- bzw. Internet- und den Netzwerk- bzw. Ethernet-Adressen her.

Wenn in Host A Schicht 3 eine Verbindung zur Schicht 3 in Host B aufbauen soll, so „kennt" sie zunächst nur die Protokolladresse von Host B. Um aber über Schicht 2 eine Verbindung aufbauen zu können, wird auch die Schicht-2-Adresse, die Netzwerkadresse, benötigt.

Host A erzeugt daher ein *ARP-Request-Packet*, welches über die Broadcastadresse des Netzwerkprotokolls an alle angeschlossenen Systeme geschickt wird. Damit wird Host B mitgeteilt, daß Host A seine Netzwerkadresse sucht. Host B schickt nun an die im ARP-Request-Packet angegebene Netzwerkadresse eine *ARP-Response*, welche seine Netzwerkadresse enthält. Damit verfügen beide Hosts über die Netzwerkadresse des anderen und eine „normale" Kommunikation über Schicht 2 kann beginnen.

Die zu einer Protokolladresse gefundene Netzwerkadresse wird für eine gewisse Zeit in einer Tabelle gespeichert. Erfolgt längere Zeit mit dem entsprechende Host keine Kommunikation, wird dieser Eintrag wieder gelöscht, was zum erneuten Ablauf des Address-Resolution-Protokolls beim nächsten Kommunikationsversuch zwischen A und B führt.

4.3 Einige weitverbreitete Netzwerkdienste

Im folgenden werden einige der wesentlichen Netzwerkdienste, angesiedelt auf Schicht 7 des ISO-Modells, beschrieben, die in SunOS zur Verfügung gestellt werden. Wenn nicht anders gesagt, sind diese Dienste durch die Internet-Protokoll-Familie genormt und somit nicht auf Sun-Systeme beschränkt. Aber auch sunspezifische Dienste (wie z.B. NFS) finden bei anderen Herstellern immer größere Verbreitung[4].

---

[4]NFS-Implementierungen existieren mitlerweile für VAX/VMS, IBM-Mainframes, UNIX-System-V und viele Mikrorechner.

4.3.1 Das File Transfer Protocol

Das *File Transfer Protocol* (FTP) ermöglicht einem Benutzer durch Aufruf des Dienstprogrammes `ftp` eine Verbindung zu einem anderen System aufzubauen und von dort (nach Eingabe von Benutzername und Paßwort) Dateien zu seinem eigenen System zu übertragen sowie Dateien in das angewählte System zu bringen.

In großen Netzen gibt es viele sogenannte FTP-Server, die dem Anrufer über `ftp` *ohne* ein Paßwort den Zugriff auf riesige, öffentliche Archive (meist Source-Code zu Dienstprogrammen und Softwarepaketen) oder Texte ermöglichen.

`ftp` ist also ein Dienst, der im allgemeinen über ein WAN in Anspruch genommen wird.

4.3.2 E-Mail

Das *E-Mail Protocol* ermöglicht es den einzelnen Benutzern, elektronische Nachrichten auszutauschen. Meist gibt es ausgezeichnete Rechner (Mail-Server), die von den einzelnen Maschinen eines LANs diejenigen Mails übergeben bekommen, deren Adressat in einem anderen Bereich des Netzes (oder der Welt) zu finden ist. Ein lokales System „weiß" also nur von seinen eigenen Benutzern. Wird eine Mail-Adresse eines unbekannten Anwenders angegeben, so wird die Mail zur weiteren Verschickung an einen E-Mail-Server weitergereicht.

Die E-Mail gehört somit zu den lokal und global interessanten Diensten. Es ist also auch hier eine WAN-Anbindung notwendig.

4.3.3 Network News

Über das *Network News Transfer Protocol* (NNTP) tauschen tausende von Systemen weltweit Nachrichten aus. Diese Nachrichten sind in thematischen Gruppen organisiert. Jeder Teilnehmer hat die Möglichkeit, Artikel in diesen Gruppen zu lesen und selbst Artikel zur Verfügung zu stellen. Die einzelnen Systeme kontaktieren sich gegenseitig in regelmäßigen Abständen und tauschen die neuesten Nachrichten aus.

Network-News ist also ein Dienst, der lediglich in Zusammenhang mit einem WAN von Interesse ist.

4.3.4 Remote Login, Telnet

Remote Login ermöglicht es einem Benutzer, sich über das Netz an einem anderen Rechner anzumelden und dort zu arbeiten, falls er dort eine Benutzerkennung besitzt. Zur Bequemlichkeit der Anwender lassen viele UNIX-basierte Systeme eine Datei namens `.rhosts` im Home-Directory des Benutzers zu, die Paare der Art (`Host Benutzer`) enthalten. Damit wird es `Benutzer` von `Host` erlaubt, sich ohne erneute Paßwortabfrage in dieses System einzuloggen. Dies ist für den Remote-Shell-Dienst, der das Ausführen eines Kommandos auf einem anderen System erlaubt, notwendig. Die Identifikation des Benutzers stützt sich also auf die Identifikation des anrufenden Systems. Die sichere Identifikation des anrufenden Hosts (bzw. seiner Protokolladresse) ist allerdings in heutigen UNIX-Systemen alles andere als gesichert (vgl. Kapitel 4.4).

Telnet arbeitet analog zu Remote Login, es erfolgt jedoch immer eine Benutzernamen- und Paßwort-Abfrage. Außerdem ist der Telnet-Dienst ein Teil der Internet-Protokoll-Normung, während Remote Login herstellerspezifisch ist.

4.3.5 Network File System

Das *Network File System* (NFS) der Firma Sun Microsystems erlaubt es einem *Server*, Teile seines Dateisystems über das Netz zu exportieren und damit anderen Systemen (*Clients*) zugänglich zu machen. Die Identifikation anderer Hosts geschieht wie bei Remote Login (vgl. Kapitel 4.3.4) über die Protokolladresse des Anrufers. Die Identifikation der Benutzer des anrufenden Hosts erfolgt über die Angabe von Benutzer- und Gruppennummer.

Ist die Sicherheit eines Clients korrumpiert, so kann der dortige Angreifer durch Vorspiegelung einer falschen Benutzernummer Zugriff auf fast alle Daten des Servers erhalten.

NFS ist ein Dienst, der nur innerhalb des LANs von Interesse ist, da es hier auf extrem kurze Antwortzeiten ankommt (diese sind bei NFS über ein WAN nicht gewährleistet).

4.4 Identifikation eines Kommunikationspartners

Bei einigen Diensten (z.B. FTP) ist der Diensterbringer auf Schicht 7 für die Identifikation der Anrufer verantwortlich. Bei anderen Diensten (z.B. NFS) wird der anrufende Host über seine Protokolladresse identifiziert.

Diese Art der „Identifikation" ist jedoch mehr als fragwürdig. Ein Systemadministrator kann die Protokoll- und die Netzwerkadresse seines Systems mit einem einzigen Dienstprogrammaufruf umstellen. Auf vernetzten Mikrorechnern (z.B. PCs unter MS-DOS) existieren derartige Möglichkeiten ebenfalls. Hinzu kommt, daß diese Systeme durch ihr Betriebssystem nicht vor unbefugtem Zugriff geschützt sind, so daß jeder, der Zugriff auf den PC selbst hat, das Netzwerksystem modifizieren kann.

Weitere Sicherheitsprobleme entstehen durch die strikte Trennung von Netzwerk- und Protokolladressen im ISO-Modell[5]:

Die strikte Trennung von Netzwerk- und Protokolladresse erlaubt das Austauschen der unteren Schichten. So ermöglicht z.B. *SLIP* (Serial Line Internet Protocol) die TCP/IP-Kommunikation über eine serielle RS232-Schnittstelle anstatt über Ethernet.

Die Schicht 3 (IP) interessiert sich aber nicht im mindesten dafür, ob die Protokolladresse eines angekommenen Paketes zu der Netzwerkadresse paßt. Ein Beispiel: Host C nimmt die Protokolladresse (nicht aber die Netzwerkadresse) von Host A an und kommuniziert mit Host B. Host B merkt von der Täuschung nichts, da die Netzwerkadressen von Schicht 2 bei der Weitergabe der Paketdaten an Schicht 3 „weggeworfen" werden. Diese Trennung der Schichten geht sogar so weit, daß sich Host C der Broadcast-Netzwerkadresse (jener, unter der sich alle Hosts angesprochen fühlen müssen) bedienen kann, ohne daß Host B irgend etwas merkt: Schicht 2 in Host B erkennt die Broadcastadresse, nimmt das Paket entgegen, entfernt alle Schicht-2-Informationen (insbesondere die Broadcastadresse) und übergibt das Paket an Schicht 3. Dort ist dann nur noch die korrekte Protokolladresse interessant!

Ähnliche Probleme existieren beim Address-Resolution-Protocol: Eine neue ARP-Response zu einer noch in der Tabelle eingetragenen Protokolladresse führt zum Umsetzen der Netzwerkadresse!

Versucht ein angreifender Host bei einer ARP-Response seine eigene Netzwerkadresse anzugeben, so fällt dies jedoch auf, da dann zwei ARP-Responses mit unterschiedlicher Netzwerkadresse

---

[5]Diese Sicherheitsmängel führen jetzt noch nicht zu gänzlich neuen Bedrohungen, werden aber später von Interesse sein.

gesendet werden. Im ARP-Modul von SunOS wird dann die Netzwerkadresse gespeichert, die zuletzt empfangen wurde.

5   Aufteilung der Systeme nach Sicherheitsaspekten

Wie in der Einleitung beschrieben, existieren Systeme, die mit anderen Rechnern außerhalb der lokalen Umgebung direkt kommunizieren müssen (z.B. für FTP, E-Mail, Network News). Andere Rechner benötigen keine Dienste von *außen* oder können die Systeme, die mit der Außenwelt kommunizieren dürfen, mitbenutzen.

Geht man nun, wie in Kapitel 2 kurz angerissen, von einer vertrauenswürdigen lokalen Umgebung aus, können die lokalen Systeme in zwei Klassen eingeteilt werden:

- Rechner, die nur Zugriff auf das LAN und seine lokalen Dienste benötigen. Sie benötigen keine Verbindung in das WAN und brauchen vom WAN aus nicht erreichbar sein. Sind diese Systeme von außen nicht erreichbar, so bedürfen sie keiner weiteren Absicherung.

- Rechner, die sowohl mit anderen Rechnern im LAN als auch im WAN kommunizieren. Diese Systeme bedürfen des besonderen Schutzes, da sie Verbindungen in das WAN aufbauen und aus dem WAN heraus erreichbar sind.

Theoretisch ist ein Schutz des gesamten lokalen Systems möglich. Beim Aktivieren von Schutzmaßnahmen kommt es jedoch meist zur Abschaltung gewisser Funktionalitäten, was zu einer Behinderung der lokalen Benutzer führt, gegen die man sich ja nicht schützen wollte.

Fast uneingeschränkte Funktionalität erhält man aber, wenn man nur diejenigen Systeme schützt, die Dienste des WAN in Anspruch nehmen müssen und die restlichen Systeme vom WAN trennt und ungeschützt läßt.

Um dies zu erreichen, könnte man jeder Maschine, die Verbindung in das WAN aufbauen soll, einen zweiten Netzwerkanschluß spendieren und somit das *innere* und das *äußere* Netz physikalisch voneinander trennen (vgl. Abb. 5). Dieses Verfahren ist jedoch aus drei Gründen unpraktikabel:

1. Systeme, die aufgrund ihrer Architektur über das Netz nicht angreifbar sind[6], benötigen trotzdem zwei Netzwerkanschlüsse.

2. Bei vielen Systemen wird das Nachrüsten eines zweiten Netzwerkadapters technisch schwierig, wenn nicht gar unmöglich, sein.

3. Auch wenn zwei Netzwerkanschlüsse technisch möglich sind, wird von den meisten Betriebssystemen ein automatisches Umschalten zwischen zwei Netzwerkadaptern im laufenden Betrieb nicht unterstützt.

Eine andere Möglichkeit ist die *logische* Abtrennung der Systeme vom WAN. Hierbei wird nur ein *physikalisches* Netzwerk verwendet. Die Kommunikation mit dem WAN wird aber von einem Transitsystem (*Brücke*) geregelt, welches einzelnen Systemen die Kommunikation mit dem WAN ermöglicht, die anderen aber vom WAN abschottet. Abb. 9 zeigt den prinzipiellen Aufbau des Netzwerkes aus Abb. 5 bei Verwendung einer Brücke.

---

[6]Beispielsweise stellt ein PC unter MS-DOS in der Regel keine Dienste zur Verfügung, die unbemerkt vom Anwender erbracht werden.

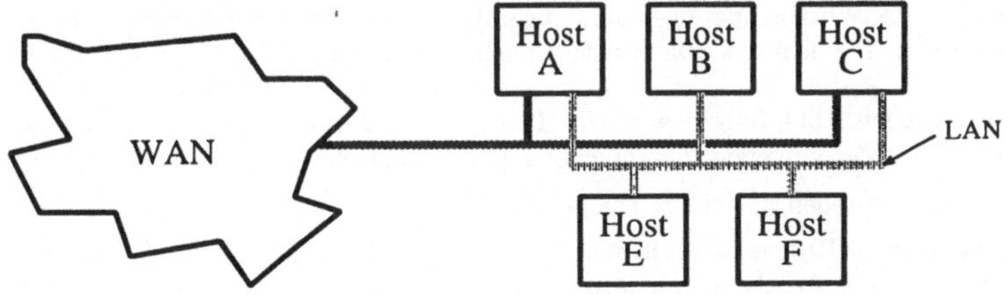

Abb. 5: LAN/WAN-Trennung mit doppelter Vernetzung

5.1 Funktionen einer Schicht-2-Brücke

Bei einer Brücke handelt es sich um eine Netzwerkkomponente, welche an zwei Teilnetze (im folgenden mit A und B bezeichnet) angekoppelt wird. Ein Transport von Paketen zwischen den beiden Teilnetzen ist möglich – dieser wird von internen Tabellen der Brücke gesteuert.

Bei den programmierbaren Brücken wird die Entscheidung, ob ein Paket transportiert werden soll, über einfache logische Ausdrücke gesteuert. Die Terme eines solchen Ausdrucks sind Tabellenoperationen. Dabei wird überprüft, ob die Ethernet-Quelladresse oder Zieladresse des zu untersuchenden Paketes in einer bestimmten Tabelle eingetragen ist. Für die beiden Transportrichtungen ($A \rightarrow B$ und $B \rightarrow A$) können getrennte logische Ausdrücke und somit auch getrennte Tabellen benutzt werden.

Die Initialisierung der Tabellen kann auf zwei Arten erfolgen:

1. Der Administrator initialisiert die Tabellen *manuell*, er trägt die benötigten Adressen von Hand ein.

2. Die Brücke *lernt* eine Tabelle im Betrieb. Dabei werden z.B. die Quelladressen aller Pakete, die auf dem Netzwerkanschluß A empfangen werden, in der Tabelle TAB_A gespeichert. TAB_A lernt somit im Betrieb nach und nach die Adressen aller Maschinen, die an Teilnetz A angeschlossen sind.

5.2 Beispiel: Brücke zur Lasttrennung

Die Konfiguration der Lasttrennungsbrücke:

- Es existieren zwei Tabellen TAB_A und TAB_B. TAB_A lernt die Adressen aller Rechner, die an Teilnetz A angeschlossen sind, TAB_B die Adressen der an Teilnetz B angeschlossenen Rechner.

- Beim Empfang eines Paketes trägt die Brücke die Quelladresse in der zu dem Teilnetz gehörenden Tabelle ein und aus der anderen aus, falls dort vorhanden („Umlernen" einer Adressse). Dies ist notwendig, weil Systeme umziehen können.

- Broadcast-Pakete werden grundsätzlich in beide Richtungen transportiert.

- Die Brücke transportiert von A nach B, wenn die Zieladresse des Paketes **nicht** in TAB_A enthalten ist, der adressierte Host sich also nicht in Teilnetz A befindet.

- Die Brücke transportiert von B nach A, wenn die Zieladresse des Paketes **nicht** in TAB_B enthalten ist, der adressierte Host sich also nicht in Teilnetz B befindet.

Die beiden Transportbedingungen sind „negativ" formuliert, damit ein Paket an ein System, dessen Position in den beiden Teilnetzwerken noch nicht bekannt ist, auf jeden Fall transportiert wird.

In den folgenden Abbildungen wird das Transportverhalten der oben beschriebenen Brücke gezeigt. Dabei wurden folgende Vereinfachungen und Bezeichnungskonventionen benutzt:

- Hostnamen bestehen aus einem Buchstaben.

- Im Text werden Hostnamen mit dem Namen des Teilnetzes indiziert, an welches der Host aus der Sicht der Brücke angeschlossen ist.

- Als „Netzwerkadresse" wird nur ein Byte benutzt. FF bezeichnet die Netzwerk-Broadcast-Adresse. In einem „Paket" gibt das erste Byte die Ziel- und das zweite die Quelladresse an.

- Der Datenbereich des Pakets wird nur angedeutet.

- Typ- und Prüfsummenteile des Paketes werden nicht dargestellt. Ein Paket besteht also nur aus der Ziel- und Quelladresse und dem angedeuteten Datenbereich.

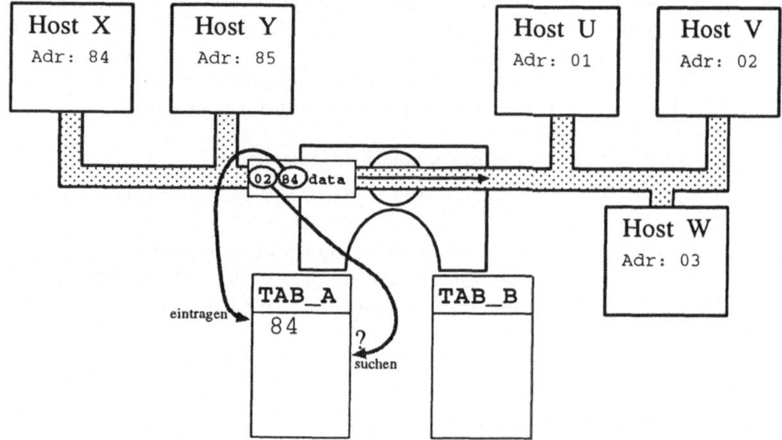

Abb. 6: Lasttrennungs-Brücke beim „Lernen"

Abb. 6 zeigt das Lernverhalten der Lasttrennungsbrücke. Die beiden Tabellen der Brücke, in die alle bekannten Adressen der beiden Teilnetze eingetragen werden, sind noch leer. Host X_A sendet an Host V_B. Die Brücke vermerkt die Netzwerkadresse von Host X_A (84) in TAB_A. Da die Netzwerkadresse von Host V_B (02) nicht in TAB_A gefunden wird, läßt die Brücke das Paket passieren. Das in Abb. 7 dargestellte Durchlaßverhalten bei schon gelernter Adresse unterscheidet sich davon nur unwesentlich.

Anders reagiert die Brücke, wenn Host X_A ein Paket an Host Y_A, also an ein System im selben Teilnetz, schickt (vgl. Abb. 8). Die Netzwerkadresse von Host Y_A (85) ist in TAB_A eingetragen. Die Brücke weiß somit, daß sich Host Y_A ebenfalls in Teilnetz A befindet. Ein Transport des Paketes findet nicht statt.

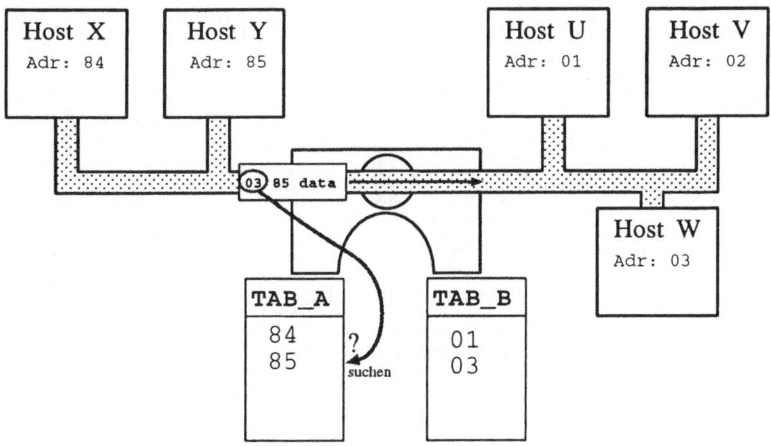

Abb. 7: Lasttrennungs-Brücke im „Durchlaßbetrieb"

Die Brücke transportiert also nur Pakete, deren Quell- und Zieladresse sich nicht im selben Teilnetz befinden. Ist die Zieladresse eines Pakets in keiner der beiden Tabellen eingetragen, so wird das Paket ebenfalls transportiert.

5.3 Erhöhung der Netzwerksicherheit mit einer Schicht-2-Brücke

Abb. 9 zeigt die Trennung eines LANs von einem WAN mit Hilfe einer Brücke.

In den folgenden Betrachtungen werden einige Konfigurationen der Brücke diskutiert und Angriffe darauf erläutert. Dabei bezeichnet *Teilnetz A* bzw. *Innen* das LAN, welches die Systeme der vertrauenswürdigen Umgebung miteinander verbindet und *Teilnetz B* bzw. *Außen* das WAN, also das Teilnetz, aus dem allein nach der in Kapitel 2 vorgenommenen Modellierung Angriffe zu erwarten sind.

Außerdem wird die Brücke selbst als unangreifbar angesehen. Das soll bedeuten, daß ihre Konfiguration nur durch direkten physikalischen Zugriff auf sie geändert werden kann. Da die Brücke sich sinnvollerweise in der vertrauenswürdigen Umgebung befindet, scheidet dieser Angriff aus.

5.3.1 Sicherheit durch Lasttrennung

Die Brücke wird, wie in Kapitel 5.2 dargestellt, konfiguriert. Da der Datenverkehr durch die Brücke im Innern lokal gehalten wird, ist ein Abhören der innerhalb eines Teilnetzes ausgetauschten Datenpakete nicht direkt möglich. Allerdings kann zu **jedem** System im Innern eine Verbindung aufgebaut werden.

Zusätzlicher **Angriff:** Aus Teilnetz B werden der Brücke fortlaufend Pakete mit der Absenderadresse einer Maschine U_A aus Teilnetz A geschickt. Die Brücke trägt diese Maschine von Teilnetz A nach Teilnetz B um. Ab sofort passieren alle Pakete an U_A die Brücke, da diese

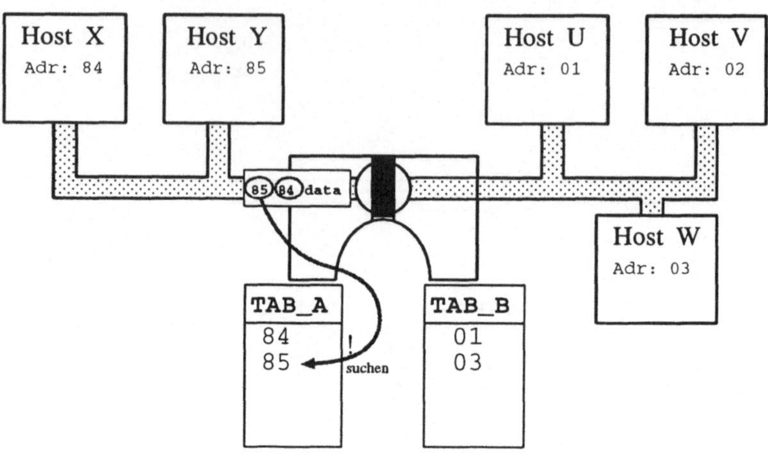

Abb. 8: Lasttrennungs-Brücke im „Sperrbetrieb"

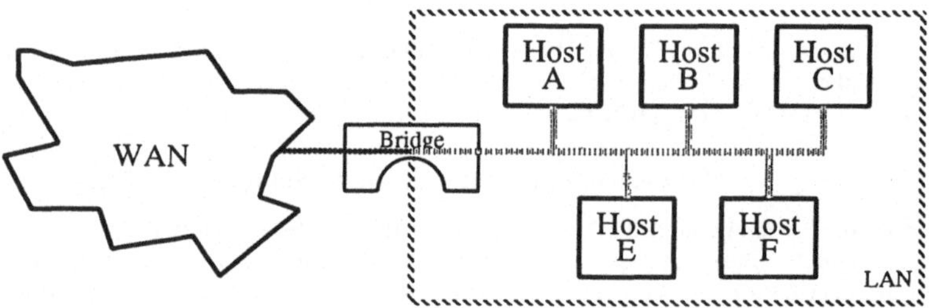

Abb. 9: LAN/WAN-Trennung mit einer Brücke

U_A in Teilnetz B vermutet. Sendet U_A selbst, lernt die Brücke die Position wieder neu, bis das nächste Paket mit Absenderadresse U_A in Teilnetz B auftaucht.

5.3.2 Sicherheit durch defensive Lasttrennung

Um den obigen Angriff abzuwehren, wird die Strategie der Brücke zum Umlernen von Adressen geändert:

- Es existieren zwei Tabellen TAB_IN und TAB_OUT. TAB_IN lernt alle Rechner, die *innen* angeschlossen sind, TAB_OUT die im *äußeren* Netzwerk[7].

- Beim Empfang eines Paketes trägt die Brücke die Quelladresse in der zu dem Teilnetz gehörenden Tabelle ein. Ein Austragen aus der anderen Tabelle erfolgt nicht.

- Broadcast-Pakete werden grundsätzlich in beide Richtungen transportiert.

---

[7]Diese beiden Tabellen entsprechen TAB_A und TAB_B aus Kapitel 5.2.

- Die Brücke transportiert von *innen* nach *außen*, wenn die Zieladresse des Paketes **nicht** in TAB_IN enthalten ist, der adressierte Host sich also nicht in Teilnetz *A* befindet.

- Die Brücke transportiert von *außen* nach *innen*, wenn die Zieladresse des Paketes **nicht** in TAB_OUT enthalten ist, der adressierte Host sich also nicht in Teilnetz *B* befindet.

Der in Kapitel 5.3 beschriebene Angriff schlägt nun fehl. Zieht ein Host vom einen Teilnetz in das andere um, so müssen die Adressen manuell korrigiert werden.

Angriffe: Nach wie vor sind alle Hosts im *Innern* von *außen* erreichbar.

5.3.3 LAN/WAN-Entkopplung mit Restriktionstabelle

Um den Zugriff von *außen* auf bestimmte Hosts im *Innern* einzuschränken, wird nun eine weitere Tabelle TAB_OK eingeführt, die die Adressen der Hosts im *Innern* enthält, die Verbindungen von *außen* entgegennehmen und Verbindungen nach *außen* aufbauen dürfen.

Die Konfiguration der Brücke hat folgenden Aufbau:

- Es existieren zwei Tabellen TAB_IN und TAB_OUT. TAB_IN lernt alle Rechner, die *innen* angeschlossen sind, TAB_OUT die im *äußeren* Netz.

- Die Tabelle TAB_OK gibt die Netzwerkadressen der Systeme im Teilnetz A (*innen*) an, die Verbindungen nach *außen* aufbauen dürfen. Diese Tabelle wird statisch eingerichtet.

- Ein Paket wird von B (*außen*) nach A (*innen*) transportiert, wenn es an eine Maschine gerichtet ist, deren Adresse in TAB_OK eingetragen ist und das von einer Maschine kommt, die sich nicht in Teilnetz A befindet, also nicht in TAB_IN eingetragen ist. Diese zweite Bedingung verhindert Maskeraden, d.h. das Vorspiegeln einer internen Netzwerkadresse durch eine externe Maschine.

- Ein Paket wird von A nach B transportiert, wenn es von einer Maschine stammt, der Kommunikation mit außen erlaubt ist, deren Adresse also in TAB_OK steht. Der Adressat dieses Paketes muß in Tabelle TAB_OUT[8] und darf nicht in TAB_IN eingetragen sein. Dies bedeutet, daß sich der Adressat in Teilnetz B befinden muß und nicht in Teilnetz A sein darf.

- Broadcasts werden in beide Richtungen transportiert.

Angriff: Eine Maschine U_B in Teilnetz B (*außen*) kann ein Paket an eine Maschine V_A in Teilnetz A, die nicht zur Kommunikation mit Teilnetz B zugelassen ist, senden, wenn sie als Netzwerkadresse die Broadcastadresse und als Protokolladresse die Adresse der Maschine V_A angibt (vgl. Kapitel 4.4). Verwendet Host U_B als Absenderadresse auch die Broadcastadresse (und läßt er diese über entsprechende ARP-Pakete in Host V_A bekannt werden), so ist eine Kommunikation zwischen Host U_B und Host V_A möglich, das Sicherheitssystem ist unterwandert.

5.3.4 LAN/WAN-Entkopplung ohne Broadcasts

Der obige Angriff kann verhindert werden, wenn der Transport von Broadcasts durch die Brücke eingeschränkt wird:

- Die Tabellen TAB_IN, TAB_OUT und TAB_OK werden unverändert übernommen.

- Die Transportbedingungen für Nicht-Broadcast-Pakete bleiben ebenfalls erhalten.

---

[8]Diese Bedingung ist nicht unbedingt erforderlich, stellt aber noch einen zusätzlichen Schutz dar.

- Broadcasts von *außen* nach *innen* werden nicht transportiert.

- Broadcasts von *innen* nach *außen* werden transportiert, wenn sie von einer Maschine stammen, die zur Kommunikation mit Teilnetz B zugelassen ist, deren Adresse sich also in TAB_OK befindet.

Einschränkung: Da keine Broadcasts von *außen* nach *innen* transportiert werden, kann ein Host in Teilnetz B keine ARP-Requests (vgl. Kapitel 4.2) in das Teilnetz A schicken und somit auch keine Verbindung aufbauen.

Als Abhilfe können ARP-Responses von einer *außen* stehenden Maschine für die in Teilnetz A plazierten und zur Kommunikation mit Teilnetz B zugelassenen Systeme erzeugt werden.

Angriff: Diese Konfiguration erlaubt keine direkten von *außen* kommenden Angriffe auf Systeme in Teilnetz A, die nicht zur Kommunikation mit Teilnetz B zugelassen sind, da an diese Systeme gerichtete Pakete, sowie alle Broadcast-Pakete von der Brücke nicht durchgelassen werden.

6 Schutz der von *außen* erreichbaren Systeme

Die in Kapitel 5.3.4 vorgestellte Konfiguration der Trennbrücke erlaubt es, beim Schutz der Systeme in Teilnetz A alle diejenigen, die nicht zur Kommunikation mit Teilnetz B zugelassen sind, außer acht zu lassen.

Abschließend stellt sich also nur noch das Problem, wie die von *außen* erreichbaren Systeme gegen Angriffe von *außen* abgeschottet werden können. Dabei können Systeme, deren Netzwerksystem keine Dienste anbietet, sondern nur die Inanspruchnahme von Diensten ermöglicht (hierunter fallen z.B. PCs mit TCP/IP-Software), ebenfalls außer acht gelassen werden.

Einige Stichpunkte für die Verbesserung der Sicherheit der von *außen* erreichbaren Systeme sind:

- Aktivierung aller Schutzmaßnahmen, die das Betriebssystem bietet. Dies ist auf den Systemen im *Innern* ohne Verbindung nach *außen* nicht notwendig, da von einer vertrauenswürdigen Umgebung ausgegangen werden kann.

- Abschalten aller nicht benötigten Netzwerkdienste. Man könnte die Netzwerkdienste auf E-Mail und Network-News beschränken, also Login, NFS, Remote Job Execution, usw. abschalten. Damit wird die Maschine für Benutzer im *Innern* zwar weniger interessant, von außen aber auch schwerer angreifbar.

- Topologische Authentifikation der Rechner in Teilnetz A. Hosts aus Teilnetz A wird voller Zugriff gewährt (vgl. Kapitel 6.1).

- Einsatz kryptographischer Maßnahmen (vgl. Kapitel 6.2).

Die letzten beiden Punkte werden im folgenden etwas ausführlicher betrachtet.

6.1 Topologische Authentifikation

Durch Modifikation oder Erweiterung der Netzwerksoftware wird eine Kontrolle von Netzwerk- und Protokolladresse erreicht. Pakete, die zu einer gegebenen Protokolladresse eine unpassende Netzwerkadresse aufweisen, werden nicht bearbeitet.

Die in Kapitel 5.3.4 beschriebene Brückenkonfiguration macht es einem Angreifer aus Teilnetz B unmöglich, einem Host U_A in Teilnetz A, dem die Kommunikation mit Teilnetz B gestattet ist, ein Paket mit der Netzwerkadresse eines Hosts V_A aus Teilnetz A zu senden. Empfängt also Host U_A ein Paket mit der Netzwerkadresse eines Hosts V_A, so kann er sicher sein, es tatsächlich mit einem Host aus Teilnetz A zu tun zu haben. Auf Grund der Annahme, daß es sich bei Teilnetz A um eine vertrauenswürdige Umgebung handelt, kann Host U_A Host V_A vollen Zugriff gewähren.

Da diese Identifikation von V_A auf Grund seiner Position im Gesamtnetzwerk und mit Hilfe der Trennung durch die Brücke erfolgt, kann man von einer *Topologischen Authentifikation* sprechen. Diese ist nur durch Manipulation an der Brücke oder der Netzwerksoftware in Host U_A zu umgehen.

Die Vorteile der *Topologischen Authentifikation* gegenüber kryptographischen Maßnahmen sind:

- geringer Implementationsaufwand, da nur an einer Stelle des Netzwerksystems eine Änderung eingebracht werden muß.

- Unabhängigkeit von kryptographischen Verfahren (deren Stärken und Schwächen eventuell nicht gänzlich erforscht sind).

- Kein organisatorischer Aufwand z.B. für Schlüsselverteilung und Schlüsselverwaltung.

- Keine Beanspruchung von Systemressourcen z.B. für das Verschlüsseln aller über das Netzwerk geschickten Pakete.

6.2 Kryptographische Maßnahmen

Eine andere Möglichkeit des Schutzes eines Hosts U_A, der mit Teilnetz B kommunizieren darf, ist der Einsatz von Authentifikationsprotokollen. So wäre es z.B. auf Schicht 7 denkbar, den anrufenden Benutzer mit einem geeigneten Verfahren[9] zu authentifizieren und erst dann den Zugriff zu gewähren.

Auf Schicht 4 könnte eine Authentifikation des anrufenden Hosts erfolgen.

Erste Ansätze zur Einbringung von Sicherheitsmaßnahmen in die Netzwerksoftware (außer auf der Anwendungsschicht) wurden von Sun Microsystems mit SunOS 4.0 vorgestellt. In SunOS 4.0 wurde die *Sitzungsschicht* (RPC) so erweitert, daß nach Einrichten durch den Systemmanager eine Authentifikation des Anrufers mit verteilten Schlüsseln erfolgt. Hierdurch ist eine Sicherung aller auf RPC basierenden Dienste (im wesentlichen NFS) möglich. Mehr zu *Secure RPC* findet sich in [15].

Der Einsatz kryptographischer Maßnahmen bedeutet jedoch einen sehr hohen Implementationsaufwand. So müssen einzelne Schichten der Netzwerksoftware erweitert oder neu geschrieben werden. Auch ist eine Einbuße in der Systemleistung zu erwarten, wenn ein Teil der Netzwerkkommunikation verschlüsselt erfolgen soll.

7 Schlußfolgerung

Wie sich im Laufe der Ausführungen gezeigt hat, reichen technische Maßnahmen aus, eine vertrauenswürdige lokale Umgebung wirkungsvoll gegen Angriffe aus einem angeschlossenen WAN abzusichern, ohne die lokalen Benutzer zu sehr zu behindern.

Das oben beschriebene Verfahren ist seit 1989 im E.I.S.S. installiert und arbeitet bisher einwandfrei.

---

[9]Authentifikation mit RSA, El-Gamal, verteilten DES-Schlüsseln o.ä.

8 Glossar

ARP *Address Resolution Protocol*, Protokoll der Schicht 3 für die Zuordnung einer Netzwerkadresse zu einer gegebenen Protokolladresse.

Authentifikation Benutzer behauptet, eine bestimmte Person zu sein und „beweist" dies durch Angabe eines Paßwortes oder durch ein kryptographisches Authentifikationsprotokoll.

Broadcast-Adresse Spezielle Adresse, über die *alle* an das Netzwerk angeschlossenen Hosts erreicht werden. Es gibt sowohl Netzwerkbroadcast-Adressen als auch Protokollbroadcast-Adressen.

Endsystem Im Sinne des ISO-Referenzmodelles ein System, auf dem „Teilnehmer" beheimatet sind, die Netzwerkdienste erbringen oder in Anspruch nehmen.

Ethernet Genormtes, auf Schicht 1+2 des ISO Modells angesiedeltes Protokoll zur halbduplex Bitübertragung. Weit verbreitet bei Mikrorechnern und Workstations.

Ethernetadresse Weltweit eindeutige Rechneradresse aus 6 Bytes.

FDDI *Fiber Distributed Data Interface*,

FTP *File Transfer Protocol*, Schicht-7-Applikation der TCP/IP-Familie zur Dateiübertragung.

Horizontale Kommunikation Im Sinne des ISO-Modells: Austausch von Daten zwischen zwei Schicht-n-Instanzen auf zwei unterschiedlichen Systemen über die daruterliegenden Schichten.

Identifikation Ein Host oder ein Benutzer behauptet, eine bestimmte Identität (z.B. Protokolladresse, Benutzername) zu besitzen, ohne dies zu beweisen (vgl. Authentifikation).

Internet-Protokoll Schicht-3-Protokoll zur Kommunikation zwischen Endsystemen. Verallgemeinernd auch als Begriff für die gesamte, alle 7 ISO-Schichten umfassende und unter UNIX weit verbreitete Protokollfamilie TCP/IP verwendet.

Internetadresse Adresse aus 4 Bytes, weltweit eindeutig und hierachisch gegliedert.

IP Abkürzung für *Internet Protocol*.

Multicastadresse Spezielle Zieladresse, über die eine bestimmte Gruppe von Systemen angesprochen werden kann.

Netzwerkadresse Adresse der netzwerknahen Schichten. Kann in dieser Arbeit mit Ethernetadresse gleichgesetzt werden.

NFS *Network File System*, Schicht-7-Protokoll, basiert auf XDR, RPC und UDP und ermöglicht die netzwerkweite transparente Benutzung gemeinsamer Platten.

NNTP *Network News Transfer Protocol*, Schicht-7-Applikation der TCP/IP-Familie zur Übertragung von Network News.

Protokolladresse Adresse, die auf den höheren ISO-Schichten benutzt wird. Kann in dieser Arbeit mit Internetadresse gleichgesetzt werden.

Transitsystem Im Sinne des ISO-Modells ein System, welches Protokollumsetzungen vornimmt.

RPC *Remote Procedure Call*, Schicht-5-Protokoll zum Prozeduraufruf zwischen zwei über IP gekoppelte Hosts. Baut auf UDP auf.

SMTP *Simple Mail Transfer Protocol*, Schicht-7-Applikation zur Übertragung von E-Mail zwischen zwei Hosts.

TCP *Transmission Control Protocol*, verbindungsorientierter, gesicherter, teilnehmerorientierter Transportdienst der TCP/IP-Protokoll-Familie, angesiedelt auf ISO-Schicht 4.

UDP *User Datagram Protocol*, verbindungsloser, teilnehmerorientierter Dienst der TCP/IP-Familie, angesiedelt auf Schicht 4 des ISO-Modells.

verbindungsloser Dienst Kommunikation durch Paketaustausch. Überholen, Verdoppeln oder Verlust von Paketen ist nicht ausgeschlossen. Vergleich: Senden von Briefen über die Post.

verbindungsorientierter Dienst Kommunikation über eine virtuelle oder physikalische Verbindung. Die Einhaltung der Datenreihenfolge wird gewährleistet, der Verlust von Daten ist ausgeschlossen. Vergleich: Telefonieren.

vertikale Kommunikation Im Sinne des ISO-Modells: Aufruf der Dienste der Schicht $n-1$ durch die Schicht n auf *einem* System.

XDR *External Data Representation*, Funktionensammlung zur netzwerkeinheitlichen Datendarstellung.

Literatur

[1] Clifford Stoll: *Das Kuckucksei*, S. Fischer Verlag GmbH, 1989.

[2] E. Giese, K. Görgen, E. Hinsch, G. Schulze, K. Truöl: *Kommunikationssysteme*, Springer-Verlag, 1985.

[3] K. Görgen, H. Koch, G. Schulze, B. Struif, K. Truöl: *Kommunikationstechnik*, Springer-Verlag, 1984.

[4] Norm DIN/ISO 7498, *Kommunikation offener Systeme - Basis Referenzmodell*, November 1983.

[5] Postel, J. (ed.): *Internet Protocol - DARPA Internet Program Protocol Specification*, RFC 701, USC/Information Sciences Institute, September 1981.

[6] D-I-X: *Ethernet – A Local Area Network, Data Link Layer and Physical Layer Specification*, Digital, Intel and Xerox, November 1982.

[7] *Standard IEEE 802 Local Area Networks*, IEEE Publication Service 1983, 1984, 1985, 1986.

[8] Sun Microsystems: *System- and Networkadministration*, Handbuch zu SunOS 4.0.

[9] Postel, J. (ed.): *Internet Control Message Protocol, DARPA Internet Program Protocol Specification*, RFC 792, USC/Information Sciences Institute, September 1981.

[10] Postel, J. (ed.): *Transmission Control Protocol - DARPA Internet Program Protocol Specification*, RFC 701, USC/Information Sciences Institute, September 1981.

[11] Postel, J.: *User Datagram Protocol*, RFC 768, Network Information Center, August 1980.

[12] Plummer, David S.: *An Ethernet Address Resolution Protocol*, RFC 826, MIT, November 1982.

[13] Sun Microsystems: *RPC: Remote Procedure Call Protocol Specification, Version 2*, RFC 1057.

[14] Sun Microsystems: *XDR: External Data Representation Standard*, RFC 1014.

[15] Sun Microsystems: *Security Features Guide* Handbuch zu SunOS 4.0.

Informationssysteme und Datenschutz im Krankenhaus

Strategische Informationsplanung – Informationsrechtliche Aspekte – Konkrete Vorschläge

von Hans J. Seelos

1991. XVI, 140 Seiten. (DuD-Fachbeiträge, Band 14) Kartoniert.
ISBN 3-528-05185-X

Ein Krankenhausbetrieb ist nicht zuletzt dadurch, daß es auch Wirtschaftlichkeits- sowie Effizienzgesichtspunkte im Managementbereich verlangt, auf moderne Informations- und Kommunikationssysteme angewiesen.

Gleichzeitig tauchen datenschutzrechtliche Probleme dort auf, wo es um personenbezogene Daten, d.h. Informationen bezüglich konkreter Patienten im Krankenhaus geht.

Das Buch schlägt ein Lösungsmodell vor, das den Anforderungen an Informations- und Kommunikationssysteme in diesem sensiblen Bereich des Datenschutzes Rechnung trägt. Grundlage dieses Modells ist eine verteilte Informatikarchitektur, die auch in anderen Bereichen der EDV-Anwendungen Einsatz finden könnte.

Verlag Vieweg · Postfach 58 29 · D-6200 Wiesbaden 1

vieweg

Kommunikationssysteme – Normung und soziale Akzeptanz

von Heinzpeter Höller

1993. XII, 257 Seiten. (DuD-Fachbeiträge, Band 15; herausgegeben von Karl Rihaczek, Paul Schmitz und Herbert Meister) Gebunden.
ISBN 3-528-05321-6

Der Autor geht der Frage nach dem Einfluß der Normung auf die Kommunikationstechnik und ihrer sozialen Akzeptanz nach. Hierzu zeigt er die Strukturen der Normungsprozesse und der Gremien insbesondere in Europa auf und bestimmt den Normungsgegenstand als Ausschnitt realer Produkte. Am Beispiel der Normen zu elektronischen Postsystemen zeigt er, wie weit die Normung in diese Systeme hineinreicht und welche kommunikationsrechtlichen Probleme damit verbunden sind.

Verlag Vieweg · Postfach 58 29 · D-6200 Wiesbaden 1